Hartmut Soell
Der junge Wehner

Hartmut Soell

Der junge Wehner

Zwischen revolutionärem Mythos und praktischer Vernunft

Deutsche Verlags-Anstalt
Stuttgart

CIP-Titelaufnahme der Deutschen Bibliothek

Soell, Hartmut:
Der junge Wehner: Zwischen revolutionärem Mythos
und praktischer Vernunft / Hartmut Soell. –
Stuttgart: Deutsche Verlags-Anstalt, 1991
ISBN 3-421-06595-0

Lektorat: Ulrich Volz
Satz: Fotosatz Dorner GmbH, Aichwald 3
Druck und Bindearbeit: May & Co., Darmstadt

Inhalt

Vorwort

Die vorliegende Biographie des jungen Herbert Wehner ist in Teilen vor einem Jahrzehnt geschrieben und danach in der Schublade der »Kritik der Mäuse« überlassen worden – auch weil wichtige Quellenbestände nicht zugänglich waren. Inzwischen sind diese besser erreichbar geworden. Zwar bleiben Lücken. Da es aber um die Richtung eines Lebensweges und nicht um jeden Fußbreit geht, sind sie zu verantworten.

Zu danken habe ich vor allem Christian Jansen (früher Heidelberg, jetzt Bochum) für dessen Hilfe beim Auffinden von Quellen und bei der Überarbeitung des Manuskripts. Matthias Frese (Heidelberg/Berlin) hat mir aus dem Ost-Berliner Archiv zur Geschichte der Arbeiterbewegung Kopien und Exzerpte wichtiger Materialien zur Geschichte der Moskauer KPD-Emigration aus ehemaligen Beständen des mitteleuropäischen Sekretariats der Komintern zur Verfügung gestellt. Dafür bin ich ihm zu großem Dank verpflichtet. Ute Metzner (Bonn, früher Heidelberg) hat mir in der Anfangsphase bei der Suche nach Material geholfen.

Oliver von Mengersen (Heidelberg) und Christoph Lotter (Frankfurt) haben dankenswerterweise die Schlußredaktion übernommen.

Heidelberg, im März 1991 *Hartmut Soell*

I Die Stadt und ihre Geschichte – Prolog und Epilog zugleich

Das alte, von Herbert Wehner schwärmerisch verehrte Dresden ist im Bombenhagel britischer und amerikanischer Luftangriffe in den Nächten und Tagen des 13., 14. und 15. Februar 1945 untergegangen. Unter den zehntausenden, im Feuersturm oder auf der Flucht umgekommenen Opfern[1] befand sich auch die Mutter Herbert Wehners. Der Verlust der Heimat wie der der Mutter – der Vater war schon in den dreißiger Jahren gestorben – markierte in besonders symbolhafter Weise das Ende des jungen Wehner – »jung« im Sinne eines extrem verlängerten Moratoriums.

In den Jahren zuvor hatte er schon andere Verluste ertragen und verarbeiten müssen: den Tod von Freunden und Genossen in den Folterhöllen Hitlers und Stalins, den Verlust der politischen Gemeinschaft, der er fünfzehn Jahre angehörte. Der neuerliche Verlust traf ihn elementarer, weil er an die eigenen Ursprünge erinnerte. Für die Bilder, die er davon in seiner Seele aufgehoben und die ihn vor vielem bewahrt hatten, gab es fortan kein lebendiges Gegenüber mehr. Der Tod der Eltern macht wie kein anderes Ereignis die Endlichkeit des eigenen Lebens sichtbar.

Als Gründe für die Entscheidung der obersten Führung der angloamerikanischen Mächte, kurz vor Ende des Zweiten Weltkrieges die schönste deutsche Großstadt und eine der an Kunstdenkmälern reichsten Städte Europas zu zerstören, werden häufig genannt: Vergeltung für die von Hitler-Deutschland begonnenen Terrorangriffe auf Städte, exemplarische Bestrafung der Deutschen für die von ihnen begangenen Verbrechen an den Völkern Europas, die Hoffnung, durch Terrorisierung der Zivilbevölkerung den Kriegswillen zu lähmen und den Krieg abzukürzen.

Daneben gab es andere Ursachen, die meist unausgesprochen bleiben. Der Prozeß der Barbarisierung der Herrschaftsmethoden – und der

Krieg galt nur als deren äußerstes Mittel – hatte sich seit dem Ende der konfessionellen Glaubenskriege weitgehend außerhalb Europas vollzogen. Während hier der »gehegte Krieg« – im Idealfall Augusts des Starken überwiegend Heirat und Vertrag – sowie die Aufrechterhaltung des Gleichgewichts die Grundregel des europäischen Mächtespiels vom Beginn des 18. Jahrhunderts bis 1914 blieb, wurde dort der Widerstand gegen die Expansion europäischer Mächte oft mit einer Kriegführung bekämpft, die die Ausrottung ganzer Völker zumindest in Kauf nahm, wenn nicht sogar mit dem Hinweis auf die rassische Überlegenheit des weißen Mannes ausdrücklich guthieß.

Der Erste Weltkrieg, die durch ihn verursachten Bürgerkriege und noch viel stärker der Zweite Weltkrieg mit seinem Vorspiel in Ostasien und in Mitteleuropa brachten den Ausrottungskrieg nach Europa zurück. Gewiß darf nicht vergessen werden: »Auschwitz« liegt zeitlich und ursächlich vor »Dresden«: Beides ist auch nur im Tod und in den Leiden unschuldiger Opfer vergleichbar. Ebenso liegt die Bombardierung Nankings im Rahmen des von Japan seit 1937 mit verstärkter Intensität in China wie später im übrigen Ostasien geführten Vernichtungsfeldzuges mit über zwanzig Millionen Toten vor »Hiroshima«.[2] Aber die im modernen Krieg noch stärker drohende Überwältigung und Vergewaltigung der Ziele durch die Mittel machte auch vor jenen westlichen Demokratien nicht halt, deren vielleicht größter Beitrag zur Weltzivilisation darin besteht, daß sie zumindest in ihren eigenen Gesellschaften die Freiheit des Individuums und den Schutz der körperlichen Unversehrtheit zu zentralen Maßstäben ihrer politischen Verfassung gemacht haben. Dennoch haben auch sie den ersten Verlockungen der Allmacht, die im Atomzeitalter die Kriegführung zu bieten scheint, nicht standgehalten.

Daß die sowjetische Führung etwa in der Lage gewesen wäre, den Versuchungen des neuen Zeitalters zu widerstehen, ist angesichts ihrer nicht nur, aber überwiegend nach innen gerichteten Ausrottungspraktiken in den zwanziger und dreißiger Jahren ebenso eine Legende wie die Behauptung, sie hätte selbst nie daran gedacht, Städte wie Dresden zu zerstören.[3] Wo sie die Mittel besaß – angefangen bei der Torpedierung von Schiffen in der Ostsee, bei der Tausende ziviler Flüchtlinge den Tod fanden[4], bis hin zur Vernichtung zweier dänischer Städte auf Bornholm noch am 7. und 9. Mai 1945 –, hat sie diese rücksichtslos eingesetzt.

Durch den von den Deutschen entfesselten Zweiten Weltkrieg löste sich jenes östliche Mitteleuropa, dessen einer Schwerpunkt im Dreieck

Prag-Dresden-Warschau lag und dessen Konturen seit der Mitte des 19. Jahrhunderts durch den aufkommenden Nationalismus immer diffuser geworden waren, vollends auf. Es beruhte wesentlich auf kulturellen Werten und Verhaltensweisen, die – oft mühsam genug – von Deutschen, Slawen und Juden gemeinsam geschaffen und mit Leben erfüllt worden waren – eine Kultur, die Wehners Lebensweg mitgeprägt hat.

Dresdens Bürger zwischen deutscher Oper und Revolution

Das in den Kriegen von 1866 gegen Österreich und 1870/71 gegen Frankreich siegreiche Preußen verdankte seine Erfolge nicht nur »Blut und Eisen«, sondern ebensosehr der Idee der nationalen Einheit, die Bismarck als »weißer Revolutionär«[5] der Hohenzollern-Dynastie und der um sie gescharten konservativen Aristokratie aufzwang, die sich ein halbes Jahrhundert dieser Idee vehement widersetzt hatten, weil sie aus ihrer Sicht ursprünglich zu sehr von freiheitlichen und demokratischen Vorstellungen erfüllt war.

Das sächsische Bürgertum, insbesondere seine Bildungsschicht, hatte in der ersten Hälfte des 19. Jahrhunderts die nationale Idee als Vehikel der bürgerlichen Emanzipationsbewegung durch Wort und Tat mit Leben erfüllt – in Dresden ebenso wie in Leipzig, der politischen Heimat Robert Blums, des in Wien am 9. November 1848 standrechtlich erschossenen Volksmannes und demokratischen Abgeordneten der Frankfurter Nationalversammlung, an dessen Märtyrerschicksal Wehner in einer Dokumentation zum hundertsten Jahrestag der Revolution von 1848 erinnerte.[6]

Das verstand sich deshalb nicht von selbst, weil wie in fast allen deutschen Residenzstädten auch in Dresden das Bürgertum über Jahrhunderte hinweg nicht nur geistig, sondern vor allem auch materiell – in der ganzen Vielfalt wirtschaftlicher Unternehmungen und gesellschaftlicher Veranstaltungen – auf den Hof und dessen soziales Ambiente ausgerichtet war. Zwar hatte der Übergang des Fürstenhauses zum Katholizismus seit Ende des 17. Jahrhunderts schon eine gewisse Distanz zwischen der Dynastie und der überwiegend protestantischen Bürgerschaft Dresdens und Sachsens begründet. Zu einer tiefgreifenden Entfremdung zwischen Hof und Bildungsschichten kam es aber erst seit 1806, als die an den Interessen eines fremden Eroberers orientierte

Politik des sächsischen Hofes von bürgerlicher Intelligenz und Teilen des liberalen Adels zunehmend als unpatriotisch empfunden wurde.

Eines der Zentren der Bestrebungen, die für die nationale Befreiung und Wiedergeburt eines geeinten Deutschlands eintraten, war der »Siebeneichener Romantikerkreis«, genannt nach Schloß Siebeneichen bei Meißen, wo Dietrich von Miltitz patriotisch gesinnte Beamte, Offiziere und Künstler um sich versammelte, unter ihnen Gottfried Körner, in dessen Loschwitzer Winzerhaus zwanzig Jahre zuvor der junge Friedrich Schiller gelebt und an »Don Carlos« geschrieben hatte, und der von 1807 bis 1809 in Dresden lebende Heinrich von Kleist, der in diesen Jahren mit »Michael Kohlhaas« und dem »Käthchen von Heilbronn« die wohl fruchtbarste Phase seines dichterischen Schaffens erreichte. Körners Sohn Karl Theodor trat im Frühjahr 1813 dem Lützowschen Freikorps bei und bezahlte wenige Monate später die patriotische Begeisterung mit seinem Leben. Der frühe Tod erhöhte und verklärte seinen Ruhm als Dichter. Seine Lieder, vor allem in der 1814 erschienenen Sammlung »Leier und Schwert«, verkörperten in ihrer Mischung aus nationaler Aufbruchstimmung, Freiheitsstreben und todverachtendem Geist der Frühromantik[7] auf besondere Weise das Lebensgefühl seiner Generation.

Der Komponist Carl Maria von Weber, damals noch Direktor der 1813 neu errichteten Deutschen Oper in Prag, gewann durch die Vertonung dieser Liedsammlung eine Popularität, die ihm wenig später den Ruf als Kapellmeister und Musikdirektor an das Dresdener Hoftheater und zugleich den Auftrag zur Gründung einer Deutschen Oper in Dresden eintrug. Schon wenige Tage nach seiner Ankunft in der Stadt im Januar 1817 wandte er sich in einem Aufruf in der von Johann Christoph Arnold, dem bedeutendsten Buchhändler der Stadt, herausgegebenen *Dresdner Abendzeitung* an die »kunstliebenden Bewohner Dresdens« und warb für seine »dem Volke zugewandte und mit ihm verbundene Kunst«[8]. Kein Wunder, daß ihn dieses Programm bald in eine nervenaufreibende und zeitweise gar lähmende Auseinandersetzung mit den Vertretern der von Hof und Adel favorisierten italienischen Oper trieb und ihn schließlich dazu brachte, den in Dresden und Umgebung entstandenen »Freischütz«, die Volks- und Nationaloper der deutschen Romantik schlechthin, nicht in Dresden, sondern in Berlin uraufführen zu lassen (Juni 1821).

Es ist kein Zufall, daß kulturelles bürgerliches Emanzipationsstreben in Dresden zuerst in der Musik seinen Ausdruck fand. Der moderne

Kulturbetrieb, der ein größeres Publikum durch Ausstellungen »ins Bild setzte«, begann erst später.[9] Der »Genuß« der bildenden Kunst – von der Malerei bis zur Architektur – bedarf überdies einer breiteren ästhetischen Erziehung, einer Schulung des Auges, einer geistig-seelischen Bereitschaft, die wahrgenommenen »äußeren« Bilder mit den halb- und unbewußten »inneren« Bildern zu vergleichen und auf Identität, Ambivalenz und Gegenentwurf hin zu untersuchen. Hingegen wurde damals Musik stets kollektiv »genossen«, selbst noch im kleinen Kollektiv bürgerlicher Hausmusik.

Musik gewann (und gewinnt) überdies direkt Macht über den psychischen wie physischen Gesamtapparat der Sinne, vermochte jenen Sturm der Gefühle auszulösen, der Haß und Feindschaft – auch die zwischen Klassen – in direktem Erleben zeitweise hinwegzuschwemmen in der Lage war. Auch ein Revolutionär wie Lenin soll von solchen Gefühlen nicht frei und beim Anhören Beethovenscher Musik die Menschheit zu umarmen bereit gewesen sein, der er sonst auf die Köpfe schlagen zu müssen glaubte.[10]

Genauer gesagt: Zur romantischen Seite des revolutionären Charakters – und der von Herbert Wehner verehrte Lenin stand kaum weniger als Marx, Engels und Lassalle in der Tradition der linken Romantik[11] mit ihrer Suche nach Unmittelbarkeit, Ganzheit, totaler Identität – gehörte nicht nur die große Geste und die Erregung des Augenblicks, sondern auch das ständige Leiden daran, daß die Idee einer mit sich selbst versöhnten Menschenwelt nicht mit der Wirklichkeit übereinstimmte. War diese Sensibilität wie auch der dazu notwendige aufrechte Gang im Bürgertum des Vormärz auch nicht gerade weit verbreitet, so trug doch die Musik Carl Maria von Webers – ohne sie zu überschätzen – dazu bei, diesen Mangel abzumildern. Die Aufnahme von Volksweisen wie auch das von Weber neugeschaffene Prinzip der Instrumentierung, das musikalische Klangfarben zur Kennzeichnung individueller und sozialer Charaktere verwendete, waren – auch in Ermangelung anderer Mittel und Wege bürgerlicher Reform bis 1830 – wichtige emanzipatorische Schritte.

Ästhetische Politik und politische Ästhetik: Richard Wagner und Michail Bakunin

Eine Generation später (1842) wurde Richard Wagner, in dessen Familie Weber häufig verkehrte, zum königlich sächsischen Hofkapellmeister ernannt. Wagner war in Leipzig geboren, hatte einen Teil seiner Kindheit und Jugend in Dresden und Umgebung verbracht. Nach vergeblichen Versuchen, seine ersten Opern in Leipzig und später in Paris aufzuführen, konnte er mit den Uraufführungen von »Rienzi« und »Der fliegende Holländer« in Dresden (Herbst 1842 und Januar 1843) seine ersten großen Erfolge erringen. Er fand andere politische Bedingungen als Weber vor, allerdings auch kompliziertere.

Schon der siebzehnjährige Student Wagner war im Herbst 1830 in Leipzig in einen Mehrfrontenkonflikt geraten. Die Ereignisse der Pariser Julirevolution hatten den Sommer über für Erregung in Deutschland gesorgt. Nun lösten die Nachrichten vom polnischen Aufstand auch Demonstrationen und Tumulte in Leipzig (und wenig später in Dresden) aus. Verhaftungen unter den in vorderster Linie beteiligten Studenten verschärften den Unmut unter den jungen Leuten, der sich in Anschlägen gegen besonders verhaßte Beamte des Stadtregiments und in der Demolierung eines »Etablissements«, das angeblich unter dem Schutz eines dieser Beamten stand, Luft verschaffte. Richard Wagner erfuhr durch sein Dabeisein, »wie solche öffentlichen Wutanfälle durch ihre ›Ausartung zur Raserei‹ ihren eigengesetzlichen Verlauf nehmen. Er erwachte anderntags wie aus einem wüsten Traum, und erst der Fetzen eines roten Vorhanges, den er als Trophäe nach Hause getragen hatte, erinnerte ihn daran, daß er wirklich wie ein Besessener an den Ausschreitungen teilgenommen hatte.«[12]

Zu einem Wechsel der Fronten kam es bald, als die sich in jenen Jahren vom »Pöbel« zum Proletariat entwickelnden Lohnarbeiter in Bewegung gerieten und es auch auf die traditionelle Arbeitsplätze vernichtenden Schnellpressen des Wagner-Schwagers Brockhaus abgesehen hatten. Nun wurden die von der Obrigkeit kurz zuvor noch als Unruhestifter behandelten Studenten zum Schutz von »Ruhe und Ordnung«, das heißt zum Schutz des Eigentums der Fabrikanten aufgerufen. Hier zeichneten sich erstmals klassenpolitische Linien und daran orientierte Verhaltensweisen ab, die dann in der Revolution von 1848 letztlich den Kräften der Beharrung und nicht denen der demokratischen Volksbewegung dienten und selbst noch nach 1918 in Gestalt der Freikorps

Wirkungen entfalteten, die nicht ohne Einfluß auf den politischen Weg des jungen Herbert Wehner blieben.

Anders als in Leipzig waren im industriell noch weniger entwickelten Dresden bürgerlich-demokratische und soziale Bewegung noch ungeschieden. Die führenden Sprecher des Anfang 1831 gegründeten »Bürgervereins«, der Advokat Bernhard Moßdorf und der Fabrikant Heinrich Bertholdy, hatten in ihrem im April des gleichen Jahres vorgelegten Entwurf einer »Constitution, wie sie das sächsische Volk wünscht«, die politischen Rechte und Grundfreiheiten nicht an den Besitz gebunden, während die vom »liberalen« Ministerium Lindenau ausgearbeitete und im September 1831 in Kraft getretene Verfassung diese Rechte bis hin zur Selbstverwaltung der Gemeinden den wirtschaftlich selbständigen Bürgern »christlichen Glaubens« vorbehielt.

Als es nach Verhaftungen von Mitgliedern des »Bürgervereins« im Frühjahr 1831 zu einer Befreiungsaktion durch eine empörte Volksmasse kam, schossen schnell alarmierte Truppen in die Menge. Es gab Tote und Verletzte. Der Versuch, auf rasch errichteten Barrikaden Widerstand zu organisieren, schlug fehl. Der Bürgerverein wurde aufgelöst, die Mitglieder verhaftet und bestraft. Moßdorf und Bertholdy erhielten als »Haupträdelsführer« fünfzehn Jahre Festungshaft. Beide sollen wenig später nach offizieller Darstellung auf der Feste Königstein Selbstmord begangen haben. Zweifel an dieser Version wurden bald laut.[13] Die demokratische Bewegung Dresdens und Sachsens hatte ihre ersten Märtyrer.

In seiner Autobiographie schrieb Wagner über die in ganz Europa spürbare revolutionäre Bewegung der Jahre 1830/31: »Ich [blieb] längere Zeit in fieberhafter Spannung und wurde zum ersten Male auf die Gründe jener Bewegungen aufmerksam, die mir als Kämpfe zwischen dem Alten, Überlebten und dem Neuen, Hoffnungsvollen der Menschheit erschienen.«[14]

Die an gleicher Stelle vorgenommenen Einschränkungen seiner jugendlichen Parteinahme für die Revolution – als »Form eines mutigen und siegreichen Volkskampfes, frei von allen den Flecken der schrecklichen Auswüchse der ersten französischen Revolution« – war angesichts gewandelter politischer Umstände (die Autobiographie wurde in der zweiten Hälfte der 1860er Jahre diktiert) gewiß auch von Opportunitätserwägungen bestimmt. Aber auch eine zeitimmanente Analyse der Werke und der Verhaltensweisen Wagners zeigt, mit welcher Ambivalenz er politischen Bewegungen begegnete. In der Oper »Rienzi« wird der elementare Charakter der Volksbewegung herausgearbeitet, zugleich aber auch deren Verführbarkeit als etwas Normales, ja Unvermeidliches betont. Dem Volk Roms stellt er das große Individuum in der Gestalt des Rienzi (»der letzte der Tribunen«) gegenüber, der prinzipientreu bis zur Selbstvernichtung nicht nur für die Freiheit dieser wetterwendischen Volksmassen eintritt, sondern sich mit dem Schicksal Roms total identifiziert: »Roma heißt meine Braut.« Kein Wunder, daß diese Äußerung wie die Gesamtanlage dieser Oper den jungen Adolf Hitler von allen Wageropern politisch am nachhaltigsten beeindruckt haben soll.[15]

Keine Idee, noch ihre künstlerische Vergegenwärtigung, ist vor Fehlinterpretationen oder gar Mißbrauch geschützt. Das gilt auch für andere Genies dieses so geniereichen 19. Jahrhunderts. Allein die Summe der Ambivalenzen, Widersprüche und Brüche, die ein Werk kennzeichnen, wie deren zeitliche Einordnung geben Auskunft, inwieweit ein Autor die Wirkungsgeschichte seines Schaffens mitzuverantworten hat.

Die Revolution von 1848/49 und die damit verbundene Hoffnung auf Einheit von Kunst und Leben, von Künstler und Gesellschaft, schien Wagner von solchen geistigen Bruchzonen zunächst wieder zu entfernen. Seine erste öffentliche Äußerung, die am 14. Juni 1848 im *Dresdener Anzeiger* veröffentlichte Abhandlung »Wie verhalten sich republikanische Bestrebungen dem Königtum gegenüber?«, die er am Tage darauf vor dreitausend Zuhörern des demokratischen »Vaterlandsvereins« mündlich vortrug, setzte den Reigen der Widersprüche fort. Er setzte sich für den »Untergang auch des letzten Schimmers von Aristokratismus«, deshalb für die Abschaffung der ersten Kammer und für »*ein* Haus der Volksvertretung« sowie für das »unbedingte Stimm- und Wahlrecht« unabhängig von Besitz und Bildung ein. Er sah in der Erkenntnis, »daß die menschliche Gesellschaft durch die Tätigkeit des Geldes erhalten wird«, vor allem die Möglichkeit, daß »wie ein böser nächtlicher Alp [...] dieser dämonische Begriff des Geldes von uns weichen [wird] mit all seinem scheußlichen Gefolge von öffentlichem und heimlichem Wucher, Papiergaunereien, Zinsen und Bankiersspeculationen. Das wird die volle Emancipation des Menschengeschlechts, das wird die Erfüllung der reinen Christuslehre sein.«

Zugleich distanzierte Wagner sich aber von der »abgeschmacktesten und sinnlosesten Lehre [...] des Kommunismus«, weil er in der »mathematisch gleichen Verteilung des Gutes und des Erwerbs« eine »reine Unmöglichkeit« erblickte. Wenn diese »wichtigste aller Fragen zum Glück und Wohlergehen der staatlichen Gesellschaft« gelöst sei, so hieß es dort weiter, »so haben wir nun erst Kräfte gewonnen, an die höchsten Aufgaben der Zivilisation zu schreiten, das ist: Betätigung, Verbreitung derselben. Nun wollen wir in Schiffen über das Meer fahren, da und dort ein junges Deutschland gründen, es mit den Ergebnissen unseres Ringens und Strebens befruchten, die edelsten, gottähnlichsten Kinder zeugen und erziehen: wir wollen es besser machen als die Spanier, denen die neue Welt ein pfäffisches Schlächterhaus, anders als die Engländer, denen sie ein Krämerkasten wurde. Wir wollen es deutsch und herrlich machen: vom Anfang bis zum Niedergang soll die Sonne ein schönes, freies Deutschland sehen und an den Grenzen der Tochterlande soll, wie an denen des Mutterlandes, kein zertretenes unfreies Volk wohnen, die Strahlen deutscher Freiheit und deutscher Milde sollen den Kosaken und den Franzosen, den Buschmann und Chinesen erwärmen und verklären.«[16]

Den Deutschen die Mission der »Beglückung des ganzen Menschengeschlechtes«! Der Hypertrophie des nach außen gerichteten Sendungsbewußtseins entsprach Wagners Forderung, an der Spitze aller republikanischen Bestrebungen solle der (sächsische) König stehen, »der erste und allerechteste Republikaner«. Er sollte Sachsen zu einem Freistaate erklären und so »eine neue Zeit unvergänglichen Glückes« begründen, das nicht allein auf Sachsen, sondern auf Deutschland und Europa die »wohltätigste, entscheidenste Mitteilung« ausüben würde.

Eine unmittelbare Reaktion des sächsischen Königs Friedrich August II. ist nicht überliefert.[17] Vielleicht hat er ähnlich gedacht wie der letzte sächsische König Friedrich August III., der angesichts der ihm bei seinem Abschied im November 1918 tränenreich dargebotenen Sympathien von Teilen der Bevölkerung ausgerufen haben soll: »Ihr seid mer scheene Rebubliganer!«

In einem im Oktober 1848 in den von Wagners Freund und Musikerkollegen August Röckel[18] herausgegebenen *Volksblättern* erschienenen Artikel »Deutschland und seine Fürsten« ist der Unterschied zwischen dem sächsischen Königshaus und den übrigen Fürsten eingeebnet. Jetzt wird die Erfüllung der bisher sträflich vernachlässigten »Fürstenpflichten«[19], vor allem die Abschaffung der Vorrechte des Adels und des Müßigganges der Hofgesellschaft und des Militärs angemahnt.

Der Beitrag erschien wie spätere Artikel auch anonym. Nach seinem öffentlichen Auftritt im »Vaterlandsverein« hatte die Intendanz des Hoftheaters »Rienzi« vom Programm abgesetzt. In einem an den König gerichteten Briefentwurf[20] vom 21. Juni 1848 hatte er seine Rede damit zu entschuldigen versucht, daß ihm »wie jedem, dem es um das Edle zu thun ist, rohe Gewaltschritte der instinktmäßig fortdrängenden, stets aber irregeleiteten Masse als das höchste Unglück« gelten, »dem sich die Geschichtsentwickelung aussetzt«. Da in der »letzten Vergangenheit dieses wilde elementarische Gebahren mit Schreck zur Genüge zu beobachten« gewesen sei, fühle sich der »unselbstsüchtig für die Freiheit Begeisterte gedrängt, selbst für die freieste Staatsform das Königthum erst recht als das Herrlichste und Wahreste hinzustellen und jenem rohen Ehrgeiz dadurch ein für alle Mal einen wohltätigen Damm ihrer gemeinsamen Leidenschaften zu bauen«. Und er fährt fort: »war mein Beginnen schwärmerisch und unüberlegt, so können doch nur Eure Königliche Majestät entscheiden, ob meine Absicht, wie ich sie hier nach Gewissen und Überzeugung darlege, selbst unrein war.« Die devote Schlußformel (»In tiefster Demut ersterbe ich als Eurer Königlichen Majestät treugehorsamster Untertan Richard Wagner«[21]) scheint ihn vollends als Abwiegler und Opportunisten auszuweisen, dem auch das Gebot der Selbstachtung nicht im Wege stand, dem Schicksal seines Freundes Röckel[22] und dem vieler engagierter Demokraten zu entgehen.

Wurde er deshalb völlig gegen seinen Willen in den Dresdener Aufstand vom Mai 1849 hineingerissen, ohne innerlich beteiligt zu sein, wie er dies wenige Tage nach seiner Flucht aus Dresden in einem Brief an seinen Freund und Kollegen Eduard Devrient weiszumachen versucht? Dieser konnte Wagners Aussage und die damit verknüpfte Bitte, auf die Offenhaltung seiner Stelle hinzuwirken, auf die er nach einiger Zeit zurückkehren wollte, nicht kommentarlos hinnehmen: »Diese Denkweise ist doch grundunehrlich: Daß er bei seiner exzentrischen Parteinahme sich vom Aufstande mit fortreißen lassen würde, war vorauszusehen; nun aber sollte er auch sagen: ›Ich hab's getan‹ und sich selbst nicht verleugnen. Dann auch noch an den König Gehaltsansprüche zu richten, gegen den man die Empörung geteilt«[23]. So der Künstler über den Freund und Künstler! Die »exzentrische Parteinahme« wird hier also nicht mit dem Hinweis auf die Natur des Künstlers erklärt, sondern mit der Persönlichkeitsstruktur Wagners, seinen Bewußtseinsspaltungen und Verdrängungsversuchen.

Die Schilderung der Maitage in seiner Autobiographie dokumentiert insbesondere die Faszination, die von einer Gestalt wie Michail Bakunin ausging, dessen Entschiedenheit Wagners inneren Zwiespalt – zerstören, um neu aufzubauen, oder Wandel zum Neuen aus dem Bestehenden heraus – verstärkte.

Seine riesenhafte Statur, der Kopf wie ein Löwenhaupt, die an Kant, Fichte, Hegel, Schelling, später an Proudhon und Max Stirner geschulte Dialektik, die radikale Sprache, dies alles war an Bakunin beeindrukkend. Schon Jahre vor der Revolution wurde er auf Ersuchen der russischen Regierung von der Polizei mehrerer Länder mit Argwohn beobachtet und verfolgt. Auch die Dresdener Polizei hatte ihn schon 1842 im Visier, als er, aus Berlin vertrieben, für einige Monate dort wohnte, den jungen sozialkritischen Dichter und Republikaner Georg Herwegh bei sich aufnahm und für Arnold Ruges *Deutsche Jahrbücher* unter französischem Pseudonym einen Aufsatz über »Die Reaction in Deutschland« veröffentlichte[24], der in den Worten gipfelte: »Die Lust der Zerstörung ist auch eine schaffende Lust« – ein Satz, den über acht Jahrzehnte später der junge Wehner der Öffentlichkeit entgegenschleuderte. Verkörperte Bakunin, den Wagner schon bei der ersten Begegnung als »imposante Persönlichkeit« empfand[25], die ersehnte Einheit von großem Individuum und geschichtlich bedeutsamer (Volks-)Bewegung, von wirklichem Leben und künstlerischem Drama? Dem ersten Anschein nach sah er in ihm »das Zentrum einer Universalkonspiration«.

Die wilden Brand- und Zerstörungsphantasien, in denen Bakunin, der sich nach dem mißglückten Prager Aufstand vom Sommer 1848 auch in Dresden vor der Polizei verborgen halten mußte, auf den langen Wanderungen mit ihm während des Winters und Frühjahrs 1849 schwelgte – er wollte nichts weniger, als »die ganze europäische Welt mit Petersburg, Paris und London in einen Schutthaufen verwandelt« sehen –, ließen Wagner zwischen »unwillkürlichem Schrecken und unwiderstehlicher Angezogenheit« schwanken. Sie kontrastierten nicht nur mit der Sanftmut und Liebenswürdigkeit, die Bakunin im persönlichen Umgang an den Tag legte, sondern auch mit seiner Zurückhaltung in den ersten Tagen des Dresdener Maiaufstandes.

Dieser Aufstand war kaum mehr zu vermeiden, nachdem das reaktionäre Ministerium Beust am 1. Mai 1849 die Kammer aufgelöst und die Annahme der von der Frankfurter Nationalversammlung ausgearbeiteten Reichsverfassung verweigert hatte. Der durch die preußische Zirkularnote vom 28. April angedeutete Einmarsch preußischer Truppen steigerte die Empörung. Die sächsische Infanterie feuerte auf die Kommunalgarde und auf Demonstranten. Es gab Tote und Verwundete sowie den Ruf »Auf die Barrikaden!« Der Rat der Stadt versuchte, mit dem König zu verhandeln. Dieser blieb bei seinem Verfassungsbruch und flüchtete mit den Ministern auf die Festung Königstein.

Die aus dem sächsischen Rumpfparlament gebildete provisorische Regierung vereidigte die Reste der Kommunalgarde und die von außerhalb zugezogenen Freischaren auf die Reichsverfassung. Über ihre hastig betriebenen Bemühungen zur Verteidigung Dresdens gegen die anrükkenden preußischen und dem König verbliebenen sächsischen Truppen machte sich Bakunin anfangs lustig. Erst als es einem Mitglied der provisorischen Regierung, dem Freiberger Amtmann Heubner, der in der Kammer der gemäßigten Linken angehört hatte, gelang, durch sein persönliches Beispiel den verzagten und in voller Auflösung befindlichen Verteidigern jener Barrikade Mut einzuflößen, die wenig später als erste von den Truppen der Gegenrevolution angegriffen wurde, war Bakunin bereit, »seinen Hals daran zu wagen«; er verließ, wie es in Wagners Autobiographie weiter heißt, »das Rathaus und Heubner nicht mehr, um nach jeder Seite hin mit merkwürdiger Kaltblütigkeit Rat und Auskunft zu erteilen«[26]. In diese Rolle als »Chef des Generalstabes« brachte er auch die Mitarbeit revolutionärer polnischer Offiziere ein.

»Auf der Dresdener Barrikade« im buchstäblichen Sinne haben also weder Bakunin noch Wagner gefochten, obwohl dies, legendenhaft verklärt, in einer Reihe von Darstellungen der Revolution behauptet wird. Aber Wagners eigener, sehr zurückhaltend formulierter Bericht zeigt, daß, nachdem der erste Angriff abgeschlagen war, der Bakunins konkretes Engagement begründete, auch in ihm »die Teilnahme an den Vorgängen eine immer leidenschaftlichere Farbe anzunehmen« begann.

Schon vorher hatte er seinen Freund, den Architekten Gottfried Semper, dessen Skrupel hinsichtlich Vereinbarkeit von demokratischem Engagement in der Kommunalgarde und der Pflicht als »Staatsbürger« (d.h. als Professor an der Akademie der Künste) anfangs »unwiderstehlich komisch« auf ihn gewirkt hatten, dazu ermuntert, die von diesem als »höchst fehlerhaft« kritisierten Konstruktionen mehrerer Barrikaden an wichtigen Brennpunkten der militärischen Führung zur Änderung vorzuschlagen. Wagner bemühte sich nicht nur, die *Volksblätter* seines nach Böhmen geflüchteten Freundes August Röckel weiterzuführen. Er ließ dort auch Handzettel mit dem Aufruf drucken: »Seid ihr mit uns gegen fremde Truppen?« und verteilte sie während eines Waffenstillstandes an königstreue sächsische Soldaten. Es bleibt unklar, weshalb er dabei nicht festgenommen und dem Standrecht überantwortet wurde: Glück oder Nachsicht mit dem als politischer Agitator nicht recht ernstgenommenen Künstler? Möglich ist beides.

Trotz des Zuzuges weiterer Freischaren gab die provisorische Regierung auch auf den Rat Bakunins hin nach wenigen Tagen Dresden auf, um noch größere Menschenopfer und Zerstörungen[27] zu vermeiden. Die Zahl der Toten ging in die Hunderte. Die Soldateska schonte weder das Leben von Gefangenen noch von Verwundeten. So wurde eine Anzahl Gefangene von der großen Elbbrücke ins Wasser gestürzt. Und als sie versuchten, sich am Geländer festzuhalten, hackte man ihnen mit dem Säbel die Finger ab.

Unterschiedliche Konsequenzen für die Revolutionäre

Auf dem Rückzug über Freiberg nach Chemnitz war Wagner erneut das Glück hold. Die Chemnitzer Kommunalgarde, die königstreu geblieben war, hatte Heubner und Bakunin in eine Falle gelockt und wenige Stunden vor dem Eintreffen Wagners durch die Gendarmerie der Königlichen Kreis-Regierung verhaften lassen. Mit besonderem Eifer verlangten die Chemnitzer später die zwölftausend Rubel, die die zaristische Regierung auf den Kopf Bakunins ausgesetzt hatte. Es gehört zu den oft kuriosen Sprüngen der Geschichte, daß die Stadt zwischenzeitlich den Namen von Karl Marx trug, des Mannes also, der schon 1848 in der *Neuen Rheinischen Zeitung* ungeprüft die später immer wieder auftauchende Meldung übernommen hatte, Bakunin sei ein Agent Rußlands[28], und später in der 1864 gegründeten ersten Sozialistischen Internationale den Einfluß Bakunins mit allen Mitteln bekämpfte.

Bakunin, zunächst auf der Feste Königstein, dann auf dem Prager Hradschin und in Olmütz in Haft, wurde sowohl von den sächsischen wie von den österreichischen Richtern (wegen seiner Beteiligung am Prager Aufstand) zum Tode verurteilt, dann 1851 an Rußland ausgeliefert. Dort verschwand er für sechs Jahre hinter den furchterregenden Mauern der Aleksej-Bastion der Peter-Pauls-Festung in Petersburg, später dann hinter denen der geheimen Festung Schlüsselburg. Erst 1861 konnte er die ihm 1857 gewährte lebenslängliche Verbannung nach Sibirien zu einer als Studienreise getarnten abenteuerlichen Flucht[29] in die Freiheit nutzen.

Während Bakunin so zum Märtyrer an der revolutionären Sache wurde, war Wagner schon im Mai 1849 die Flucht in die Schweiz gelungen. Dort schlug er, der von den sächsischen Behörden steckbrieflich Verfolgte und erst Jahrzehnte später Amnestierte, für lange Jahre seinen Hauptwohnsitz auf. Zunächst blieb er noch im Bannkreis der revolutionären Ideenwelt. In seiner grundlegenden Schrift »Die Kunst in der Revolution«, die er Ende Juli 1849 verfaßte und die im Oktober 1849 bei Otto Wigand in Leipzig erscheinen konnte, wandte er sich vehement gegen die Klagen der Künstler »über den Schaden, den ihnen die Revolution verursacht« habe. Er wies darauf hin, daß es darum gehe, die Kunst »als soziales Produkt zu erkennen«. Der besonders nachhaltige Charakter der letzten Erschütterungen sei es, der das Kunsttreiben so tödlich berühre. Die bisherigen Grundlagen des Erwerbs, des Verkehrs, des Reichtums seien jetzt bedroht.[30]

Die Bedrohung, die Wagner hier beschrieb, bestand darin, daß auf den Dresdener Barrikaden neben der schwarz-rot-goldenen Flagge auch die rote Fahne als Sturmzeichen der sozialen Revolution von den immer zahlreicher in die Kämpfe eingreifenden Arbeitern aufgepflanzt worden war. Seine Analyse der sozialen Funktion von Kunst im historischen Wandel beruhte auf der zentralen These, daß einzig bei den Griechen das große »Gesamtkunstwerk« der Tragödie, »der Inbegriff alles aus dem griechischen Wesen Darstellbaren« gewesen sei. Sie habe nicht nur die Einzelkünste – Rhetorik, Bildhauerei, Malerei, Musik usw. – zusammengefaßt: »Es war, im innigen Zusammenhange mit ihrer Geschichte, die Nation selbst, die sich bei der Aufführung des Kunstwerkes gegenüberstand, sich begriff und im Verlaufe weniger Stunden zum eigensten, edelsten Genusse sich gleichsam selbst verzehrte.«

Jede Zerteilung dieses Genusses, wie sie die weitere ästhetische Entwicklung mit sich gebracht habe, konnte in Wagners Augen nur Nachteiliges bedeuten. Die Niederlage des Aischylos gegen den »jugendlichen Sophokles« sei »der erste Schritt abwärts von der Höhe der griechischen Tragödie« gewesen. Das Christentum habe dann »alle Lebensfreude« verdammt. In der Moderne schließlich habe die Kunst, statt sich von immerhin »respektablen Herren«, wie die »geistige Kirche« und »geistreiche Fürsten« es gewesen seien, zu befreien, einer »viel schlimmeren Herrin mit Haut und Haar« sich verkauft, der Industrie: »Ihr wirkliches Wesen ist die Industrie, ihr moralischer Zweck der Gelderwerb, ihr ästhetisches Vorgeben die Unterhaltung der Gelangweilten.« Zugunsten der Reichen sei »Gott Industrie geworden, die den armen christlichen Arbeiter gerade nur so lange am Leben erhält, bis himmlische Handelskonstellationen die gnadenvolle Notwendigkeit herbeiführen, ihn in eine bessere Welt zu entlassen«.

Seine Beweisführung gipfelte in der Forderung: »Nur die große Menschheitsrevolution, deren Beginn die griechische Tragödie einst zertrümmerte, kann auch dieses Kunstwerk uns gewinnen; denn nur die Revolution [nicht die Restauration] kann [...] das von neuem und schöner, edler, allgemeiner gebären, was sie dem konservativen Geiste einer früheren Epoche schöner, aber beschränkter Bildung entriß und verschlang. Das Kunstwerk der Zukunft [soll] den Geist der freien Menschheit [...] umfassen; das nationale Wesen in ihm darf nur ein Schmuck [...], nicht eine hemmende Schranke sein.«[31]

In einem wenig später verfaßten, erst nach dem Tode veröffentlichten Fragment mit der Überschrift »Das Künstlertum der Zukunft«[32] finden sich die Sätze: »Klares, geschichtliches Leben« beginne erst mit dem Ende von Monarchie und erblichem Besitz, die eine willkürliche Erfindung seien. Die »vollkommenste Befriedigung des Egoismus« sei nur durch seine Verneinung »im Kommunismus« möglich. Nur das Volk könne »schöpferisch« sein, weil es die Not dazu treibe, nicht der einzelne. So entstehe auch das Genie aus »der Gemeinsamkeit aller Künstler«.

In einer weiteren, Ludwig Feuerbach gewidmeten Schrift vom November 1849 heißt es schließlich: »Das [Gesamt-]Kunstwerk der Zukunft [...] ist praktisch nur in der Genossenschaft aller Künstler denkbar, und die Vereinigung aller Künstler nach Zeit und Ort und zu einem bestimmten Zwecke bildet diese Genossenschaft. Dieser bestimmte Zweck ist das Drama, zu dem sie sich alle vereinigen [...]. Das, was allen ihre Teilnahme ermöglicht, ja was sie notwendig macht [...], ist aber der eigentliche Kern des Dramas, die dramatische Handlung. [...] Unmittelbar dem (vergangenen oder gegenwärtigen) Leben entnommen bildet sie gerade in dem Maße das verständnisgebende Band mit dem Leben, als sie der Wahrheit des Lebens am getreuesten entspricht.«[33]

Es scheint zunächst so, als hätten die revolutionären Impulse doch länger angehalten und als seien die kläglichen Distanzierungsversuche der ersten Wochen nur von der Sorge um das künftige materielle und künstlerische persönliche Schicksal diktiert gewesen. Trotz des Pathos und mancher gedanklicher Konfusion skizzieren diese Schriften das Programm einer revolutionären Ästhetik, wie es in jenen Jahren nur selten formuliert wurde. Es mischt Elemente der deutschen Klassik (Weltbürgerlichkeit und Idealisierung der griechischen Polis) mit solchen der Kritik von David Friedrich Strauß und Ludwig Feuerbach am Christentum. Die Verdammung der Besitz- und Erwerbsgesellschaft orientiert sich an Rousseau, Saint-Simon und Proudhon.[34] Die Gefahren der

Entfremdung in der Industriegesellschaft – die Industrie töte den Menschen, »um ihn als Maschine zu verwenden« – erinnert an die hegelianische Linke, insbesondere an das Dioskurenpaar Marx und Engels, denen er persönlich nie begegnet ist. Was diesen beiden der Kommunismus der Urgesellschaft und der Sündenfall der Sklavenhaltergesellschaft ist, findet seine Parallele in Wagners Kritik an der Zerstörung des antiken »Gesamtkunstwerks« durch die Römer und die (römisch-)christliche Kirche. Was für Marx und Engels die wiederherzustellende Einheit von Mensch und nicht entfremdeter gesellschaftlicher Produktion ist, entspricht dem Streben Wagners nach Einheit von Kunst und Leben – »die dramatische Handlung [als] Zweig vom Baum des Lebens«.

Vieles davon war ihm ohne Lektüre der Werke anderer, einfach durch die öffentliche Diskussion in Presse und Versammlungen zugewachsen. Manches davon verdankte er den Diskussionen im Freundes- und Bekanntenkreis, nicht zuletzt den Gesprächen mit Röckel und Bakunin, im Schweizer Exil dann mit Georg Herwegh. Da er keine zusammenhängende Weltanschauung besaß[35], blieb er von der Umgebung und von den intellektuellen Zeitströmungen abhängig.

Da, wo diese sich mit eigenen Vorurteilen und Komplexen verbanden, kam es schnell zu schwer nachvollziehbaren Ausfällen in extremster Form, so geschehen in dem unter dem Pseudonym K. Freigedank im September 1850 veröffentlichten Aufsatz »Das Judentum in der Musik«. Obwohl dort an manchen Stellen noch eine formale Nähe zur zeitgenössischen linken Kritik (bis hin zu Marx) an den jüdischen Praktiken des Gelderwerbs als Teil der allgemeinen Kritik am modernen Kapitalismus festzustellen ist, haben sich die Ziele und die dabei benutzten sprachlichen Mittel weit davon entfernt, in gewisser Weise sogar verselbständigt.

Begriffe wie »innerlichste Abneigung [im Volke] gegen jüdisches Wesen«, das »unwillkürlich Abstoßende« der jüdischen Persönlichkeit, das »unangenehm Fremdartige« dieser »Nationalität«, das »widerliche Wie« der jüdischen Rede und Aussagen wie die, daß die Verwischung »aller Spuren seiner Abkunft« den gebildeten Juden zum »herzlosesten aller Menschen« gemacht habe und das Judentum »das üble Gewissen unserer modernen Zivilisation« sei, zielten, wie er anfangs auch betonte, auf die »unbewußte Empfindung«, auf die Tiefenstruktur des individuellen und kollektiven Halb-, Vor- und Unbewußten, aus der sich dann das Bild des neuen Feindes formen sollte. Besonders makaber nimmt sich die am Schluß an die Adresse der Juden gerichtete Empfehlung aus, dem Beispiel des »Erlösung« suchenden Ludwig Börne, dem er eine »Sonderstellung« einräumte, zu folgen: »Nehmt rücksichtslos an diesem, durch Selbstvernichtung wiedergebärenden Erlösungswerke teil, so sind wir einig und ununterschieden! Aber bedenkt, daß nur eines eure Erlösung von dem auf euch lastenden Fluche sein kann: die Erlösung Ahasvers – der Untergang!«[36]

»Realpolitik« und Innerlichkeit

Das Scheitern der bürgerlichen Revolution in Deutschland war für das Bildungsbürgertum schmerzhafter als für das wirtschaftlich tätige Bürgertum. Nicht nur, weil das erstere in der Revolution – jedenfalls im Geiste und in der öffentlichen Diskussion, nicht auf den Barrikaden – stärker engagiert war, sondern auch, weil die reaktionären Regierungen in Deutschland, unterstützt von der nach 1849 wieder anspringenden Weltkonjunktur, vom Boom des Krimkrieges und der wachsenden Bedeutung des Zollvereins, die Energien des Wirtschaftsbürgertums ganz bewußt auf das wirtschaftliche Betätigungsfeld lenkten. Erzwungenes Exil von Tausenden aktiver Demokraten und Auswanderung von Zehntausenden ihrer Anhänger hatten die Reihen der kritischen Öffentlichkeit gelichtet. Die Reste der Bewegung wurden unterdrückt.

Nun wurden in den kulturell und geistig führenden Schichten die »realen« Machtverhältnisse anerkannt. »Realpolitik« wurde dies genannt. Nicht mehr die Macht der Mächtigen und das eigene Unvermögen wurden für das Scheitern der Revolution und ihrer Ideale von Freiheit und Einheit verantwortlich gemacht, sondern gewisse Gruppen – eben Feinde: Die Roten, die Radikalen, die Polen, die Tschechen und die Juden gerieten unter Pauschalverdacht.

Der sonst zu Recht für die Unbestechlichkeit seiner Menschenbeobachtung gerühmte Adolph Menzel hat in seinem 1852 gemalten »Der zwölfjährige Christus im Tempel« diese Tendenzen auf den Begriff gebracht, als er um der »realistischen« Wirkung willen den Schriftgelehrten die »charakteristischen« Züge osteuropäischer Juden verlieh.[37] Und Gustav Freytag hat in »Soll und Haben«, dem beliebtesten Familienroman des deutschen Bildungsbürgertums, mit seiner negativen Charakterisierung der dort erscheinenden Juden deren Bild weit über die literarische Öffentlichkeit hinaus mitgeprägt.

Wagner hat sich hier nicht bloß eingefügt, sondern die Gesamttendenz bestimmt. Den unbestreitbar revolutionären Charakter seiner Musik, durch den die meist verschlossenen Tiefenschichten menschlichen Fühlens und Träumens, das Erahnen von Unbewußtem, das Erinnern von Halbbewußtem erreicht wurden, benutzte er als Vehikel zum Transport wahnhafter Mythen und Gestalten, die Tod und Verdammnis verkörperten und Erlösung allein durch (Selbst-)Vernichtung gewannen.

Das angeblich so unpolitische Biedermeier vor 1848 war virtuell tausendmal politischer als die machtgeschützte und die zwischen Machtanbetung und –verteufelung oszillierende Innerlichkeit der zweiten Jahrhunderthälfte, in der buchstäblich politisch alles gedacht wurde, nie aber – angesichts der radikalen Widersprüchlichkeit des Gedachten – getan werden mußte. Wagner war der Prototyp dieses Denkens und Verhaltens, dieses rauschhaften Überflutens des Verstandes durch die manische Sucht, alles gleichzeitig denken und sein zu wollen: Revolutionär und Antisemit, Monarchist und Demokrat[38] – und schließlich nichts zu sein, weil alles Denken folgenlos blieb, nicht zur Verantwortung gezogen wurde. Langfristig hat dieses antipolitische Verhalten seine negativen politischen Wirkungen entfaltet.

Kein Wunder, daß selbst die in der ästhetischen Konzeption angestrebte Einheit von Lebenswirklichkeit und Kunst außer Reichweite geriet. Die Zuhörerschaft etwa zum »Ring des Nibelungen« stellte sich Wagner als »eine Versammlung von (Seelen-)Freunden« vor, den Ort der Aufführung »in irgendeiner schönen Einöde, fern von den Qualen und dem Industriepestgeruch der Zivilisation«. Der Prozeß der Remythisierung der deutschen Gesellschaft anläßlich ihres Eintritts ins Industriezeitalter[39] war aber damit noch lange nicht vorbei. Gegen Ende des 19. Jahrhunderts haben große Teile einer ganzen Generation in der bürgerlichen Jugendbewegung dieser Flucht in die Innerlichkeit unter dem Motto »Die Seele geht nicht ins Büro« den Charakter einer auch das Alltagsverhalten steuernden Weltanschauung verliehen. Noch sind wir nicht in den Schluchten und Abgründen der Geschichte unseres Jahrhunderts, wohl aber in Überlagerungs- und Verwerfungszonen, in denen erste Bruchlinien erkennbar sind.

Was hat Wagner mit der Arbeiterbewegung und der Biographie Herbert Wehners im Besonderen zu tun? War nicht die junge Arbeiterbewegung auch im Dresden der Jahre 1848/49 zum ersten Mal politisch aus dem Schatten des Bürgertums herausgetreten? Hatte nicht der auch von Wagner positiv erwähnte Stephan Born, der Begründer der »Arbeiterverbrüderung«, sich als Oberbefehlshaber der Dresdener Barrikadenkämpfer und als Organisator ihres geordneten, weitere Opfer vermeidenden Rückzugs Ruhm erworben? Das ist sicher richtig. Und dennoch: Die deutsche Arbeiterbewegung war selbstverständlich Teil dieser Gesellschaft und ihrer Mythen. Sie ist auch keineswegs aus dem sozialen Nichts entstanden. Die teils bildungsbürgerliche, teils handwerklich-kleinbürgerliche Herkunft ihrer führenden Köpfe im 19. Jahrhundert läßt sich schon an den Biographien von Wilhelm Liebknecht und August Bebel festmachen. Bebel selbst berief sich in »Die Frau und der Sozialismus« ausdrücklich auf Wagner, der in seiner Schrift »Kunst und Revolution« (1850) geahnt habe, welche Neugeburt die Kunst erfahren werde, wenn einmal »menschenwürdige Zustände« existierten.[40]

Es gibt aber auch direkte Bezüge: Herbert Wehners Urgroßvater väterlicherseits, der die Geburt seines Urenkels noch erlebte, stammte aus dem oberhalb Dresdens am rechten Elbufer gelegenen Dorf Hosterwitz. Er war 1848 zwanzig Jahre alt. Es ist wenig wahrscheinlich, daß er von den revolutionären Ereignissen völlig unberührt geblieben ist. Später muß er es zu einem gewissen Wohlstand gebracht haben. Im Loschwitzer Kirchenregister ist er als »Schuhmachermeister und Weinbergsbesitzer allhier« eingetragen.[41]

Es dürfte wohl kaum der zeitlich ohnehin nicht zutreffende direkte Zusammenhang mit der Rolle der Loschwitzer Weinberge in der deutschen Kulturgeschichte – nach den schon erwähnten Schiller und Kleist ließ sich Wagner 1844 von diesem Ambiente bei der Niederschrift der Orchesterskizze zu Tannhäuser II inspirieren – gewesen sein, sondern eher der in der Familie mehrere Generationen hindurch ausgeübte Beruf des Schuhmachers, dessen Handwerk inzwischen durch die von Wagner in den »Meistersingern« herausgehobene Gestalt des Hans Sachs künstlerische Weihen erhalten hatte, der die Familie dazu brachte, einem der Enkel den Vornamen Richard zu geben. Dessen Sohn Herbert erhielt ihn als zweiten Vornamen.

Darüber mag man lächeln oder es für »kleinbürgerlich« im doppelten Wortsinne halten. Aber 1923, als der siebzehnjährige Herbert Wehner Mitglied der (Sozialistischen) Arbeiterjugend Dresdens geworden war, bereitete diese Jugendgruppe sich »und ihren Freunden [...] einen gottvergnügten Abend« bei – Hans Sachs: »Er begann prachtvoll mit dem Gruß an Hans Sachs aus den ›Meistersingern‹ von Richard Wagner. Der Jugendchor sang ihn. Es war [...] in gewissem Sinne ergreifend, mit welch heiligem Eifer und mit welch sauberen Stimmen diese Burschen und Mädel, geführt von ihrem jugendlichen Dirigenten, einem Schlosser, den Gruß sangen.« Soweit der im etwas überschwenglichen Stil der Zeit gehaltene Anfang eines Berichts über die Veranstaltung im überfüllten Dresdener Vereinshaus.[42] Unwahrscheinlich, daß der nicht nur in mehreren Musikinstrumenten, sondern auch im Chorgesang geübte Herbert Wehner nicht dabei mitgewirkt hat.

II Arbeit und Arbeiterbewegung

In einer Chronik der Stadt Dresden aus den zwanziger Jahren unseres Jahrhunderts heißt es: »Das 19. Jahrhundert brachte die amerikanische Entwicklung, ohne die Grundlagen zu verlieren (Volk, privates Leben, Arbeit, Bildung, öffentliches Leben).«[1] Dieser Befund läßt auf eine kontinuierliche Entwicklung während des ganzen Jahrhunderts schließen. Einer genaueren Analyse hält er allerdings nicht stand.

»Amerikanisch« war Sachsen während des Mittelalters und der frühen Neuzeit gewesen, als der Erzreichtum der Gebirgsregionen, insbesondere die Vorkommen an Silber-, Zinn- und Eisenerzen, entdeckt und ausgebeutet wurde. Da trat vor allem seit dem 13. Jahrhundert der Bergbau als »kolonisierende Macht«[2] auf. Das Recht der Bergfreiheit, das es jedem erlaubte, nach Erz zu schürfen, zog anfangs Tausende von Arbeitern und zahlreiche Glücksritter aus halb Europa an. Städte wie Freiberg, Schneeberg, Annaberg, Joachimsthal entstanden ähnlich »planlos«, das heißt nicht den Vorgaben von weltlichen oder geistlichen Stadtherren, sondern den Erfordernissen des Bergbaus und den Bedürfnissen der Kolonisten entsprechend wie später die Bergbausiedlungen im Westen der Vereinigten Staaten und in Australien. Es war eine Form der Arbeit, die ein freieres Denken ermöglichte als das in der ständisch gebundenen Wirtschaft übliche. Zeitweise nahm es revolutionäre Züge an, so in der Reformation, als in der Marienkirche zu Zwickau Thomas Müntzer seine Predigten an Bergknappen und Hausweber richtete.

Im Unterschied zu der Entwicklung in der Neuen Welt wurden die Bergleute in Sachsen im Lauf der Jahrhunderte Teil der bodenständigen Bevölkerung, verkörperten den Typ des »industrialisierten Bauern«[3], der die Möglichkeit hatte, in Niedergangsperioden des Bergbaus Zuflucht in der Landwirtschaft zu finden. Die mit dem Bevölkerungswachstum, das durch den Dreißigjährigen Krieg in Sachsen viel weniger unterbrochen worden war als im übrigen Deutschland, notwendige Ausweitung des Nahrungsspielraums führte schon früh zu einer intensiv betriebenen Landwirtschaft, die Mitte des 19. Jahrhunderts bei den Hektarerträgen für Getreide und in der Viehwirtschaft Ergebnisse aufwies, die im Reichsdurchschnitt erst um 1900 erreicht wurden.

Auf der anderen Seite hatte die vor allem in den Gebirgsregionen stattfindende Aufteilung der landwirtschaftlich nutzbaren Flächen in Klein- und Kleinstgrundbesitz der Ausdehnung des Nahrungsspielraums natürliche Grenzen gesetzt. Zum Ausgleich dafür entstanden schon lange vor der Industrialisierung des 19. Jahrhunderts in den Gebirgstälern und in den angrenzenden Regionen eine Reihe von Produktionszweigen, die unter Nutzung der in der Natur vorhandenen Materialien (Holz, Metalle, Wolle, Leder, Quarzsande etc.) und Hilfsquellen (Wasserkraft) vielfältige Produkte hervorbrachten: von der Holzschnitzerei über die Metallverarbeitung und Herstellung von Musikinstrumenten bis zu feinen Papiersorten, von den Erzeugnissen der Spitzenklöpplerinnen bis zu denen der Glasbläser. Sie fanden nicht nur in der Dresdener Residenz, sondern weit über die Grenzen Sachsens hinaus Anklang und Absatz. Früher als im übrigen Reich hatte sich hier die Geldwirtschaft bis hin zur lokalen Ebene durchgesetzt und dem Wirtschaftsleben Dynamik und Anpassungsvermögen verliehen, auch wenn dabei die Krone mit ihren prunkvollen Bauten und der Opulenz ihres Hoflebens sowie in Kriegszeiten die (meist preußische) Besatzungsmacht den »Rahm« abzuschöpfen pflegte.

Zugleich entstand schon früh eine »industriell geschulte und in industrieller Tradition erzogene« Arbeiter- und Handwerkerbevölkerung, »die in Europa kaum ihresgleichen hatte«[4]. Der Prozeß der vor allem im 18. und frühen 19. Jahrhundert in den meisten deutschen Fürstenstaaten durch den Militärdienst, die Zuchtrute des Dorfschulmeisters und die Gesindeordnungen des Großgrundbesitzes erzwungenen Sozialdisziplinierung – eine der zentralen Voraussetzungen für die industrielle Entwicklung im 19. Jahrhundert und die Möglichkeit der Siedlungsverdichtung in den Ballungsgebieten – ging in den wirtschaftlich entwickelten Gebieten Sachsens andere Wege: Er geschah durch die Arbeit selbst und durch die Kombination aus organisierter Teilung der Arbeitsschritte, Konzentration, Präzision, handwerklicher Geschicklichkeit, Schönheitssinn und Blick für das Marktgängige zugleich, also durch Eigenschaften, die sich sächsische Bergleute, Handwerker, Manufakturarbeiter, Kaufleute und technisch-wissenschaftliche Elite durch jahrhundertelange Übung in unterschiedlicher Ausprägung erworben hatten.

Sie trugen entscheidend dazu bei, das im Fremd- wie im Selbstbilde gleichermaßen vorhandene klassenübergreifende Bild vom »fichilanten« Sachsen (vom französischen *vigilant*) zu formen. Das konnte heißen: aufmerksam, wachsam, mißtrauisch, lernbegierig, aufgeweckt, hell, nie ermüdend, stets anpassungsbereit, beweglich im Erleben und Erleiden, frohsinnig. Und mindestens ein Körnchen jeder dieser Eigenschaften pflegt(e) den Sachsen in die Wiege gelegt zu werden.

Bei aller Emphase für den durch frühindustrielle Arbeit mitgeformten Volkscharakter der Sachsen war auch die oben mit einem Fragezeichen versehene »amerikanische Entwicklung« kein Selbstläufer. Dies um so mehr, als der Bergbau, früher einmal eine der Quellen des Wohlstandes, während des 19. Jahrhunderts vor allem im östlichen Erzgebirge immer stärker zurückging, nachdem er schon vorher beträchtlich an gesamtwirtschaftlicher Bedeutung eingebüßt hatte. Im vormärzlichen Sachsen gab es eine rasche, von Landwirtschaft, Bergbau, Handwerk und Handel nicht mehr absorbierbare Bevölkerungsvermehrung. Jener von ordnungsliebenden Bürgern und fürstlichen Obrigkeiten verachtete und – wie die Jahre 1830 und 1848/49 zeigten – gefürchtete besitz- und teilweise arbeitslose »Pöbel«, der erst langsam zum Industrieproletariat wurde, existierte vielerorts noch Jahrzehnte neben diesem. Er bildete die »industrielle Reservearmee«, konkurrierte notgedrungen mit dem Proletariat und drückte so auch dessen Löhne und Arbeitsbedingungen häufig bis unter das Existenzminimum.

Die Wirtschaftsstruktur der Residenzstadt

In Dresden verlief die Entwicklung zur großen Industriestadt zunächst langsamer als in Städten vergleichbarer Größe wie Leipzig und Chemnitz, die schon früher vom Beitritt Sachsens zum Zollverein (1837) profitiert hatten. Dresden wurde als Residenzstadt gleichwohl zum Schnittpunkt des neuen Verkehrsweges, der Eisenbahn: Im April 1839 wurde die Linie Dresden–Leipzig, 1844/47 die sächsisch-schlesische Bahn, 1851 die sächsisch-böhmische Bahn mit ihren Bahnhöfen in Alt- und Neustadt eröffnet. Dem Bau der Bahnlinien und -höfe fielen historische Bauten von hohem Rang wie das Schönburg-Waldenburgische und das Brühlsche Palais zum Opfer. Große Verwaltungsneubauten, drei neue Elbbrücken, Straßendurchbrüche und -verbreiterungen in der Innenstadt veränderten nicht nur das Stadtbild in den nachfolgenden

Jahrzehnten, sondern sollten in willkommener Nebenabsicht – wie in anderen europäischen Großstädten auch – das Bauen von Barrikaden erschweren und dem Militär freies Schußfeld ermöglichen.

Noch 1866 beschrieb Heinrich von Treitschke seine Heimatstadt Dresden als einen großen Badeort und als Ruhesitz für Pensionäre und reiche Fremde.[5] Für die Schauseite Dresdens an beiden Elbufern, an der um die Altstadt herumgebauten Ringstraße, den um die erweiterte Prager Straße und die Schloßstraße gruppierten Quartieren der Innenstadt und in den Villenvierteln am Großen Garten, in der Neustadt und in dem südlich des Hauptbahnhofes entstehenden Schweizer Viertel in der Südvorstadt galt dies noch nach der Jahrhundertwende. Der Schriftsteller Alfred Günther kennzeichnete die vornehm-beschauliche Atmosphäre dieser Teile Dresdens mit den Worten: »Als ich 1905 in meine Geburtsstadt Dresden zurückkehrte, kam mir das Leben still und vornehm entgegen. Selbst in der Haupt- und Flanierstraße, der Prager Straße, ging es lautlos zu, es gab nur Pferdedroschken, und auch die Straßenbahn wurde noch von Pferden gezogen. Der Dresdener Bürger war stolz, in einer wohlgepflegten Residenz zu leben; die russischen, englischen, amerikanischen Kolonien [...] färbten die Pensionats- und Pensionärsstadt weltstädtisch. Es herrschte eine gewisse Selbstzufriedenheit, entstanden aus dem Bewußtsein der großen Tradition.«[6]

Inzwischen war Dresden zur viertgrößten Stadt des Deutschen Reiches geworden. Die Einwohnerschaft war von 1830 bis 1905/06 um mehr als 800 Prozent gewachsen und hatte die halbe Million überschritten. Bevölkerungsvermehrung durch Abnahme der Kindersterblichkeit und Zunahme der Eheschließungen, Zuzug aus den vom Niedergang des Bergbaus besonders betroffenen Gebieten des östlichen Erzgebirges, Wanderungsgewinne aus anderen Bundesstaaten des Reiches, vor allem auch aus den 1815 von Preußen okkupierten ehemaligen sächsischen Landesteilen, und schließlich eine gegen Ende des 19. Jahrhunderts und in den Jahren danach steigende Zahl von Eingemeindungen hatten dieses enorme Wachstum bewirkt: 1831 zählte Dresden 63685 Einwohner, einige hundert mehr als 1755 vor den Zerstörungen durch den Siebenjährigen Krieg. 1867 waren es 150024, 1890 276522, 1900 396146 und 1905 516996 Einwohner.[7] 1892 wurden mit Strehlen und Striesen die ersten Dörfer der Umgebung eingemeindet. Es folgten 1897 Pieschen und Trachenberge, 1901 Gruna, 1902 Seidnitz, Zschernitz und Räcknitz, 1903 Plauen, Löbtau, Naußlitz, Wölfnitz, Cotta, Übigau, Mickten, Kaditz und Trachau.[8]

Die neu hinzugekommenen Gemeinden brachten die zur Ansiedlung von Fabriken, zum Anlegen von Verkehrswegen und zum Bau von Wohnungen, Schulen, Krankenhäusern für den steigenden Bevölkerungszuzug dringend notwendigen Flächen ein. Da sie auch zumeist einen erheblichen Industriebesatz hatten, zu dem weitere, in der Innenstadt nicht geduldete Betriebe kamen, wuchsen sie ungleich schneller als die älteren Stadtteile.

Durch ein Ortsgesetz waren schon 1878 die Fabrikbezirke (vor allem in der Friedrichstadt sowie in der Leipziger und Wilsdruffer Vorstadt) festgelegt sowie die Wohn- und Fremdenviertel im Süden, Osten und Nordosten ausgewiesen worden[9], um den für Touristen und gehobenes Bürgertum besonders attraktiven Charakter dieser Stadtteile zu bewahren.

Der Stadtteil Striesen, in dem Wehner den größten Teil seiner Kindheit und Jugend verbrachte, verlor vollends seinen dörflichen Charakter. Er wuchs von 1900 bis 1905 von 30704 auf 39145 Einwohner.[10] Dabei entfiel auf den Geburtenüberschuß, obwohl er der absolut höchste aller Stadtteile war, weniger als ein Drittel.[11] Die restlichen zwei Drittel der Neubewohner waren aus anderen Stadtteilen oder von außerhalb zugezogen.

Das riesige Bevölkerungswachstum innerhalb von weniger als achtzig Jahren in der Epoche der Industrialisierung läßt auf erhebliche Umschichtungen in der Sozial- und Erwerbstätigenstruktur schließen. Ein Blick auf die Statistik ergibt folgendes Bild: 1849 waren 2,5% der Bevölkerung in Landwirtschaft und Gartenbau tätig, 51% in Gewerbe und Industrie, 9,5% in Handel und Verkehr, fast 11% in häuslichen Diensten; 24,5% Beamte, freie Berufe und Berufslose, gut 1,5% Militär. Dagegen im Jahr 1907: 1% Beschäftigte in der Landwirtschaft und Gartenbau, 50% in Gewerbe und Industrie, über 25% in Handel und Verkehr, 2% in häuslichen Diensten, 21,5% Beamte, freie Berufe und Berufslose und Militär.[12] Nur der Anteil der in Handel und Verkehr Tätigen nimmt enorm zu; die in den häuslichen Diensten Beschäftigten werden zur marginalen Größe; Beamte, freie Berufe und Militär gehen zurück, der Anteil der in Gewerbe und Industrie Tätigen stagniert. Letzteres erstaunt zunächst. Dahinter verbirgt sich ein jahrzehntelanger Prozeß, durch den das bis in die 1860er Jahre hinsichtlich der Beschäftigtenzahlen dominierende Handwerk durch die Industrie abgelöst wird.

Von den künftigen größeren Industriebetrieben mit mehr als 100 Arbeitern waren 16 in den Jahren zwischen 1850 und 1860, 23 in den

Jahren zwischen 1860 und 1870 gegründet worden. Die große Mehrzahl bestand in jenen Jahren aus mittleren und kleineren Unternehmen mit weniger als 50 Arbeitern. Betriebe wie die 1854 gegründete Steingutfabrik Villeroy & Boch, die Ende der 1860er Jahre rund 400 Arbeiter beschäftigte, bildeten die absolute Ausnahme.[13] Erst seit Ende der sechziger Jahre begann sich das künftige Branchenprofil auszuprägen: Die in Sachsen bis 1914 vorherrschende Textilindustrie war zunächst nur spärlich vertreten. Der Maschinenbau konnte mit einem breiten Angebot an Produkten an die im Lande vorhandenen Fertigkeiten in der Metallverarbeitung anknüpfen. Der auf die angenehmeren Seiten des Alltags gerichtete praktische Sinn der Sachsen wurde unter anderem dadurch deutlich, daß damals schon die Fabrik von Clemens Müller der größte Nahrungsmittelproduzent des Kontinents war. Zunehmende Bedeutung erhielten die graphische, später auch die photographische, die Papier- und die Musikinstrumenteindustrie. Die für eine große Residenz eher typischen traditionellen Nahrungs- und Genußmittelbetriebe bekamen einen immer stärker industriellen Charakter. Sie wurden zunehmend durch chemische und pharmazeutische Unternehmen ergänzt.

Das Spekulationsfieber während der »Gründerjahre« (1871–1873) führte in der Stadt und in den immer stärker industrialisierten Vororten zur Gründung von 40 neuen Aktiengesellschaften mit einem Kapital von insgesamt 87 Millionen Mark. Nur ein Viertel der dort gesammelten Kapitalien wurde zur Gründung neuer und zum Ausbau vorhandener Industriebetriebe genutzt. Baugesellschaften und Banken, die mit Grundstücken, Wohnungen und Aktien spekulierten und die Anleger mit hohen Profiten lockten, kassierten den Löwenanteil.[14] Mit dem »Gründerkrach« (1873) verschwanden nicht nur viele der neuen Unternehmen. Er führte auch, vor allem im Baugewerbe, zum Ruin zahlreicher alteingesessener Handwerksbetriebe, ein Ergebnis, das auf die Dauer den Zug zur Industrialisierung beschleunigte.

Die wichtigste Neugründung, die aus dem privaten Bankhaus von Michael Kaskel hervorgegangene Dresdner Bank (1872), überlebte und stieg in den folgenden Jahrzehnten bis 1914 zur drittgrößten Bankengruppe im Deutschen Reich auf (nach der Deutschen Bank und der Diskontogesellschaft). Neben ihr existierten in Dresden weiterhin Privatbanken (Bassenge, Bondi, Ebmeyer), für den Ausbau der regionalen Verkehrswege bedeutsame Institute wie die 1865 gegründete Sächsische Bank und die für die kommunale Entwicklung und für das Kleingewerbe wichtige Städtische Sparkasse und die Stadtgirokasse.

Für die Wirtschaft Dresdens um 1900 galt noch stärker als für die Wirtschaftsstruktur des übrigen Sachsens: Es gab keine dominierende Branche, keine schwerindustrielle Monostruktur, sondern ein enorm breites Spektrum verarbeitender, auf höherwertige Konsumprodukte und auf den Export ausgerichteter Produktionszweige, die überwiegend in Betrieben mit weniger als 500 Arbeitskräften organisiert waren. Im Jahr 1906, dem Geburtsjahr Wehners, gab es in Dresden nur elf Betriebe mit 500 oder mehr Beschäftigten, davon die Mehrzahl im Kohlenbergbau des 1903 eingemeindeten Plauenschen Grundes, der einzigen Grundstoffindustrie von größerer Bedeutung.

Während in den elf Betrieben dieser Größenordnung 10365 Arbeiter und Angestellte beschäftigt wurden, waren es in den 962 Betrieben mit zehn bis 500 Arbeitskräften über 45000. Zum Vergleich: Leipzig verzeichnete im gleichen Jahr in 21 Betrieben mit 500 oder mehr Beschäftigten fast 19000, Chemnitz (mit insgesamt gleicher Zahl in der Industrie Beschäftigter wie Dresden) hatte in den 16 Betrieben dieser Größenordnung beinahe 16000 Arbeitsplätze.[15]

Von den 2080 Industriebetrieben, die es 1906 in Dresden gab, hatten rund 1100 weniger als zehn Arbeitskräfte. Nur etwa drei Dutzend waren als Aktiengesellschaften organisiert, von den sechzig größten Betrieben allerdings die Hälfte. Die Zahl der im Bereich der Dienstleistungen (Handel, Banken, Versicherungen und Verkehr) angesiedelten Aktiengesellschaften betrug das Doppelte (rund 60). In ganz Sachsen waren im gleichen Jahr von den 478 Aktiengesellschaften 265 im Dienstleistungsbereich tätig.[16] Auch dies machte die starke Stellung des »tertiären« Sektors in der Landeshauptstadt deutlich.

Die Lebensbedingungen der Arbeiterfamilien

Die Tatsache, daß Besitz und Verfügungsmacht an den Produktionsmitteln sich noch weitgehend in der gleichen Hand befanden, der Unternehmer noch als Person und nicht als fremde, anonyme Instanz erschien, verhieß keineswegs automatisch eine soziale Idylle oder auch nur ein höheres Maß an akzeptablen Arbeitsbedingungen und auskömmlicher Entlohnung. In den Betrieben, in denen der qualifizierte Facharbeiter mit langjähriger Erfahrung in der Fertigung vorherrschte, gab es noch eine teilweise Übereinstimmung sowohl der immateriellen Interessen (am Gelingen des Produktes) als auch der materiellen (an der

Erhöhung des Ertrags) zwischen Arbeitern und Unternehmern, vor allem wenn letztere noch selbst mitarbeiteten, -anleiteten und -erfanden. Auch hier wurden Auseinandersetzungen über die Aufteilung des Ertrages – vor allem nachdem seit der Jahrhundertwende die gewerkschaftliche Organisation in diesen Betrieben Fortschritte machte – nicht ohne Härte geführt.

Ungleich wehrloser war die Masse der Angelernten und Ungelernten. Bei ihnen waren nicht nur die Entlohnung, die Aufstiegschancen, der Organisationsgrad, sondern auch Selbstbewußtsein und soziale Anerkennung geringer. Dieses Gefälle zwischen ihnen und den Facharbeitern existierte innerhalb der Betriebe wie zwischen den Betrieben. Besonders groß war es in den auf Massenproduktion ausgerichteten Betrieben der Süßwaren- und Zigarettenindustrie sowie im Textilbereich, vor allem in der Wäsche- und Konfektionsbranche, in der Frauen die Mehrzahl der Arbeitsplätze besetzten. Hier wie auch in den Betrieben mit schwerer körperlicher Belastung erhielten die Frauen für die gleiche Arbeit nur die Hälfte des Lohnes der männlichen Arbeiter. Bis in die neunziger Jahre lag der ortsübliche Taglohn in Dresden unter dem vieler anderer Städte. Die »industrielle Reservearmee«, die den Lohn drückte, verschwand nur langsam.

In den Jahrzehnten vor der Jahrhundertwende lebten etwa zwei Drittel der Dresdener Bevölkerung unter oder am Rande des Existenzminimums, das nach offiziellen Schätzungen bei einem Jahreseinkommen von 1200 Reichsmark für eine fünfköpfige Arbeiterfamilie lag. Kein Wunder, daß die Erwerbsarbeit der Frauen, häufig auch die der Kinder, unentbehrlich war.

Arbeitstage von Frauen und Kindern von 14 Stunden, in der in Dresden stark vertretenen Süßwarenindustrie vor Weihnachten und Ostern bis zu 18 Stunden, waren keine Seltenheit. Als in den 1880er Jahren hier wie anderswo im Reich – meist durch Untersuchungen von »Kathedersozialisten« wie Lujo Brentano und deren Schüler (etwa Heinrich Herkner) – die Behörden mit der Nase darauf gestoßen wurden, daß auch die Arbeit von Kindern über zwölf Jahren noch schwere gesundheitliche Schäden hervorrief und die Gefahr der Wehruntauglichkeit der männlichen Jugend in Regionen mit hohem Anteil an Kinderarbeit wuchs, gab es im Zusammenhang mit den Bemühungen um Einführung einer Kranken-, Unfall- und Alterssicherung auch Überlegungen, Fabrikarbeit für Kinder unter 14 Jahren generell zu untersagen.

Dazu hieß es im Bericht des Dresdener Fabrikinspektors von 1885:

»Die neueren Bestrebungen [...] würden in den Familienverhältnissen der Arbeiter arge Störungen verursachen. Kinder zwischen zwölf und 14 Jahren sind oft nach Beendigung des Schulbesuches die sechs Stunden in der Fabrik besser aufgehoben als zuhause, wo sie oft nicht wissen, was sie anfangen sollen.«[17] Was für heutige Ohren wie blanker Zynismus klingt, war zugleich ein berechtigter Hinweis auf die häuslichen Verhältnisse, auf die erzwungene Erwerbsarbeit vieler Mütter ebenso wie auf das Wohnungselend in Dresden, dessen Ausmaß in den achtziger und neunziger Jahren nur von wenigen deutschen Industriestädten erreicht wurde. Nach einer Erhebung von 1877 gab es 2200 Kellerwohnungen. Und über 9000 Wohnungen besaßen keine ins Freie führenden Fenster, waren also Hinterhofwohnungen der schlimmsten Art. In 14 000 Wohnungen (einem Viertel des Gesamtbestandes) lebten zusätzlich zu den durchschnittlich fünf- bis sechsköpfigen Familien über 20 000 Untermieter und »Schlafburschen«, denen kein Zimmer, sondern nur eine Schlafstelle für wenige Stunden vermietet wurde.[18] Häufig teilten sich umschichtig mehrere Schlafburschen eine Bettstelle.

Erst durch die Eingemeindungen seit den neunziger Jahren und den dadurch ermöglichten Bau neuer Wohnviertel begann sich die katastrophale Wohnsituation langsam zu entspannen, die nicht nur von erhöhter Ausbeutung, sondern auch von verheerenden gesundheitlichen Verhältnissen, insbesondere hoher Kinder- und Säuglingssterblichkeit, begleitet war.

Bei dem 1906 ortsüblichen Taglohn von 3 Reichsmark (bei rund 300 Arbeitstagen im Jahr) machte der Mietkostenanteil für die billigsten, in den Vororten nur begrenzt vorhandenen Wohnungen mit einer Jahresmiete bis 200 RM fast ein Viertel des Einkommens aus. 1906 hatten knapp 46 Prozent der steuerlich erfaßten Erwerbstätigen Dresdens ein Jahreseinkommen von bis zu 950 RM. Weitere 11 Prozent versteuerten bis zu 1100 RM.[19] Der notwendige Aufwand für Nahrungsmittel – selbst wenn, wie dies in Arbeiterfamilien überwiegend geschah, nur die billigsten Gemüse-, Fett- und Fleischsorten verwendet wurden[20] – lag je nach Familiengröße zwischen 50 und 70 Prozent des Verdienstes. Für Kleidung, Schuhe, Heizung, Licht etc. blieben also nach Abzug der Miete nur rund 10 Prozent übrig. Wohnungen, die bis 300 RM im Jahr kosteten und in den Vororten rund 40 Prozent des Angebots ausmachten (in Alt-Dresden 26%), gerieten nur dann in Reichweite der Arbeiterfamilien, wenn durch Untervermietung, »Schlafgängerei« und Erwerbsarbeit der Frau sowie älterer Kinder ein Zubrot gesichert war.

Die enorme Ausdehnung der Stadt brachte angesichts eines noch wenig entwickelten öffentlichen Nahverkehrs lange Anmarschwege zur Arbeitsstätte mit sich, die meist zu Fuß bewältigt werden mußten. Nur Besserverdienende konnten sich ein Fahrrad leisten. Die Wohnverhältnisse und Arbeitsbedingungen wie die gesundheitliche Versorgung besserten sich zwar nach 1900 gegenüber den siebziger und achtziger Jahren. Dennoch zeigt die nach wie vor hohe Säuglings- und Kindersterblichkeit in den Stadtteilen mit überwiegender Arbeiterbevölkerung die im Vergleich zu bürgerlichen Wohnquartieren erheblich schlechteren Überlebens- und Entwicklungschancen. Während in den überwiegend bürgerlich und großbürgerlich geprägten Quartieren der Südvorstadt und Strehlens im Jahre 1907 von 1000 Lebendgeborenen zwischen 76 und 83 Kinder das erste Jahr nicht überlebten, waren es im östlichen Teil der Leipziger Vorstadt 233 und im benachbarten Pietschen und Trachenburg 236 Kinder – rund das Dreifache. Während hier eines von vier Kindern das erste Jahr nicht überlebte, war es in der Vorstadt Striesen, die auch einen hohen Zuzug von Arbeiterfamilien und eine rege Neubautätigkeit aufwies, »nur« jedes achte Kind (12,3%).[21]

Dies läßt bei allen Vorbehalten, die solch relativ grober Statistik entgegenzubringen sind, den Schluß auf merkbare, auch die direkten Überlebenschancen betreffende Unterschiede in den sozialen Rahmenbedingungen für die Arbeiterbevölkerung zu. Ein Blick auf die Entwicklung der Löhne liefert weitere Argumente. Während der Wirtschaftskrise vom Ende der siebziger bis Anfang der neunziger Jahre gab es kaum Lohnzuwächse, teilweise wurden sogar – zusätzlich erleichtert durch das Antisozialistengesetz, das die Arbeiterschaft noch wehrloser machte – Löhne reduziert. Im Jahrzehnt zwischen 1896 und 1906 stiegen in Dresden im Durchschnitt die Löhne um 20 Prozent. Der ortsübliche Taglohnsatz für Männer erhöhte sich von 2,50 auf 3 RM, der für Frauen von 1,50 auf 1,80 RM. In den Gewerben mit hohen Wachstumsraten wie dem Baugewerbe oder besonders aufwendiger Qualifikation wie dem polygraphischen Gewerbe lag der Prozentsatz der Arbeiter, die einen Taglohn von mehr als 4,75 RM erhielten, bei 43,4 bzw. 41,6 Prozent. Im lederverarbeitenden Gewerbe, dem Herbert Wehners Vater angehörte, waren es in der ersten Jahreshälfte 1907 13 Prozent, in der zweiten Jahreshälfte 14,7 Prozent. Im Metallgewerbe betrugen die entsprechenden Zahlen 24,6 und 28,3 Prozent.[22] Vor allem hier hatten 1906 und 1907 größere Streiks stattgefunden, deren Ergebnisse in der Statistik sichtbar werden.

Die Anfänge der Dresdener Arbeiterbewegung

Solche Erfolge waren für die beteiligten Arbeiter selbst Ergebnis ihres solidarischen Zusammenhaltens und ihrer seit der Jahrhundertwende erheblich gewachsenen Organisationskraft. Weit übertroffen wurden die von Branchenkonjunktur, allgemeiner Wirtschaftslage, Behördenwillkür und Durchhaltevermögen gewerkschaftlicher Organisation stets abhängigen Erfolge bei Streiks durch die vor allem seit den neunziger Jahren immer beeindruckenderen Siege der sozialdemokratischen Arbeiterbewegung bei den Reichstagswahlen. Sie waren das Ergebnis einer im Kampf um soziale Gleichberechtigung, Menschenwürde, politische Freiheit vier Jahrzehnte zuvor aus kleinen Anfängen heraus sich entwickelnden Bewegung, die in Sachsen noch stärker als in den anderen Industrieregionen des Reiches zu einer das Gros der Arbeiterschaft umfassenden politischen Massenbewegung geworden war.

In Dresden war es der Schuhmacher Robert Knöfel, der nach der 1849 begonnenen und zwölf Jahre dauernden Periode der Unterdrükkung jeder oppositionellen Bewegung, insbesondere der Organisationen der frühen Arbeiterbewegung, im Jahre 1861 einen Bildungsverein für Gesellen, Gewerbetreibende und Arbeiter gründete. In der anarchistischen Zeitschrift *Revolutionäre Tat*, die 1926 von Herbert Wehner redigiert wurde, erscheint der Name Walter Knöfel als Herausgeber. War es ein Nachkomme oder hatte jemand ein geschichtsbewußtes Pseudonym gewählt? Zunächst segelte der Verein noch im Fahrwasser des bürgerlichen Gewerbevereins. 1862 entwickelte sich unter dem Einfluß des Kupferschmieds Emil Försterling daraus ein selbständiger Arbeiterbildungsverein mit eigenem Vereinslokal und bald dreihundert Mitgliedern.

Als im Mai 1863 in Leipzig unter dem bestimmenden Einfluß von Ferdinand Lassalle und seines im »Offenen Antwortschreiben« niedergelegten Programms der Allgemeine Deutsche Arbeiterverein (ADAV) als neue, vom liberalen Bürgertum unabhängige Organisation gegründet wurde, nahm aus Dresden Robert Lässig teil. Zusammen mit Försterling rief er im gleichen Jahr einen Ortsverein des ADAV ins Leben, dem anfangs nur zwölf Mitglieder angehörten. Die große Mehrheit des Arbeiterbildungsvereins war noch nicht bereit, den organisatorischen Zusammenhalt mit dem Vereinswesen der bürgerlichen Demokratie aufzukündigen. So schloß sich der Bildungsverein dem im September gegründeten Verband deutscher Arbeitervereine (VDAV) an, der zunächst versuchte, die sozialen Interessen der Arbeiterschaft im Bündnis mit der liberalen Demokratie geltend zu machen.

Die Gegensätze zwischen den Dresdener Anhängern Lassalles und den Mitgliedern des Arbeiterbildungsvereins waren nie so ausgeprägt, daß nicht gemeinsame Veranstaltungen und eine gemeinsame Agitation für die Einführung des allgemeinen, freien und gleichen Wahlrechts, für ein demokratisches Vereins- und Versammlungsrecht, Freizügigkeit, unentgeltlichen Schulbesuch und Koalitionsfreiheit möglich gewesen wären.

Kein geringerer als der junge August Bebel, der im Leipziger Arbeiterbildungsverein tätig und zum Stiftungsfest des Dresdener Vereins delegiert worden war, hatte dort für die Notwendigkeit des weiteren Zusammengehens mit der bürgerlichen Demokratie geworben und so dazu beigetragen, daß die Mehrheit des Vereins nicht zu den Lassalleanern stieß, sondern für Forderungen agitierte, auf die sich beide Seiten verständigen konnten.[23] Zum Sekretär des ADAV wurde zunächst der Schuhmacher Julius Vahlteich gewählt. Seit Anfang der sechziger Jahre hatte er die immer stärkere Ausrichtung des Arbeiterbildungsvereins auf die spezifischen Forderungen der Arbeiterschaft vorangetrieben.[24] Aus Protest gegen den diktatorischen Führungsstil Lassalles trat er jedoch bald zurück. Dabei spielten auch die Gespräche Lassalles mit Bismarck über die Einführung des allgemeinen Wahlrechts und eine staatliche Unterstützung für die Produktivgenossenschaften eine Rolle. Vahlteich blieb nach seinem Rücktritt Sprecher der Dresdener Gemeinde des ADAV und war zeitweise der führende Kopf der innerparteilichen Opposition. Im Dezember 1864 wurde er – kurz nach dem Tode Lassalles, der ihn bis zuletzt erbittert bekämpft hatte – aus dem ADAV ausgeschlossen.

Bebels und Vahlteichs Verhalten zeigt deutlich, daß nicht in erster Linie abstrakte theoretische Gegensätze – etwa die zwischen Lassalle auf der einen sowie Marx und Engels auf der anderen Seite – die Distanz zwischen Lassalleanern und Mitgliedern der Arbeiterbildungsvereine ausmachten. Noch weniger ging es, wie in der DDR-Geschichtsschreibung zum Gemeinplatz geworden, um die angebliche »Abkapselung [des ADAV] von der elementaren proletarischen Klassenbewegung«[25]. Selbst Marx hat eingeräumt, daß die Lassalleaner in den Anfangsjahren die »klassenbewußteren« Arbeiter in ihren Reihen hatten. Ausschlaggebender für Konflikte war neben der Frage »kleindeutsch« oder »großdeutsch«[26] das unterschiedliche Demokratieverständnis: Während durch die Verabsolutierung Lassallescher Thesen[27] seine Nachfolger auf eine höchst rigide und zentralistische Weise herrschten und innerparteiliche Gegner ausschalteten, waren innerhalb der Arbeiterbildungsvereine, die mit der liberalen Demokratie verbunden blieben, nicht nur freiere Diskussionen möglich. Die Vereine waren autonom, sie unterstanden keiner zentralen Leitung. Weil sie dadurch in ihrer politischen Praxis den Lassalleschen Satz, der vierte Stand sei gleichbedeutend »mit dem ganzen Menschengeschlecht«, seine Sache sei »Sache der gesamten Menschheit«, täglich widerlegt fanden, versuchten ihre führenden Mitglieder in einem längeren Prozeß der Selbsterziehung und der Beeinflussung auch bürgerlicher Demokraten, die meist aus dem Klein- und Bildungsbürgertum kamen, sowohl gemeinsame politische Resolutionen zu formulieren wie auch die vor allem auf wirtschaftlichem und sozialem Gebiet vorhandenen Gegensätze innerhalb der Bewegung offen auszutragen.

Wie schwierig dies im einzelnen war, signalisiert ein Schreiben Vahlteichs, der 1867 aus Mitgliedern des Dresdener Bildungsvereins, dessen Vorsitzender er im gleichen Jahr geworden war, eine »Arbeitergesellschaft« gründete, die sich im April 1868 der Internationalen Arbeiterassoziation, also der von Marx und Engels anfangs inhaltlich ohne Dogmatismus geführten »Ersten Internationale« angeschlossen hatte. In diesem Brief vom Januar 1868 hieß es: »Ich hätte gern über den Fortgang unserer Sektion berichtet, aber wir sind von allen Seiten so in Anspruch genommen, daß uns für den internationalen Verein keine Zeit, d.h. kein Abend bleibt.«[28]

Überlastung der Führungspersonen durch die Vielfalt von Rollen und Aufgaben war schon damals Kennzeichen oppositioneller politischer Gruppen, die sich gleichzeitig als Bewegung wie als Partei im historischen Sinn, das heißt als Entwurf auf das Ganze verstanden. Reaktionäre Vereins- und Versammlungsgesetze erhöhten die mit der politischen Arbeit verbundenen Probleme.

Der politische Lernprozeß von unten, so mühsam er voranschritt – noch 1863 hatte Bebel im Leipziger Verein gegen das allgemeine Wahlrecht eingewandt, der Arbeiter sei noch nicht so weit, um von ihm sinnvoll Gebrauch zu machen –, begann sich langsam auszuzahlen. Bei den Wahlen zum Konstituierenden Norddeutschen Reichstag vom 12. Februar 1867 wurden mit dem 27jährigen August Bebel (Glauchau-Meerane) und mit Reinhold Heinrich Schraps (Crimmitschau-Zwickau) zum ersten Mal zwei Vertreter der Arbeiterdemokratie als Abgeordnete der Sächsischen Volkspartei in ein deutsches Parlament gewählt. Auf Bebel waren in seinem Wahlkreis rund 4600, auf den lassalleanischen

Kandidaten nur 400 Stimmen entfallen[29] – die in Glauchau-Meerane zahlreich vorhandenen Anhänger Lassalles waren also in Scharen übergelaufen.

Der Dresdener Sozialdemokratische Verein, dem anfangs 70 Mitglieder angehörten, wuchs innerhalb von Jahresfrist um ein Mehrfaches. Neben ihm entwickelten sich die internationalen »Gewerksgenossenschaften« als Frühform gewerkschaftlicher Organisation, die abweichend von einem von Bebel entworfenen Musterstatut ebenfalls von unten her aufgebaut wurden. Auf dem Stuttgarter Parteitag der SDAP Anfang Juni 1870 verfügte der Dresdener Delegierte August Otto-Walster über das Mandat von 320 Partei- und 627 Gewerkschaftsmitgliedern.[30]

Als wenig später der Deutsch-Französische Krieg begann, wurde das Führungsgremium der Eisenacher, der »Braunschweiger Ausschuß«, vom Militär verhaftet und in Ketten auf die Festung Lötzen nahe der russischen Grenze gebracht. Grund dafür war ein weitgehend von Marx formulierter Aufruf »An alle deutschen Arbeiter«, der zu Kundgebungen gegen die geplante Annexion Elsaß-Lothringens und für einen ehrenvollen Frieden mit der nach dem Sturz von Napoleon III. gerade erst entstandenen dritten französischen Republik aufrief.

Die Bedeutung Dresdens für die neue Partei zeigte sich, als die Kontrollkommission es zum neuen Vorort machte. Das Generalgouvernement für das 12. Armeekorps in Sachsen verbot sofort alle Volksversammlungen, in denen die Kriegsziele behandelt wurden. Die Wohnungen der führenden Parteimitglieder in Dresden wurden von der Polizei durchsucht und dabei auch ein Brief beschlagnahmt, den Bebel geschrieben hatte, um die Dresdener Partei vor dem Mißgeschick des Braunschweiger Ausschusses zu warnen, der das Parteiarchiv mit Briefen von Marx, Engels, Bebel und anderen in die Hände der Polizei hatte fallen lassen. Drei Monate später, im Dezember 1870, wurde Bebel zusammen mit anderen Abgeordneten der Eisenacher, die kurz zuvor im Norddeutschen Reichstag (mit den Lassalleanern) gegen weitere Kriegskredite gestimmt hatten, wegen Vorbereitung zum Hochverrat verhaftet. Der Untersuchungsrichter zeigte Bebel dessen Brief an die Dresdener mit der Bemerkung: »Das ist ja sehr verdächtig! Sie haben da ja gewarnt!«[31]

Nach der Reichsgründung: Repression und Antisozialistengesetz

Die letzten Wochen der zweijährigen Festungshaft, zu der Bebel und Liebknecht im »Leipziger Hochverratsprozeß« schließlich verurteilt worden waren, verbüßte der erstere auf der Festung Königstein. Der alte Wärter, der ihn – selbstverständlich gegen Bezahlung – bediente, hatte ein Vierteljahrhundert zuvor Bakunin, Röckel, Heubner, Tot und andere Revolutionäre aus den Tagen des Dresdener Maiaufstandes 1849 ähnliche Dienste geleistet und konnte seinem neuen »Gast« Interessantes erzählen.

Obwohl die sächsischen Behörden auch in den folgenden Jahren mit denen Preußens wetteiferten, wer mehr Versammlungsverbote aussprach und Redakteure wegen Bismarck- und Majestätsbeleidigung ins Gefängnis brachte, verzeichneten die Sozialdemokraten in beiden Staaten besonders große Stimmengewinne. Da die Verfolgungen Eisenacher und Lassalleaner unterschiedslos trafen, trugen sie entscheidend zur Vereinigung beider Parteien bei, die im Mai 1875 in Gotha stattfand.

August Bebel, der seine nur kurz unterbrochene, fast dreijährige Haft in Hubertusburg, Königstein und Zwickau (1872–1875) intensiv zu ökonomischen und sozialen Studien genutzt hatte, deren wichtigster Ertrag, die 1879 erschienene Studie »Die Frau und der Sozialismus«, zum auch international am weitesten verbreiteten Werk aus sozialistischer Feder vor 1914 werden sollte, wurde bei den Reichstagswahlen im Januar 1877 im Wahlkreis Dresden-Altstadt im zweiten Wahlgang mit 10 837 Stimmen gegen den nationalliberalen Kandidaten Professor Maihoff (9920 Stimmen) gewählt. Dem Expedienten des Dresdener Parteiorgans, Schlüter, schrieb er, daß er das Dresdener Mandat angenommen habe, und fügte hinzu: »Es amüsiert mich, daß es gerade neunzehn Jahre waren, seitdem ich als Handwerksbursche in die Fremde ging, natürlich ohne Ahnung, daß ich neunzehn Jahre später auf denselben Tag an einen Wahlkommissar meine Erklärung für die sächsische Residenz abschicken würde. Der alte Napoleon äußerte einmal, jeder Soldat hat den Marschallstab im Tornister. Heute könnte man sagen: jeder Handwerksbursche trägt ein Reichstagsmandat im Berliner. Es geht vorwärts. Unsere Freunde, die Feinde, sollen leben.«[32]

Die Feinde lebten: Sie handelten auf ihre Weise, nachdem die Sozialdemokraten im Reich mit knapp einer halben Million Stimmen (das waren 9,1% aller abgegebenen Stimmen) zur viertstärksten Partei (nach Nationalliberalen, Zentrum und Konservativen) aufgestiegen waren und als neben Dresden zum ersten Mal auch Berlin (durch den im sechsten Wahlkreis gewählten Hasenclever) Sozialdemokraten in den Reichstag entsandte. Wo bei »Pressvergehen« früher Wochen und Monate verhängt wurden, waren nun fünfzehn, achtzehn und mehr Monate an der Tagesordnung. Wer Redakteur oder Agitator war, zu dessen Alltag gehörte das Gefängnis, so daß der Begriff »Sitzredakteur« seine buchstäbliche wie übertragene Bedeutung bekam.

Es gehört zu den gewiß schlimmsten Zeugnissen deutscher politischer und rechtsstaatlicher Unkultur vor 1933, daß Attentate wie die von Hödel und Nobiling der Sozialdemokratie angehängt wurden. Beide waren Wirrköpfe und gehörten zu den »catilinarischen Existenzen«[33], die sich in großer Zahl um die christlich-soziale Partei des Hofpredigers Stöcker gruppierten. Nobiling war in Dresden, wo er das Seminar des Professors Böhmert, eines eifrigen Gegners der Sozialdemokratie, besuchte, mehrfach in Versammlungen gegen die Partei aufgetreten, wodurch ihn von Vollmar, Schlüter und andere führende Parteimitglieder reichlich kennenlernten.[34] Was in den Wochen und Monaten unmittelbar nach Nobilings Attentat von Anfang Juni 1878 über die Anhänger der Sozialdemokratie hereinbrach, stellte alles bisherige in den Schatten. Abertausende von Arbeitern wurden auf die Straße gesetzt. Andere mußten sich in öffentlichen Anzeigen von ihrer sozialdemokratischen Gesinnung lossagen. »Patriotische« Hausbesitzer kündigten ihren Mietern. Das Gros der Richter war ebenfalls vom »Verfolgungsparoxysmus« (Bebel) befallen. In den zwei Monaten bis Anfang August 1878 wurden 521 Personen wegen politischer Vergehen zu insgesamt 812 Jahren Gefängnis verurteilt.

Dennoch konnte Bebel im zweiten Wahlgang am 9. August 1878 das Reichstagsmandat gegen einen Kandidaten der Fortschrittspartei, den ehemaligen Minister von Friesen, erneut gewinnen. Allerdings verfügte Bismarck – nach der Spaltung der Liberalen – über eine komfortable Mehrheit aus Konservativen und Nationalliberalen, um das »Gesetz gegen die gemeingefährlichen Bestrebungen der Sozialdemokratie« nun im zweiten Anlauf durchzusetzen.

Die sächsische Regierung, die schon für den ersten, gescheiterten Entwurf vom Mai 1878 am eifrigsten eingetreten war, weil sie vom Wachstum der Sozialdemokratie am meisten zu befürchten hatte – immerhin waren im August 1878 fünf der neun sozialdemokratischen Reichstagsabgeordneten in Sachsen gewählt worden –, nutzte das Ausnahmegesetz weidlich aus. Die wenigen, auf das Betreiben einiger Liberaler in das Gesetz eingefügten rechtsstaatlichen Hürden wurden durch die Eigendynamik solcher Gesetze, in denen die Ausnahme schnell zur Regel wird, und die Willkürpraxis der Behörden vollständig hinweggeschwemmt.

Nach dem Verbot des in Leipzig erscheinenden *Vorwärts* als dem reichsweiten Zentralorgan fielen Zug um Zug alle Provinzblätter dem Gesetz zum Opfer. Ein ähnliches Schicksal erlitten die politischen Organisationen, die gewerkschaftlichen Fachvereine und die Hilfskassen. Ein altes Landesgesetz gab den sächsischen Behörden das Recht, alle zu Gefängnis verurteilten Personen nach der Haft des Landes zu verweisen – eine Maßnahme, die in Dresden zahlreiche Sozialdemokraten traf. Nach der Verkündigung des »kleinen Belagerungszustandes« zuerst in Berlin und Hamburg, später in Leipzig waren schlagartig Hunderte von Familien ohne Ernährer, denn vor allem Familienväter wurden ausgewiesen. Die wirtschaftliche Krise verschärfte deren Lage noch. Eine von der »bornierten Staatsretterei«[35] nicht voraussehbare Folge der Ausweisungsschikane war allerdings, daß die Betroffenen von Stadt zu Stadt zogen, überall ihre Genossen aufsuchten und ihre Erbitterung auf ihre Gastgeber übertrugen. Dadurch wurde ein Netz überörtlicher Verbindungen geschaffen, das ohne die Ausweisungen in der schließlich erreichten Dichte nicht hätte geknüpft werden können.

Die Dresdener Polizei war eine der »verfolgungssüchtigsten« im ganzen Reich. Sie erlaubte es sich zum Beispiel, bei dem Arbeiterdichter und Redakteur Max Kegel einen Monat lang Tag für Tag eine Hausdurchsuchung vorzunehmen. Sie mißbrauchte auch ihre Amtsgewalt in der Weise, daß sie die Dresdener Bahnhofsverwaltung Abschriften von den Rundreisebillets anfertigen ließ, die Bebel, der seit seiner Ausweisung aus Leipzig zusammen mit dem aus Berlin ausgewiesenen Paul Singer in Plauen bei Dresden zeitweise Quartier genommen hatte, für seine Reisen zu politischen und geschäftlichen Zwecken benutzte. So kam es, daß Bebel, der jahrelang als der »allergefährlichste« Sozialdemokrat, wie ihn der preußische Minister von Puttkamer während einer Debatte über das Antisozialistengesetz im Reichstag 1886 nannte, rund um die Uhr von Polizeispitzeln bewacht worden war, von da an am Ziel seiner Reise Vertreter der örtlichen Polizei vorfand, die sich oft schon tagelang vorher beim Hotelpersonal über die tatsächliche Ankunftszeit Bebels erkundigt hatten.[36] Da konnte es nicht ausbleiben, daß Bebel, manchmal gemeinsam mit den Sozialdemokraten vor Ort, es zu einem Sport werden ließ, die Polizei zum besten zu halten. Dies waren Lichtblicke in einer Zeit, in der die Verfolgungswut der Behörden viel Leid über die Anhänger der Sozialdemokratie und deren Familien brachte. Viele, denen die Verfolgungen gleich mehrfach die materielle Existenzgrundlage vernichtet hatten, wanderten in die Vereinigten Staaten von Amerika aus, unter ihnen auch Vahlteich und Fritzsche, die Gründer des Allgemeinen Deutschen Arbeitervereins.

Es war deshalb kein revolutionärer Akt, sondern eine Konsequenz der rechtlosen Lage, in der sich die Partei befand, daß auf dem 1880 auf Schloß Wyden im schweizerischen Thurgau tagenden Kongreß der Partei der Dresdener Delegierte Hermann Schlüter den Antrag stellte, aus dem Satz des Gothaer Programms, die Partei wolle ihre Ziele mit gesetzlichen Mitteln erreichen, das Wort »gesetzlich« ersatzlos zu streichen. Der Antrag wurde einstimmig angenommen.[37]

Im folgenden Jahr verlor Bebel sein Dresdener Reichstagsmandat. Obwohl es der Partei fast unmöglich gemacht worden war, eigene Flugblätter und Stimmzettel (die damals noch von den Parteien zu liefern waren) drucken und verteilen zu lassen, obwohl zur Einschüchterung in der Stichwahl Militär und Gendarmen in den Wahllokalen aufgeboten worden waren und obwohl die Regierung gedroht hatte, wenn Bebel gewählt würde, werde sie auch über Dresden den »kleinen Belagerungszustand« verhängen, erhielt er mit 10 827 Stimmen fast ebenso viele wie drei Jahre zuvor. Im ganzen Reich hingegen hatte die Sozialdemokratie fast 30 Prozent der Stimmen eingebüßt.

Weil Bebel im konfiszierten Wahlflugblatt das Sozialistengesetz ein »infames Gesetz« genannt hatte, wurde er ungeachtet seines Mandates als sächsischer Landtagsabgeordneter einige Monate später, am Pfingstsonntag 1882, in Dresden verhaftet, als er mit seinem Töchterchen auf der Brühlschen Terrasse spazierenging. Den Haftbefehl hatte der für die Härte seiner gegen Sozialdemokraten verhängten Strafen bekannte Richter von Mangoldt ausgestellt, der überdies im Reichstagswahlkampf ein Flugblatt unterzeichnet hatte, in dem Bebel aufs heftigste angegriffen worden war. Bebels Beschwerde, dieser Richter sei wegen Befangenheit abzulehnen, wurde verworfen. Dies wie die »raffinierte Teufelei«[38], dem aus Leipzig Ausgewiesenen auch das feiertägliche Zusammensein mit seiner Familie zu verderben, schuf zusätzlich böses Blut bei seinen Anhängern. Zweimal wurde Bebel in Dresden die Wohnung gekündigt, weil die Polizei die Vermieter unter Druck gesetzt hatte.

Auch im täglichen Kleinkrieg, der die besonders aktiven Sozialdemokraten zermürben sollte, wurden die Strafgesetze mißbraucht. In einer Sitzung des Sächsischen Landtags Ende Januar 1882 rechnete Bebel dem Justizminister vor, daß in Dresden innerhalb von achtzehn Monaten über 90 Sozialdemokraten in Untersuchungshaft genommen worden seien. Diese Haft habe allein sechs Jahre und fünf Monate gedauert. Verurteilt worden seien nur 23, also knapp ein Viertel, zu insgesamt acht Jahren und zweieinhalb Monaten Gefängnis. Ein Angeklagter habe sich aus Verzweiflung im Gefängnis erhängt, ein anderer, der nach achtzehnwöchiger Untersuchungshaft freigesprochen werden mußte, sei dem Verfolgungswahn verfallen und habe sich in der Elbe ertränkt.[39] Wenn Bebel und andere sozialdemokratische Abgeordnete im Landtag diese und andere Fälle vorbrachten, antworteten ihm die Angehörigen der meist ländliche und kleinstädtische Wahlkreise vertretenden konservativen Mehrheit[40] in der Regel mit Gelächter. Kein Wunder, daß Bebel die Kammermehrheit mit wenigen Ausnahmen für eine »einzige reaktionäre Masse«[41] hielt – ein Begriff, der fälschlicherweise Lassalle zugeschrieben wird, aber für Eisenacher wie Lassalleaner unter dem Eindruck der Verfolgungen durch das Antisozialistengesetz und angesichts der Zustimmung weiter Kreise auch des liberalen Bürgertums zu dessen mißbräuchlicher Anwendung seine spezifische Bedeutung erhielt.

Nur einer Minderheit unter den liberalen Abgeordneten in Reichstag und Landtag dämmerte es, daß es nicht nur um das Kujonieren um des Kujonierens willen im traditionell rechtsstaatlichen Rahmen ging, wie es in Deutschland, das sich weitgehend noch im geistigen Gefängnis »landesväterlicher« Autorität befand, üblich war, sondern daß die Behörden das Wesen des Staates selbst veränderten hin zu einem Unrechtsstaat, der kriminelle Instinkte und Verhaltensweisen bei manchen seiner Diener wachrief, deckte und sogar jahrelang prämierte. Der Dresdener Polizeikommissar Paul, der seine Agenten zur Überwachung Bebels im ganzen Reich auszuschicken pflegte, erhielt als persönliche Zulage aus auch in Sachsen vorhandenen Geheimfonds jährlich 600 Mark, den Jahreslohn eines Arbeiters, für seine Art der Sozialistenverfolgung.

Hierzu gehörte, daß er im Zustand der Trunkenheit am Abend der Reichstagswahl 1882 im Tabakladen des Dresdener Sozialdemokraten und Landtagsabgeordneten Max Kayser auf das dort versammelte Publikum mit seinem Stock einschlug und später auf dem Marktplatz die Polizei zu gewalttätigem Vorgehen gegen die dort Versammelten antrieb. Als das Publikum dagegen protestierte, führte dies zu Aufruhrprozessen und schweren Verurteilungen. Die Vorgesetzten duldeten das Treiben dieses »Trunkenbolds« über viele Jahre, weil er sich bei der Verhaftung von Sozialdemokraten unentbehrlich zu machen wußte. Erst als absehbar war, daß das Antisozialistengesetz nicht verlängert würde, versuchte die Staatsanwaltschaft, ihn zur Rechenschaft zu ziehen.[42]

Dieser Kämpfer »für Sitte und öffentliche Ordnung, für Ehe, Familie, Religion und Eigentum«, wie August Bebel ihn im Rückblick voll bitterer Ironie kennzeichnete, war kein Einzelfall. Das Unrecht, das Tausenden von Parteimitgliedern über viele Jahre angetan wurde, mußte viele unter den Jüngeren, deren Rechtsbewußtsein noch nicht abgestumpft war, in eine Erbitterung, ja in einen Rachedurst hineintreiben, die wiederum einen günstigen Nährboden für die Agitation der Anarchisten abgaben, die vor 1878 in Deutschland fast unbekannt waren. Der in Chemnitz gewählte sozialdemokratische Reichstagsabgeordnete Johann Most, der in London die *Freiheit* herausgab und in diesem Blatt um die Jahreswende 1879/80 begonnen hatte, den Anarchismus in seiner »gewalttätigsten Form«[43] zu propagieren, stieß zunächst auf erhebliche Resonanz. Noch weitaus stärker als die von ihm verbreitete Propaganda der Tat trug allerdings die Polizei – und nicht nur durch ihre allgemeine antisozialistische Verfolgungspraxis – zu anarchistischen Gewalttaten bei. Bei fast allen Attentaten und Attentatsversuchen, die in den 1880er Jahren stattfanden, taten sich Agenten der Polizei als Anstifter und Anreger hervor.

Dem zweiten Parteikongreß während der Wirksamkeit des Antisozialistengesetzes in Kopenhagen im Frühjahr 1883 legten die sächsischen Sozialdemokraten einen Resolutionsentwurf vor, der für ein scharfes Vorgehen gegen all jene Genossen plädierte, die es bei ihrem öffentlichen Auftreten an der notwendigen Festigkeit fehlen ließen. Georg von Vollmar, der mit Most in Sachsen befreundet gewesen war, war als Mitglied der sächsischen Delegation an der Formulierung des Entwurfs maßgeblich beteiligt. Das führte auf dem Parteitag sofort zu dem Verdacht, die sächsischen Delegierten hätten sich zum Werkzeug Vollmars machen lassen. Einmal mehr forderte er eine Politik der Offenheit sowie ein rücksichtsloses Bekenntnis zu den Prinzipien des Parteiprogrammes.[44] Seine Rede dokumentierte erneut die Naherwartung der Revolution, die er schon zuvor in einem Artikel im *Socialdemokrat* ausgedrückt hatte[45]. Deshalb sollte die Partei auch für diesen Ernstfall Vorbereitungen treffen.

Zwei Jahre später, beim Streit innerhalb der Reichstagsfraktion über die Zustimmung zur staatlichen Subvention von überseeischen Dampferlinien, befand sich von Vollmar erneut auf der Seite der »radikaleren« Minderheit, zu der nun auch Bebel gehörte, der in Kopenhagen noch in deutlichem Widerspruch zu von Vollmar die aktive Beteiligung der sozialdemokratischen Angeordneten an der Gesetzgebungsarbeit des Reichstags gefordert hatte.

Im Dresdener Landtag, dem von Vollmar von 1883–1889 angehörte, engagierte er sich immer stärker – gemeinsam mit Bebel und Liebknecht – für die schrittweise Verbesserung der Lebensbedingungen der breiten arbeitenden Bevölkerung. Die Probleme, auf die er einging, griffen über die Arbeitswelt der Industriearbeiterschaft hinaus. Sie hatten die soziale Besserstellung der bei der Eisenbahn Beschäftigten ebenso zum Gegenstand wie die der staatlichen Unterbeamten und der kleinen Landwirte. Seine Reformvorschläge umfaßten die Einführung einer staatlichen Mobiliarbrandversicherung als ersten Schritt zu einer allgemeinen staatlichen Organisation des Versicherungswesens, den Ausbau der Gewerbeaufsichtsämter und das ungeschmälerte Koalitionsrecht für die Gewerkschaften.[46] Seine Forderung, die Fürsorge für entlassene Strafgefangene auszuweiten, beruhte auf eigenen Erfahrungen mit dem sächsischen Strafvollzug, den er zum zweiten Mal »genießen« konnte, nachdem das Freiberger Landgericht im Sommer 1886 ihn und weitere führende Sozialdemokraten (u.a. Bebel, Auer, Dietz, Frohme, Viereck) wegen angeblicher Gründung eines »Geheimbundes«, das heißt wegen der funktionierenden Exilorganisation, zu neun Monaten Gefängnis verurteilt hatte.

Linke reformistische Massenpartei oder Festhalten an der revolutionären Naherwartung?

Vier Jahre später, am 1. Oktober 1890, war die Zeit der besonders bedrückenden Verfolgungen vorbei. Im Februar 1890 war die Sozialdemokratie zur wählerstärksten deutschen Partei geworden. Der mit dem Zuckerbrot der Sozialversicherung und mit der Peitsche des Antisozialistengesetzes nach innen immer erfolgloser operierende »Kutscher« Bismarck bekam die Ungnade des neuen Kaisers zu spüren und wurde vom Bock genommen.

Dieses Jahr hätte für die Sozialdemokratie zu einem entscheidenden Wendepunkt werden können, genauer gesagt: das folgende Jahrzehnt. Denn sie war nun zur ersten linken Massenpartei geworden, und keine

Führung konnte, selbst wenn sie es gewollt hätte, das durch die Verfolgungen so massenhaft in den Schmutz getretene Gerechtigkeitsgefühl ihrer Anhänger unberücksichtigt lassen. Allein in Dresden wurden während der zwölf Jahre einige hundert Sozialdemokraten zu Gefängnis- und Zuchthausstrafen verurteilt, die Zahl der Hausdurchsuchungen ging in die Tausende. In der gleichen Zeit stiegen die für die Sozialdemokratie bei den Reichstagswahlen abgegebenen Stimmen um siebzig Prozent.

Nicht vergessen werden darf, daß die seit 1890 wieder erreichte formale politische Gleichberechtigung nur für den Reichstag galt und auch dort von Regierung und konservativen Parteien stets aufs neue in Frage gestellt wurde. Auf der Ebene der Länder und Gemeinden blieb den Sozialdemokraten die politische Waffengleichheit weithin verwehrt. Noch schlimmer: das bestehende Wahlrecht wurde weiter zu ihren Ungunsten verändert. In Sachsen hatte sich zwischen 1889 und 1893 die Zahl der sozialdemokratischen Landtagsabgeordneten verdoppelt – von sieben auf vierzehn (von insgesamt 82) Sitzen.[47] Als sie 1895 einen Antrag auf Einführung des allgemeinen, gleichen, direkten und geheimen Wahlrechts für die zweite Kammer einbrachten, antworteten die anderen Parteien mit Ausnahme der Linksliberalen mit einem Gegenantrag, der ein auf Wahlmänner gestütztes Dreiklassenwahlsystem forderte, das sich ähnlich wie in Preußen an den direkt gezahlten Steuern ausrichtete. Er wurde im März 1896 zum Gesetz erhoben. Auf diese Weise wurden bis zur Jahrhundertwende alle sozialdemokratischen Abgeordneten aus dem Landtag vertrieben. Erst 1905 gewann die Partei wieder ein Mandat zurück.

Dem Klassenwahlrecht entsprach in vielen Fällen eine Klassenjustiz. Obwohl die Gerichte überall bei Wirtshausschlägereien in der Regel milde Strafen verhängten, sofern die Beteiligten aus den unteren Klassen stammten, verurteilte das Dresdener Schwurgericht Anfang Februar 1899 neun Arbeiter wegen »Landfriedensbruchs« zu insgesamt 53 Jahren Zuchthaus, acht Jahren Gefängnis und siebzig Jahren Ehrverlust, weil in der Vorstadt Löbtau nach einem Richtfest im Sommer 1898 der Sohn eines Bauunternehmers schwer verletzt worden war. Der Streit war ausgebrochen, weil sich Kollegen einer anderen Baustelle nicht an den Zehnstundentag halten wollten. Der Unternehmersproß hatte sich eingemischt, die um solidarisches Vorgehen bemühten Arbeiter beschimpft und schließlich noch mit der Pistole um sich geschossen. Die *Sächsische Arbeiterzeitung*, das Organ der Dresdener Sozialdemokratie, rief im ganzen Reich zu Protestversammlungen und zu einer Sammlung zugunsten der Familien der Eingekerkerten auf, die fast 100000 Mark erbrachte.[48]

Dennoch war der überwiegend von oben geführte Klassenkampf nur ein Teil der sozialen und politischen Wirklichkeit. Empörung und Kampf gegen die Ungerechtigkeiten der bestehenden Gesellschaft war eine Sache, die Nutzung der in ihr angelegten Möglichkeiten des kollektiven und individuellen Aufstiegs eine andere. Und beide ließen sich vereinen. Auch spektakuläre Vorfälle wie das Dresdener Schandurteil oder die bereits Ende September 1898 erfolgte Ausweisung zweier Redakteure der *Sächsischen Arbeiterzeitung* aus Sachsen änderten nichts an der Tatsache, daß die zwischen den Polen Dauerkonflikt und Integration oszillierende sozialdemokratische Arbeiterbewegung langfristig zumindest in ihrem Alltag zum letzteren gravitierte.

Das erfuhr auch Rosa Luxemburg, der im Herbst 1898 die Leitung der *Sächsischen Arbeiterzeitung* übertragen worden war, weil die beiden ausgewiesenen Redakteure – Alexander Parvus-Helphand und Julian Marchlewski – ihre weitere Mitarbeit an dem Blatt davon abhängig gemacht hatten[49]. Damit öffnete ihr ausgerechnet ein Mann den Weg in die Tagespresse der deutschen Partei, der zu den schillerndsten Gestalten der internationalen sozialistischen Bewegung in den ersten beiden Jahrzehnten unseres Jahrhunderts zählte, zuerst Lehrer und Freund, später Gegner Trotzkis, Herausgeber und Redakteur der während des Ersten Weltkriegs erscheinenden rechtssozialdemokratischen Zeitschrift *Die Glocke*. Sein Name steht unter einer Quittung, mit der er bescheinigt, »am 29. Dezember 1915 eine Million Rubel in russischen Banknoten zur Förderung der revolutionären Bewegung in Rußland« von der deutschen Gesandtschaft in Kopenhagen erhalten zu haben.[50]

Den Dresdener Genossen gab Parvus in einer am 1. Dezember 1898 in der *Sächsischen Arbeiterzeitung* erschienenen Anzeige die Geburt seines Sohnes auf folgende Weise bekannt: »Parteigenossen teilen wir die Geburt eines kräftigen Staatsfeindes mit. Unser Sohn war in Dresden am 17. November früh geboren und wird genannt werden Lazarus. Obwohl auf deutschem Boden geboren, besitzt er keine Heimat. Er muß mit uns ins Exil, weil sonst der sächsische Staat gefährdet werden könnte. Denn wir sind Feinde der in diesem Staate jetzt herrschenden Klasse kapitalistischer Ausbeuter. Aber mit den ausgebeuteten Proletariern Sachsens fühlen wir uns durch ein geistiges und praktisches Band geeint. Und so soll denn der Junge von uns erzogen werden als Kämpfer in den Reihen der sozialrevolutionären Armee, um mit der Befreiung der Arbeiterklasse von der Unterdrückung durch das Kapital auch sich eine Heimat zu erkämpfen. Parvus und Frau.«[51]

Aus diesem Sohn des Ehepaares Parvus, dessen Ankunft auf so spektakuläre Weise gefeiert worden war, wurde in den dreißiger Jahren einer der führenden Sowjetdiplomaten. Als Pressechef des sowjetischen Außenministers Litwinow fiel er 1939 wie dieser während der Inkubationsphase des Hitler-Stalin-Paktes der »Säuberung« zum Opfer. Da Wehner als Kominternfunktionär direkte Kontakte mit sowjetischen Behörden und Beamten zu meiden hatte – es sei denn, daß ihn »die Organe«, wie sie sich in aufreizender Demut zu nennen pflegten, selbst aufsuchten –, ist die Annahme berechtigt, daß sie sich nicht persönlich kannten bzw. kennen durften. Aber Herkunft und bisheriger Lebensweg des Jewgenij Alexandrowitsch Gnedin, wie er sich später nach dem Familiennamen seiner Mutter nannte, wird Wehner als Mitarbeiter der Mitteleuropa-Abteilung der Komintern kaum verborgen geblieben sein.

Der Tenor der Geburtsanzeige wie auch die Leitartikel von Parvus und seiner Nachfolgerin Rosa Luxemburg scheinen anzudeuten, daß sich die *Sächsische Arbeiterzeitung* als Speerspitze des Marxismus in der Auseinandersetzung mit Bernsteins Revisionismus verstand. Für die Genannten traf dies – noch[52] – zu, aber keineswegs für die ganze Redaktion. Rosa Luxemburg versuchte als Chefredakteurin, in die anderen Ressorts einzugreifen, Neuerungen einzuführen (z.B. eine regelmäßige wirtschaftliche Rundschau), das Blatt insgesamt anregender, aber auch »radikaler« zu machen.

Der Versuch stieß bald auf Widerstand. Der kurz zuvor erstmals in den Reichstag gewählte Dresdener SPD-Abgeordnete Dr. Georg Gradnauer (früher selbst leitender Redakteur der *Sächsischen Arbeiterzeitung*) hatte sich im Zentralorgan *Vorwärts*, dessen stellvertretender Chefredakteur er kurz zuvor geworden war, gegen Kritik gewandt, die in der *Leipziger Volkszeitung*, dem von Bruno Schoenlank geleiteten Organ des »radikalen« Flügels, am *Vorwärts* geübt worden war.[53] Der Autor der Kritik, Franz Mehring, hatte am Ende einer Reihe von Leitartikeln, die dem Anfang Oktober 1898 stattgefundenen Stuttgarter Parteitag und Debatten über Grundsätze und Taktik zwischen »Theoretikern« und »Praktikern« im Zeichen des aufkommenden Revisionismus galten, dem Berliner Zentralorgan vorgeworfen: »Bekanntlich sieht der *Vorwärts* seine Aufgabe als führendes Organ darin, nicht zu führen.«

Mehring sah den »tiefsten Grund der taktischen Meinungsverschiedenheiten« in der historischen Entwicklung der Partei: »Ursprünglich eine reine Arbeiterpartei, hat sie durch ihre ehrliche und konsequente Politik immer größere Scharen kräftiger Elemente aus anderen, namentlich aber aus kleinbürgerlichen Bevölkerungsschichten an sich gezogen, hat sie bei dem gänzlichen Verfalle der bürgerlichen Opposition mehr und mehr alle Aufgaben der bürgerlichen Demokraten mit auf ihre Schultern nehmen müssen.«[54]

Auch wenn der Befund über den Verfall bürgerlich-demokratischer Opposition teilweise richtig war, der über die Entwicklungsgeschichte der Partei war es gewiß nicht. Gradnauer, der die Brisanz des Vorwurfes erkannte, wandte sich vor allem gegen den Versuch Mehrings, »praktische Politiker« mit »kleinbürgerlichen Politikern« zu identifizieren und hielt den von diesem formulierten Gegensatz von »proletarisch-revolutionärer Arbeiterschaft« und »praktischen Kleinbürgern« für eine »gründlich verfehlte« Konstruktion. Er wies zunächst auf die Tatsache hin, daß auf seiten der »praktischen Politiker« die aus großindustriellen Arbeiterschichten hervorgegangenen Parteiführer ebenso stünden wie auf seiten der »proletarisch-revolutionären Richtung« Genossen, die kleinbürgerlicher Herkunft seien.

Der Gegensatz, der übrigens nirgends voll zum Ausdruck komme, sondern sich in vielen Abstufungen zeige, habe seinen Grund vielmehr darin, daß Arbeiterschichten, welche eine Verbesserung ihrer Lage erzielt hätten, geneigt seien, die »praktische Tätigkeit«, sei es gewerkschaftliche, sei es politische, höher zu bewerten als Arbeiterschichten, welche immer mehr verelendeten oder doch nicht aufwärts drängten und deshalb an einer Hebung ihrer Lage unter dem Kapitalismus überhaupt verzweifelten und »alles von dem großen Tage des erlösenden Sozialismus« erwarteten. Gradnauer betonte abschließend, daß auch die großindustriellen Arbeiter keine Veranlassung hätten, in »ihrer Kampfesweise weniger revolutionär« aufzutreten als bisher: »Die Schwierigkeiten, welche die preußische Junkerreaktion und der deutsche Absolutismus der freien Entwicklung der Arbeiterklasse bei uns in den Weg legen, genügen, um unter den heutigen Verhältnissen die schärfste Kampfesweise zur Notwendigkeit zu machen.«

Die von Gradnauer in seiner sehr moderat gehaltenen Erwiderung verwandten Schlüsselworte wie »Entwicklung«, »Hineinwachsen«, »Emporwachsen«, »Fortschritt« wurden von den Revisionisten, zu denen er gehörte, wie von den Vertretern der von den Spätschriften Friedrich Engels'[55] und von Karl Kautsky beeinflußten Marx-Orthodoxie benutzt. Beide Seiten konnten sich auf Marx selbst berufen, in dessen Werk es in Anlehnung an Darwin[56] von Begriffen wie »Naturgesetz«, »naturgemäße Entwicklungsphasen«, »naturgeschichtlicher Prozeß« nur so wimmelt.[57]

Der vom Feueratem des »Du mußt!« durchglühten revolutionären Aktivistin Rosa Luxemburg war dies offenbar zu lau, zu sehr aufs Harmonisieren angelegt. Sie wartete die Erwiderung der ihr nahestehenden *Leipziger Volkszeitung* nicht ab, sondern griff Gradnauer direkt und persönlich an. Vom Inhalt des ganzen Streites habe er »die konfuseste Vorstellung«. Um diesen Vorwurf zu bestätigen, griff sie zu einem auf den ersten Blick merkwürdig erscheinenden Argument, das aber mehr über ihr Verständnis der sozialdemokratischen Arbeiterbewegung aussagt als lange Abhandlungen. Die von Gradnauer vorgenommene Entgegenstellung von »Verelendung« und »Aufstieg« formuliere »tatsächlich etwas ganz anderes – nämlich den Gegensatz zwischen Anarchismus und Sozialismus. Nur die Anarchisten spekulieren auf die Verelendung der Massen, weshalb sie konsequenterweise auch als die politischen und theoretischen Vertreter des Lumpenproletariats betrachtet werden müssen. Die Sozialdemokratie stützt sich stets ganz umgekehrt auf den Aufstieg der Arbeiterklasse, auf die Hebung ihrer Lage.«

Wenig später unterstrich sie dies mit dem Hinweis, die Partei sei gar nicht imstande, die »herabsinkenden, verelendeten Schichten der Arbeiterklasse« zu vertreten. Diese schieden vielmehr, sobald sie »unter das Niveau ihrer Klasse« herabsänken, »in das Lumpenproletariat« aus, und damit verschwänden sie »aus dem Zielbereich der Sozialdemokratie«[58]. Dieses herbe, ja abfällige Urteil über eine weder quantitativ noch qualitativ je präzise erfaßte Schicht des Proletariats – Marx hatte mit seinem fünfzig Jahre zuvor so leicht dahingesprochenen Verdikt bei vielen seiner Epigonen geistige Verheerungen angerichtet – wie auch die von genauen Kenntnissen ungetrübte Zuordnung dieser Schicht zum Anarchismus weisen auf eine zentrale Annahme hin, die Rosa Luxemburgs politischem Engagement zugrunde lag: »Gerade wir also, die wir [...] einen sozialen Zusammenbruch als die Form des Überganges des Kapitalismus in die sozialistische Gesellschaft für unvermeidlich halten und deshalb das Augenmerk der Arbeiterklasse auf dies bevorstehende Endziel gerichtet wissen wollen, gerade wir und nur wir stehen auf dem Boden der Entwicklung, nicht wie sie kleinbürgerliche Angstmeier, sondern wie sie der wissenschaftliche Sozialismus versteht.«[59]

Wer dem anderen Angst unterstellt, hat meist allen Grund, sich selbst Mut zuzureden. Dahinter steckte nicht nur die Befürchtung, das Proletariat könne seine geschichtliche Rolle als Träger des sozialistischen Endziels um des Linsengerichts einer Reform des Kapitalismus willen verlieren, sondern auch der möglicherweise schon damals nagende Zweifel, ob der Kapitalismus letztlich zum Zusammenbruch aufgrund immanenter Gesetzmäßigkeiten verurteilt sei. Wäre das nicht der Fall, würden auch für das Proletariat die Notwendigkeit, die Revolution zu machen, und die Hoffnung, sie erfolgreich durchzuführen, entfallen. Jahre später hat sie diesen Zweifel offen ausgesprochen: »Nehmen wir [...] die ökonomische Schrankenlosigkeit der kapitalistischen Akkumulation an, dann schwindet dem Sozialismus der granitene Boden der objektiven historischen Notwendigkeit unter den Füßen.«[60]

Die noch später – 1916 in der »Junius«-Broschüre – formulierte Alternative »Sozialismus oder Barbarei«, die während des Ersten Weltkrieges und durch ihn gerechtfertigt zu sein schien und ihren vollen agitatorischen Schwung entfaltete, machte vollends deutlich, wie sehr sich solche existentiellen Ängste in den kategorischen Imperativ eines schroffen »Entweder – Oder« flüchteten. Rosa Luxemburg wäre nicht zu einer der größten Gestalten der sozialistischen Bewegung geworden, wenn solche auch in der Struktur der Sprache angelegten Tendenzen der Atemlosigkeit, der steten Beschleunigung und Überbietung ihr politisches Bewußtsein vollständig dominiert hätten. Ihr besonders im Briefwerk sich entfaltender Reichtum an Ideen, die Vielfalt ihrer Interessen, die Sensibilität gegenüber den Nöten der ihr Nahestehenden, ihre künstlerische, vor allem poetische Begabung machen die anderen Facetten ihrer Persönlichkeit hinreichend deutlich. Das Abdrängen dieser Fähigkeiten ins überwiegend Private, der Mangel an Einfühlungsvermögen in die Denkweise innerparteilicher Gegner wie in das Lebensgefühl der breiten Massen, die ihre Bedürfnisse und Sehnsüchte schon im Hier und Heute – und sei es nur schrittweise und partiell – erfüllt sehen und sich nicht auf abstrakte »Endziele« vertrösten lassen, geschweige denn »spontane« Revolutionäre sein wollten, war die Folge ihrer schon früh einsetzenden Zeitangst.

Ihr kurzes Gastspiel bei der *Sächsischen Arbeiterzeitung* hatte sie schon Anfang November 1898 durch Kündigung beendet, nachdem sie sich geweigert hatte, eine Replik Gradnauers auf ihre Antwort im sächsischen Parteiorgan abzudrucken und nachdem drei ihrer Mitredakteure sich mit Gradnauer solidarisiert hatten. Einer der drei, die ihre Mißbilligung der Handlungsweise Rosa Luxemburgs im *Vorwärts* veröffentlichten, war Emil Eichhorn, schon damals zum linken Flügel zählend und später führendes Mitglied der USPD. Sein Widerstand gegen seine Absetzung als Berliner Polizeipräsident löste im Januar 1919 den sogenannten Spartakusaufstand aus, in dessen Verlauf Rosa Luxemburg und Karl Liebknecht von reaktionären Freikorpsoffizieren, die unter dem Befehl des Mehrheitssozialdemokraten Gustav Noske standen, auf schändliche Weise ermordet wurden.[61]

Viktor Adler, der führende Sprecher der österreichischen Sozialdemokratie und gewiß kein Revisionist, schrieb im Oktober 1898 mahnend zu diesen frühen Tendenzen einer Flucht nach vorn: »Genossin Luxemburg ist jene gute alte Bekannte, die von der Wiederherstellung Polens absolut nichts wissen will und so rastlos dagegen agitiert, als wäre das die schlimmste Sorge und die dringendste Gefahr, vor der das polnische Proletariat steht. Im Übrigen machen sie und der sehr kenntnisreiche Genosse Parvus sich dadurch unangenehm, daß sie Wahrheiten, die uns Sozialdemokraten keineswegs neu sind, mit einem aufdringlichen Fanatismus predigen, als wollten sie den unerhörten Satz, daß zweimal zwei vier ist, zum dogmatischen Privilegium einer Sekte erheben. So schmal, wie diese Genossen sich den Pfad vorstellen, auf dem die Sozialdemokratie zu wandeln hat, ist er zum Glück nicht, und so grausam nahe liegt die Gefahr nicht, wie sie glauben, bei jedem Schritt einen Fehltritt gegen das Prinzip zu begehen. Aber auch sie werden das noch lernen, und aus dem unbändig gärenden Most werden hoffentlich mit der Zeit ein paar Tropfen guten Weines zu gewinnen sein.«[62]

Der versöhnliche Ausklang der Kritik zeigt, daß Adler nicht zu jenen innerhalb der Sozialdemokratie gehörte, die vor allem bei Rosa Luxemburg daran Anstoß nahmen, daß sich eine junge, auch noch aus dem Ausland stammende Frau zur intellektuellen Richterin verdienter Genossen aufschwang.[63] Ihn irritierte nicht so sehr die zunehmende Flügelbildung in der deutschen Schwesterpartei, die zur wichtigsten Partei der Zweiten Sozialistischen Internationale geworden war. Flügel gab es in der österreichischen Partei auch. Sie wurden allerdings durch die Komplexität des österreichischen Nationalitätenstaates überlagert und hatten durch die föderative Organisation der Arbeiterbewegung dort geringere Bedeutung. Was Adler und andere führende Repräsentanten der Internationale wie Jean Jaurès mit Sorge betrachteten, war das Auseinanderdriften von Erfahrung und Erwartung und die zunehmende

Kluft zwischen organisatorischer Größe und politischer Ohnmacht der deutschen Partei.

Adler machte sich auch in den folgenden Jahren zunehmend Sorgen darüber, daß die Führung der deutschen Sozialdemokratie statt, wie es durch das Wachstum der Partei und der ihr vorgelagerten Organisationen – von den Gewerkschaften über die Konsumbewegung bis hin zur Sport- und Kulturbewegung – sowie der zunehmenden Komplexität der Entwicklung von Politik und Gesellschaft angemessen gewesen wäre, ihre Fähigkeit zur differenzierten Wahrnehmung des gesamten Umfeldes zu erhöhen und verschiedene »Pfade« zum Sozialismus erkunden zu lassen, diese Fähigkeit eher verkümmern ließ und dazu neigte, die bitter notwendige breite Diskussion über Strategie und Taktik durch Mehrheitsbeschlüsse auf den allzu einfachen Nenner »Für oder gegen die revisionistischen Bestrebungen« zu stoppen.

Der Dresdener SPD-Parteitag von 1903: dramatischer Höhepunkt der Kontroverse

Wenige Wochen nach den Reichstagswahlen von 1903, bei denen die deutschen Sozialdemokraten mit über drei Millionen Stimmen (31,7%) und 20,4 Prozent der Mandate – von denen fast ein Drittel aus Sachsen kamen, wo die Partei 22 der 23 Reichstagswahlkreise eroberte – das Ergebnis von 1898 um fast die Hälfte hatten steigern können, schrieb Adler an August Bebel zum bevorstehenden Dresdener Parteitag, auf dem nach dem Willen der Parteiführung und vor allem Bebels die Verurteilung der Revisionisten der Hauptpunkt der Auseinandersetzung sein sollte: »Ich zweifle nicht, daß Dein prächtiger Angriff, getragen von dem gesunden Sinn der Partei, in Dresden glänzend siegen wird. [...] Vollmar, Heine etc. werden eine große Majorität gegen sich haben, aber was dann? Meinst Du, sie werden sich fügen? Das ist noch nie geschehen. Oder werden sie sich in die Büsche schlagen und abziehen? Ebensowenig, und täten sie es, so würde immerhin ein Stück Macht und Prestige der Partei mit ihnen verlorengehen. [...] Dann aber fehlt die Darlegung des Positiven zur Negation. Gewiß, der Weg der Revisionisten ist nicht zu gehen. [...] Aber andererseits: Daß eine Partei von drei Millionen Stimmen auch andere Möglichkeiten hat als eine von dreimal hunderttausend ist klar. [...] Wenn Du zu der ganz äußerlichen und oberflächlichen Rederei der Vollmar und Ede [Bernstein] ein Aktionsprogramm in großen Linien andeuten würdest [...], wenn Du Dich nicht wie K.K. [Kautsky] auf das Programm berufen würdest [...], das natürlich Alles sagt und damit Nichts, dann würdest Du den ganzen Parteitag mitreißen.«[64]

Den Parteitag mitzureißen gelang Bebel mehrfach. Aber mit welchen Mitteln! Es sind weniger die bitterböse, in Teilen sogar primitive Polemik gegen die Revisionisten, die ungenauen Zitate aus deren Reden und Schriften, die ausdrückliche und wiederholte Aufforderung an den Parteitag, deren angebliches Streben nach »Überbrückung der Gegensätze zwischen Proletariat und bürgerlicher Gesellschaft« zu »denunzieren, damit die Genossen wissen, was das für halbe Leute sind«[65], die auch im nachhinein noch die Lektüre des Protokolls dieser Debatte und insbesondere der Rede Bebels zu einer bitteren, in Teilen sogar deprimierenden Erfahrung machen. Es ist vielmehr der dramatische Widerspruch zwischen der Analyse der Lage und dem Mangel, daraus politische Folgerungen für die Partei abzuleiten.

Das begann mit der Weltpolitik, wo Bebel die neuen Heeres- und Flottenvorlagen anprangerte und zu dem nur schwer widerlegbaren Schluß kam: »Die Gefahr einer Katastrophe wächst in demselben Maße, wie alle diese Rüstungen steigen.«[66] Aber Konsequenzen für die Partei? Keine! Es ging weiter mit der widersprüchlichen Feststellung, die »ganze Bourgeoisie«, die heute kaum ihre eigenen Männer in der Regierung habe, würde wohl kaum einen Sozialdemokraten hineinkommen lassen: »Das wäre doch nur dann denkbar, wenn sie ganz genau wüßte, daß sie dadurch die Sozialdemokratie von innen heraus zertrümmern und zu etwas anderem machen könnte, als sie jetzt ist. (Stürmischer Beifall).«[67]

Nur einige Sätze weiter dienten ihm die Nationalliberalen als Kronzeugen, da sie seit Jahr und Tag einen der ihren in der Reichsregierung sitzen hätten, der kürzlich von einer nationalliberalen Zeitung aufgefordert worden sei, so schnell wie möglich aus dem Ministerium herauszukommen, weil er dort der Partei nichts nützen könne, sondern sie nur kompromittiere. So beschrieb er in Kürze die politische Schwäche des Bürgertums und das damit verknüpfte System der organisierten Unverantwortlichkeit, dem die bürgerlichen Parteien des halbabsolutistisch regierten wilhelminischen Reiches huldigten.

Nun wurde dieses Verhaltensmuster der Sozialdemokratie zur Nachahmung empfohlen, statt die anderen Parteien mit der Forderung nach Parlamentarisierung der Reichsregierung zu konfrontieren. Wie anders ließ sich wieder einige Sätze weiter seine Aussage deuten, man könnte in den Landtagen höchstens dann für das Budget stimmen, wenn das allgemeine, direkte, gleiche und geheime Wahlrecht für alle Vertretungskörper bestünde, die ersten Kammern beseitigt wären, jeder Sozialdemokrat in jede staatliche Stelle gelangen könnte, wenn auch die Angehörigen der Armee sich nicht zu scheuen bräuchten, sich zur Sozialdemokratie zu bekennen und wenn wirkliche Pressefreiheit vorhanden wäre? Bei Erfüllung all dieser Forderungen würde er sich die Frage vorlegen, ob er das Budget bewilligen könnte.[68]

Warum entwickelte er aus diesen und anderen Bedingungen keinen konkreten Forderungskatalog, der nicht nur eine die Partei bindende Wirkung hätte entfalten können, sondern auch die anderen Parteien wie die Regierungen in immer neue Begründungszwänge gebracht hätte? Da half sein erneut mit stürmischem Beifall bedachtes Bekenntnis, er wolle »der Todfeind dieser bürgerlichen Gesellschaft und dieser Staatsordnung bleiben, um sie in ihren Existenzbedingungen zu untergraben und sie, wenn ich kann, beseitigen«[69], ebensowenig weiter wie seine für den Fall der Machteroberung zur Schau getragene Zuversicht: »Wenn wir morgen durch irgendeinen Umstand unsere Gegner von ihren Sitzen verdrängen und uns selber hinsetzen könnten, so macht Euch darüber keine Sorgen, wir würden schon wissen, was wir zu tun hätten.«[70]

Erneut muß betont werden: Das Drama des Dresdener Parteitages lag nicht so sehr in der Redeschlacht, in der die Hauptprotagonisten Bataillone von Argumenten gegeneinander ins Feld führten, obwohl auch die auf Bebels Rede folgende Erwiderung Georg von Vollmars nicht ohne dramatische Elemente war. Vier Stunden lang, »bis zur physischen Erschöpfung«, behauptete sich der Kriegsverletzte auf dem Rednerpult, oft minutenlang schweigend und den vor ihm sitzenden Bebel betrachtend, »der unermüdlich war in Zwischenrufen und oft hochrot vor Erregung aufsprang, namentlich, wenn Vollmar ihm Diktatorangewohnheiten vorwarf«[71]. Nein, das wirkliche Drama lag darin, daß nichts geschah, die Debatte folgenlos blieb. Die Sprecher der Revisionisten, auch Vollmar, schlugen keine andere Taktik vor, entwarfen kein Gegenprogramm, ja die meisten stimmten für die Resolution, die die »revisionistischen Bestrebungen [...] auf das entschiedenste« verurteilte: »Die Folge einer derartigen revisionistischen Taktik wäre, daß aus einer Partei, die auf die möglichst rasche Umwandlung der bestehenden bürgerlichen in die sozialistische Gesellschaft hinarbeitet, also im besten Sinne des Wortes revolutionär ist, eine Partei tritt, die sich mit der Reformierung der bürgerlichen Gesellschaft begnügt.«[72]

Nur elf Delegierte stimmten gegen die Resolution. Unter ihnen Eduard Bernstein, der seine Forderung, die Sozialdemokratie müsse sich zu dem bekennen, was sie in Wirklichkeit bereits sei, eine »demokratisch-sozialistische Reformpartei«, nicht preisgab. Intellektuell redlicher als sein Kontrahent Kautsky, »der Partei gewordene deutsche Professor«, wie ihn Georg von Vollmar auf dem Parteitag genannt hatte (das Protokoll vermerkte »Heiterkeit«), hielt er Kautskys strategische Grundaussage, die Sozialdemokratie sei eine revolutionäre, aber keine revolutionmachende Partei, für zu diffus, um die Partei wie die politische Entwicklung insgesamt in Bewegung zu bringen und zu halten. Er hielt es nicht für sinnvoll, mit versteinerten Begriffen wie »Verschärfung des Klassenkampfes«, »Eroberung der politischen Macht«, »Naturnotwendigkeit«, »Unvermeidlichkeit« zu operieren. Er sah vielmehr die konkreten Interessendivergenzen zwischen den bürgerlichen Klassen und Parteien, die es durch zeitweilige Bündnisse auszunutzen galt, um »Staat und Gesellschaft in allen Richtungen zu demokratisieren«. Nach seinem Theorie-Praxis-Verständnis verdankte »die Theorie der praktischen Bewegung viel mehr als die Bewegung der Theorie verdankte«[73].

Er spitzte die Auseinandersetzung auf die heikle Frage zu, die von der Marx-Orthodoxie um Kautsky, dem Parteizentrum um Bebel und der »Linken« um Luxemburg nie schlüssig beantwortet wurde, »ob wir auf die Straße zu steigen und die Kämpfe blutig auszufechten haben oder ob wir heute mit anderen Mitteln kämpfen«. Die gerade erst erlittene Niederlage der Partei in ihrer Kampagne gegen die Erhöhung der Zolltarife hatte auf ihn einen ähnlich tiefen Eindruck gemacht wie »damals die Tatsache, daß man hier in Sachsen den Arbeitern ihr Wahlrecht nahm und daß nichts darauf erfolgte«[74].

Wie schon ein Jahr zuvor anläßlich des von den belgischen Sozialisten begonnenen (und letztlich verlorenen) politischen Massenstreiks[75] forderte Bernstein die Partei auf, dieses Instrument genau zu studieren, damit es zur Hand sei, wenn von reaktionärer Seite der Versuch gemacht werde, das geltende allgemeine Reichstagswahlrecht zu beseitigen. Er erinnerte daran, daß ihm damals von »sehr radikalen Genossen« der Vorwurf gemacht worden sei, er hätte wie ein *agent provocateur* gesprochen und wollte »die Leute unglücklich« machen.[76]

Die Massenstreikdebatte ist also nicht in erster Linie von der Linken begonnen worden, sondern von Bernstein[77]. Dabei hat nicht nur er die gesellschaftlichen Machtverhältnisse und insbesondere die Möglichkeit der Partei und der Gewerkschaften, ihre Mitglieder und Anhänger massenhaft zu längeren Streiks für politische, also nicht materielle Ziele zu mobilisieren, offenbar überschätzt. Den Linken, die bald diese Forderung aufnahmen, ging es ebenso. Unter dem Eindruck der russischen Revolution von 1905 nahm die Bereitschaft zu Massenversammlungen und Straßendemonstrationen, in denen die Abschaffung des Dreiklassenwahlrechts in Preußen, Sachsen und in anderen deutschen Staaten gefordert wurde, zu. In Dresden hatten in den größten Sälen am 18. und 19. November 1905 »leidenschaftliche Protestkundgebungen tiefaufgewühlter Massen« stattgefunden, die zeigten, »daß auch die sächsischen Proletarier russisch, österreichisch reden können, wenn's an der Zeit ist.«[78]

Am 3. Dezember formierten sich die Kundgebungsteilnehmer aus sieben Versammlungen gegen den Willen ihrer Führer zu einem riesigen Demonstrationszug von insgesamt 80000 Menschen, der an verschiedenen Stellen die Polizeiketten durchbrach, die die Innenstadt abzuriegeln versuchten, in der seit Jahrzehnten politische Demonstrationen verboten waren. Seit den Maitagen 1849 hatte Dresden keinen solchen Aufbruch der Massen mehr gesehen. Es gab Hochrufe auf das allgemeine Wahlrecht, revolutionäre Arbeiterlieder wurden gesungen. Die *Sächsische Arbeiterzeitung* berichtete von Erbitterung, ja Empörung vor den blitzenden Säbeln der Polizei und von dem Ruf: »Jetzt kommt der Massenstreik!« Sie fügte hinzu: »Wer die Stimmung des Proletariats kennt, der weiß, daß Massen von Arbeitern heute auf diesen Ruf warten.«[79]

Aber waren es wirklich nur die »rechten Führer«, die nicht bereit gewesen seien, den politischen Massenstreik auszurufen und dadurch »der Massenbewegung die Stoßkraft genommen«[80] hätten, wie dies in der DDR-Geschichtsschreibung suggeriert wurde? Vor Ort haben sie gewiß dazu beigetragen. Ausschlaggebender indes war die Haltung des von Bebel geführten Parteizentrums. Es war zunächst etwas nach links gerückt und auf dem Jenaer Parteitag im September 1905 erfolgreich für die Annahme einer von Bebel eingebrachten Resolution eingetreten, nach der die »umfassendste Anwendung der Massenarbeitseinstellung« – das Wort Streik wurde vermieden – als eines der »wirksamsten Kampfmittel« für den Fall anzusehen sei, daß ein Anschlag auf das Reichstagswahl- oder Koalitionsrecht abzuwehren oder ein »gewichtiges Grundrecht für die Befreiung der Arbeiterklasse« zu erobern sei. Aber schon wenige Tage nach der großen Dresdener Wahlrechtsdemonstration, am 8. Dezember 1905, lehnte der Parteivorstand unter Beteiligung der sächsischen Parteiführung mit Mehrheit einen Massenstreik als zur Zeit undurchführbar ab.

Auch in Preußen fanden dann am »roten Sonntag«, dem 22. Januar 1906, zur Erinnerung an die Opfer des Petersburger »Blutsonntags« ein Jahr zuvor Tausende von Protestversammlungen gegen das Dreiklassenwahlrecht statt, ohne daß es zu Straßendemonstrationen oder gar Barrikadenbau kam (für den letzteren Fall hatte der Oberkommandierende in den Marken in einem Tagesbefehl vom 19. Januar 1906 erklärt: »Sollten Barrikaden entstehen, so sind sie durch Granaten zu beschießen, bevor die Infanterie sie stürmt«). Daraufhin fand Mitte Februar 1906 zwischen Vertretern des Parteivorstandes und der Generalkommission der Freien Gewerkschaften eine vertrauliche Aussprache über das Problem des Massenstreiks statt. Der Parteivorstand rechnete mit dem Ausbruch wilder Streiks. Bebel selbst war es, der in dieser Sitzung erklärte, daß die Partei alle Ursache habe, den politischen Massenstreik, wenn irgend möglich, zu verhindern[81]. Auf dem Mannheimer Parteitag Ende September 1906 trug er entscheidend dazu bei, daß in dieser Hinsicht Partei und Gewerkschaften am gleichen Strang zogen. Gemeinsam mit Carl Legien, dem Vorsitzenden der Generalkommission der Gewerkschaften, entwarf er die danach als »Mannheimer Abkommen« bekanntgewordene Resolution. In ihr wurde die Jenaer Resolution zwar formal bestätigt, konkrete Aktionen aber an die »gegenseitige Verständigung« von Partei und Gewerkschaften »über ein einheitliches Vorgehen« gebunden.

Indirekt war mit diesem Abkommen nicht nur die Anerkennung der inneren Autonomie der Freien Gewerkschaften durch die Partei und die Gleichrangigkeit von sozialer und politischer Organisation der Arbeiterbewegung verknüpft, sondern das tatsächliche Übergewicht der Gewerkschaften bei der Entscheidung über das Ob und Wie eines politisch motivierten Streiks sowie über alle Fragen des Koalitions- und Tarifrechts. In den folgenden Jahren und Jahrzehnten strahlte diese faktische Suprematie auf alle Felder der Politik aus, die die Gewerkschaftsführung für existentiell hielt – und welche waren dies nicht für das Überleben und Wachsen einer Großorganisation inmitten eines überwiegend feindlichen Umfeldes?

Erklärte allein diese neugewonnene Schwerkraft der Gewerkschaften – immerhin übertraf ihre Mitgliederzahl 1906 schon um mehr als das Vierfache die der Partei – Bebels Verhalten? Oder litt er an Bewußtseinsspaltung: hier der Taktiker der Macht und der »unentwegteste

Revisionist in der Fraktion«, wie ihn einer seiner Fraktionskollegen nannte[82], dort der dogmatisch auftretende Volkstribun und Visionär, der sich als bloßen Ausdruck des Massenwillens der Arbeiterschaft und ihres Endzieles sah? Oder gibt es dritte, vierte und weitere Erklärungen für die Widersprüche in seinem Verhalten? Jedenfalls verkörperte Bebel wie kein anderer die inneren Widersprüche der Partei nach der Jahrhundertwende.

Trotz unübersehbarer Barrieren und Tendenzen der Selbstabschottung waren diese Widersprüche wie in einem System kommunizierender Röhren mit der komplexen politischen und gesellschaftlichen Machtkonstellation im spätwilhelminischen Deutschland und deren Widersprüchen und Gegensätzen eng verbunden. Zunächst erforderte die kompakt erscheinende Macht der herrschenden Kräfte (einer Koalition von Krone, Kirche, Aristokratie, Militär, Polizei und Kapital) für die mühselig genug aus kleinsten Anfängen heraus entstandene Gegenmacht der Arbeiterbewegung eine Strategie, die das höchste Risiko – Verbot und Zerschlagung der Organisationen – weitgehend ausschloß. Hier war Bebel, gewitzt durch die in vier Jahrzehnten politischen Kampfes gewonnenen Erfahrungen der erste, der zur Vermeidung solcher Risiken raten mußte. In diesem zentralen Punkt stimmte er mit jenen in Partei und Gewerkschaften überein, denen sonst – nicht ohne Bebels eigenes Zutun – in der eigenen Presse oder auf Parteitagen das Etikett »Revisionist«, »Opportunist« usw. aufgeklebt wurde.

War das Bündnis der herrschenden Klassen aber so kompakt wie es schien und rechtfertigte es das schroffe Feindbild, das Bebel dem Parteitag in seiner Dresdener Rede mit grellen Farben präsentiert hatte?

Der Vergleich mit England verdeutlicht das Spezifische der politischen Kultur des wilhelminischen Deutschland. Trotz tiefgreifender Umwälzungen durch die industrielle Revolution und trotz härtester politischer und sozialer Konflikte war England nie zu weit vom Gentlemanideal einer durch aristokratische Werte und Normen veredelten liberalen Bürgergesellschaft abgedriftet. Denn es verfügte nicht nur über reformfähige Eliten, sondern auch über eine Monarchie, die es verstanden hatte, den durch Parlament und Parteien erlittenen Machtverlust durch die viel subtileren Einflußmöglichkeiten wettzumachen, die ihr das *honour system*, die gezielt eingesetzte Erhebung in den Adelsstand, des Pairs-Schubes ins Oberhaus und der Ordensverleihungen an die Hand gab. Dieses System war höchst effektiv, weil es die Hierarchie der Klassen mit quasireligiöser Weihe versah. Im Gegensatz dazu hatten die halbabsolutistisch regierenden Hohenzollern in Deutschland es nicht vermocht, jene neuen und flexiblen Formen der Politik zu schaffen, die der kollektiven Psyche der breiten Massen, der Arbeiterschaft ebenso wie großer Teile des Klein- und Mittelbürgertums, das Gefühl vermittelte, es bestünde zumindest die Chance auf Waffengleichheit in den großen politischen und sozialökonomischen Kämpfen der Zeit.

Schritte zum »Volkskönigtum«, zu denen Lassalle in seinen Gesprächen mit Bismarck – wenn auch voller Skepsis – geraten hatte, waren nie gewagt worden. Im Gegenteil: Wenn einmal Reformen von oben begonnen wurden – wie in den 1880er Jahren –, waren sie, erfüllt von der Bismarckschen Junkermentalität (»Zuckerbrot und Peitsche«), wesentlich dazu bestimmt, der aufsteigenden Sozialdemokratie das Wasser abzugraben. Und Wilhelm II. hatte die anfänglichen Bemühungen zu einer sozialeren Ausrichtung der Monarchie während der ersten Jahre seiner Regentschaft – er wollte nicht weniger als den Anspruch Friedrichs des Großen einlösen: »Je veux être un roi des gueux«[83] – schon bald ausgelöscht durch bramarbasierende Reden über die »vaterlandslosen Gesellen« und über die Pflicht der Rekruten, notfalls auch auf Vater und Mutter zu schießen, sowie durch Gesetzentwürfe wie die »Zuchthausvorlage«, die das Vorgehen von streikenden Arbeitern gegen Streikbrecher mit Zuchthaus bestrafen wollte.

Statt fair play, Fähigkeit zum politischen und sozialen Kompromiß und funktionierender politischer Öffentlichkeit dominierten im politischen Denken der herrschenden Klassen des Deutschen Reiches vor 1914 Freund-Feind-Dualismus, Demagogie, Ordnungsfetischismus, Verketzerung und Ehrabschneiderei, kurz: ein Politikverständnis, das vom »Nullsummenspiel« der Macht ausging – wir oder die anderen – und auch bei inneren Krisen gezwungen war, die Flucht nach außen anzutreten, um politische Gegner niederzuhalten oder um die aus dem herrschenden Machtkartell zeitweise ausbrechenden Kräfte wieder einzufangen. Kolonialagitation, Flottenbaupolitik, »Panthersprung nach Agadir« usw. dienten nicht nur dazu, den deutschen Anspruch auf einen »Platz an der Sonne« zu untermauern, sondern waren auch gegen die Sozialdemokratie und andere »Reichsfeinde« gerichtet. Großadmiral von Tirpitz pries seine von England als eine kalte Kriegserklärung angesehenen Pläne zum Ausbau der deutschen Kriegsflotte wörtlich als »starkes Palliativ gegen die gebildete und ungebildete Sozialdemokratie«[84]. Diese Flucht nach außen verschärfte die Beziehungen zwischen den europäischen Großmächten enorm, vollendete die Selbstauskreisung Deutschlands aus allen denkbaren, seine prekäre strategische Lage ausgleichenden Bündnissen und wurde so zu einer der zentralen Ursachen des Ersten Weltkrieges.

Die »Hottentottenwahlen« vom Januar 1907, die von allen anderen Parteien mit nationalistischen Parolen und unter Zuhilfenahme schikanösester Polizeimaßnahmen, wie es sie seit der Zeit der Antisozialistengesetze nicht gegeben hatte, gegen die Sozialdemokratie geführt wurden, hatten gezeigt, zu welchen außerordentlichen Mitteln die herrschenden Kräfte griffen, um das Anwachsen der sozialdemokratischen Wählerschaft zu stoppen. Völlig gelang es nicht. Die Partei nahm um weitere 250000 Stimmen zu, auch wenn aufgrund der Bündnisse der bürgerlichen Parteien im zweiten Wahlgang sich die Zahl der sozialdemokratischen Reichstagsmandate fast um die Hälfte verringerte (auf 43, davon 15 aus Sachsen).

Es gab Stimmen aus dem liberalen Bildungsbürgertum, vor allem von Persönlichkeiten wie Max Weber und aus dem Kreis um Friedrich Naumann, die im so erratisch erscheinenden Block des herrschenden Machtkartells schon früh Bruchlinien erkannten. Sie hielten den Anspruch Deutschlands auf weltpolitische Mitgestaltung zwar für gerechtfertigt, aber langfristig nur für einlösbar durch die Demokratisierung Preußens, insbesondere des preußischen Landtagswahlrechts, und die Parlamentarisierung der Reichsgewalt, also nur durch positive Integration zumindest großer Teile der sozialdemokratischen Arbeiterbewegung in das politisch-soziale System des Reiches. Mit großer Sorge sahen diese Vertreter des liberalen Bürgertums, wie sich der Riß zwischen ökonomisch-technischer Modernität und politisch-kultureller Rückständigkeit vergrößerte und wie sich in Teilen des Bürgertums mit Wirkung bis in die von Statusverlust bedrohten Gruppen des Kleinbürgertums hinein die auf Deutschlands künftige Größe gerichteten Erwartungen wie auch die damit eng verknüpften Ängste vor einer »Welt von äußeren und inneren Feinden« radikalisierten. Diese mentalen Prozesse wurden von den »vaterländischen« Verbänden, dem »Kolonial- und Flottenverein«, dem »Alldeutschen Verband«, den zahllosen Studenten- und Altherrenverbindungen systematisch forciert.

Das war nicht jene Kombination aus »charismatischer«, die Massen in kontrollierter Bewegung haltender Führung und effektiver Verwaltung, von Mythos und Rationalität, die Max Weber für das Kennzeichen eines modernen Staates hielt. Mit gemischten Gefühlen mußte auch Friedrich Naumann am Pressetisch des Dresdener Parteitages von

1903, wenige Monate nachdem sein Nationalsozialer Verein in den Reichstagswahlen eine demütigende, zur Auflösung des Vereins führende Niederlage erlitten hatte[85], sich Bebels Kampfansage an »diese bürgerliche Gesellschaft« und »diese Staatsordnung« anhören. Auf der einen Seite war er enttäuscht, weil von Vollmar und die anderen Vertreter des revisionistischen Flügels mit ihrem Verhalten auf dem Parteitag nicht seinen Erwartungen entsprachen. In die Enttäuschung mischte sich Bewunderung über die Fähigkeit Bebels, durch scharfe politische Polarisierung nach außen den unübersehbaren sozialen und politischen Differenzierungsprozeß in der eigenen Anhängerschaft auszubalancieren und zugleich mit seiner Vision von der Überwindung der vorgefundenen Staats- und Gesellschaftsordnung die Rolle des identitätsstiftenden »charismatischen« Führers, den er auf bürgerlicher Seite schmerzlich vermißte, für jene Teile der Bevölkerung auszufüllen, die vom Monarchen und den herrschenden Klassen ausgegrenzt wurden.

Geschmeichelt mußte sich schließlich Naumann und der neben ihm sitzende Hellmut von Gerlach, der zehn Jahre später zur Sozialdemokratie fand, fühlen, als Bebel – beide direkt ansprechend – sich um den Nachweis bemühte, daß der von ihnen erhobene Vorwurf, er sei der »Mann der Negation«, nicht zutreffe. Tatsächlich war seine Feststellung nicht zu widerlegen, daß er in seinem 1903 schon über dreieinhalb Jahrzehnte währenden Parlamentarierdasein mehr Initiativanträge eingebracht und Gesetzesentwürfe ausgearbeitet hatte als jeder andere Sozialdemokrat.[86] Man kann hinzufügen: auch als jeder andere Abgeordnete.

Und doch – welch ein Schlüsselsatz! Er enthüllte schlagartig den innersten Kern des nur auf den ersten Blick paradox erscheinenden Verhaltens, das die Sozialdemokraten aller Richtungen vor 1914 »Revolutionäre« bleiben ließ und das zugleich mit dem oft verzweifelten Bemühen gekoppelt war, in den Parlamenten, in den Körperschaften der Sozialversicherung und der Ortskrankenkassen, in den Gewerkschaften, Gewerbegerichten und Gemeinderäten nachzuweisen, daß sie zu positiver Reformarbeit fähig waren: das zutiefst und stets aufs neue verletzte Rechts- und Ehrgefühl. Die Entbehrungen, die der materielle Alltag mit sich brachte, die prekäre Lage am Rande des Existenzminimums, die ständige Gefahr, bei Konjunkturschwankungen oder Streiks arbeitslos zu werden, das nagende Gefühl des Hungers, der saure Geruch der Armut, der kaum aus den zu engen Wohnungen und aus den schlecht gelüfteten Kleidern herauszubringen war, traurige Gesichter bei Kindern und Frauen, denen die Erfüllung auch einfachster Wünsche versagt blieb – das alles war schlimm genug und trug dazu bei, den Geist der Rebellion und des Protests zu wecken und wachzuhalten. Aber die materielle Situation wurde vielfach als Konsequenz der Wechselfälle des privaten Schicksals erlebt, die sich – gewiß nur in sehr engen Grenzen – durch eigene Anstrengungen und durch die Solidarität bei Arbeitskämpfen kompensieren ließen.

Viel erniedrigender für die Arbeiter war die öffentliche Behandlung als Menschen zweiter, dritter oder gar vierter Klasse, die schon vor dem Schalterbeamten begann und beim Klassenwahlrecht, das in den Städten und Gemeinden häufig mehr als nur drei Klassen aufwies und deshalb die unteren Schichten noch mehr benachteiligte als das Wahlrecht zu den Landtagen, einen schon in der Terminologie erkennbaren Höhepunkt erreichte. Das Gefühl, sich nicht wehren zu können, wurde so immer mehr zur Basis für die Formung des Klassenbewußtseins und zum zentralen Antrieb leidenschaftlicher Proteste. Dies erklärt auch die enorme Bedeutung des Reichstagswahlrechts für die sozialdemokratischen Anhänger und ihre wachsende Bereitschaft, es gegen reaktionäre Anschläge zu verteidigen.

Es waren keineswegs, jedenfalls nicht in erster Linie überspannte Erwartungen an die Möglichkeiten sozialdemokratischer Abgeordneter im Reichstag, die Lage der arbeitenden Massen nachhaltig verbessern zu können, obgleich die parlamentarische Tätigkeit von der Partei so verinnerlicht worden war, daß schon auf den Parteitagen der 1890er Jahre ausfällig werdende Redner vom Präsidium mit dem Ordnungsruf, dies Verhalten sei »unparlamentarisch«, zurechtgewiesen wurden. Der zentrale Punkt der Identifikation blieb aber die Chance, es den Herrschenden mit dem Stimmzettel zeigen zu können, ihnen durch die wachsende Zahl sozialdemokratischer Wähler Furcht einjagen, den Spieß einmal umdrehen zu können, wie es das geflügelte Wort »Wahltag ist Zahltag« deutlich macht. Wahlabende, vor allem solche, die vor Ort die Eroberung eines neuen Mandates verhießen, wurden von Hunderttausenden wie im Rausch erlebt und gefeiert, weil sie für vielfach – besonders häufig während des Wahlkampfes von seiten der Polizei und der gegnerischen Parteien – erlittene Unbill und Demütigung moralisch entschädigten.

Der Brechtsche Befund »Zuerst kommt das Fressen und dann die Moral« stammt aus einer späteren Zeit und kennzeichnet den nur theoretischen Idealismus und praktischen Materialismus in jenen Kreisen des Bürgertums, denen Brecht entstammte. Er führt auch deshalb in die Irre, weil er der Erfahrung zuwiderläuft, daß unter Opfern erworbene Werte besonders hochgehalten werden. Dieses im Elternhaus und in der Sozialisation erfahrene Wissen hat das Urteil des jungen Wehner über Brecht und sein Werk, dem er in Berlin Mitte der zwanziger Jahre begegnete, offenbar beeinflußt. Er hielt solche Aussagen Brechts für zu doktrinär[87] und zu platt. Viele tausend Sozialdemokraten und Gewerkschaftler – Männer, Frauen und Kinder – »leisteten« sich hohe moralische Standards, nicht nur weil diese meist das einzige für sie verfügbare »Luxusgut« waren, sondern auch weil sie es waren, die in besonders schlimmen Stunden der materiellen Ausbeutung und der seelischen Demütigung den Kopf »über Wasser« hielten und es – was oft nahelag – nicht zum Verzicht auf das politische und soziale Engagement kommen ließen.

Es war dies auch – gewiß nicht allein – die Frucht einer großen Erziehungsarbeit, die in Partei und Gewerkschaften geleistet wurde, an den Orten also, wo Wertwelt und praktisches Tun noch am ehesten in Übereinstimmung gebracht werden konnten. Sicherlich gab es nie nur ethische Antriebe zum Engagement, sondern immer ein Bündel von Motiven. Und es waren nur Minderheiten, die sich engagierten. Aber Minderheiten, die an Quantität und Qualität immer noch zunahmen. Der Mischung aus Spott und Respekt, mit der die Arbeitskollegen und Wohnungsnachbarn, die noch nicht so weit waren oder sich auf keinen Fall organisieren lassen wollten, auf ihr Engagement und auf ihre vom Bildungswillen, vom Verzicht auf übermäßigen Alkoholgenuß und meist – soweit es die Wohnungsumstände zuließen – von einer strengeren Sexualmoral bestimmten Lebensweise reagierten, begegneten die meisten mit Gelassenheit und dem Versuch zu überzeugen.

Irritiert und auch erbittert registrierten die Sozialdemokraten allerdings die Feindseligkeiten, die ihnen aus Kreisen des Bürgertums oft dann entgegenschlugen, wenn sie bürgerliche Freiheiten einforderten, die zum ureigensten Kern eines liberalen Gemeinwesens gehören. »Der blinde Haß gegen die Sozialdemokratie, die Angst vor jedem Schimmer eines demokratischen Gedankens sind in Deutschland um so ärger geworden, je mehr die Sozialdemokratie die Allüren ihrer Jugendjahre abgestreift hat, bei denen es einem in der Tat manchmal nicht gewundert hätte, wenn sie den Philister erschreckt hätten. Alles Reden von der Revolution, alle blühende Phraseologie haben nicht halb so einschüchternd auf das Bürgertum gewirkt wie die nüchterne ruhige Reformarbeit, an der wir uns beteiligen. Wir, d.h. die überwiegende Masse der deutschen Sozialdemokratie, *wagen zu scheinen, was wir sind,* nämlich eine Partei der praktischen Reformen mit einem auf die Umgestaltung der Grundlagen der Gesellschaft gerichteten, also revolutionären Ideal und Endziel.«[88]

Besonders der letzte Satz verrät den Revisionisten. Es war Wolfgang Heine, Rechtsanwalt und sozialdemokratischer Abgeordneter eines Berliner Reichstagswahlkreises[89] – eine vor 1914 seltene Kombination, da es weder Diäten gab[90] noch die Partei Ämter zu vergeben hatte, die den Ansprüchen von voll ausgebildeten Juristen hätten genügen können. Gleichwohl sprach er mit dieser Bemerkung auf dem Dresdener Parteitag Tausenden von Sozialdemokraten aus dem Herzen.

Jene Gruppen des Bürger- und Kleinbürgertums, die bei den Wahlen für die konservativen, antisemitischen und selbst auch für die nationalliberalen Kandidaten stimmten, fürchteten offenbar ihr Feindbild vom blutdurstigen, atheistischen, vaterlandsverratenden und materialistischen sozialdemokratischen Proleten zu verlieren, wenn sie sich hätten eingestehen müssen, daß es Sozialdemokraten waren, die das von ihnen so oft im Stich gelassene Ideal bürgerlicher Grundfreiheiten auch gegen den Widerstand des Bürgertums hochhielten.

Sachsen als Reformmodell?

War diese halb liberal-konservative, halb offen reaktionäre Grundstimmung »nur« ein Wahrzeichen Preußens, das immerhin mit rund sechzig Prozent der Bevölkerung, einem noch höheren Anteil an Wirtschaftskraft und vor allem mit seinem Monarchen, mit der Aristokratie, der Beamtenschaft und dem Militär die übrigen Einzelstaaten in einer Weise dominierte, die alle wichtigen Reformimpulse auf nationaler Ebene blockierte? Mit anderen Worten: Hätte das Kaiserreich trotz seiner preußisch-junkerlich-schwerindustriellen Überformung im bürgerlich-liberalen Sinne wieder reformfähig gemacht und dadurch sein Marsch in den Untergang aufgehalten werden können? Ein kurzer Blick auf das nichtpreußische Deutschland kann diese Diagnose *a posteriori* erleichtern.

In Süddeutschland gab es erfolgreiche Reformbestrebungen. In Baden wurde 1905 das Landtagswahlrecht demokratisiert und dadurch der Sozialdemokratie zu einer Schlüsselposition zwischen Zentrum und nationalliberaler Partei verholfen. Auch in Württemberg und Bayern saßen die Sozialdemokraten nicht mehr auf dem »Isolierschemel«, sondern gingen wechselnde Bündnisse bei Wahlen ein und bewilligten sowohl Einzel- wie Gesamtbudgets, obwohl der Nürnberger Parteitag der Gesamtpartei 1908 Budgetbewilligungen als »Disziplinbruch und Gefährdung der Parteieinheit« verurteilt hatte. Bebels These auf dem Dresdener Parteitag, daß die »weniger entwickelten ökonomischen Verhältnisse in Süddeutschland schuld daran« seien, daß besonders dort der Revisionismus zuhause sei[91], beleuchtete nur eine Seite der Medaille. Es gab hier (noch) kaum Großindustrien und ebensowenig eine entsprechende Zusammenballung von Zehn- oder gar Hunderttausenden von Arbeitern mit ihren Familien. Wichtiger aber waren die ausgeglichenere Sozialstruktur, die längere – mehr oder minder liberale – Verfassungstradition und schließlich: Es gab weder ein »Königreich Stumm« wie im Saargebiet noch ein »Königreich Krupp« wie im Ruhrgebiet, auch keine Junkerklasse wie im ostelbischen Preußen, deren auf der Übereinstimmung von ökonomischen und politischen Interessen beruhendes Bündnis seit Ende der 1870er Jahre das entscheidende Hindernis auf dem Weg der Demokratisierung Preußens und damit des Reiches bildete.

Hätte etwa der in Sachsen seit 1902/03 mühsam in Gang gekommene Reformprozeß ein Modell auch für Preußen sein können? Sachsen hatte zwar keine Junkerklasse und keine Schwerindustrie, doch dominierte dort seit den späten 1880er Jahren und verstärkt durch das 1896 durchgesetzte Dreiklassenwahlrecht ein konservatives Machtkartell, das ähnlich wie in Preußen durch gemeinsame sozialökonomische Interessen, die im Bund der Landwirte und im Centralverband der Industriellen organisiert waren, unterfüttert war.

Unbestrittener Dirigent dieses Machtkartells war Paul Mehnert, geheimer Hofrat und Rittergutsbesitzer, Aufsichtsratsmitglied der Landwirtschaftlichen Kredit- und Hypothekenanstalt und Vorsitzender der Konservativen Partei in Sachsen, kurz: »der ungekrönte König von Sachsen«. Das Wahlgesetz von 1896 hieß nicht umsonst »Mehnerts Gesetz«. Es machte nicht nur für einige Wahlperioden den Landtag »sozialistenrein«, sondern reduzierte auch die Einflußchancen linksliberaler Wähler aus dem Klein- und Mittelbürgertum fast auf Null. Deren Abgeordnete verschwanden ebenso aus der zweiten Kammer des Landtags wie zwei Jahre vor ihnen schon die Sozialdemokraten. Es gab dort nach der Jahrhundertwende praktisch nur noch zwei Parteien: die Konservativen mit 58 und die Nationalliberalen mit 22 Sitzen (von insgesamt 82).[92]

Kein Wunder, daß auch für die klein- und mittelbürgerlichen Wählergruppen, die besonders von ökonomischen Krisen betroffen und von Statusängsten geplagt waren, die Reichstagswahlen als Ventil dienten, um ihren Protest zu artikulieren. Davon hatten schon in den neunziger Jahren die Antisemiten profitiert, die nicht nur in ländlichen Gebieten Zulauf erhielten, sondern auch einen der Dresdener Reichstagswahlkreise erobern konnten, bis er ihnen 1898 von dem Sozialdemokraten Gradnauer wieder abgenommen wurde. Eine besonders schallende Ohrfeige erhielt das konservative Machtkartell bei den Reichstagswahlen von 1903, als bei einer Wahlbeteiligung von über 80 Prozent in Sachsen 58,8 Prozent der Stimmen und 22 von 23 Wahlkreisen an die Sozialdemokratie fielen, die Antisemiten aber mit über 12 Prozent und dem 23. Sitz besser abschnitten als die Konservativen (10,1%) und die Nationalliberalen (12,5%), die leer ausgingen.[93]

Gewiß hatte nicht nur die durch das Klassenwahlrecht verschärfte Sondersituation, daß ausgerechnet in dem Einzelstaat des Reiches, der den höchsten Besatz an Industrie, Handwerk und Handel aufwies, großagrarische Interessen und das platte Land im Landtag dominierten, die enormen Wählerbewegungen bewirkt. Hinzu gekommen waren mehrere Bankenkräche in Dresden und Leipzig[94] sowie eine finanzielle Schieflage der sächsischen Staatsbahnen, die die Schuldenlast des Landes auf fast eine Milliarde Mark hochtrieb und das Vertrauen des Wirtschaftsbürgertums wie der Staatsbediensteten in die Solidität der Finanzwelt und in die administrativen Fähigkeiten der Regierung schwerwiegend beeinträchtigten.

Schließlich erschütterte ein Skandal innerhalb des Königshauses die Grundfesten der offiziellen Moral. Luise, die Frau des Kronprinzen August Friedrich, der 1904 den Thron bestieg, eine österreichische Erzherzogin und Mutter von fünf Kindern, war Ende 1902 mit dem französischen Erzieher ihrer Sprößlinge in die Schweiz »durchgebrannt«. Während ihr der Ehebruch wie auch die nachfolgende gerichtliche Scheidung bei Teilen der Bevölkerung bis hinein in die Arbeiterschaft eher Sympathien eintrug[95], stand die Dresdener Hofgesellschaft lange Zeit unter einem schweren Schock. Die konservative und liberale Presse in Sachsen schwieg zwar über den Vorgang wie ein Grab. Um so mehr wurde in der übrigen deutschen und ausländischen Presse wild darüber spekuliert, ob Zentrumskreise oder gar die Jesuiten durch eine Intrige hätten verhindern wollen, daß ein so unabhängiger Geist wie die Kronprinzessin zur sächsischen Königin gekrönt wurde.

Dieser erhebliche Prestigeverlust des Herrscherhauses wie auch die anderen Krisenerscheinungen brachten selbst jene sozialen Gruppen in Bewegung, die normalerweise ihre Hauptenergien auf das wirtschaftliche Feld konzentrierten: die Zehntausende von Klein- und Mittelindustriellen der Konsum- und Investitionsgüterbranchen, deren Zahl, entgegen der Marxschen Annahme, nicht abnahm, sondern angesichts des quantitativen und qualitativen Wachstums der Bedürfnisse eher noch zunahm. Nun kam es darauf an, dieser Bewegung eine Richtung zu geben.

Der Mann, der daran den stärksten Anteil haben sollte, stammte selbst aus dem Milieu einer Branche, in der die kleinen Betriebe der Konkurrenz der Großen in besonderer Weise ausgesetzt waren: Gustav Stresemann. Als jüngstes von sieben Kindern einer selbständigen Berliner Bierbrauerfamilie 1878 geboren, hatte er früh erfahren, wie der Kundenkreis der väterlichen Brauerei unter dem Druck der billiger und nach Sorten reichhaltiger anbietenden Großbrauereien immer stärker schrumpfte. Als Student der Volkswirtschaft hat er diese Erfahrungen in einer Doktorarbeit verwertet, die auf das Fazit hinauslief: Rationalisiert und organisiert euch, oder Ihr geht kaputt![96] Beeinflußt von »Kathedersozialisten« wie Adolph Wagner und Lujo Brentano hatte er schon während seiner Leipziger Studienzeit Zugang zum Kreis um Friedrich Naumann gefunden.

Stresemann war der Vertreter Dresdens auf der Konferenz des Nationalsozialen Vereins von 1901. Er brachte den Verein dazu, mit der liberalen *Täglichen Rundschau* zu brechen, weil diese in der Frage des Zolltarifs nicht die Interessen der verarbeitenden Klein- und Mittelindustrie vertrat. Deren Interessen zu organisieren, hatte er zu seinem Beruf gemacht. Er war im März 1901 Assistent in der Geschäftsführung des Verbands deutscher Schokoladenfabrikanten (Sitz Dresden) geworden. Anfang 1902 war er Mitbegründer und Geschäftsführer (Syndikus) des Verbandes sächsischer Industrieller, der ersten Regionalorganisation des 1895 in Berlin gegründeten Bundes der Industriellen, der sich zunächst nur mühsam gegen die großen Rohstoffkartelle und damit gegen den von der Schwerindustrie, den »Schlotbaronen«, beherrschten Centralverband Deutscher Industrieller zu behaupten wußte.

Die Niederlage des Nationalsozialen Vereins in den Reichstagswahlen von 1903 und dessen nachfolgende Auflösung verminderten gewiß nicht seinen Respekt vor dem geistigen Rang Naumanns, bestätigte aber Stresemanns Auffassung, daß eine lose Vereinigung von Gleichgesinnten, die mit der vermeintlichen Überlegenheit ihrer Argumente politischen Einfluß zu gewinnen hoffte, für den politischen Tageskampf ungeeignet war. Der Centralverband hatte in der Auseinandersetzung um das Zuckerkartell und den Zolltarif 1902 erneut bewiesen, wie gut er ökonomische und politische Interessen zur Deckung zu bringen und neben den Konservativen auch die gesamte nationalliberale Reichstagsfraktion, die nur zum geringsten Teil aus Vertretern der Schwerindustrie bestand, für seine Ziele einzuspannen verstand.

Noch deutlicher war der Einfluß des Centralverbandes beim Streik der Crimmitschauer Textilarbeiter geworden. Er hatte im Juli 1903 – beeinflußt sowohl durch das Reichstagswahlergebnis wie auch durch die wieder günstigere Auftragslage – mit der anderswo in Deutschland schon erfüllten Forderung einiger hundert Arbeiter nach Reduzierung der täglichen Arbeitszeit von elf auf zehn Stunden und nach einer Lohnerhöhung um 14 Prozent begonnen und sich bald auf alle 80 Spinnereien und Webereien in Crimmitschau (mit über 7000 Arbeitern und Arbeiterinnen) und teilweise selbst auf die Heimarbeiterinnen ausgedehnt. Die Arbeitgeber antworteten mit einer neuen Taktik, sperrten die Streikenden aus und versuchten, mit Streikbrechern die Produktion aufrechtzuerhalten. Es kam zu erregten Auseinandersetzungen vor den Werkstoren und zur zeitweiligen Verhängung des Belagerungszustandes in der Stadt. Nicht nur die sozialdemokratische, sondern auch Teile der liberalen und Zentrumspresse sowie Professoren aus dem Kreis um Naumann ergriffen Partei für die Streikenden. Innerhalb von sechs Wochen wurde rund eine Million Mark für sie und ihre Familien gesammelt.

Stresemann befand sich plötzlich auf der anderen Seite, weil er, für die Interessen der Arbeitgeber und ihre angeblich gefährdete Konkurrenzfähigkeit eintretend, ein Reichsgesetz über die Einführung des Zehnstundentages forderte, obwohl er wußte, daß dafür keine Mehrheit zu gewinnen war. Besonders demütigend war für ihn, mit ansehen zu müssen, wie Axel Bueck, der seit über drei Jahrzehnten die Geschäfte des Centralverbandes führte, mit seiner Ende Dezember 1903 dem Verband der Arbeitgeber der Sächsischen Textilindustrie gegebenen Zusage, durch wöchentliche Zahlungen die Anwerbung von noch mehr Streikbrechern zu garantieren, den Erfolg der Arbeitgeber erzwang. Bueck war zu sehr den Interessen der Schwerindustrie verpflichtet, um

Geschmack daran zu finden, daß künftig Klavierbauer, Hersteller von Präzisionsinstrumenten, Webereibesitzer, Brauer und Gastwirte die Mehrheit im Centralverband hätten. Es ging ihm also nicht um die Werbung von Mitgliedern, sondern um die Entscheidung der Machtfrage. Er hielt den Streik für einen politischen und wollte die »Einzelabschlachtung« kleinerer Branchen verhindern. Deshalb die Zusage und deshalb die anschließende Gründung der Berliner Hauptstelle der Arbeitgeberverbände, eines zentralen Antistreikbüros unter dem Dach des Centralverbandes.

Diese Machtdemonstration führte innerhalb von wenigen Wochen zum Abbruch des halbjährigen Streiks. Die Arbeiter mußten, ohne die geringste Konzession erhalten zu haben, wieder an ihre Arbeitsplätze zurückkehren – soweit sie überhaupt wieder eingestellt wurden.

Der Crimmitschauer Streik bildete eine Zäsur in den wirtschaftlichen und gesellschaftlichen Kämpfen der Zeit. »Sächsische Bedingungen« wurde für die ganze Arbeiterschaft zu einem Synonym für eine schwere Demütigung. »Vor Crimmitschau« und »nach Crimmitschau« wurde aber auch für die sächsischen Unternehmer zu einem verpflichtenden Motto, das ihnen immer wieder in Erinnerung brachte, daß sie diesmal nicht aus eigener Kraft oder durch die Hilfe von Regierung, Kirche und konservativer Parlamentsmehrheit den Sieg davongetragen hatten, sondern nur durch die Hilfe von äußeren Kräften, die den Konflikt nicht in erster Linie als wirtschaftliche Auseinandersetzung, sondern als politisch-sozialen Machtkampf betrachteten und entsprechend handelten. Den Preis für ihre Unterstützung forderten sie sogleich ein: Die sächsischen Textilunternehmer mußten der Berliner Hauptstelle der Arbeitgeberverbände beitreten.

Hingegen gelang es Stresemann im Juni 1904, die anderen sächsischen Konsumgüterindustrien sowie die chemischen und metallverarbeitenden Unternehmen in den Verein Deutscher Arbeitgeberverbände einzugliedern und diesen so erheblich zu stärken. Drei Jahre später zählte der sächsische Verband der Industriellen viertausend persönliche und 26 korporative Mitglieder (meist Handelsorganisationen).[97] Stresemanns Strategie zur Organisierung sozialökonomischer Interessen ging gewiß nicht völlig auf in dem von ihm beschriebenen Rezept: »Jede Gruppe organisiert sich und geht den Staat um Unterstützung an, dem Prinzip folgend: ›Ote-toi, que je m'y mette‹.«[98]

Es war wohl kaum jene im »utopischen« Sozialismus Saint-Simons, von dem die von Stresemann zitierte Formel stammt, enthaltene quasireligiöse Mischung aus einer Botschaft der Liebe und Mitmenschlichkeit und weitreichenden sozialen Zukunftsentwürfen, die mehr als ein halbes Jahrhundert zuvor den jungen Richard Wagner in seiner Pariser Phase stark beeinflußt hatte.[99] Dem nüchterneren jungen Gustav Stresemann imponierten sehr viel mehr die Ideen Saint-Simons von industrieller Freiheit und technischem Fortschritt in einer Gesellschaft von wechselseitig abhängigen Produzenten, zu denen auch die Arbeiter gehörten, sowie vom schöpferischen Führertum von Unternehmern, Bankiers, Wissenschaftlern und Künstlern.

Aber paßte die Kritik Saint-Simons an den Großunternehmen als – wie Adel, Klerus und Militär – »spätfeudale Relikte«, die einen Staat über der Gesellschaft formten und dominierten, nicht ebenso auf die herrschenden Klassen des wilhelminischen Staates wie dessen Forderung, daß in der Politik die Interessen der industriellen Klassen von (kleinen und mittleren) Produzenten mit den Interessen des ganzen Gemeinwesens identisch sein sollten?

In der Wahrnehmung des jungen Stresemann war damit nicht die heile soziale Idylle gemeint, gar die »Utopie« als ein sozialer »Noch-nicht-Ort«, sondern unter den vorgefundenen Machtverhältnissen das Gegenteil, der organisierte Kampf: auf dem sozialökonomischen Felde der Kampf gegen das Bündnis aus Schwerindustrie und Großagrarier auf der einen und gegen die Arbeiterschaft auf der anderen Seite, auf dem politischen Feld der Kampf gegen »rechts« und »links«. Aber eben ein Kampf mit neuen Formen und Regeln, der sowohl Versicherungskassen gegen Streik in sich schloß als auch die Bereitschaft zu kollektiven Arbeitsverträgen und damit zu Kompromiß und Arrangement, zur indirekten Anerkennung der Gewerkschaften enthielt.

Stresemann waren die Wachstumsprobleme der Gewerkschaften keineswegs fremd. Die Folgen des sozialen Wandels, die Differenzierung der Löhne nach Ausbildung, Fähigkeiten und Funktionen, der Gegensatz von Facharbeitern und sehr viel schwerer organisierbaren ungelernten Arbeitskräften, darunter vielen Frauen, die sehr häufig zur Lohndrückerei benutzt wurden – das alles war ihm aus der täglichen Verbandsarbeit wohl bekannt. Auch diese Kenntnis trug dazu bei, die Berührungsängste, die sonst für die Vertreter von Wirtschaftsverbänden gegenüber der sozialdemokratischen Arbeiterbewegung galten, nicht zu teilen.

Ebensowenig konnte ihm verborgen bleiben – das zeigten schon die zeitgenössischen Untersuchungen des Wahlverhaltens[100] –, daß ein Viertel der für die Sozialdemokratie in Sachsen bei der Reichstagswahl 1903 abgegebenen 140 000 Stimmen aus den Reihen der kleinen Selbständigen aus Handwerk und Handel kam. Das für den Landtag geltende Dreiklassenwahlrecht diskriminierte auch sie. Diese wie andere Gruppen des Klein- und Mittelbürgertums nicht weiter den Sozialdemokraten und/oder den Antisemiten zuzutreiben (gerade die letzteren profitierten von Statusängsten und damit verknüpften Wünschen nach sozialer Distanz, die sich oft dort am heftigsten zeigten, wo sich die wirtschaftliche Lage kaum mehr von der der Arbeiterschaft unterschied), sondern sie wieder zur »Mitte« hin zu orientieren, sah Stresemann nach 1903 als seine Hauptaufgabe auf dem Felde der Politik an.

Die zum Ausgleich der Extreme von »rechts« und »links« und zur Vertretung der Interessen der kleinen und mittleren Produzenten notwendige »Mitte« war als politische Kraft zunächst nur schwach entwikkelt. Die sächsischen Nationalliberalen konnten ihre auch sonst im Reich häufig genug vernachlässigte Rolle als »Partei der Mitte« solange nicht spielen, wie ihre Abgeordneten im Landtag sich vom konservativen Block vereinnahmen ließen.

Das erste Abbröckeln der Konservativen Partei wurde im Oktober 1905 spürbar, als Stresemann etwa die Hälfte der nationalliberalen Abgeordneten im Landtag, überwiegend Mitglieder seines Verbandes, auf eine Wahlrechtsreform verpflichtete, die zwar nicht wie das Reichstagswahlrecht die annähernde Gleichheit der männlichen Stimmen anstrebte, wohl aber die Abschaffung des Dreiklassenwahlrechts und der indirekten Wahl. Die Konservativen, die zusammen mit den beiden antisemitischen Abgeordneten nach wie vor eine Zweidrittelmehrheit in der zweiten Kammer besaßen, suchten vor dem aufziehenden Sturm der sozialdemokratischen Wahlrechtsbewegung Rückhalt bei den Nationalliberalen und waren unter anderem bereit, zwei der nationalliberalen Abgeordneten, die Stresemann nahestanden, in jenem Landtagsausschuß, der sich mit der Wahlrechtsreform beschäftigen sollte, mitarbeiten zu lassen. Stärke und Ausmaß der sozialdemokratischen Wahlrechtsdemonstrationen, die wenige Tage vor der Reformdebatte des Landtages losbrachen, hatten alle überrascht. Dies um so mehr, als die Einführung des Dreiklassenwahlrechts zehn Jahre zuvor von der sächsischen Arbeiterschaft »ruhig wie eine Maus« hingenommen worden war, wie ein sozialdemokratischer Autor noch Jahre später bitter bemerkte.[101]

Nach kurzem Erstaunen und Erschrecken wurden die alten Reflexe wieder wirksam. Die Konservativen beschuldigten den linken Flügel der Nationalliberalen, für das Geschehen auf den Straßen mitverantwortlich zu sein, ein Vorwurf, der die rechte Mehrheit der nationalliberalen Fraktion sofort einknicken ließ. Ministerpräsident Metzsch, offenbar geschockt von der Erfahrung, daß nur der massive Einsatz von Polizeisäbeln die aufgebrachten Massen vom Marsch auf seinen Amtssitz abhalten konnte, und paralysiert durch den wachsenden Druck aus Berlin, von wo aus ihm Reichskanzler von Bülow die Botschaft übermittelte, die Dresdener Ereignisse seien keineswegs von lokaler Bedeutung, sondern »der Probierstein für das ganze Reich«[102] und damit indirekt andeutete, daß erst nach einer Wahlrechtsreform in Preußen Sachsen nachziehen könne, mußte dem konsternierten Landtag bekennen, daß er mit leeren Händen dastand.

Und die sozialdemokratische Führung? Hatte ihr Bremsmanöver in den bewegten Wochen des Dezember 1905 und des Januar 1906 in Sachsen wie in Preußen, mit der sie der durchaus möglichen Kollision mit dem Militär[103] auswich, dazu beigetragen, daß Stresemann und seinem Anhang im Landtag zunächst der Erfolg versagt geblieben ist, wie dies der amerikanische Historiker Donald Warren – hier in Übereinstimmung mit den Wertungen der DDR-Geschichtswissenschaft – festgestellt hat[104]?

Dagegen spricht die Tatsache, daß am 1. November 1908, als sich die Reformversuche weiter mühsam dahinschleppten und die Konservativen, deren Mehrheit ein Jahr zuvor deutlich geschrumpft war, ein noch ungünstigeres Wahlrecht durchziehen wollten, die Dresdener Sozialdemokratie zu einer großen, von der Polizei genehmigten Wahlrechtsdemonstration aufrief, an der sich rund 50000 Menschen beteiligten.

Ein halbes Jahr später wurde das Dreiklassenwahlrecht durch ein Pluralwahlrecht ersetzt, das die Wähler je nach zu versteuerndem Einkommen, Besitz, Vorbildung und Lebensalter mit bis zu vier Stimmen ausstattete. Also eine Reform ganz im Sinne der von Stresemann angestrebten Position der Mitte. Nach den Neuwahlen vom Oktober 1909 entfielen von der auf 91 Sitze erhöhten Zahl der Mandate auf die Konservativen nur noch 29 (vorher 47). Die Nationalliberalen hatten mit ihnen gleichgezogen. Zusammen mit den acht Freisinnigen dominierte nun die liberale Mitte mit 37 Abgeordneten über die Parteien der Rechten und der Linken. Denn die Sozialdemokratie, für die mit 53,8 Prozent die Mehrheit aller Stimmzettel, aber nicht die aller Stimmen abgegeben worden war, erhielt nur 25 Sitze, damit ungefähr die Hälfte der Sitze, die ihr nach einem für alle gleichen (Verhältnis-)Wahlrecht zugefallen wären.

Sachsen also doch ein Beispiel für die Reformmöglichkeiten auch in Preußen? Vielleicht, wenn es im dortigen Bürgertum viele Köpfe wie Stresemann gegeben hätte und wenn die herrschenden Klassen ihnen und sich selbst mehr Zeit gelassen hätten. Die Zeitangst der Herrschenden, ihre weltpolitische Risikomentalität des »Wir auch« und noch mehr die 1914 manifest werdende Präventivkriegsstrategie des »Jetzt oder nie«, die auch als Flucht aus den durch mangelnde Reformbereitschaft aufgestauten innenpolitischen Problemen zu deuten ist, scheint auf den ersten Blick seltsam mit den im Bürgertum, im Kleinbürgertum und in Teilen der Arbeiterschaft vorhandenen großen Zukunftserwartungen zu kontrastieren.

Der große Traum von der Zukunft, von den »herrlichen Zeiten«, in die Kaiser Wilhelm II. das deutsche Volk zu führen versprach, und die Zeitangst – wie paßte beides zusammen? Ein Schlüssel zur Deutung bietet jenes vom Kaiser 1895 skizzierte und von dem Maler Hermann Knackfuß ausgeführte Blatt »Völker Europas, wahrt Euere heiligsten Güter«. Dort weist auf einem hohen Felsen der Erzengel Michael eine unter dem Zeichen des Kreuzes stehende Schar bewaffneter und gepanzerter Frauen, die die europäischen Völker in einer Weise verkörpern, wie sie einer zeitgenössischen Inszenierung des Wagnerschen »Ring« entnommen sein könnte – allen voran die schildbewehrte und mit einer Helmzier aus den Fittichen des Adlers versehene Germania –, mit dem Flammenschwert auf eine drohende Buddhagestalt hin, die jenseits der europäischen Gefilde, von Blitzen umzuckt, auf einer dunklen Wolke über einer Landschaft voller Flammen schwebt.

Dieses Bild ist nicht nur die Vision eines christlich verbrämten pangermanischen Hegemonismus[105] und nicht bloß Ausdruck einer mit rassistischen Untertönen unterlegten Angst vor dem so unergründlich scheinenden Asien, der »gelben Gefahr«, sondern auch eine Geste der Abwehr gegenüber den Massen und der Massenbewegungen in der eigenen Gesellschaft, denen die aristokratischen Werte (»die heiligsten Güter«) nicht geopfert werden sollten. Jeder historische Mythos enthält Elemente nicht oder falsch verarbeiteter und deshalb ins Irrationale abgeglittener Vergangenheit wie auch Fragmente aufzuhebender Vernunft. Der enorme Überschuß an Irrationalität, der in solchen Bildern steckt, dokumentiert noch eindringlicher als die von Wilhelm II. benutzten Sprachbilder, wie sehr sein und seines weitgefächerten Anhangs

Denken und Tun von pseudowissenschaftlichen, kulturpessimistischen Theorien beherrscht waren, und wie sehr diese Abwehrmechanismen mögliche Reformen blockierten.

Und die Gegenmythen der sozialdemokratischen Arbeiterbewegung, vor allem die ihrer führenden Theoretiker? Waren deren Träume und Visionen vernunftbestimmter, befanden sie sich stärker in der Denktradition der europäisch-atlantischen Aufklärung? Für ihren Fortschrittsoptimismus, für ihren Glauben an die aufklärende Wirkung von Bildung und Wissenschaft, für ihren praktischen Idealismus im konkreten Handeln vor Ort läßt sich die Frage zunächst mit einem Ja beantworten. Es bleibt aber ein zögerndes Ja, weil entscheidende Elemente der Aufklärung fehlten.

Rosa Luxemburg hatte vor allem jene Elemente aufgenommen, in denen die Befreiung der Menschheit als Gattung Vorrang hatte, nicht aber das individuelle Streben nach Glück. Es war dies ein Erbe jüdischen Glaubens und Denkens: Geschichte als Heilsauftrag und Heilserwartung. Kautsky war mit seinem Vertrauen auf die »naturnotwendige« Gesetzmäßigkeit der Entwicklung zum Sozialismus Opfer der Wissenschaftsgläubigkeit des 18. und 19. Jahrhunderts. Bernstein war sich am stärksten von allen bewußt, daß eine komplexe Gesellschaft nicht als Ganzes auf dem wirtschaftlichen und politischen Experimentiertisch behandelt werden konnte, sondern nur in Teilen und Schritt für Schritt. Seiner Methode des Versuchs und korrigierbaren Irrtums fehlte es an visionärer Kraft und seinen Anhängern an dem Willen, das als richtig und vernünftig Erkannte durchzusetzen. Bebel schließlich, der beides besaß, hielt aus menschlich verständlichem Haß gegen das ihn und seinesgleichen stets als Feinde behandelnde System an jener Haltung fest, die da hieß, innerhalb dieses Systems zu »parlamenteln« und zu »kompromisseln« könne sich nicht lohnen, denn jeder tatsächliche Fortschritt zugunsten der Arbeiterklasse müsse den Gesetzmäßigkeiten dieser kapitalistischen Gesellschaft und dieser Staatsordnung zuwiderlaufen.

Während ihn dieser Glaubensgrundsatz mit Kautsky, Rosa Luxemburg und der Mehrheit der führenden Sozialdemokraten verband, unterstützte er zugleich jene, die nicht auf den großen Zusammenbruch des ganzen Systems warten wollten, sondern in der praktischen Reformarbeit die »kleinen« Träume der Massen zu erfüllen suchten. Den darin liegenden Widerspruch übersah er oder hielt ihn nicht für vermeidbar. Soziale Demütigungen im Arbeitsalltag, der ständig drohende

Rückfall in eine Hungerexistenz, all dies mußte ohne konkrete Erfolge vor Ort zur Resignation führen. Wenn diese die Massen aber einmal erfaßt hatte, mußte die »große« Vision in noch weitere Ferne rücken.

In noch größere Widersprüche hatte sich Bebel auf dem Feld der internationalen Politik verstrickt. Während er den Antimilitarismus als die vielleicht wichtigste Integrationsideologie der Partei förderte, nahm er auf dem Essener Parteitag von 1907 den Fraktionskollegen Gustav Noske gegenüber den Angriffen der Linken in Schutz, die vor allem an Noskes Reichstagsrede vom 25. April 1907 Anstoß nahmen, in der faktisch die Unterstützung der Sozialdemokratie in einem Verteidigungskrieg zugesichert worden war. Dies geschah nicht aus Sympathie gegenüber Noske, dem er sonst sehr kritisch begegnete, sondern weil er selbst einen Tag zuvor auf der gleichen Linie argumentiert hatte. Aber es war nicht nur der von der demokratischen Bewegung des 19. Jahrhunderts übernommene antizaristische Affekt – Rußland als »Hort der Reaktion« –, der die Sozialdemokratie von einer differenzierteren Sichtweise des innerrussischen Wandels wie auch der internationalen Mächtekonstellation mit ihren Bündnis- und Mobilisierungsautomatismen abhielt, sondern der noch von Friedrich Engels der sozialdemokratischen Führung, insbesondere August Bebel so eingetrichterte missionarische Glaube: »Der Sieg Deutschlands ist also der Sieg der Revolution, und wir müssen ihn, kommt's zum Krieg, nicht nur wünschen, sondern mit allen Mitteln befördern«[106].

Noch fataler war, daß Engels für den Fall eines Zweifrontenkrieges den Ratschlag gab, zuerst Frankreich niederzuwerfen, und dadurch den Schlieffenplan vorwegnahm. Als im Frühjahr 1913 in den Geheimsitzungen der Haushaltskommission des Reichstages der preußische Kriegsminister von Heeringen im Rahmen der Beratung über die geplante riesige Heeresvermehrung berichtete, daß bei einem Zweifrontenkrieg das Heil im Angriff gegen Frankreich gesucht werden müsse, hat Bebel bei seinem letzten politischen Auftreten wohlweislich geschwiegen. Spätestens hier war die Zweite Internationale, die vor allem auf der Zusammenarbeit der deutschen und französischen Sozialisten beruhte, nicht mehr existent. Dogmengläubigkeit, schiere Verantwortungslosigkeit oder Resignation des vom Alterspessimismus heimgesuchten Bebel? Wahrscheinlich haben alle drei Komponenten zu seinem und der Partei Verhaltenskonservativismus beigetragen. Da er im August 1913 starb, wird sein Name üblicherweise kaum mit der ein Jahr später begonnenen politischen und moralischen Existenzkrise der sozialdemokratischen Arbeiterbewegung verbunden. Im Gegenteil: Wenn Bebel noch gelebt hätte, wäre die Partei vor dem Sündenfall bewahrt geblieben. So etwa lautet die gängige Überlieferung. Sie ist, obwohl gut gemeint, falsch.

Deshalb ging es in den Jahren vor 1914 nicht nur um Mythos und Gegenmythos, um reaktionäre Träume der »Großen« gegen fortschrittliche Träume der »Kleinen«, um herrschende Gewalt gegen Freiheit und Gerechtigkeit, um Angst gegen Hoffnung, sondern in gleichem Maße um die Übernahme politischer Verantwortung gegen die stete Versuchung zur Verantwortungslosigkeit. In dieser von geistigen Zerklüftungen mindestens ebensosehr wie von sozialen Spannungen bis hinein in die Arbeiterbewegung bestimmten deutschen Gesellschaft vor 1914 kam Herbert Wehner am 11. Juli 1906 in Dresden zur Welt.

III Familie und Kindheit

Die Familie, der Herbert Wehner als erstes Kind geboren wurde, war nach seinem eigenen Zeugnis »eine richtige Arbeiterfamilie«[1]. Aus einer Arbeiterfamilie zu kommen, hieß das automatisch »armer Paria« oder gar »das verlassenste Geschöpf [zu sein], das es unter der Sonne gibt«, wie dies Otto Rühle, vielleicht einer der politischen Mentoren des jungen Wehner in den frühen zwanziger Jahren, in seinen Studien über das proletarische Kind so eindringlich beschrieben hat[2]? Die durch Arbeitsplatzwechsel und Arbeitslosigkeit bedingte Heimatlosigkeit, das damit verbundene Gefühl der Nichtzugehörigkeit, des Fremd- und Verlassenseins, die Härte der Arbeit der Eltern und nur allzuoft auch der Kinder selbst, der geringe Lohn, das »Aufwachsen unter Steinen« in den zu engen Wohnungen der Mietskasernen[3] – all diese stummen Zwänge des proletarischen Milieus haben auch Wehners Kindheit mitgeprägt.

Galt das gleiche aber für den von Rühle und vielen anderen zeitgenössischen Stimmen innerhalb und außerhalb der Arbeiterbewegung teilweise zu Recht angeprangerten Verfall der Familien als Lebens-, Liebes- und Erziehungsgemeinschaften und deren Deformierung zu bloßen Essens- und Schlafgemeinschaften und zu Stätten, an denen der im gesellschaftlichen Alltag gedemütigte proletarische Familienvater als »Kaiser, Papst und Herrgott«[4] Frau und Kinder durch Befehl, Drohung, Essensentzug und Prügel seelisch und materiell unterjochte?

Trotz solcher häufig zutreffender Befunde ist es wichtig, sich von dem Gedanken freizumachen, daß Arbeiterfamilien, insbesondere deren Kinder, um die Jahrhundertwende ausschließlich oder auch nur überwiegend Opfer beklagenswerter gesellschaftlicher Umstände gewesen seien. Gewiß, deren Lage als Objekt wirtschaftlicher Ausbeutung und politisch-sozialer Entrechtung erschwerte das Familienleben und das Gedeihen der Kinder immer noch in hohem Maße. Aber gemessen an der Lebensweise früherer ländlicher und städtischer Unterschichten, auch früherer Generationen von Industriearbeitern gab es eine größere Vielfalt von Lebens- und Erziehungsstilen, in denen die Herausforderung durch die schwierigen äußeren Umstände angenommen, auch den Kindern früh bewußt gemacht wurden und so zur Intensivierung der Beziehungen im Innenraum der Familie beigetragen haben.

Es gehört zu den auch in der sozialistischen Bewegung vorhandenen Fehleinschätzungen, die Familie in der bürgerlichen Gesellschaft könne kaum etwas anderes als eine Stütze des kapitalistischen Systems sein, weil dort wichtige Funktionen des Kapitalismus reproduziert und verinnerlicht würden.[5] Tatsächlich wurden (und werden) dort wie eh und je nicht nur seelische und materielle Besitzansprüche erhoben und durchgesetzt, sondern auch »subversive« Verhaltensweisen geübt, die der kapitalistischen Logik zuwiderlaufen: Es wird gegeben, ohne zu nehmen, und es wird genommen, ohne schon etwas geben zu können. Daß sich dabei diese Eltern-Kind-Beziehungen häufig nur auf die zwischen Mutter und Kind reduzieren, ist unbestreitbar, aber nicht der Institution Familie anzulasten, sondern gesellschaftlichen Umständen, Wertedefiziten und mangelnder Veränderungsbereitschaft der Väter.

Eine genauere Analyse der Familienkonstellation kann sich nicht nur auf die Kernfamilie beziehen und darf überdies nicht von dem pauschalen Bild einer Massengesellschaft wurzelloser, von irgendwoher gewanderter Arbeiter ausgehen, sondern hat die vielfältigen Bindungen, aber auch Trennlinien innerhalb einer mehr oder minder weitverzweigten Verwandtschaft, also die über Generationen sich erstreckende Dynamik von Familienbeziehungen in den Blick zu nehmen.

Die spärlichen Informationen, die über die Herkunft der Eltern Wehners Auskunft geben, besagen, daß der Großvater seines Vaters, der schon erwähnte Carl-August Wehner[6] im Kirchenregister des am nördlichen Elbufer gelegenen und später eingemeindeten Dorfes Loschwitz als Schuhmachermeister und Weinbergsbesitzer eingetragen war.[7]

Es ist unbekannt, ob dessen sieben Kinder, also auch der Großvater von Herbert Wehner, der den väterlichen Beruf erlernt hatte, Reputation und sozialen Status in gleicher Weise haben erhalten können. Einigen muß es gelungen sein. Von einem Großonkel des jungen Herbert, seines Zeichens Gastwirt in Pirna, und dessen Nachkommen wird berichtet, daß sie in der Weimarer Republik die Deutschnationale Volkspartei und Hindenburg zum Reichspräsidenten gewählt hätten. Großneffe Herbert hingegen war wegen eines Artikels, den er 1926 gegen Reichspräsident Hindenburg und die Weimarer Verfassung veröffentlicht hatte, in Untersuchungshaft geraten. Aus dieser Lage und von einer Anklage vor dem Reichsgericht befreite ihn nach einigen Tagen eine Amnestie.

Die Verwandtschaft des Vaters hatte sich offensichtlich schon lange vor 1914 auseinandergelebt. Ob dies nur oder überwiegend auf politische Differenzen zurückzuführen war oder wirtschaftliche und soziale Gründe die Distanz vergrößerten, muß offen bleiben. Die Kluft, die die Kernfamilie von der übrigen Verwandtschaft des Vaters trennte, muß tief gewesen sein. Wehner hat die letztere nie erwähnt. Das ist schon deshalb auffällig, weil der Urgroßvater Carl-August erst im Juli 1910, also vier Jahre nach der Geburt des Urenkels, mit fast 82 Jahren starb. Mußte er, der das »tolle Jahr« von 1848/49 als zwanzigjähriger Zeitgenosse vielleicht nicht direkt als Beteiligter, so doch aus der Nähe miterlebt hatte, nicht eine Fundgrube für Kinder und Enkel sein, von denen dann deren Kinder wieder profitieren konnten? War dies kein akzeptierter Teil der Familienmythen, wie sie in Tausenden anderer Familien weitererzählt wurden und dort identitätsstiftend wirkten?

Nichts davon in Wehners späteren Beiträgen zur eigenen Biographie. Und zwar keineswegs deshalb, weil Wehner von solchen Familiengeschichten nichts hielt. Die schon erwähnte Tatsache, daß der Großvater mütterlicherseits als Soldat der sächsischen Südarmee bei Königgrätz 1866 auf der österreichischen Seite gefochten hatte[8], wurde von Wehner ausdrücklich erwähnt, vor allem wenn er gegenüber wichtigen Gesprächspartnern – vom Generalsekretär der Komintern, Georgi Dimitroff, angefangen bis hin zum katholischen Journalisten Paul Wilhelm Wenger vom *Rheinischen Merkur*[9] – um den Nachweis seiner lebenslang anhaltenden antipreußischen Gefühle bemüht war.

Dieser Großvater, Diener mit Namen – der Vorname ist unbekannt –, war Schneidermeister und Musiker, der mit seiner Kapelle am Samstag und Sonntag in den Dörfern der Umgebung Dresdens bei privaten und öffentlichen Festen aufspielte. Wie lange er lebte, wissen wir nicht. Ob und inwieweit er seinem Enkel selbst das Musizieren beibringen konnte, läßt sich nur vermuten. Wehner behielt ihn jedenfalls in liebevoller Erinnerung: »Und er vermachte seinen Enkeln die Instrumente. Er hatte sie alle. Das Klavier bekam ich – seine Frau, meine Großmutter, sagte, ich sei sein Lieblingsenkel gewesen –, mein Bruder bekam die Geige. Da gab es noch eine Bratsche, sogar eine Trompete war dabei – sechs Instrumente gab es, die gingen an die Enkel.« Diese Äußerung und der vorangegangene Satz: »Ja, wissen Sie, ich bin ein Musiker«[10] wie der an anderer Stelle geäußerte Wunsch, er wäre früher gern Berufsmusiker geworden[11], ergeben ein bemerkenswertes Bild. Der Großvater besetzte offenbar eine wichtige Stelle im Seelenhaushalt des Kindes und des Jugendlichen. Er führte ihn in das wunderbare, alle Widrigkeiten der Welt hinter sich lassende Reich der Töne ein. Zugleich aber war die Erinnerung an ihn nicht ohne Schmerz, denn dem Enkel war es versagt geblieben, das zu vollenden, was ihm die vom Großvater begründete Familientradition sowie seine eigenen Neigungen und Talente vorgegeben hatten. Es war nicht die erste und nicht die letzte seelische Kränkung, die ihm zugefügt wurde.

Die Eltern seiner Mutter gehörten also in den geschlossenen Kreis, den er – soweit er die Öffentlichkeit an seinen Kindheitserinnerungen teilhaben ließ – um die Familie im engeren Sinne gezogen hatte. Hing dies nun mit seinem Verhältnis zur Mutter, Alma (Almut) Antonie, geborene Diener, zusammen, die er »sehr geliebt« hatte und deren »Tüchtigkeit« – »auch als Arbeiterin« – er an gleicher Stelle pries[12], als wollte er deutlich machen, daß hinter der Liebe zu den Kindern ihre Fähigkeiten als Schneiderin und Mitverdienerin nicht gerade so eben als »Sekundärtugenden« rangierten, sondern zu seinem Bild der trotz früher Krankheit immer tätigen Mutter gehörten?

Den einzigen Gegenstand, den er aus der Jugendzeit durch die Wechselfälle des Lebens hindurch gerettet hatte, einen Klingenrasierer, den ihm seine Mutter geschenkt hatte, als er siebzehn Jahre alt war, bewahrte er wie eine Kostbarkeit und geriet in Panik, wenn er ihm verlorengegangen zu sein schien.[13] Kein ungewöhnliches Verhalten, und doch enthält es ein Universum der Gefühle und Erinnerungen. Obwohl er und sein zwei Jahre später (1908) geborener Bruder Rudolf wahrscheinlich schon früh die Distanz spürten, die zwischen der eigenen Familie und der des Vaters lag, erschien dieser nicht als »Delegierter« der Anderen, Fremdgebliebenen, sondern gehörte um so stärker zum »inneren« Kreis der Bezugspersonen, als ihm der berufliche Erfolg zeitweise versagt geblieben oder er als Soldat im Ersten Weltkrieg lange Jahre von der Familie getrennt worden ist.

»Beide, der Vater und die Mutter, sind für mich Vorbilder gewesen und darüber hinaus auch Freunde und zwar im wirklichen Sinne des Wortes.«[14] Vorbilder deshalb, weil die Kinder zahlreiche, aus dem Arbeitsethos der Eltern kommende Impulse für die eigene geistige Entwicklung gewinnen konnten, und »Freunde«, weil dies nicht nur für den Pflichtenkanon galt, sondern auch für »Lust und Spaß am Leben«, die er nach eigenem Bekenntnis mitbekommen hat und die ihm halfen,

»auch in den scheußlichsten Zeiten« die Freude am Leben nicht zu verlieren.[15]

In der Erinnerung eine, wie es scheint, freundlich erlebte, Gemüt und Seele auf das Leben positiv einstimmende Kindheit. Oder doch nicht? Einige der kargen Bemerkungen deuten darauf hin, daß so positiv und lebensbejahend nur das Elternhaus empfunden, die Außenwelt aber als eher feindlich wahrgenommen wurde.

Schon die Verwandtschaft väterlicherseits zählte offenbar dazu. Wehner hat später alle seine Verwandten der Arbeiterbewegung zugerechnet[16] – eine bemerkenswerte, aber keineswegs unübliche psychische Reaktion. Die für Kinder besonders schwer verstehbare Isolierung von einem Teil der Verwandtschaft und die damit verbundenen Gefühle der Deklassierung der eigenen Familie wurden zunächst überkompensiert und später verdrängt.

Die Forschung zur psychischen Struktur von Familien, ihren symbiotischen Abhängigkeiten und Ablösungskonflikten, ihren Ängsten, Aggressionen und Fluchtversuchen, ihren Wahrnehmungsverzerrungen und Reaktionsbildungen hat bestimmte Grundtypen des Verhaltens gegenüber der Außenwelt herausgearbeitet.[17] Die angstneurotische Familie oder einzelne Mitglieder, die sie dazu machen, glauben daran, daß die Welt so etwas wie ein friedliches Sanatorium zu sein hat; die paranoide Familie sieht alle Probleme nur noch durch die Schießscharten ihrer imaginären Festung; und die hysterische Familie baut sich die Welt zu einem großen Theater um, auf dem die Mitglieder mehr oder minder tragende Rollen spielen dürfen und/oder zu spielen haben.

Auch in den normalen Familien, in denen die immer vorhandenen seelischen Beeinträchtigungen und Zurücksetzungen nie zum offenen Ausbruch seelischer Krankheiten führen, weil das innerfamiliäre »Immunsystem« mit seinen vielfältigen Kompensationen oder späteren, lebenslangen Ausgleichsmöglichkeiten etwa durch die Gründung eigener Familien oder durch berufliche Erfolge ein ausreichendes Regulativ bildet, gibt es einzelne oder mehrere, sich gegenseitig »ansteckende« Mitglieder mit Symptomen von Verhaltensweisen, die sich durch diese Grundtypen erklären lassen.

Mit aller gebotenen Vorsicht[18] läßt sich die durch die Familienprägung erfahrene Verhaltensprägung des jungen Wehner eher dem paranoiden »Festungstyp« zuordnen. »Er haust in sich«, lautet noch viele Jahrzehnte später der Befund des für die Schärfe seiner Beobachtungsgabe bekannten Bonner Chronisten Walter Henkels.

Und sehr bemüht, die »Dehors«, wie der private Marx gesagt hätte, zu wahren, klang des alten Wehners Antwort auf die Frage, ob er in ärmlichen Verhältnissen aufgewachsen sei: »Wir haben nie gedacht, daß wir ärmlich sind [...], aber es ging knapp zu.«[19]

In jeder Typisierung steckt ein Stück konstruierter Wahrheit. »Realtypen« sind meist Mischungen, deren Mischungsverhältnis schwer zu messen ist. Später spielte Wehner öfter die Rolle des weltergreifenden Jünglings – auf Bühnen, die in der Regel nicht allzu weit von Zugbrücke und rettendem Tor entfernt waren, und in Rollen, die – wie wir noch sehen werden – ihn direkt als von Musik begleiteten Akteur auf Kleinkunstbühnen zeigten oder ihn, gestützt auf Positionen, Funktionen, Ideologien, Notizen und Rednerpulte politisch agieren ließen. Festungen, Bühnen, Rollen veränderten sich, das Verhaltensmuster überdauerte.

Familien dieses Grundmusters erscheint die Außenwelt keineswegs nur als gefahrbringendes Chaos voller Feindseligkeit, Mißtrauen, Ungerechtigkeit und Unterdrückung, dem mit gleichen Mitteln zu begegnen sei. Die Bereitschaft, anderen zu helfen, sich weltverändernwollend zu engagieren, ist damit vereinbar. Aber das Verhaltensmuster bestimmt Art und Weise, also vor allem Richtung und Reichweite des Engagements. Familie war für den jungen Wehner nicht in erster Linie Experimentierstube für weltverbessernde Diskussionen, Fechtboden zum Messen der Kräfte für künftige Kämpfe, sondern Schonraum und Hort.

Noch Jahrzehnte später brachte ihn diese Sicherungstendenz dazu, sich unvermittelt, ohne herausgefordert zu sein, gegen den gegenüber dem Vater während der NS-Zeit erhobenen Vorwurf, er habe seine Söhne zu Marxisten erzogen, zur Wehr zu setzen: »Wir waren es nicht, und er hat uns auch nie zu solchen erzogen.«[20] Soweit diese Aussage unter »Marxismus« ein Dogmengebäude verstand, so waren die Wehners darin möglicherweise nie recht heimisch geworden.

Stand der Vater als gelernter Schuhmacher in der geistigen und materiellen Tradition seines Handwerks: »Schuster und Poet dazu«? Schuster und mystischer Philosoph wie dreihundert Jahre zuvor Jakob Böhme, der sinnierende Görlitzer Schuster, der dem Dresdener Oberkonsistorium zu verworren erschien, um ihn als Ketzer ernstzunehmen? Warum nicht Schuster und an die Notwendigkeit der Revolution glaubender Sozialdemokrat? Gaben die Ungerechtigkeiten und Demütigungen in der vorgefundenen Gesellschaft nicht Anlaß genug, politisch und/oder gewerkschaftlich Partei zu ergreifen? Bekannt ist nur, daß der Vater – »kein Mustersozialdemokrat« – Anfang der zwanziger Jahre zu den »proletarischen Hundertschaften« in Sachsen gehörte.[21] Damit ist ein politisches Engagement vor 1914 nicht ausgeschlossen, eher das Gegenteil anzunehmen.[22] Aber wir bleiben da auf Vermutungen angewiesen.

Sicher ist nur, daß der Vater, obgleich »ein großer Künstler seines Berufes«[23], es zunehmend schwerer hatte, sich darin zu behaupten. Die billigeren und modischeren Produkte der Schuhfabriken hatten teilweise schon vor dem Ersten Weltkrieg die Schuhmacher aus dem lukrativen Teil des Gewerbes, der Fertigung von Schuhen, verdrängt. In den größeren Fabriken selbst war der Bedarf an Facharbeitern begrenzt, der Hauptteil der Produktion wurde von angelernten Arbeitern besorgt. Bei den Zwischenmeistern, die im Lohnverfahren (bei Lieferung des Materials oder von Teilprodukten) für größere Unternehmen arbeiteten, herrschte häufig Stoßbetrieb; unsichere Auftragslage und niedrige Löhne waren die Regel.

Das Schuhmachergewerbe im engeren Sinne gehörte zu den freien Innungen. Im Jahre 1907 waren in Dresden 389 Meisterbetriebe gemeldet, neun mehr als im Vorjahr. Die Zahl der Gesellen betrug 320, die der Lehrlinge 47. Die Zahl der Arbeitsplätze in der Dresdener Schuhindustrie überstieg die im Handwerk um das Mehrfache. Dennoch war die Nachfrage erheblich größer als das Angebot. Den vorhandenen 1312 Arbeitsplätzen (ohne selbständige Meister und Lehrlinge) standen 1915 Schuhmachergesellen (»Gehilfen«) gegenüber.[24] Ihr gewerkschaftlicher Organisationsgrad hatte 1907 mit über achtzig Prozent aller nichtselbständigen Arbeitskräfte einen ungewöhnlich hohen Stand erreicht.[25] Er erklärt, weshalb Streiks in diesem Gewerbe relativ erfolgreich waren.[26] Die Stellensuchenden ließen sich bei Arbeitskämpfen kaum gegen die Streikenden ausspielen.

Die Unsicherheit des Arbeitsplatzes und die schwierige wirtschaftliche Lage hat sich auch auf die Wohnsituation der jungen Familie des Schuhmachergehilfen Richard Robert Wehner ausgewirkt. Ihre erste Wohnung (wie alle weiteren vor 1914) befand sich in den Mietskasernen, die seit der Gründerzeit und noch stärker seit der Eingemeindung Striesens 1892 gebaut worden waren und dessen dörflichen Charakter, der »eines typisch slawischen Rundlings«, in drei Jahrzehnten völlig verändert hatten. Dies geschah nicht ohne tätige Mithilfe der bäuerlichen Grundbesitzer, die »mehr Händler mit Grund und Boden als Bauern« waren: »Sie hatten den Boden bis dicht an die Mauern ihrer ländlichen

Anwesen verkauft und schauten später aus ihren Fenstern in die kahlen Hinterhöfe vierstöckiger Mietskasernen reicher Leute.«[27]

Selbst wenn nicht alle Mietshäuser vier und mehr Stockwerke hatten, war es gewiß keine anregende Umgebung, schon gar nicht für Kinder, aber auch kein Ort sozialer Deklassierung. In den Mietshäusern wohnten Arbeiter und kleine Kaufleute, gelegentlich auch die Witwe eines »Privatiers« wie in der »Beletage« des Hauses Spenerstraße 13, in dem die Familie Wehner eine Wohnung in der zweiten Etage gemietet hatte. Auf dem gleichen Stockwerk wohnten zwei weitere Arbeiterfamilien und eine verwitwete Wäscherin. Im Parterre befand sich der Konsumverein für Striesen und Umgebung, im Hintergebäude ein Viktualienhändler, die Wohnungen eines Lebensmittelhändlers, eines Angestellten und eines Arbeiters.[28]

Wir wissen nicht, ob es Wehner ähnlich erging wie einem seiner Vettern mütterlicherseits: »Mein Licht der Welt war eine Petroleumlampe, die am 29. August 1905 eine Proletarierwohnung im Dresdener Arbeiterviertel Löbtau erleuchtete.«[29] Wahrscheinlich waren die Wohnungen in Striesen moderner, mit elektrischem Licht[30] und besseren sanitären Einrichtungen ausgestattet. Die Kindersterblichkeit war geringer als in den meisten anderen Dresdener Stadtteilen.[31] Aber dafür waren die Wohnungen auch teurer und zehrten stärker am Familienbudget.

Als mit der Geburt des zweiten Sohnes der Platzbedarf zunahm, zog die Familie um die Ecke in eine Wohnung im dritten Stock der Wittenberger Straße 17. Wie das Haus, in dem sich die erste Wohnung der jungen Familie befand, wurde auch dieses Haus bei den Bombenangriffen im Februar 1945 zerstört. Wir wissen gleichwohl, daß die Mitbewohner dort sich überwiegend in sozial gehobeneren Positionen befanden. Angaben wie Kaufmann, Töpfermeister, Bäcker, Graveur, Expedient, Amtsgerichtssekretär, Kanzleivorsteher, Eisenbahnassistent überwogen. Die proletarischen Berufe (Arbeiter, Schuhmachergehilfe, Aufwärterin, Plätterin, Steindrucker) waren in der Minderzahl.[32]

Diese Wohnung konnte nicht lang gehalten werden. Schon vor Jahresende 1910 bezog die Familie Wehner eine deutlich einfachere und kleinere Wohnung im Hintergebäude des Hauses Spenerstraße 1b. Während im Vorderhaus mehrere »Privatiers«-Witwen und Beamte der städtischen Verkehrsgesellschaft sowie von Versicherungsbüros lebten, waren die Arbeiter (Schuhmachergehilfen, Bauarbeiter, Maurer und Mechaniker) hier im Hintergebäude weitgehend unter sich. Ein »Mineralwasser-

Herbert Wehner (rechts) mit
seinem Bruder Rudolf
im elterlichen Schrebergarten.

fabrikant«, der im Hinterhof sein Unternehmen betrieb, bildete die Ausnahme.

Da die Kinder noch nicht im Schulalter waren und die Umzüge im gleichen Wohnquartier stattfanden, wird dieses Zugvogeldasein kein einschneidendes Gefühl der Heimat- und Wurzellosigkeit hervorgebracht haben, zumal häufige Wohnungswechsel in den meisten Industriestädten in jenen Jahren gang und gäbe waren. Im Extremfall zog innerhalb eines Jahres ein Drittel der Arbeiterbevölkerung zu und weg[33] – die innerörtlichen Umzüge gar nicht gerechnet! Aber auch Vier- bis Fünfjährige haben meist schon einen wachen Sinn für die unübersehbaren Unterschiede in Größe und Qualität von Wohnungen und für das damit verknüpfte soziale Auf und Ab. Es ist deshalb anzunehmen, daß dieses Hin und Her schon wegen der Aufregung, die jeweils mit dem Umzug der bescheidenen Habe verbunden war, zumindest bei Herbert als dem älteren der beiden Kinder seine Spuren hinterlassen hat – vor allem als Gefühl dauernder Nichtzugehörigkeit, gesteigerter Lebensunsicherheit.

Auch in der neuen Wohnung hielt es die Familie nicht lange aus. Im Herbst 1911 verließ sie Dresden und zog nach dem am Fuß des Erzgebirges gelegenen Lößnitz bei Aue. Hat die »wirtschaftliche Not« sie dazu gedrängt, wie in einer früheren Wehner-Biografie zu lesen ist?[34] Oder hatte der Vater eine Möglichkeit gefunden, sich beruflich zu verbessern? So aufs Geratewohl kehrte man nicht der großen Residenzstadt den Rücken, die trotz des starken Wettbewerbs um Arbeitsplätze in einer schrumpfenden Branche einem begabten Facharbeiter in der Regel weitaus größere Arbeitsmöglichkeiten zu bieten hatte als ein kleines Industriestädtchen, das mit Vororten knapp 8000 Einwohner zählte.[35]

Immerhin galt Lößnitz als »gewerbereich« und verfügte über eine Heimindustrie, die auf dem Holzreichtum der Gegend beruhte. Berühmt waren die Weihnachtskrippen, insbesondere der große Lößnitzer »Weihnachtsberg«, der alljährlich zwischen Weihnachten und Dreikönigstag ausgestellt wurde. Nach dem Rückgang des Bergbaus in der oberen Zwickauer Mulde hatten auch andere Gewerbe Fuß gefaßt, darunter lederverarbeitende Betriebe, die Taschen, Handschuhe und Schuhe herstellten. In einem dieser Betriebe muß der Vater eine Anstellung gefunden haben. Er brachte es jedenfalls in den folgenden Jahren bis 1914 zum »Steppmeister«[36]. Wir wissen nicht, ob Kollegen oder Verwandte seiner Frau, deren Eltern selbst aus dem Erzgebirge stammten und auch noch familiäre Bindungen auf der deutsch-böhmischen Seite des Gebirges besaßen, ihm dabei geholfen haben.

War für die Kinder der Umzug aus der großen Stadt in das enge Gebirgstal gleichbedeutend mit dem Schwinden von Erlebnisraum? Eher das Gegenteil. Vor allem das, was einmal elementar zur inneren Welt des Menschen gehörte, aber in der proletarischen Lebenswelt meist nur noch ritualisiert und künstlich im Sonntagsausflug und Sonntagsstaat[37] nachvollzogen wurde, nämlich Naturgefühl und konkreter Sinnbezug zur Natur – hier konnte beides direkt erlebt werden. Zwar war Dresden alles andere als eine öde Industriestadt. Im Gegenteil: Architektur und Landschaft harmonierten im Elbtal wie anderswo selten. Im Nordosten, jenseits der Elbe, ging die Großstadt fast unvermittelt in den großen Wald der Dresdener Heide über. Davor lag noch der Villenort Loschwitz mit seinen schönen Häusern, Schlössern und Weinbergen, von denen einer einst dem Urgroßvater gehört hatte. Die Striesener (Haupt)Straße führte direkt auf die große Kettenbrücke, die erste Hängebrücke Europas, die zwischen Blasewitz und Loschwitz die Elbe überspannte, im Volksmund das »blaue Wunder« genannt. Es gab also Bezugspunkte für die kindliche Sehnsucht nach Weite, Naturerleben, Abenteuer – allerdings nicht im Alltag.

Das wurde im Lößnitztal anders, denn Wälder und Berge waren vor der Haustür genug vorhanden, jeden Tag – im Sommer wie im Winter! Die Jahre dort bis zum Beginn des Kriegs waren offenbar die glücklichsten in Wehners Kindheit. Die Familie konnte das Zugvogeldasein beenden. Der Vater mußte zwar auf jenen Teil seiner schöpferischen Arbeit, bei dem sich manuelle Kunstfertigkeit mit emotionalen und geistigen Fähigkeiten verbanden, verzichten oder konnte ihn nur noch privat ausüben. Aber er hatte Arbeit, war sozial anerkannt. Das färbte auch auf die Kinder ab. Sichtbar wurde dies vor allem, als Ostern 1913 die Schule begann.

Wehner hat die schmalen Ausschnitte aus seiner Kindheit, an denen er die Öffentlichkeit teilnehmen ließ, überwiegend mit Grautönen versehen. Hier machte er eine Ausnahme. In Peter Weiss' »Ästhetik des Widerstandes« liest sich Wehners Schilderung[38] des ersten Schultags – literarisch überhöht – so: »Mit dem Ranzen ging er die Gasse entlang zur Schule, schwarze Schnürstiefel trug er, die hatte sein Vater geschustert, Staub wirbelte auf, trieb einen Stein vor sich her, wischte an den Stufen zum Schulhaus das Leder mit dem Taschentuch ab, daß es glänzte, wollte sich gern, als Sohn des Schuhmachers, mit seinen Stiefeln

Wehners Eltern mit den
Söhnen Herbert und Rudolf (links).

Die Brüder Herbert und Rudolf Wehner (rechts).

zeigen, während die anderen barfuß oder in Holzschuhen kamen. Sah vor sich die Hände des Vaters, die prüfend die Sohle, die Nähte des Schuhwerks in den Leisten strichen, die den kleinen Hammer hoben überm Amboß[39][...]«[40]

Den von Freud bei seinen Studien über die psychische Struktur des Wiener Bürgertums entdeckten »Narzißmus der kleinsten Differenz« – warum sollte es ihn nicht in der Arbeiterschaft und in jenem halb proletarischen, halb kleinbürgerlichen Zwischenmilieu geben, dem die Familie Wehner angehörte und aus dem die Mehrzahl der führenden Funktionäre der Arbeiterbewegung stammte? Zumal bei Kindern, deren Auge für soziale Unterschiede, für »oben« und »unten«, nicht nur durch die knappen Lebensumstände ständig aufs neue geschärft wurde, sondern die in einer Welt, in der »die Großen« herrschten, an den bewundernden oder selbst neidischen Blicken der Altersgenossen und Schulkameraden ihr eigenes kleines Selbstvertrauen aufrichteten.

Und die Schule: Ort der Ängste, der seelischen Demütigungen, der permanenten Dressur, der Rohrstockorgien – besonders für Kinder der Unterschichten, wie zeitgenössische Berichte schildern[41], die strafende Hölle schlechthin? Bei Wehner nichts dergleichen. Jedenfalls nicht am Anfang: »Meine erste Schule war eine tolle Schule im Erzgebirge. Ich konnte sie leider nur ein knappes Jahr besuchen, denn dann mußten wir wegen der Kriegsereignisse in eine andere Stadt ziehen. Es war eine Seminarvorschule.«[42] Der Krieg beendete nicht nur diese Möglichkeit, eine offenbar von den Anfängen der Reformpädagogik geprägte Schule zu besuchen. Er zerstörte zugleich Wehners Traum, Lehrer im »großen Sinne« zu werden, was er »liebend gern« geworden wäre.[43]

Über der Katastrophe des Zweiten Weltkriegs wird oft vergessen, welche seelischen Verheerungen und materiellen Nöte der Erste über Millionen Familien brachte. Der Vater war gleich nach Kriegsausbruch eingezogen worden, ein Schock, der den achtjährigen Herbert auf mehrfache Weise traf. Der Vater war nicht nur – wie in der Psychologie Freuds nachzulesen – die zentrale Autoritätsperson, die im Seelenleben des Kindes als Gewissen erscheint. Er verkörperte auch, was für Kinder in diesem Alter noch wichtiger ist, soziale Anerkennung der Familie nach außen und jene kameradschaftliche Form der emotionalen Zuwendung, die neben der mehr fordernden, strengeren Liebe der Mutter, der im Alltag die Hauptlast der Erziehung oblag, durch freundschaftliches Verstehen und Ermuntern sowohl stabilen Rückhalt gab wie Lust am eigenen Tun und Experimentieren weckte.

Wie verheerend die Trennung von Mutter oder Vater oder gar beiden gerade in Kriegszeiten, in denen die Sicherheit der Erwachsenenwelt ohnehin ins Wanken gerät, auf Kinder wirkt, haben die Untersuchungen von Anna Freud am Beispiel englischer Kinder im Zweiten Weltkrieg gezeigt.[44]

Durch lange Trennung auch von nur einem Elternteil konnte Angst zum quälenden Dauerzustand (im Gegensatz zur vorübergehenden gegenstandsbezogenen Furcht) werden und auch ohne konkreten Anlaß das Gefühl der Ohnmacht vermitteln. Spuren dieser Trennungsängste und der Versuche, sie zu überwinden, finden sich in zahlreichen Lebenssituationen Wehners wieder. Mimosenhafte Empfindlichkeit und Schroffheit im öffentlichen Auftreten sowie Sensibilität im privaten und Freundeskreis wurden zwei Verhaltensweisen, mit deren Hilfe Wehner diesen Ängsten zu begegnen suchte.

Während die seelischen Ängste klassenübergreifend wirkten, waren Familien aus der Arbeiterschaft, deren materielle Lage durch Krankheit oder Fernsein eines Elternteils schon in normalen Jahren schwer beeinträchtigt wurde, nun existentieller bedroht als bürgerliche Familien, die sehr viel öfter von ererbtem Besitz und/oder Ersparnissen längere Zeit leben konnten, ohne in Not zu geraten. Die 42 Mark im Monat[45], mit denen der Staat den Ausfall des Hauptverdieners zu ersetzen versuchte, reichten nicht einmal zur Deckung der einfachsten Lebensbedürfnisse. Gelegentlich konnte der Vater einige Mark seiner Soldatenlöhnung nach Hause schicken.

Obwohl die Mutter öfter krank war, versuchte sie zunächst, sich und die beiden Kinder mit Näharbeiten durchzubringen. Da sich die staatliche Unterhaltszahlung nach der Ortsgröße richtete[46], zog sie mit den Kindern 1915 in das nahe gelegene Schneeberg[47], eine alte Bergwerksstadt, das mit den Teilen Neustädtel und Schlema eine Siedlung von 18 000 Einwohnern bildete.

Da die Mutter schwer krank wurde, mußten nun auch die Kinder nach Kräften zum Lebensunterhalt beitragen. Der neunjährige Herbert holte mit dem jüngeren Bruder nicht nur beim Bauern die Kartoffeln für den Winter aus dem Boden, sondern half als der Ältere und Kräftigere nach der Schule bei einem Tischler und einem Glaser aus.[48] Er konnte so zwei Mark in der Woche dazuverdienen. Ein Jahr später verrichtete er ähnliche Dienste bei einem Tapezierer. Zum Spielen und damit zu einer wichtigen Chance freier Entwicklung nach den Pflichten der Schule und der Arbeit blieb immer weniger Zeit: »Von da an [1915] blieb mir und meinem jüngeren Bruder ›nur‹ noch das Spielen mit einem Fußball, den wir uns ergattert hatten.«[49]

Auch die jüngeren Schüler wurden, je länger der Krieg dauerte, immer häufiger zu Hilfsarbeiten wie Botengängen und Austrägerdiensten herangezogen.[50] Zugleich verschärften sich die Klagen von Privatleuten und einigen Behörden über »Unbotmäßigkeit« und »Zuchtlosigkeit«, »Verrohung«, »Nachlassen der Moral«, »Genußsucht«, »sittlichen Niedergang« der Jugend[51] – ein erneutes Beispiel kollektiver Bewußtseinsspaltung in der Erwachsenenwelt der spätwilhelminischen Gesellschaft, die ja für diesen Krieg und den durch ihn ausgelösten »Sittenverfall« in hohem Maße verantwortlich war.

Zwar waren nach den ersten beiden Kriegsjahren auch in weiten Kreisen des Bürgertums die anfängliche Kriegsbegeisterung gedämpft und die Illusionen über einen schnellen Sieg verflogen. Die philiströsen Stammtischstrategen, die früher bei jeder militärischen Erfolgsmeldung gejubelt hatten, waren stummer geworden – jedenfalls dort, wo in der Familie, in der Verwandtschaft oder in der näheren Bekanntschaft Gefallene zu beklagen waren, der Hunger in den langen »Kohlrübenwintern« einkehrte und die Gesichter der Soldaten auf Fronturlaub immer stärker vom Grauen des Krieges und von der Hoffnungslosigkeit gezeichnet waren. Aber die Propaganda der Kriegsgewinnler und Annexionisten, der Generale, höfischen Cliquen und politischen Karrieristen, die sich seit 1916 in der sogenannten Vaterlandspartei sammelten, mißbrauchten die immer länger werdenden Verlustlisten aus den »Abnutzungsschlachten« – jenem Gipfel der militärischen Sinnlosigkeit –, um mit dem Hinweis auf diese Hekatomben von Opfern ihre teilweise immer phantastischer werdenden Kriegsziele zu rechtfertigen. Selten wurde auf perversere Art Sinnlosigkeit in Sinn verkehrt. Und langfristig nicht ohne Erfolg, wenn man bedenkt, daß vor allem im Bürgertum die Trauer um die Gefallenen schon bald nach Kriegsende in Haß auf die »Novemberverbrecher« umschlug, die angeblich für die Niederlage und damit für die Sinnlosigkeit der Opferung von Millionen verantwortlich waren, in Wirklichkeit aber nur die Folgen des Krieges und der Niederlage erträglicher zu machen suchten.

Gab es in der Arbeiterschaft ähnliche Prozesse der kollektiven psychischen Umschuldung? Mit Ausnahme einiger rechtssozialdemokratischer, um die von Alexander Parvus-Helphand herausgegebene Zeitschrift *Die Glocke* gruppierter Publizisten waren in der Arbeiterbewegung keine den Krieg verherrlichenden ideologischen Leithämmel vorhanden, die hernach wie Ernst Jünger[52] zu Kultfiguren sowohl der Frontgeneration als auch deren jüngerer Brüder wurden, weil es ihnen gelang, den Schrecken des Krieges ästhetischen Reiz zu verleihen. Lebenskunst, so war später bei Jünger zu lesen, bestehe darin, »sich den empirischen Verhältnissen zu entziehen«[53]. Dies zu tun, war der Mehrheit der Arbeiterschaft schon aufgrund ihrer Lebensverhältnisse nicht gegeben.

Fand andererseits die aus dem Gefängnis dringende Losung Rosa Luxemburgs – »die Aktien steigen, die Proletarier fallen« – mehr und mehr Widerhall in den Massen? Bei Minderheiten gewiß. Die Weigerung Karl Liebknechts, am 2. Dezember 1914 im Reichstag die Kriegskredite zu bewilligen, hatte den überwiegend jugendlichen Kriegsgegnern in der Arbeiterbewegung wichtige Impulse gegeben. Der Pirnaer Reichstagsabgeordnete Otto Rühle schloß sich am 20. März 1915 Liebknechts Nein an. Das gab der Antikriegsbewegung in Sachsen Auftrieb. Im Dresdener Vorort Plauenscher Grund trafen sich wenige Wochen später Jugendliche zu einer illegalen Maifeier. In Freiberg demonstrierten über 300 Jugendliche am Jugendtag (29. August 1915) gegen den Krieg.[54] Die seit 1916 sich mehrenden Hungerkrawalle und andere Aktionen gegen den Krieg wurden fast ausschließlich von Frauen und Jugendlichen aus der Arbeiterschaft getragen. Aber sie blieben – mit Ausnahme der Januarstreiks 1918 – das Werk von Minderheiten.

Die Mutter Wehner hatte ihren Sohn Herbert als Zehnjährigen zum ersten Mal zu einer Maidemonstration mitgenommen.[55] Sie hatte ihm auch erzählt, »was da so vorgeht in der Welt, wie das mit dem Krieg ist, sehr schlicht, aber sehr überzeugend«[56]. Als in Rußland die Februarrevolution ausbrach, hatte sie den Kindern gesagt: »jetzt ist der Krieg bald aus.«[57] Dennoch war den Kindern die Welt nicht so einfach zu erklären, wie es aus den nachträglichen Schilderungen den Anschein hat. Für die Ambivalenz der Gefühle sorgte zunächst die bei Kriegsausbruch in den stark gegensätzlichen, zum Teil sehr emotionalen Reaktionen besonders deutlich zum Ausdruck kommende und auch später noch anhaltende politische Orientierungslosigkeit in großen Teilen der Arbeiterschaft.[58] Sodann traf die tägliche Kriegspropaganda die Daheimgebliebenen voll, die Kinder mindestens ebenso wie die Erwachsenen, weil sie ungeschützt dem Einfluß der Lehrer ausgesetzt waren und bei jeder größeren Siegesnachricht nach Hause geschickt wurden, »siegfrei« hatten, um das Ereignis dort gebührend zu feiern. Schließlich: Warum sollte dem eigenen Mann und Vater der Kinder nicht der Sieg gewünscht werden, versprach doch der Endsieg dessen sehnsüchtig erwartete Heimkehr.

Neben den im Widerstreit liegenden Gefühlen der Frau dürfen nicht die des Mannes und seiner Kameraden im Feld vernachlässigt werden, die sich durch Briefe und beim Fronturlaub der Familie mitteilten. Auch wenn dort Skepsis gegenüber dem kriegsverlängernden Annexionismus der Rechten herrschte und mit der Dauer des Krieges auch die Stimmung wuchs, sich nicht weiter »verheizen« zu lassen, war doch der Abschied von der ursprünglichen Überzeugung, Deutschlands Stellung in der Welt und damit auch die eigene Zukunft zu verteidigen, quälend lang. Erst die revolutionären Ereignisse in Rußland haben ihn beschleunigt – aber auch nur bei einer Minderheit. Der Mehrheit war nicht beizubringen, daß all der Tod und die Verstümmelungen ringsum sinnlos gewesen sein sollten.

Das Photo aus der Soldatenzeit soll jedenfalls neben den Bildern von Wilhelm Liebknecht und August Bebel auch in der Familie Wehner allezeit einen Ehrenplatz in der guten Stube eingenommen haben.[59]

Kinderarbeit und Vaterlosigkeit über die Kriegszeit hinweg haben diese immer bewußter erlebte letzte Phase der Kindheit Herbert Wehners nachhaltig geprägt – in mehrfacher Hinsicht:

Erstens: Er mußte dadurch allzu früh lernen, mit der Zeit, insbesondere mit der Freizeit, haushälterisch umzugehen, vor allem letztere von der Arbeitszeit scharf zu scheiden. Das für die Entwicklung von Kindern und Jugendlichen so wichtige psychische und soziale Moratorium, die Möglichkeit, sich durch aktives Spiel mit Gleichaltrigen einzupassen, Vertrauen in sich und andere, kurz Identität noch ohne letzte Verbindlichkeit zu bilden, wurde erheblich eingeschränkt.

Zweitens: Frühe Disziplinierung durch Arbeit wirkt nicht nur auf den Zeithaushalt ein, sondern steht auch in einer Wechselbeziehung zum Gegenstand der Arbeit: Welche Aufträge sind zu erfüllen, welche Aufgaben zu lösen, wie genüge ich bei deren Erfüllung bzw. Lösung? Da es um Problemlösungen in der Wirklichkeit ging und nicht um mehr oder minder spielerische oder durch Wiederholung zu lernende Annäherungen an diese wie in Elternhaus und Schule, war – zumindest zeitweise – die durch die Kinderarbeit erzwungene Sozialdisziplinierung erheblich größer. Zugleich wuchs dadurch die Fähigkeit, die soziale Lebenswelt mit wacheren Augen zu betrachten und die Menschen nach ihrem Verhalten während der Arbeit, also unter Streß, zu beurteilen.

Drittens: Damit ist angedeutet, daß die Kinderarbeit nicht nur Entwicklungsdefizite und entsagende Verzichte produzierte – obwohl neben den psychischen Wirkungen die negativen physischen Folgen bis hin zum Einschlafen in der Schule aus Erschöpfung unübersehbar waren –, die lebenslang kompensiert werden mußten. Es gab auch einen unmittelbaren Ausgleich: den Stolz, der Mutter helfen zu können – helfen zu wollen, wurde ihm fortan zur zweiten Natur –, von ihr früh ernstgenommen zu werden, fast schon zu den »Großen« zu gehören, jedenfalls eigene Verantwortung zu haben und dadurch, soweit ihm dies Arbeitsumstände und Arbeitgeber erlaubten, persönliche Autonomie auszubilden, also die Innenwelt zu erhalten und die Familie zu beschützen. Zuerst unmerklich, dann immer spürbarer veränderte sich zugleich das Verhältnis zur Welt der Erwachsenen, insbesondere der der Mächtigen.

Die existentiellen Erfahrungen an der Front, der Dreck, das wachsende Gefühl, im unsinnigen Hin und Her von Angriff und Verteidigung verheizt zu werden, die Drohungen der Vorgesetzten, der massenhafte Tod[60], der abstumpfte und gleichwohl die tiefsitzende Angst verstärkte, es könnte einen am Ende selbst noch erwischen – teilte sich das alles nicht den Daheimgebliebenen gerade dadurch mit, daß der Vater von Mal zu Mal einsilbiger wurde?

»Hatte man nicht bei Kriegsende bemerkt, daß die Leute verstummt aus dem Felde kamen? Nicht reicher – ärmer an unmittelbarer Erfahrung?« Auf diese Weise beschrieb Walter Benjamin die Folgen dieser ersten Begegnung mit der großtechnisch organisierten »Menschenabschlachtungsmaschine«, wie Marx ein halbes Jahrhundert zuvor schon die Vorboten des modernen Krieges (Krimkrieg, Bürgerkrieg in den USA und Deutsch-Französischer Krieg) genannt hatte: »Nie sind Erfahrungen gründlicher Lügen gestraft worden als die strategischen durch den Stellungskrieg, die wirtschaftlichen durch die Inflation, die körperlichen durch die Materialschlacht, die sittlichen durch die Machthaber. Eine Generation, die noch mit der Pferdebahn zur Schule gefahren war, stand unter freiem Himmmel in einer Landschaft, in der nichts unverändert geblieben war als die Wolken und unter ihnen, in einem Kraftfeld zerstörender Ströme und Explosionen, der winzige, zerbrechliche Menschenkörper.«

Es war nicht bloß jener allgemeine »männliche« Protest der »Jungen« gegen die »Alten«, ihr Streben, die Macht der »Großen« zu verringern, um selbst Macht zu gewinnen, wie dies idealtypisch die individualpsychologische Schule Alfred Adlers[61] bis hin zu ihrem linken Flügel (Otto Rühle, Manès Sperber[62] und andere) als Kernpunkt der Auseinandersetzung zwischen den Generationen um eine sinnvoll geordnete, aus Freien und Gleichen bestehende Gemeinschaft gekennzeichnet hat.

Der Krieg und seine Folgen hatten den Protest der Jungen, ja selbst der ganz Jungen, die noch nicht völlig der Kindheit entwachsen waren, zum grundsätzlichen Argwohn werden lassen: »Wir dürfen nicht mehr auf den Schwindel reinfallen, den uns die Alten vorgezaubert haben.«[63] Statt des Urvertrauens ein Urmißtrauen, das von nun an das Verhältnis der Generationen zueinander bestimmte? Keine Gesetzmäßigkeit, aber eine unübersehbare Tendenz, die sich außerdem in sehr unterschiedlichen, teilweise sich direkt widersprechenden Formen äußerte. Um nur die Extreme zu nennen: in der Verwerfung jeglicher Autorität ebenso wie in der Anbetung der absoluten Autorität des einen Führers.

Kein Zweifel, daß Wehner dem ersten Extrem zuzuneigen begann. Es war nicht nur jugendlicher Übermut, sondern erstes Anzeichen dieses fundamentalen Protestes, wenn der zwölfjährige Chorknabe der Kirchengemeinde Striesen – dorthin war die Mutter mit den Kindern 1916 zurückgekehrt[64] – zur Novemberrevolution beitrug: »An einem Samstag hatten wir im Gemeindehaus das übliche Probesingen, und am Samstag hatte einer das dort hängende Kaiser-Wilhelm-Bild von der Wand genommen und umgedreht; das war ich. Und am nächsten Tag sprach der Pastor, das war ein besonders – wie man so sagte – nationaler Mann[65] – zum Unterschied zu den beiden anderen Pastoren –, nun davon, was das für eine schlimme Sache sei.«[66]

Wir wissen nicht, ob dies die erste, von der Norm abweichende Willensäußerung des jungen Wehner war, wahrscheinlich aber die erste öffentliche. Den Argwohn gegen die Ungerechtigkeiten und den Unverstand der »Autoritäten« nachhaltig verstärkt hat die Tatsache, daß die Freveltat in der Sonntagspredigt an den Pranger gestellt wurde, also vor überwiegend älterem und bürgerlich-nationalem Publikum, das über die gegen den ehemaligen obersten Kriegsherrn, die Verkörperung des nationalen Mythos schlechthin gerichtete Tat des »Proletenbengels«, der froh zu sein hatte, daß er überhaupt mitsingen durfte, sicher ähnlich dachte wie der Pastor. Öffentliche Kränkungen gab es später noch öfter. Aber die Weise, in der diese zugefügt wurden, vor allem die fehlende Chance zur Gegenwehr hat sich tief ins Gedächtnis eingebrannt.

Diese erste persönliche Konfrontation mit politischer und sozialer Definitionsmacht – und das war sie, selbst wenn sie vorgab, gerade das nicht zu sein – war eher abstoßend, auch wenn die Episode in Wehners Wiedergabe leicht verklärt erscheint. Diesem ersten Ausflug in die Politik folgten zunächst keine weiteren. Nicht zuletzt deshalb, weil das Leben der Familie sich durch die Rückkehr des Vaters aus dem Krieg zu normalisieren begann.

Die »Besatzung« der »Festung« war wieder komplett, die Rolle des »Kommandanten« fiel wieder an den Vater zurück. Die Rückkehr der Väter hat die Beziehungen in den Familien erneut und häufig zum Negativen hin verschoben. Dabei haben diejenigen Väter, die den militärischen Befehlston[67] und das Klima der offenen Gewalt, von denen sie jahrelang drangsaliert worden waren, sehr häufig in die Familie hineintrugen, bei den betroffenen Frauen und Kindern den nachträglichen und meist heimlichen Wunsch, er wäre besser »draußen« geblieben, ausgelöst, obwohl sie vorher um sein Leben gebangt hatten.[68]

Bei der Familie Wehner war dies offenkundig nicht der Fall. Es ist anzunehmen, daß der Jahrzehnte später geäußerte Wunsch Herbert Wehners, er würde gern seinem Vater ein Denkmal setzen[69], sowohl hier seine Wurzeln hatte wie auch in der Wiederaufnahme der alten Rollenverteilung, die ihn, der knapp vor der Schwelle des Jugendalters stand, psychisch und physisch[70] entlastete. Das durch den Krieg erneut erzwungene Zugvogeldasein war 1919 beendet. Die Familie bezog für ein Jahrzehnt eine Wohnung, die sie schon einmal vor dem Krieg für kurze Zeit bewohnt hatte. Sie verließ sie erst Ende der zwanziger Jahre, als sie einige Straßen weiter eine vom Dresdener Spar- und Bauverein, einer kommunalen Bausparkasse, errichtete Neubauwohnung am Frauensteiner Platz erhielt.[71]

Nach Kriegsende kam auch die Schule wieder zu ihrem Recht. Sein »Schulsack«, also das, was sie ihm mitgegeben hatte, war – nicht zuletzt durch die nach 1918 in Sachsen von sozialdemokratischen Regierungen betriebene fortschrittliche Schulpolitik – größer als bisher angenommen. Dies galt insbesondere für die Herausbildung sprachlicher Fähigkeiten: »Meine Liebe gilt der deutschen Sprache. Ihr bin ich in der Schule und auch später, ohne engstirnig erscheinen zu wollen, ergeben geblieben.«[72]

Lutherisch-derbe Unmittelbarkeit und Bildhaftigkeit bis hin zum Vulgären, breite Ausdrucksskala in der Sprache der persönlichen Betroffenheit, feinziselierter, gelegentlich zerquält klingender Satzbau da, wo es darum ging, Gedanken zu verbergen oder eben nur anzudeuten, das waren die sprachlichen Mittel, die Wehner später – in der Kleinkunst wie in der Politik – bis zur Perfektion handhaben sollte.

Von den modernen Fremdsprachen hatte er in der Schule Französisch gelernt. Die traditionelle kulturelle Orientierung Sachsens nach Frankreich hatte hier den Ausschlag gegeben.[73]

Herbert Wehner hat sich später auch »behelfsweise« durch andere romanische Sprachen »gelotst«, weil er einmal, als er noch »die Chance zu haben glaubte, ein Lehrerseminar besuchen zu können, einige Jahre privat Latein lernte«[74]. Seine Kenntnisse und Fähigkeiten verschafften ihm 1921 ein Stipendium für eine dreijährige Ausbildung zum sozialen Verwaltungsdienst. Hierzu hatten sich über hundert Bewerber angemeldet, nur sechs wurden genommen.[75] Das Stipendium deckte nur die Ausbildungs-, nicht die Unterhaltskosten. Mit Ferienarbeit – unter anderem als Landarbeiter in Mecklenburg – und mit Nachhilfestunden in Deutsch und Mathematik versuchte er, die Haushaltskasse zu entlasten.

Mitzuhelfen war ihm, wie oben dargelegt, schon zur zweiten Natur geworden, und im übrigen wußte er, daß auch die Familie seinetwegen Opfer brachte. Denn in den wenigsten Arbeiterfamilien war es damals den Jugendlichen möglich, ihren regen Verstand und die Schulkenntnisse in einer weiterführenden Ausbildung zu verwerten. Die meisten mußten nach der Schulentlassung als ungelernte Arbeiter ihren Lebensunterhalt verdienen.[76] Obwohl er das Abschlußexamen, eine der »mittleren Reife« entsprechende Prüfung, bestand, blieb ihm die Verwaltungslaufbahn versperrt, gewiß nicht nur, weil damals im öffentlichen Dienst Stellen abgebaut wurden und überdies die ehemaligen Soldaten Vorrang erhielten. Es hing auch mit der in Sachsen und im ganzen Reich inzwischen veränderten politischen Landschaft und mit der politischen Orientierung des jungen Wehner zusammen.

IV Mythos Revolution

»Was wollt ihr?... Revolutionen werden nicht mit *Rosenöl* gemacht.«
(Antwort der Bolschewiki auf Kritik an ihren Unterdrückungsmethoden)

»Man kann von *Disteln* keine Weintrauben lesen.«
(Der Anarchist Rudolf Rocker in:
Der Bankerott des russischen Staatskommunismus.
Berlin 1921)

Die Generation der »Nachvollziehenden« in einer Republik ohne »Seele der Jugend«[1]

Wie sich orientieren in einer durch die Ereignisse 1918/19 auf der Linken tief zerklüfteten politischen Landschaft? Um so mehr, als zu dieser Unübersichtlichkeit das Gefühl des Zuspätgekommenseins hinzutrat: »Ich bin Jahrgang 1906 und wenn ich zynisch sein wollte, könnte ich sagen, wir kamen immer einige Jahre zu spät. Wir gehörten zu den Nachvollziehenden.«[2] Als ihm diese Sätze von 1969 einige Jahre später vorgehalten wurden, nannte Herbert Wehner erneut den Namen, um den es ihm ging: »Rosa Luxemburg war schon vier Jahre tot, als ich als junger Mensch entdeckte, was sie geschrieben hat. Und so wurde man – jedenfalls ich – aufgrund von Dingen, die in meiner Heimat damals geschahen, fasziniert, obwohl daran nichts mehr war. Nicht weil sie tot war, sondern weil diese Dinge, soweit sie von konkreter Politik handelten, schon überlebt oder widerlegt waren. So war das gemeint, im Zusammenhang mit meiner revolutionären Vergangenheit, um dieses schöne Wort zu gebrauchen.«[3]

Zu den »Nachvollziehenden« zu gehören, als Revolutionär kein Erstgeburtsrecht zu haben, einem Jahrgang anzugehören, der »immer gerade hinterher gekommen ist, wenn etwas Wesentliches passiert«[4] ist: das kann einen Verlust an Unmittelbarkeit, an Authentizität, an politischem Sinn überhaupt bedeuten, wie er größer kaum vorstellbar ist. Diese viele Jahre später vorgenommene Selbstdeutung als Teil einer Lebensbilanz ist gewiß mit Vorsicht zu bewerten. In der Wehner nicht unbekannten großen Literatur, von den Klassikern bis hin zur Romantik des 19. Jahrhunderts, von Schiller über Chateaubriand bis hin zu Kleist, von Stendhal über de Musset bis Heine galt das Zuspätkommen als Gipfel der Tragik, als »le grand mal du siècle«.

Dennoch ist neben einer gehörigen Portion Selbststilisierung – entsprechend der Wehnerschen Version einer Geschichte der Empfindsamkeit – auch das Lebensgefühl von politisch aktiven Teilen seiner Generation gut getroffen: politische Identitätssuche, die sich von der Realität ab- und dem Mythos der authentischen, Wahrheit, Gerechtigkeit, Freiheit zugleich und unmittelbar verkörpernden Revolution zuwandte.

Ebenso wichtig wie das zunächst nur im Nachvollzug entstandene Leiden der jungen Revolutionäre an der Wirklichkeit, das häufig heftigere Ausdrucksformen annahm als bei den ursprünglich Beteiligten, weil es in jedem revolutionären Prozeß nicht nur ›heroische‹ Tage, sondern auch die ernüchternden Trivialitäten des Alltags gibt, war das Empfinden, inzwischen versteinerte Strukturen und keine im Fluß befindliche Situation mehr vorzufinden, die dem einzelnen das Gefühl gibt, im Zentrum zu stehen und etwas bewegen zu können.

Revolution hatte zu Beginn der zwanziger Jahre viele Namen und Gesichter. Ob Kommunisten, unabhängige Sozialdemokraten, Mehrheitssozialdemokraten, Anarchisten – jede Richtung verband damit spezifische Vorstellungen und Erwartungen, positive wie negative, letztere als Abwehr des revolutionären Erfolges der anderen. Der Mythos der Revolution hatte selbst die politische Rechte erfaßt oder wurde doch in gegenrevolutionärer Absicht bewußt benutzt. Als »nationale«, als »völkische« Revolution, ausgestattet mit den »Ideen von 1914«, dem »Kriegs- und Grabensozialismus«, dem Mythos des angeblich mit Enthusiasmus dargebrachten Opfers der »jugendlichen Toten von Langemarck«[5], begann sie seit 1923/24 Teile der bürgerlichen Jugend, vor allem Schüler und junge Studenten aus dem Bildungsbürgertum, in ihren Bannkreis zu ziehen[6], deren ältere Brüder, desillusioniert durch eigene Fronterfahrung in den ersten Nachkriegsjahren, wie die Diskussionen in der Bündischen Jugend etwa auf der Hofgeismarer Tagung von 1920 zeigen, häufig eher pazifistisch und völkerversöhnend gesinnt waren.

Im Chaos der politischen Meinungen und Gruppierungen innerhalb der jungen Generation, in die die bürgerkriegsähnlichen Kämpfe in den Anfangsjahren der Weimarer Republik noch zusätzliche Spaltungen hineingetragen hatten, gab es übergreifende Gemeinsamkeiten ebenso wie tiefgreifende Unterschiede und Gegensätze. Zu den Gemeinsamkeiten gehörte der inflationäre Gebrauch der Vorsilbe »jung« als magische Zauberformel für Dynamik, Zukunftsoffenheit, Wahrheitsdrang, Gemeinschaftsgefühl und zugleich Vielfalt der Werthaltungen und Lebensstile. Die bürgerliche Jugendbewegung seit der Jahrhundertwende hatte dafür mit dem Aufblühen des Jugendmythos und dem daraus sich entwickelnden positiven Selbstbild jugendlicher Autonomie ein Grundmuster geliefert.

Gerade im Bereich der Lebensstile taten sich hingegen tiefe Brüche auf, weil die durch die neuen Medien (Kinofilm, Illustrierte, Schallplatte, Rundfunk) immer stärker herandrängende Traumwelt der neuen Bilder und Töne ein Maß an Glück verhieß, das für die meisten Jugendlichen im wirklichen Leben unerreichbar bleiben mußte. Hinzu kam eine Bevölkerungsentwicklung, deren Bedeutung im sozialökonomischen und politischen Feld wie auch in ihren unmittelbaren Wirkungen auf die kollektive wie individuelle Psyche der Betroffenen gar nicht hoch genug veranschlagt werden kann: Die Jugend der Weimarer Republik, überwiegend verkörpert durch die geburtenstarken Jahrgänge 1906–1914/15, zu denen Wehner gehörte und deren Ankunft im Kaiserreich noch lautstark als »Verjugendlichung« gefeiert wurde, mußte sich nach 1918 mehr und mehr als »überflüssige Generation« empfinden.[7]

Angesichts der von der Rechten, besonders von deren »völkischem« Flügel, später von den Nationalsozialisten vertretenen These vom angeblich drohenden »Volkstod« mutet dies zwar grotesk an, aber niemals war der Anteil der Jugendlichen an der Gesamtbevölkerung wie an der Zahl der Erwerbstätigen so hoch wie nach 1918. Die während des Krieges so stark durch die Rüstungsindustrie und durch den Ernteeinsatz in Anspruch genommenen Kinder und Jugendlichen fanden nach Kriegsende eine völlig veränderte Situation auf dem Arbeitsmarkt vor[8]. Die Jahre der Hyperinflation (1922/23) haben dieses Problem zwar zeitweise etwas überdeckt, aber die vorher nie gekannte hohe Sockelarbeitslosigkeit wurde auch in den Jahren mit einer relativ günstig verlaufenden Konjunktur (1927/28) nicht abgebaut.

Von dieser Situation auf dem Arbeitsmarkt waren auch Teile der bürgerlichen Jugend betroffen, insbesondere jene, deren Ausbildung (einschließlich Studium) auf Berufe und Positionen ausgerichtet war, in denen der Staat fast über ein Beschäftigungsmonopol verfügte. Die allgemeine Tendenz zur Ausweitung der Staatstätigkeit (und damit des Personals im öffentlichen Dienst) war zeitweise eingefroren durch die Notwendigkeit, zuerst die Kriegsfolgelasten – von der Beschäftigung der zurückgekehrten Soldaten und Kriegsinvaliden bis zu den Reparationen – zu finanzieren.

Die aus den Familien der Arbeiter und kleinen Angestellten stammenden Jugendlichen waren aber nicht nur den Unberechenbarkeiten des Arbeitsmarktes und den Schwankungen der Konjunktur ausgesetzt; in ihren Reihen bestand nicht nur der Gegensatz zwischen gelernten und ungelernten Arbeitern, zwischen Beschäftigten und Erwerbslosen. Darüber hinaus prägte die durch Übernahme amerikanischer Produktionsmethoden (Arbeitszergliederung und Fließband) verstärkte Intensivierung und Disziplinierung der Arbeit »Lebensrhythmus, Lebenszuschnitt und Lebensperspektive der Jugendlichen«[9].

Kein Wunder, daß diese sich elementar eingeengt, häufig geradezu umstellt fühlten von Kräften, die meist gesichtslos waren und gleichwohl »existentielle Entscheidungen für das eigene Leben hinter dem eigenen Rücken«[10] fällten. Und ebensowenig erstaunlich ist es, daß diese sich von der Wirklichkeit so eingeengt, ja fast erdrückt fühlende Jugend in die Welt der großen Bilder und Gesten flüchtete: die einen, wohl der größere Teil, in die glitzernde Traumwelt des Kinos und eines »modernen«, das hieß vor allem »amerikanisch« empfundenen und bis in Kleidung, Auftreten, Tanz-, Rauch- und Trinkgewohnheiten reichenden Lebensstils; andere – je nach Lebensphase von den ersteren nie streng geschieden – in die durch die Revolution geschaffenen oder intensivierten Vor- und Feindbilder sowie in die während ihr oder danach entstandenen Mythen.

Wieder andere versuchten, ihre Wünsche und Träume von einer besseren Welt auch im Alltag unterzubringen, ihn dadurch aufzuhellen und sich stärker an der Zukunft zu orientieren. Sie waren vor allem in den Jugendgruppen der USPD und der SPD zu finden, die, zunächst meist unter Anleitung von erwachsenen Betreuern, zum Ort politischer Schulung und Bildung wurden, aber auch die Chance boten, musischen Neigungen nachzugehen sowie die Gemeinschaft der Gleichaltrigen in Spiel, Tanz und gemeinsamer Fahrt zu erleben.

Der sechzehnjährige Herbert Wehner, der sich selbst noch Jahrzehnte später als »vielleicht empfindsamer« einschätzte, »als es in das alltägliche Leben paßt«[11], versuchte sich in den an zweiter und dritter Stelle genannten Strömungen zurechtzufinden. Sein Zeitgefühl reagierte besonders heftig auf den durch Krieg und Revolution beschleunigten Rhythmus politischen und sozialen Wandels: Das, was gestern noch wichtig war, schien heute schon ohne Bedeutung zu sein. In dieser als

Verlust von ursprünglichem Lebenssinn sich äußernden Zeitangst liegt der Kern der Klage, er gehöre zu den »Nachvollziehenden«.

Daher rührte auch die stete Versuchung, in den Mythos der Revolution und insbesondere in den Mythos Rosa Luxemburgs als revolutionärer Märtyrerin zu flüchten. Der mit ihrem Leben und Werk verknüpfte Mythos sollte nicht nur Sinn- und Bedeutungsdefizit der »Nachvollziehenden« ausgleichen. Er sollte – wie Mythen überhaupt[12] – quasi über Nacht die Ausgangslage wiederherstellen, die seitdem verflossene Zeit aufheben und damit die Rückkehr zu den Ursprüngen ermöglichen. Auch im Mythos lebte so eine Variante der erwähnten Zeitangst Rosa Luxemburgs fort, die sie dazu gebracht hatte, die sozialistische Revolution voranzutreiben, bevor der Kapitalismus – in ihren Augen wegen seiner Krisen und Kriege das Synonym der Barbarei schlechthin – sich weltweit etablieren konnte.

In diesen Mythos tauchte der junge Wehner nicht sofort, also zu Beginn seines politischen Engagements ein. Er lieferte sich ihm auch später nie völlig aus, ließ sich von ihm aber viele Jahre wie von einem Schatten begleiten. Zunächst vertraute er sich der dritten Strömung an und trat im Januar 1923 der »Vereinigten Dresdener Arbeiterjugend Striesen-West« bei.

Den Entschluß dazu hatte er ohne Mitwirkung der Eltern gefaßt. Gehörte Mut dazu, die »Festung« zu verlassen? Da mit dem Begriff »Festung« nur eine Neigung zu einer bestimmten Mentalität, nie aber eine absolute Verhaltensprägung bezeichnet werden kann, werden dadurch elementare Verhaltensweisen des Jugendalters nicht ausgeschlossen. Jeder Heranwachsende steht vor der Aufgabe, die Grenzen einer egozentrischen Existenz zu überschreiten und darauf zu vertrauen, einen bedeutsamen Beitrag zum Leben leisten zu können.[13]

Wehner selbst betonte die »natürliche Spannung [...] zwischen dem, was man mitkriegt, und dem, was man selbst sein will«[14]. Was er von der Familie »mitkriegte«, war neben dem politischen Interesse die Bereitschaft zur allgemeinen Bildung und zur Herausbildung einer Reihe sozialer und organisatorischer Fähigkeiten. Diese kamen in der Schule und am Arbeitsplatz zu kurz, wurden aber in den sozialdemokratischen und gewerkschaftlichen Jugendorganisationen gefördert. Der Eintritt in die Arbeiterjugend war offenbar weniger ein spontaner, gegen das Elternhaus rebellierender und die ganze Welt herausfordernder Ausbruch aus der »Festung« als ein eher zögerndes, die eigene Lage wie die gesamte politische Entwicklung sorgsam prüfendes Heraustreten.

Die politische Entwicklung hatte sich um die Jahreswende 1922/23 wieder beschleunigt. Im Januar 1923 besetzten französische Truppen das Ruhrgebiet, um mittels »produktiver Pfänder« die Reparationen einzutreiben. Der von der Reichsregierung ausgerufene passive Widerstand und dessen Finanzierung durch die Geldpresse ließ die durch die Kriegs- und Nachkriegskosten ohnehin schon inflationierte Währung vollends kollabieren. Die Wirtschaftskrise, die lange Zeit durch die Inflation verdeckt worden war, nahm katastrophenartige Züge an. Wie nie seit den Revolutionsmonaten im Winter 1918/19 und dem Kapp-Putsch im März 1920 waren große Teile des Volkes in Bewegung.

Der Widerstand gegen die französische Besatzungsmacht sowie gegen die vom Versailler Vertragssystem auferlegten Lasten und die dadurch in den ersten Monaten des Jahres 1923 ausgelösten Bekundungen nationaler Solidarität überlagerten zunächst die Wirkungen, die von der Umgruppierung der politischen Kräfte vor allem auf der Linken ausgingen: Während sich der linke Flügel der USPD im Herbst 1922 der KPD anschloß, hatten Zentrum und rechter Flügel der Unabhängigen Sozialdemokratie sich mit den Mehrheitssozialdemokraten auf dem Parteitag in Nürnberg am 24. September 1922 zur Vereinigten Sozialdemokratischen Partei zusammengefunden. Die Jugendorganisationen beider Parteien vollzogen denselben Schritt wenig später.

Deshalb hieß auch die Gruppe, der Wehner beigetreten war, »Vereinigte Dresdener Arbeiterjugend Striesen-West«. Die Vereinigung beider Jugendorganisationen, die Wehners Entschluß zum Beitritt sicher erleichterte, hat – soweit sichtbar – weniger Sprache und Auftreten als vielmehr die Erwartungshaltung der Neumitglieder radikalisiert.

Zunächst fanden sie sich eingebettet in die Bildungs- und Erziehungsarbeit der Gruppen, die auch vom politischen Gegner bis hin zu den Kommunisten zumindest insgeheim als Vorbild anerkannt wurde. Die musische Bildung war Teil dieser Arbeit. Die »Musiksektion« der Gruppe Striesen-West hatte ihre Übungsabende in der Spenerstraße 8[15], wenige Häuser von der Wohnung der Familie Wehner entfernt. Es ist schwer vorstellbar, daß Herbert Wehner sich hier nicht beteiligt hätte. Ebenso wahrscheinlich ist seine Mitwirkung an den oben geschilderten »Hans-Sachs-Spielen«[16] der Dresdener Arbeiterjugend. Ein Höhepunkt des musischen Engagements der »Dresdener Jugendgenossen« war die Aufführung der Hans-Sachs-Stücke in der alten Meistersingerkirche in Nürnberg am Abend des 11. August 1923 anläßlich des dritten Arbeiterjugendtages der Sozialistischen Arbeiterjugend (SAJ).[17]

Ende Juli 1923 hatte Wehner mit Freunden eine Wanderfahrt zu diesem Nürnberger Treffen begonnen. Auch wenn das Brot, das sich die Wandergesellen als Wegzehrung kauften, in jenen Tagen noch nicht die von Wehner später angegebene Summe von »zwei Billionen Mark« gekostet hat[18], konnten die materiellen Umstände der »Fahrt« an Kärglichkeit kaum übertroffen werden. Da »Fahrten« für die meisten Jugendlichen nicht nur zur wichtigsten gemeinschaftsbildenden Erfahrung gehörten, sondern wie kein Ereignis sonst Freiheit von den Zwängen und Sorgen des Alltags wie von beschwerenden politischen Problemen boten, schufen sie eine Gefühlslage, die, auch wenn die Erinnerung zusätzlich verklärend wirkte, durch das Erlebnis der in Nürnberg versammelten 50000 Jugendlichen zu einer nur schwer nachvollziehbaren Hochstimmung anwuchs.

Die von Gesang und Spiel umrahmten Versammlungen und Demonstrationszüge der Fünfzigtausend, zu denen sich am Nachmittag über 150000 Nürnberger Arbeiter an diesem Ehrentag der Republik, dem Jahrestag der Verabschiedung der Reichsverfassung, gesellten, das damit verbundene »Schreiten Seit' an Seit'« – wie es in einem der Lieblingslieder der Arbeiterjugendbewegung hieß – und die den Ernst der wirtschaftlichen und politischen Gesamtkrise des Reiches nicht aussparenden Reden der führenden Sprecher der Jugend haben dazu entscheidend beigetragen.

Die in Nürnberg erscheinende sozialdemokratische *Fränkische Tagespost* schrieb: »Wer diesen Jugendzug gesehen hat, der weiß seitdem auch, mit wieviel Recht das von der Arbeiterjugend am meisten gesungene Lied den Kehrreim enthält: ›Mit uns zieht die neue Zeit...‹ Hier wächst in der Tat eine neue Zeit herauf, ein Geschlecht von Menschen, das uns hoffen läßt: Alle Nöte der Zeit werden überwunden, wenn wir nur fest an diese Jugend glauben, ihr Wachstum fördern und keine Mühe scheuen, die es für dieses Wachstum aufzuwenden gilt. Was für ein prächtiger Schlag von Menschen! Unverbogen, gerade gewachsen, leiblich und seelisch allem Natürlichen und Gesunden zugekehrt, wirklich ein Ackerboden der Zukunft, auf dem eine bessere Welt gedeihen kann! [...] Die Sozialdemokratie kann die Summe von Erziehungsarbeit, die in der arbeitenden Jugend durch die Jugendorganisation geleistet wird, als ein Kulturwerk von größtem Ausmaß bewerten.«[19]

Emphase im Tenor, naturale Sprachbilder – das gehörte zum Stil der Zeit und fand sich in den meisten Publikationen auf der Linken wie auf der Rechten. Was der Kommentar nicht enthielt, war der scharfe

Kontrast zwischen der hier dokumentierten Hochstimmung und den politischen Gefahren, von denen Republik wie demokratische Arbeiterbewegung unmittelbar bedroht waren. Nicht umsonst hatte der Vorsitzende der SAJ, Max Westphal, in seiner Begrüßungsrede die älteren Genossen in Partei, Gewerkschaften und Behörden gemahnt, sie hätten dafür Sorge zu tragen, daß dieser Wille der Jugend zur Erhaltung der Republik nicht erstickt werde durch das Gewährenlassen der Feinde der Republik. Die Republik brauche die Seele der Jugend. Ihre Träger sollten sich nicht so sehr von der anderen Seite einschüchtern lassen. Zagende Leute könnten die Jugend nicht führen. Wenn die Republik unsere Jugend haben wolle, dann müsse sie stark sein und alle Kräfte mobilisieren für den sozialen Fortschritt. Für die Erwachsenen wie für die Jugend gelte: »Hoch die Köpfe, höher die Herzen!«

Die »brausenden Frei-Heil-Rufe«[20], mit denen Westphals Appell aufgenommen wurde, zeigten, daß der Masse der organisierten Arbeiterjugend die Gefahr der Verführung durch nationalistische Parolen von rechts und selbst von links – wie die Schlageter-Rede von Karl Radek wenige Wochen zuvor bewiesen hatte – bewußter war als manchen der führenden Sprecher in Partei und Gewerkschaften.

Wahrscheinlich blieb Wehner – es waren ja Sommerferien – über den Jugendtag hinaus in Franken oder gar in Nürnberg selbst. Jedenfalls erlebte er drei Wochen nach dem Treffen der SAJ einen Aufmarsch, an dessen Ende eine Rede Hitlers stand. Er wurde von den Nationalsozialisten in Nürnberg auf jenem Gelände organisiert, das 1933 Reichsparteitagsforum der NSDAP wurde. Hier hat Wehner zum ersten Mal den hysterischen und hysterisierenden Redeschwall des späteren »Führers« erlebt. Auch wenn diese im nationalrevolutionären Gewand auftretende rechtsextremistische Bewegung ihn persönlich nicht sehr beeindruckte: eine Ahnung, daß breite Massen bis hinein in die Arbeiterschaft für rechtsextreme Parolen anfällig waren[21], muß ihm schon gekommen sein, wenn er nur den äußeren Habitus derer musterte, die Hitlers Ausfälle gegen die »Judenrepublik« beklatschten.

Überdies trug die Existenz der NS-Bewegung wie der bayerisch-fränkische Urgrund, von dem sie sich zunächst nährte, wenig später indirekt dazu bei, die Art und Richtung seines noch kurzen politischen Engagements nachhaltig zu verändern.

Der Sachsen-Konflikt 1923 und das Reich – kommunistischer Umsturz oder vertane Reformchancen?

Um Vorgeschichte und Verlauf der Intervention der Reichswehr in Sachsen (und Thüringen) im Herbst 1923 zu verstehen, ist es notwendig, den komplexen Hintergrund auszuleuchten, der seit der »Deutschen Revolution« im November 1918 im Reich und in Sachsen entstanden war.

Mindestens drei zentrale Faktoren bestimmten seither das politische Feld und die Kräfte, die sich darin bewegten:

Erstens: Das seelische Befinden ließ, insbesondere bedingt durch das Übermaß des Leids – die Mehrzahl der Familien hatte Opfer zu beklagen, die im Krieg geblieben waren oder an seinen Folgen unmittelbar litten –, keine Ruhelage zu, sondern schwankte heftig zwischen Hoffnungslosigkeit und hochgespannten Erwartungen, zwischen Haßgefühlen allen inneren und äußeren Feinden gegenüber und jubelnder Zustimmung für alle jene, die auf irgendeine Weise Revanche, Kompensation, Erlösung versprachen.

Zweitens: Die »Revolution« bestand aus verschiedenen Bewegungen[22]: aus der Bewegung für einen demokratisch-parlamentarischen Verfassungsstaat, der Bewegung zur Beendigung des Krieges und der sozialen Protestbewegung (mit einem großen Spontaneitätsüberschuß bis hin zu diffusen rätedemokratischen Vorstellungen) und schließlich einer aus sehr unterschiedlichen Gruppen zusammengesetzte Bewegung, die für ein linkssozialistisches Revolutionsmodell eintrat, das zwar dem der Bolschewiki in Rußland nicht gleichen sollte, aber dessen Verwirklichung nicht ohne »bolschewistische« Methoden der Machteroberung durch eine Minderheit und vor allem nicht ohne »bolschewistische« Konstellation auskam, bei der sich alle anderen Kräfte gegenseitig blokkierten.

Diese verschiedenen Revolutionsbewegungen, die sich in ihrem Handeln, ihren Methoden und Zielsetzungen teilweise verschmolzen und aufheizten, teilweise überlagerten und blockierten, machten weder an den Rändern der alten noch der neuen politischen Parteien bis hin zur linken Mitte halt. Der überwiegende Teil dieser Massen wie die Mehrzahl ihrer Sprecher – um das in diesem Zusammenhang irreführende Wort »Führer« zu vermeiden – vergaßen überdies angesichts der leicht erreichten Anfangserfolge der »Revolution«, daß die »Gegenrevolution«, der bis zum Herbst 1918 bestimmende konservative Machtblock aus Militär, Bürokratie, Justiz, industriellem und landwirtschaftlichem

Großbesitz, zwar zurückgedrängt, in seiner Substanz aber kaum geschwächt worden war. Teile davon – Ludendorff und seinesgleichen – hatten sich sogar freiwillig und sehr plötzlich ins »zweite« Glied begeben, um andere die Suppe auslöffeln zu lassen, die sie dem deutschen Volk eingebrockt hatten.

Damit sind wir bei dem *dritten Faktor*, der wahrscheinlich am schwersten wog und dennoch meist erst im nachhinein wahrgenommen wurde: Angesichts der Notwendigkeit, existentielle Lebensbedingungen der von Hunger und Krankheit gezeichneten Massen mit Vorrang zu sichern, war der Weg für eine das politische wie das soziale und ökonomische System und dessen innere Machtstruktur schnell und tiefgreifend »umwälzende« Bewegung faktisch verbaut. Die These vom Vorrang der Sicherung der zum Überleben notwendigen Grundbedürfnisse mag für den befremdlich klingen, der in der Tradition von Marx in Revolutionen Lokomotiven des historischen Fortschritts schlechthin zu erkennen meint. Er muß sich entgegenhalten lassen, daß es seit der Französischen Revolution von 1789 in einem bevölkerungsreichen und industriell hochentwickelten Land keine erfolgreiche Revolution mehr gegeben hat.

Einer der originellsten politischen Denker der Neuzeit, Alexis de Tocqueville, hat schon in seinen Mitte des 19. Jahrhunderts – nach zwei weiteren, nur das politische, nicht das sozialökonomische System tangierenden Revolutionsversuchen in Frankreich – angestellten Untersuchungen zur großen Revolution die treffende Beobachtung gemacht, daß das Frankreich von 1789 eben noch kein Land mit großer industrieller Bevölkerung gewesen sei, die geglaubt habe, den inneren Frieden absolut zu benötigen, um leben zu können. Der in diesem Zusammenhang häufig auftauchende Hinweis auf den Sieg der Bolschewiki durch die Oktoberrevolution 1917 ist alles andere als ein Gegenbeweis. In Rußland lebten noch rund neunzig Prozent der Bevölkerung in ländlichen Lebens- und Produktionsverhältnissen, in Deutschland dagegen zwei Drittel von Industrie und Dienstleistungen. Dank des riesigen Territoriums überlebte die revolutionäre Regierung in Rußland, obwohl ihre Herrschaft durch gegenrevolutionäre Armeen und ausländische Interventionstruppen in bestimmten Regionen zeitweise beseitigt wurde. Die bolschewistische Führung scheute auch in keiner Phase des Bürgerkriegs vor der Opferung von Millionen Menschen durch Krieg, Terror, Hunger, Krankheit und fehlgeplante Wirtschaftsexperimente zurück.

Noch wichtiger ist in unserem Zusammenhang die unmittelbare Wirkungsgeschichte der Oktoberrevolution in Deutschland. Nachdem die Bolschewiki die demokratisch gewählte verfassunggebende Versammlung auseinandergejagt hatten, weil sie dort nur über ein Viertel der Sitze verfügten, und danach auch alle Konkurrenten auf der Linken – Menschewiki, rechte und linke Sozialrevolutionäre, Anarchisten – mit sich steigernden terroristischen Methoden ausgeschaltet hatten, geriet jede linke Gruppierung in Deutschland, die – und sei es nur teilweise – Sympathien mit dem bolschewistischen Revolutionsmodell anklingen ließ, sofort in die Grenzsituation einer verfemten Minderheit. Dies galt gerade auch für die sozialdemokratische Arbeiterbewegung, die seit fünfzig Jahren gelernt hatte, das demokratische Wahlrecht als eines der wichtigsten Mittel ihres Kampfes um politische und soziale Gleichberechtigung zu nutzen.

Auf der revolutionären Linken ist diese Einstellung der Mehrheit der organisierten Arbeiterschaft von niemand deutlicher wahrgenommen worden als von Rosa Luxemburg. Dadurch ist auch ein Teil ihrer ambivalenten Haltung gegenüber der Übertragung bolschewistischer Methoden der Machtergreifung auf Deutschland erklärbar. Ihre schon früh und während der Gründungsphase der Partei der Bolschewiki im Jahre 1904 geäußerte Kritik am jakobinischen »Ultrazentralismus«[23] Lenins erfuhr während des ersten Jahres bolschewistischer Herrschaft in Rußland keineswegs, wie häufig zu lesen ist, eine Steigerung, sondern eher eine Umorientierung. Ihr berühmter, im Herbst 1918 noch vor Ausbruch der Novemberrevolution niedergeschriebener Satz »Freiheit ist immer nur Freiheit des anders Denkenden«[24] wie auch ihre verhaltene Kritik an der Ablehnung von aus allgemeinen Wahlen hervorgegangenen Volksvertretungen durch Lenin und Trotzki bewegten sich im Rahmen der »Diktatur der [proletarischen] Klasse, nicht einer Partei oder einer Clique, [...] d.h. in breitester Öffentlichkeit, unter tätiger, ungehemmter Teilnahme der Volksmassen, in unbeschränkte Demokratie«[25].

Schon hier blieb die Frage unbeantwortet, ob unter den Bedingungen moderner diktatorischer Herrschaftstechniken – mit ihrer Skala von offener Gewalt und Terror bis hin zur subtileren Beeinflussung durch eine gesteuerte öffentliche Meinung – die Inhaber der diktatorischen Gewalt ein solches Neben- oder gar Ineinander beider Herrschaftsweisen auch nur zeitweise dulden würden. Nicht minder fragwürdig war aber auch die Behauptung Rosa Luxemburgs, die Bolschewiki würden auch ihren (Luxemburgs) Vorstellungen entsprechend vorgehen, »wenn sie nicht unter dem furchtbaren Zwang des Weltkriegs, der deutschen Okkupation und aller damit verbundenen Schwierigkeiten litten, die jede von den besten Absichten erfüllte sozialistische Politik verzerren müssen«. Darauf folgte jene an die Adresse der »deutschen Regierungssozialisten«, die die Herrschaft der Bolschewiki als »Zerrbild der Diktatur des Proletariats« kritisierten, gerichtete Anklage, die zum Dolchstoßmythos der revolutionären Linken werden sollte: »Wenn sie es [die Diktatur ein Zerrbild] war oder ist, so nur weil sie eben ein Produkt der Haltung des deutschen Proletariats war, die ein Zerrbild auf sozialistischen Klassenkampf war.« Danach beschwor Rosa Luxemburg den alten Endzeitmythos: »Wir alle stehen unter dem Gesetz der Geschichte, und die sozialistische Gesellschaftsordnung läßt sich eben nur international durchführen. [...] In dieser letzten Periode, in der wir vor entscheidenden Endkämpfen in der ganzen Welt stehen, war und ist das wichtigste Problem des Sozialismus geradezu die brennende Zeitfrage: [...] die Aktionsfähigkeit des Proletariats [...], der Wille zur Macht des Sozialismus überhaupt. In dieser Beziehung waren Lenin und Trotzki mit ihren Freunden die ersten, die dem Weltproletariat mit dem Beispiel vorangegangen sind. Sie sind bis jetzt immer noch die einzigen, die mit Hutten ausrufen können: Ich hab's gewagt! [...] In Rußland konnte das Problem nur gestellt [...], nicht [...] gelöst werden. Und in diesem Sinne gehört die Zukunft überall dem Bolschewismus.«[26]

Auch wenn sie ihre Kritik am deutschen Proletariat zeitweise auf das »Weltproletariat« ausdehnte: der Hinweis auf die bloße Vorreiterrolle der Bolschewiki macht deutlich, daß sie an der Idee von der besonderen Mission des deutschen Proletariats als der Hauptarmee der weltweiten sozialistischen Revolution festhielt.

Der Verlauf der Novemberrevolution zeigte, daß die Mehrheit des deutschen Proletariats ihr auf diesem Weg nicht zu folgen bereit war. Es fiel ihr zunehmend schwerer, sich dies einzugestehen. Ihr innerer Zwiespalt wurde in ihren Beiträgen auf dem Gründungsparteitag der KPD sichtbar, der zur Jahreswende 1918/19 im Preußischen Abgeordnetenhaus zu Berlin stattfand. Auf der einen Seite machte sich in der Debatte über den Antrag Otto Rühles, der sich für den Boykott der Wahlen zur Nationalversammlung aussprach, ihr Streben bemerkbar, die Wirklichkeit zu erkennen, wie sie war. Angesichts der »Unreife der Massen« plädierte sie dafür, sie durch den Parlamentarismus zu »schulen«. Sie hielt der auf Nichtbeteiligung dringenden Mehrheit vor: »Sie verstehen: entweder Maschinengewehre oder Parlamentarismus. Wir wollen etwas verfeinerten Radikalismus. Nicht bloß dieses grobkörnige Entweder-Oder. Es ist bequemer, einfacher, aber das ist eine Vereinfachung, die nicht der Schulung und Erziehung der Massen dient.«[27]

Auf der anderen Seite führte sie den Chor des Hasses gegenüber den führenden Persönlichkeiten der Mehrheitssozialdemokratie an, nannte Ebert und Scheidemann die »größten Halunken« in der Welt, nicht nur »Judasse« der proletarischen Revolution, »sondern auch Zuchthäusler, die überhaupt nicht in eine anständige Gesellschaft hineingehören. (Stürmische Zustimmung)«[28]. Kein Wunder, daß andere Delegierte in der Debatte über die Ablehnung des Terrors und des Mordes im von ihr verfaßten Programmentwurf sich ermuntert fühlten anzukündigen, sie würden »Bravo« rufen, wenn künftig ein »Revolutionstribunal« Scheidemann und Ebert »zum Aufknüpfen« verurteilen würde[29].

Aber mehr noch als der steigende Haß[30] schwemmte die Hoffnung auf eine die Entwicklung des Kapitalismus hin zur »Anarchie« und »Barbarei« letztlich rückgängig machende »große einheitliche deutsche Revolution«[31] die Bedenken weg, die noch bei jenem Satz ihres Programmentwurfes vorhanden waren, der da lautete: »Der Spartakusbund wird nie anders die Regierungsgewalt übernehmen als durch den klaren, unzweideutigen Willen der großen Mehrheit der proletarischen Masse in Deutschland.«[32]

Wie sehr durch den Januaraufstand der radikalen Teile der Berliner – nicht der deutschen – Arbeitermassen ihre Grundsätze ins Wanken geraten waren, offenbart ein am 11. Januar 1919 an Clara Zetkin gerichteter Brief: »Unsere ›Niederlage‹ [auf dem Parteitag] war nur der Triumph eines etwas kindischen, unausgegorenen, geradlinigen Radikalismus. [...] Wir haben alle einstimmig beschlossen, den casus nicht zur Kabinettsfrage zu machen und nicht tragisch zu nehmen. In Wirklichkeit wird die Frage der Nationalversammlung von den stürmischen Ereignissen ganz in den Hintergrund geschoben, und wenn die Dinge so weiter verlaufen wie bisher, erscheint es sehr fraglich, ob es überhaupt zu Wahlen und zur Nationalversammlung kommt.«[33]

Es gehörte zu ihrem Wesen, während dieser »Ereignisse« nicht unterzutauchen, wie dies Lenin nach dem mißglückten Aufstand der Bolschewiki im Juli 1917 getan hatte, sondern, wie sie es zu nennen pflegte, »mit den Massen zu irren«. Vier Tage später war sie tot – wie ihr politischer Weggefährte Karl Liebknecht ermordet durch eine Soldateska, die nominell dem republikanischen Oberbefehlshaber und Mehrheitssozialdemokraten Gustav Noske[34] unterstand, die aber in Wirklichkeit mit der Republik nichts im Sinn hatte, im Gegenteil alles tat, um deren jungen Ruf zu schänden.

Die Tragödie der Ersten Republik hatte hier eine ihrer zentralen Ursachen. Mit der ersten Niederlage des revolutionären Kommunismus starb zugleich die führende Persönlichkeit, die am ehesten das verkörperte, was sich mit der – angesichts des überhistorischen Absolutheitsanspruchs des Begriffs »Kommunismus« – widerspruchsvollen Bezeichnung »demokratischer Kommunismus« versehen läßt. Ob auf die Dauer innerhalb der KPD der Sieg der »Betriebsanleitungskommunisten« bolschewistischen Stils von einer noch lebenden Rosa Luxemburg zu verhindern gewesen wäre, darüber sind mit Blick auf die Geschichte der anderen westeuropäischen kommunistischen Parteien erhebliche Zweifel geboten. Dennoch hätte die Unterwerfung der KPD unter die Interessen der Moskauer Politik wohl kaum ein für das Schicksal der Weimarer Republik so verhängnisvolles Ausmaß erreicht, wie es seit Anfang der zwanziger Jahre in steigendem Umfang der Fall gewesen ist.

Der Aufstandsversuch der radikalen Linken und sein Scheitern war ein Teil jener negativen Dialektik der sich selbst erfüllenden Prophetie – hier: der Jagd nach der Aufhebung des Mythos von der Revolution durch deren Verwirklichung als großes reinigendes[35] Gewitter. Er war nicht eigentlich Ursache, wohl aber auslösender Faktor für den anderen, wesentlicheren Teil der negativen Dialektik, die zum ständigen Begleiter der deutschen Geschichte spätestens seit dem Scheitern der Revolution von 1848 geworden war: die in der politischen Psyche der Mehrheit des deutschen Bürgertums und Kleinbürgertums (vom Adel gar nicht zu reden) tief verwurzelte Neigung, gegenrevolutionär zu sein, bevor revolutionäre Aktionen dazu tatsächlich Anlaß geboten hätten. Dieser die Entwicklung vorwegnehmende reaktionäre Reflex hatte um so gravierendere Wirkungen, weil er die mit den eigenen Ängsten verbundenen Tötungsphantasien auf den Gegner projizierte. Das Massenmorden des Weltkriegs hatte zusätzlich barbarisierend gewirkt. So hieß es im Plakataufruf von »Frontsoldaten« in jenen Januartagen: »Schlagt die Führer der Spartakusgruppe tot. Tötet Liebknecht! Dann werdet ihr Frieden, Arbeit und Brot haben.« Das mit dem Tod der äußeren Feinde (Franzosen, Russen, Engländer etc.) jahrelang verknüpfte Erlösungsversprechen ging nahtlos auf die inneren Feinde über – zunächst auf »Spartakisten«, »Bolschewisten«, später auf demokratische Politiker wie Erzberger und Rathenau, die als angebliche Vaterlandsverräter ermordet wurden.

Haben die führenden Männer der Mehrheitssozialdemokratie die auf der Rechten vorhandene und dort tiefer, weil im gegenrevolutionären Reflex verwurzelte Gewaltbereitschaft unterschätzt, als sie, statt mit dem vorhandenen Machtblock zu brechen, den Kompromiß mit ihm ansteuerten? Dafür spricht fast alles. Gewiß war auch bei den führenden Mehrheitssozialdemokraten angesichts der im Dezember 1918 mehrfach durchlebten Szenen der Ohnmacht[36] die Furcht vor einer »bolschewistischen« Situation, in der eine Minderheit die gegenseitige Blockade der anderen Kräfte und das dadurch entstehende Machtvakuum zu einem Putsch nutzen würde, erheblich gewachsen.

Aber Eberts Feststellung in einer Berliner Volksversammlung am 1. Dezember 1918, »das hochentwickelte Wirtschaftsleben Deutschlands kann auf die Dauer nicht mit Maschinengewehren und Brownings vergewaltigt werden«[37], und stärker noch sein eindringlicher Appell aus Anlaß der Eröffnung der Nationalversammlung am 6. Februar 1919 – »nur auf der breiten Heerstraße der parlamentarischen Beratung und Beschlußfassung lassen sich die unaufschiebbaren Veränderungen auch auf wirtschaftlichem und sozialem Gebiet vorwärts bringen, ohne das Reich und sein Wirtschaftsleben zugrunde zu richten«[38] – zeigen, wie sehr die Mehrheitssozialdemokraten selbst nach den blutigen Januarereignissen auf Konsens, Evolution, Integration, das heißt auf Vernunft schlechthin setzten. In dieser Haltung, in ihrem Verzicht auf die große heroische Geste und auf all das, was dem Zeitgeist als Seele galt, was aber meist nur sterile Aufgeregtheit um konkurrierende Mythen war, vergaßen sie, daß eine Politik des langfristig stabilen Kompromisses auf eigene, republiktreue Machtträger nicht verzichten konnte, um Putschgelüste links und rechts gar nicht erst aufkommen zu lassen.

Daß sie daran auch deshalb zu spät dachten, weil sie darauf hofften, daß die Mehrheit aller Klassen und Schichten des Tötens überdrüssig sein würde und deshalb der Appell an die Maschinengewehre vermieden werden könnte, war ehrenwert, stellte ihre Politik des Kompromisses aber von vornherein auf eine schwankende Grundlage, machte sie in den folgenden Monaten und Jahren immer wieder erpreßbar durch das in seiner Mehrheit monarchistisch und reaktionär gesinnte Offizierskorps und dessen vielfältig verzweigten Anhang in Justiz, Bürokratie und Großbesitz. Durch das rücksichtslose Vorgehen des Militärs in den inneren Kämpfen (Motto: »Gegen die Franzosen waren wir im Felde viel edler.«) wurden die innerhalb der Arbeiterbewegung bestehenden Gegensätze auf bis dahin unvorstellbare Weise verschärft.

Es kann dennoch nicht nachhaltig genug betont werden, daß der von der Mehrheit des Bürgertums unterstützte Machtblock, indem er die von der Mehrheitssozialdemokratie angebotene Integrationschance faktisch ablehnte, den größeren Teil der historischen Verantwortung für die enormen Schwierigkeiten in der Anfangsphase wie für den weiteren Verlauf und das Ende der Weimarer Republik auf sich geladen hat. Ebert als Reichspräsident gelang es zwar, bis er selbst dem Gift der Verleumdung zum Opfer fiel, ein prekäres Gleichgewicht der Kräfte in einer zusehends konservativer werdenden Republik zu erreichen und damit Chancen der Evolution in anderer Richtung offenzuhalten. Wieviel an Persönlichkeit und Rollenauffassung des Staatsoberhauptes hing, läßt sich in der Rückschau besonders deutlich am Verhalten seines Nachfolgers Hindenburg in den Jahren 1930 bis 1933 ausmachen. Aber die Reformimpulse der Anfangszeit waren auf der Ebene des Reichs spätestens seit Frühjahr 1920 zu Restbeständen verkümmert. Kapp-Putsch und die nachfolgenden Reichstagswahlen im Juni 1920, in der die Mehrheitssozialdemokratie fast die Hälfte ihrer Mandate verlor, haben auch diesen Rest noch beseitigt.

In Sachsen, dem nach Preußen und Bayern wichtigsten Einzelstaat, sah dies noch anders aus. Dort hatte es auch in den ersten Tagen der Novemberrevolution einen heftigen Wettbewerb unter den linken Gruppierungen gegeben. Der Reichstagsabgeordnete Otto Rühle[39], der im März 1915 mit Karl Liebknecht gegen die Kriegskredite gestimmt hatte, bildete mit seinem Anhang, der sich den »Internationalen Kommunisten« zurechnete, in der Nacht vom 8. auf den 9. November 1918 in Dresden einen »Revolutionären Arbeiter- und Soldatenrat«. Wenige Stunden später gründeten Mehrheitssozialdemokraten und Gewerkschaften einen eigenen Arbeiter- und Soldatenrat. Dessen Sprecher Gradnauer – schon zwanzig Jahre zuvor von Rosa Luxemburg attakkiert[40] – forderte die Massen auf dem Theaterplatz zu »Ruhe und Ordnung« auf, um die »parlamentarische Neuordnung« nicht zu stören[41]. Zugleich plädierte er für die »Einheit aller Sozialisten«, die am Abend des 9. November in einer Riesenversammlung im Gebäude des Zirkus Sarrasani zusammen mit dem Beschluß zur Absetzung des Königs unter dem »unbeschreiblichen Jubel«[42] der Massen verkündet wurde, denn für die große Mehrheit der sächsischen Arbeiter sollte es auch im Umsturz ordentlich zugehen.

Die gegenüber der Einheitsparole von Anfang an skeptischen revolutionären Kommunisten um Otto Rühle versuchten im »Vereinigten Revolutionären Arbeiter- und Soldatenrat« ihre Forderungen nach Inanspruchnahme der angebotenen sowjetischen Hilfe, Entwaffnung des Bürgertums, Bewaffnung einer proletarischen Roten Garde und Inhaftierung aller höheren Staatsbeamten und der leitenden Angestellten der kapitalistischen Unternehmen durchzusetzen. Als sie damit nur zum Teil durchdrangen, die sächsische Regierung der Volksbeauftragten ohne sie gebildet wurde, kamen sie schon nach einer Woche zu der Erkenntnis, daß der Einheitskompromiß »unhaltbar« sei: »Revolutionäre und gegenrevolutionäre Tendenzen lassen sich nicht vereinigen. Die Aufgabe, die begonnene revolutionäre Bewegung weiterzuführen, zu steigern und zu vollenden, kann nur von den Kommunisten gelöst werden.«[43]

Ihr am 17. November 1918 auf diese Weise begründeter Austritt aus dem Vereinigten Arbeiter- und Soldatenrat führte zunächst noch nicht zu verschärften Frontstellungen zwischen den linken Parteien und Gruppierungen. Erst als die Nachrichten vom Berliner Januaraufstand eintrafen, spitzten sich die Gegensätze zwischen Mehrheitssozialdemokraten und revolutionären Kommunisten auch in Dresden immer stärker zu. Am 10. Januar wurde in einer Massenversammlung des »Spartakus« – der neue Name »Kommunistische Partei Deutschlands« war noch unüblich – nach einem »sehr demagogischen Referat«[44] von Rühle und der Verlesung eines in der *Dresdener Volkszeitung* gedruckten, den Berliner Aufstand scharf verurteilenden Flugblatts dazu aufgefordert, vor das Gebäude dieser mehrheitssozialdemokratischen Zeitung zu ziehen. Da die Demonstration führerlos zu sein schien und zugleich befürchtet wurde, daß nach dem Berliner Beispiel der Besetzung des *Vorwärts*-Gebäudes eine ähnliche Aktion drohte, schoß das zum Schutz des Gebäudes eingesetzte Militär in die Menge. Zwölf Menschen wurden getötet und 52 verwundet. Otto Rühle und zehn weitere Mitglieder der KPD wurden verhaftet und auf die Festung Königstein gebracht.

Da die Volksbeauftragten aus den Reihen der USPD, die vorher die wichtigsten Ministerien (u.a. das Innen-, Militär- und Finanzministerium) besetzt hatten, mit ihren Forderungen nach Freilassung Rühles und Aufhebung der Beschränkungen des Versammlungsrechts nicht durchdrangen, verließen sie wenig später die Regierung.

In den drei Wochen später, am 2. Februar 1919, stattfindenden Wahlen zur sächsischen Volkskammer erhielten die Mehrheitssozialdemokraten 893855 Stimmen und 42 Mandate (von 96), die Unabhängigen 352556 Stimmen und 15 Mandate, die bürgerlichen Parteien 905724 Stimmen und 39 Mandate (22 Demokraten, 13 Deutschnationale und vier Volksparteiler). Im Unterschied zum Reich und den anderen größeren Einzelstaaten hatten hier die beiden Parteien, die aus der sozialdemokratischen Arbeiterbewegung hervorgegangen waren, eine deutliche Mehrheit. Obwohl der USPD-Fraktion dadurch bei der Regierungsbildung eine Schlüsselrolle zugefallen war, konnte sie diese wegen des Drucks ihrer radikaleren Anhängerschaft nicht nutzen.

Auch in Dresden wuchs nach den Enttäuschungen und Niederlagen, die die ersten Revolutionsmonate im Reich und in Sachsen mit sich gebracht hatten, in Teilen der Arbeiterschaft, aber noch stärker unter den Kriegsbeschädigten, die in Dresden als traditionellem militärischen Standort in großer Zahl gemeldet waren, die Proteststimmung an. Am 12. April 1919 sammelte sich vor dem Kriegsministerium, das der Sozialdemokrat Neuring leitete, eine Masse von Kriegsbeschädigten, Sanitätsmannschaften und Krankenpflegern an, die auf sofortige Erfüllung ihrer Forderung nach besserer Entschädigung und Rücknahme von Lohnkürzungen bestanden. Neuring, durch die Bestimmungen der Reichsgesetzgebung gebunden und durch falschen militärischen Rat zu schrofferer Haltung gedrängt, hatte zusätzlich das Pech, daß ein Beamter ohne Wissen des Ministers Handgranaten in die Menge schleuderte. In dem dadurch entstandenen Aufruhr wurde Neuring gepackt und in die Elbe geworfen. Als er sich schwimmend zu retten suchte, wurde er aus der rasenden Menge heraus von aufgebrachten Soldaten erschossen. Erst Wochen später konnte seine Leiche geborgen werden.

Die durch den Krieg über vierjährige Gewöhnung an Mord und Totschlag hatte ebenso die Hemmschwellen beseitigt wie die hoffnungslose persönliche Situation, in die namentlich die Kriegsversehrten geraten waren. Die in der Presse aufgeworfene Frage, ob Lockspitzel eine dubiose Rolle gespielt hatten, wurde durch den Prozeß gegen an der Tat Beteiligte allenfalls indirekt beantwortet. Die dort verhängten niedrigen Strafen deuten in diese Richtung.

Die sozialdemokratische Minderheitsregierung nahm den Vorfall zum Anlaß, um mit Hilfe des Reichspräsidenten und der Reichsregierung über den ganzen Freistaat Sachsen den Belagerungszustand zu verhängen. Führende Kommunisten wurden verhaftet, das Dresdener Blatt *Der Kommunist* verboten.

Da die USPD in Leipzig, das von ihr politisch beherrscht wurde, diese Maßnahmen zu durchkreuzen versuchte, ließ die sächsische Regierung die Stadt durch Truppen des Generals Maercker besetzen. Dieser verbot nicht nur alle Versammlungen der USPD, sondern ließ auch, teilweise unter Mißachtung der Abgeordnetenimmunität, zahlreiche Verhaftungen vornehmen und den Arbeiterrat auflösen. Neben dem Verbot der von Berlin nach Leipzig ausgewichenen kommunistischen *Roten Fahne* wurde auch für einige Tage die *Leipziger Volkszeitung* am Erscheinen gehindert. Letztere blieb einen Monat unter militärischer Vorzensur. Da auch für die USPD die Presse das wichtigste Informations- und Agitationsinstrument war, wurde dieser Eingriff als besonders schmerzhaft empfunden und verschärfte den Gegensatz zwischen den beiden sozialdemokratischen Parteien.

Die Gesetzgebungsarbeit im Landtag wurde dadurch nicht wesentlich beeinträchtigt. Die Demokratisierung der Wahlen für die Gemeinde-, Kreis- und Bezirksversammlungen und der dazugehörenden Verwaltungen wie auch das Übergangsgesetz für das Volksschulwesen vom Juli 1919 wurden von beiden Fraktionen beschlossen. Aber der im September 1919 unternommene Versuch, eine von beiden Parteien getragene Regierung zu bilden, die von der Mehrheit der sozialdemokratischen Delegierten gegen den Willen des Berliner Parteivorstandes und des Landesvorstandes gewünscht wurde, scheiterte an den Forderungen der USPD nach Parität im Kabinett und nach einer politischen Rolle neuzugründender Arbeiterräte auf kommunaler und Landesebene.

Die wenig später aus Sozialdemokraten und Demokraten zustande gekommene Koalitionsregierung überstand sogar die mit dem Kapp-Putsch verbundenen Ereignisse im März 1920. Reichspräsident und Reichsregierung waren damals aus Berlin zunächst nach Dresden geflüchtet. Ihre Hoffnung, hier auf republiktreue Truppen zu stoßen, erfüllte sich nicht. Unter der Führung des wegen seines mehrfachen Eingreifens in die sächsische Innenpolitik inzwischen berüchtigten Generals Maercker verhielten sich die dortigen Verbände der Reichswehr möglichst neutral, um abzuwarten, welche Seite siegen würde. Angesichts der Unzuverlässigkeit des Offizierskorps blieb der Reichsspitze nur die Weiterfahrt in den deutschen Südwesten, nach Stuttgart, übrig.

Als der gegen Kapp und seinen Anhang gerichtete Generalstreik, zu dem Gewerkschaften und Reichsregierung aufgerufen hatten, sich ausweitete und an manchen Orten des Ruhrgebiets und Mitteldeutschlands einen aufstandsähnlichen Charakter annahm, erhielten Reichswehr und die mit ihr verbündeten Zeitfreiwilligenverbände, die sich häufig – so auch in Leipzig und Dresden – aus Korpsstudenten zusammensetzten, die Gelegenheit, blutige Vergeltung zu üben.

In Leipzig schossen die Zeitfreiwilligen, die sich ursprünglich den

Kapp-Putschisten anschließen wollten, aus dem Hinterhalt in eine friedlich demonstrierende Menge. Viele Frauen und Kinder waren unter den Opfern. Dann stürmte die Reichswehr das geistige und organisatorische Zentrum der Leipziger Arbeiterschaft, das Volkshaus, das vollständig niedergebrannt wurde. Die Bilanz der viertägigen Kämpfe in Leipzig: über dreihundert Tote. Als sich in Dresden die Nachricht verbreitete, bewaffnete Zeitfreiwilligenverbände hätten sich in der Technischen Hochschule versammelt, um sich zu Kapp zu schlagen, stieg die Erregung in der Dresdener Arbeiterschaft bis zum Siedepunkt. Das von der Reichswehr besetzte Telegraphenamt wurde gestürmt, die Waffen beschlagnahmt und ins dortige Volkshaus gebracht. Zum »Dank« für den ihr von den Arbeitern gewährten freien Abzug »eroberte« die Reichswehr wenig später den anliegenden Postplatz unter Einsatz von Panzerautos, Maschinengewehren und Handgranaten. 59 Tote und 200 Verletzte lautete hier die Schreckensbilanz.

In der dritten sächsischen Großstadt, Chemnitz, wie in der umliegenden Industrieregion gelang es den Mehrheitssozialdemokraten, ein Bündnis von SPD, USPD und KPD zustande zu bringen, das Zeitfreiwilligenbataillon zu ent- und die Arbeiter zu bewaffnen und so jedes Blutvergießen zu vermeiden. Die Überfälle, die Max Hoelz und seine Schar von Falkenstein im Vogtland auch schon vor dem Kapp-Putsch unternahm, blieben nur von lokaler Bedeutung – wenn man die Fakten ansieht. Der heroische Mythos allerdings entfaltete bald darauf, besonders in den freien linken Jugendgruppen, zu denen Wehner stieß, seine Wirkung. Hoelz beschlagnahmte Lebensmittel, bezahlte für sie Höchstpreise und verteilte sie unter die verelendete und entkräftete Gebirgsbevölkerung. Sein Sozialrebellentum und sein Kleinkrieg gegen Behörden und Polizei – erst nach dem Ende des Kapp-Putsches zwang ihn ein Reichswehraufgebot von 20000 Mann zum Rückzug – wurde von der offiziellen KPD als »primitiver Kommunismus«[45] gewertet und mit seinem Ausschluß aus der Partei geahndet.

Während im südlichen Westsachsen, insbesondere im Chemnitzer Raum, der Einfluß der KPD erheblich gewachsen war, weil deren Führer Heinrich Brandler und Fritz Heckert ohne entsprechende Weisungen aus Moskau und noch ohne Ehrgeiz, von Chemnitz aus das Feuer der Weltrevolution neu zu entfachen, Mäßigung zeigen konnten, hatten sich in Ostsachsen die Chancen der KPD drastisch vermindert. Otto Rühle hatte dort seinen die Mitarbeit in den Parlamenten und in den Gewerkschaften sowie auch die Unterwerfung unter die Direktiven der KPD-

Zentrale ablehnenden Kurs intensiviert. Die von ihm in Ostsachsen Ende 1919 in dieser Hinsicht durchgesetzten Beschlüsse widersprachen denen des zweiten Parteitages der KPD in Heidelberg vom Herbst 1919. Deshalb wurde der Bezirk Ostsachsen im Februar 1920 aus der KPD ausgeschlossen.

Ein Teil der sächsischen Ortsgruppen ging sogleich ins Lager der Anarchisten. Andere wie Otto Rühle und sein rätekommunistischer Anhang wählten den Umweg über die im April 1920 gegründete Kommunistische Arbeiterpartei Deutschlands (KAPD). Auch dort wurde Rühle wegen seiner Ablehnung des Parteicharakters der KAPD und wegen seiner Kritik an der von Moskau aus gesteuerten Kommunistischen Internationale (Komintern) Ende Oktober 1920 ausgeschlossen.[46] Auf seiner Moskau-Reise im Vorfeld des 2. Weltkongresses der Komintern (Juli 1920) und in seinen Gesprächen mit Lenin, Sinowjew, Radek und anderen hatte er den »Überzentralismus« der Bolschewiki und dessen Übertragung auf die internationale kommunistische Bewegung durch die »21 Bedingungen der Komintern« als völlig absurd abgelehnt.[47] In seinem Bericht über das Moskauer revolutionäre »Normalschema« hieß es: »oben die Führer, unten die Masse. Oben: Autorität, Bürokratismus, Personenkult, Führerdiktatur, Kommandogewalt. – Unten: Kadavergehorsam, Subordination, Strammstehen. – Ein multipliziertes Bonzentum.«[48] Nach dem Ausschluß Rühles hatte sich die Bezirksgruppe der KAPD Ostsachsens im Dezember 1920 von der Partei definitiv gelöst und sich mit der anarchistischen Allgemeinen Arbeiterunion Deutschlands (AAUD) zusammengetan.

Der vielfältige Prozeß der Spaltungen, Neu- und Wiedervereinigungen auf der Linken in jenen Jahren bleibt auch im Rückblick schwer erklärbar. Zwar vollzog er sich regional teilweise wie in einem System kommunizierender Röhren. Rühles indirekter Einfluß bis in die Reihen der USPD trug in Dresden und Ostsachsen dazu bei, daß sich dort nicht wie in den anderen Teilen des Reichs zum Jahresende 1920 die Mehrheit, sondern nur ein knappes Drittel der USPD-Mitglieder der KPD anschloß. Die große Mehrzahl blieb zunächst in der USPD und vereinigte sich zwei Jahre später mit der SPD. Aber die Metapher vom »System kommunizierender Röhren« versagt da ihren erklärenden Dienst, wo Zersetzungserscheinungen auftraten, die zum drastischen Abfall politischer Energien führten.

Wesentlichen Anteil daran hatten auch nach 1920 die Direktiven und Emissäre der Moskauer Komintern. Man hatte Bela Kun, den Führer der ungarischen Kommunisten, dessen dortiger Aufstandsversuch trotz großer Anfangserfolge im Frühjahr 1919 gescheitert war, im März 1921 nach Deutschland geschickt, wo er am historisch beziehungsreichen 18. März einen Putsch auslöste, der angesichts der Schwäche der KPD und der abnehmenden Bereitschaft auch der radikaleren Teile der Berliner Arbeiterschaft, sich für die abenteuerliche Politik anderer verheizen zu lassen, in einem blutigen Fiasko endete. Max Hoelz, der im Mansfelder Raum auf Berliner Signale hin den Aufstand in der Fläche zu entfachen versuchte[49], mußte sein Scheitern mit einer langjährigen Haftstrafe büßen. Der intellektuell bedeutendste Kopf der KPD und Freund Rosa Luxemburgs, Paul Levi, trennte sich mit einer rigorosen Abrechnung »Wider den Putschismus« von der Partei, die er mitbegründet hatte.[50]

Vor dem Exekutivkomitee der Komintern verurteilte Lenin den Putsch und seinen Initiator. Zehnmal soll er, wie Victor Serge als einer der Augenzeugen berichtete, die Worte von den »Dummheiten Bela Kuns« wiederholt haben.[51] In seiner Kritik, mit der die unmittelbar offensive Phase der Komintern in Mittel- und Westeuropa fürs erste beendet wurde, verschwieg Lenin allerdings, daß Teile der sowjetischen Führung die Putschversuche in Deutschland als willkommene Ablenkung von den Schwierigkeiten begrüßt hatten, in die sie der Aufstand der Kronstadter Arbeiter und Matrosen, die sich als Vorkämpfer einer dritten, gegen Bürokratie, Terror, Diktatur und organisierte Inkompetenz gerichteten Revolution verstanden, gebracht hatte.

Mußte aber nicht der – zumindest in Teilen – wie ein faktischer Abbruch der revolutionären Umgestaltung wirkende Kurswechsel in der Sowjetunion hin zur »Neuen Ökonomischen Politik« all jenen in der Komintern wie besonders unter den deutschen Kommunisten wieder Auftrieb geben, die schon immer die Meinung vertreten hatten, die Oktoberrevolution sei allenfalls ein Startsignal gewesen, der Endkampf der Weltrevolution werde in Deutschland ausgefochten und entschieden? Die Jagd nach einem siegreichen »deutschen Oktober«, der endlich die Rechtfertigung für die bisher erlittenen Niederlagen bringen und ihre weltgeschichtliche Mission bestätigen würde, blieb das Leitmotiv der deutschen Kommunisten und trug immer wieder dazu bei, intellektuelle Einsichten und moralische Bedenken, die damit in Widerstreit lagen, hinwegzuschwemmen. So auch in Sachsen, wo zwei Jahre später eine Situation entstand, in der die Kommunisten, die dort eine parlamentarische Schlüsselrolle innehatten, erneut in Versuchung gerieten, dem Mythos Revolution zu opfern.

Die KPD war seit den Landtagswahlen im November 1920 mit neun Mandaten zum ersten Mal im sächsischen Parlament vertreten. Die bisherige Koalition aus Mehrheitssozialdemokraten und Demokraten, die bisher über 64 von 96 Sitzen verfügt hatte, stellte mit 35 Vertretern (27 MSPD, 8 DDP) nur noch ein starkes Drittel der Abgeordneten. Es gab nur noch zwei Möglichkeiten: eine Minderheitsregierung, getragen von den beiden sozialdemokratischen Fraktionen und unterstützt von den Kommunisten, oder eine große Koalition von den Mehrheitssozialdemokraten bis zur Deutschen Volkspartei, die noch vor den Deutschnationalen (20 statt bisher 13 Abgeordnete) zum Hauptgewinner der Wahlen geworden und statt mit vier künftig mit 18 Mandaten im Landtag vertreten war.

Angesichts der Rechtsverschiebung im bürgerlichen Lager war die Neigung zu einer großen Koalition in der sozialdemokratischen Anhängerschaft gering. Dies um so mehr, als die USPD zum ersten Mal bereit war, Regierungsverantwortung zu übernehmen. In der Begründung dieses Entschlusses hieß es: »Gegenüber der drohenden Konterrevolution kann nur eine rein sozialistische Regierung in Sachsen das Gegengewicht bilden. Deshalb muß jeder revolutionäre Sozialist sie erstreben. Es gilt aber zu verhindern, daß die Illusion entsteht, als könnte heute, nach der Annahme der Weimarer Reichsverfassung, noch eine sozialistische Regierung in einem Einzelstaat wie Sachsen die Staatsgewalt benutzen zur unmittelbaren Schaffung der Räterepublik und der sozialistischen Wirtschafts- und Gesellschaftsordnung – wenn nicht gleichzeitig dasselbe in Deutschland geschieht.«[52]

Dies war ebenso an die Adresse der eigenen Partei wie an die KPD gerichtet. Die letztere war zwar bereit, für einen sozialdemokratischen Ministerpräsidenten zu stimmen, ließ aber durch ihren Sprecher Rudolf Renner, mit dem Wehner ein Jahrzehnt später in einen heftigen Wettbewerb um die KP-Führung Ostsachsens geriet, betonen, daß die Kommunisten den beiden sozialdemokratischen Fraktionen nur die Möglichkeit geben wollten, ihre Unfähigkeit zu erweisen. Der mit 45 von 95 abgegebenen Stimmen gewählte Ministerpräsident Buck erklärte, daß er selbstverständlich auf dem Boden der sächsischen Verfassung stehe und keinerlei Bedingungen der Kommunisten akzeptieren könne.

Die angekündigte Entlarvungstaktik der KPD wurde in den folgenden zwei Jahren nie so weit getrieben, daß sie zum Sturz der Minderheitsregierung führte. Das hing mit dem schon erwähnten Kurswechsel in der Politik der sowjetischen Führung und der Komintern zusammen, ergab sich aber auch aus der Politik der Regierung selbst, zu deren Reformprojekten die sächsische KPD keine sachlichen Alternativen zu entwickeln wußte.

Wie nirgendwo sonst in Deutschland war in Sachsen seit 1920 auf all jenen Feldern der Politik, die die Weimarer Verfassung den Ländern übriggelassen hatte, ein erbitterter Kampf um die Republikanisierung und Demokratisierung staatlicher Einrichtungen bis hinein in den sozialen Bereich entbrannt, den stärker noch als USPD und SPD die bürgerlichen Parteien als Ausdruck des Klassenkampfes wahrnahmen, die Kommunisten aber in ihrer mindestens ebenso großen Borniertheit als bestenfalls marginales Vorspiel zu der noch in Gang befindlichen großen Revolution. Nicht anders läßt sich jedenfalls ihre Entscheidung deuten, gemeinsam mit den bürgerlichen Parteien, die schon zuvor durch ein Volksbegehren Neuwahlen zu erreichen versucht hatten, am 14. September 1922 die Auflösung des Landtages zu beschließen.

Die nun wieder mit einer gemeinsamen Liste auftretende Vereinigte Sozialdemokratie erreichte bei der Wahl am 5. November 1922 trotz der Kampagnen, die von rechts und von links gegen sie entfacht worden waren, mit 40 Sitzen das gleiche Ergebnis wie vorher beide Parteien zusammen. Die Kommunisten gewannen nur ein einziges Mandat hinzu. Zwar wurde mit ihren Stimmen der bisherige Ministerpräsident Buck wiedergewählt. Aber das von ihm vorgelegte Arbeitsprogramm, das neben der Reform der Gemeindeordnung und einer Reihe von Verbesserungen im Bereich des Genossenschaftswesens, der Gewerbeaufsicht, der Lehrerbildung und des Hochschulbetriebs auch eine Berufsvertretung der Arbeiter durch die Einrichtung von Arbeiterkammern vorsah, kam gar nicht erst zum Zuge, weil die Kommunisten gegen den Innenminister Lipinski (ehemals USPD) einen Mißtrauensantrag einbrachten, der von allen bürgerlichen Abgeordneten unterstützt wurde und am 30. Januar 1923 zum Sturz des gesamten Kabinetts führte. Wer sich den Anlaß des Mißtrauensantrages vor Augen hielt – der Innenminister hatte eine Versammlung der Deutschvölkischen Freiheitspartei nicht verboten –, konnte über die Widernatürlichkeit des Bündnisses nicht im unklaren bleiben.

Zwar führt keine direkte Linie vom 30. Januar 1923 zum 30. Januar 1933 – schon deshalb nicht, weil die Entwicklung in Sachsen, im Unterschied zu der in Preußen, in der deutschen Politik nicht den Ausschlag gab. Aber der Ansatz einer eigenständigen linksdemokratischen Reformpolitik – von der KPD mit viel Kritik begleitet, aber gerade noch toleriert, von den bürgerlichen Parteien erbittert, gleichwohl noch ohne offene Sabotage bekämpft –, der Sachsen zu einem bedeutsamen Modell deutscher Reformmöglichkeiten auf Landesebene gemacht hätte, war in seinen Grundvoraussetzungen zerstört.

Dies blieb der zeitgenössischen Öffentlichkeit wie selbst dem Großteil der handelnden Sozialdemokraten verborgen, da sich zunächst die alte Konstellation zu wiederholen schien. Am 21. März 1923 wurde mit 49 gegen 46 Stimmen, also wieder mit den Stimmen der KPD, der bisherige Justizminister Erich Zeigner zum Ministerpräsidenten einer Minderheitsregierung gewählt.

Schon die Basis, auf der diese Regierung ihre Politik betrieb, war brüchig. Ihr fehlte zunächst der Rückhalt des Berliner Parteivorstandes. Dieser hatte zur vorentscheidenden Landeskonferenz am 4. März 1923 Wilhelm Dittmann entsandt, vormals führendes Mitglied der USPD, dennoch ein überzeugter Demokrat, dessen große Rede auf dem Reichsrätekongreß Mitte Dezember 1918 ein Gutteil zur Mehrheitsentscheidung zugunsten der Wahl zur Nationalversammlung beigetragen hatte. Gegen sein Votum entschied sich die Konferenz mit 95 zu 30 Stimmen gegen eine Koalition mit der Demokratischen Partei und für weitere Verhandlungen mit der KPD »mit dem Bestreben, sie zur Teilnahme an der Regierung zu veranlassen«[53].

An der Regierungsbeteiligung war die KPD-Führung zunächst nicht interessiert, hätte dies doch eine Aufgabe ihrer komfortablen Position bedeutet, die Vorteile einer Regierungs- und einer Oppositionspartei in gleicher Weise genießen zu können. Ihr Einfluß auf die inhaltlichen Grundlagen des Regierens war prägend genug. Mit der von der SPD-Landeskonferenz als Verhandlungspartner benannten Siebenerkommission, der überwiegend führende Vertreter des radikalen Flügels der ehemaligen USPD, unter ihnen der spätere Innenminister Hermann Liebmann aus Leipzig und der Dresdener Max Seydewitz[54] angehörten, war die KPD-Führung übereingekommen, in allen größeren Gemeinden Preisprüfungsstellen »zur Bekämpfung des Wuchers« zu errichten. Ihnen wurden Kontrollausschüsse angegliedert, die in Betriebsvollversammlungen oder in gewerkschaftlichen Mitgliederversammlungen zu wählen waren.

War damit schon ein Freibrief für Demagogie in einer Art jakobinischer oder auch lassalleanischer Vollversammlungsdemokratie, wie der junge August Bebel dies wohl bezeichnet hätte, ausgestellt worden, so wurden die Tendenzen zur Doppelherrschaft Leninschen Typs durch die gleichfalls beschlossenen Abwehrorganisationen »gegen den drohenden Faschismus«, die »proletarischen Hundertschaften«, enorm verstärkt.

Den »Hundertschaften«, meist aus ehemaligen Frontsoldaten gebildet, zu denen auch der Vater Herbert Wehners gehörte, war in der gemeinsamen Vereinbarung offiziell nur die Aufgabe zugewiesen worden, die Demonstrationen, die Versammlungen und das Eigentum der Arbeiterorganisationen zu schützen. Auf diesen Bereich blieben anfangs auch ihre Aktionen beschränkt. Nachdem aber am 17. Mai 1923 von SPD und KPD beschlossen worden war, die bisher nach Parteizugehörigkeit getrennt organisierten Hundertschaften zusammenzulegen, bestimmten immer häufiger die ideologisch stärker militarisierten und militanter auftretenden Kommunisten das Gesetz des Handelns.

Die allgemeinen Umstände, insbesondere die galoppierende Inflation, die dadurch immer schneller notwendig werdende Angleichung der Löhne, die ebenfalls damit verbundenen Tendenzen zur Warenhortung bzw. zu »Wucher«-Preisen und der wieder zunehmende Hunger erzeugten ein Klima, das mit dem Begriff Radikalisierung nur sehr grob beschrieben ist. Die Hundertschaften setzten sich in den zahlreicher werdenden Streiks an die Spitze von Demonstrationszügen, die zum Beispiel zur Geschäftsstelle des Unternehmerverbandes zogen und dort die Unternehmer zu Lohnerhöhungen und Sonderzahlungen zwangen. An manchen Orten wurden sie, von Hundertschaften »begleitet«, gezwungen, das Ergebnis der Verhandlungen selbst vor den demonstrierenden Arbeitern bekanntzugeben. In einem anderen Industriegebiet wurden widerstrebende Arbeitgeber von Hundertschaften aus ihren Kontoren und Wohnungen geholt und in ein von den Arbeitermassen umstelltes Hotel gebracht. Als sie gleichwohl nicht nachgeben wollten, wurde das Hotel von den Arbeitern gestürmt. Unter diesem Druck wurden die Forderungen sofort bewilligt. Andernorts beschlagnahmten Kontrollausschüsse und Hundertschaften große Mengen von »Wucherwaren«.

Selbst wer den von der DDR-Geschichtsschreibung[55] den sächsischen Arbeitermassen in jenen Monaten zudiktierten Aufschwung des revolutionären Bewußtseins und die der KPD zugesprochene dominierende Rolle bei diesen Aktionen mit Skepsis bewertet, kommt nicht an der Tatsache vorbei, daß die Mehrheit der in den Hundertschaften organisierten Arbeiter wie deren Familien und Genossen zum ersten Mal seit der Wende 1918/19 wieder das Gefühl bekamen, selbständig handeln zu können, ohne von der Polizei gejagt zu werden und ohne auf die Vermittlung der Gewerkschaftsfunktionäre angewiesen zu sein – auch wenn diese Steigerung des Selbstbewußtseins und des von der Zustimmung der Umgebung besonders abhängigen Selbstwertgefühls zunächst der nackten materiellen Not entsprang. Es reichte aus, um in einigen Bezirken, unter anderem im Zwickauer und Lugau-Oelsnitzer Kohlenrevier und im erzgebirgischen Industriegebiet die Staatsgewalt als völlig machtlos erscheinen zu lassen und die sächsischen Bergwerksbesitzer dazu zu bringen, Mitte Juni 1923 die Reichsregierung um »vorbeugende Maßnahmen«, konkret um den Einmarsch der Reichswehr zu bitten.[56]

Die Tatsache, daß das Gros der sächsischen Unternehmer wie des sächsischen Bürgertums die sächsische Landesregierung unter Führung des Ministerpräsidenten Zeigner schon zu diesem Zeitpunkt als Ordnungsfaktor abgeschrieben hatte, ist auch auf den Haß dieses Bürgertums gegenüber einem Manne zurückzuführen, den es als Renegaten betrachtete und den es vom ersten Tag seiner Regierungszeit an verabscheute und verfolgte. Zeigner entstammte einer Erfurter Kaufmannsfamilie, hatte Rechtswissenschaft studiert und war erst nach 1918 Mitglied der SPD geworden. Vor seiner Berufung zum Minister der Justiz im August 1921 war er Landgerichtsdirektor in Leipzig gewesen.

Die Ablehnung durch das Bürgertum, dem er entstammte, suchte er offenbar durch ein vermehrtes Eingehen auf das auszugleichen, was er für die Interessen der Arbeiterbewegung hielt. Daß er dabei zu Übertreibungen neigte, trug ihm herbe Beurteilungen selbst befreundeter Politiker ein. Gustav Radbruch, der ihn aus seiner Amtszeit als sozialdemokratischer Reichsjustizminister kannte, schrieb: »Zeigner war auf seinem Posten die denkbar unglücklichste Figur. Er war sensiblen Wesens, überbot aber die eigene Schwäche durch betonte Rücksichtslosigkeit, ja Brutalität. Er war auf das Äußerste beeinflußbar und war z.B. unter dem Eindruck väterlicher Ratschläge des sächsischen Gesandten [in Berlin] Gradnauer ein ganz anderer als in seiner radikalen Dresdener Umgebung.«[57]

Sein schwankender Charakter und seine nach links hin – etwa hinsichtlich der Rolle der Hundertschaften als angeblich bloßer Abwehrorganisationen – deutlich reduzierte Wahrnehmung mögen zu einem begrenzten Teil das Scheitern der von ihm geführten Regierung mitverursacht haben. Ausschlaggebender war, daß er es mit einer Kräftekonstellation zu tun hatte, der auch stärkere Persönlichkeiten nicht gewachsen gewesen wären. Der Begriff »Kräftekonstellation« ist hier besonders angebracht, weil es sich um Kräfte handelte, die sich in der Regel als Todfeinde betrachteten, in der sich verschärfenden Krise während des Sommers 1923 aber zeitweise als negative Verbündete gegen die Republik agierten.

Die wichtigste gegnerische Kräftegruppierung, die mit der alten und neuen völkischen Rechten und deren Bürgerkriegsgarden sympathisierende und sie teilweise offen unterstützende Reichswehr, hatte Zeigner schon in seiner Regierungserklärung vom 10. April 1923 mit den Worten markiert, durch ihre engen Beziehungen zu den »reaktionären faschistischen Organisationen« habe sie sich von einem die Republik schützenden Machtinstrument mehr und mehr zu einer »Bedrohung der Republik entwickelt«[58].

Dies blieb ein ständiges *ceterum censeo* seiner Reden als Regierungschef bis hin zum 18. Oktober 1923, als Zeigner einen Tag nach dem Scheitern eines Mißtrauensvotums der bürgerlichen Parteien gegen die seit 10. Oktober um zwei kommunistische Minister erweiterte Landesregierung im Landtag erneut der Reichswehr detailliert die Unterhaltung illegaler Einheiten in Gestalt der »Schwarzen Reichswehr« vorwarf und General Nollet von der Internationalen Militärkontrollkommission herbeiwünschte. Diesen Vorwurf quittierten ihm die bürgerlichen Parteien als »Landesverrat«. Die Reichswehr selbst hatte es schon seit dem 7. August 1923 abgelehnt, mit Zeigner zu verhandeln.

Zeigner hatte sich damit auch von der öffentlichen Meinung im übrigen Deutschland bis weit in die SPD-Presse hinein isoliert, die nach der gerade im Ruhrkampf erlittenen Niederlage von solchen Anschuldigungen zusätzliche Sanktionen und Forderungen der französischen Besatzungsmacht befürchtete. Zeigner übersah, daß die Reichswehr trotz ihrer teilweisen Konspiration mit der extremen politischen Rechten nicht nur ein innenpolitischer Gegner neben anderen war, sondern daß ihr nach dem Scheitern des passiven Widerstandes an der Ruhr immer stärker die Rolle einer Garantin der Reichseinheit gegenüber allen Varianten des Separatismus und Partikularismus zukam. Nach Verkündung des Belagerungszustandes am 26. September 1923 durch den Reichspräsidenten sowie dem damit verknüpften Übergang der vollziehenden Gewalt auf den Reichswehrminister und von diesem auf die Kommandeure in den einzelnen Wehrbezirken war absehbar, wann Sachsen unter den Kommißstiefel der Reichswehr geraten würde. Da die Reichswehrführung gegen den von den Franzosen teils gedeckten, teils kräftig geförderten rheinischen und pfälzischen Separatismus nicht vorgehen konnte und gegen den immer stärker nach rechts abdriftenden bayerischen Partikularismus nicht vorgehen wollte, bot sich das – von Berlin aus gesehen – wie auf dem Präsentierteller gelegene Sachsen geradezu an, um sich dort in der Rolle der Wahrerin der Reichseinheit vorzuführen.[59]

Angesichts dieser Lage von Sachsen aus einen Aufstand zu planen, der ganz Deutschland revolutionieren sollte, war eine der verhängnisvollsten Fehleinschätzungen, die KPD und Komintern jemals unterlaufen sind. Annähernd erklärbar wird sie nur durch das gesamtstrategische Kalkül der sowjetischen Führung, das die deutsch-sowjetischen Beziehungen jener Jahre überwölbte, jedoch rasante taktische Wendungen zuließ.

Gerade hieran wird deutlich, daß Zeigners Anspruch, von Sachsen aus nicht nur die deutsche Innenpolitik nach links hin verändern, sondern auch die Außenpolitik beeinflussen zu können, sowohl Ausdruck eines maßlos übersteigerten Selbstbewußtseins wie auch einer bestürzenden Naivität war. Beide Charakterzüge wachsen meist aus dem gleichen Holz. In seiner Regierungserklärung vom 10. April 1923 hatte Zeigner die Reichsregierung aufgefordert, die Politik des passiven Widerstandes so rasch wie möglich durch eine aktive Politik positiver Vorschläge an die Adresse Frankreichs und Belgiens zu ergänzen, und »feierlichst« betont, daß nach Ansicht seiner Regierung »eine Verständigung mit Frankreich ohne ein großes Opfer der besitzenden Klassen in Deutschland nicht denkbar ist«. Darauf: »Lebhaftes Sehr richtig! links – Zuruf rechts: Vaterlandsverrat!«[60]

Daß die Rechte das Plädoyer für die Verständigung mit Frankreich als Verrat ansah, war zu erwarten. Daß aber auch der kommunistischen Führung, gewiß nicht der in Sachsen, aber der in Moskau an einer Verständigung mit Frankreich nichts lag, weil sie um einen viel größeren Einsatz spielte, hat Zeigner offenbar übersehen. Frankreich war in den Augen der Moskauer Führung nicht nur die wichtigste imperialistische Macht des europäischen Kontinents und damit der Hort der Gegenrevolution. Als Garant des Vertragssystems von Versailles und damit der Existenz Polens stand Frankreich allen Revisionsbestrebungen im Wege. Diese waren es vor allem, die die politische Rechte in Deutschland und die kommunistische Führung in Sowjetrußland zusammenbanden.

Auf dem Höhepunkt der russischen Gegenoffensive in Polen im Frühsommer 1920, die nur durch französische Hilfe zurückgeschlagen werden konnte, hatte Karl Radek in vertraulichen Gesprächen mit Vertretern der Reichswehr und des Auswärtigen Amtes ein gemeinsames militärisches Vorgehen gegen Polen und Wiederherstellung der Grenze von 1914, also die gemeinsame Teilung der Beute, vorgeschlagen.[61] Drei Jahre später, mitten im Widerstand gegen die Ruhrbesetzung, die der französische Ministerpräsident Poincaré schon wenige Tage nach dem Rapallo-Vertrag zwischen Deutschland und Sowjetrußland im April 1922 angedroht hatte, nahm Radek mit seiner Rede vor dem erweiterten Exekutivkomitee der Komintern Anfang Juli 1923 auf den von den Franzosen standrechtlich erschossenen Attentäter Schlageter (»den mutigen Soldaten der Konterrevolution«) das Spiel mit dem Feuer wieder auf: Deutschland in der tödlichen Schlinge von Versailles gefangen! Und Versailles als Synonym für französisch-polnische Doppelherrschaft in Mittel- und Osteuropa und den Kapitalismus! Daß sie all dies zum Teufel wünschten und das ganze Weimarer System dazu, war Kommunisten und Nationalisten gemeinsam. Daraus aber eine gemeinsame Strategie entwickeln zu wollen, erwies sich als Illusion. Zu heterogen waren die Interessen innerhalb der extremen Rechten. Und schließlich galten dort die »Bolschewiken« als Erzfeinde, die zumindest auf deutschem Boden zusammen mit Juden, Marxisten, Kapitalisten usw. auszurotten waren. Als das Spiel so nicht aufging, wechselte die Kominternführung zwar die Würfel aus, aber das Hasard ging weiter. Wozu innehalten? Was galt das Leben Hunderter, ja Tausender, wo es um die Weltrevolution ging? Die Haut derer, die ausdachten, vorbereiteten, planten und gewohnt waren, andere ins Feuer zu schicken, war ja am wenigsten gefährdet. Sie gehörten fast ausnahmslos dem militärischen Apparat der Komintern und der KPD sowie anderen sowjetischen Geheimdiensten an, hatten mehrere ausländische Pässe, waren mit Devisen und konspirativen Wohnungen reichlich versehen, konnten sich unter die zahllosen russischen und osteuropäischen Emigranten mischen – allein Berlin zählte in jenen Tagen davon Hunderttausende.

Die Würfel für eine »deutsche« Revolution waren in einer Sitzung des Politbüros der KPdSU am 23. August 1923 gefallen[62], elf Tage nach dem Ende des rechtsgewirkten Kabinetts Cuno. Das ihm nachfolgende Kabinett der Großen Koalition unter Kanzler Stresemann verbot aus sowjetkommunistischer Perspektive jedes weitere Liebäugeln mit einem von der deutschen Rechten und der Sowjetunion gemeinsam getragenen offensiven Bündnis gegen den Westen – wie dies auf den Tag genau sechzehn Jahre später mit Hitler gelingen sollte. Die Führung der KPD wurde von der Komintern Anfang September 1923 zu einer Sonderkonferenz nach Moskau berufen. Neben Heinrich Brandler und den seinem Kurs zuneigenden Jakob Walcher, Clara Zetkin und Edwin Hoernle nahmen mit Arkadij Maslow, Ruth Fischer und Ernst Thälmann auch die künftigen KPD-Führer an dieser sich bis Anfang Oktober hinziehenden Konferenz teil.

Brandler, der sich anfangs im engsten Freundeskreis gegen den »idiotischen Abenteuerkurs« wandte[63], geriet unter doppelten Druck. Der Ehrgeiz, es den an der Konferenz Beteiligten – den polnischen, französischen, tschechischen, bulgarischen und vor allem den russischen Genossen – einmal richtig zu zeigen, war bei den in die Führung Nachdrängenden, bei Maslow, Fischer und Thälmann, immer größer geworden. In Thälmanns Bericht auf dem V.Weltkongreß der Komintern (1924) klang dies noch nach: »Wir haben bereits auf dem Leipziger Parteitag Anfang 1923 erkannt, daß ein entscheidender Kampf auf der Linie der Weltrevolution bevorstand, das heißt, daß sich in Deutschland durch die Ruhrbesetzung ein wichtiger revolutionärer Akt abspielte, daß [...] die deutsche Partei in wenigen Wochen oder Monaten berufen sein würde, den Sieg der proletarischen Revolution zu erringen.«[64]

Statt Nachdenken über die Ursachen der Niederlage nur hohles Verlautbarungspathos!

Die zeitgenössische Kritik an der KPD aus den Reihen der sowjetischen Führung macht deren eigenes Schwanken deutlich. Trotzki, der in der Augustsitzung des Politbüros als der Opportunist schlechthin aufgetreten war[65], erklärte auf der Plenarsitzung des Zentralkomitees der KPdSU am 23. September 1923, daß die KPD-Führung nichts tauge, ihr Zentralkomitee von Fatalismus und Schlafmützigkeit durchdrungen und deshalb die deutsche Revolution zum Untergang verurteilt sei.[66]

Wenn statt Trotzki Lenin so geurteilt hätte, wären die Aufstandsvorbereitungen wohl schon in Moskau abgeblasen worden. Aber Lenin war schon so schwer erkrankt, daß er keinen Einfluß mehr auf die operative Politik ausüben konnte.

Am 11. September veröffentlichte der *Sozialdemokratische Pressedienst* einen ihm offenbar von sowjetischer Seite zugespielten geheimen Bericht der in Berlin seit Monaten die politische Entwicklung analysierenden sowjetischen Agenten an den Volkskommissar des Auswärtigen, Tschitscherin.[67] Darin wurde die KPD als »anarchisch« und »unfähig« bezeichnet. Dieser ehrabschneidende Stachel, dazu die durch einen Stalin-Brief[68] wieder entfachte Sehnsucht nach einem »deutschen Oktober« und der ansteckend wirkende Daueroptimismus der Kominternführung unter Sinowjew mischten sich zu jenem Gebräu, das Brandlers Verstand so einnebelte, daß er schließlich dem Aufstandsplan zustimmte.

Nach einem Bericht der *Prawda* vom 5. Oktober 1923 hat Brandler in Moskau die Ansicht vertreten, angesichts des Zerfalls der SPD ströme die Masse der Arbeiter der KPD zu. Gegenüber der legalen Reichswehr und den paramilitärischen Verbänden der Rechten von etwa 500000 Mann sei die KPD in der Lage, »jederzeit kolossale Divisionen« entstehen zu lassen. Die Lage in Deutschland habe sich so weit zugespitzt, »daß das Problem der siegreichen Revolution zweifelsohne in seiner ganzen Größe vor uns steht«[69].

Dieser *Prawda*-Artikel wie auch Brandlers gescheiterter Versuch, auf einer Betriebsrätekonferenz in Chemnitz am 21. Oktober wegen der inzwischen in Sachsen mit rund 60000 Mann einmarschierten Reichswehr den Generalstreik auszurufen, die schon verbotenen Hundertschaften zu bewaffnen und damit das Signal für den kommunistischen Aufstand in ganz Deutschland zu geben, dienten Stresemann für seine an die Regierung Zeigner gerichtete Rücktrittsforderung vom 27. Oktober 1923. Brandler war nämlich, den Moskauer Weisungen über die Vorbereitung des Aufstandes folgend, am 10. Oktober zum Chef der Dresdener Staatskanzlei ernannt worden und die beiden kommunistischen Landtagsabgeordneten Böttcher und Heckert zu Ministern.[70]

Als Zeigner die Demission des Dresdener Kabinetts verweigerte, wurde es am 29. Oktober 1923 durch den von Stresemann als Reichskommissar eingesetzten Dr. Heinze, bezeichnenderweise der letzte königlich sächsische Ministerpräsident, formell abgesetzt. Die Minister wurden von der Reichswehr mit klingendem Spiel aus ihren Ministerien geholt, der Landtag militärisch besetzt und Plenarsitzungen verboten.[71]

Reichsregierung und Reichswehr hätten vielleicht auch andere Vorwände zum Eingreifen gefunden. Die verfassungsrechtliche Basis der Intervention war ohnehin höchst zweifelhaft.[72] Kein Geringerer als der Autor des Entwurfs der Reichsverfassung, Hugo Preuß, schrieb dazu am 7. November 1923 in der *Württembergischen Zeitung*: »In Sachsen haben einzelne Mitglieder der Landesregierung zum Widerstand gegen die Reichsverfassung aufgefordert; in Bayern hat die gesamte Landesregierung unter mehrfachem Bruch der klarsten Bestimmungen der Reichsverfassung und mit Hilfe militärischer Meuterei tatsächlich Widerstand geleistet. Indem die Reichsregierung dagegen nicht aufgrund des Artikels 48 vorgegangen ist, hat sie seiner Anwendung gegen Sachsen selbst die verfassungsrechtliche Voraussetzung entzogen.«[73]

Es handelte sich also in erster Linie um eine Machtfrage, da die Reichsregierung irgendwo im Reich ihre Autorität durchsetzen mußte: Wo war die Gelegenheit günstiger als in Sachsen, wo es gegen die Linke ging und der geringste Widerstand zu erwarten war?

Die sozialdemokratischen Minister in der Reichsregierung hatten sich lange Zeit täuschen lassen. Sie glaubten offenbar, daß das Eingreifen der Reichswehr nur die Ordnung in Sachsen aufrechterhalten und außerdem die Münchner Putschisten von ihrem geplanten »Marsch auf Berlin« abhalten sollte. Diese ihm vom Innenminister Sollmann mitgeteilte Version hatte auch Gradnauer als sächsischer Gesandter in Berlin an die Dresdener Regierung weitergegeben.

Bevor diese Deutung durch das Scheitern des Münchner Putsches, das sehr viel mehr eine Folge der noch vorhandenen Kluft zwischen alter und neuer Rechter als ein Zurückzucken vor dem Berliner Wink mit dem sächsischen Zaunpfahl war, den Schein einer nachträglichen Rechtfertigung erhielt, verließen die sozialdemokratischen Minister die Reichsregierung. Die SPD schied aus der Koalition aus, weil ihre Forderung nach Rückzug der Reichswehr aus Sachsen und scharfem Vorgehen gegen Bayern nicht erfüllt worden war.

Auf der Flucht »in die Wälder«

Dem politischen Erdbeben, das die sogenannte Reichsexekution in Sachsen auslöste, folgten viele Nachbeben – große und kleine. Zu den kleinen gehörte sicherlich der Bruch Wehners und einiger seiner Freunde mit der Sozialistischen Arbeiterjugend. Unmittelbarer Anlaß war das »Freiberger Blutbad« – wie es in der zeitgenössischen sozialdemokratischen Berichterstattung genannt wurde.[74] In Freiberg hatte sich am 27. Oktober 1923 eine größere Menschenmenge trotz mehrfacher Aufforderung durch einen Reichswehroffizier geweigert auseinanderzugehen. Die Soldaten eröffneten daraufhin das Feuer. Es ist bis heute ungeklärt, ob aus den Reihen der Demonstranten zurückgeschossen wurde oder sich Soldaten der Reichswehr gegenseitig beschossen haben.[75] Es gab 27 Tote und über 50 Verletzte unter der Zivilbevölkerung und vier verwundete Soldaten.[76]

Der Vorgang selbst war so ungewöhnlich nicht, denn auch in Meißen, Pirna, Chemnitz und in weiteren Städten des Erzgebirges und des Vogtlandes wurde die »Reichsexekution« von Erschossenen, überwiegend aus der Arbeiterschaft, gesäumt. Gleichwohl traf er Wehner und eine Minderheit der Gruppe, der er angehörte, so, »daß wir nicht mehr verstehen konnten, wie wir die Dinge zueinander zu ordnen hatten, und damals spaltete sich unsere sozialistische Arbeiterjugend. [...] Wir waren damals nicht haßerfüllt, aber wir waren aus dem Gleis geworfen.«[77]

Jahrzehnte später wird noch deutlich, wie sehr es sein jugendliches Selbstwertgefühl steigerte, daß ältere Genossen sich bemühten, ihn vom Austritt aus der SAJ abzuhalten: »1923 ist der erwachsene Betreuer unserer Arbeiterjugendgruppe zu meiner Mutter gekommen und hat ihr gesagt, ihr Sohn wird ›am Galgen‹ enden, denn er wird, wenn es so weitergeht, ein Anarchist. Er ist ein Idealist, aber dies ist gefährlich. Meine Mutter, eine Frau, die ich immer sehr geschätzt habe, weil ich mit ihr offen sprechen konnte, hat mich damals gefragt, was denn eigentlich die Ursache dieser dringenden Warnung gewesen sei, und sie hat mich gewarnt und gebeten, nicht auf politische Abwege zu geraten. Zu einem Bruch kam es nicht.«[78]

Die »Festung Familie« stand. Es gab auch keinen Grund, mit ihr zu brechen. Im Gegenteil: Mit diesem sicheren Hort im Rücken konnten Seitenwege gewagt werden. Sollten sie sich als Abwege oder Holzwege erweisen, blieb immer noch der Rückzug in die alte Festung oder vielleicht sogar die Eroberung einer neuen. Wer wußte denn, was an Seitenwegen so alles liegen konnte? Erst viele Jahre danach hatte Wehner »begriffen, daß in jenen frühen zwanziger Jahren die menschlichen und politischen Grundlagen der Arbeiterbewegung so aufgeknackt wurden, daß zehn Jahre später – nur durch ein Wunder hätte es noch geändert werden können – [...] die schreckliche Entwicklung zum braunen Faschismus eintreten konnte«[79].

Die Trümmer der »Festung«, die bis dahin die sozialdemokratische Arbeiterbewegung in Sachsen gewesen zu sein schien, bis Teile von ihr das waghalsige »Experiment« unternommen hatten, »die Kommunisten zur Realpolitik zu bringen« (Wilhelm Dittmann)[80] und sie gar in den belagerten Ring hineinzunehmen, lagen noch unübersehbar in der Landschaft.

Zerstört waren mit Burgfried, Ringmauer und Brücke ihr Selbstbewußtsein und ihre Aktionsfähigkeit, ihr Vertrauen auf demokratischen Kompromiß und Evolution. Und die Verteidiger – Ritter wie Schildknappen – waren zerstritten. Der »Sachsen-Konflikt«, wie die Auseinandersetzung zwischen der Mehrheit der Landespartei und der Mehrheit der Fraktion, die seit Januar 1924 regelmäßig für eine Koalition mit den bürgerlichen Parteien stimmte, im Parteijargon hieß, hielt jahrelang alle Gremien bis hin zum Parteitag in Atem[81] und endete im Frühjahr 1926 mit dem Ausschluß der Fraktionsmehrheit[82]. Deren daraufhin unter dem Namen Alte Sozialdemokratische Partei Sachsens (ASPS) gegründete Gruppierung wurde bei den Landtagswahlen im Oktober 1926 von 23 auf vier Mandate reduziert. Diese reichten aber aus, um bis zum Mai 1927 einer bürgerlichen Koalition die Mehrheit zu beschaffen und zahlreiche Reformen der Anfangsjahre wieder rückgängig zu machen.

Der Weg zurück in die Jugendgruppen der Sozialdemokratie oder gar in die Partei selbst war für Wehner und seine Weggenossen seit dem Herbst 1923 verlegt. Mußten aus deren Sicht Parteien nicht immer mehr unter den Generalverdacht geraten, durch ihre hierarchisch-bürokratische Struktur die revolutionäre Bewegung zu ersticken? Galt das nicht noch mehr für die KPD und die Kommunistische Internationale? Mußten die Informationen darüber, wie viele Hundertschaften tatsächlich kampfbereit, wie viele Waffenlager noch vorhanden gewesen oder inzwischen von Polizei und Reichswehr entdeckt worden waren, nicht – sorgfältig gefiltert und geschönt – die ganze Leiter der Sekretärshierarchie hinaufklettern, wo sie auf jeder Sprosse vielleicht gerade noch zur Kenntnis genommen oder zum Eigengebrauch zurechtgebogen wurden, schließlich in Befehle umgegossen, die den noch mühsameren Weg abwärts nehmen mußten und unten auf ganz andere Empfänger trafen, die über den Vorlauf nicht Bescheid wußten, weil deren Vorgänger anderswohin kommandiert worden waren, um dort entstandene Lücken aufzufüllen? Schließlich und aus der radikalen Perspektive der Jugend besonders ehrenrührig: Hatte die KPD nicht ihren Aufstandsversuch, der nach dem Einmarsch der Reichswehr nur noch ein Widerstandsversuch hätte sein können, abgebrochen, bevor er richtig begonnen hatte?

Diejenigen aber, die, wie Wehners Vater, der älteren Generation angehörten und dem Aufruf zum freiwilligen Dienst in den Hundertschaften gefolgt waren, weil sie die Republik, das heißt vor allem ihre eigenen Organisationen schützen wollten – fühlten sie sich nicht mißbraucht? Viele von ihnen, von Kurzarbeit und Arbeitslosigkeit ebenso zermürbt wie von den hungrigen Gesichtern ihrer Frauen und Kinder, die in den Schulen vor Entkräftung reihenweise umfielen[83], waren für radikale Maßnahmen der Enteignung der Spekulanten und der Beschlagnahme von Lebensmitteln. Aber für Bürgerkrieg, gar noch einen für fremde Rechnung, waren die wenigsten.

Diese wenigen hätten sich ganz verlaufen, wenn sie gewußt hätten, wie wenig die intellektuellen Köpfe, die Wunderkinder der Partei vom Schlag eines Heinz Neumann, von ihnen hielten: »In Deutschland gibt es noch keine echten Bolschewiken. Man ist verfault vor Mäßigung, Besonnenheit, Stehkragen, Respekt vor dem Polizeipräsidenten. [...] Proletariat: das heißt Ordnung. Wir müssen erst den Faschismus hinter uns bringen, um von dieser Syphilis zu genesen.« Mindestens in einem Punkt war dieses »unvollkommene Menschenmaterial«[84] seinen intellektuellen Kritikern, die nur eine abstrakte Arbeiterklasse liebten, überlegen: Es wußte, wer am Schluß die Rechnung zu bezahlen hatte.

Und die kommunistische Jugend? Sie war seit 1920, seit der Absetzung Willi Münzenbergs, wie keine andere Jugendorganisation völlig unter die Fuchtel von Partei und Komintern geraten und hatte die Tendenz, »heute das als weiß zu bezeichnen, was man gestern noch schwarz nannte«[85], in allen ihren Varianten nachvollziehen müssen. Sie versuchte, ihre Enttäuschung mit Wortradikalität zu übertreffen. Die Sondernummer der kommunistischen *Jungen Garde* vom 7. Oktober 1923 erschien unter dem Titel »Springt den Faschisten an die Gurgel« und schloß mit der Aufforderung »Schlagt sie nieder, wo ihr sie trefft! An den Galgen mit ihnen.«[86]

Angesichts solcher Schlagetot-»Argumente« fiel es Wehner und seinen Weggenossen – es waren offenbar nur wenige[87] – nicht allzu schwer, fürs erste das zu tun, was in der Arbeiterjugend, die vor allem im Alltag wirken und ihn menschenwürdiger machen wollte, verpönt war: mit ihren Ideen und Wünschen wie weiland Simplicissimus »in die Wälder«[88] zu fliehen und sich dem bunten Völkchen der »freien« linken Gruppen zuzugesellen: »Wir waren eine sogenannte freie sozialistische Gruppe mit Verbindungen zu und auch Bindungen an syndikalistische oder – wie man damals sagte – anarchistische, das heißt antiautoritäre und gewaltlos-sein-wollende Jugendgruppen.«[89]

Deutscher Anarchist und doch revolutionärer Tatmensch?

Der Mythos der Anarchisten in Deutschland trug besonders negative Züge, obwohl er gerade hier von sinnloser Gewalttat und intellektuellem Verrat am wenigsten befleckt war. Zu den Attentaten der russischen »Nihilisten« auf den Zaren, der Ermordung der Kaiserin Elisabeth durch den Italiener Luchesi, dem Pariser Autobandit Garnier als Prototyp des französischen Anarchismus gab es im ordnungsliebenden Deutschland nichts Vergleichbares – vielleicht mit Ausnahme des wegen eines Attentatsversuchs auf Wilhelm I. im Februar 1885 hingerichteten August Reinsdorf [90].

Die Novemberrevolution hatte – von lokalen Ausnahmen wie Dortmund abgesehen – ohne aktiven Beitrag der anarchistischen Gruppierungen stattgefunden, die schon Anfang August 1914 ihr wichtigstes einigendes Band, ihre Zeitung, durch Verbot verloren hatten.[91] Einzelne Anarchisten wie Erich Mühsam, der sich im Juni 1916 an einer Hungerdemonstration und an den Januarstreiks 1918 in München beteiligt hatte[92], konnten während des Novemberumsturzes dort einen gewissen, wenn auch schwer meßbaren Einfluß gewinnen. Erst die Münchner Räterepublik vom Frühjahr 1919, die im politischen Vakuum entstanden war, das die Ermordung des bayerischen Ministerpräsidenten Kurt Eisner durch den Rechtsextremisten Graf Arco Ende Februar 1919 geschaffen hatte, sollte Erich Mühsam, Gustav Landauer und einigen anderen eine gewisse Rolle zuspielen, die sie zwar nicht erfolgreich und auch nicht völlig gewaltlos[93], aber in den wenigen Tagen[94], in denen sie an vorderster Stelle tätig waren, in einer bei Revolutionen eher unüblichen Mischung aus Menschlichkeit und hohem programmatischen Anspruch versahen.[95]

Gleichwohl wurden dieser ersten Münchner Räterepublik, die von Anarchisten mitgeprägt war, alle Scheußlichkeiten bis hin zur »Kommunisierung der Frauen (jedem Bolschewisten müsse jede Frau nach Belieben zur Verfügung stehen)«[96] angedichtet, die sich in der für die Reaktion sehr nützlichen Vorstellung vom Anarchisten als Bürgerschreck in die Hirne eingenistet hatte. Ausgerechnet Gustav Landauer, der die von Erich Mühsam früher propagierte »freie Liebe« abgelehnt und seinen anarchischen Sozialismus stets als eine gewaltlose Ethik der Brüderlichkeit und der Öffnung von Bildung und Kultur für die breiten Massen verstanden hatte, wurde zum Opfer einer – wie sein Ausruf »Daß ihr Menschen seid!« signalisierte – buchstäblich entmenschten Soldateska der Gegenrevolution, die ihn auf bestialische Weise quälte und ermordete[97].

Es gibt wohl kaum jemand in der jüngeren deutschen Geschichte, der idealistischer und friedfertiger, gewiß auch träumerischer sich in die Politik gewagt hätte als Landauer. Dabei war er zeitweise durchaus bereit, sich auf die Welt der Tatsachen einzulassen. So schrieb er Ende November 1918, daß man in der vorliegenden Situation »nicht zwischen gestern und heute einen Strich machen kann [...]. Von allen Seiten häufen sich solche Gefahren, die völlige Vernichtung droht, daß man zunächst froh sein muß, daß der alte Kriegswirtschafts- und Beamtenapparat funktioniert.«[98] Daß er sich gleichwohl auf das revolutionäre Abenteuer der Räterepublik einließ, hing gewiß auch mit seinem heiligen Zorn auf die Knechtsseligkeit des deutschen Volkes bis weit in die Reihen der sozialdemokratischen Arbeiterbewegung hinein und auf den Dünkel derer zusammen, die bisher zu den herrschenden Klassen gehört hatten und sich nun anschickten, dies weiter zu bleiben. Vielleicht hoffte er auch, die Isolierung, in der sich die anarchistische Bewegung in Deutschland befand, auf diese Weise zu durchbrechen und durch aktives Handeln die Dogmengläubigkeit in den eigenen Reihen zu überwinden, die die Anarchisten aus dem Stadium einer Sekte nie hatte herauskommen lassen. »Wir deutsche Anarchisten sind eben Spätlinge oder Nachgeborene«, schrieb Rudolf Lange 1903 und wies darauf hin, daß die anarchistische Bewegung Deutschlands auch in ihren besten Zeiten kein einziges originelles Werk theoretischer oder sonstiger Art hervorgebracht habe[99].

International so bedeutende Köpfe wie den Franzosen Proudhon, die Russen Bakunin und Kropotkin, den Spanier Ferrer hatten die deutschen Anarchisten in der Tat nicht aufzuweisen. Regionale oder lokale Traditionen des Sozialrebellentums, wie sie in den romanischen Ländern noch häufig angetroffen wurden, waren in den straff herrschaftlich organisierten Territorialfürstentümern der frühen Neuzeit weitgehend unterdrückt worden. Das galt auch für religiöse Protestbewegungen, die nicht zuletzt ihr Heil in der Auswanderung suchten. Im sächsisch-thüringischen Raum waren die Traditionen der Hussiten, der Böhmischen Brüder, der Täuferbewegung noch am lebendigsten geblieben, wozu auch das handwerkliche Selbstbewußtsein, die langen Winterabende in den Gebirgstälern und die dort in der Gemeinschaft hergestellten Produkte erheblich beigetragen haben. Deshalb waren dort neben Berlin und einigen Städten im Rheinland die stärksten Gruppen der anarchistischen Bewegung vor 1914 und nach 1918 zu finden. Von Hochburgen zu sprechen, wäre allerdings auch für jene Regionen eine Übertreibung. Eben dort hatte sich nämlich auch die sozialdemokratische Arbeiterbewegung am frühesten organisiert und die noch verbliebenen rebellischen Traditionen und Protesthaltungen so weit absorbiert, daß für die zu spät gekommenen Anarchisten nur wenig davon übrigblieb.

Der angesichts einer kompakt auftretenden Obrigkeit besonders notwendig erscheinende und von Lassalle bis Marx und Engels – wenn auch mit unterschiedlichen Begründungen – theoretisch überhöhte Zentralismus hat ein übriges getan, um föderalistische und herrschaftsfreie Bestrebungen an den oder gar über den Rand der Sozialdemokratie zu drücken. Während der Kampf gegen Johann Most und seinen Anhang seit Ende der 1870er Jahre noch verständlich war, weil sich die Partei, die zudem unter dem Damoklesschwert des Antisozialistengesetzes stand, nicht dessen Propaganda der Tat ans Bein binden lassen wollte, war die »Opposition der Jungen« zu Anfang der 1890er Jahre nicht mehr so einfach mit dem Begriff der »Literaten- und Intellektuellenrevolte« abzutun, obschon dies von Engels, Bebel und anderen mit Erfolg unternommen wurde.

Eine Reihe der dabei Ausgestoßenen und Ausgetretenen schloß sich Mitte der neunziger Jahre der sich neu formierenden anarchistischen Bewegung an, allen voran Gustav Landauer, der wenige Jahre später den Sozialistischen Bund gründete. Wenn auch auf ihn und einige andere Anarchisten das von Engels geprägte Etikett des »Literaten und Intellektuellen« zutrifft, so war damit weder das von Landauer später noch deutlicher herausgearbeitete Thema der Revolution der Köpfe erledigt, das auf die immateriellen Elemente notwendiger Verhaltensänderungen abhob, noch die soziale Zuordnung der Anarchisten in Deutschland erklärt.

Es wurde schon weiter oben im Rahmen der Auseinandersetzung Gradnauer–Luxemburg 1898/99 kurz darauf hingewiesen, wie schwer sich die letztere mit dem Anarchismus tat, den sie, hierin ganz Marx-Traditionalistin, dem aus dem Kleinbürgertum abgestiegenen »Lumpenproletariat« zuordnete. Tatsächlich handelte es sich bei den Anarchisten oft um Angehörige gehobener Handwerks- und Facharbeiterberufe wie Buchbinder und Schriftsetzer, die zeitlebens ein praktisches Handwerk mit intellektueller Contrebande zu verknüpfen gelernt hatten – also Berufe und Tätigkeiten, die auch zum Aufstieg in SPD und Gewerkschaften die besten Voraussetzungen boten.

Rosa Luxemburg hätte es im Grunde besser wissen müssen, denn der Mann, mit dem sie zum Schein die Ehe einging, um deutsche Staatsbürgerin zu werden, Gustav Lübeck, war Schriftsetzer und ein führender Anarchist. Sein Vater war ein »Literat« und »ewiger Hungerleider«, seine Mutter, deren Freundin Rosa Luxemburg ursprünglich gewesen war und die ihren Sohn in die Verbindung mit dem »Röschen« gegen seinen Willen drängte, führte einen durchaus bohèmehaften Lebenswandel, wie Karl Kautsky, der ihr mehrfach Geld lieh, beklagte.[100] Gustav Lübeck war Mitte der zwanziger Jahre, als Wehner ihn kennenlernte, Kassier und Organisator der Anarchistischen Vereinigung in Berlin, der Mühsam sich 1925 anschloß, nachdem er aus der FKAD (Föderation Kommunistischer Anarchisten Deutschlands) ausgeschlossen worden war.[101]

Das eigentliche »Lumpenproletariat«, die »Ärmsten der Armen, die Obdachlosen, Arbeitslosen und Arbeitsscheuen in den Volksküchen, Wärmehallen, Nachtasylen«, aber auch die Kriminellen, Zuhälter und Dirnen in den »Herbergen«, »Kundenkneipen«, »Verbrecherkellern« und »Kaschemmen« aufzusuchen und sie für die Sache des Anarchismus zu gewinnen, fiel deshalb den meisten Anhängern der Bewegung schwer. Leichteren Zugang zu diesen meist stummen Massen der Großstädte hatte die literarische Bohème, weil die soziale und vor allem psychische Distanz zwischen ihr und der »proletarischen Bohème«, wie sie von Mühsam genannt wurde, geringer war als die zwischen den sich vehement gegen jede Deklassierung wehrenden Arbeitern und den Bettlern und Vagabunden.

Mühsam, dem die fließenden Übergänge zwischen beiden Erscheinungsformen der Bohème im äußeren Lebenszuschnitt wie in der inneren Disposition – in jener Mischung aus »Leichtlebigkeit und Skepsis, Fröhlichkeit und Verzweiflung [...], Liebe zur Freiheit in begehrlicher Untätigkeit«[102] – ständig präsent blieben, war es in München vor 1914 zeitweise gelungen, Menschen aus diesem »fünften Stand« anzusprechen. Sein Urteil über dieses Experiment fiel ziemlich deutlich aus: Sein Auditorium habe aus »Psychopathen, dummen Jungen, geldgierigen Deklassierten«[103] bestanden und nur daneben aus »ein paar wirklich famosen Kerlen, die ihre Vagabundenleben in bewußtem Gegensatz zu der herrschenden Gesellschaft führten«. Nur die letzteren hätten den Kern des Anarchismus begriffen, der »Ethos und Menschenwert« bedeute.[104]

Mühsams letztlich erfolgloses Bemühen, diesen »fünften Stand«, der in den Augen der meisten Anarchisten eher sozialer Bodensatz war, zu organisieren, fand nach dem Kriege eine gewisse Fortsetzung in den Bemühungen der Jugendverbände von SPD und KPD, das jugendliche Subproletariat der »Verwahrlosten«, »sozial Auffälligen« mit ihren Organisationsangeboten zu erreichen. Auch diese Versuche, unspezifische soziale Protesthaltungen politisch zu instrumentalisieren, schlugen letztlich fehl.[105] Diese Jugendlichen fanden sich – wenn überhaupt – noch am ehesten in den »wilden Cliquen« zusammen, die ohne jede programmatische Zielsetzung ein Gefühl der Freiheit in einer losen Gemeinschaft – wenn auch nicht ohne informelle Hierarchien und Regeln – verkörperten.

Vom Lebensgefühl, insbesondere vom Freiheitsstreben her hätten diese »Menschen der Unordnung«[106], so will es scheinen, am ehesten in die anarchistischen Jugendgruppen gepaßt, die wie die der Erwachsenen nach 1918 in bunter Vielfalt entstanden waren.[107] Dennoch paßten sie dorthin noch weniger. Einmal wegen der verwirrenden Vielfalt. Da gab es Syndikalisten, Unionisten, Anarcho-Kommunisten, Antimilitaristen und Individualisten, die allenfalls in den fünf wichtigsten »Antis« (Antietatismus, Antikapitalismus, Antizentralismus, Antiautoritarismus und Antimilitarismus) übereinstimmten. Zum anderen konkurrierten sie – schon des programmatischen Anspruchs wegen – mit den Jugendgruppen der linken Parteien, obwohl viele Jugendliche auch deshalb zu ihnen stießen, weil sie der Parteidisziplin wie des Streits innerhalb wie zwischen den Parteien überdrüssig geworden waren.

Was sie aber mit den revolutionär fühlenden Flügeln der Parteijugendbewegung vor allem verband, war der Anspruch auf ein heroisches, der Menschheitsgeschichte wie sich selbst einen neuen Sinn gebendes Leben auf Dauer. Wie sehr dieses Problem Jugendliche umtrieb, die zwischen der Zugehörigkeit zu den Anarchisten und Kommunisten schwankten, zeigen die Erinnerungen von Georg Glaser, der zeitweise beiden Jugendgruppen gleichzeitig angehörte: »Nach wochenlangem Suchen fand ich den Mut, eine gewichtige Frage an die Anarchisten zu richten: ›Was werden wir tun, wir, die Vorhut der Ausgebeuteten, wenn es uns gelungen sein wird, die bestehende Gesellschaft zu stürzen?‹ Zunächst schwiegen alle betroffen, bis mich der eine oder andere achselzuckend belehrte: ›Dann werden wir endlich ein menschenwürdiges Dasein führen können.‹ Das war genau, was ich erwartet hatte, und zitternd vor Erregung teilte ich meine Entdeckung mit: ›Eben davor habe ich Angst – denn damit werden wir zu ›Bürgern‹ werden‹, und ich kündete finster entschlossen an: ›Ich sehe nur einen Weg.‹ [...] Was blieb uns anderes übrig, uns, deren einziges Wissen und alleiniger Beruf es war, eine Umwälzung herbeizuführen, sobald wir das Ziel erreicht haben würden? Wir, die Fürsten in Lumpen und Loden? Altersheime für ehemalige Freiheitskämpfer? Waffen nur noch ehrenhalber tragen?[...] Unser würdig war nur: In Schönheit sterben! Niemals in meinem Leben habe ich ein so höllisches Gelächter so tiefernst gesprochenen Worten folgen hören.«[108]

Der den Ereignissen weit vorauseilende Schmerz über die Grenzen, ja die Endlichkeit auch revolutionären Tuns war hier unüberhörbar. Diese Sehnsucht nach Entgrenzung und Weite, nach über den Alltag hinausgehobener Zukunft und Freiheit war auch Wehner nicht fremd. Eines jener emphatischen Gedichte des transzendentalistischen Dichters Walt Whitman[109], der von Jugendbewegung und Expressionismus neu entdeckt worden war, widmete Wehner handschriftlich einem Freunde. Dort hieß es:

»O Kameraden treu!
O und zuletzt nur noch wir zwei allein.
O ein Wort, das den Pfad vor uns ins Unendliche lichtet!
O etwas Entrücktes und Unausdeutbares!
O eine wilde Musik!
O jetzt triumphiere ich, und Du sollst es gleichfalls!
O Hand in Hand! – O labungsvolle Wonne!
O noch ein Sehnsüchtiger und Liebender mehr!
O eile Dich, Dich an mir festzuhalten!
Zu eilen, vorwärts, vorwärts mit mir zu eilen!

Meinem lieben Helmut, in Freundschaft
Herbert Wehner.«[110]

Das Gedicht drückt glühende Leidenschaft nach etwas Höherem, Edlerem aus, zugleich aber auch die von allen jungen Revolutionären seit der Romantik vermißte Einlösung des Brüderlichkeitsversprechens: Religionsersatz für jene, denen »die Dichtung das Gebet ersetzte«[111], und Eros-Ersatz für andere, denen sich, weil sie noch zu jung waren oder der männerbündische Charakter der Jugendgruppen das Jungsein verlängerte, Beziehungen zum anderen Geschlecht[112] als bewußter Teil des Gemeinschaftslebens der Arbeiterjugendbewegung[113] und deren Nutzung »für die höheren Ziele der Bewegung«[114] noch nicht eröffnet hatten.

Bei Wehner mischte sich offenbar beides – Religions- und Erosersatz. Ein Drittes kam hinzu. Die Zeile »O jetzt triumphiere ich, und Du sollst es gleichfalls« deutete auf einen – und sei es unbewußten – Drang nach Macht hin. Es gehört zu der von vielfältigen Abwehrmechanismen des Ichs meist verdrängten Einsicht, daß ein junger Mensch diesen Drang nach Macht (oder auch: Geltung, Erfolg, Geliebtwerden) in den Mantel politischer Radikalität hüllt. Parteiferne, zu der er sich entschlossen hatte, war in seinen Augen nicht zu verwechseln mit Machtferne.

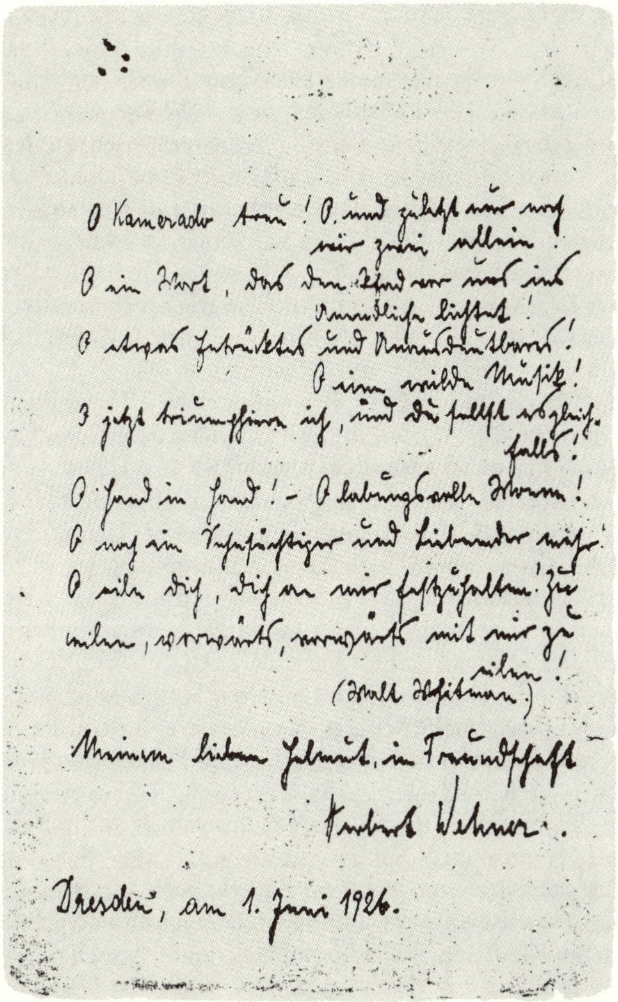

O Kameraden treu! O, und zuletzt nur noch wir zwei allein!
O ein Wort, das den Pfad vor uns ins Unendliche lichtet!
O etwas Entrücktes und Unausdrückbares!
O eine wilde Musik!
O jetzt triumphiere ich, und du sollst es gleichfalls!
O Hand in Hand! – O labungsvolle Wonne!
O noch ein Sehnsüchtiger und Liebender mehr!
O eilen dich, dich an mir festzuhalten, zu eilen, vorwärts, vorwärts mit mir zu eilen!
(Walt Whitman)

Meinem lieben Helmut in Freundschaft
Herbert Wehner.

Dresden, am 1. Juni 1926.

Handschriftliche Widmung von Herbert Wehner auf dem Vorsatzblatt eines Buches, das er einem befreundeten Genossen schenkte.

Der alte Basis-Satz »Anarchist ist man erst, wenn man die Herrschaftslosigkeit *in* sich hat«[115] mußte in ihm ähnlich ambivalente Gefühle auslösen wie die Persönlichkeit Otto Rühles, der nach seinem Ausscheiden aus KPD und KAPD als genialer Volksredner nach wie vor bei besonderen Gelegenheiten große Arbeitermassen zu fesseln verstand.[116] So auch im Sommer 1923, als er im überfüllten Zirkus Sarrasani – draußen warteten noch über zehntausend Arbeiter – über das Thema »Krieg und Revolution« sprach und die Massen durch seine Beschwörung des vergangenen Krieges, seiner Greuel und seines vernichtenden Ergebnisses leidenschaftlich mitriß. Insbesondere die Darstellung des Krieges »als Pleite der Alten« machte die Jugendlichen unter seinen Zuhörern »begeistert und selbstbewußt«[117].

Obwohl Otto Rühle und der ihm nahestehende Franz Pfempfert mit seiner Zeitschrift *Die Aktion*, in der zahlreiche dem Anarchismus bzw. früher der KAPD nahestehende expressionistische Dichter und Schriftsteller ihre Arbeiten veröffentlichten, noch Einfluß in anarchistischen Gruppen, besonders der Allgemeinen Arbeiter Union/Einheitsorganisation (AAUE) ausübten, war ihnen mehr daran gelegen, die Jugend aus der Arbeiterschaft aus ihrer macht- und autoritätsfixierten, das hieß auch immer unterwerfungsbereiten Lethargie herauszuholen und ihnen – dem sozialen und mentalitätsverändernden Ansatz Alfred Adlers[118] entsprechend – die Konturen eines anderen Lebensprinzips sichtbar zu machen: »An dieser Stelle schlägt das Negative in Tendenz, Charakter und Sinn des Protestes ins Positive um. Der Wille zur Macht (von Individuen oder Klassen gegen die Interessen der Gemeinschaft) wird Wille zur Gemeinschaft (gegen das Machtstreben von Individuen oder Klassen im Interesse ihres Sondervorteils).«[119]

Aufgrund schmerzhafter Erfahrungen wie auch scharfsinniger Analyse der russischen Revolution und der nachrevolutionären Entwicklung dort[120] dachte Rühle inzwischen in anderen zeitlichen Dimensionen und wollte das Medium Erziehung nutzen. Vom linken Radikalismus des Hier und Heute hatte er sich 1924/25 weitgehend gelöst.

Da die Informationen über Wehners erstes Jahr in einer anarchistischen Jugendgruppe äußerst spärlich sind – er wird von Anarchismusforschern zunächst einer von einem Hellmuth Böhme[121] seit Februar 1923 organisierten »Arbeits- und Aktionsgemeinschaft« mit dem Namen »Revolutionär-Antiautoritäre Jugend« zugeordnet[122] –, ist nichts Genaues über direkte Kontakte Wehners zu Rühle als einer der führenden Persönlichkeiten der anarchistischen Bewegung in Dresden und

Ostsachsen bekannt. Noch viele Jahre später, als er schon längst der KPD beigetreten war, verwies allerdings die *Arbeiterpolitik*, das Organ der Kommunistischen Parteiopposition (KPO) auf ihn als einen »ehemaligen KAPD-Mann«[123]. Da dies ausgeschlossen ist, da zu der Zeit, als Wehner sich in der anarchistischen Jugend engagierte (ab Herbst 1923), die KAPD Ostsachsens längst in der Allgemeinen Arbeiterunion aufgegangen war[124], deutet diese Zuordnung auf eine politische Nähe Wehners zu Rühle. Vieles andere spricht ebenfalls für einen mindestens indirekten Einfluß Rühles auf Wehner – wenn auch mehr durch den radikalen Rühle der ersten Nachkriegszeit. Das galt insbesondere für dessen These »Revolution ist keine Parteisache«[125], aber auch für seine Vorstellungen von Rätekommunismus[126] und seine Kritik an Parteien wie an Gewerkschaften.

Natürlich gab es auch andere direkte und indirekte Einflüsse in einer Stadt wie Dresden, die eine Vielfalt linker Gruppen und Grüppchen aufwies und als eine Hochburg des Anarchismus in Deutschland bekannt war. Hier gab es fast allzu viele Versuchungen zu inneren und äußeren Häutungen sowie zum Wechsel der Positionen zwischen denen, die den Anarchismus als kulturrevolutionäre Lebensreformbewegung begriffen, und anderen, die den sozialen Klassenkampf stärker betonten.

In den ersten uns überlieferten Artikeln und Beiträgen Wehners vom Sommer und Herbst 1925[127] steht er mehr auf der Seite der Kulturrevolutionäre, denen vor allem die Staatsmacht wie die Trägheit der Unterdrückten im Wege stand: »Staat heißt Unterdrückung der Freiheit und des Lebens, sei er nun eine Sowjetrepublik oder ein Kaiserreich.« Die Instrumente der Volkssouveränität wie Wahlen und Volksentscheid sind für den jungen Wehner »automatenhafte Einrichtungen«. »Demokratie ist bequemer als Freiheit«. Dann rücken im Stil der öffentlichen Reden Rühles die »schlimmen Jahre« des Krieges in den Mittelpunkt: »Und die danach folgenden waren besser? – Wir haben während des Krieges Dörrgemüse, Kartoffelflocken und Unkraut gefressen, und während der Inflation war Margarine ein Genuß auf elendem Brot. Die Statistiken weisen ungeheure Zahlen von Tuberkulosen und Geschlechtskranken auf. Lernte der Arbeiter dazu?«

Die Antwort gab er selbst: »Die meisten Arbeiter sind feige Sklaven, die getreulich die Streiche der Herren in Empfang nehmen. Treibt es dieser zu arg, dann gibt der Untertänige höchstens die Tritte weiter nach unten, während er sich nach oben duckt.« Danach variierte Wehner das Thema ins Allgemeine: »Die Deutschen haben eine elende Geschichte, erfüllt von Untertanentreue und Militarismus, und heute sind sie noch nicht wesentlich anders. Wie sind doch so viele dankbar für ein Lächeln des ›Vorgesetzten‹. Das ist das Tieftraurige, daß der Geist der Menschen auf einem so tiefen Punkt angekommen ist, daß er nicht mehr seine Schande merkt!«

Nach weiteren kritischen Bemerkungen über die Arbeiter (sie hätten dieselbe Weltanschauung wie die Bürger, »nämlich die, möglichst in Ruhe zu bleiben und etwas ›höher‹ zu kommen«) sowie über die Parteien (»autoritär, staatlich, militaristisch«) sah er »kämpfende Revolutionäre« wesentlich nur noch in den Reihen der Anarchisten. Nach weiteren Beschimpfungen der Arbeiter (sie »betrügen sich selbst und sind ihrer Führer wert«) klang sein Appell an »alle Schaffenden« aufzustehen, »Revolutionäre« zu werden, »dann bräche die Herrschaft der Gewalt zusammen wie ein Gebäude aus leichten Brettern«, reichlich aufgesetzt und hohl.

Nach einer Polemik gegen die »vertrockneten Gelehrten«, die von »historisch-ökonomischen Verhältnissen« redeten, die alles fertigbringen sollten und denen er »den Willen der Massen« entgegenstellte, den er ihnen vorher abgesprochen hatte, griff er zum existentiellen Credo wie der Ertrinkende nach dem Strohhalm: »Zehn Stunden und mehr arbeiten wir täglich für andere! Wir Revolutionäre möchten oft verzweifeln. Wir haben die Wahrheit gesehen und erkannt und müssen nun mit sehendem Auge fronen. Soll es denn Wahrheit werden, daß der, der die Wahrheit sah, an ihr stirbt? Kameraden! Wir wollen weiter schüren und kämpfen. [...] Es ist besser als ein Wolf zu sterben, denn als Hund zu leben!«[128]

Diese in expressiven Tönen gehaltene Kampfansage des Neunzehnjährigen an die bestehende Gesellschaft, veröffentlicht in *Junge Anarchisten,* dem Organ der »Syndikalistisch-Anarchistischen Jugend Deutschlands« (SAJD), erfuhr wenig später in einer Betrachtung zum 9. November noch eine Steigerung: »Am 9. November ›feiert‹ die Sozialdemokratie den Gedenktag an die deutsche ›Revolution‹, und sie hat allen Grund dazu. Aber Du, Arbeiter, feierst Du auch? Willst Du Ehrenkränze winden denen, die die Erhebung deutscher Proletarier im Blut und in den Tiefen der Kerker erstickten? Gedenke der Taten eines Noske! Vergiß nicht, was Ebert und Scheidemann zur Rettung des Staates taten! [...] Was tatest Du dagegen? [...] Bist Du nicht auch ein Philister, dem das Brot, das ihm der Herr reicht, lieber ist als Freiheit? Die Sozialdemokratie war nur darum so stark und konnte nur deshalb ihre schmutzigen Handlungen vollbringen, weil die deutschen Arbeiter keinen Funken von Freiheitsdrang in sich haben.«

Der Diagnose folgte der Therapievorschlag: »Wo fängt die Befreiung an? In Deinem Gehirn! Glaube nicht mehr an die Allmächtigkeit dieser Institutionen, und Du beginnst sie zu untergraben. [...] Die Republik, das Parlament retten uns nicht, sie haben uns wirtschaftlich nicht geholfen, wohl aber vielen Bonzen, die einkömmliche Stellen erhielten. Es hilft Dir nichts, Prolet, wenn Du zur Wahlurne schreitest. [...] Du sanktionierst Deine Ausbeutung! Weder Gott noch Herr! sei Deine Losung! Baue mit an der neuen Welt, die begründet ist auf der Freiheit des Einzelnen! Ehe wir aber bauen können, müssen wir das Alte zerstören.«

Danach folgte der Bakuninsche Imperativ: »Die Lust am Zerstören ist eine schaffende Lust! Nieder mit dem Staat! Es lebe die Anarchie! Nur in ihr kann sich ein jeder frei entwickeln. Unter der Losung: Freiheit und Wohlstand für alle laßt uns kämpfen!«[129]

Ob er den Begriff »Wohlstand« noch hinzugeschmuggelt hatte, um nicht völlig abstrakt über die Köpfe jener hinwegzuschreiben, die er erreichen wollte, mag dahingestellt bleiben. Er blieb auch sonst nicht ohne Widersprüche. Nachdem er 1924 in der Dresdener Maschinenfabrik Hille kaufmännischer Lehrling geworden war, trat er den Freien Gewerkschaften bei. Vielleicht waren dabei Hoffnungen vorhanden, dort langfristig für revolutionär-anarchistische Vorstellungen werben zu können. Falls solche Illusionen vorhanden gewesen sind, müssen sie schnell verflogen sein, denn die Gewerkschaften Dresdens waren in diesen Jahren der konservative Gegenpol zu ihren Kollegen im westsächsischen Leipzig und gegen oppositionelle Einflüsse weitgehend immun.[130]

Auf dem 5. Kongreß der SAJD in Erfurt im Herbst 1925 lehnte Wehner es denn auch ab, »aus den täglichen Kämpfen um Lohnerhöhungen eine eminent revolutionäre Angelegenheit zu machen«. Es komme hauptsächlich auf die »Erweckung des Freiheitsgedankens in den Menschen« an, und deshalb sei die »Propagierung unserer Anschauungen äußerst wichtig. [...] Wir dürfen nicht zur Lehrlingsorganisation werden. Eine anarchistische Bewegung hat wesentlich andere Arbeiten zu erledigen als eine Gewerkschaft.«[131]

Deshalb wandte er sich auf dem Kongreß mit Erfolg[132] dagegen, daß die syndikalistische Freie Arbeiterunion Deutschlands (FAUD) für alle Mitglieder der anarchistischen Jugend ab dem 19. Lebensjahr zur »obligatorischen Gewerkschaft« erhoben wurde. In einer Nachbetrachtung zu diesem Kongreß schrieb er unter der Überschrift »Hic Rhodus, hic salta!«: »Die Kommunistische Partei [...] wußte, daß die Gewerkschaften die Organisationen sind, die die meisten Arbeiter vereinen. Infolge der Tradition und der eventuellen Streikunterstützung werden die meisten Proletarier diese Organisation nicht verlassen. Darum hielt es die KPD für gut, wieder zurückzukehren in die einst geschmähten Verbände, um dort für ihre Sache mit höchst opportunistischen Mitteln zu wirken. Die Genossen unter uns, die ihre ganze Kraft einsetzen für die Gewerkschaftsarbeit der Syndikalisten, handeln aus Gründen, die zum Teil denen ähnlich sind, die die KPD anführt. Sie glauben, daß aus der ›großen Flaute‹ nur ein Weg führt: die Gewerkschaft. Ich bin der Überzeugung, daß es in der Zeit der Lauheit mehr als je gilt, auf dem Posten zu sein. Es ist nur eins, das uns herausreißt aus dem Drecke: die Revolution. Unermüdlich, zäh gilt es, dies dem Arbeiter ins Gehirn zu hämmern. Möge der Parteikonzern hundertmal sagen, daß das Phrase sei. Es ist die Wahrheit.«[133]

Wehner hielt auch deshalb »ein Verzetteln« der Kräfte in Gewerkschaftskämpfen für schädlich, weil die Anarchisten vorerst die Aufgabe hätten, die Hirne vom »Parteivorurteil« und der »Pfäffigkeit« zu reinigen, die vielen Arbeitern anhafte. Schließlich kritisierte er die Ansicht von Paul Albrecht[134], daß die Jugendorganisation nur eine »Erziehungsgemeinschaft« sein könne: »Sie sollte eine Tatgemeinschaft junger Anarchisten sein, die sich nicht nur platonisch zum freien Sozialismus bekennt. Wir müssen Schluß machen mit dem Alten. Eines darf ein Bund junger Anarchisten vor allem nicht sein: ein Tummelplatz angehender Bonzen, gleichviel welcher Schattierung. Aus dem Streit um die FAUD oder FKAD schält sich der wesentlichere, der um revolutionären Anarchismus oder reformistisch doktrinären Syndikalismus.«[135]

Das so unerbittlich klingende »Entweder-Oder« am Schluß des Artikels wie die auf ein Zweier-Schema reduzierten Begriffe »revolutionär/reformistisch«, »Tat/Untätigkeit« spiegeln nicht nur die in ein »Oben« und ein »Unten« zweigeteilte Welt wider, die Wehner im täglichen Leben erfuhr, sondern seine angestrengte Bemühung, sich durch einen geistigen Gewaltakt und der Wirklichkeit weit vorauseilend nach »oben« zu katapultieren. Gerade weil für revolutionäre Naherwartungen Ende 1925 kein Grund mehr bestand, seit der Wahl Hindenburgs zum Reichspräsidenten die Entwicklung vielmehr nach rechts ging, versuchte er die Hoffnung auf eine Revolution durch Selbstsuggestion immer wieder zu beschwören.

Obwohl er zur »Einheitsfront der Revolutionäre« aufrief, als Kontrast zur Einheitsfront von KPD und SPD, weil Revolutionäre mit Pazifisten, Reformisten und Sozialdemokraten nicht zusammengehen könnten, steigerte er sich zeitweise in eine solchen Zielsetzungen völlig abträgliche Polemik gegen andere kleine Gruppen wie auch gegen die großen Arbeiterparteien hinein. So etikettierte er eine in dem benachbarten Zwickau erscheinende anarchistische Zeitung *(Die Revolution)* als »Abort, auf dem kranke Individuen ihre Exkremente abladen«, nur weil dort jegliche politische oder gewerkschaftliche Organisation als »bürgerlich« abgelehnt wurde, da ja der Prolet schon organisiert sei, wenn er als Produzent im Betrieb stehe.[136]

Kaum minder glimpflich kamen SPD und KPD weg. So hieß es in einem mit »O edle Demokratie!« überschriebenen Leitartikel, der sich mit dem schon beschriebenen Konflikt innerhalb der sächsischen Sozialdemokratie beschäftigte: Immer mehr häuften sich die Fälle, »an denen auch der Dümmste die Verworfenheit der SPD erkennen mußte. [...] Sind die deutschen Arbeiter so lumpig von Gesinnung, daß sie nicht wissen, was Reinlichkeit ist? Was muß denn noch geschehen, damit den Verbohrten die Augen aufgehen?« Wehner wußte die Antwort: »Und wenn sie ihnen geöffnet werden, dann steht schon der nächste Parteistall bereit, der sie aufnehmen wird.«[137]

Solche aus Reinlichkeitsphantasien sich nährende Sprache hat sicherlich auch etwas mit rigider Erziehung zur Sauberkeit in der frühkindlichen Phase zu tun, deren Folgen lebenslang nachwirken. Aber es wäre falsch, es nur so zu erklären und die Erbitterung zu übersehen, mit der der noch nicht ganz zwanzigjährige Wehner auf das Schwinden revolutionärer Hoffnungen reagierte. Das Leiden daran, daß die Idee einer menschlichen Gesellschaft nicht mit der Wirklichkeit übereinstimmte, war bei ihm nicht neu. Die Intensität des Leidens wuchs aber durch die zunehmenden Enttäuschungen. Anders sind die Überschriften von Artikeln des Jahres 1926 wie »Die Konterrevolution marschiert«, »Die Nationalisten rüsten, und wir...?«, »Neue Antisemiten« kaum zu verstehen. Ihnen entsprechen die Inhalte. Mit ätzender Schärfe prangerte er den »Herdengeist« der proletarischen Massen an. »Trauern«, so hieß es in einer Betrachtung zum 1. Mai 1926, »sollten wir über die ewige Untätigkeit und Gleichgültigkeit der Massen. [...] Das ewige Anklagen der Führer, das wir auch im Maiaufruf des *Syndikalisten* finden, ist falsch und wird geleitet von dem Wunsche, die Massen zu entschuldigen, um sie leichter auf die andere Seite zu bekommen.«[138]

Die ständig wiederholten Klagen Wehners über die »Untätigkeit« und »Gleichgültigkeit« der Massen kamen nicht zufällig. Sie waren auch nicht in erster Linie Ausdruck des das »Rudel« meidenden »einsamen Wolfes«, obgleich ihm solches Verhalten nicht fern lag und noch oft genug in seiner Neigung zu Protest und mehr oder minder jähem Wechsel der politischen Fronten zum Vorschein kam. Dahinter stand vielmehr der Anspruch, einer der Führer des Rudels sein zu wollen. Er ist noch hinter allgemeinen Formulierungen verborgen: »Notwendig ist, daß wir eine Kerntruppe bilden, die fähig ist, den in Bewegung befindlichen Massen Stoßkraft zu geben. Wir müssen den revolutionären Kämpfen Richtung geben, damit sie nicht im Sande verlaufen. Die bewußt handelnde Minderheit[139] wollen wir sein, die, nie ruhend, die Massen zum Siege führt.«

Zwar nennt er am gleichen Ort »die freien Räte« als »Organe«, die eine »Beherrschung der Arbeiter« ausschließen, und plädiert einmal mehr dafür, sich von der »marxistischen Doktrin« freizumachen, daß es »nur eine Organisation« geben dürfe: »Gerade der Anarchismus erstrebt eine Gesellschaft von Bünden, um mit den Worten Landauers zu sprechen.«[140] Die Frage blieb unbeantwortet, ob die »bewußt handelnde Minderheit« nach dem Sieg die »freien Räte« wirklich so frei schalten und walten ließe, wie er dies forderte.

Waren dies erste Annäherungen an die Avantgarde- und Elitetheorie des »Marxismus-Leninismus«, der von Stalin in jener Zeit immer stärker als Leitideologie der kommunistischen Weltbewegung propagiert wurde? Noch nicht. Aber die Auseinandersetzung mit Marx und Engels, Lenin und den »marxistischen« Parteien nahm zu und offenbarte den inneren Zwiespalt in mehreren Varianten. Auf der einen Seite kommentierte er die Tatsache, daß in Sachsen 1926 der 1. Mai zum gesetzlichen Feiertag erhoben wurde, mit dem höhnischen Satz: »Wie hätte Friedrich Engels die Hände gerieben, wenn er diesen ›Fortschritt‹ erlebt hätte!«[141] Auf der anderen Seite verleugnete er gemeinsame Auffassungen keineswegs, wie etwa die, »daß der letzte und tiefste Grund unseres Elends der ist, daß die Arbeiter nichts zu verkaufen haben als ihre Arbeitskraft«[142]. Er bestritt aber, daß dies geistiges Eigentum nur der Marxisten sei. Zustimmend zitierte er auch den Leninschen Satz: »Die Kapitalisten verstanden stets unter ›Freiheit‹ die Freiheit des Profits für die Reichen und Freiheit der Arbeiter zu verhungern.«[143]

Andererseits beklagte er den »starren marxistischen Geist« und dessen »Absolutismus«, der sich insbesondere auf die deutsche sozialistische Bewegung »verheerend« ausgewirkt habe, weil er zur »Selbstzerfleischung« und zum »Fatalismus« unter den Arbeitern geführt habe.[144] Voller Bitterkeit stellte er fest, daß nicht nur das angebliche Land der »Freiheit«, Amerika, sich in die internationale »Front des weißen Terrors« durch die Verurteilung der Anarchisten Sacco und Vanzetti eingereiht habe, sondern auch der Arbeiter- und Bauernstaat Rußland keine Ausnahme mache: »Wer nicht glaubt, daß in Rußland Kommunismus herrscht, wandert in das Gefängnis. Und womit rechtfertigen die Bolschewisten ihr Benehmen gegen Anarchisten, linke Sozialisten, Revolutionäre und Arbeiteropposition? Sie sagen, wer bürgt uns dafür, daß die Freigelassenen nicht unsern Staat zu schädigen suchen werden? Das aber ist eine Begründung, die jeder andere kapitalistische Staat ebenfalls gibt.«[145]

Trotz aller Kritik brach aber beim jungen Wehner stets aufs neue die Hoffnung durch, daß auf dem Wege der »Errichtung der Rätemacht« in Deutschland und dadurch, daß sich die Arbeiter der Betriebe bemächtigen, um die Wirtschaft neu zu gestalten, »das ehedem revolutionäre Rußland« neuen Mut bekommen werde: »Der Rückgang, der in Rußland seit langem bemerkbar, wird aufgehalten werden, und die beiden Länder werden eine starke Macht darstellen.« Es war dies eine von Lenin und teilweise auch von Trotzki gehegte Hoffnung, die sich auch durch die von Stalin noch zu Lebzeiten Lenins begonnene Politik inzwischen überlebt hatte. Um sich nicht dem Verdacht auszusetzen, damit werde staatliche Macht angestrebt, heißt es gleich präzisierend: »Nicht die Staaten haben sich zu verbünden, sondern die Arbeiter und Bauern. Aber dazu bedarf es der Hitze der Revolution.« Der Zusammenschluß aller revolutionären Kommunisten und Anarchisten habe »jene unversöhnliche Kerntruppe der Weltrevolution darzustellen, die das Proletariat zum Siege führen wird«[146].

Wo war aber jene »Kerntruppe« zu sehen und wie stand es denn tatsächlich um die Chancen der »Weltrevolution«? War sie nicht noch mehr als in den Jahren zuvor im Reich der Wolken angesiedelt, das die höchsten Gipfel jenes geistigen Bergwaldes eben nur streifte, in die sich der junge Wehner mit seinesgleichen geflüchtet hatte – »wir wenigen Wissenden«[147] – und von denen aus sich das Agieren von Parlamenten, Parteien und Regierungen in der Ebene des politischen Alltags als nichtig und letztlich sinnlos ausnehmen mußte?

Nur gelegentlich stieg er herunter und betrachtete das Treiben aus der Nähe – nie ohne rhetorische Gesten des Abscheus, ja des Ekels[148]. Selten machte er sich die Mühe, aus gleicher Augenhöhe wie die Mehrheit die Welt zu betrachten. Dann gelangen ihm auch scharfsinnige Beobachtungen. In seinem Beitrag »Die Nationalisten rüsten, und wir...?« setzte er sich im Frühjahr 1926 mit den drohenden Gefahren von rechts auseinander, über die täglich berichtet wurde und die die Republikaner immer nervöser machten. Auch wenn hier und da ein Plan aufgedeckt und einige Reaktionäre verhaftet würden, so täte das der Bewegung keinen Abbruch: »Die Lust am Soldatenleben, die Sehnsucht nach dem ›starken Mann‹ und endlich die Verrottung des demokratischen Systems mit seinem Parlamentsfimmel treiben immer neue Scharen in die Reihen der Nationalisten. Es ist nicht richtig, daß man diese Bewegung unterschätzt, und es sind nicht immer lediglich finanzielle Motive, die so viele Arbeiter zu den Rechtsradikalen gehen ließen. Seht Euch die Proletarier in ihren meist schäbigen Uniformen an! Den meisten schaut die Rauflust[149] und das Vergnügen am Stechschritt aus den Augen.«

Er analysierte dann die einzelnen Stationen dieser Bewegung: Der scheinbar mißglückte Kapp-Putsch habe doch einen gewissen Erfolg für sie gebracht. Die »radikalen Revolutionäre« seien weiter zurückgedrängt worden, während sich die Demokratie habe festigen können. Die Demokratie sei aber für die Rechte kein ungünstiger Boden: »Das Parlamentssystem, die dauernden Regierungskrisen sind für die Nationalisten natürlich gute Propagandamittel. Sie begründen damit ihren Ruf nach einer straffen nationalen Diktatur, genauso wie wir daraus den Schluß ziehen, daß eben die Demokratie beseitigt werden muß und an ihre Stelle die Regierungslosigkeit zu treten hat.«

Trotz des nicht zu leugnenden Realitätssinnes in manchen Passagen – der daraus gezogene Schluß entbehrte der Logik: Wenn angesichts der Schwächen der Demokratie der Ruf nach dem »starken Mann« bis weit in die Arbeiterschaft hinein auf wachsende Resonanz stieß, wurde für die Anhänger der »Regierungslosigkeit« der Raum für wirksame Argumente immer enger. Um sich wieder Platz zu verschaffen, mußten alle politischen Kräfte, die »rechts« von ihm selbst standen, ineinandergeschoben werden. Die Kommunisten wurden so zu »Freunden der Republik« gemacht. Ihr Kampf sei weiter nichts als »eine Schützenhilfe des bestehenden Staates«.

Die proletarischen Hundertschaften des Jahres 1923 in Sachsen und Thüringen seien zwar marschiert und hätten demonstriert, aber »zu entschlossenem Handeln« seien sie nicht gekommen. Sozialdemokratische Hundertschaften hätten gar die Partei gegen die rebellierenden

Erwerbslosen unterstützt. Als dann die Reichswehr eingerückt sei, habe sich das Gros der Proletarier »dem Kommißstiefel« gefügt. Dann folgte ein Satz, der die Summe seiner revolutionären Empfindungen enthielt: »Und das konnte man nicht anders erwarten, denn Menschen, die kleine und enge Ziele und Anschauungen haben, können nicht groß und heroisch kämpfen.«

Nach diesem Befund fällt es ihm leicht, alle Gegner in einen großen Sack zu stecken: Das »Gespenst des Nationalismus« säße tief in den Köpfen vieler, die dagegen zeterten. Sie wollten nur die Farbe ändern. Im Grunde gehörten sie alle in ein Lager, Monarchisten und Republikaner. Beide forderten Unterwerfung unter das Staatsprinzip. Einst werde »die Schlacht geschlagen nicht zwischen Nationalisten völkischer und solchen republikanischer Schattierung«, sondern zwischen denen, die Freiheit wollten, und den Staatsanhängern. Am Schluß der Aufruf, die »Kräfte zu stählen« für den Kampf um die Beseitigung der »Zwangsinstitution Staat«: »Das tun wir nicht in Umzügen noch durch Musikcorps. Dazu muß jeder Einzelne seine ganze Kraft aufbieten, um zunächst Klarheit zu erlangen über die Zusammenhänge in Staats- und Wirtschaftsleben und dann, ausgerüstet mit diesen Kenntnissen, durch unermüdliche, zähe und feurige Propaganda mehr und mehr Genossen für unsere Arbeit zu gewinnen. Die Nationalisten rüsten, sie gehen ihren Weg. Die ›revolutionären‹ Arbeiter rufen nach der Polizei, spielen Soldaten und vergeuden ihre Kräfte. Wir wollen auch rüsten, auf unsere Art.«[150]

Hohe Ansprüche an sich selbst und die Weggefährten, die zeitübliche Militarisierung der Sprache (stählen, rüsten, Kampf, Schlacht), der Drang, sich der schnöden Wirklichkeit durch Flucht in eine »heroische« Selbstbeschwörung zu entziehen (alle anderen seien Reaktionäre): In solche Reflexe mündete meist der Versuch, sich der Wirklichkeit zu nähern.

Der Realitätssinn brach immer dann durch, wenn es Ereignisse gab, die mit eigenen Erfahrungen verknüpft waren oder von denen er sich indirekt betroffen fühlte. So wandte er sich wenig später gegen die antisemitischen Verfolger des in Hannover lehrenden Philosophen und Publizisten Theodor Lessing, der zwei Jahrzehnte zuvor in Dresden die ersten Volkshochschulkurse eingerichtet hatte. Ihm war im Sommer 1926 nach einer langen Hetzjagd rechtsorientierter Studenten im Verbund mit der Hugenberg-Presse von seinen Kollegen das Lehramt entzogen worden. Lessing hatte schon im April 1925 anläßlich der Wahl

Hindenburgs zum Reichspräsidenten über diesen geschrieben: »Die Natur hat ihn so einfach, so gradlinig und selbstverständlich gewollt, daß es überhaupt nichts zu entwickeln gab; nur die unbedenkliche Entfaltung eingeborener Vorurteile. [...] Nur [...] ein Zero. Man kann sagen: ›Besser ein Zero als ein Nero.‹ Leider zeigt die Geschichte, daß hinter einem Zero immer ein künftiger Nero verborgen steht.«[151]

Da Wehner selbst wegen eines Anti-Hindenburg-Artikels einige Tage in Untersuchungshaft geraten war – das Verfahren wurde schließlich aufgrund einer Amnestie eingestellt –, fühlte er doppelt mit. In einem Artikel über »Neue Antisemiten« hieß es: »Der Antisemitismus feiert heute Triumphe, das ist das sicherste Zeichen für das Verfallsstadium, in dem wir uns befinden. Die Hetzereien, die sich bis zu Tätlichkeiten verdichteten gegen den Professor Lessing, sind ein Beispiel für die unglaubliche Rohheit, die den Hütern des Deutschtums eigentümlich ist. Man mag zu Lessing stehen, wie man will (politisch haben wir mit ihm nichts gemein[152]), aber man muß sich wenden gegen die Dummheit, die sich immer wieder Luft macht in Judenverfolgungen. Jeder Antisemit, und wenn er sich auch ein scheinsozialistisches Mäntelchen übergezogen hat, ist ein Helfer der Reaktion.«[153] Das Zitat dokumentiert erneut die Klarsicht und Urteilsfähigkeit des noch nicht ganz Zwanzigjährigen, wenn er eindeutig Sympathie mit der verfolgten Person oder Sache empfand.

Hier ist es sinnvoll, innezuhalten und sich der bisher vernachlässigten Frage zuzuwenden: Wie lernt jemand politisch zu urteilen, der wie der junge Wehner gewiß kein reiner Autodidakt war, aber dessen wesentliche Züge aufwies? Zunächst durch unmittelbare Anschauung, Erfahrung, auch durch die Rohheiten, die sich Menschen im betrieblichen und sonstigen Alltag zufügen und durch die Schläge im buchstäblichen[154] wie übertragenen Sinn, die politische Gegner austeilen. Auch durch Texte? Gewiß! Aber weniger durch Texte, die die Alltagserfahrungen bestätigten, deren politische, soziale und wirtschaftliche Ursachen plausibel zu machen versuchten; mehr durch Autoren, die als Siegespreis des politischen Kampfes gegenseitige Hilfe, Freude, Harmonie, Glück verhießen, die Ästhetik der Gefühle und Sinne ansprachen, das geistige Bedürfnis nach Kohärenz, Synthese und Identität erfüllten und die Widersprüche, Antagonismen, Zerklüftungen der vorgefundenen Politik und Gesellschaft zwar nicht leugneten, aber auch nicht durch alleinseligmachende Dogmen und Axiome erklärten: »Die Schriften, die meine Freunde und ich verschlangen, studiert, diskutiert und beraten haben, das waren die Schriften von Gustav Landauer [...], der uns wiederum Martin Buber erschloß. Das waren Schriften von Proudhon, dem Franzosen. Das waren Schriften von Kropotkin, ›Die Ethik‹ zum Beispiel. [...] Wir sind dann erst allmählich durch einen sehr belesenen Facharbeiter in unserem Kreis, der einige Jahre älter war als wir, der aber auch nicht orthodox war und uns helfen wollte, auf Marx gekommen. Unser Streben war, eine Ordnung zustandebringen zu helfen, in der die Freiheit der Person, des Menschen, der Persönlichkeit das Entscheidende war. Damit fingen wir an. Und das Zweite war das Recht frei miteinander lebender Persönlichkeiten. Das Dritte war: Man muß gewisse ökonomische Schritte möglich machen.«[155]

Aus der Rückschau klingt vieles geordneter und plausibler als in der Sprache des Leidens und der Leidenschaft, der inneren Krisen und der radikalen Verzweiflung, die in den Beiträgen des jungen Anarchisten Herbert Wehner immer stärker dominierte. Von Landauers Anarchismus als einem Sozialismus des Gewissens, der Umkehr, des Wiederanschlusses an die Natur, der magisch-prophetischen Verkündigung des neuen, von innen kommenden Reiches Gottes, wie es in dessen Reden und Schriften, vor allem im »Aufruf zum Sozialismus« (Berlin 1911) zum Ausdruck kommt, begann er sich mehr und mehr zu entfernen.

Name und Werk eines Mannes, den er in seinen späteren Äußerungen zur eigenen Biographie meist verschwieg, rückte immer stärker in den Mittelpunkt: Michail Bakunin. Zu dessen fünfzigstem Todestag schrieb er im Juni 1926 unter der Überschrift »Bakunin uns voran!«: »Ein verhältnismäßig geringer Teil der Arbeiterbewegung befaßt sich noch mit den Ideen Bakunins [...]. Seit reichlich fünfzig Jahren hat sich die Arbeiterschaft, soweit sie überhaupt ihre Lage ändern will, fast ausschließlich die Lehren Karl Marx' angeeignet. Diese Lehre duldet aber keine andere neben sich, sie will alles sein, sie will die Gehirne absolutistisch beherrschen.« Angesichts dieses Herrschaftsanspruchs des weltlichen Gottvaters Marx, gegen den er rebellierte – die Anklänge an die biblische Metaphorik (»Du sollst keine anderen Götter neben mir haben.«) sind offenbar nicht zufällig –, erscheinen die geistigen Waffen, die Bakunins Lehre liefert, wie »neue scharfgeschliffene Streitäxte«, mit denen die Arbeiter »wuchtigere Streiche austeilen« könnten als mit den »alten Hellebarden«.

Sein Credo, etwas zu tun, findet Wehner durch Bakunin bestätigt: »›Der Mensch ist nicht nur, was die Natur und die Verhältnisse aus ihm gemacht haben, sondern auch das, wozu er sich auf dieser gegebenen Grundlage selbst macht‹, so sagt Bakunin, und dieser Satz ist so wichtig, daß ihn jeder kennen sollte. Er steht in scharfem Gegensatz zu der bequemen Weisheit, daß der Mensch nichts sei als das Produkt seiner Verhältnisse. Wer alles den ›Verhältnissen‹ überläßt, wer glaubt, der Fortschritt gehe ohne unser Zutun vonstatten, der irrt. Selbständigkeit, Tatkraft, Freiheitsdrang fehlen unseren Arbeitern, ein Eindringen in Bakunins Gedankenwelt würde ihnen helfen.«

Etwas tun gegen die »Verhältnisse«, individuell und kollektiv frei zu sein, wozu die von ihm ausführlich zitierte Lehre Bakunins aufrief – es gibt kaum politische Bedürfnisse, die für junge Menschen elementarer sind: Was tun! Aber wie? Die Gewaltfrage rückte immer mehr in den Vordergrund. Und wieder zitierte er Bakunin: »Eindeutig sprach er aus, daß der Bankrott der Staatsorganisation nur auf gewaltsamem Wege herbeizuführen sei. Bakunin wußte, daß, nachdem der gesetzliche Schutz des Eigentums gefallen sein würde, der Bürgerkrieg ausbrechen werde. Aber er wußte zugleich, daß die Arbeiter in ihren Föderationen sich der Wirtschaft bemächtigen würden. Nicht Wählerei und politische Scheinarbeit führen zum Ziele. Die Waffen der revolutionären Arbeiter sind die direkte Aktion, der Aufstand. Und so wenig es unsere kommunistischen Arbeiter wahrhaben wollen, in den Zeiten des Aufruhrs bedienten sie sich instinktiv der Mittel, die Bakunin empfahl und anwendete. Nur mußten die Aktionen bis jetzt fehlschlagen, weil das Ziel ein falsches war.«[156]

Den »bestehenden Staat [...] zerschlagen«, die »politische und ökonomische Befreiung des Volkes« durch den »Neubau der Gesellschaft« voranbringen, den zu Bakunins Zeiten (angeblich) auf die Massen ausgeübten Einfluß der »vorgeschrittenen Revolutionäre« wiedergewinnen und das von Bakunin begonnene Werk des Zusammenschlusses der »Revolutionäre aller Richtungen [...] zur Tat«, schließlich statt fatalistischer Menschen »Kämpfer« schaffen, »die den Satan im Leibe haben« – dieses im Geiste Bakunins die Menschen nicht nur an ihren Interessen, sondern »an ihren Leidenschaften« fassen wollende Programm atmete trotz der großen sprachlichen Gesten Verlegenheit: Wie sollte es weitergehen? »Revolutionäre Tat« – ein Begriff, der nun ständig wiederkehrt, ja fast zur Obsession wird, sprachlich nicht mehr steigerbar ist. Zeigte er an, daß der zunehmende Innendruck nur noch entlastet werden konnte durch äußere Aktion, durch eine (die?) revolutionäre Tat? Oder stellte dieses wiederkehrende *ceterum censeo* nur den Versuch dar, in einer von Gewalt und gewalttätiger Sprache ringsum erfüllten Welt überhaupt durchzudringen?

»Krieg dem Kriege« hatte ein anderer, nur wenig älterer Anarchist und Pazifist, der Berliner Ernst Friedrich, seine 1924 erschienene Antikriegsfibel mit ihren Hunderten von Fotografien der Schlachtfelder des Ersten Weltkrieges, der Hekatomben von Gefallenen, Hingerichteten, Verhungerten und Kriegsverstümmelten genannt – erneut ein Beispiel dafür, daß nicht die Tatsachen selbst, sondern erst deren in Bildern übermittelte Botschaft die Zeitgenossen schockierten.

Etwas von dem Drang, sich sprachlich steigern zu müssen, um durchzudringen und Wirkung zu erzielen, hat auch den jungen Wehner beeinflußt. Diese Erklärung reicht aber nicht aus.

Im Frühjahr 1926 hatte der Zwanzigjährige einen Lebensabschnitt erreicht, der mit der Bezeichnung Ende der Lehrzeit formal richtig, hinsichtlich der Seelenlage aber unzureichend beschrieben ist. Das gilt zumindest für die Lehrzeit im Betrieb. Trotz der auch in der Arbeitswelt der kaufmännischen Angestelltenberufe stärker werdenden Mischung aus abstumpfender Routine durch Verrichten untergeordneter Tätigkeiten und aus Entfremdung durch zunehmende Arbeitsteilung und Rationalisierung war die Lehrzeit doch eine Art Schonraum gewesen, in dem die körperlichen wie geistigen Kräfte nie so gefordert worden waren, daß dadurch das politische Engagement, insbesondere die publizistische Tätigkeit, hätte leiden müssen. Das Gegenteil darf angenommen werden. Die neuen Kenntnisse und Fertigkeiten, insbesondere die technischer Art, von der Stenografie bis zum Schreiben auf der Maschine, trugen dazu bei, daß seine publizistischen Fähigkeiten sich voll entfalten konnten.

Ende der betrieblichen Lehrzeit hieß, diesen Schonraum zu verlassen, sich in das Heer Hunderttausender arbeitsloser Angestellter einzureihen. Wehners Bemerkung im Mai 1926 »›Stempelbrüder‹, wie man uns Arbeitslose oft verächtlich nennt«[157] zeugt von dem Schwund des Selbstwertgefühls, das auch den »frischen« Arbeitslosen bald erfaßt.

Die strukturellen Ursachen der Arbeitslosigkeit in Zeiten der Rationalisierung wurden durch konjunkturelle Probleme verschärft. Erst ab Herbst 1926 war der ein Jahr zuvor begonnene Konjunktureinbruch überwunden.[158]

Die Frage »Was tun?« stellte sich also nicht nur theoretisch, sondern war mit der eigenen Existenz unmittelbar verbunden. Da die »Festung Familie« weiterhin Zuflucht bot – noch war der Vater nicht, wie dann seit Anfang der dreißiger Jahre, dauernd arbeitslos –, war dies nicht nur eine materielle Frage, sondern eine, die an die Wurzeln des Selbstbewußtseins ging. War nicht die Fähigkeit, künftig, auch materiell, auf eigenen Füßen zu stehen, verknüpft mit der von ihm immer wieder vorgetragenen Forderung nach Freiheit und Selbständigkeit all derer, die gleich ihm Revolutionäre der Tat zu sein beanspruchten? Ein banal klingender, aber für die Stabilität des eigenen seelischen Haushalts folgenreicher Prozeß, der krisenhaft verlief, ja verlaufen mußte. Selbst wenn es keine suizidverdächtige Lebensbilanzkrise war, zeigte doch die selbst den »Satan« bemühende Sprache den Hochreizungszustand dieser Orientierungskrise an. Bei dem die meisten Beiträge abschließenden Motto »Not tut die revolutionäre Tat« war besonders das Anfangswort wörtlich zu nehmen.

»Revolutionäre Tat« hieß auch die Zeitschrift, die Wehner zusammen mit anderen Mitgliedern der Dresdener »Anarchistischen Tatgemeinschaft« seit Mai 1926 herausgab. Der Untertitel lautete: »Anarchie ist nicht Chaos, sondern Ordnung ohne Herrschaft.« Die »Anarchistische Tatgemeinschaft«, die sich bis zum Frühjahr 1926 »Gruppe Junge Anarchisten« genannt hatte, traf sich zu ihren Diskussionsabenden jeden Dienstag in der Gaststätte »Zur Nachtigall« in der Tieckstraße in Dresden-Neustadt[159]. In einer der raren Veranstaltungsankündigungen hieß es in der für Wehner typischen Diktion: »Jeder Genosse, der wirklich Arbeit leisten will, erscheine und helfe mit!«[160] »Was ist zu tun?« war der erste Leitartikel der *Revolutionären Tat*, den Wehner verfaßt hatte, überschrieben.

Nicht nur das deutsche Volk (»das knechtseligste und zufriedenste aller Völker«), sondern auch die deutschen Arbeiter (»bestimmt spießbürgerlicher als die von ihnen oft geschmähten Bürger«) wurden hier in gewohnter Weise aufs Korn genommen: »Wer ist gesetzliebender und duckmäuserischer als ein deutscher Proletarier? [...] Vor dem Kriege bestand die ›revolutionäre‹ Tätigkeit der meisten Arbeiter darin, zur Wahlurne zu gehen, dann und wann zu demonstrieren und Forderungen aufzustellen an die herrschende Klasse. [...] Die Anzahl derer, die wußten, daß ihnen niemand helfen würde, wenn sie es selbst nicht täten, war immer verschwindend gering.« Scheidemann, Ebert und Noske (»dieses leuchtende Dreigestirn am engen Horizont der deutschen Sozialdemokraten«) warf er vor, daß sie wohl den Namen des Staates, nicht aber das System geändert hätten. »Der Staat selbst, der, gleichviel welche Form und welchen Namen er innehat, immer Unterdrückung der

»Anarchie ist nicht Chaos,
sondern Ordnung ohne Herrschaft«
lautete das Motto der
»Anarchistischen Tatgemeinschaft«,
die sich jeden Dienstag in
der »Gaststätte zur Nachtigall«
in Dresden-Neustadt zu Diskussionen traf.

Freiheit und Vergewaltigung des wirklichen Lebens bedeutet, blieb unangetastet. [...] Ich aber behaupte, daß die Freiheit und Eigenheit des Einzelnen beschnitten wird, ob nun einer regiert oder viele.«

Daraus zog er einmal mehr den Schluß: »Der Einzelne hat selbst sein Leben zu gestalten. Frei wollen wir uns verbünden mit Freien, und das kann nicht im Staate geschehen! Die Mittel hierzu bestehen nicht in der ›Eroberung der politischen Macht‹ im bestehenden Staate. Dadurch setzt sich die Kette der Unfreiheit nur weiter fort. Die Arbeiter haben sich mit dem Gedanken vertraut zu machen, die Betriebe zu übernehmen und mit bewaffneter Hand zu verteidigen. Der bewaffnete Aufstand ist unumgänglich notwendig.«

Außer der Bemerkung, daß die Arbeiter sich auf ihre »ungeheure Macht« besinnen sollten, machte er keine konkreten Vorschläge, wie, wann und wo dieser Aufstand zu organisieren sei. Er pries nur das Leben in den anarchistischen Gruppen als »Keimzellen für das neue Leben« an, »das sich abspielen wird ohne Zwang, basierend auf freien Verträgen«. Schließlich der erneute Hinweis, daß keine Zeit zu verlieren sei, »denn sonst kann es sein, daß wir alle untergehen im Drecke. Der erste Schritt, den jeder tun kann, ist, sich freizumachen von dem Untertanengemüt.«[161]

Hier tauchte in anderem Gewande jene messianische Prognose Rosa Luxemburgs wieder auf, daß diese Welt nur zwei Möglichkeiten habe: Aufstieg in den Sozialismus oder Untergang in der Barbarei. Wehner hat sie häufig auch in dieser Fassung erwähnt, weil sie insgesamt seiner Vorstellung einer zweigeteilten Welt entsprach. Neben den die verschiedenen Richtungen verkörpernden Klassikern des Anarchismus wie Stirner, Proudhon, Bakunin, Kropotkin und Landauer war Luxemburg die einzige marxistische Sozialistin, die er uneingeschränkt positiv zitierte.

Mit Vehemenz wandte er sich gegen die »besoldeten Bonzen« der KPD, die auf Theorien herumritten, denen aber »ein heißes Herz und Tatwille« nichts gelten würden: »Sie vermögen es heute, Rosa Luxemburg als ›objektiv konterrevolutionär‹ zu beschimpfen und haben ausgerechnet, daß ihr Kampf und Tod ›politisch unrichtig‹ waren. Damit wir freies Feld bekommen, müssen wir diese Schmarotzer davonjagen.«[162] Die Tatsache, daß er Luxemburgs Namen so hochhielt, hing nicht nur damit zusammen, daß es in seiner Umgebung ältere Freunde gab, die ihr persönlich nahegestanden hatten[163] oder auch nur ihre Schriften genau gelesen hatten, sondern daß sie wie keine andere revolutionäre Persönlichkeit – jedenfalls in Deutschland – die Einheit von Theorie und Praxis, auch der eigenen Lebenspraxis, verkörperte.

Das Streben nach dieser Einheit war es, was ihn neben ihrem persönlichen Schicksal und dem allgemeinen Mythos Revolution am meisten anzog: »Wir rufen auf zur revolutionären Tat, doch wir wollen auch, daß Denken und Tun zusammenpassen. Solange Theorie und Praxis nicht harmonieren, wird das Proletariat unfähig sein zum Aufbau des Sozialismus.«[164] Immer wieder von Selbstzweifeln heimgesucht (»glücklich wäre ich, wenn nur in einem einzelnen Menschen der Funke aufflammen würde durch meine Worte«[165]), wandte er sich aber nicht nur gegen KPD und SPD (»am schlimmsten handeln die Sozialdemokraten, die es verstanden haben, die Massen für die bürgerliche Politik zu interessieren. Sie täuschen das Proletariat, indem sie den Anschein erwecken, als spiele sich die Weltgeschichte in den Parlamenten ab«[166]). Zu Gegnern erklärte er vielmehr alle, die sich mit Hilfe der »zurechtgemachten« und zur »Tatenlosigkeit verdammenden« Wissenschaft des Marxismus nur darum bemühten, nach den Ursachen der Not zu forschen, ohne diese zu bekämpfen. Sie erklärte er zu Menschen, die vom »Bildungsfimmel besessen« seien. Die »kulturrevolutionär« klingende Sprache sollte keineswegs eine Haltung im Sinne von »Unwissen macht frei« fördern, sondern versuchte vor allem, auf die aktuelle Krise hinzuweisen, die in den Analysen der Linken ausgeblendet wurde.

Der Aufschrei eines unmittelbar Betroffenen (»Jeder, der an Leib und Seele die Not fühlt, in der breite Massen gezwungen sind zu leben«[167]) ging weit über das hinaus, was uns seit der Romantik in mehreren Wellen der bürgerlichen »kulturrevolutionären« Jugendbewegung als Protest gegen die Herrschaft der bürokratischen Vernunft über die Sinne, der Institutionen über die individuellen Wünsche bekannt ist. Er war insofern existentieller, als er auf das Ineinanderwirken von materiellen und immateriellen Bedingungen hinzielte: »Wir sind nicht Herren der Wirtschaft – das ist der Grund. Trotzdem wir Bedarf nach Lebensmitteln, Möbeln, Wohnungen, Büchern usw. haben, können wir sie nicht bekommen, weil einer da ist, der uns am Zugreifen, ja selbst am Arbeiten hindert: der Unternehmer [...]. Dieser Macht gegenüber ist die Verfassung nichts weiter als ein elender Fetzen mit Phrasen bedruckten Papiers. [...] Was nützt die Verfassung dem arbeitslosen, hungrigen Proleten? Was nützt sie der zum Selbstmord getriebenen Mutter, die ihre Kinder nicht mehr ernähren kann? Sozialdemokratische Abgeordnete, Regierungen und Polizeipräsidenten führen das große Wort. Sie haben das, was sie wollten, politische Macht, Einfluß auf die Gesetzgebung. Wir vegetieren weiter.«[168]

Die bei Marx wie bei seinen Epigonen – sowohl bei der marxistisch-leninistischen Variante wie beim »Volksmarxismus« der sozialdemokratischen Theoretiker – weitgehend vernachlässigten kulturellen Bedürfnisse[169] der jungen Arbeiter und Arbeiterinnen sowie der aus dem Arbeitermilieu hervorgegangenen Angestellten wurden hier mit Vehemenz eingefordert. Zwar hatte – wie schon erwähnt – die sozialdemokratische und gewerkschaftliche Praxis vor Ort nach 1918 teilweise mit Erfolg begonnen, diesen Mangel auszugleichen. Damit erreichte sie aber nur eine Minderheit. Im übrigen hatte sich Wehner durch seinen Austritt aus der SAJ von solchen Angeboten selbst abgeschnitten.

Der durch materielle wie kulturelle Not angetriebene leidenschaftliche Wille zum revolutionären Wandel rückte immer mehr ins Zentrum seines politischen Credos: »Wenn das Proletariat nicht verkommen will, wenn es der Menschheit eine Zeit kultureller Höhe erkämpfen will, dann muß es sich vorbereiten zur sozialen Revolution.«[170]

Demgegenüber wirkten seine Versuche, die ökonomischen Gründe der kapitalistischen Überproduktion zu analysieren, eher blaß und angelesen. Zu den weitgehend aus Rosa Luxemburgs »Akkumulation des Kapitals« übernommenen Erklärungen der durch kapitalistische Durchdringung der Welt geschaffenen Dauerkrise sowie der damit einhergehenden Verelendung des Proletariats durch Unterkonsumtion kommt als weitere Erklärung der Hinweis auf die Rationalisierung, durch die »weitere Massen unterernährter Arbeiter aus den Betrieben hinaus und aufs Pflaster geworfen werden [...]. Rationalisierung unter Beibehaltung des Kapitalismus bedeutet Vernichtung. Denn die Sterbestunde des kapitalistischen Systems hat geschlagen. [...] Ein einziger Weg steht offen, den müssen wir beschreiten, oder wir versinken in eine Barbarei, wie sie noch nie da war. An die Stelle des verrotteten Kapitalismus müssen wir den Kommunismus setzen. Die Diktatur des revolutionären Proletariats wird den demokratisch-republikanischen Staat beseitigen, und die Räterepublik soll die neue politische Form sein.«[171] Das hämmernde »Muß«, der revolutionäre Tatwille stand am Ende jedes Versuchs einer Lageanalyse. Anders waren auch die Widersprüche zwischen Voluntarismus auf der einen und dem Abscheu vor politischer Machtausübung auf der anderen Seite kaum zu überbrücken.

Hatte er bedacht, daß ökonomische und soziale Strukturen sich einem rein voluntaristischen Zugriff entziehen, daß sie sich in einem anderen

Zeitmaß entwickeln? Die gewollte Mißachtung dieser Erkenntnis durch die politische Führung bezahlten im bolschewistischen Rußland Millionen Menschen mit ihrem Leben. Obgleich seine ständigen Klagen über die Trägheit der Massen – im buchstäblichen wie im übertragenen Sinne – den Sachverhalt, das andere Zeitmaß, intuitiv richtig erfaßten, vermied er es, sich dieses Spannungsverhältnis bewußt zu machen. Jahrzehnte später hat der alte Wehner sehr darauf geachtet. Der junge Wehner litt sichtlich daran, daß sowohl der Glaube an spontan entstehende Revolutionen wie auch der revolutionäre Tatwille einzelner und kleiner Gruppen von der Wirklichkeit täglich widerlegt wurden.

Die stets wiederholte Erinnerung an beispielhafte Revolutionäre wie Max Hoelz und Erich Mühsam hatte deshalb einen so beschwörenden Klang, weil ihre Taten eine Art Flucht aus der Ausweglosigkeit anzubieten schienen: »In den Kerkern ruht die Elite der revolutionären Bewegung.«[172] Der inneren Logik dieses Satzes zufolge mußte die Befreiung derer, die in seinen Augen so »groß und heroisch«[173] gekämpft hatten, auch den langersehnten revolutionären Aufschwung bringen. Für dieses Ziel kämpfte er durch seine 1925 schon begonnene Mitarbeit in der »Roten Hilfe« bei der Betreuung der politischen Gefangenen und ihrer Angehörigen, durch seine Artikel sowie durch die organisatorische Unterstützung, die er Erich Mühsam, einem der endlich freigelassenen »mutigen und entschlossenen Führer im Befreiungskampfe«, bei der Arbeit an der Zeitschrift *Fanal* leistete.

Wie kam es zu dieser Zusammenarbeit? Entsprach Mühsam dem von Wehner immer höher gehängten Idealbild des revolutionären Tatmenschen? Mußten sich dadurch nicht neue Enttäuschungen einstellen?

Auf die erste Frage gibt es nur eine sehr unvollständige Antwort. Es gibt Hinweise, daß Wehner Mühsam während einer antimilitaristischen Kundgebung in Dresden am 4. August 1925 persönlich kennengelernt hat. Mühsam war im Dezember 1924 durch die »Hitler-Amnestie«[174] vorzeitig aus der Zuchthaushaft freigekommen, nachdem er im Juli 1919 wegen »Hochverrats«, wegen seiner Beteiligung an der Münchner Räterepublik, zu 15 Jahren Haft verurteilt worden war. Auf der Dresdener Kundgebung hatte Mühsam seiner Vorstellung einer Einheitsfront von revolutionären Anarchisten und Kommunisten dadurch Ausdruck gegeben, daß er »zu den schwarzen Fahnen unserer Junganarchisten auf der Rednertribüne noch eine von den Roten Frontkämpfern gebrachte rote Fahne befestigen« ließ und auch später keinen Hehl daraus machte, »daß die jungen Genossen vom Frontkämpferbund und Roten Jungsturm diese Fahne erst auf ausdrückliches Ersuchen von unserer Seite geholt haben«[175].

Ursprünglich wollte ihn die lokale Gruppe der Allgemeinen Arbeiter Union/Einheitsorganisation (AAUE) nach Dresden holen. Auf deren Anfrage schrieb er ihr seine Ansichten über Antimilitarismus, worauf die Gruppe es ablehnte, ihn als Redner zum Antikriegstag zu bestellen. Die Dresdener Syndikalistisch-Anarchistische Jugend, zu deren Umkreis Wehner und seine Freunde damals noch gehörten, war anderer Ansicht als die bejahrteren Genossen und arrangierte für den 4. August 1925 eine antimilitaristische Kundgebung mit Mühsam als Referenten.

Die Tatsache, daß die Dresdener Zeitung der KPD ihre Anhänger zum Besuch der Versammlung mit dem »Genossen Mühsam« aufrief, erboste ältere Anarchisten ebenso wie der Umstand, daß KPD-Organisationen wie der Rote Frontkämpferbund und der Rote Jungsturm ihre Fahne auf der Bühne aufpflanzen konnten und daß schließlich auch die schwarze Fahne der anarchistischen Jugend, mit der der Vorstandstisch drapiert war, Sichel und Hammer als Symbole trug. Die antimilitaristische Kundgebung, bei der Diskussion nicht zugelassen wurde, weil, wie der Einberufer erklärt haben soll, daran »nur Pazifisten und Sozialdemokraten Interesse« hätten, wurde mit dem Lied »Brüder, ergreift die Gewehre! Auf zur entscheidenden Schlacht [...]« eröffnet. Mühsam soll dann in seinen Ausführungen an dieses Lied angeknüpft und erklärt haben: »Wir sind keine Antimilitaristen, sondern Militaristen!«

Während Mühsam hier dem Verfasser des kritischen Berichts[176] ein Mißverständnis nachweisen konnte – er hatte gesagt: »Wir sind keine Pazifisten, sondern Antimilitaristen« – und zugleich mitteilte, daß Sichel und Hammer als »Sinnbild der Arbeit ein uraltes Abzeichen der Werktätigen« seien, stieß sein Wunsch, die jungen Anarchisten, wenn sie schon ein Abzeichen tragen wollten, sollten »die schwarze Fahne mit rotem Sichel und Hammer anstelle des zerbrochenen Gewehrs, des Bekenntnisses zur Gewaltlosigkeit«, wählen, auf entschiedenen Widerspruch in der mehrere Monate andauernden Kontroverse.[177]

Zu Recht wurde eingewandt, daß das »im Zeichen der aufgehenden Sonne von starken Arbeiterfäusten zerbrochene Gewehr [...] Sinnbild der Vernichtung aller Mordwaffen« sei, »die nur zur Niedermetzelung des Proletariats verwandt werden«[178], und das Tragen dieses Abzeichens viele der Genossen ins Gefängnis gebracht habe, weil jeder Staatsanwalt darin das Bekenntnis zur Revolution erblicke[179].

Noch schwerer tat Mühsam sich mit seiner »Einschätzung des Wertes von proletarischen Kampforganisationen«, wie dem Roten Frontkämpferbund und dem Roten Jungsturm. Die Aufstellung »nationalistischer Formationen durch das Industriekapital und des Reichsbanners durch das Finanzkapital [sic!]« machten »entsprechende revolutionäre Organisationen unter der verbindenden roten Fahne notwendig«.[180]

Seinen Kritikern war dies Argument offenkundig zu schlicht. Sie wiesen darauf hin, daß der Rote Frontkämpferbund eine »geschlossene militaristische Organisation« sei, in der »Disziplin und Kadavergehorsam« verlangt werde wie in jeder anderen Armee. Auch die Rote Armee sei ein »Machtmittel in der Hand der Befehlshaber«. »Auf Befehl Trotzkis« habe sie die Kronstädter Matrosen und Arbeiter niederkartätscht, Machnow in der Ukraine bekämpft, in Georgien, Archangelsk »und allerorts« die Arbeiter niedergedrückt, die Diktatur der russischen Regierung aufrechterhalten und die anarchistischen Genossen ins Gefängnis gebracht und getötet. Das Fazit lautete im Sperrdruck: »Das Bekenntnis zum Anarchismus-Syndikalismus ist unvereinbar mit Zugehörigkeit zum Roten Frontkämpferbund und zum Roten Jungsturm.«[181]

Besonders erbittert waren Mühsams Kritiker über dessen Empfehlung, den 1925 in Buchform und in mehreren Sprachen veröffentlichten Bericht einer englischen Gewerkschaftsdelegation über die Erkenntnisse und Erfahrungen während einer Reise durch Rußland zu lesen. Die Tatsache, daß ein anarchistischer Genosse (John Turner) Delegationsmitglied gewesen war und einen Spezialbericht über die Behandlung der linken Revolutionäre in russischen Gefängnissen verfaßt hatte, war zwar in Mühsams Augen eine gewisse Garantie für die Zuverlässigkeit der Angaben und Zahlen des Berichts über die Lebensverhältnisse der breiten Massen in Rußland, nicht aber für die Mehrzahl der ihn kritisierenden Anarchisten, die auf vertrauenswürdigere Berichte eigener Genossen wie auf Veröffentlichungen sowjetischer Gewerkschafter über die elende Lage der Arbeiter verwiesen.

In seiner Antwort auf einen der Kritiker hielt Mühsam »gewissen antiautoritären Genossen« vor, ihnen genüge es, »alles schlecht zu finden«, was in Rußland versucht und geleistet werde. Dann folgte sein an die deutschen Linken gerichteter Hauptvorwurf: »Sie vergessen, daß die russische Arbeiter- und Bauernschaft eine herrliche Revolution hinter sich gebracht hat und vergessen mit ihrem Haß gegen das derzeitige Regime die Solidarität mit den russischen Arbeitern und Bauern überhaupt. Vor allem vergessen Sie, daß das Versagen des westeuropäischen, besonders des deutschen Proletariats den stärksten Anteil an der Schuld daran trägt, daß in Rußland die revolutionäre Bewegung vorzeitig zum Stillstand und teilweise zum Rückgang gezwungen wurde.«[182]

Auch Mühsam benutzte diesen inzwischen zum bloßen Mythos geronnenen Topos, ohne sich dessen bewußt zu sein, daß eine Revolution nach bolschewistischem Muster in Deutschland nicht nur einen fundamentalen Bruch mit den demokratischen Traditionen der westeuropäischen und der deutschen Arbeiterbewegung bedeutet hätte, sondern ihr »Erfolg« Wirtschaft und Gesellschaft in Deutschland so nachhaltig in Mitleidenschaft gezogen hätte, daß kaum mehr eine Chance bestanden hätte, der sowjetrussischen Wirtschaft im Zeichen der »Neuen Ökonomischen Politik« durch die Lieferung von Investitionsgütern und ähnlichem mehr etwas auf die Beine zu helfen. Solche Zusammenhänge zu beachten lag gewiß weit ab von der Art und Weise, wie Mühsam Wirklichkeit wahrnahm. Dieses entlastende Argument entfällt da, wo es um die reine Instrumentalisierung jenes insbesondere gegen das »deutsche Proletariat« gerichteten Vorwurfs durch sowjetische und deutsche Kommunisten ging. Dabei wird deutlich, daß Mühsam die Illusionen, die ihn während der Tage der Münchener Räterepublik begleitet hatten, noch nicht hatte abschütteln können.

Das gilt insbesondere für die Bewertung der Rolle der Kommunisten. Auch die Enttäuschungen, die er während der ersten, »anarchistischen« Phase der Räterepublik mit ihnen erlebte – sie bekämpften ihn und seinesgleichen anfangs nicht zuletzt deswegen voller Wut, weil sie selbst den Zeitpunkt wie den ganzen Ablauf der Revolution bestimmen wollten –, hatten ihn nicht von der Vorstellung abgebracht, die Kommunisten in Deutschland und Rußland seien auch langfristig Verbündete bei der Errichtung eines anarcho-kommunistischen, herrschaftslosen, durch Räte und nicht durch Parteien und Staatsmacht organisierten Gemeinwesens. Deshalb war er im Herbst 1919 – also während der Haft – in die KPD eingetreten, hatte sie allerdings wenige Wochen später aus Gründen, über die er sich etwas wortkarg ausließ, wieder verlassen. Sein persönlicher Rechenschaftsbericht über die Revolutionsereignisse in München vom 7. November 1918 (dem Tag, an dem er als erster auf deutschem Boden in diesem Jahrhundert die Republik ausgerufen hatte) bis zum 13. April 1919 (dem Tag seiner Verhaftung), den er im Festungsgefängnis Ansbach im September 1920 verfaßte, enthielt den Untertitel: »Zur Aufklärung an die Schöpfer der russischen Sowjetrepublik zu Händen des Genossen Lenin«[183].

Die Schrift enthält einige Daten zur »persönlichen Legitimation«, die einen interessanten Einblick in die Selbsteinschätzung und -stilisierung des von Mühsam beschrittenen politischen Weges bieten. Darin hieß es: »Im Alter von 22 Jahren (1900) gewann ich die erste Fühlung mit der revolutionären Bewegung in Deutschland und faßte unter der Leitung Gustav Landauers Fuß in der kommunistisch-anarchistischen Bewegung, der ich treu blieb. Gewisse Schwankungen in der Auffassung, die mich zeitweilig in die Nähe Stirners trieben, dann unter Landauers Einfluß zum Proudhonisten machten, waren zu überwinden, bis sich mein Standpunkt in der Anerkennung des reinen und bedingungslosen Klassenkampfes festigte, wobei mir in den Kampfmethoden stets Michael Bakunin, im Kampfziel Peter Kropotkin (dieser mit geringen Abweichungen) maßgebend waren. Mein Bakuninismus führte mich 1909 zu dem Versuch, in München die revolutionäre Unterweisung des Lumpenproletariats zu unternehmen [...]. In einer 1911 begründeten Monatsschrift *Kain* bemühte ich mich, speziell die akademische Jugend und die Künstlerbohème revolutionär zu beeinflussen und dadurch den Intellektuellen ihre natürliche Zusammengehörigkeit mit dem Prole- tariat bewußt zu machen.«

Danach berichtete er von seinem 1916 unternommenen Versuch, »alle revolutionären Sozialisten« zu einem »illegalen Aktionsbund« zu vereinen, ein Plan, der nicht an dem »zwar skeptischen, aber grundsätzlich bereiten Genossen Karl Liebknecht« gescheitert sei, sondern an den »intriganten Manövern« eines auch schon toten Führers der USPD. Damit war offenkundig Kurt Eisner gemeint, mit dem es durch die Gegensätze in der Beurteilung der russischen Revolution »zum offenen Bruch« kam.[184]

Tatsächlich hatte der 1905 aus der Redaktion des *Vorwärts* wegen seiner revisionistischen Einstellung vertriebene Kurt Eisner auch später während seiner Zugehörigkeit zur USPD nie einen Hehl gemacht, daß er demokratischer Sozialist im Sinne Bernsteins geblieben war und in Deutschland ein den westlichen Demokratien entsprechendes politisches System einführen wollte. Auch außenpolitisch orientierte er sich nach Westen. Die Veröffentlichung bayerischer Dokumente zur Kriegsschuldfrage nach der Novemberrevolution und die »tiefe Verbeugung vor dem großen ›Patrioten‹ Clemenceau« in der ersten Proklamation seiner Revolutionsregierung[185] trugen ihm ebenso den glühenden Haß der nationalistischen Rechten ein wie seine »Reu- und Bittrede« für die Aufnahme Deutschlands in den Völkerbund und die Wiederaufnahme der deutschen Sozialdemokratie in die Zweite Internationale, die er

»den Sozialverrätern der Ententeländer«[186] – so Mühsams bissige, im Jargon Lenins gehaltene Etikettierung – auf der Berner Sozialistenkonferenz in der ersten Februarhälfte 1919 gehalten hatte. Seither wurde in Studenten- und Offizierskreisen offen zu seiner Ermordung aufgerufen.

In diesem halb offenen, halb verdeckten denunziatorischen Stil ging es weiter, als Mühsam über die Januarsitzung des Münchener Revolutionären Arbeiterrates berichtete, bei der er als gewählter Sprecher Eisner gefragt habe, wie er sich das künftige Verhältnis seiner Regierung zu Rußland vorstelle. Die Antwort habe wörtlich gelautet: »Ich unterhalte keine Beziehungen zu einer Regierung, die mit Millionen arbeitet.« – »Übrigens«, so fuhr Mühsam fort, »werdet ihr, russische Genossen, ja durch den Genossen Towla Axelrod erfahren haben, wie Eisner seinen Haß gegen die Bolschewiki an ihm ausließ«[187]. Gleichwohl mußte er der »beschränkten Sippe«, der der Graf Arco (der Mörder Eisners) angehörte, attestieren, daß sie nicht zwischen den »grundsätzlich feindseligen Tendenzen« zu unterscheiden wußte, die Eisner von »uns Kommunisten« trennte.

Der ganze Widerstreit der Gefühle und Verhaltensweisen, der jene Wochen im Winter und Frühjahr 1919 durchtobte und noch den eineinhalb Jahre später geschriebenen Rechenschaftsbericht durchzog, drückte sich in dem anschließendem Befund aus, Eisner habe durch seinen Tod die »proletarischen Revolution« vor dem »Untergang, dem er sie auszuliefern im Begriffe stand« (d.h. er wollte die Macht dem kurz zuvor neugewählten Landtag zurückgeben) gerettet: »Er war mit seinem Tode zum Symbol der bayrischen Revolution geworden, und der Drang der Rache war am stärksten gerade bei den Kämpfern des Proletariats, die bisher Eisners Politik auf das Erbitterste bekämpft hatten.«[188]

Im weiteren Verlauf seines Berichts sparte er weder mit Kritik am eigenen »übereilten Handeln«, unter anderem entschuldigt durch die »Suggestion des ungarischen Beispiels«, noch an der »Geheimdiplomatie« und dem taktisch fehlerhaften Verhalten der »kommunistischen Genossen«, die aber, wie er, einräumte, »im Prinzip im Recht« gewesen seien.[189]

Ob diese Mischung aus enthusiastischem Lob (die russischen Revolutionäre als »herrliche Vorkämpfer der Weltbefreiung«[190]), Selbstkritik und Kritik Mühsam als Person bei den Führern der russischen und deutschen Kommunisten akzeptabler gemacht hat, wissen wir nicht. Aus deren Sicht war dies wahrscheinlich auch eine müßige Frage. Gebraucht wurde Mühsam nicht als Person und als künftig wieder mitkämpfender Genosse. Nützlich war vor allem der von ihm verkörperte Mythos des aufrechten Revolutionärs der ersten Stunde, seine Bereitschaft, sich für die agitatorischen Zwecke der Roten Hilfe einspannen zu lassen und durch sein Beispiel andere Intellektuelle zum Mittun zu bewegen.

Zum Zeitpunkt der Freilassung Mühsams Ende Dezember 1924 hatte die KPD Zuspruch und Mithilfe besonders nötig. Seit Frühjahr 1924 hatten zehntausende Mitglieder die Partei verlassen.[191] In den Reichstagswahlen vom 7. Dezember 1924 hatten ihr zusätzlich fast eine halbe Million Wähler den Rücken gekehrt.[192] Als Mühsam kurz vor Weihnachten 1924 auf dem Anhalter Bahnhof in Berlin eintraf, erwarteten ihn nicht nur mehrere tausend Arbeiter und Jugendliche auf dem benachbarten Askanischen Platz, sondern im von der Polizei – angeblich weil er in der Bannmeile lag – abgesperrten Bahnhof[193] auch Wilhelm Pieck, damals Präsident der Roten Hilfe und Mitglied des Politbüros der KPD.

Daß Mühsam nach der Entlassung der Roten Hilfe seine agitatorischen Fähigkeiten zur Verfügung stellte, obwohl er deswegen heftigen Angriffen aus den Kreisen der Anarchisten ausgesetzt war, die bis zu dem von ihm bestrittenen Vorwurf gingen, er habe davon finanzielle Vorteile, hatte zwei Gründe. Der erste lag in der furchtbaren Not, der nicht nur er selbst und seine Zellengenossen, sondern vor allem die ohne jede öffentliche Unterstützung bleibenden Angehörigen ausgesetzt waren. Im Herbst 1924 waren noch über 7000 politische Gefangene fast ausschließlich linker Herkunft in Haft. Manche von ihnen warteten schon seit 1919 auf ihre Freilassung. Die bürgerkriegsähnlichen Auseinandersetzungen der Jahre 1919 bis 1923 hatten mehrere tausend Todesopfer[194] gekostet, deren Hinterbliebene ebenfalls ohne jede Versorgung dastanden.

Die von Münzenberg und anderen 1921 gegründete deutsche Sektion der Internationalen Roten Hilfe, deren Zweck zunächst darin bestand, die durch Bürgerkrieg und kommunistische Mißwirtschaft entstandene Hungersnot in Sowjetrußland zu bekämpfen, hatte ihre Tätigkeit bald ausgeweitet und sich zunehmend der Hilfe für die Opfer des Bürgerkriegs, der Arbeitslosigkeit und der Justiz in Deutschland gewidmet.[195] Mitte der zwanziger Jahre verfügte sie über umfassende Rechtsschutzeinrichtungen, über eine Personalregistratur mit den Namen der Angehörigen der Gefallenen und der politischen Häftlinge und über einen eigenen Presse- und Nachrichtendienst. Hinzu kamen Erholungsheime für die Kinder der Bürgerkriegsopfer in Elgersburg und Worpswede, wo der Maler Heinrich Vogeler sein Haus zur Verfügung gestellt hatte.

Mit Vehemenz trat Mühsam auch dem häufig erhobenen Vorwurf entgegen, die Rote Hilfe leihe ihren Beistand nur kommunistischen Parteiangehörigen oder mit der Partei Sympathisierenden. Große Schwierigkeiten bereitete seiner Mitarbeit aber ein anderes Problem: »Ganz anders steht es um die Angriffe, die ich immer wieder ertragen muß und die die furchtbare Tatsache betreffen, daß die russischen Kameraden der deutschen Anarchisten und radikalen Kommunisten, die ich für die Rote Hilfe anwerben möchte, in ihrer Heimat selbst die revolutionäre Solidarität des ausländischen Proletariats anrufen müssen, ohne aber dort das Ohr der Roten Hilfe, dieses Sprößlings der Kommunistischen Internationale, erreichen zu können. Ich leugne nicht, daß diese leider sehr berechtigte Beschuldigung mich immer wieder von neuem vor ein schweres seelisches Dilemma stellt. Ich habe die Wahl getroffen, meine Agitation innerhalb der Roten Hilfe auf den Befreiungskampf für die gefangenen und deutschen Genossen zu beschränken. Für die Beteiligung an den Protestaktionen der R.H. zugunsten der Revolutionäre im Ausland werde ich erst zu haben sein, wenn entweder Rußland den übrigen Ländern mit einer General-Amnestie für alle Revolutionäre, soweit sie 1917 unter der roten oder schwarzen Fahne gekämpft haben, vorangeht [...]«[196]

Der zweite Grund für Mühsams Mitarbeit in der Roten Hilfe lag in der Hoffnung, auf diese Weise zur Herstellung der »Einheitsfront des revolutionären Proletariats« beitragen zu können, zum alten Traum nicht nur des Johann Most, dessen gleichnamige Schrift er seinen Kritikern zur Lektüre empfahl[197], sondern all jener freischwebenden Linken, die den linken Parteien mit ihren geschlossenen Ideologien und monopolistischen Führungsansprüchen mißtrauten. Die noch im Frühjahr 1927 von Mühsam ausgesprochene Hoffnung, der bevorstehende Reichskongreß der Roten Hilfe werde sich »mit der völligen Loslösung der Organisation von Parteieinflüssen«[198] beschäftigen und zu entsprechenden Ergebnissen kommen, trog, ja mußte trügen, weil es zum Wesen leninistischer Organisationen gehörte, sich nur dann auf eine »Einheitsfront« – innerhalb einer Organisation oder einer Koalition von Organisationen – einzulassen, wenn diese unter ihrer Führung stand und damit andere beteiligte Gruppen und Organisationen sich zur Selbstaufgabe bereitfanden.

Die Fehleinschätzung leninistischer Organisationsentwicklung ist darauf zurückzuführen, daß Mühsam davon ausging, daß Lenins Theorie nicht gar so weit entfernt von der Bakunins sei. Hinsichtlich Rußlands war dies nicht abwegig. In Bakunins während der Petersburger Haft geschriebenen »Beichte«[199] hieß es: »Ich glaube, daß in Rußland, mehr als irgendwo, eine starke diktatorische Macht notwendig ist, die sich ausschließlich mit der Hebung und Aufklärung der Volksmassen befaßt; eine ihrer Tendenz und ihrem Geiste nach freie Macht, aber ohne parlamentarische Formen; eine Macht, die Bücher freien Inhalts druckt, ohne Druckfreiheit einzuführen; eine von Gleichgesinnten umgebene, beratene und durch deren Mitarbeit gestärkte Macht, die jedoch von niemandem und durch nichts eingeschränkt ist. Ich sagte mir, daß der ganze Unterschied zwischen einer solchen diktatorischen und einer monarchischen Macht darin bestehen würde, daß die erstere dem Geist ihrer Struktur nach erstreben müßte, ihre Existenz so rasch als möglich überflüssig zu machen, da sie nichts als die Freiheit, Selbständigkeit und allmähliche Mannbarmachung des Volkes im Auge hat; während die monarchische Macht nach Verewigung ihrer Existenz trachtet [...] und deshalb ihre Untertanen in einem unveränderlichen Kindheitsstadium halten muß.«[200]

Der Biograph Bakunins, Max Nettlau, hat den Verdacht, jener habe die Diktatur gewollt, zurückgewiesen. Vielmehr habe es sich um eine rein technische Maßnahme, um die »technische Diktatur des Schuhputzens, der Seife und des Besens« gehandelt.[201] Das anthropologische Defizit in Utopien dieser Art – auch die Lenin beeinflussende Vision von Friedrich Engels über die Ablösung der Herrschaft über Menschen durch die »Verwaltung von Sachen« gehört dazu – liegt darin, daß angesichts perfektionierter Herrschafts- und Verwaltungs»techniken« in der modernen Welt »Reinigungsmaßnahmen«, selbst wenn sie – wie bei Lenins Tscheka und GPU – einem Dzierzynski als dem anscheinend reinsten aller Menschen anvertraut wurden, ihre terroristische, letztlich nicht mehr kontrollierbare Eigendynamik entfalten.[202]

Zu den theoretischen Übereinstimmungen zwischen Bakunin und Lenin gehörte neben der These von der Arbeiteraristokratie auch der Voluntarismus, von dem sich Mühsam angesichts der weithin herrschenden deterministischen Geschichtsauffassung des etablierten Marxismus besonders angezogen fühlte. Mühsams Hoffnung auf eine Synthese von Bakunin und Lenin gründete er vor allem auf die von Lenin vor Beginn der Februarrevolution verfaßte Schrift »Staat und Revolution«. Er verkannte dabei deren revolutionsstrategische Funktion ebenso wie die rein dienende, im besten Fall legitimierende Rolle von Theorie in der leninistischen Ideologie überhaupt.

Obgleich er schon vor seiner Haft die Unkontrollierbarkeit der Informationen hinsichtlich des tatsächlichen Geschehens in Rußland beklagte[203] – ein Umstand, der durch die langjährige Festungshaft in Niederschönenfeld noch beträchtlich verschärft wurde – erblickte er in der Oktoberrevolution die Verwirklichung der Vision, für die er lebenslang gekämpft hatte: »Lenin, die russische Revolution und die junge Sowjetrepublik wurden zum Mythos.«[204]

Einer seiner anarchistischen Freunde, Rudolf Rocker, der schon früh auf das Schicksal der von den Bolschewiki verfolgten anarchistischen Revolutionäre aufmerksam machte[205], schrieb dazu: »In den Jahren seiner Gefangenschaft hatte er wenig Gelegenheit, den inneren Vorgängen in Rußland zu folgen, und so war es für einen so temperamentvollen und heißblütigen Revolutionär wie Erich nur natürlich, daß er auch nach seiner Befreiung noch dieselben Illusionen hegte, von denen er sich erst allmählich, aber dann auch gründlich befreite.«[206]

Daß er gleichwohl zeitlebens Rußland als das Land der revolutionären Arbeiter und Bauern empfand, davon zeugte ein nach seiner Ermordung durch die Nazis geschriebener Brief seiner Frau Zenzl Mühsam an die amerikanische Anarchistin Emma Goldmann, die die russischen Verhältnisse Anfang der zwanziger Jahre aus eigener Anschauung kannte[207]: »Unser Erich liebte das russische Volk, und er litt sehr darunter, solange er lebte, daß er nicht einmal dorthin fahren konnte, sooft man ihn auch einlud; aber immer sagte er zu den Leuten: ›Bitte, laßt meine Kameraden aus den Gefängnissen, dann komme ich.‹«[208]

Mühsam war am Ende der nach seinem Auftreten in Dresden, Pirna und Heidenau Anfang August 1925 ausgebrochenen Kontroverse auf einer Berliner Anarchistenversammlung mit dem Vorwurf, er betreibe »offen eine propagandistische Tätigkeit im Interesse der Kommunistischen Partei« aus der Föderation Kommunistischer Anarchisten Deutschlands (FKAD) ausgeschlossen worden.[209]

Obwohl Wehner selbst mehrfach die Verfolgung der Anarchisten in Rußland kritisiert und bis zum Juni 1926 Beiträge in dieser von Mühsam als »anarchistisch-autoritär« bezeichneten Organisation veröffentlichte, gab es von Anfang an eine breite Übereinstimmung zwischen ihm und Mühsam. Dies galt für den Gedanken der Einheitsfront von revolutionären Kommunisten und Anarchisten. Es galt für die Ablehnung des »Nurgewerkschaftertums«, wie es weitgehend von den deutschen Syndikalisten praktiziert wurde. Es galt für die Ablehnung der, wie Mühsam sie nannte, »sentimental-pazifistischen Gewaltverneiner«, der gewaltlosen »Kohlrabiapostel, die die deutschen Anarchisten zum Gespött der revolutionären Arbeiter gemacht hatten«[210]. Es galt schließlich auch für die Mitarbeit in der Roten Hilfe. Es spricht sogar einiges dafür, daß Mühsam Wehner den Anstoß dazu gegeben hat.

Vom martialischen Auftreten des von Mühsam in der erwähnten Kontroverse verteidigten Frontkämpferbundes und des Roten Jungsturms hielt Wehner zwar ebensowenig wie die meisten anderen Anarchisten[211], und wo es Möglichkeiten gab, die KPD zu verspotten, nutzte er sie[212]. Was dem jungen Wehner an dem beinahe drei Jahrzehnte älteren Mühsam aber so gefiel, war nicht nur der Mythos des authentischen Revolutionärs, mit dessen Bekanntschaft sich Wehner als einer der bloß »Nachvollziehenden« schmücken konnte, war auch nicht nur die Übereinstimmung in den gerade genannten Punkten. Es hing vor allem mit dem unprätentiösen, hilfsbereiten, auch im Streit um Wahrhaftigkeit bemühten, immer sich selbst treu bleibenden, kurzum lauteren Wesen Mühsams zusammen, das scharf mit dem äußeren Auftreten als Parodist der Gutbürgerlichkeit – Künstlermähne, Zwicker, Kalabreserhut, Spazierstock, Zigarre (mit Spitze), Sakko, geknöpfte Weste, Hemdkragen und Krawatte, alles zu weit, abgetragen und außer Fasson geraten[213] – kontrastierte!

Mühsam schien Halt und Orientierung zu geben in einer für junge Anarchisten besonders schwer verstehbaren Welt. Waren sie nicht zu freiem Denken verpflichtet? Mußten sie nicht ihre aus vielen einzelnen Teilen zusammengesetzte Weltanschauung – jeder für sich – selbst erringen? War Mühsams Lebensgang mit seinen Irrungen und Wirrungen nicht Bürge dafür, daß dieser so unendlich schwierige Prozeß der Selbsterziehung keineswegs im Nichts oder im Veteranenheim für verdiente Revolutionäre endete, sondern zum lebenslangen Kampf für die gute Sache antrieb? Ob und in welchem Umfang Herbert Wehner sich schon anfangs mit Mühsams Lebensweg vertraut gemacht hat, ist unbekannt. Später, als es zum Streit kam, zeigte es sich, daß er sich zumindest mit einer Episode aus Mühsams früherem Leben[214] intensiv beschäftigt hatte.

Kaum verborgen bleiben konnte ihm die Vielfalt der Rollen und Masken, in die Mühsam schon geschlüpft war: Jude aus bürgerlichem Elternhaus, Individualist und kommunistischer Anarchist, »Prototyp eines Caféhausliteraten«[215] – Bohèmien vor 1914, Aufklärer (gegen den § 175), wohlwollender Kritiker und zeitweiliger Nutznießer großbürgerlicher Lebensreform auf dem Monte Verita bei Ascona[216], Kabarettist und Satiriker, Dramatiker und feinsinniger Poet –, »Ritter der Freiheit« und »Heinrich Heine[217] des zwanzigsten Jahrhunderts«, wie August Souchy ihn nach seiner Ermordung durch die braunen Schergen, die in ihm die Verkörperung ihres Feindbildes sahen und viele Monate im KZ mißhandelten, genannt hat.[218]

Die fast »chaplineske« Maskerade der »Gutbürgerlichkeit« (fast, weil *vor* Chaplin), die gerade wegen des frühen und tiefgehenden Bruchs mit Elternhaus und Schule so ostentativ zur Schau getragen wurde, als wolle er auf subversive Weise die Zugehörigkeit zur Gesellschaft, die ihm offiziell verweigert wurde, ertrotzen, wie auch seine 1911 gegründete *Zeitschrift für Menschlichkeit,* die den beziehungsreichen Titel *Kain* trug, mit dem er gegen die Willkür der autoritären (Gott-)Vatergesellschaft protestierte – all dies war für den jungen Wehner, der sein Zuhause meist als Rückhalt, bisweilen gar als Festung erfahren hatte, eher befremdlich. Protest und Rebellion hatten sich bei ihm von Anfang an gegen die Außenwelt gerichtet, gegen die herrschende Gesellschaftsordnung, die nach seiner Meinung die breiten Massen materiell darben und geistig verkommen ließ.

Auch wenn Mühsam seinen individuellen Protest später dadurch sublimierte, daß er sich auf seine Weise in die Reihen der Kämpfer gegen Ungerechtigkeit, Unfreiheit und obrigkeitsstaatliche Gewalt begab, schufen doch die zahlreichen Umwege, die er dabei hinter sich gebracht hatte, ein erhebliches Maß an Distanz durch unterschiedliche soziale Erfahrung. Schon deshalb ist zweifelhaft, ob Mühsam als »Mentor«[219] Wehners angesehen werden kann. Unter einem Mentor versteht man eine Mischung von geistigem Vater und Freund. Er verkörpert Erfahrung, Wissen und Tugend. Sein Vorbild ist für die Entwicklung und das Lebenskonzept des Jüngeren von großer Bedeutung. Eine solche enge, viele Jahre dauernde Beziehung hat hier nicht bestanden. An Wissen und allgemeiner Bildung konnte Mühsam Herbert Wehner vieles geben. Tugend, insbesondere die Tugend eines revolutionären Tatmenschen, war schon schwerer vorzuleben, nicht zuletzt, weil der historische Mythos bei näherer Bekanntschaft seine bis dahin idealisierenden Elemente verlor.

Das Wichtigste, gesellschaftliche und politische Erfahrung zu vermitteln, war zugleich auch am schwierigsten. Die erwähnte Distanz des

Sozialmilieus und – wie hinzuzufügen ist – der Sozialmoral machten die eine Schwierigkeit aus. Die andere lag darin, daß die zwischen den Generationen noch vermittelbare Erfahrung durch Krieg und Krisen der Nachkriegszeit, um mit Walter Benjamin zu sprechen, »grenzenlos im Kurs gefallen war«.

Um wieviel mehr galt dies für intellektuelle Denk- und Verhaltensweisen, die – zumal auf der Linken – im aufgeheizten politischen und kulturellen Klima der Weimarer Republik viel schneller umschlugen, im doppelten Sinne »abgeschrieben« wurden und so an Wert verloren. Konnte jemand wie Mühsam, der durch seine beinahe sechsjährige Haft von dieser schnellebigen Entwicklung abgeschnitten war, bei näherem Kennenlernen überhaupt noch Erfahrung vermitteln? Schließlich war er nicht der erste Künstler und Intellektuelle, mit dem Wehner zu tun hatte: »Als junger Dachs kannte ich schon berühmte, gefeierte Künstler, Maler wie Dix, Griebel und andere aus der Dresdner Schule, die ich nicht nur persönlich kennengelernt habe, als einer, der ihnen nachlief, sondern wir diskutierten miteinander, wir erlebten verschiedenes miteinander, tranken auch ab und zu miteinander, obwohl der Altersunterschied groß war.«[220]

»Beeindruckt« war Wehner auch von Theodor Plievier, der 1923/24 in Dresden, »als er ein Einzelgänger war«, sporadisch eine Zeitschrift herausgab, die Wehner nicht nur las, sondern auch »mit vertreiben half«[221]. Der nach Ende des Krieges aus der Kaiserlichen Marine, in die er 1914 zwangsweise gesteckt worden war[222], entlassene Plievier hatte sich mit ehemaligen Kameraden zunächst bemüht, nahe dem württembergischen Urach eine Landkommune zu gründen, war im Streit geschieden und begann 1920 wie viele andere[223] seinen Weg als Inflationsheiliger mit rotblondem Prophetenbart, mönchskuttenähnlichem Militärmantel und Sandalen. Als »Christenrevolutionär« predigte er einen religiös unterlegten Individualanarchismus und erwartete die »Weltwende« – so der Titel seiner Flugschriften – durch die Abwendung vom Leben in seiner veralteten Form. Die »Seelenrevolution«, die innere Tat, nicht die politische Revolution wurde zum Inhalt des Gegenwartsdramas, zur apokalyptischen Wende, aus der die Welt im Geiste der Liebe (Christus und Buddha) erneuert werden sollte. Nach dem Ende der Inflation ließ er sich den Bart abnehmen, erwarb einen gebrauchten Anzug und begann, Schriftsteller zu werden. Auf diesem Weg ist Wehner ihm begegnet. Seine Erzählungen und Romane, deren Thematik stark von Kriegserlebnissen bestimmt blieb[224], durchzog nicht nur eine »wütende Wahrhaftigkeit«[225]. Dahinter verbarg sich noch die Vision, die schlechte alte Welt könnte ohne Apokalypse nicht zum Heil gelangen.[226]

Verglichen mit solchen zeitweiligen »Übermenschen« und »Kohlrabiaposteln« erschien Mühsam fast schon wieder als altfränkisch-biederer Vernunftsmensch, der allenfalls in einem sehr weit gefaßten Verständnis des Mythos Revolution dem gleichen Kontext zugehörte. Das galt noch mehr für die Intellektuellen und Künstler, die er seit Herbst 1926 in Berlin im Umkreis von Erich Mühsam kennenlernte. Zu ihnen zählten neben Schriftstellern und Publizisten wie Kurt Tucholsky, Carl von Ossietzky und Silvio Gesell[227] auch Schauspieler und Regisseure wie Heinrich George, Alexander Granach und Erwin Piscator. Sie waren für Wehner »in beglückender Weise Gesprächs- und Erlebnispartner«[228].

Klang hier übergroßer Respekt des aus Dresden stammenden Sachsen nicht nur vor Künstlern und Intellektuellen, sondern auch vor den Preußen und der Reichshauptstadt Berlin durch? Waren nicht zwei Jahrzehnte zuvor Künstler wie Ernst Ludwig Kirchner, Otto Mueller, Emil Nolde, Karl Schmidt-Rottluff mit ihrer 1905 gegründeten Künstlervereinigung »Die Brücke« aus Dresden bald nach Berlin gezogen, weil dem Dresdener Publikum noch nicht aufging, aus welchem explosiven, den bisherigen Rahmen der Malerei buchstäblich sprengenden Lebensgefühl jene neue Welt der Farben, Linien und Kontraste entstanden war? Es war nicht nur Vorahnung, sondern künstlerische Vorwegnahme jenes Zeitalters der Weltkriege und Weltkrisen, das 1914 für alle sichtbar begonnen hatte. Die seither eingetretenen Zivilisationsbrüche, das damit verbundene Bewußtsein der intellektuellen und künstlerischen Avantgarde, in das »goldene Zeitalter der Sicherheit« (Stephan Zweig) – wenn es oft auch nur eines der Pseudosicherheit war – nie wieder zurückzukommen, brachte »den vielleicht letzten Versuch einer vom Krieg gebeutelten ganzen Generation von Künstlern zur Neuschöpfung und Weiterbildung von bildender Kunst, Musik, Dichtung und auch der Menschheit«[229] zustande.

Viel stärker als jede andere Kunstrichtung zuvor konzentrierte sich der Expressionismus auf eine Stadt, auf Berlin, das damals zu dem gesellschaftlichen Laboratorium nicht nur Deutschlands, sondern des Kontinents geworden war. Als größte Industriestadt Europas eine Stadt der scharfen sozialen, wirtschaftlichen und politischen Gegensätze sowie kultureller und ethnischer Kontraste. Eine Stadt, die das von Theater und Film immer stärker aufgegriffene expressionistische Thema der Beziehung Mensch – Gesellschaft – (entfesselte) technische Zivilisation in vielfältiger Weise widerspiegelte, voller nervöser, geradezu elektrischer Spannung, süchtig auf jedes Neue bis hin zum Exzentrischen; für andere wie den symbolistischen russischen Dichter Andrej Belyi aber auch ein graubraunes »Domizil des Gespensterreichs«, dessen »braune, langweilige, fade Bürger [...] hastig in braunen Mänteln [...] an einer genauso braunen, absurden Häuserreihe in bräunlichem, quälendem Dunst unter braunstichigem Himmel über braunen Asphalt« vorbeiliefen, »auf den Gesichtern Verwirrtheit, in den Augen hektische Unschlüssigkeit vor Angst, Ärger; Ärger über die Gegenwart, und Angst über die Zukunft«[230].

Dieses Urteil war keineswegs repräsentativ für die hunderttausende russischer Emigranten, die in der ersten Hälfte der zwanziger Jahre Berlin bevölkerten. Eher im Gegenteil: Belyi, der sich als »Westler« verstand und dem alle »Nuancen nationaler Selbstzufriedenheit [...] fremd« waren, sah Moskau und Leningrad im Vergleich zu Berlin »von Licht überflutet«, weil er dort »mitten in Hunger, Kälte, Typhus [...] Licht vom Siege des Bewußtseins« spürte, das »erweitert« war und den eigenen »Lebenskrisen [...] Sinn gab«[231].

Es war nur ein Beispiel für die vielen Gesichter der Stadt – aber ein sehr bezeichnendes. Es übernahm die auch anderswo – auf der Rechten wie der Linken – vorhandenen Bildzitate, Symbole und Klischees von der »großen Hure Babylon«, der neuheidnischen, »vernigggerten«[232], von Kriegskrüppeln und Freudenmädchen bevölkerten kapitalistischen Metropole Berlin auf extreme Weise, um sich und anderen klarzumachen, daß das Erscheinungsbild des »Westens« – und Berlin stand für das blutbefleckte, seelisch verwüstete, geradezu selbstmörderische Westeuropa – dem bolschewistischen Rußland recht gab: Das kapitalistische Europa war »unfähig einen wirklichen Frieden zu organisieren« und unfähig, mit Hilfe seines »wunderbaren technischen Fortschritts den Menschen mehr Wohlbefinden, mehr Freiheit, mehr Sicherheit, mehr Würde zu verschaffen«[233]. Hatte das revolutionäre Rußland gegenüber diesem alten Europa nicht das neue, höhere Recht?

Das war die elementare Frage, die viele Diskussionen unter Intellektuellen und Künstlern im Berlin der zwanziger Jahre durchzog. Mochten die Nachrichten über den wirtschaftlichen und politischen Alltag im revolutionären Rußland noch so verwirrend, oft sogar abschreckend sein – die Faszination darüber, daß dort Kunst, Geist und Macht durch ein gemeinsames utopisches Projekt, die Schaffung des neuen Menschen, verbunden zu sein schienen, war ungebrochen, ja steigerte sich noch in der zweiten Hälfte der zwanziger Jahre, als Stalin zur Inkarnation des wahren Umgestalters der alten Erde, des traditionellen bäuerlichen Rußlands wurde. Der permanente Traum, Kunst mit Leben und Leben mit Kunst zu verschmelzen, gesellschaftliche und politische Macht zu ästhetisieren, gar zum Gesamtkunstwerk werden zu lassen, wurde erneut geträumt. Auf andere Weise als zu Zeiten Richard Wagners, gewiß: Jede Epoche träumt ihre Träume, hängt an ihren Mythen. Diese Träume gab es nicht nur auf der Linken, sondern teilweise auch auf der Rechten wie das Schicksal jenes Teils der Futuristen in Italien zeigte, der sich mit dem Faschismus verband.

Der Wettbewerb dieser ideologisch immer stärker aufgeladenen Traumwelten hatte auch der literarischen Bohème, wie sie Mühsam lange Jahre verkörpert hatte, den Rest gegeben. Mühsam selbst beklagte, daß sie »so gut wie unsichtbar« geworden sei, denn »die Meinungsbörse« im Berliner Romanischen Café, das »Industriegebiet der Intelligenz an der Gedächtniskirche« und deren »katechisierter Radikalismus« werde »im Ernst« wohl niemand als »Sammelplatz freier Geister, aus Protest Entwurzelter und freiwillig Abseitiger« ansehen, der »das alte Café des Westens, das Münchener Café Stefanie, das Café du Dôme in Paris und das Café Landolt in Genf gekannt habe«[234].

Wie sehr, verglichen mit der Vorkriegszeit, die künstlerische, insbesondere die literarische Produktion den Marktgesetzen unterworfen war – den kapitalistischen ebenso wie den Gesetzen des ideologischen Marktes –, erfuhr Mühsam täglich. Um als politischer und ideologischer Außenseiter nicht weiter völlig von der Gnade von Verlegern, Herausgebern und Redakteuren abhängig zu sein, hatte er seit Anfang 1926 die Gründung der Zeitschrift *Fanal* vorbereitet.

Herbert Wehner hatte ihm dabei[235] wie bei der Materialsammlung und der öffentlichen Verbreitung der im Frühsommer 1926 erschienenen Broschüre »Gerechtigkeit für Max Hoelz!« geholfen. Mühsam hatte dort der deutschen Presse vorgeworfen, sie würde Max Hoelz als »Räuberhauptmann« anprangern und benutze so »gar nicht ungeschickt die romantischen Neigungen breiter Volksmassen«, die »Kleinbürgersentimentalität für Rinaldininaturen«, um in sie »die politischen Sympathien für den revolutionären Tatmenschen abzuleiten«. Auch dem »Spießer« werde Hoelz als »Räuberhauptmann« serviert, »zugleich ein wohliger Kitzel für seine (des Spießers) abseitigen Gelüste wie eine gemeine Verleumdung des selbstlosen Stürmers und Rebellen«[236]. Wehner knüpfte in einem Beitrag, der auf die Broschüre hinwies, an solche »Verdrehungen«[237] an, bekannte sich aber zu dem, was Max Hoelz getan hatte (»Ihm galt die Tat vor allem«) und appellierte an die Klassengenossen, den großen Revolutionär zu befreien. »[...] Nicht mit Worten gebt euch zufrieden, laßt ihnen die Tat folgen! Heraus mit Hoelz!, das heißt: Heraus mit allen Gefangenen!«[238]

Ab Herbst 1926 wurde die Zusammenarbeit zwischen Mühsam und Wehner intensiver. Wehner wurde Untermieter in Mühsams Wohnung in Berlin-Charlottenburg, Am Lützow 10. Er tippte und redigierte dort Manuskripte für Mühsams Zeitschrift *Fanal*, deren erste Nummer im Oktober 1926 endlich erscheinen konnte, und hielt im »Lokal Köhler«, dem Versammlungsort der »Anarchistischen Vereinigung Berlin« (Berlin-Neukölln, Ziethenstr. 64), mehrere Vorträge. Am 28. Oktober 1926 sprach er über »Jungproletariat und Anarchismus«, drei Wochen später über das Thema »Zurück zu Bakunin« und einen Tag vor Weihnachten 1926 über Gustav Landauer. Die Ankündigungen (»Vortrag und Aussprache«) erfolgten jeweils in der Zeitschrift *Fanal*.

Für den knapp Zwanzigjährigen war es gewiß ehrenvoll, als Referent in einer Reihe mit bekannten Anarchisten wie Rudolf Rocker, August Souchy, Paul Albrecht angekündigt zu werden. Aber es war zugleich der einzige öffentliche Hinweis auf sein Engagement. Mühsam war nicht nur der Herausgeber der Monatszeitschrift, sondern machte auf der ersten Seite jedes Heftes klar, daß er der alleinige Autor war und dies auch bleiben wollte.[239]

Der Ehrgeiz des jungen, schon bisher rastlos schreibenden Revolutionärs konnte es nicht zulassen, auf Dauer in die zweite Reihe verwiesen zu sein und dort untergeordnete Tätigkeiten zu verrichten. Mühsams Bibliothek, an der sich Wehner zum ersten Mal »sattlesen« konnte[240], war dafür auf Dauer kein Ausgleich. Je näher Wehner Mühsams Persönlichkeitsstruktur, Lebensumstände und Bekanntenkreis kennenlernte, um so mehr verblaßte das Bild des strahlenden Helden, des »mutigen und entschlossenen Führers im Befreiungskampfe«, als den er ihn noch im Frühsommer 1926 gepriesen hatte.

Ursprünglich hatte Mühsams Kritik am »Bildungsdünkel« und an der »Blasiertheit« der Intellektuellen[241] bei Wehner zusätzliche Sympathien geweckt. Nun, da er entdeckte, daß Mühsam selbst zu den Intellektuellen im weitesten Sinne gehörte, jedenfalls seinen Spaß am scheinbaren Selbstzweckcharakter des intellektuellen Spiels in dessen ganzer Spannweite, von der Metaphysik bis hin zu banalen Wortspielen, nicht verleugnete und damit sich gar als Intellektueller alten Typs entpuppte, der sich nicht in Schablonen der absoluten Parteinahme und des erbarmungslosen ideologischen Wettbewerbs zwingen ließ, wurde es für Wehner offenkundig, daß hier nur reiche geistige Gaben verplempert wurden. Mehr noch: Die Selbstzweifel, die Skepsis, das unablässige analytische Fragen, warum und weshalb etwas so und nicht anders ist, all diese Denk- und Verhaltensweisen, die zum Wesen intellektueller Diskussion gehören, mußten in seinen Augen jeden Impuls zur revolutionären Aktion »zersetzen«. Solche Befürchtungen, die gelegentlich schon in Zorn umschlugen, trugen gewiß zu den Ursachen der im März 1927 zwischen Wehner und Mühsam abrupt vollzogenen Trennung bei.

Wehners Verlangen, seine in Teilen abweichenden politischen Auffassungen im *Fanal* zu veröffentlichen, wurde zum zentralen Anlaß für den endgültigen Bruch. »Krach mit Herbert. Treuebruch!« lautete am 10. März 1927 die Eintragung in Mühsams Tagebuch. Sechs Tage später hieß es »Herbert und Lotte [Loebinger] ausgezogen«[242]. Der Begriff »Treuebruch« deutet darauf hin, daß er Wehner als seinen Gefolgsmann betrachtete. In dieser Hinsicht hatte Mühsam – wohl auch aufgrund seiner Erfahrungen 1918/19 – stärker und offener als die meisten anderen Anarchisten dem politischen Zeitgeist Tribut gezollt, wenn er Elitengemeinschaft und Führertum »als neues gesellschaftliches Ordnungsprinzip propagierte«.[243] Auch Wehner hatte Begriffe wie »revolutionäre Elite« oder »wir wenigen Wissenden« benutzt. Aber es paßte ihm nicht, bloßer Gefolgsmann eines Führers zu sein, zumal wenn dessen Führertum an Glanz verloren hatte. Seinem verletzten Gleichheitsstreben entsprach das Maß an aggressiver Reaktion.

Wie reagieren junge Rebellen am schärfsten auf die ihnen übermächtig erscheinenden Ansprüche von Führer- und Vaterfiguren? Sie verweisen auf deren vermeintliche oder tatsächliche Fehler in der Vergangenheit. So hatte Wehner in seiner »Erwiderung auf die Kritik des Herrn Mühsam«[244] – die der letztere mehrfach an den Berührungsängsten der Anarchisten geübt hatte – jene Erklärung ans Licht gezerrt, die Mühsam Anfang August 1914 in seiner Zeitschrift *Kain* veröffentlicht hatte: »In diesem Augenblick wäre es müßiges Tun, Kritik zu üben oder Schuld auszuteilen [...] in dieser Stunde, wo es um das Schicksal aller geht, gibt es außerdem nichts, was eine Zeitschrift für Menschlichkeit angehen könnte.«

Während Mühsam sich zu diesem Teil seiner Erklärung auch später bekannte, »bereute« er 1917 den folgenden Teil: »Vorerst ruhe im Lande aller Zwist. Das Grundsätzliche meiner Überzeugungen wird durch die gegenwärtigen Ereignisse nicht berührt. Aber ich weiß mich mit allen Deutschen einig, in dem Wunsch, daß es gelingen werde, die fremden Horden von unseren Kindern und Frauen, von unseren Städten und Äckern fernzuhalten.« Wehner prangerte diese Sätze als »Verrat am revolutionären Prinzip« an und drohte: »Sollte [...] Herr Mühsam weiter die anarchistische Sache verunglimpfen, so werden wir mehr veröffentlichen und gründlicher darüber schreiben.«

Wir wissen nicht, ob Wehner jene frühexpressionistischen Verse bekannt waren, die, wie die des jungen Johannes R. Becher vor 1914, den Gefühlen der »Beengung« literarischen Ausdruck verliehen: »Die Welt wird zu enge. Die Städte langweilig./So schmal alle Länder. Die Meere zu klein.« Auf der Suche nach einem Ausweg gipfelten sie in der Sehnsucht: »Wir horchen auf wilder Trompetdonner Stöße/Und wünschten herbei einen großen Weltkrieg.«[245] Diese Stimmung am Vorabend des Ersten Weltkriegs beschrieb Becher aus der Rückschau in seinem Roman »Abschied« mit dem Verlangen nach »Erdbeben und Explosion«, »um die spießige Ruhe der Welt zu erschüttern« sowie »Weltbrand« zu verkünden und »Massensterben«, woraus »die Geburt einer neuen Menschheit erfolgen sollte: des Geschlechtes der Allbeherrscher. Etwas mußte geschehen. Etwas [...] gefährlich leben! Gefahren bestehen«![246] Solche Texte haben den Krieg nicht verursacht. Sie haben aber den Rausch der Gefühle vorbereiten helfen, dem sich große Teile vor allem der bürgerlichen Jugend hingaben, als der Krieg sie aus seelischem Vakuum oder gar blanker Langeweile zu erlösen und sie zum großen Abenteuer, zur existentiellen und zugleich rettenden Gefahr hinzuführen versprach.

Hätte Mühsam in diesem expressionistischen Überschwang geschrieben, der so aus dem Vollen zu schöpfen schien und doch innerlich so gebrochen war, daß er der Droge Krieg bedurfte, hätte Wehner ihm dies vielleicht nachgesehen. Denn sein Lebensgefühl »Es ist besser wie ein Wolf zu sterben als wie ein Hund zu leben« kam jenem zeitweise bedenklich nahe. Vor der völligen Übereinstimmung schützte ihn nur der aus der Erfahrung des eigenen Vaters unterfütterte antimilitaristische »Konsens der gesamten Linken«, die revolutionär aufgeladene Parole des »Krieg dem Kriege«.

Deshalb rückte Wehner den Mühsam-Text von 1914 in eine Reihe mit der durch Hugo Haase am 4. August 1914 im Reichstag abgegebenen Erklärung der Sozialdemokraten, daß sie, unbeschadet ihrer prinzipiellen Stellung, die ins Feld rückenden Krieger mit ihren Grüßen und

Wünschen begleiten würden, und knüpfte daran die Frage: »Ist das konsequenter Kampf gegen den imperialistischen Krieg?«

Nachdem er ihn so öffentlich »hingerichtet« hatte – denn das Ja der Sozialdemokratie am 4. August 1914 war für die revolutionäre Linke nach wie vor die Schmach schlechthin –, ging Wehner auf den schon erwähnten, von Mühsam begonnenen Streit um die revolutionären Symbole ein und versuchte dessen doppelsinnige Behauptung, die Anarchisten hätten »durch Annahme der schwarzen Fahne anstelle der roten [...] es dahin gebracht, daß das rote Tuch der Bourgeoisie als die kommunistische Parteifahne gilt«, mit dem Hinweis auf die französische Kommunardin Louise Michel zu entkräften, die schon 1871 die schwarze Fahne besungen habe. Für Wehner blieb die schwarze Fahne »ein Zeichen des Trotzes und der Rebellion«. Weiter hieß es da: »Mögen andere revolutionäre Richtungen rote Fahnen tragen. Wenn es zum Kampf geht, werden unsere Banner nebeneinander wehen, solange die anderen, gleich uns, für Freiheit und Sozialismus fechten! Wird jedoch das rote Tuch zum Zeichen des Staates, der revolutionäre Proletarier einkerkert, dann haben wir mit ihm nichts gemein. Genauso wenig, wie wir mit der ›Diktatur des Proletariats‹ gemein haben, unter der Tausende von Revolutionären gemartert und gefoltert werden.«

Gegen Mühsams Behauptung, die Anarchisten hätten »Angst« vor dem Wort Diktatur, während sie in der Revolutionszeit doch Seite an Seite mit den anderen Proletariern für die gleichen Ziele gekämpft hätten, wandte Wehner – gewiß nicht zu Unrecht – ein, damals hätte Revolution gegen Konterrevolution gestanden, und deshalb hätten Spartakusbund und Anarchisten gemeinschaftlich kämpfen können, doch seien beide in ihren Zielsetzungen nicht eines Sinnes gewesen: »Der Spartakusbund [...] erstrebte mit revolutionären Mitteln einen Staatssozialismus, während die organisatorisch noch nicht gefestigten Anarchisten den freien Sozialismus erkämpfen wollten. Daß später, nachdem die Zeit der bewaffneten Kämpfe vorbei war, die Allianz zerbrechen mußte, ist klar [...]. Mühsam kann diesen historischen Prozeß nicht begreifen. Er jammert nach der Einigkeit von 1918/19. Die Kommunisten waren nie von solcher Sentimentalität besessen. Ihrer Theorie gemäß, suchten sie stets die Vorherrschaft ihrer Partei herzustellen, und sie bedienten sich anderer, die zu ihnen als Bundesgenossen kamen, immer als Werkzeug. Auch Karl Liebknecht [...] Wir ehren Liebknecht, er fiel für das Proletariat, doch sind wir theoretisch ganz anderer Ansicht als er. Auch vor ihm macht unsere Politik nicht halt.«

Nachdem er deutlich gemacht hatte, daß er auch noch so verehrte Helden und Märtyrer der Revolution als theoretische Autoritäten nicht anzuerkennen bereit war, kam Wehner erneut auf das russische Beispiel zu sprechen, um daran die Unterschiede zwischen bolschewistischem und anarchistischem Sozialismus aufzuzeigen: »Die Bolschewisten wollten mit Hilfe der ›Diktatur des Proletariats‹ zum Sozialismus kommen, und auch Mühsam will das. Die Russen gelangten zu einem Staatskapitalismus, unter dessen Ausbeutungsmaschine die Mehrheit der Proletarier Not leidet und geknechtet ist. Mühsam will uns glauben machen, das liege daran, daß die Bolschewisten die Diktatur ihrer Partei über das Proletariat errichtet haben. Er will statt deren die Diktatur der Klasse. Meiner Meinung nach sind die Bolschewisten konsequenter als Mühsam; sie folgern so: das Proletariat, als fortgeschrittenste Klasse, übernimmt die Diktatur – die kommunistische Partei jedes Landes ist die Avantgarde [...] des Proletariats, sie muß also die Diktatur ausüben. Will man weiter folgern, so kann man hinzusetzen: Das Zentralkomitee der KP ist am weitesten fortgeschritten, ihm gebührt demnach alle Gewalt. Praktisch ist es auch so. Wer darüber Bescheid haben will, der lese das Buch von Stalin ›Lenin und der Leninismus‹«.

Als Wehner diese Sätze schrieb – im Frühjahr 1927 – hatte in Moskau die vorläufig letzte Etappe des Machtkampfes innerhalb der KPdSU begonnen, die im November 1927 mit dem endgültigen Sieg Stalins über Trotzki (der aus dem Zentralkomitee ausgeschlossen wurde) endete – derselbe Trotzki, der ein Vierteljahrhundert früher in seiner Kritik der Organisationstheorie Lenins von »politischer Substitution« gesprochen und prophezeit hatte, daß dieses Organisationsmodell in der Praxis dazu führen würde, »daß die Parteiorganisation die Partei selbst, das ZK die Parteiorganisation und schließlich ein Diktator das ZK ersetzt [...]«[247].

Wehners Beschäftigung mit dem »Leninismus« – dieses von Stalin großenteils selbst geschaffene und immer stärker kanonisierte Lehrgebäude, das er systematisch als Vehikel benutzte, um damit die eigene Herrschaft zu legitimieren und angebliche oder tatsächliche Abweichler als Ketzer zu brandmarken – ist in dieser Phase von Bedeutung, weil sich Abwehr und Faszination zu mischen beginnen. Dies zeigt sich auch in der Sprache, die er in der Auseinandersetzung mit Mühsam benutzte. Mühsams Vorwurf, für die Anarchisten sei Revolution schon gleichbedeutend mit Freiheit, entgegnete er, während der Revolution sei es nötig, einen hartnäckigen Kampf gegen die Kapitalisten, ihren Staat und ihre Helfer »bis zum Sieg« zu führen! Dann folgt jene von allen Revolutionären jakobinischen (d.h. auch bolschewistischen[248]) Typs ständig im Mund geführte Metapher: »Den Kampf werden wir nicht *mit Rosenwasser* und Reden ausfechten [...] Streik in allen Ausdrucksformen und bewaffneter Kampf werden sich ergänzen. Unsere Losung wird sein: Alle Macht den revolutionären Räten! Kampf jeder Regierung, denn sie wird ein Hindernis sein zur Vollendung der Revolution!«

Wehner räumte zwar ein, daß sich manche »unserer Maßnahmen« mit dem deckten, was Mühsam unter Diktatur verstünde (etwa die Vernichtung der die »Hirne der Menschen« vergiftenden »gegenrevolutionären Presse«). Aber der Begriff »Diktatur« sei »historisch geworden«, und mit solchen Worten könne man nicht mehr »willkürlich« umspringen. Die Kritik am angeblich oberflächlichen Umgang Mühsams mit dem Diktaturbegriff (er entspräche »ganz dem Mangel an Gründlichkeit, der bei Mühsam immer zu bemerken ist«) versuchte Wehner danach durch die riskante Auslegung jenes bekannten Bakunin-Zitates[249] von 1870 zu untermauern, in dem es hieß, als Gegner »der Zentralisation, des revolutionären Staates« sehe er das Heil nur in der »revolutionären Anarchie [...], die überall von einer unsichtbaren kollektiven Macht geleitet wird, der einzigen Diktatur, die ich zulasse, weil sie allein mit der Offenheit und vollen Energie der revolutionären Bewegung vereinbar ist«[250].

Wehner machte aus dieser Bakuninschen Beschreibung der klassischen Organisationsform des frühen Anarchismus in west- und südeuropäischen Ländern – mit einer kleinen revolutionären Geheimgesellschaft als Kern und sich darum gruppierenden locker föderierten Land- und Industriearbeitergruppen – lediglich die »energische, aktive Propaganda der revolutionären Organisationen«[251]. Um, so hieß es bei Wehner weiter, zu ihr fähig zu sein, bedürfe es noch einer »Riesenarbeit«. Gleichwohl sei Mühsams Schimpfwort unzutreffend, die Anarchisten seien »gewaltlose Kohlrabiapostel« geworden. Auch sei Mühsams Bedauern darüber, daß die anarchistische Bewegung eine andere Kampfesart habe als zur Zeit des Sozialistengesetzes, auf dessen »vulgäre Geschichtsbetrachtung« zurückzuführen. Ihm komme es nicht in den Sinn, daß die damaligen »Einzel-Terrorakte« begangen worden seien, weil sich keine andere Betätigungsmöglichkeit ergeben habe.

In einer auf den ersten Blick seltsam erscheinenden Verkehrung der Fronten belehrte der junge den alten Revolutionär: »Unter der Herrschaft der demokratischen Republik muß selbstverständlich anders gearbeitet werden als zur Zeit des Ausnahmegesetzes. Jetzt gilt es ideologisch auf die Massen des Proletariats einzuwirken, damals war das fast unmöglich. Heute müssen die Kräfte auf die Durchdringung breiter Kreise mit unseren Gedanken gerichtet sein, damals mußte man Verzweiflungstaten unternehmen. Nun zur Wiederholung aufzufordern, ist mehr als lächerlich.«

Schließlich erteilte er noch der von Mühsam gehegten Hoffnung auf eine aus der Jugend kommende Opposition gegen die »Verbonzung und Zentralisierung der Bewegung durch Funktionärskörper und Aufsichtsinstanzen« eine herbe Absage: »Wir haben eine andere Zuversicht, nämlich die, daß die Jugend bald den Wert einer festen anarchistischen Organisation erkennen wird und daß sie dann gefeit ist gegen die Betörungen vieler Schönredner. Es gibt viel zu bessern und zu erneuern bei uns, aber das können wir nur, wenn wir ernst und unbeirrbar zu unserer Sache stehen, und für Schimpfereien durch billige Schlagworte nichts mehr übrig haben.«

Auch die letzten Sätze, obschon unauffällig formuliert, hatten es in sich. Von der »ideologischen« Einwirkung auf die Massen über den Wert der »festen Organisation« bis zu dem Eingeständnis, falls letztere gewährleistet sei, würde die Jugend für »Betörungen« und »billige Schlagworte« nichts mehr übrig haben – dies alles verrät eine bemerkenswerte Distanz zum bisherigen Verständnis des Mythos Revolution, ja fast eine Abkehr vom bisherigen Tun. Bereitete sich schon die Rechtfertigung für eine neue, ebenso jähe Wendung vor?

Mühsam selbst hat sich – wahrscheinlich zum Ärger Wehners – nicht auf eine inhaltliche Auseinandersetzung mit der schon zwei Monate zurückliegenden ersten Wendung eingelassen. In einer kurzen redaktionellen Notiz in *Fanal* begründete er dies Verhalten damit, daß Wehner in seinem Schlußsatz Mühsam als »eitlen Bürger« und »Herrn« apostrophiert hatte. »Herr« Mühsam sei er nur für Klassengegner, und mit denen führe er keine Diskussionen über Klassenangelegenheiten. Im übrigen sei ihm der Verfasser bekannt: »Dem bin ich dafür Dank schuldig, daß er mir noch bis vor einem Monat geholfen hat [...] all die Ansichten zu propagieren, die er heute verurteilt, all die Ansichten anzugreifen, die er heute verteidigt. Und dies tat er mit soviel enthusiastischer Zustimmung, daß die Plötzlichkeit seines Gesinnungswechsels jeden verblüffen muß, der nicht infolge anderer Plötzlichkeiten in seinem Verhalten nicht mehr überrascht werden konnte. Ich betrachte es nicht als Feigheit, sondern als Ausfluß eines Restes von Schamhaftigkeit, daß er seinen Verfassernamen keusch in ein Pseudonym hüllt. Dieser

Rest von Schamhaftigkeit mag die Hoffnung begründen, daß mein plötzlicher Entlarver einmal wieder zu sich kommen werde; ich für meinen Teil will mich zufrieden geben, wenn er nicht wieder zu mir kommt.«[252]

Für die angeblich »tragikomischen Begleitumstände«[253] des Bruches zwischen Wehner und Mühsam geben diese Sätze nichts her. Die gegen Wehner erhobenen Vorwürfe – er habe bei seinem Weggang das Konto von *Fanal* mit einem Guthaben von mehreren hundert Mark leergeräumt, die Mitgliederkartei der Anarchistischen Vereinigung mitgenommen sowie die Mühsamschen Haustiere verschwinden lassen – sind wahrscheinlich erfunden.[254] Nicht ausgeschlossen ist, daß Wehner aus Renommierlust oder in der Absicht, sein Entree bei der KPD zu erleichtern, zum Entstehen solcher Gerüchte beigetragen hat.

Lag Mühsam richtig mit der am Schluß seiner Erwiderung ausgesprochenen Hoffnung, daß sein plötzlicher Entlarver einmal wieder »zu sich kommen werde«? Was bedeutet dieses Außersichsein: Unbehaustsein, Heimatverlust oder Aufbruch zu neuen Taten? Hatte Wehner sich bei der Suche nach sich selbst, nach der ihm gemäßen politischen Identität, erneut auf den Weg gemacht? Und falls dies zutraf: War es ein fliegender Wechsel zu einer neuen politischen Heimat? Oder war es ein langwieriger, von quälenden inneren Kämpfen begleiteter Prozeß?

Der von Mühsam behauptete jähe Bruch deutete eher auf die erste Annahme hin. Einige Informationen, die insgesamt – angesichts der Bedeutung dieser Monate zwischen März und Oktober 1927 für den weiteren Lebensgang des jungen Wehner – allerdings sehr spärlich sind, weisen darauf hin, daß der Prozeß des Sichablösens und des Neubeginnens mehrere Stationen durchlief.

Eine der Stationen, die ihm den Abschied von den Anarchisten offenbar erleichterte, war seine – anfangs noch in Vertretung Erich Mühsams ausgeübte und Ende Februar 1927 begonnene – Tätigkeit als Beisitzer eines von Anarchisten gegen Anarchisten angestrengten Ehrengerichtsverfahrens. In diesem Verfahren, das sich bis Anfang Mai 1927 hinzog[255], hatte Wehner den kleinbürgerlichen Mief, den Egoismus und das Cliquenwesen, von dem auch die anarchistische Bewegung keineswegs verschont geblieben war, in vollem Umfang kennengelernt. Wenige Tage nach Ende des Verfahrens wurde in der Zeitschrift *Fanal* eine Versammlung der Berliner Anarchistischen Vereinigung angekündigt, die die »Krise der anarchistischen Bewegung« zum offiziellen Thema machte.[256]

V »Paarweises Flüchten« aus der Bewegung?

Hat die private Verbindung mit der Schauspielerin Lotte Loebinger Wehners Suche nach einer neuen politischen Heimat beschleunigt? Die am 10. Oktober 1905 in Kattowitz als Tochter eines Arztes geborene, in Kiel aufgewachsene Lotte Loebinger hatte zwei Jahre zuvor ihre Karriere in Breslau begonnen und war seit Sommer 1926 an der Berliner Volksbühne tätig. Sie hatte schon längere Zeit bei Erich Mühsam und seiner Frau Zenzl als Untermieterin gewohnt, ehe Wehner Ende 1926 dort eingezogen war. Lotte Loebinger engagierte sich zeitweise für die einzige, weitgehend aus Berufsschauspielern zusammengesetzten Agitproptruppe der KPD, dem »Roten Sprachrohr«, geleitet von Gustav von Wangenheim[1], der selbst aus einer alten Theaterfamilie stammte.

Gemeinsam mit Wehner hatte sie im März 1927 die Mühsamsche Wohnung verlassen. Handelte es sich dabei um das in den politischen wie unpolitischen Gruppen der Jugendbewegung nicht unbekannte Phänomen des »paarweisen Flüchtens« aus der Bewegung? Eine uneingeschränkt bejahende Antwort setzte zunächst voraus, daß beide der gleichen politischen Bewegung angehörten. Das war nicht der Fall. Nicht vom Anarchisten, sondern vom Theaterautor Mühsam, dessen Stücke unter anderem von Erwin Piscator gespielt wurden, fühlte sich Lotte Loebinger angezogen. Mühsam verschaffte ihr Kontakte zum Renaissance-Theater. Ab Spätsommer 1927 finden wir sie in der Piscator-Bühne und im Piscator-Kollektiv.[2] Seit 1925 war sie Mitglied der KPD. Sie folgte dem Beispiel ihrer Schwester Waltraud (Traute) Skolski-Loebinger, die 1925 auf Bitten der KPD eine »Zweckehe« mit Max Hoelz eingegangen war, um so besser für seine Freilassung kämpfen zu können.[3]

War sie es also, die Wehners Suche eine neue Richtung gab? Folgte er hier – in der Sprache der Bibel – »dem Weibe nach«? Vertrug sich das mit seinem ausgeprägten Streben nach Selbstbestimmung, das – zumindest in der Politik – auch keine Rücksicht auf Bedenken des Elternhauses, der sonst so hochgehaltenen »Festung« Familie nahm? Und wenn dem so wäre, wie würde ein solches Verhalten von den Gleichaltrigen, den Freunden, den Mitgliedern der »Bewegung«, der weiteren sozialen Umgebung beurteilt?

Mit welch gemischten Gefühlen das politische Engagement von Mädchen und jungen Frauen und dessen Konsequenzen für das Verhalten männlicher Mitglieder in den linken Gruppen der Jugendbewegung betrachtet wurde, ist einem Artikel zu entnehmen, der im Herbst 1926 in der anarchistischen Zeitschrift *Schwarze Fahne* unter der Überschrift »Das Mädel in der revolutionären Jugendbewegung«[4] erschien. Schon die ersten Sätze waren voller Ambivalenz: »Die Zigarette im Munde, den Stock in der Hand, im kaum kniehosenlangem Rock, schlendert der ›Bubikopf‹ promenierend durch die Straßen. Jede nicht einwandfreie Bewegung wird mit ungeahnter ›Dreistigkeit‹ glatt zu Boden geschlagen. Sie rebelliert. Die Frau des 20. Jahrhunderts.« In den folgenden Abschnitten wurde mit Hinweis auf die Blamage des verlorenen Kriegs und der »verpfuschten« Revolution erklärt, daß die Vorherrschaft des Mannes, insbesondere das Privileg, »alles« zu können und zu dürfen, erschüttert worden sei: »Von all dem Zeuge tritt nun auch die Frau in die Bresche. Sie kann und will dem Mann, der der Unterlegene seiner eigenen Kultur geworden ist, nicht mehr unterstehen. Wenn sie ihn auch nicht beherrschen will, so will sie doch Gleichberechtigung, ohne die die Krisis, in die der Mann die Welt versetzt hat, nie beseitigt werden kann.«

Nachdem zunächst das Recht auf einen den eigenen Interessen entsprechenden Lebensstil der Frauen anerkannt worden und ihnen zugebilligt worden war, daß sie gemeinsam mit »ihren Genossen« wandern, tanzen, diskutieren und schließlich den ihnen »nahegebrachten Ideen« – hier begann der betuliche Ton – »Interesse und Aufopferung« entgegenbrachten, durchzog die folgenden Passagen ein allgemeiner, schwer widerlegbarer Verdacht: »Doch nicht immer ist die Förderung der Revolution einzige Zweckbestimmung ihrer Aktivität. Auf einer bestimmten Entwicklungsstufe, auf der sie sich gewisse Werte zugeeignet hat, wie kämpferischer Wille, freie Rede, Wissen u.a., biegt sie diese Waffen um und spielt sie auf ganz anderem Gebiet aus.« Dem latenten Verdacht gesellte sich sogleich der offene hinzu: »Sie bedient sich ihrer revolutionären Qualität als eine Art Mitgift, die sie in die Waagschale ihrer

Vorzüge wirft, aber auch, je nach Umständen, zurechtzupft, oder gar beiseite wirft.«

Zwar wurde hier den Mädchen konzediert, daß sie zu Recht – notfalls ultimativ – dem von ihnen jeweils erhofften Burschen eine engere Bindung abverlangten, um in der Bewegung bleiben zu können. Aber zugleich wurde sehr plastisch der Schaden dargetan, der entstünde, wenn es »dem Mädel an Mut« fehle, »die Pflichten der angenommenen Weltanschauung zu erfüllen«. Erschienen ihr die Aufgaben zu groß, begänne sie, »Ideal und Gesinnung des Burschen abzubauen«. Sobald sie die Festigung ihrer Verbindung konstatiert hätte, hinderte sie nichts mehr daran, »die Weltanschauung des Partners mit den Nagezähnen ihrer Kritik zu zerbeißen«. Schließlich der Hauptvorwurf: »Von der unablässig betriebenen Zersetzungsarbeit ruht sie nicht eher, bis sie alle ihr fremden und unbeherrschbaren Verbindungsstücke ausgeschaltet und die Gemeinschaft auf dem Fundament der Sexualität gefestigt hat, deren Beherrscherin sie ist. Hieraus erklärt sich das ›paarweise‹ Flüchten aus der Jugendbewegung. Es gibt heute kein Mädel, das ohne in absehbarer Zeit einen Burschen zu finden noch in der Jugendbewegung verblieben wäre.«

Im folgenden wurde zwar anhand der Thesen von Otto Rühle über Ehe und Sexualität deutlich zu machen versucht, daß es der Mann gewesen sei, der, um seines Triumphes »als Herr im Hause und Ehebett« ganz sicher zu sein, die »Sexualität als eine spezifisch weibliche Niedrigkeit« deklarierte, damit entwertete und so die von der Teilnahme am ökonomischen, politischen und kulturellen Leben abgedrängte Frau gezwungen habe, »ihre gesamte Kampfenergie« auf den einen Punkt zu konzentrieren, in dem sie – »trotz alledem – dem Manne überlegen« wäre: »auf die Sexualität«. Auch das Fazit – die menschliche Gesellschaft könnte den »so katastrophalen Niedergang der maskulinen Kultur« nicht bewältigen, »ohne die Frau in allen Fällen wichtigster Lebensbewältigung als voll Gleichbefähigte einzusetzen« – lag auf der Linie theoretischer Fortschrittlichkeit.

Aber die Geschraubtheit der Sätze wie der pejorative Unterton in einer Reihe von Wendungen (»Ablehnung des Politischen«, »ohne tiefere Einsicht in die Zusammenhänge der gesellschaftlichen Umschichtung«, »nur unbewußt vorwärts«) verriet ein großes Maß an Unsicherheit. Ähnlich war das in der Eingangspassage skizzierte Bild des zigarettenrauchenden, kurzberockten »Bubikopf«-Mädels[5] insgeheim als Bedrohung empfunden worden. Die Vorstellung Otto Rühles, der

»Wille zur Macht« (von Individuen oder Klassen) könnte in den »Willen zur Gemeinschaft« umgeformt werden[6], wobei das Proletariat aufgrund seiner Erfahrungen in der Vorhand sei, kollidierte im Alltag nicht nur mit den sozialen Konflikten und deren ideologischen Stilisierungen, sondern noch stärker mit dem alle Klassen und Schichten übergreifenden, in leiblichen wie in seelischen Gründen und Abgründen stattfindenden Kampf der Geschlechter. Die Niederlage im Weltkrieg, die damit zeitweise verknüpfte Zurückdrängung des männlichen Prinzips – hier enthielt der Artikel zutreffende Beobachtungen – hatten den traditionell eher versteckt geführten Kampf zum offenen Austrag der Gegensätze gebracht.

Zwar hatte die bürgerliche Jugendbewegung schon vor dem Kriege damit begonnen, auch den Mädchen eine Zeitspanne des »Losgebundenseins«[7] zuzubilligen, die bisher nur den jungen Männern zwischen Schule, Kaserne und Beruf zustand. Zum ersten Mal gab es Anzeichen von Einübung in Gleichberechtigung und zum partnerschaftlichen Verhalten. Aber da das Schwergewicht der bürgerlichen, bis weit in die Schichten des Kleinbürgertums und der Arbeiterschaft reichenden Moral, das bisher allein an den Mädchen hing, ansatzweise auch auf die männliche Jugend übertragen wurde, reichte es häufig nur zur »Kameradschaftlichkeit als Eros-Ersatz«[8].

In den linken Gruppen der Jugendbewegung gab es vor allem durch die aufklärenden Vorträge und Schriften der beiden Ärzte und Sexualforscher Magnus Hirschfeld und Max Hodann zumindest in der Theorie »eine vorurteilsfreie und fortschrittliche Auffassung in sexuellen Fragen. In der Praxis waren viele trotzdem recht konservativ und traditionsgebunden«[9].

Das hing nicht zuletzt damit zusammen, daß in der veröffentlichten Meinung, vor allem in den bürgerlichen Zeitungen dem freieren, kameradschaftlicheren Umgang der Geschlechter in den Jugendgruppen der Linken moralische Zügellosigkeit vorgeworfen wurde. Da das Hauptziel bürgerlicher Sexualerziehung der »Verhinderung der Gelegenheit« galt, konnte die Fülle an Gelegenheiten, die sich aus Wanderungen und den nicht seltenen gemeinsamen Übernachtungen in Zelten und Scheunen ergaben, kaum anders gedeutet werden.

Solcher direkten sozialen Kontrolle war das junge Paar Loebinger–Wehner in Berlin wohl kaum mehr unterworfen. Was beide dennoch bewog – trotz des gerade auch in linken Gruppen existierenden Widerstands gegen die als bürgerlich geltende Besitzehe und der damit angeblich unvermeidbar verbundenen Öffentlichkeit und Unzartheit der Liebesbeziehungen –, am 18. Juni 1927 auf dem Dresdener Standesamt des fünften Bezirks zu heiraten[10], kann nur vermutet werden.

Ob Wehner nur so die junge Schauspielerin seiner Familie und seinen Dresdner Freunden präsentieren wollte? Auch wenn sie alles andere als eine überzüchtete Weltstadtpflanze war – ein Kritiker aus den späten zwanziger Jahren beschreibt sie im verkürzenden Sprechblasenjargon, der damals Mode wurde, als »fest und knusprig«[11], und Fotos aus jener Zeit scheinen dieses Urteil zu bestätigen[12] –, das Theatermilieu, dem sie sich inzwischen so stark verbunden fühlte, galt im Arbeitermilieu als so fremd, ja so extravagant, daß Konzessionen an die Normalität auf anderem Felde plausibel erscheinen.

Wehners Hinweis aus der Rückschau, es sei eine »Kinderehe«[13] gewesen, gibt Anlaß, in der Eheschließung einen aus jugendlicher Unüberlegtheit zustandegekommenen Entschluß zu vermuten. Neben der Kompensations- und Spontaneitätsvermutung bietet sich aber noch eine dritte, einleuchtendere Erklärung an: Als Ehemann konnte Wehner mitreisen, im gleichen Hotelzimmer wohnen, wenn die Agitpropgruppe außerhalb Berlins auftrat. Noch mehr: Wehner konnte mitspielen und hat dies offenbar auch getan – ob als Aushilfe oder fest verpflichtet, ob einige Monate lang oder nur gelegentlich, ist nicht verbürgt.

Wehner »sächselnd auf den Bretterböden der Kleinkunst im Klassenkampf« – war das bloß eine »Jugendsünde«? So Ruth von Mayenburg, der er diese Episode im Moskauer Exil anvertraut hatte.[14] Oder steckte mehr dahinter? Hat er zeitweilig mit dem Gedanken gespielt, sich der Muse Thalia hinzugeben? Die Voraussetzungen, die er mitbrachte, gehörten nicht zu den schlechtesten: Musikalität, der geschärfte Sinn für Sprache, der auch später bis zur persönlichen Beleidigung reichende Hang zu Wortspielen und Sarkasmen, die bei bestimmten Anlässen sich immer wieder zeigende Neigung zur schauspielerischen Selbstdarstellung mittels einer breiten Skala von Ausdrucksmöglichkeiten – von der des Mürrisch-Schweigsamen über den des Elegant-Biegsamen und Kunstsinnig-Zarten bis hin zu dem des Tödlich-Verletzten und Brutal-Explodierenden. Und nicht zu vergessen die körperlichen Vorzüge: die hochgewachsene, schlanke Gestalt, das weiche Blondhaar[15], Augen, die teils verträumt nach innen, teils trotzig-wild um sich blickten und mit dem kantigen Kopf und dem schmalen Mund seltsam kontrastierten. Lotte Loebinger erinnerte sich noch ein halbes Jahrhundert später, wie »dekorativ« der Einundzwanzigjährige aussah: »Hübsch war er nie,

Herbert Wehners erste Ehefrau,
die Schauspielerin Lotte Loebinger.
Ölgemälde von Heinrich Vogeler (1938).

dazu war seine sächsische Mundpartie zu ausgeprägt. Aber dekorativ ist das richtige Wort.«[16]

Cordsamtanzüge und von Zenzl Mühsam »liebevoll« geschneiderte schwarze Russenhemden vervollständigten das Bild, das er in der Öffentlichkeit abgab. Auch wenn daran nichts Geckenhaftes war – dazu hätte weder seine kräftige Statur noch der schmale Geldbeutel getaugt –, ein Stück Selbststilisierung unterstrich sein Auftreten, gab ihm das Flair des Edelproletariers, der die Mühen der Arbeit ebenso zu verkörpern schien wie Schönheitssinn und bohèmehafte Lässigkeit. War das nicht der Typ, den das zeitgenössische Theater suchte, den vor allem linke Regisseure gern als »Dilettant und Arbeiterschauspieler«[17] benutzt hätten – tagsüber in der Knochenmühle des kapitalistischen Betriebs oder im Elend der Erwerbslosigkeit, abends auf den Brettern, die künftig nicht nur den Theaterleuten die Welt bedeuten sollten?

Höher noch waren die Ansprüche: die Verschmelzung von Arbeit und Kunst, Leben und epischem Drama, Politik und Theater. »Das Theater ist zur politischen Anstalt geworden« – so lautet der programmatische Satz Erwin Piscators aus dem Jahr 1927.[18] Er enthielt nicht nur eine bewußte Distanzierung vom traditionellen Begriff des Theaters als Stätte der Erbauung und Erhebung, als moralische Anstalt im Sinne des klassischen bürgerlichen Idealismus, sondern auch vom sozialdemokratischen Ideal des »Volks-Theaters«, da es aus Piscators Sicht eine »Volks«-Bühne ebensowenig geben konnte wie eine »Volks«-Gemeinschaft »vom Industriebaron bis zum Kumpel«[19].

Es war nicht der erste Versuch Piscators, Inhalt und Form des Theaters so zu revolutionieren, daß es wie die »Weltliteratur« überhaupt der »proletarischen Sache dienstbar gemacht werden« konnte. Um »all die neuromantischen, expressionistischen und dergleichen Stilarten und Probleme, welche aus dem individuell-anarchistischen Bedürfnis der bürgerlichen Künstler hervorgingen, von vornherein auszuschalten«, bevorzugte er Anfang der zwanziger Jahre einen Stil, der »völlig konkreter Natur« sein sollte – »etwa ähnlich dem Stile eines Leninschen oder Tschitscherinschen Manifests« – »ungesucht, unexperimentell [...] bestimmt vom einfachen, unverhüllten revolutionären Zweck und Willen«[20].

Schon damals hoffte Piscator allmählich den bürgerlichen »Berufsschauspieler« dadurch entbehren zu können, daß er »aus der Mitte der Zuschauer« die Darsteller gewönne: »Diese hören auf, Dilettanten zu sein, denn das proletarische Theater erfüllt ja als erste Aufgabe die

Propagierung und Vertiefung des kommunistischen Gedankens, und das kann natürlich nicht mehr Sache eines Berufsstandes sein, sondern das Streben einer Gemeinschaft, in der das Publikum eine ebenso große Rolle spielt wie die Bühne.«[21]

Piscator spielte zu jener Zeit mit einigen wenigen Berufsschauspielern, die der KPD in der Gesinnung nahestanden, und sonst hauptsächlich mit Proletariern: »In der Lust, mit der die proletarischen Schauspieler in die Darstellung von Vorgängen herangingen, die ihnen selber auf den Nägeln brannten, steckte die schöpferische Kraft, aus der heraus Kunst erst möglich ist.«[22]

Die kommunistische *Rote Fahne* nahm im Herbst 1920 gleichwohl Anstoß daran, daß Piscator die Zuschauer nicht »Kunst« genießen lassen wollte und meinte: »Dann wähle man nicht den Namen *Theater,* sondern nenne das Kind bei seinem Namen: *Propaganda*. Der Name Theater aber verpflichtet zur Kunst, zu künstlerischen Leistungen! [...] Kunst sei eine zu heilige Sache, als daß sie ihren Namen für plattestes Propagandamachwerk hergeben dürfte.«[23]

Auch Franz Jung, Linkskommunist und Autor von Stücken wie »Die Kanaker« und »Wie lange noch?«, die Piscator damals spielte, blieb dem proletarischen Theater gegenüber eher skeptisch: »Was soll man in einem Theater den Arbeitern vorspielen, was nicht schon einfacher und zielbewußter in den Betriebsversammlungen, in der Parteidiskussion [...] unter den Kollegen immer wieder erörtert worden ist? Nicht nur erörtert, ins Bewußtsein gehämmert! Aufgeblasen in eine breitere Perspektive: Wie dreckig es in der Welt zugeht? Daß die Reichen besser leben als die Armen? [...] daß daher [...] und infolgedessen [...] Genossen [...] schließt die Reihen [...] auf! auf! Dafür sollen die Leute Geld zahlen? Das wissen sie von allein und meist viel besser, und es wird nicht einleuchtender, wenn es im Chor gesungen oder im Frack deklariert wird.«[24]

Auch als der Essener Parteitag der KPD Anfang März 1927 frühere Beschlüsse über die Arbeit von Kommunisten in überparteilichen proletarischen Massenorganisationen bekräftigte und die »eigenen Parteikaders« wie die »breiten Massen aller Hand- und Kopfarbeiter« zur Bildung einer »roten Kulturkampffront« und damit zur intensiven Mitarbeit auch in der mehrheitlich sozialdemokratischen »Volksbühne« aufrief[25], gab es noch keine verbindliche Definition von proletarischer Kunst – ob sie lediglich Selbstausdruck des Proletariers im Sinne des Proletkultes (von und für Proletarier) sein, ob sie die Welt des Arbeiters vom Standpunkt des revolutionären Proletariers, das heißt vor allem zur Aufklärung und Aktivierung des »bewußten« Teils der Arbeiterschaft und dessen Vorbereitung auf die revolutionären Auseinandersetzungen behandeln oder schließlich, ob sie das ganze Leben der menschlichen Gesellschaft vom Standpunkt des Marxismus-Leninismus aus sehen, gestalten und sich an die breiten Massen der Bevölkerung wenden sollte.[26]

Im Unterschied zu der in der Sowjetunion schon Mitte der zwanziger Jahre vollzogenen Abkehr vom reinen Proletkult konnten sich dessen Anhänger in Deutschland länger halten. In einem zentralen Punkt teilte Piscator deren Auffassung. Proletarische Kunst sollte, im Gegensatz zur bürgerlichen Kunst, deren Hauptinteresse dem individuellen Schicksal galt, die Arbeiterschaft als Kollektiv, als Masse darstellen.

Piscator ging es inzwischen aber um mehr. Er hatte Abschied von der Illusion genommen, daß das Theaterpublikum, auch das Arbeiterpublikum in Deutschland, »ein klassenmäßig klar geschichtetes, vom gleichen Willen und Bewußtsein gelenktes« sei: »Um die breiten Massen des Kleinbürgertums, des proletarischen Mittelstandes mit den revolutionären Arbeitern in eine Erlebnissphäre zu bringen, ist es notwendig, sie empfänglich zu machen für die Energien, die von der Bühne ausgehen. Die Aufhebung der Grenze zwischen Bühne und Zuschauerraum, das Hineinreißen jedes einzelnen Zuschauers in die Handlung schweißt erst das Publikum ganz zur Masse, für die Kollektivismus nicht ein angelernter Begriff bleibt, sondern erlebte Wahrheit wird, wenn es ihre Nöte, ihre Sehnsüchte, ihre Hoffnungen, ihre Leiden und Freuden sind, denen die Bühne des proletarischen Theaters Sprachrohr, Ausdruck und Gestalter ist.«[27]

Den Anspruch, jede einzelne Szene mit »dem universellen gesellschaftlichen Geschehen« zu verknüpfen und sie damit »ins Historische zu steigern«[28], versuchte Piscator in einer Inszenierung des von Ehm Welk verfaßten historischen Dramas »Gewitter über Gottland« an der Berliner Volksbühne im Frühjahr 1927 einzulösen. Der Vorstand der Volksbühne war hierbei den Forderungen der immer stärker nach links driftenden Jugendabteilungen nach einem revolutionären Repertoire nachkommen, hatte aber zugleich gehofft, daß das historische Stück vor einer »allzu gefährlichen Aktualität« bewahrt bleiben würde[29].

Thema des Dramas ist die Geschichte von Klaus Störtebeker, der um seine Rehabilitierung als Junker kämpft, und den auf »Gottland« lebenden Vitalienbrüdern, deren Name »Likendeeler« (Gleichteiler) anzeigt, daß es dabei um eine Mischung von Piratenbrüderbund und urkommunistischer Gemeinschaft, also um eine historisch frühere Form des Sozialbanditentums geht. Um die Gültigkeit der Grundidee – des gewaltsamen Aufstands der sozial Entrechteten gegen ihre Unterdrücker (die kapitalistische Hanse und die mit ihr verbündeten Fürsten) – durch die Jahrhunderte zu beweisen, hatte Piscator in seine Inszenierung Lichtbilder und ein filmisches Vorspiel eingebaut, die die Verbindung zu den revolutionären Kämpfen der Gegenwart (Rußland 1917, Deutschland 1918, China 1927) herstellen sollten. Neben dem »Gefühlsrevolutionär« Störtebeker (dargestellt von Heinrich George) ist der geistige Führer der Vitalianer der »Verstandesrevolutionär« Asmus (dargestellt von Alexander Granach). Beide sind zwar dem Tode verfallen; der letztere aber mit einer revolutionären Botschaft an die nachfolgenden Generationen: Im filmischen Vorspiel gehen die Darsteller auf das Publikum zu und wechseln im Schreiten die Kleider, bis aus Asmus Lenin geworden ist.

Der letzten Szene, bei der in einer Apotheose auf die bolschewistische Revolution der Sowjetstern aufleuchtete, hätte es gar nicht bedurft, um die propagandistische Absicht und die emotionalen Wirkungen der Inszenierung zu unterstreichen. Der *Vorwärts* sprach vom »Trommelfeuer auf die Phantasie der Massen«. »Piscator [...] ist der Sieger mit seiner Morphinisierung und Suggestionskraft«.[30] Die rechte *Deutsche Zeitung* sprach von »Kulturbolschewismus« und der dadurch »entstandenen Gefahr«, daß »Deutschland und seine faulen Bürger [...] überstürmt« würden.[31]

Kritik innerhalb der Berliner Volksbühnenorganisation, Zensurversuche des Vorstands, die die parteipolitische Neutralität der Bühne sichern sollten, und zahlreiche Proteste, Erklärungen und Gegenerklärungen wechselten nach der Aufführung in bunter Folge einander ab. Eine Kundgebung im Herrenhaus am 30. März 1927, an der nicht nur die Anhänger Piscators und die am Stück beteiligten Schauspieler – unter ihnen auch Lotte Loebinger, die wenig später zu den treuesten Mitarbeiterinnen Piscators gehörte[32] –, sondern auch bekannte Persönlichkeiten aus der Welt des Theaters und der Literatur (unter anderen Leopold Jeßner, Erwin Kalser, Arthur Holitscher, Ernst Toller und Kurt Tucholsky) teilnahmen, wurde »zu einer Demonstration für Piscator und gegen den Vorstand der Volksbühne«[33].

Es ist schwer vorstellbar, daß Wehner von dieser Auseinandersetzung wie von Piscators Inszenierung selbst unberührt geblieben wäre. Wenn es – neben der Verbindung mit Lotte Loebinger – noch eines zusätzlichen Anstoßes bedurft hätte, um den »Seitenweg der Kleinkunst im Klassenkampf«[34] zu beschreiten, dann wäre er wohl von diesem Ereignis ausgegangen.

Warum es ein Seitenweg geblieben ist? Der Vermutungen sind viele. Vielleicht behagte ihm nicht die an das Arbeitertheater wie an die kommunistischen Spielgruppen gerichtete Forderung, in der Spielhandlung wie im eigenen Verhalten die Persönlichkeit zugunsten einer Existenz als Kollektivwesen aufzugeben. Möglich ist auch, daß sein Abscheu gegenüber allem, was nach Improvisation und Dilettantismus[35] roch, nach einiger Zeit wieder durchbrach. Und schließlich: Trotz aller suggestiven Wirkung auf Zuschauer und das eigene Ich, insbesondere durch die Illusion, alles unmittelbar erlebt zu haben, die Handlung und Spiel zeitweise auslösen mochten, ging es um Scheinwirklichkeiten, im besten Fall um den Nachvollzug alten Handelns und die Motivation zu neuem Handeln, nicht um das Handeln in der Wirklichkeit selbst.

Wieder nur zu den Nachvollziehenden gehören, nur Sprachrohr sein – ohne selbst das Sagen zu haben –, damit konnte er sich auf Dauer nicht zufrieden geben. Dies um so weniger, als sich in jenen Monaten des Sommers 1927 ein neues Tätigkeitsfeld eröffnete, auf dem es schien, daß revolutionärer Handlungswille wie auch seine sonstigen Gaben sich voll entfalten konnten.

VI Organisator der »gesamten proletarischen Klasse«

»Die Angestellten gehören in die proletarische Klassenfront«

Am 28. Juli 1927 lud die *Dresdener Arbeiterstimme,* die Tageszeitung der KPD für den Bezirk Ostsachsen, zu einer Versammlung über das Thema »Wien«[1] ein. Als Redner wurde »Genosse Wehner, Berlin« angekündigt. Am Tag darauf wurde der Vortragsabend über Wien »wegen Verhinderung des Genossen Wehner, Berlin« um 8 Tage verschoben.[2] Ob die Versammlung jemals stattfand, ist nicht bekannt.

Weshalb kündigte die KPD einen Genossen als Referenten (im Fettdruck) an, der erst kurz zuvor[3] der Partei beigetreten war? War sie so sehr auf politisch begabte junge Leute angewiesen? Oder wollte sie den in Dresden immer noch starken[4] anarchistischen Gruppen signalisieren, welch kapitaler Fang ihr mit Wehner gelungen war? Offenbar – und das wird im folgenden noch deutlicher – wurde beides beabsichtigt. Ob auch Wehner an einer so plakativen Verkündung seines politischen Standortwechsels gelegen war, ist zumindest zweifelhaft. Noch schwebte die im Herbst 1926 gegen Wehner, Knöfel und andere eröffnete Anklage wegen »Vorbereitung zum Hochverrat«, begangen durch einige Artikel in der Zeitung *Revolutionäre Tat*[5]. Wahrscheinlich war dies ein Grund, weshalb Wehner, der dafür einige Tage im Untersuchungsgefängnis gesessen[6], danach Dresden verlassen hatte und nach Berlin gegangen war. Erst die aus Anlaß des »Hindenburg-Tages« (d. h. zu Hindenburgs 80. Geburtstag) am 2. Oktober 1927 erlassene Amnestie[7] befreite ihn von der Anklage.

Auch aus einem anderen Grund konnte Wehner zunächst noch kein Interesse daran haben, daß sein Name in Dresden öffentlich gehandelt wurde. Trotz der hohen Arbeitslosigkeit unter den kaufmännischen Angestellten[8] war es ihm gelungen, als Kontorist bei Zeiss-Ikon in Dresden unterzukommen. Das Einstellungsdatum ist unklar – wahrscheinlich im September 1927. Genauer bestimmbar ist aber das Datum der Entlassung – weil vor Ablauf der Probezeit. Und noch genauer bekannt ist die Ursache: politische Agitation gegen unzumutbare Arbeitsverhältnisse bei den Angestellten.

Am 4. Oktober 1927 wurde von der *Arbeiterstimme* der Beitrag eines »Arbeiterkorrespondenten« mit der Überschrift veröffentlicht: »Die Angestellten gehören in die proletarische Klassenfront«. Der Verfasser versuchte sich zwar dadurch zu tarnen, daß er die Kritik am Rationalisierungstempo, am geringen Anfangsgehalt (weniger als 100 Mark im Monat), an der verschärften Aufsicht, an den gesetzten Fristen, an der unnachsichtigen Bestrafung für »Fehler« etc. von jungen kaufmännischen Angestellten in der Straßenbahn erfahren haben wollte. Aber die Tarnung reichte nicht weit, denn eine Firma wurde beim Namen genannt: »Besonders kraß kommt das bei der Firma Zeiss-Ikon zum Ausdruck. Diese Firma ist eine des neuesten Typs. In ihr wird gearbeitet nach den Methoden der ›Wissenschaft‹. Jede Druckmaßnahme wird begründet mit dem Interesse der Volkswirtschaft. Oft wird gesagt, daß Arbeiter und Unternehmer einig, ›eine große Familie‹ sein müßten, um dem ›Wohl der Allgemeinheit‹ zu dienen. Der Arbeiter weiß schon in den meisten Fällen diese Phrasen richtig einzuschätzen. Er hält sie für das, was sie sind: klingende Worte, um den Mehrwert leichter aus den Knochen, Hirnen und Muskeln der Ausgebeuteten zu pressen. Die Angestellten aber sind sich noch nicht klar über den Grund und Zweck solcher Reden. Viele unter ihnen glauben höher zu streben als die Arbeiter. Die Nähe des Direktorzimmers macht ihnen Illusionen.«

In diesem Schwarz-Weiß-Stil geht es weiter: gegen die Unternehmer und »ihre Knechte, die wissenschaftlich geschulten Herren Organisatoren und Antreiber [...] wahre Fanatiker der Rationalisierung und Amerikanisierung«; ebenso gegen den Deutschnationalen Handlungsgehilfenverband, dem ein Teil der Angestellten dieses Betriebs angehörte (»Er wird immer für die Unternehmer sein«); aber auch gegen den freigewerkschaftlichen Angestelltenrat, der die Einführung der 48-Stunden-Woche (an Stelle der 53-Stunden-Woche) als jederzeit rückgängig zu machendes »Geschenk der Direktion« bezeichnet, sowie, falls »die Bummelei« nicht aufhöre, die Anbringung einer »Stechuhr« angekündigt habe und sich so »getreulich als Schildhalter und Herold der Unternehmer« betätige.

Danach kam die Aufforderung an die Angestellten »als Teil des Proletariats [...] die Reste ihrer Dünkelhaftigkeit« von sich zu werfen. Es gebe für sie nur den Weg aus der Not, den die proletarische Klasse gehe, den Weg zum Sturz des Kapitalismus. Heute bedeute dies: »Restlose Einreihung in den ZdA [den freigewerkschaftlichen Zentralverband der Angestellten]; Kampf für eine revolutionäre Gewerkschaftspolitik, Beseitigung der Reformisten an der Spitze, die den Kommunisten verwehren, vollberechtigte Gewerkschaftsmitglieder zu sein; tatkräftige Unterstützung der Forderungen der Kommunisten [...]. Deshalb muß das einzige Blatt für die Interessen der gesamten proletarischen Klasse, die *Arbeiterstimme*, von jedem klassenbewußten Angestellten gelesen und verbreitet werden.«[9] Das war eine unverfälschte Wehner-Mischung aus strategischer Lageanalyse, Gegnerbeschimpfung, agitatorischer Zielansprache, Formulierung des Auftrags und der Mittel der Durchführung. Der politische Richtungswechsel schien spurlos an ihm vorübergegangen zu sein.

Drei Tage später folgte ein Bericht über eine Betriebsversammlung der Arbeiter der Zeiss-Ikon AG (Abt. Ica-Werk). Der Referent (vermutlich Wehner selbst) sprach über die Krankenkassenordnung und das neue Arbeitslosenversicherungsgesetz, die, »oberflächlich besehen«, scheinbar Vorteile gebracht hätten, bei »gründlicher Nachforschung« aber weitere Verschlechterungen »der Existenzbedingungen der arbeitenden Klassen« ergeben würden. Kein Gedanke wurde darauf verschwendet, weshalb das Gros der Unternehmer einer reichsgesetzlichen Regelung der Arbeitslosenversicherung erbitterten Widerstand entgegengesetzt hatte.

Statt dessen werden die Führer des Deutschen Metallarbeiterverbandes und der SPD als »Diener der Bourgeoisie« angegriffen, deren Tage gezählt seien, die langfristigen Tarifabschlüsse kritisiert und dazu aufgerufen, für eine »zwischentarifliche Lohnregelung« zu kämpfen. Neben der Feststellung, daß angesichts der steigenden Not der Widerstand gegen die Arbeitsgemeinschaftspolitik der reformistischen Gewerkschaftsführer »von unten« komme (»das elementare Klassenbewußtsein ringt sich durch«), steht die Aufforderung an die »weiblichen Arbeiter«, sich einzureihen, und schließlich auch die Bemerkung, daß die »Bürgerblockregierung« im Auftrage der Unternehmer nicht nur gegen die Arbeiter, sondern auch gegen die »werktätigen Mittelschichten« kämpfe.[10] Es ist ein erneuter Versuch, die »gesamte proletarische Klasse« – für Wehner ein, wenn nicht *der* Schlüsselbegriff – zur Einheit und zum Kampf zu motivieren.

Auch wenn die Rücksichtslosigkeit, mit der Wehner in der betrieblichen Auseinandersetzung auftrat, viele seiner Arbeitskollegen beeindruckte – den unmittelbaren Schaden hatte zunächst er, denn die Betriebsleitung entließ ihn kurzerhand.

Die Erfahrung, auf der Straße zu sitzen, war für ihn nicht neu. In Berlin war er lange Monate ohne Arbeitsplatz, wenn auch nicht ohne Beschäftigung (als Sekretär Mühsams) gewesen. Für ihn blieb diese Erfahrung gleichwohl ein lebenslanges »Trauma«: »Damals gab es in der Woche für mich acht Mark und vierzig Pfennige, von denen ich im Monat zwanzig Mark allein für die Schlafstelle abzuzweigen hatte. Ich hatte miterlebt, wie die jungen Menschen zerbrochen sind an dieser, schließlich zur Millionenarbeitslosigkeit gewordenen schlimmsten Seuche, die es überhaupt gibt. Niemand ist so allein, als wenn er Teil dieses riesigen Millionen-Arbeitslosenheeres ist, auch wenn man meint, man befinde sich in einer großen Gemeinschaft.«[11]

In den Jahren vor der großen Krise war das Schicksal, arbeitslos zu werden und zu bleiben, noch stärker mit persönlichen Schuldgefühlen verbunden, weil es noch kein allgemeines Schicksal der breiten Masse zu sein schien und deshalb die Betroffenen immer wieder zur hämmernden Frage führte: Bin ich nicht selbst schuld? Auch wenn Wehner politische Gründe für sich selbst anführen konnte – ob sie ihm von anderen (Kollegen, Freunden, Gegnern) abgenommen wurden, blieb ungewiß. Das »schreckliche Gefühl des Überflüssigseins«[12] traf ihn, der von seiner politischen Mission überzeugt war, vielleicht in geringerem Maße. Aber die Anziehungskraft einer totalitären Integrationspartei, die nicht nur eine Sinnperspektive, sondern eine konkrete Erfüllung des Tagesablaufes anbot, blieb auch auf ihn nicht ohne Wirkung.

Als ihm um die Jahreswende 1927/28 die Möglichkeit eröffnet wurde, als Leitungsmitglied der Ortsgruppe Groß-Dresden und wenig später als hauptamtlicher Sekretär des Bezirks Ostsachsen der Roten Hilfe tätig zu sein, war der Prozeß der politischen Neuorientierung abgeschlossen: »mich hat es damals gedrängt, etwas zu tun und nicht nur zu reden und nicht nur zu deklarieren«[13].

Etwas zu tun – war das nicht ein gar zu blasser Ausdruck für diesen großen Sprung ins politische Neuland? Wie fand er sich in einer Partei zurecht, von der er im Frühjahr 1926 geschrieben hatte: »Wenn wir uns den Entwicklungsweg der KPD und der dritten Internationale ansehen, dann sehen wir ein Bild, das dem Ausbruch eines Vulkanes ähnlich ist. Glühend entströmt die Lava dem Krater, um dann auf dem Weg ins Tal zu erkalten und die Umgebung mit einer dicken Schicht kalten, grauen Gesteins zu bedecken.«[14] Und ein wenig später verfaßter Befund klang kaum freundlicher: »Stalin und seine Nachbeter wollen beweisen, daß sich der Kapitalismus stabilisiert habe; wer den offenkundigen Verrat, der in den Worten liegt, nicht merkt, der wird erst erwachen, wenn ihm der Strick um den Hals gelegt ist.«[15]

Der Inhalt der letzten Äußerung war zwar zwei Jahre später überholt, aber der darin steckende Vorwurf, daß die Arbeiter bloße Instrumente in den Händen derer waren, die sich im marxistischen Sinne als die Vollzieher der Geschichte verstanden, traf weiterhin zu: »Was den Christen Gott bedeutet, ist für die Marxisten die Geschichte. Sie machten aus ihr eine Person und mystifizierten sie. Wer aber solche Anschauungen hat von der Welt, der kann unmöglich tatkräftig und wahrhaft revolutionär sein. Wenn man sich geleitet fühlt von einem höheren Wesen, dann ist man unfähig, kühn voranzugehen und auf sich allein zu vertrauen.«[16] Der Zwanzigjährige hat intuitiv gespürt und es auf seine Weise intellektuell verarbeitet, daß eine Übertragung von Begriffen und Glaubensinhalten aus der Theologie auf die Politik dieser etwas aufbürdet, was im letzten unverfügbar bleibt und dennoch auf erschreckende Weise mißbraucht werden kann, weil die Menschen periodisch von sehr irdischen Erlösungssehnsüchten heimgesucht werden.

Wie kommt ein Mensch, der trotz seiner Jugend eben kein »leeres Blatt« im Sinne des Brecht-Stückes »Die Maßnahme« war, auf das »die Revolution ihre Anweisungen schreibt«[17], in relativ kurzer Zeit dazu, all das an scharfsinnigen Beobachtungen und Erkenntnissen – bis hin zur Verfolgung der anarchistischen Genossen in Sowjetrußland – hinter sich zu lassen, was ihm über Jahre hinweg in Fleisch und Blut übergegangen zu sein schien? Oder hat er gar dies alles verdrängt – in jener abrupten Art, die häufig Konversionen begleitet?

Es hinter sich gelassen zu haben ist gegenüber der Verdrängungshypothese die präzisere Annahme. Denn der Schatten dieses freien und wilden Denkens, das nur der Spannung zwischen der Herrschaft über das eigene Ich und der »Herrschaftslosigkeit in sich« ausgesetzt sowie in geringerem Maße auch einzelnen Theoretikern der Anarchie verpflichtet war, hat ihn lebenslang begleitet. Freunde und Gegner innerhalb der kommunistischen Bewegung haben ihn, wenn nicht direkt wahrgenommen, doch häufig geahnt. Er enthielt ein Bündel von Antrieben, die weiter wirkten: zunächst die Leidenschaft zum Neuen, aber auch zum Umstürzen des Alten, deren andere Seite Machtstreben, Sicherungstendenz, »Festungsdenken« war; vor allem aber der unbändige Wille zum Helfen.

Jahrzehnte später gab er auf die Frage nach seinem besonderen Talent die kurze Antwort: »Helfen«[18]. Inzwischen war es schon zu seiner zweiten Natur geworden. Dagegen fand sich der Einundzwanzigjährige vor ein grundlegend anderes Dilemma gestellt: Was war zu tun, wenn die arbeitenden Menschen, die gesamte proletarische Klasse – die Erfahrung zeigte es täglich – zur »gegenseitigen Hilfe« im Sinne Kropotkins noch nicht fähig, die eigenen Möglichkeiten zur voraussetzungslosen Hilfe noch zu gering waren? Mußten dann nicht die »Wissenden«, zu denen Wehner sich schon früh zählte, durch Aufklärung, Agitation, notfalls durch Zwang die breiten Massen in die Lage versetzen, sich und anderen zu helfen? Und falls er dies immer stärker als notwendig bejahte, mußten dann nicht alle bisherigen Vorbehalte gegenüber einer in ihrer inneren Struktur schon sehr hierarchischen und fremdbestimmten Partei zurücktreten?

Günter Gaus, einer der Biographen Wehners, die ihm auch persönlich am nächsten standen, hat einmal davon gesprochen, daß Wehner sich, aus dem Irrtum heraus, das »materielle Nachholbedürfnis der Gesellschaft« zu unterschätzen, »in Übereinstimmung mit jener westdeutschen Minderheit« befand, »die illusionäre Vorstellungen über einen radikalen Neubeginn in Deutschland hatte«[19]. Einer deutschen (linken und illusionsbehafteten) Minderheit anzugehören, wäre aus der Rückschau vor allem für den jungen Wehner kein falscher, wenn auch ein sehr allgemeiner Befund gewesen.

Der einundzwanzigjährige Wehner sah dies offenbar anders. Zwar hatte er sich nie wie andere junge Revolutionäre von jenem Zustand »zwischen Gnade und Rausch« einfangen lassen, in dem sie aufhörten, »als Einzelwesen zu zittern«, weil sie fühlen durften, »Teil eines Ganzen«[20] zu sein. Um sich selbst als bloße Inszenierung von etwas anderem, und sei es einem vorgeblichen Ganzen, zu sehen, dazu war seine persönliche Autonomie schon zu früh und zu hoch entwickelt.

Aber sich von dem großen Potential der KPD, von ihrem Massencharakter, der in Berlin erheblich stärker in Erscheinung trat als im heimatlichen Dresden, wie von der Opferbereitschaft vieler Tausender ihrer Mitglieder beeindrucken zu lassen, das ließ sein hochentwickeltes Selbstwertgefühl nicht nur zu. Mehr noch: Das gab ihm die wachsende Gewißheit, es lohne sich, aus der bisherigen Rolle als mehr oder minder »nachvollziehender« Edelreservist der Revolution herauszutreten und den Auftrag anzunehmen. Wehner – Parsifal auf der Suche nach dem Gral!

Die KPD und Moskau 1925–1928

Das Gewicht anderer, überindividueller Gründe, die Wehners Entscheidung beeinflußten, ist dagegen schwer auszumachen. War zur Zeit seines Beitritts sein auf die kommunistische Weltbewegung bezogener bildhafter Vergleich aus dem Jahre 1926 von der erkaltenden und sich versteinernden[21] revolutionären Lava hinfällig geworden?

Paul Scheffer, damals Korrespondent des *Berliner Tageblatts* in Moskau und einer der besten westeuropäischen Kenner der sowjetischen Entwicklung in den zwanziger Jahren, berichtet in einem Beitrag über die Linksopposition (Trotzki und andere) vom Juni 1927 über »Symptome der Verkalkung im jungen Sowjetstaat«[22] und darüber, daß die »eigentlich Leitenden«, unter ihnen Stalin als »Führer, Kopf und Faust [...]«[23], »sich seit Jahren von der Welt vollkommen ab[schließen], die sie bekämpfen«[24].

Das schloß Bewegung nicht aus. Aber es war nicht Bewegung von unten, aus der sozialen Magma, die Lenin zur Machteroberung so geschickt zu nutzen verstanden hatte – bis hin zu der von Maxim Gorki den Bolschewiki angelasteten »Kanalisierung« der »spontan gewaltsamen Anarchie« des russischen Volkes, die vor allem eine Reaktion auf die jahrhundertelange Demütigung durch den Despotismus des Zarentums war, aber nun zu einem »neuen blutigen Despotismus« führen mußte.[25]

Die Bewegung kam von oben, in den versteinerten Formen des von Stalin beherrschten Machtapparats, der alle Energien aufsaugte – auch die kriminellen – und sie nur zwei Zielen dienstbar machte: dem eigenen Machterhalt und der zunächst abstrakt erscheinenden, aber in der Konsequenz mörderischen Idee, aus dem Westen kommende Revolutions- und Fortschrittsmodelle, auch das des am Beispiel der westlichen Industriegesellschaften entwickelten Marxismus, durch Radikalisierung zu überbieten und diese Politik gar zum Modell für alle Parteien der Komintern zu erheben. Daher die Harmonisierung Leninscher Theoriefragmente durch den von Stalin erfundenen »Leninismus«, mit der die Erschleichung des Leninschen Erbes unter der Formel vom Aufbau des »Sozialismus in einem Lande« kaschiert und später legitimiert wurde. Durch das Lenin in der offiziellen Propaganda zugewiesene überhöhte und durch den Tod unangreifbare Charisma wurden für die kollektive Psyche die durch die bürokratische Herrschaft entstandenen seelischen Defizite kompensiert.

Dieser sowjetrussischen Variante der Sonderwegsideologie hatte die personell sehr heterogen zusammengesetzte Linksopposition um Trotzki, Sinowjew und Kamenew vielleicht ein Mehr an theoretischer Intelligenz, aber kaum Alternativen in der Sache anzubieten. Eher im Gegenteil. Dem beim Vorgehen gegen die »Kulaken«[26] zunächst noch zögernden Stalin warfen sie »Kleinbürgerlichkeit« und »Kompromißpolitik«[27] vor. In den Führungsgremien und im Machtapparat der Partei und seiner Nebenorganisationen (von der Geheimpolizei gar nicht zu reden) waren sie so chancenlos, daß sie, bevor sie richtig antreten konnten, schon ausmanövriert waren. Nachdem Trotzki und Sinowjew am 14. November 1927 wegen angeblicher Anzettelung konterrevolutionärer Demonstrationen aus der KPdSU ausgeschlossen worden waren, begann die Jagd auf deren Anhänger, und wenig später, im Januar 1928, erfolgte die Deportation Trotzkis und seiner Familie.

Kurz zuvor, im Dezember 1927, hatte der XV. Parteikongreß Maßnahmen beschlossen, die ursprünglich von der Opposition gefordert worden waren: die Beschränkung der Freiheit der wirtschaftlichen Tätigkeit der »Kulaken« – die nur zum geringeren Teil Großbauern, in der Mehrheit aber die produktiven, einzeln wirtschaftenden Familienbetriebe der Mittelbauern waren[28] – und ein forciertes Industrialisierungsprogramm[29].

Die von Stalin Ende Januar 1928 angeordneten »außerordentlichen Maßnahmen« zur Getreidebeschaffung in Sibirien, die vielfach schon mit Zwang und Gewalt verbunden waren, zeitigten nur kurzfristige Erfolge.[30] Zur rechten Zeit entdeckte die Geheimpolizei im Frühjahr 1928 in Schachty (Donezbecken) eine »konterrevolutionäre Verschwörung« von Ingenieuren und Technikern (auch ausländischen), die nicht der Partei angehörten. Ihre Verurteilung in einem Schauprozeß diente dazu, den Ruf nach verstärktem Einsatz linientreuer kommunistischer Spezialisten zu unterstreichen. Im Juni 1928 wurde dann nicht nur das Ende der NEP (»Neuen Ökonomischen Politik« Lenins), sondern zugleich Stalins Wille deutlich, mit einer Teilkollektivierung der Landwirtschaft zu beginnen[31] und mit einem großangelegten Industrialisierungskonzept, das vor allem die Schwerindustrie und die Energieversorgung entwickeln sollte, das frühere Programm der linken Opposition nicht nur zu übernehmen, sondern durch Ausdehnung zu überbieten.

Dies führte in einer ZK-Sitzung im Juli 1928 zur Kritik der von Bucharin geführten Rechtsopposition, die ursprünglich Stalin beim Niederkämpfen der Linksopposition unterstützt hatte. Bucharins Kritik richtete sich zwar offiziell gegen die »Ideologen des Trotzkismus«, für die das »Maximum des jährlichen Hinüberpumpens von Mitteln aus der Bauernwirtschaft in die Industrie das maximale Entwicklungstempo der Industrie überhaupt« sichere. Demgegenüber bestand er darauf, daß »das größte, dauerhafte Tempo« bei einer Kombination erreicht würde, »in der die Industrie auf der Basis einer rasch wachsenden Landwirtschaft in die Höhe steigt«[32]. Indirekt wandte sich seine Kritik aber auch gegen Stalin, der sich seit Sommer 1928 zunehmend von seinen bisherigen rechten Bündnispartnern distanziert und Bucharin und dessen Anhänger innerhalb der Führungsgremien bis Ende 1928 vollständig entmachtet hatte.

Um das Vorwärtsstreben des sowjetischen Industrialisierungs- und Modernisierungsstoßes nach außen zu entlasten, wurde von der Komintern die Propagandalosung von der »Verschärfung des internationalen Klassenkampfes« und von der angeblich wachsenden Bedrohung der Sowjetunion durch die kapitalistischen Mächte ausgegeben.[33] Für die KPD bedeutete dies das Ende des »Versöhnlertums« und die erneute Todfeindschaft gegenüber der SPD, die als »sozialfaschistisch« bekämpft wurde.

Der auf die Veränderungen der politischen und innergesellschaftlichen Bedingungen des Sowjetstaates gerichtete Stalinsche »Schmelzofen«[34] wurde mit der weiteren Versteinerung der Politik der von Moskau aus dirigierten kommunistischen Weltbewegung bezahlt, ja sogar in einzelnen Ländern, wie die Beispiele China und Deutschland zeigen, mit der teils direkten, teils indirekten Förderung der Gegenrevolution. Auch wenn um die Wende 1927/28 der rasante Aufstieg der NSDAP zur Massenbewegung noch nicht vorhersehbar war: nach den Erfahrungen der Jahre zuvor konnte die rücksichtslose Bekämpfung der SPD als »Hauptfeind« nur der politischen Rechten nutzen.

Weit davon entfernt, diesen Zusammenhang zu durchschauen oder ihn gar öffentlich zuzugeben, hat die große Mehrheit der Kommunisten, die seit 1928 die KPD führten, entscheidend dazu beigetragen, sich und die Partei in eine immer zwanghafter anmutende Richtung zu treiben, die eben nicht nur als »Stalinisierung«[35], sondern als eine Art Selbststalinisierung zu bezeichnen ist.[36]

Während der Phase der »Bolschewisierung«[37], das heißt in den Jahren der Anpassung (1920–1925) an die von Lenin 1920 aufgestellten einundzwanzig Bedingungen der Komintern, hatten die häufig wechselnden Führungen, die zunächst stärker von den »Rechten«, von Koalitionen der »Mittelgruppe« und der »Linken«, schließlich von den »Ultralinken« gebildet wurden, sich noch einen gewissen Spielraum für eine eigenständige Politik erhalten können – auch für eigene Fehlentscheidungen, wie die weiter oben beschriebene[38] Jagd nach einem »deutschen Oktober« (1923) oder die Aufrechterhaltung der Kandidatur Thälmanns im zweiten Durchgang bei der Wahl des Reichspräsidenten im April 1925 zeigten. Durch letztere gelang es der deutschen Rechten, mit der Wahl des Monarchisten Hindenburg der Idee der demokratischen Republik den bis dahin schwersten Schlag zu versetzen.

Wenige Monate später hatte der Prozeß der Unterwerfung unter die aus Moskau kommenden Direktiven ein neues Stadium erreicht, als das Exekutivkomitee der Komintern im August 1925 die KPD zur Veröffentlichung eines »offenen Briefes« zwang, der schon »deutlich Stalins Handschrift trug«[39].

Entsprechend der damals von Stalin verfolgten Linie wurde eine Führung gewählt, die deutlich rechts von der bisherigen (Ruth Fischer/Arkadij Maslow) stand. Der Fischer-Maslow-Gruppe wurden nicht in erster Linie die »ultralinken« Tendenzen der Gruppe um Werner Scholem, Arthur Rosenberg und Hans Weber angerechnet, die vom zehnten Parteitag in Berlin im Juli 1925 gegen den Willen des Kominternvertreters Dimitri Manuilski ins Zentralkomitee der KPD gewählt worden waren. Der Hauptvorwurf lautete vielmehr auf »antibolschewistische«, also gegen Moskau gerichtete Umtriebe[40]. Das gab den Ausschlag.

Die Moskauer Methoden, wie Mehrheiten in den Führungsgremien der KPD gekippt wurden, waren nicht völlig neu: die Bearbeitung einzelner führender Mitglieder, die bei Beratungen in der Kominternzentrale besonders wirksame Mischung aus Schmeichelei (der- oder diejenige würden der russischen Partei wie der Bewegung insgesamt einen großen Dienst erweisen) und versteckten Warnungen (es wollten doch alle wieder ausreisen)[41], schließlich die offene Drohung, die Komintern werde ihre Zahlungen an die KPD einstellen[42]. Aber die Häufung dieser Methoden und die Verknüpfung der Auseinandersetzungen innerhalb der KPD mit den Fraktionskämpfen innerhalb der KPdSU bedeuteten doch einen »Bruch mit dem alten System«[43].

Nachdem Sinowjew im Juli 1926 seinen Sitz im Politbüro der KPdSU verloren hatte, sammelten die »Linken« in der KPD Unterschriften für einen Aufruf, der am 11. September 1926 als »Brief der Siebenhundert« veröffentlicht wurde. Darin wurde die innersowjetische Kampagne gegen Sinowjew als Versuch gebrandmarkt, »die Komintern als revolutionäre Organisation des Weltproletariats zu liquidieren«. Der vor einem Jahr der KPD-Führung von der Komintern aufgezwungene »offene Brief« habe statt der angeblichen Normalisierung der Partei »eine vollkommene Desorganisation und Atomisierung der KPD« zur Folge gehabt. Der Schlußappell »zurück zu Lenin, zum wirklichen, echten, unverfälschten Leninismus«[44] wurde von Stalins Gefolgschaft als besonderer Affront angesehen. Das Zentralkomitee der KPD sprach wenige Tage später von einem »verbrecherischen« Spaltungsversuch.

Heinz Neumann, damals einer der beiden deutschen Vertreter im Präsidium der Kominternexekutive und Vertrauter Stalins, empfahl der ZK-Mehrheit, der Opposition Bedingungen zu stellen, die diese nicht akzeptieren konnte. Deren Stellung wurde weiter dadurch geschwächt, daß Trotzki und Sinowjew Mitte Oktober 1926 zeitweise eingelenkt und sich sowohl von der »Arbeiteropposition« in Sowjetrußland als auch von den linksoppositionellen Gruppen in den übrigen Kominternparteien distanziert hatten.

Dem Ausschluß der meisten führenden Köpfe der Linksopposition aus der KPD (November 1926) folgte zunächst eine Einladung einer Kommission der Kominternexekutive, nach Moskau zu kommen, um die Gründe des Parteiausschlusses zu diskutieren. Möglicherweise hoffte Stalin durch das Angebot einer Rehabilitierung zumindest von Teilen der deutschen Linksopposition, Sinowjew von dessen immer noch beträchtlichem Anhang innerhalb der KPdSU wie der Komintern isolieren zu können.

Voraussetzung jeder Rehabilitierung war schon damals in wachsendem Maße die Bereitschaft, Selbstkritik im Sinne von Selbstbezichtigung zu üben. Auf die Frage des mit der Vernehmung der deutschen Linksopposition beauftragten Otto Kuusinen, ob sie anerkenne, daß es keinerlei Gegensatz zwischen der Politik der Sowjetunion als des Staates der proletarischen Diktatur und den Interessen der internationalen Revolution gebe, antwortete Ruth Fischer: »Wir stehen in dieser Frage auf dem Standpunkte der russischen Opposition und schließen uns vollinhaltlich dem Genossen Sinowjew an.«[45] Kuusinens Fazit, »diese Leute« stünden bereits »auf der anderen Seite der Barrikade«, entsprach der Entscheidung der Kommission und wenige Tage später des erweiterten Exekutivkomitees der Komintern, den Parteiausschluß zu bestätigen.

Der Verlauf des Essener Parteitages der KPD Anfang März 1927 machte deutlich, daß sich nach dem Ausschluß der Linken der Verfall der ohnehin schon spärlich gewordenen Reste innerparteilicher Demokratie und Toleranz erheblich beschleunigt hatte. Die wenigen Redner der Linken konnten sich nur bruchstückweise gegen die offensichtlich von der Leitung organisierte Lärmkulisse durchsetzen. Thälmanns dortige Erklärung, der »unerbittliche Kampf« für die »Entlarvung der sozialdemokratischen Führer, für ihre Vertreibung aus der Arbeiterschaft« sei die »Hauptaufgabe« der Kommunisten, zeigte überdies, daß die KPD-Führung schon mehr als ein Jahr vor dem offiziellen Beginn der angeblich nur von Stalin ausgehenden »ultralinken Wendung« sich von einer zwar nur halbherzig betriebenen, aber in Teilen – wie in der Kampagne gegen die Fürstenentschädigung (1926) – erfolgreichen, weil den Realitäten angemessenen Oppositionspolitik der Jahre 1925/26 zu verabschieden begann.

Allerdings – und das verdeckt zunächst die beginnende Schwenkung – wurden dort auch Beschlüsse gefaßt, die die Arbeiter innerhalb der Gewerkschaften sichern und stärken sollten, und einige in der Gewerkschaftsarbeit erfahrene Mitglieder in die KPD-Zentrale berufen, deren Wirken in einer Reihe von Bezirken erfolgreich war.

Der sich seit Januar 1928 abzeichnende neue, gegen die »Kulaken«, »bürgerliche« Fachleute und Kleinunternehmer gerichtete Kurs der sowjetischen Politik wurde nach außen nicht nur durch die Legende einer von der imperialistischen Hauptmacht Großbritannien organisierten militärischen Einkreisung der Sowjetunion abgestützt. Auch innerhalb der Komintern suchte Stalin die Führung der KPD, die nach dem Scheitern der Generalstreikbewegung in Großbritannien wieder zur wichtigsten außerrussischen Partei der Komintern geworden war, für seine Ziele einzuspannen.

Ende Februar 1928 tagte in Moskau die 9. Erweiterte Exekutive der Komintern. Dort wurden in der offiziellen Sitzung keine Beschlüsse gefaßt, die von den Forderungen des »offenen Briefes« vom August 1925 und des Essener Parteitages vom März 1927 – etwa in der Gewerkschaftsfrage – in gravierender Weise abgewichen wären. Unmittelbar nach dem Ende der internationalen Tagung trafen die in Moskau versammelten Mitglieder des Zentralkomitees der KPD mit den führenden Vertretern der KPdSU zusammen, um geheime Beschlüsse zu fassen, die, wie die *Arbeiterpolitik*, das Organ der Kommunistischen Opposition (KPO)[46], drei Jahre später enthüllte, »im schärfsten Widerspruch zu dem Geiste standen, der die Tagung selber beherrscht hatte. Es war eine Verhöhnung der internationalen Disziplin. Das russische und das deutsche Zentralkomitee konstituierten sich als eine Instanz, die sich aus eigenem Recht die Vorherrschaft über die Internationale anmaßte.«[47]

Dieses Geheimabkommen vom 29. Februar 1928 war erst nach heftiger Debatte zustande gekommen. Die Mittelgruppe der »Versöhnler«, die durch Arthur Ewert und Gerhard Eisler (den Bruder Ruth Fischers und des Komponisten Hans Eisler) vertreten war, konnte lediglich erreichen, daß bei den Abschnitten des Entwurfs, die vom Kampf gegen die »Rechten« und die »Versöhnler« handelten, die auf einzelne Personen zugespitzten Formulierungen und Namensnennungen – darunter die eigenen – in der Endfassung herausgenommen wurden. Dennoch wurden die 1924 abgesetzten und seither in der Sowjetunion festgehaltenen »rechten« Parteiführer Heinrich Brandler und August Thalheimer namentlich erwähnt und deren Aufstellung als Kandidaten für die bevorstehenden Reichstagswahlen als »unzweckmäßig« erklärt.

Thälmann, der sich schon vorher heftig gegen beider Kandidatur gewehrt hatte, bezahlte für diesen »Erfolg« einen hohen Preis, dessen Ausmaß ihm gar nicht bewußt werden konnte, weil er schon vorher Gefangener seiner früheren Parolen gegen die »rechte Gefahr in der deutschen Arbeiterbewegung« geworden war. Dementsprechend wurde im ersten Abschnitt des Abkommens die SPD als »Hauptgefahr« dargestellt. Im zweiten Abschnitt wurde die Aufmerksamkeit der Parteimitglieder »auf den Kampf gegen die rechte Gefahr in der Partei« (darunter auch gegen den Trotzkismus) gelenkt. Mit dieser schon die Verhältnisse in der innersowjetischen Auseinandersetzung völlig verzerrenden Formel wurde nun auch in Deutschland Stimmung gemacht. Somit wurden Kräfte gegeneinander gehetzt und aufgezehrt, die wenig später – im Kampf gegen die aufziehende braune Gefahr – fehlten.

Der Wortlaut des Abkommens wurde der übrigen Parteiführung nicht mitgeteilt. Gleichwohl wurde sie verpflichtet, ihm zuzustimmen. Dabei wurde mit der Lüge gearbeitet, daß alle am Treffen beteiligten Mitglieder der deutschen Delegation das Abkommen unterschrieben hätten.[48]

Tatsächlich hat Clara Zetkin zwei Wochen später in einem Brief an das Zentralkomitee der KPD mitgeteilt, sie lehne »nach sorgfältiger Prüfung« die Resolution »entschieden ab«. Statt »Einheit, Geschlossenheit und Aktionskraft der Führung und der Partei als Ganzes herzustellen [...] wird [sie] das seither in dieser Beziehung Erreichte gefährden und zerstören. Sie bedeutet eine grundsätzliche Änderung des bisher verfolgten Kurses.«[49]

Die deutsche Sozialdemokratie, die schon in der Opposition von

Stalin als die »westlichste«[50] Partei angesehen wurde, weil sie nicht nur an das Wertsystem der parlamentarischen Demokratie gebunden war, sondern auch für eine Verständigung mit den Westmächten eintrat, wurde seit Bildung der großen Koalition unter dem sozialdemokratischen Kanzler Hermann Müller im Mai 1928 ein noch dankbareres Objekt der Aggression für jene, die der stalinistischen Verschwörungstheorie auch deshalb anhingen, weil sie als Vehikel zur Eroberung und zum Ausbau der eigenen Machtstellung in der KPD sehr brauchbar war. Auf dem sechsten Weltkongreß der Komintern (17. Juli – 1. September 1928) in Moskau behauptete Thälmann, die Sozialdemokraten in der Regierung der großen Koalition seien »der treibende Faktor in der Linie der Kriegsvorbereitungen gegen die Sowjetunion«.

Seiner Einschätzung, bei der der Hinweis auf die Entwicklung der SPD »vom Reformismus zum Sozialfaschismus« nicht fehlte, trat Ernst Schneller mit der die Grenzen der Heuchelei weit überschreitenden These bei, die Sozialdemokratie mache sich zum »Einpeitscher des deutschen Imperialismus gegen die Sowjetmacht«[51], als wenn ihm nicht bewußt gewesen wäre, daß die imperialistische deutsche Rechte gerade deshalb insgeheim mit der Sowjetunion zusammenarbeitete, weil beide Seiten die Ergebnisse von Versailles revidieren wollten.

Diejenigen Mitglieder in der Führung der KPD, die sich ein Stück unabhängigen Denkens bewahrt hatten, erlitten wenige Wochen später eine Niederlage, von der sie sich nie mehr erholten. Im Frühjahr 1928 hatte eine Kassenrevision im Bezirk Wasserkante ergeben, daß dessen »Pol-Leiter« John Wittorf, ein persönlicher Freund Thälmanns, Parteigelder in Höhe von 1850 Mark – immerhin fast der Jahresverdienst eines Arbeiters – unterschlagen hatte. Statt die bei solchen Affären üblichen Konsequenzen zu ziehen, verpflichtete Thälmann alle Mitwisser zum Schweigen und ließ Wittorf, der Besserung gelobte, auf seinem Posten. Als die linkskommunistische Zeitung *Volkswille* seit Ende August 1928 mehrfach über die Affäre und Thälmanns Vertuschungsversuche berichtete, war das Zentralkomitee jedoch zum Handeln gezwungen.

Die von ihm mit der Untersuchung der Affäre beauftragten Kontrolleure (Hugo Eberlein als Mitglied des Polbüros und der Reichskassierer Arthur Golke) fanden die öffentlich erhobenen Vorwürfe voll bestätigt. Am 23. September 1928 wurde Wittorf von der Hamburger Bezirksleitung aus der KPD ausgeschlossen und die am Vertuschungsversuch beteiligten engen Freunde Thälmanns (darunter John Schehr) ihrer

Funktionen enthoben. Drei Tage später tat das Zentralkomitee ein Gleiches mit Thälmann. Dieser hatte offenbar den Parteiausschluß gefürchtet und stimmte für diesen Beschluß.

Im übrigen wartete er in Ruhe die Entscheidung jenes Gremiums ab, dem er selbst angehörte und das nach den Statuten der Komintern das letzte Wort hatte: das Exekutivkomitee der Komintern. Dort saßen nach den innersowjetischen »Säuberungen« nur Verbündete, vor allem auch Stalin. Dieser machte wenige Tage später maßgeblichen Mitgliedern der deutschen Parteiführung klar, daß die KPdSU, das hieß er und die Komintern, »Thälmann als KPD-Vorsitzenden für ganz und gar unentbehrlich« hielten. Darauf knickte die Mehrheit des Zentralkomitees der KPD sogleich ein und verurteilte am 5. Oktober den eigenen Beschluß vom 26. September als »Fehler«. Sie wertete ihn nun als »entscheidenden Angriff« eines »Blocks« der »rechten« und »versöhnlerischen« Gruppen »zur Änderung der politischen und innerparteilichen Linie« und erwartete von der Komintern die Rehabilitierung Thälmanns und der ihrer Funktionen enthobenen Hamburger Funktionäre.

Das Exekutivkomitee der Komintern entsprach prompt – einen Tag später – diesen »Erwartungen«. Es wies die »unberechtigten« Angriffe gegen Thälmann entschieden zurück, verpflichtete ihn, seine Funktionen wieder aufzunehmen und empfahl dem Zentralkomitee der KPD, Maßnahmen zu treffen, »um alle fraktionellen Gruppierungen in der Partei zu liquidieren und alle besten Kräfte der Partei [...] zur verantwortlichen Mitarbeit heranzuziehen«[52].

Damit war die Jagd auf alle führenden Köpfe der »Rechten«, das heißt auf diejenigen eröffnet, die für eine relative Autonomie der KPD von Moskau eintraten, unter ihnen zahlreiche Gründungsmitglieder des Spartakusbundes und der KPD wie Jakob Walcher, Paul Fröhlich, August Enderle, Albert Schreiner, Heinrich Brandler und August Thalheimer. Sie fand im Dezember 1928 und Januar 1929 mit deren Parteiausschluß ihr vorläufiges Ende. Die Abrechnung mit den »Versöhnlern« folgte dann einige Monate später, im Juni 1929, auf dem Weddinger Parteitag.

Waren unter diesen Rahmenbedingungen für einen ehrgeizigen Jungkommunisten wie Herbert Wehner überhaupt Möglichkeiten zur eigenen Gestaltung gegeben, oder herrschte nicht auch in Dresden wie im ganzen von dort aus geleiteten Bezirk Ostsachsen das Prinzip Anpassung oder gar Überanpassung? Daß auch dieser Bezirk von Fraktionskämpfen heimgesucht wurde, läßt sich nicht zuletzt daran ablesen, daß auf dem Bezirksparteitag der KPD im Oktober 1927 – also in dem Monat, an dessen Anfang Wehners Debut als kommunistischer Agitator bei Zeiss-Ikon stand – unterschiedliche Auffassungen vor allem darüber, wie die Massen parteiloser und sozialdemokratischer Arbeiter für die KPD zu gewinnen seien, noch einmal zum Austrag kamen.

Während Erich Melcher[53] als Vertreter der »Rechten« in seinem Referat »zur politischen Lage«[54] wie in seinem Schlußwort davon sprach, daß in der »Bearbeitung der SPD unsere Aufgabe viel komplizierter angefaßt« werden müsse und die Möglichkeit bestünde, insbesondere »in der Zeit revolutionärer Zuspitzungen, beispielsweise im Verlauf des nächsten imperialistischen Krieges«, daß in der SPD sich »breite Mitgliederteile gegen die offizielle Politik der Parteiführung auflehnen und [...] eigene oppositionelle Führer hervorbringen« würde, hielt der Vertreter der Thälmann-Mehrheit im Zentralkomitee, der Landtagsabgeordnete Rudolf Renner nichts von der Auffassung, daß nochmals eine »organisatorische Spaltung der SPD« erfolgen würde. Um diese Meinung zu begründen, war ihm keine Behauptung zu billig: »gerade die sozialdemokratischen ›linken‹ Führer unternehmen alles, um die Massen an einen neuen imperialistischen Krieg zu binden«[55].

Kritik war also um die Wende 1927/28 im Bezirk Ostsachsen noch möglich. Sie fand auch statt, wie aus der Berichterstattung der Dresdener *Arbeiterstimme* noch ansatzweise erkennbar wird, wenngleich dort die Beiträge der Delegierten teilweise drastisch gekürzt wurden, insbesondere jene, die sich kritisch mit der zu geringen Differenzierung zwischen Arbeitern und Führern bei der SPD, mit der (entgegen der offiziellen Kriegsvorbereitungspropaganda) sehr pragmatischen Politik Moskaus gegenüber den Westmächten oder mit den »ultralinken Tendenzen« und mit einer Warnung vor der Wiederkehr der »katastrophalen« Politik von 1923 beschäftigten.

Für Wehner war offenbar die Möglichkeit zu kritischer Diskussion gar nicht so bedeutsam – auch nicht, daß diejenigen, die von ihr Gebrauch machten, zunehmend verstummten, resignierten, ausgeschlossen wurden oder von selbst gingen. Für ihn war viel wichtiger, daß er und seine Fähigkeiten in wachsendem Maße gebraucht wurden.

Die enorme Mitgliederfluktuation – zwischen 1920 und 1933 waren es über eine Million, die allerdings meist »kurze Gastrollen« gaben[56] – und der damit verbundene geringe Bestand an erfahrenen und aktiven Mitgliedern und Funktionären, deren »Überbürdung mit Arbeit«[57], wie die Resolution des Bezirksparteitages feststellte – das alles traf die KPD nicht unverschuldet. Verantwortlich waren dafür: die Widersprüche ihrer eigenen Politik, die oft jähen Wendungen, bei denen plötzlich das angebetet wurde, was kurz zuvor noch verdammt worden war (und umgekehrt), aber auch die wachsende Hierarchisierung und Bürokratisierung, die die Berichtspflicht und den permanenten Aktivitätsnachweis überproportional steigerten[58], und schließlich der Anspruch, nicht nur politische Massenbewegung, sondern auch fähig zu sein, den sozialen und kulturellen Alltag der Mitglieder und Sympathisierenden organisieren zu können. Zu diesen »Massen«-Organisationen gehörten in Dresden neben dem Roten Frontkämpferbund, dem kommunistischen Jugendverband, der Roten Jungfront, der Kampfgemeinschaft für rote Sporteinheit, dem Verband proletarischer Freidenker, dem Internationalen Bund der Opfer des Krieges und der Arbeit[59] auch die Rote Hilfe.

Die »Rote Hilfe«

Als Wehner um die Jahreswende 1927/28 zum hauptamtlichen Funktionär der Roten Hilfe Ostsachsens *bestellt* wurde – von einer *Wahl* durch Mitglieder oder Delegierte wird nirgendwo berichtet –, galt noch eine »Linie«, die die gemeinsamen Interessen aller Arbeiter stärker betonte als die politischen Gegensätze innerhalb der Arbeiterbewegung. Für diesen Kurs schien die »Rote Hilfe« ein besonders geeignetes Instrument zu sein. Zumindest der Form nach verstand sie sich reichsweit zu jener Zeit immer noch als »überparteiliche Organisation« zum Zwecke des »Abwehrkampfes gegen die bürgerliche Klassenjustiz und den weißen Terror« sowie der Hilfeleistung für die politischen Gefangenen, ihre Angehörigen und für die »Hinterbliebenen der im Klassenkampf Gefallenen«[60].

Von den 5326 Einzelmitgliedern in Ostsachsen, die im Organisationsbericht für das Quartal 1927 aufgeführt wurden, waren über sechzig Prozent KPD-Mitglieder (3235), knapp ein Prozent SPD-Mitglieder (52), 0,25 Prozent Bürgerliche (13). Der Rest (2026) tauchte in der Rubrik als »parteilos« auf.[61] Darunter waren auch zahlreiche Mitglieder anarchistischer Gruppen, die, wie die Syndikalisten und die Anarchistische Arbeiterunion (AAUE), im Frühjahr und Sommer 1928 die öffentlichen Erklärungen und Appelle der zur Durchsetzung einer reichsweiten Amnestie für die (linken) politischen Gefangenen ins Leben gerufenen »Amnestiekomitees« mitunterschrieben hatten.

Die ostsächsische Bezirksorganisation der Roten Hilfe war bis zum Winter 1927/28 nicht gerade durch ein Übermaß an Aktivität aufgefallen, eher im Gegenteil: Unter den Berichten »Aus der Arbeit der Bezirke«, die das Berliner Zentralorgan *Der Rote Helfer* regelmäßig abdruckte, waren die aus Ostsachsen häufig die mit den spärlichsten Informationen.[62] Das änderte sich grundlegend, nachdem der neue Sekretär die Arbeit aufgenommen hatte. Von nun an umfaßten die Berichte aus Ostsachsen meist mehrere Spalten.[63] Berichterstatter war ganz offenkundig Wehner selbst. Angefangen mit den Ergebnissen der Sach- und Geldspendensammlungen im Rahmen der »Winterhilfskampagne« über die »fliegenden Buchhandlungen« bis hin zu einer gemeinsam mit der KPD und »sämtlichen revolutionären Organisationen« durchgeführten »proletarischen Weihnachtsausstellung« in Dresden-Laubegast, auf der sowjetische Filme (unter anderem der »Sohn der Berge«) vorgeführt, die Literatur der Roten Hilfe sowie Gefangenenarbeiten und russische Schnitzereien zum Verkauf angeboten worden waren.

Der »Hauptanteil« der Arbeit wurde zwar der örtlichen Rote-Hilfe-Gruppe und der KPD zugeschrieben. Allein die Tatsache, daß er andere beteiligte Organisationen mit dem Etikett »revolutionär« versah, bezeugt, daß Herbert Wehner seine früheren Vorstellungen von der Einheit aller revolutionären Gruppen des Proletariats noch nicht dem Monopolanspruch der Partei geopfert hatte. Auch in späteren Berichten, als die Losung von der Einheitsfront von Parteiführung und Komintern schon aufgegeben worden war, erwähnte er die Beteiligung syndikalistischer und unionistischer Gruppen sowie sozialdemokratischer Betriebsräte und Vertrauensleute an der Amnestiebewegung.[64]

Wenn Wehner über weitgehend vergeblich bleibende Versuche berichtete, sozialdemokratische Vorfeldorganisationen wie etwa den »Verband für Freidenkertum und Feuerbestattung« für eine korporative Mitgliedschaft in der Roten Hilfe zu gewinnen, mied er polemische Wendungen. Selbst die Auseinandersetzung mit der sozialdemokratischen *Volkszeitung*, die trotz mehrfacher Mahnung einen Aufruf der Roten Hilfe »An alle Arbeiterorganisationen« wegen der Beschlagnahmung von Unterstützungsgeldern für die Familien politischer Gefangener in Bulgarien durch die dortige Regierung nicht abgedruckt hatte, führte er zunächst in überwiegend moderatem Tenor. Er stellt lediglich fest, daß durch das Verhalten der *Volkszeitung* die »Interessen der Gesamtarbeiterschaft schwer geschädigt« wurden: »Der Aufruf behandelte nicht die Angelegenheit einer einzelnen Partei, in ihm war die Rede von dem weißen Terror gegen die Arbeiterbewegung im allgemeinen.« Das Äußerste an Polemik, zu dem er sich hinreißen ließ, war die Bemerkung, daß die *Volkszeitung* zu der Zeit, als der Aufruf hätte gedruckt werden sollen, sich intensiv mit der »Verbannung der russischen Oppositionellen« beschäftigt habe: »Das war scheinbar ein einträglicheres Geschäft.«[65]

Wie sehr ihn selbst dieses Problem immer noch umtrieb, läßt sich der Tatsache entnehmen, daß er wenig später in einem »Dresdener Verwaltungsbezirk« der Roten Hilfe eine Mitgliederversammlung mit dem Thema veranstaltete: »Verbannung nach Sibirien! Russische Gefängnisse!« In seinem Bericht hieß es: »Der Besuch betrug das *Siebenfache* sonstiger Veranstaltungen. Reges Interesse herrschte [...], dann sprachen wir über die grundsätzliche Frage der proletarischen Justiz und unsere Stellung zu ihr, womit wir eine Gegenüberstellung der alten zaristischen Methode verbanden. Denn die Bürgerlichen behaupten ja, daß heute dasselbe System – mit anderen Vorzeichen – in Rußland herrsche, das früher da war.«

Welche Argumente benutzt wurden, blieb leider im Dunkel. Er erwähnte lediglich eine Fotodiaschau über »Zaristische Kerkergreuel«, anhand derer die »Rechtspflege im kapitalistischen Rußland« erläutert wurde, und: »in gründlichen Darlegungen gingen wir auf die jetzige Justiz ein.« Ob seine abschließende Aufforderung – »das muß für andere Bezirke eine Anregung sein«[66] – dort oder auch nur in der Berliner Zentrale auf Beifall stieß, muß bezweifelt werden.

Dieses Thema wurde von Roter Hilfe und KPD mit äußerster Zurückhaltung behandelt. Es wurde entweder ganz verschwiegen oder endete in einer Rechtfertigung der sowjetischen Justiz. Das brachte die Rote Hilfe bei ihren Sympathisanten auf der Linken mehr ins Zwielicht als die oft wettersturzartig erfolgenden Richtungswechsel der Partei.

Erich Mühsam, dessen persönliche Lauterkeit auf der revolutionären Linken unbestritten war, hatte als Delegierter auf der Bezirkskonferenz Berlin-Brandenburg der Roten Hilfe 1927 die Forderung vertreten, die Rote Hilfe habe sich auch für eine »Amnestie der linksrevolutionären Gefangenen und Verbannten Rußlands einzusetzen«. Das führte dazu, daß hinfort von seiner »agitatorischen Mitwirkung keinerlei Gebrauch« mehr gemacht wurde. Ende 1929 nahm Mühsam endgültig Abschied von der »Fiktion, als ob die Rote Hilfe Deutschlands tatsächlich selbständig sei, zu der ich und meine Freunde, die der RH angehörten, uns immer wieder überredeten«[67], und trat aus dieser Organisation aus.

Mit liberalen Intellektuellen, die von der Roten Hilfe nicht minder heftig umworben wurden, tat sie sich leichter – nicht nur in Deutschland, auch in Westeuropa. Als Panait Istrati, Vizepräsident der französischen Gesellschaft der Freunde Sowjetrußlands, der nicht wie andere kommunistische Schriftsteller in den Moskauer Prominentenhotels ein privilegiertes Leben führte, sondern 1927/28 über sechzehn Monate lang den Alltag der Sowjetmenschen teilte, seinen Bericht über die wie einen Alptraum erfahrene Sowjetwirklichkeit[68] seinem großen Freund und Entdecker Romain Rolland zum Lesen gab (1929), schrieb dieser ihm darüber: »Diese Seiten sind heilig. Sie müssen in den Archiven der Ewigen Revolution aufbewahrt werden, in ihrem goldenen Buch.« Zugleich beschwor er ihn: »Aber veröffentlichen Sie es nicht, Sie dürfen es nicht in diesem Augenblick veröffentlichen!«[69]

Rolland, nicht nur ein berühmter Schriftsteller, sondern eine moralische Instanz von europäischem Rang, war zugleich einer der Initiatoren jener Verschwörung des Schweigens, die später, ab Mitte der dreißiger Jahre, besonders groteske Formen annehmen sollte.

Wehner hatte dieses heiße Eisen angefaßt, einmal weil ihm daran lag, bürgerliche und sozialdemokratische Intellektuelle wenn nicht für die Rote Hilfe, so doch zumindest für die Amnestiebewegung zu gewinnen. Auf deren Höhepunkt – im Sommer 1928 – rühmte er die darauf verwandte Sorgfalt: »Wir haben alle Kraft konzentriert, um eine breite Amnestiebewegung zustandezubringen. An die in Frage kommenden Organisationen und Einzelpersonen richteten wir unsere Schreiben, die nicht schematisch abgefaßt worden waren, sondern sich dem speziellen Interesse der betreffenden Organisation anpaßten. Bei den Intellektuellen legten wir z.B. das Hauptgewicht auf das Verfahren gegen Johannes R. Becher[70] und andere Geistesarbeiter.«[71]

Zum anderen war es für ihn eine Bewährungsprobe. Mit der Parteinahme für die sowjetische Justiz, gegen die innersowjetische Opposition, durch die faktische Verleugnung seiner ehemaligen Genossen, bewies er sich und den neuen Genossen der KPD, daß er mit dem Anarchismus sichtbar gebrochen hatte. Daß er geschraubt von »grundlegenden Darlegungen« über die Justiz der Sowjetunion sprach, zeigte indes, daß ihm die neue Beweisführung einige Mühe machte. Woher sollte er exakte Kenntnisse der sowjetischen Wirklichkeit haben? Die Kritik der anarchistischen Zeitungen an sowjetischen Zuständen hatte er hinter sich gelassen, die der sozialdemokratischen und bürgerlichen Zeitungen ließ sich schnell als feindliche Propaganda abtun.

Bis dahin kannte Wehner nur wenige Sowjetbürger: jene sowjetische Fußballmannschaft, die 1925 das in einer Selbsthilfeaktion Dresdener Arbeiter errichtete, der elterlichen Wohnung am Frauensteiner Platz gegenüberliegende Sportgelände des Dresdener Sportvereins von 1910 in einem Spiel mit einer Dresdener Auswahl eingeweiht hatte[72]; sodann die »blauen Blusen«, ein sowjetisches (professionelles) Arbeitertheater, das vom Oktober bis Dezember 1927 in mehreren deutschen Großstädten, darunter auch in Dresden (im November) aufgetreten war und in der Agitprop-Bewegung der KPD viele Nachahmer fand, und schließlich den sowjetischen Geiger Sörmus, der zugunsten der Roten Hilfe mehrere Konzerte gab und im Frühjahr 1928 wegen Propaganda zugunsten der Sowjetunion von der Reichsregierung ausgewiesen wurde.

Aber exaktes Wissen über die Sowjetunion – war das noch wichtig in einer Phase, in der der bloße Glauben das Bedürfnis nach Wissen und Erfahrung zu überwuchern begann? Von Mal zu Mal schien er sich jenem Idealbild eines kommunistischen Funktionärs zu nähern, das der ostsächsische Bezirksparteitag – gewiß nicht ohne Nachhilfe der Berliner Parteizentrale – im Oktober 1927 so skizziert hatte: Es gelte, »in der politischen Linie der Komintern an Hand der Tagesereignisse selbständig arbeitende und verantwortliche, d.h. Politik treibende Leitungen zu bilden, die in jeder Situation die erforderlichen Maßnahmen selbständig anweisen und durchführen können. Das Abwarten der Anweisungen von oben, das Nichtstun bis zu ihrem Eintreffen, steht im schärfsten Gegensatz zu Theorie und Praxis des Leninismus. Der Funktionärskörper der Partei muß durch Hinzuführung neuer Kräfte verbreitert [...] werden.«[73]

Daß zwischen dem Vorrang der »Linie« und der Forderung nach selbständiger und verantwortlicher Tätigkeit ein unüberbrückbarer Gegensatz bestand, das mußte ihn anfangs nicht kümmern, denn bis zum Sommer 1928 galt offiziell noch die Linie von der Festigung der proletarischen Einheit auf der Basis des Klassenkampfes. Und Wehner erfüllte nicht nur die damaligen Kriterien des selbständigen Handelns, der hohen Belastbarkeit, der genauen Kenntnis »des zu bearbeitenden Terrains«, die einen zu Leitung berufenen Funktionär ausmachten. Durch seinen ungeheueren Fleiß, ja seine Arbeitsbesessenheit wie durch persönliches Erscheinungsbild, Rednergabe, direkte und bilderreiche Sprache übererfüllte er das gesetzte Maß.

Bekanntheitsgrad und Ansehen in Dresden und im gesamten ostsächsischen Bezirk wuchsen aber auch deshalb ungewöhnlich schnell, weil er systematisch das KPD-Organ *Arbeiterstimme* für die Zwecke der Roten Hilfe einspannte und in der Redaktion auf Mitstreiter traf, die mit Eifer und Ausführlichkeit über Wehners Aktivitäten berichteten. Dessen schon auf der Bezirkskonferenz der ostsächsischen Roten Hilfe Ende Februar 1928 erreichte zentrale Rolle[74] wurde ebenso betont wie sein Auftreten auf einer Maikundgebung außerhalb Dresdens[75], seine Reden bei den Empfängen der aus der Haft Entlassenen, des bayerischen Räterepublikaners Lindner[76], des Dresdener Kommunisten Schuster[77], der durch den Beschluß des Reichstags am 13. Juli 1928 Amnestierten[78] (darunter Max Hoelz) sowie bei einer Kundgebung zu Ehren der in den USA hingerichteten Anarchisten Sacco und Vanzetti[79].

Daneben wurden ihm mehrfach die Spalten für namentlich gekennzeichnete Artikel geöffnet. Diese sind von den Themen her keineswegs Dokumente der Selbstbezichtigung und -erhöhung. Ein Beitrag beschäftigte sich mit den rechtlichen Feinheiten des Amnestiegesetzes, insbesondere mit der Notwendigkeit, daß die von der Amnestie Betroffenen, die ihre Strafe schon ganz oder teilweise verbüßt hatten, einen besonderen Antrag stellen mußten, damit die Strafvermerke in den Strafregistern auch getilgt wurden.[80]

Ein anderer Artikel berichtete unter der Überschrift »Ein unerhörtes Terrorurteil in Dresden« über die Verurteilung zweier Arbeiter (nur einer davon war KPD-Mitglied), die sich einige Monate zuvor während einer Demonstration anläßlich des Internationalen Jugendtages, wie die Anklage ihnen vorwarf, an einer Schlägerei mit Rechtsradikalen vor dem Hause der antisemitischen *Deutschen Wacht* führend beteiligt haben sollten und dafür mit je einem Jahr Gefängnis und zwei Jahren Verlust der bürgerlichen Ehrenrechte bestraft wurden. Auch wenn ihre Mittäterschaft sich zweifelsfreier erwiesen hätte, als es in Wehners Schilderung zum Ausdruck kam – dies war ein überzogenes Urteil, das der Abschreckung dienen sollte, aber nur den gegenteiligen Zweck erreichte: »die weitere Diskreditierung der Justiz und die Schaffung kommunistischer Märtyrer«.

Wehners Fazit, das Urteil sei ein weiterer Beweis für den sich verschärfenden Kampf gegen die »revolutionären Klassenorganisationen«[81], fand gewiß die einhellige Zustimmung der Leser. Aber die Bestätigung einer kaum mehr zu verstärkenden Überzeugung der kommunistischen Anhängerschaft hinsichtlich der Einseitigkeit bürgerlicher Klassenjustiz aufgrund unmittelbarer Anschauung war eine Sache. Eine andere Sache war die, daß Wehner sich seit Sommer 1928 in solchen

Beiträgen immer stärker in den Hauptstrom kommunistischer Glaubensüberzeugungen begab und auf differenzierende Zusätze oder Ergänzungen verzichtete.

Dabei rückte die Hauptkonkurrentin innerhalb der Arbeiterbewegung, die Sozialdemokratie und die Sozialistische Internationale, immer stärker ins Zentrum der Kritik. Seinen Zorn erregte vor allem eine von der letzteren eingesetzte Kommission zur Untersuchung der Lage der politischen Gefangenen. Wehner warf ihr vor, nicht den proletarischen politischen Gefangenen zu helfen, sondern »maßgebend und führend in der Antisowjetfront tätig zu sein bei der Verteidigung von Saboteuren und Konterrevolutionären«[82].

Die Tatsache, daß ihm bei der Attacke gegen die SPD – die »Partei des Arbeiterverrats« – die sozialdemokratische Linke um Kurt Rosenfeld ein besonderer Dorn im Auge war, fügt sich ins Bild. Von da aus war es nicht mehr weit zu einer absolut kritiklosen Verherrlichung auch jener sowjetischen Praktiken, die er zwei Jahre zuvor noch angeprangert hatte. So hieß es folgerichtig in einer Betrachtung über eine aus dem Dresdener Bürgertum kommende Initiative zur Verbesserung der Fürsorge für Strafgefangene während der Haft und nach der Entlassung: »In der Strafanstalt werden heute noch die Gefangenen geknechtet, um sich der herrschenden kapitalistischen Ordnung anzupassen. Alles Reden vom ›humanitären‹ Stufensystem, von der Beseitigung des Vergeltungsprinzips u.a. wird müßig, solange die politische Macht in den Händen der Bourgeoisie ist. Erst das Proletariat kann, wie in der Sowjetunion, die Strafe ersetzen durch Pflege dort, wo in der Tat meist Krankheit vorhanden ist.«[83]

Gewiß spielte dabei auch ein taktischer Kunstgriff eine Rolle. Alles was mit der Sowjetunion zusammenhing, mußte in besonders erhabenem Licht erscheinen, damit sich die Praxis des deutschen Strafvollzugs, die er in wesentlichen Teilen zurecht drastisch schilderte, um so dunkler davon abhob. Zu fragen bleibt indes, ob Wehner inzwischen so stark der durch die vielfältigen Publikationskanäle der Internationalen Roten Hilfe (deren Vorsitz nominell immer noch Clara Zetkin innehatte) unablässig strömenden Propaganda aufgesessen war oder ob er überwiegend aus Karrieregründen das vorgegebene »sowjetpatriotische« Soll erfüllte.

Beide Faktoren waren nicht ohne Einfluß. Noch dominierte aber ein dritter. Er sah in der Gefangenenfürsorge ein Gebiet, wo Hilfe am dringlichsten gebraucht wurde. Deshalb appellierte er zum Schluß an sich und die von ihm vertretene Organisation: »Bisher konnte die Fürsorge der RHD sich fast ausschließlich nur auf die politischen Gefangenen des Proletariats erstrecken. Mit der wachsenden Kraft der Organisation wird auch das Arbeitsgebiet erweitert werden können. Auch hier gilt, daß die Befreiung des Proletariats nur unser eigenes Werk sein kann. Von Wundertätern und süßlichen Humanitäten erwartet das Proletariat nichts. Es baut allein auf seine eigene Kraft.«[84]

Dies sind Sätze, wie Wehner sie jahrelang als Anarchist gepredigt hatte – mit dem Unterschied, daß er im Gegensatz zu früher, wo einige Dutzend, im besten Fall eine Hundertschaft seine Botschaft vernahmen, Tausende erreichen konnte. Erreichte er sie auch? Oder ging die schiere Wiederholung von scheinbar Selbstverständlichem über die Köpfe derer hinweg, die es anging? War ihm, wenn er von der »wachsenden Kraft der Organisation« sprach, bewußt, daß eine in großen Teilen am Rande des Existenzminimums lebende Mitgliedschaft, deren Opferbereitschaft in der Regel ohnehin schon mehrfach in Anspruch genommen wurde, sich überfordert fühlen und mit Verweigerung oder gar Austritt reagieren würde, ein Weg, den zuvor schon Hunderttausende beschritten hatten?

Sofern ihn Zweifel dieser Art beschlichen, konnte er sie zunächst mit dem Hinweis auf den Erfolg der Amnestiebewegung zurückdrängen. Die Arbeit des Amnestiekomitees hatte auf einer relativ breiten Basis stattgefunden. Es war nach Wehners eigener Einschätzung »populär« geworden. Im Sommer 1928 herrschte dort gar Einverständnis darüber, »daß nach Abschluß der Amnestiebewegung, das Komitee sich mit dem Kampf gegen den Faschismus und anderen aktuellen Aufgaben befaßt. Es wird also in Permanenz tagen und praktische Arbeit leisten.«

Der so argumentierende Bericht schloß mit dem Hinweis ab – man spürt noch den erhobenen Zeigefinger –, die Aufgaben zeigten, »was erreicht werden kann, wenn aufmerksam gearbeitet wird. Wir konnten diese Ergebnisse nur erzielen, indem wir vor der Kampagne unsere Funktionäre über deren politische Bedeutung unterrichteten und Informationsabende durchführten [...]«[85]

Als Sekretär der sächsischen Revolutionären Gewerkschaftsopposition

Kampagnen vorbereiten durch Unterrichtung der Funktionäre, Informationsabende und Mitgliederversammlungen, unterstützt durch Betriebsversammlungen und Demonstrationen – genügte dies, um die »neue revolutionäre Welle« zur »Eroberung der proletarischen Mehrheit«[86] auszulösen und in Bewegung zu halten, die von Moskau und der KPD-Führung als notwendige Konsequenz der nun angeblich beginnenden und besonders krisenträchtigen dritten Periode des Weltkapitalismus angesehen wurde? Genügte es vor allem Herbert Wehner, der sich schon über ein Jahr mit all seiner ihm zur Verfügung stehenden Kraft, seinen organisatorischen Fähigkeiten, seiner Schreib- und Redekunst abgemüht hatte, ohne seine revolutionären Naherwartungen, die er mit Tausenden anderer junger Mitglieder teilte, auch nur ein Stück weit erfüllt zu sehen.

Wenn die Kurven der Erwartung und der Erfüllung, der Überzeugung und der Wahrnehmung auseinanderstreben, wenn also das eintritt, was in der Psychologie kognitive Dissonanz genannt wird, dann gibt es – vereinfacht ausgedrückt – zwei Möglichkeiten, die Konsonanz, die innere Stabilität zu sichern: entweder eine Richtungsänderung bis hin zum völligen Wechsel oder zur Resignation oder eine Verdoppelung und Verdreifachung des Eifers, die Bedingungen für die künftige Erfüllung der Erwartungen zu schaffen.

Den ersten Weg gingen die Wortführer des »rechten« Flügels der KPD. Nachdem im Oktober 1928 eine Reihe führender Mitglieder, darunter der schon erwähnte ehemalige »Polsekretär« Erich Melcher, aus der KPD ausgeschlossen worden waren, wurde im Januar 1929 durch den Ausschluß von fünf Landtagsabgeordneten (Böttcher–Leipzig, Lieberasch–Leipzig, Rötzscher–Chemnitz, Schreiber–Chemnitz, Siewert–Chemnitz) die sächsische Landtagsfraktion um mehr als ein Drittel reduziert.

In einer an die »sächsische Arbeiterschaft« gerichteten Erklärung vor dem Landtag am 15. Januar 1929 beriefen sich die Ausgeschlossenen, die sich als Fraktion der neugegründeten »KPD-Opposition« (KPO) konstituiert hatten, auf die von der KPD bisher selbst gemachten Erfahrungen sowie auf die »von Lenin in ihren Grundzügen ausgearbeitete Taktik der Einheitsfront«: »Alle Experimente der Gründung selbständiger Gewerkschaften sind elend zusammengebrochen. Wer sich von den Massen isoliert, kann vorübergehend gewerkschaftliche Splitterorganisationen schaffen, niemals aber Massenorganisationen, die einen Machtfaktor darstellen.«

Lenins Taktik der Einheitsfront, so hieß es dort weiter, »muß in ihrem Ergebnis immer eine Stärkung der Kampfpositionen der Arbeiterklasse zeitigen. Zugleich werden breite Schichten der sozialdemokratischen Arbeiter überzeugt von dem arbeiterfeindlichen Charakter des Reformismus. Geschieht dies, dann ist auch der Weg frei für eine weitere Linksentwicklung der Arbeitermassen. Wir erblicken in den sozialdemokratischen Arbeitern also nicht billige Objekte unserer Agitation, vielmehr unsere Klassengenossen, ohne und gegen deren Überzeugung und Entschlossenheit die proletarische Revolution in Deutschland nie siegen wird. Deshalb ist es uns aufs ernsteste darum zu tun, diese Klassengenossen nicht durch eine verfehlte Politik abzustoßen, wie es die Führung der K.P.D. tut, sondern sie mit den Mitteln der politischen Überzeugung und geistigen Beeinflussung für den Kommunismus zu gewinnen.«

Der Kampf der »rechten« Opposition richtete sich insbesondere »gegen die schematische Übertragung des Verlaufs der russischen Revolution auf Deutschland«. Während auch hier die Opposition die Übereinstimmung mit Lenin betonte, der die Kommunisten immer wieder aufgefordert hatte, auf die »konkreten Eigentümlichkeiten« zu achten, die der proletarische Kampf in jedem einzelnen Lande zu berücksichtigen habe – ein Grundsatz, von dem er allerdings bei der Formulierung der 21 Bedingungen, die jeder kommunistischen Partei das gleiche Zwangskorsett verpaßten, abgewichen war –, hob sie um so deutlicher den Zusammenhang zwischen dem »ultralinken Liquidatorentum« der jetzigen KPD-Führung und den Moskauer Fraktionskämpfen innerhalb der KPdSU und der Komintern hervor. Dem gegen die Mitglieder der Opposition gerichteten Vorwurf, sie seien »linke Sozialdemokraten und Opportunisten«, begegnete die Erklärung der fünf sächsischen Landtagsabgeordneten mit dem Hinweis auf die Rede Stalins vor dem Präsidium des Exekutivkomitees der Komintern, in der die führenden Mitglieder dieses Präsidiums – Bucharin, Clara Zetkin, Humbert-Droz und Serra – ebenfalls als »feige Opportunisten« bezeichnet worden waren.[87]

Wehner folgte nicht dem Weg der »rechten« Opposition sondern wählte den anderen, den des noch intensiveren Bemühens, Bedingungen herbeizuführen, die die Erfüllung der revolutionären Naherwartung ermöglichen sollten. Warum? Verkörperte nicht die Opposition noch am ehesten geistige Selbständigkeit von Moskau? Waren es nicht in der Mehrzahl die Männer und Frauen der ersten Stunde, die Gründer des Spartakusbundes und der KPD, die ausgeschlossen wurden?

Vielleicht war gerade dies für Wehner ein Grund, ihnen nicht zu folgen. Hatten die Böttcher, Brandler, Thalheimer in seinen Augen nicht mehrfach versagt? Zuletzt während des »deutschen Oktober« – 1923 in Sachsen. Was hatte er mit ihnen zu tun, zumal ihre Hochburgen anderswo lagen? Nicht im heimatlichen Dresden, sondern in Chemnitz und Leipzig, wo es seit den Tagen von Rosa Luxemburg Ansätze eines demokratischen Kommunismus gab. Und hatte der auf die Spaltung der wichtigsten Arbeiterorganisationen, der Gewerkschaften, gerichtete »ultralinke« Kurs der KPD-Mehrheit nicht eine überraschende Nähe zu früheren eigenen anarcho-kommunistischen Vorstellungen, die die wirtschaftlichen Kämpfe in und vor den Betrieben für entscheidend hielten? Dies und der persönliche Ehrgeiz gaben offenbar den Ausschlag. Die Ausgeschlossenen, häufig in höheren Kaderfunktionen, hinterließen Lücken, die gefüllt werden mußten. Organisatorisch und agitatorisch begabte junge Leute wie Wehner wurden mehr und mehr gebraucht.

Allerdings ist damit noch nicht sein – selbst für eine in ihrer Mitglieder- und Funktionärsstruktur so junge Partei wie die damalige KPD – ungewöhnlich schneller Aufstieg erklärt. Anfang 1929 wurde Herbert Wehner Sekretär der »Revolutionären Gewerkschaftsopposition« (RGO) und damit Mitglied der Leitung des KPD-Bezirks Ostsachsen. Für hauptamtliche Positionen dieser Art gab es in einer Zeit wachsender Arbeitslosigkeit eine Reihe von Anwärtern mit älteren Rechten und mehr betrieblicher Erfahrung. Weshalb Wehner an ihnen vorbeiziehen konnte, begründete er Jahrzehnte später so: »Ich bin damals [...] jemand gewesen, den vor allen Dingen die Arbeiter sehr gern hörten, der mit ihnen arbeitete. Meine besten Freunde waren Betriebsräte, und ich habe mit denen zusammen [...] Arbeiterberatung, Angestelltenberatung usw. gemacht, und daraus hat sich das entwickelt.«[88]

Also organische Entwicklung – ohne Brüche oder zumindest Sprünge? Es klingt sehr geschönt und muß dennoch nicht falsch sein. Einer, der an den bisherigen Fraktionskämpfen nicht beteiligt war, »proletarischen« Stallgeruch und Sprache mitbrachte, dem durch die praktische Arbeit in der »Roten Hilfe« Ansehen und Vertrauen in der Dresdner Arbeiterschaft zuzuwachsen begann und der »auf Linie« lag, das heißt diese in jeweils entscheidenden Teilen nachhaltig verfocht – der konnte sich »entwickeln«. Und das sehr schnell!

Rückenwind hatte er vor allem durch die Ergebnisse der Betriebsratswahlen im Frühjahr 1929 bekommen. Mit den Erfolgen der KPD Ostsachsen, wie Wehner auf dem Bezirksparteitag Anfang April 1929 voller Stolz betonte, sei der »Pessimismus eines Teiles unserer Genossen [...] vernichtet worden«.

Gleichwohl mußte er die »passive Einstellung mancher Fraktionen zu den Wirtschaftskämpfen« beklagen und daran erinnern, daß die großen Aufgaben, die den »roten Betriebsräten« bevorstünden, die »gesamte Partei« angingen: »viel zu wenig wird die Ausschluß- und Spaltungskampagne der Reformisten von unseren Genossen beachtet [...] Die Durchführung des sozialfaschistischen Kurses der Sozialdemokratie erfordert, daß diese Elemente vor keinem Verbrechen zurückschrecken [...] Der Front der Reformisten, Unternehmer und des Staatsapparates müssen wir die geschlossene, einheitliche Front des kämpfenden revolutionären Proletariats entgegenstellen.«[89]

Ohne das Schlüsselwort »sozialfaschistisch« – den allfälligen Beweis, daß er »auf Linie« war – kam er nicht aus, wenn er es auch zurückhaltender benutzte als sein Vorredner Siegfried Rädel, der erste Mann (Polsekretär) der Bezirksleitung und ZK-Mitglied, der in seinem Referat zur politischen Lage wie im Schlußwort es gleich in mehreren Varianten benutzte (»offener Sozialfaschismus«, »Errichtung der sozialfaschistischen Diktatur« usw.).

Nur noch ein Redner, der »Versöhnler« Lewinsohn, wagte es, auf diesem Parteitag seine abweichenden Auffassungen vorzutragen. Als er darauf hinwies, daß die bei den Betriebsratswahlen eingeschlagene Taktik nicht in vollem Einklang mit den Beschlüssen des sechsten Weltkongresses der Komintern stünde, und betonte, das Aufstellen eigener Kandidatenlisten »in allen Fällen« eine Schmälerung des KPD-Einflusses bedeutete, weil die Erhaltung der Mitgliedschaft in den Gewerkschaften wichtiger wäre als die »Eroberung einzelner Betriebsräte«, wurde ihm von führenden Mitgliedern des Bezirks heftig widersprochen. Anton Saefkow[90] erklärte, die Argumentation von Lewinsohn sei falsch: »Wir haben uns nicht isoliert. Scheinerfolge werden die jetzigen Erfolge nur dann sein, wenn wir jetzt die Hände in den Schoß legen würden [...] jetzt heißt es: Rote Betriebsräte vor die Front!«[91]

Der martialische Appell trug eher dazu bei, daß sich die Befürchtungen Lewinsohns schneller erfüllten, als er selbst voraussehen konnte. Die Dresdener Ortsverwaltung des Deutschen Metallarbeiterverbandes (DMV) hatte durch eine Umfrage sofort ermittelt, wer auf einer Sonderliste für den Betriebsrat kandidiert oder eine solche Liste öffentlich vertreten hatte, und den Ausschluß beantragt, dem der Hauptvorstand stattgab. Die KPD verlor so nicht nur jeden Einfluß auf örtlicher Ebene, sondern auch zwei der letzten drei Vertreter in der Generalversammlung des DMV.

Übrig blieb nur der »Versöhnler« Lewinsohn.[92] Die meisten anderen Gewerkschaften folgten dem Beispiel des DMV. Das war für die KPD vor allem da besonders schmerzhaft, wo sie – wie in den kommunalen Betrieben, insbesondere bei der Straßenbahn – über eine starke Anhängerschaft verfügte.

Was die KPD-Führung und die von ihr in den Bezirken inzwischen erzeugte Mehrheit offenbar inzwischen nicht mehr wahrhaben wollte, war die Tatsache, daß das gewerkschaftliche Verbot der besonderen »roten« (oder anderen) Listen nicht in erster Linie Ausfluß reformistischer oder gar »sozialfaschistischer« Bosheit war, sondern Konsequenz des nackten Kampfes ums Überleben. Denn die freigewerkschaftlichen Verbände hatten nicht nur die Konkurrenz von rechts, die christlichen und Hirsch-Dunckerschen Verbände sowie die unternehmerfreundlichen »Gelben« Gewerkvereine am Halse, sondern waren angesichts der schon im Vorfeld der großen Krise (aufgrund der Industriestruktur) besonders spürbar anwachsenden Arbeitslosigkeit einem zunehmenden Abmarsch ehemaliger Mitglieder ins Lager der Unorganisierten ausgesetzt.

Einer in mehrere miteinander konkurrierende Organisationen und Gruppen aufgesplitterten Arbeiterschaft stand in der Regel eine sehr geschlossen auftretende Unternehmerschaft gegenüber. Die auf Beachtung der Legalität und der Spielregeln der Tarifparteien verpflichtete Weise, in der die Gewerkschaften die Interessen der Arbeiter zu vertreten hatten, schloß illegale Aktionen weitgehend aus. »Revolutionäre Gewerkschaftsopposition« trug demnach einen fundamentalen Widerspruch in sich. Die innerparteilichen Kritiker dieser gewerkschaftsspalterischen Taktik konnten sich insoweit auf Lenin berufen, als dieser in Kenntnis der Rahmenbedingungen, unter denen gewerkschaftliche Vertretung von Arbeiterinteressen in der kapitalistischen Gesellschaft stattfand, vom »trade-unionistischen Bewußtsein« der Arbeiterschaft sprach, das erst durch die Führung von intellektuellen Berufsrevolutionären revolutionsbereit gemacht werden müßte.

Wurde die stalinistische KPD-Mehrheit durch den Berliner »Blutmai« aus diesem Dilemma befreit? Viele Wochen zuvor schon hatte die KPD angekündigt, sie werde das seit Dezember 1928 geltende Demonstrationsverbot durch die Mobilisierung riesiger Arbeitermassen durchbrechen. Obgleich diese Mobilisierung im großen Stil am 1. Mai 1929 in Berlin mißlang, führte die extrem unverhältnismäßige Reaktion[93] der Berliner Polizei auf Provokationsversuche von Demonstranten zu Barrikadenbau und Straßenschlachten in den Arbeitervierteln Wedding und Neukölln, die mehrere Tage andauerten. Die Schreckensbilanz: 33 Tote (meist Unbeteiligte), 198 Verletzte und 1228 Festnahmen unter der Bevölkerung; die Polizei hatte 47 Verletzte, darunter 10 Schwerverletzte[94].

Ein Bündel von Ursachen hatte diese Explosion von staatlicher Gewalt und Gegengewalt bewirkt: die auf die Wahrung staatlicher Autorität fixierte Führung des Berliner Polizeipräsidenten Zörgiebel und des preußischen Innenministers Grzesinski (beide SPD), die die rechtskonservative Einstellung der Offiziere der Schutzpolizei (meist ehemalige Frontoffiziere[95]) erheblich verstärkte; die durch eine monatelange Kampagne der KPD gegen die Polizei bei dieser erzeugten Bürgerkriegspsychose; das in den Reihen der beiden Arbeiterparteien sich immer stärker ausprägende, auf Gegenseitigkeit beruhende Feindbild – die zunehmende Mobilisierung der Erwerbslosen und der Unorganisierten durch die KPD rückte die Kommunisten in den Augen vieler Sozialdemokraten »in die Nähe des Lumpenproletariats«[96] –; schließlich das durch die Massenarbeitslosigkeit vor allem in der jungen Generation in den betroffenen und sozial benachteiligten Stadtvierteln verstärkt entstandene geschlossene Milieu, das – jedenfalls bis 1933[97] – überwiegend KPD-orientiert war.

Die KPD-Führung war vom faktischen Ablauf und vor allem vom Ausmaß der Ereignisse in Berlin überrascht worden, obwohl sie vorher einiges dazu getan hatte, die kollektiven Erwartungen auf eine Auseinandersetzung zwischen kommunistischen Demonstranten und der Polizei einzustimmen. Im ZK soll anfangs große Aufgeregtheit bis hin zur Konfusion geherrscht haben.[98] Ob Thälmanns und seines engeren Kreises Ausweichen nach Dresden am Abend des 1. Mai 1929 eine Flucht war, um in Berlin der Verhaftung zu entgehen, oder der Vorbereitung des zwölften Parteitages diente, der vier Tage später in Dresden beginnen sollte (aber erst fünf Wochen danach – auch der propagandistischen Wirkung wegen – in Berlin-Wedding abgehalten wurde), ist nicht völlig zweifelsfrei erwiesen.[99]

Mit sehr viel größerer Bestimmtheit läßt sich sagen, daß die KPD-

Führung in den ersten Tagen nach den Berliner Mai-Ereignissen sehr unsicher darüber war, ob und wie sich das Vorgehen der Staatsgewalt propagandistisch ausschlachten ließe und ob dem reichsweiten Verbot des Roten Frontkämpferbundes nicht auch das der Partei folgen würde.

Auf die Ergebnisse der Arbeiterparteien bei der Landtagswahl in Sachsen am 12. Mai 1929 hatte der Berliner Mai einen deutlich negativen Einfluß. Gegenüber der Reichstagswahl 1928 verlor die KPD 36000 und die SPD rund 77000 Stimmen, während die bürgerlichen Parteien über 130000 und die Nationalsozialisten 60000 Stimmen hinzugewannen. Auch in der Leitung des ostsächsischen Bezirks wurde dies so gesehen, obgleich dort die KPD einen Zuwachs von über 12000 Stimmen zu verzeichnen hatte.[100]

Auf dem Weddinger Parteitag hob der ostsächsische Delegierte Bruno Siegel[101] hervor, daß neben dem Kampf, den alle Gegner – von »der äußersten bürgerlichen Rechten« über die SPD bis zu den »Brandlerlisten« (gemeint war die KPO) – gegen die KPD geführt hätten, Zeit gefehlt hätte, um die »Maiereignisse der Arbeiterschaft genügend klarzumachen, im Sinne des revolutionären Klassenkampfes«[102].

Die zwischen den Ereignissen und dem Parteitag liegende Zeit hatte der KPD-Führung aber ausreichend Gelegenheit gegeben, Tritt zu fassen, die in Teilen der bürgerlich-liberalen Presse am Vorgehen der Berliner Polizei geübte Kritik auszuwerten und den gesamten Vorgang so zu nutzen, daß die noch bestehenden Reste an innerparteilicher Opposition in Gestalt weniger Versöhnler, die sich noch zu äußern oder gar gegen die Sozialfaschismus-These zu wenden wagten[103], förmlich niedergewalzt und jeder Chance beraubt wurden, noch einmal ins Zentralkomitee gewählt zu werden.

Dagegen wurde Thälmann – in Anlehnung an den in der Sowjetunion begonnenen Führerkult um Stalin – vor Beginn seiner mehrstündigen Rede von den Delegierten mit minutenlangen stehenden Ovationen, dem Gesang der Internationale und einem dreifachen »Heil Moskau« gefeiert.[104] Die Berliner Maiereignisse waren für ihn ein »Wendepunkt in der Gesamtentwicklung, weil durch sie das Tempo der Mobilisierung der revolutionären Kräfte beschleunigt« werde.[105] Die Sozialdemokratie habe damit nicht nur den letzten Beweis ihrer »Faschisierung« geliefert, sondern sei als »*der* aktivste Vorkämpfer des deutschen Imperialismus, seiner Kriegspolitik gegenüber der Sowjetunion, seiner Unterdrückungspolitik gegenüber der Arbeiterklasse« aufgetreten. Für die KPD stelle sich die konkrete Aufgabe des Kampfes um die »Hegemonie im Proletariat«, wozu die Gewinnung der »Unorganisierten« sowie die Konzentration auf die »verleumdetsten und am meisten unterdrückten Schichten« erfolgreich sei.[106] Der durch Gedichte und Lieder von Johannes R. Becher und Erich Weinert unterfütterte Mythos fügte sich zu den bisherigen KPD-Mythen – dem der (durch die Sozialdemokraten) »verratenen Revolution« von 1918/19 und dem des »Deutschen Oktober« von 1923.[107]

Der »Blutmai« oder auch die von Thälmann angeführte, etwas zu vollmundige Bemerkung des SPD-Vorsitzenden Otto Wels auf dem kurz zuvor stattgefundenen Magdeburger Parteitag (Mai 1929), SPD und Gewerkschaften würden die Demokratie gegen deren Feinde von rechts und links notfalls mit den Mitteln der Diktatur sichern (»Bei ihnen wäre allein auch die Garantie für eine Rückkehr zur Demokratie [...]«)[108] – das waren willkommene Vorwände, aber nicht die Ursachen für die nun in der Masse der KPD-Mitglieder und -Wähler viel schneller durchsetzbare ultralinke Taktik der Gewerkschaftsspaltung und des Kampfes gegen den »Sozialfaschismus«. Zugleich vollendete sich der in den Jahren zuvor schon abzeichnende Struktur- und Formenwandel der KPD. Er betraf ihre inneren Beziehungen ebenso wie ihr Verhalten nach außen. Hermann Remmele, nach Thälmann und Heinz Neumann der dritte im Dreigestirn am KPD-Himmel, hatte dies so formuliert: »Die vollkommen feste Geschlossenheit und Einheit von der untersten Mitgliedschaft bis zur obersten Führung der Partei, eiserne Disziplin und opferbereiteste Hingabe für den Befreiungskampf des Proletariats, das sind die großen revolutionären Tugenden, die den Sieg der proletarischen Revolution verbürgen.« Gegen die Gefahr, daß die »berufsmäßigen Verleumder von rechts und links« Gehör in den eigenen Reihen fänden, müsse »sich unsere Partei hermetisch abschließen. Sie darf keinerlei Konzessionen machen an die Verbreiter von Gerüchten gegen die Partei oder Parteiführung oder auch nur einzelne Genossen der Führung.«[109]

Als Antwort auf die Wittorf-Affäre wurde nicht nur jedes Mitglied der inzwischen homogen gewordenen Führung für sakrosankt erklärt. Mehr noch: Innerparteiliche wie von außen kommende Kritik wurde hinfort zu »Giftgaswolken der Verleumdungen und Lügen des Klassenfeindes«, gegen die die Partei »immunisiert und unverletzlich« sein müsse. Den »Massen« blieb die Funktion, Resonanzboden und Ornament der Führung zu sein.

Die neuen technischen Mittel – die schnelle Vervielfältigung von

Flugblättern und Plakaten, das »Herankarren« von Anhängern mittels Lastwagen und die »Beschallung« durch Lautsprecher – wurden zunehmend zur Formierung der »Massen« benutzt: »Das Lager wurde zur Lebensform, die Kolonne zur Bewegungsweise.«[110] Als Masse – vor allem im Wettbewerb mit dem Aufgebot anderer politischer Parteien (wer konnte mehr »Massen« mobilisieren?) – blieben die KPD-Anhänger unentbehrlich. Auch als Mitglieder und Funktionäre vor Ort? Die Antwort lautet: ja und nein. Der im buchstäblichen und übertragenen Sinne opferreiche Kampf ließ die Schar derer, die im Alltag die organisatorische Kleinarbeit zu leisten hatten, die im persönlichen Gespräch am Arbeitsplatz, in der Nachbarschaft, in den sozialen und kulturellen Verbänden – auch dort hatten die KPD-Mitglieder jeweils als »Fraktion« aufzutreten – andere »Klassengenossen« für die kommunistische Sache gewinnen sollten, eher kleiner und die Last der Aufgaben größer werden, auch wenn die offiziellen Mitgliederzahlen leicht anstiegen[111].

Zugleich nahm die Bedeutung der Mitglieder und örtlichen Funktionäre ab, weil Nichtorganisierte und Erwerbslose eine viel größere Kulisse für die inszenierten Massenauftritte boten. Wer nicht völlig in der Bedeutungslosigkeit verschwinden wollte, mußte den »Führern« nacheifern, eigene Aktionen vor Ort erfolgreich in Szene setzen oder dabei sein, wenn einer aus der »obersten Führung« vor Ort auftrat.

Nicht vergessen werden darf, daß die seit Sommer 1929 immer »hermetischer« sich abschließende Lagermentalität, die nur noch den Ausmarsch der Kolonnen, den »Angriff« auf das gegnerische Lager, die »aufmarschierende« Heerschau zur Beeindruckung der noch Ungebundenen kannte, bei Wehner vertraute Saiten anschlug: den in der eigenen Familie früh erfahrenen »Festungs«-Reflex. Bot die große, »politische Familie« eine vergleichbare Sicherheit? Oder kollidierte dieses hermetische Verhalten nicht mit jenem Maß an Sensibilität und Erfahrung, das er sich inzwischen erworben hatte?

Trotz zahlreich überlieferter öffentlicher Äußerungen Wehners aus jener Phase läßt sich die letzte Frage nicht eindeutig beantworten. Die klirrender werdende, gelegentlich sogar – wenn er die sozialdemokratische *Dresdener Volkszeitung* mit dem Etikett »geifernde alte Vettel, die sich dem Trustkapital prostituierte«[112] versah – sein Innenleben auf bezeichnende Weise entblößende Sprache verriet Übereinstimmung. Ebenso die Themen und die Argumente.

Auf einer ostsächsischen Antifaschistenkonferenz am 27./28. Juli

1929 hieß es am Ende eines sorgfältig die Kosten der Rüstung in Deutschland addierenden Wehner-Referates (»Der drohende Krieg und die Aufgaben der Arbeiterklasse«): »Wir werden als die Massen des Hochverrats am 1. August auf die Straße ziehen und unter den Fahnen Lenins unsere Treue zur Sowjetunion zum Ausdruck bringen. Wir werden als die Massen des Hochverrats handeln, bis wir unser Ziel erreicht haben: den Sturz des deutschen Kapitalismus und die Errichtung eines Sowjetdeutschland.« Und das Schlußwort lautet: »Die Fronten unseres Kampfes sind klar. Auf der einen Seite Sowjetrußland, verbunden mit dem revolutionären Proletariat aller Länder, auf der anderen Seite der Weltimperialismus und seine Lakaien, die Sozialdemokraten. Zwischen diesen Fronten gibt es keine Brücken, keine Schranken. Wir müssen eine eiserne Front schließen. In allen Organisationen gilt es verstärkte Arbeit zu leisten [...]«[113]

Der zuletzt zitierte Satz, der in fast keiner Rede fehlte, verwies auf den Alltag. Klang er nach dem Ausflug in die »große« Politik nicht wie eine leise Mahnung zu Ernüchterung – an sein Publikum wie auch an sich selbst? Wenn es so war, dann wurde sie in der durch die Kampagne zum Antikriegstag am 1. August noch stärker aufgeheizten Stimmung überhört. An diesem Tag versuchte die KPD wie anderswo im Reich auch in Dresden Demonstrationsstreiks zustande zu bringen. Die Arbeiter einiger Baustellen legten tatsächlich am 1. August die Arbeit nieder.

Obwohl schon im Vorfeld der großen Krise zunehmende Kurzarbeit und Betriebsstillegungen den Arbeitsalltag prägten, wurde von der KPD die angebliche Bedrohung der Sowjetunion durch einen Überfall der kapitalistischen Mächte als das zentrale Problem hingestellt: »Wir steigerten uns dadurch selbst in eine Fieberhaftigkeit, die uns in Gefahr brachte, die wirklich brennenden Probleme der Arbeiterschaft und der übrigen Werktätigen zu vernachlässigen. Ich war damals recht vertraut mit den wirklichen Verhältnissen in den Betrieben und Gewerkschaftsorganisationen, aber obwohl ich versuchte, Rückschläge und Brüche in der Entwicklung der Steigerung unseres realen Einflusses in der Betriebs- und Gewerkschaftsarbeit, die bei dieser Überspannung und Überhitzung notwendigerweise eintreten mußten, zu verhindern, habe auch ich schwere Fehler gemacht, wie die Formierung einer Bauarbeiterdemonstration aus einer großen Bauarbeiterversammlung zum Lokal, in dem eine Parteifunktionärskonferenz der KPD tagte. In der Versammlung hatten wir die Mehrheit der Bauarbeiter auf unserer Seite (es handelte sich um die damals aktuelle Frage der Saisonarbeiterunterstützung), und wir hielten es für den Gipfel des Erfolges, dem Bevollmächtigten des Baugewerksbundes die Leitung zu entwinden und einen Teil der Versammelten in geschlossenem Zug nach der Parteifunktionärskonferenz zu führen.«[114]

Diese viele Jahre später geäußerte Selbstkritik an dem wachsenden Gegensatz zwischen der geduldigen Schulungsarbeit für Betriebsräte und Vertrauensleute, bei der Information, Rat, Hilfe – seinem ureigensten Antrieb – im umfassenden Sinne gefragt waren, und den »offiziellen Tributen an die revolutionäre Phraseologie, die eine Folge der krampfhaften Offensivversuche der Parteileitung war«[115], traf gewiß ein Teil des Dilemmas, in das sich die KPD wie er persönlich verstrickt hatte. Ein anderer Teil des Dilemmas hatte im sozialstrukturellen Wandel liegende und deshalb kurzfristig kaum beeinflußbare Ursachen. Die Zahl der qualifizierten Betriebsarbeiter, die in den verarbeitenden Industrien Sachsens überdurchschnittlich hoch war, nahm ab. Selbst wenn die KPD deren sozialen Aufstiegswünschen mißtraute, war sie bei ihrer Betriebsarbeit doch auf deren Bereitschaft zur Weiterbildung verwiesen.

Das Bewußtsein der für die KPD und die RGO neugeworbenen jungen Mitglieder und Anhänger orientierte sich, erbittert über die immer stärker verstellte individuelle Zukunftsplanung, überwiegend an extremen politischen Alternativen. Die Argumente der KPD gegen das kapitalistische System und die von ihm beherrschte und deshalb zu radikalen Reformen unfähige demokratische Republik fielen deshalb auf fruchtbaren Boden. Durch die von ihr gesteigerten Erwartungen auf einen gewaltsamen revolutionären Umsturz geriet sie in ein neues Dilemma, das Wehner im Rückblick mit Begriffen wie »Fieberhaftigkeit«, »Überspannung« und »Überhitzung« hinreichend genau umschrieben hat.

Eine auf Dauer angelegte Mobilisierung der Bereitschaft zum gewaltsamen Umsturz ist ein Widerspruch in sich. Erich Mühsam hat ihn in jener Phase mit drastischen Worten aufgedeckt: »Welcher Irrsinn liegt aber überhaupt in der Meinung, man könne Revolutionsführer Jahre und Jahrzehnte hindurch in Bereitschaft halten, man könne die Marats und Babeufs, die Lenins und Karl Liebknechts zu Dutzenden und Hunderten züchten, die Begeisterung und Hitze in kühlen Zeiten im Ofen erzeugen und dann ins Rohr stellen, bis der Tag sich erfüllt und die Kochkiste der revolutionären Leidenschaft ihre Zweckmäßigkeit bewahrt!«[116]

Um wieviel mehr mußte das für die Hunderttausende, bald Millionen zählende Schar derer gelten, die keine Berufsrevolutionäre, aber zeitweise revolutionär gesinnt waren. Wehners Appelle an die »revolutionäre Pflicht« oder an die »revolutionäre Disziplin«, die Aufforderung zu »zäher Arbeit« und dazu »mit Zähnen und Nägeln die Forderungen der Arbeiterklasse« in unermüdlicher Kleinarbeit durchzusetzen, halfen allenfalls vorübergehend.

Er war sich auch der damit verbundenen Gefahren bewußt. Deshalb wandte Wehner sich auf einer ostsächsischen Erwerbslosenkonferenz Mitte August 1929 so vehement gegen Vorschläge, die auf eine »selbständige Erwerbslosenbewegung« abzielten . Eine solche Losung sei in einem Moment, wo die Unternehmer durch Rationalisierung eine »große Armee verelendeter Arbeitsloser« geschaffen hätten und damit »die im Betrieb stehenden Arbeitnehmer einschüchtern und ihre Löhne herabdrücken« könnten, »doppelt verbrecherisch«. Eine solche Bewegung, fuhr er fort, »muß ins Schlepptau der Sozialfaschisten oder der Nationalsozialisten geraten. Bei der Führung der Erwerbslosenbewegung durch die kommunistische Partei handelt es sich nicht um Bevormundung, sondern es muß erkannt werden, daß die kommunistische Partei Vortrupp und Führer des Proletariats ist. Es ist heute mehr denn je an der Zeit, den Kampf der Erwerbslosen und der im Betrieb Stehenden zu verbinden. Es ist durchaus möglich und die Arbeiter begreifen es sehr gut, worum es geht, wenn wir ihnen Aufklärung vermitteln.«[117]

Er war also wieder beim rationalen Mittel der »Aufklärung« gelandet. Und wenn er bei der Warnung, in wessen Schlepptau die Erwerbslosenbewegung geraten könnte, die SPD an erster Stelle genannt hatte, dann wohl auch, weil die »Linie« es verlangte. Denn die im Reich noch regierende SPD hatte gerade in den Augen der Erwerbslosen erheblich an Attraktivität verloren. Deshalb seine abschließende Mahnung: »Bei unserem Kampf dürfen wir nicht vergessen, die Nationalsozialisten unter Feuer zu nehmen, die mit radikalen Phrasen die Erwerbslosen zu fangen versuchen.«[118]

Die braune Bewegung und nicht die SPD begann die wichtigere Rivalin im Kampf um die Stimmen der Erwerbslosen zu werden, weil sie skrupelloser, demagogischer – dabei den Realitätsverlust der nicht mehr oder noch nicht im Arbeitsleben Verankerten durch die Projektion des »jüdisch-bolschewistisch-kapitalistischen« Feindbildes raffiniert ausnutzend – agieren konnte als die KPD, deren geistiger Horizont zwar in wachsendem Maße auch von Mythen umstellt war, die aber, weil sie zugleich mit der SPD um die Stimmen der organisierten Arbeiter konkurrierte, viel stärker an den in der Arbeiterbewegung traditionell üblichen rationalen Diskurs gebunden war.

Hat die mit dem amerikanischen Börsenkrach im Oktober 1929 sichtbar begonnene Weltwirtschaftskrise die KPD aus diesem Dilemma befreit? Dadurch sah sich die KPD in ihrem Linkskurs gegenüber dem in Sachsen – mit seiner auf Güter gehobenen Bedarfs und auf Export konzentrierten Industrie – besonders schnell anwachsenden Heer der Erwerbslosen zwar nachträglich legitimiert. Die mit den Spaltungen in der Arbeiterschaft verknüpften Probleme nahmen aber zu, weil die Krise von den Unternehmern in steigendem Maße dazu benutzt wurde, bei den allfälligen Entlassungen auch die Arbeiter loszuwerden, die sich kommunistischer Sympathien verdächtig gemacht hatten.

In einem Mitte November 1929 in der *Arbeiterstimme* erschienenen Artikel Wehners mit der Überschrift »Vertritt die SPD die Interessen der Gewerkschaftsmitglieder?« wurde das strategische Dilemma erneut deutlich. Nachdem er ausführlich den Mißbrauch des Gewerkschaftsapparates »zur Propaganda für die SPD« angeprangert und die Versuche der SPD beklagt hatte, mit dem Schlagwort »Die Zusammensetzung der Parlamente entscheidet über das Wohlergehen der Arbeiter« die wachsende Empörung der Arbeiter über ihre sich täglich verschlechternde Lage in den »Abstellbahnhof des bürgerlichen Parlamentarismus« zu schieben, hob er die Anträge der Kommunisten in den Gemeindeparlamenten hervor, während der Arbeitskämpfe Mittel aus den Gemeindehaushalten für die unorganisierten Arbeiter bereitzustellen, damit diese nicht zur »Kapitulation« gezwungen werden könnten.[119]

Knapp zwei Wochen später fand in Berlin der erste Reichskongreß der Revolutionären Gewerkschaftsopposition statt (30. 11./1. 12. 1929). Unter den 1117 Delegierten war auch Herbert Wehner an der Spitze einer ostsächsischen Delegation. Die Rede Paul Merkers, der innerhalb der obersten KPD-Führung für die Politik gegenüber Gewerkschaften, Betrieben und Erwerbslosen verantwortlich war, enthielt überwiegend Angriffe gegen das »Verräterpack« der Sozialfaschisten. Diese weitere Verschärfung der Tonlage wie auch der dort unwiderruflich beschrittene »Weg zu einer mit den Freien Gewerkschaften konkurrierenden kommunistischen Sondergewerkschaft«[120] fanden ihren Niederschlag in den Beiträgen, die Wehner zur Umsetzung der dort gefaßten Beschlüsse verfaßte. Starke Worte fielen gegen die »Bonzenkongresse« des ADGB, die von der Gewerkschaftsbürokratie aus hauptamtlichen Funktionären mit 30 Mark Tagesspesen »zusammengeschoben« (ein Schlüsselwort des damaligen Jargons) würden. Hingegen seien auf dem RGO-Kongreß von den Arbeitern aus ihren Reihen in Betrieben und Gewerkschaften in »schärfstem Kampf gegen die Sozialfaschisten«[121] gewählte Delegierte – er nannte eine Zahl von etwa 800 freigewerkschaftlich organisierten Delegierten[122] – vertreten gewesen.

Wehner hob dabei besonders das Engagement der parteilosen[123] Mitglieder der ostsächsischen Delegation hervor, die in einer in Berlin unmittelbar an den Kongreß anschließenden Sitzung »in zündenden Worten« darauf gedrängt hatten, nach der Rückkehr in die Betriebe in den Reihen der Opposition an der Seite der KPD mitzuarbeiten. Gleichwohl kam er nicht ohne das ebenso bemerkenswerte wie ernüchternde Eingeständnis aus, die Diskussionsreden auf dem Kongreß hätten erkennen lassen, »daß die Arbeit vieler roter Betriebsräte sich nur wenig von der der Reformisten unterscheidet«.

Auch das, was er zur Remedur anbot, bewegte sich im Rahmen bewährter Betriebspolitik: Einrichtung von Beratungsstellen, Herausgabe von Informations- und Schulungsmaterial für Betriebsräte und Erwerbslosenausschüsse. Der Schulung der letzteren wollte er »besondere Aufmerksamkeit« angedeihen lassen: »Unter Schulung verstehen wir nicht nur allgemein politischen Unterricht, sondern Schulung in arbeitsrechtlichen und sozialpolitischen Fragen. Ohne diese Kenntnisse ist eine erfolgreiche praktische Arbeit nicht denkbar.«

Diesem fast geschäftsmäßig kühlen Befund folgte dann jenes obligate Stakkato der Polemik (»sozialfaschistische Spalter«, »Kläffen reformistischer Bürokraten«), dessen kurzatmiger Rhythmus schon in den Überschriften angedeutet war – »Schmiedet das Eisen!« bzw. »Ohne Pause vorwärts!«

Kurz darauf, wenige Tage vor Weihnachten 1929, kam Thälmann nach Dresden, um die nach Ansicht der Berliner Zentrale überfällige Vereinigung der drei sächsischen Parteibezirke endlich zu vollziehen. Die Anwesenheit des »Führers des revolutionären Proletariats« wurde dazu benutzt, am Vorabend eine Massenkundgebung im Ausstellungspalast durchzuführen, in der das neue Ritual mit Fahnenaufmarsch, Fanfaren, spalierbildenden Rotfrontkämpfern, Hochrufen auf Thälmann und der stehend von der Versammlung gesungenen Internationale zum ersten Mal auch in Dresden voll zur Geltung gebracht wurde.

Wehner war die Aufgabe zugefallen, die Kundgebung mit einem vehementen Protest gegen die »brutalen Polizeiprovokationen« des Polizeipräsidenten Kühn und gegen den »sozialfaschistischen Kurs im Dresdner Stadtparlament«[124] zu eröffnen und danach dem »Parteiführer«, wie er in der KPD-Presse immer häufiger bezeichnet wurde, das Wort zu erteilen. Es ist anzunehmen, daß er durch seine Eröffnungsrede Thälmann stärker auffiel als durch das von Wehner vorher über die Situation in den Dresdener Betrieben ausgearbeitete Zahlenmaterial, über das er sich »persönlich sehr anerkennend« geäußert haben soll, das er aber »nur zur Ausschmückung der allgemeinen Darstellung, nicht zu einer Auseinandersetzung mit der allgemeinen Lage bei uns«[125] benutzte.

Am Tag darauf sprach Thälmann auf der sächsischen Landeskonferenz vom »Tempoverlust« – auch hier wieder die sowjetischen Sprachbilder des atemlosen »Weiter! Weiter!« –, den die Partei in Sachsen gegenüber der Entwicklung in anderen Industriegebieten, vor allem in Berlin, erlitten habe. Dieser erfordere eine »entscheidende Wendung in der politischen und innerparteilichen Arbeit der Partei« in Sachsen. Wörtlich hieß es da: »Der Erfolg der ›linken‹ Sozialdemokratie hat dabei eine über den Rahmen Sachsens hinausgehende taktische Bedeutung für die SPD-Politik überhaupt. Je mehr sich die Verbrechen der Koalitionsregierung am Proletariat häufen, je krasser der Sozialfaschismus seine konterrevolutionäre Rolle vor den Massen beweist, desto notwendiger ist es für die SPD, mit den raffiniertesten Methoden der ›Linken‹ den wahren Inhalt ihrer Politik vor den Massen zu verschleiern [...] Unter diesem Gesichtspunkt ist es von besonderer Bedeutung für unsere Partei, in der Hochburg der ›Linken‹ in Sachsen, einen einheitlich geführten energischen Vorstoß gegen den Sozialfaschismus zu unternehmen.«[126]

Thälmanns Kritik und die »bolschewistische Selbstkritik« auf der Konferenz richtete sich vor allem gegen die in den bisherigen Bezirken Erzgebirge-Vogtland (Chemnitz) und Westsachsen auftretenden »Stimmungen«, den Rückgang der kommunistischen Stimmen bei den vergangenen Wahlen auf die »objektive Ursache des Rationalisierungsfeldzuges in der sächsischen Industrie, die eine Passivität und Verzweiflungsstimmung zur Folge gehabt habe«, zurückzuführen.

Als Politischen Sekretär und damit ersten Mann der neuen Bezirksleitung schlug Thälmann den »um Durchsetzung des Leninismus in der KPD verdienten«[127] Landtagsabgeordneten Rudolf Renner vor, der seit 1920 im Bezirk Ostsachsen tätig und im Juni 1929 neu in das Zentralkomitee der KPD als »Anerkennung« für den Kampf der KPD Ostsachsens[128] gewählt worden war.

Die mit Personal besser bestückte Berliner Zentrale – ein Großteil der aktiven Mitglieder der Berliner KPD bestand vor 1933 aus bezahlten Funktionären und aus bei der sowjetischen Handelsdelegation beschäftigten Mitarbeitern – entsandte in den darauffolgenden Monaten einige Sekretäre in die sächsische KPD-Leitung: »Die von Berlin importierten ›Verstärkungen‹«, so Wehner selbst im Rückblick, »fühlten sich uns in allen Stücken überlegen, sprachen von sich als von Berufsrevolutionären und trieben viele gute Betriebsfunktionäre durch ihre hochmütige Kritik zur Passivität.«[129]

Das war für ihn als künftig verantwortlichen RGO-Sekretär für den ganzen sächsischen Bezirk besonders schmerzhaft, weil die von den Berliner »Berufsrevolutionären« an den Tag gelegte Haltung die Betriebsarbeit in den neu hinzugekommenen Teilbezirken, die durch die Abwanderung vieler aktiver Mitglieder zur KPO ohnehin stark gelitten hatte, noch zusätzlich erschwerte. Auf der ersten großen Parteiarbeiterkonferenz in Chemnitz, auf der Wehner im Januar 1930 zu sprechen hatte, stieß sein Referat über die Lage in den Betrieben auf scharfe Proteste auch der älteren Parteifunktionäre, die erklärten, daß sie von einem Parteisekretär »eine weltpolitische Analyse«, speziell »ein Eingehen auf die Probleme des Fernen Ostens und des englisch-amerikanischen Gegensatzes«, erwartet hätten und nicht eine Behandlung der Betriebsrätepraxis.

Während auf dieser Konferenz solche Angriffe noch durch andere aktive Gewerkschafter pariert werden konnten, endete eine Sitzung der kommunistischen Leitungsmitglieder des (verbotenen) Roten Frontkämpferbundes in Leipzig, in der Wehner die dort vorherrschenden politischen Vorstellungen kritisiert hatte, in einem »Tumult«, weil die »Wortführer der Gruppe mich aus der Partei hinauszuprügeln versprachen«[130].

Revolutionäre Naherwartung war ihm nicht fremd. Aber deren Kombination mit einer politischen Haltung, die sich damit begnügte abzuwarten, bis von oben das Zeichen zum Aufstand gegeben wurde, und bis dahin in Passivität zu verharren, mißfiel ihm. Immer von neuem rief er zum »Kampf« auf. Auch die Wochen um Weihnachten 1929 und Neujahr 1930 waren so zur »Kampfzeit« geworden. In Dresden, Chemnitz, Plauen und Leipzig »marschierten immer wieder die Erwerbslosenbataillone auf«. Es war nicht nur die persönliche Erfahrung, die ihn zu einer immer stärkeren Identifikation mit den Erwerbslosen trieb: »Wir sind eine große Armee, die kämpfen muß.«[131] Es waren auch die immer bedrückenderen Erwerbslosenzahlen und die damit verknüpfte Vernichtung des individuellen Lebensgefühls von Millionen Menschen. Wehner nannte in einer Betrachtung zum Jahreswechsel eine der amtlichen Statistik entnommene Zahl von 280000 Erwerbslosen für Sachsen.[132]

Die Nachrichten über Massenentlassungen, Teilstillegungen oder ganze Betriebsschließungen – während des Jahres 1929 in Sachsen weit über 2000 mit wachsender Tendenz – prägten die Berichterstattung nicht nur der kommunistischen Tagespresse. Im April 1930 betrug die Zahl der Erwerbslosen in Sachsen schon 303000. Während im Frühjahr 1929 die Erwerbslosenziffer durch die Bau- und Fremdenverkehrssaison um 100000 zurückgegangen war, fiel sie 1930 nur um 20000.[133] Damit lagen hier schon Durchschnittswerte vor, die in anderen Industrieregionen des Reiches, die nicht so stark auf den Export angewiesen waren, erst ein Jahr später erreicht wurden.

Die Rundumstrategie, die Wehner beim Kampf gegen die Erwerbslosigkeit einschlug, richtete sich nicht nur gegen falsche »Freunde [...] in Gestalt ›linker‹ Sozialdemokraten, ›radikaler‹ Nationalsozialisten oder ›mahnender‹ Renegaten«[134] (gemeint war die KPO), sondern auch in steigendem Maße gegen den »hier und da auftauchenden Opportunismus in unseren eigenen Reihen«. Auf dem ersten Landeskongreß der revolutionären Gewerkschaftsopposition Ende Januar 1930 stellte er »das Versagen einer ganzen Reihe roter Betriebsräte« an den Pranger: »Sie wurden nicht Führer der Belegschaften im Kampf gegen Betriebsstillegungen und Massenentlassungen. Sie führten nicht die Belegschaften im Kampf gegen Lohnabbau und Verschlechterungen im Betrieb. Ohne unmittelbare Verbindung mit Belegschaften machten sie keine andere Politik als die reformistischen Betriebsräte.«

Diese schon früher erhobenen Vorwürfe klangen, je öfter sie wiederholt wurden, um so hohler. Auch die sie begleitenden Ratschläge, rote Betriebsräte und Verbandsleute müßten selbst in den »kleinen Belegschaftskämpfen in vorderster Front stehen« (wenn die Reformisten »10 Pfennig Lohnerhöhung fordern, dann sind von uns 20 Pfennig zu fordern«)[135], erreichten immer weniger das Ohr derjenigen, die es anging. Es gibt keine Informationen darüber, wie viele kommunistische Betriebsräte auf dieser RGO-Konferenz anwesend waren. Selbst wenn deren Zahl noch beträchtlich gewesen sein mag – in der anschließenden Diskussion sprach nur der Betriebsratsvorsitzende eines Betriebs, der sich seit zehn Wochen in einem von der Gewerkschaft nicht unterstützten, also »wilden« Streik befand.[136] Die anderen zogen offenbar lieber die Köpfe nach dem Motto ein: Der da oben am Rednerpult hat gut reden! Wir sind schon froh, wenn wir die Entlassung der noch aktiv sich für die KPD einsetzenden Betriebsarbeiter verhindern können!

In Reden und Artikeln versuchte Wehner gleichwohl immer wieder auf Beispiele zu verweisen, in denen RGO-Vertreter bei der Wahl der Delegierten zu Gewerkschaftskonferenzen oder bei Anträgen zur Wiederaufnahme aller wegen ihrer RGO-Einstellung Ausgeschlossenen Mehrheiten erhielten – so bei den Textilarbeitern in Pirna, bei den Holzarbeitern in Hellerau, bei den Bauarbeitern in Schandau-Königstein. Trotz der Behauptung, die Beispiele zeigten ein »Wachsen des Einflusses der Gewerkschaftsopposition unter den organisierten Arbeitern«[137], war das Wachstum alles andere als sprunghaft. Es ging meist auf Kosten der Gesamtbewegung der organisierten Arbeiter und wurde von der KPD selbst mit hohen Opfern erkauft. Unmittelbar vor Beginn der Krise im Oktober 1929 arbeiteten 63,2 Prozent aller Mitglieder der KPD in Sachsen in Betrieben. Ein halbes Jahr später hatte sich deren Anteil auf 41 Prozent und bis März 1932 auf 25,3 Prozent verringert.[138]

Als Wehner im April 1930 eine erste Bilanz der Betriebsrätewahlen in Sachsen zog, konnte er zwar – gegenüber dem Jahr 1929 mit knapp 20 »roten Listen« in den sächsischen Industriebetrieben – auf die stattlich klingende Zahl von 140 »roten Listen« verweisen.[139] Aber gemessen an der Zahl der Betriebe, in denen es Betriebsräte gab, bewegte sich dieses Ergebnis unterhalb der Grenze von zwei Prozent.[140] Selbst die Zahl der Betriebszellen, die es in Sachsen gab, lag erheblich höher als die Zahl der »roten Listen«. Wie prekär die Position der sächsischen KPD in den Betrieben seit Ende 1929 war, wird auch daran deutlich, daß die Zahl der Mitglieder und Ortsgruppen in der Folgezeit immer noch erheblich wuchs: von 20446 Mitgliedern in 446 Ortsgruppen im Dezember 1929 auf 43575 in 689 Ortsgruppen im März 1932. Dagegen fiel der Zuwachs der Betriebszellen (von 216 auf 245) im gleichen Zeitraum höchst bescheiden aus.[141]

Auch dieser kleine Zuwachs war nur möglich, weil – wie zuletzt auch von DDR-Historikern anerkannt[142] – zehntausende Arbeiter, darunter auch zahlreiche Sozialdemokraten, die Anhänger der KPD in den Betrieben häufig gegen die Versuche der Unternehmensführung und teilweise auch der Behörden abschirmten, ihnen bei Massenentlassungen oder bei legalen und »wilden« Streiks als ersten zu kündigen. Weit davon entfernt, daraus Schlüsse für eine realitätsnähere Taktik gegenüber den anderen Richtungen in der Arbeiterbewegung zu ziehen, beschuldigte Wehner Betriebszellen, die auf eine »rote Liste« verzichtet hatten, »starker opportunistischer Tendenzen«[143].

In Wehners Analyse der Betriebsratswahlen in Sachsen ist überdies angedeutet, daß die KPD ihre Erfolge eher an der Peripherie, in den kleineren und mittleren Betrieben der Metall- und Textilindustrie sowie in kleineren Bergbaurevieren wie dem Oelsnitz-Lugauer-Revier erzielte, während sie in den Großbetrieben der Industriezentren unterdurchschnittlich abschnitt. In der graphischen Industrie, insbesondere bei den traditionell gut organisierten Buchdruckern, war sie gegen die sozialdemokratische und »brandleristische« (KPO) Konkurrenz praktisch chancenlos. Ähnlich erging es ihr in der Glas-, Keramik-, Papier- und chemischen Industrie, obgleich in den zwei zuletzt genannten Branchen die Zahl der un- und angelernten Arbeiter überwog. Einige Erfolge gab es in der Textil- und Zigarettenindustrie unter den dort besonders zahlreich beschäftigten Arbeiterinnen.

Dagegen war die »besondere Bedeutung der Jungarbeiterschaft« nach Wehners eigenem Urteil von der RGO nicht genügend erkannt worden. Bei den Landarbeitern[144] und bei den Massen der schlecht bezahlten unteren Angestellten, um deren »planmäßige Bearbeitung« sich Wehner seit seinem Eintritt in die KPD in Wort und Schrift ausdrücklich bemüht hatte, ging die Partei offenbar völlig leer aus. »Dadurch«, so stellte Wehner am Vorabend des Durchbruchs der NSDAP zur Massenpartei zutreffend fest, »wächst die Gefahr ihrer Gewinnung für den Faschismus, der es versteht, sie durch ›radikale‹ Phrasen zu verwirren«[145]. Immer dann, wenn er sich auf diese Weise der Realität zuwandte und so der Logos den ihn umstellenden Mythos durchbrach, war nicht mehr vom »Sozialfaschismus« die Rede, sondern nur noch vom (braunen) »Faschismus«.

Zahlenmäßig erhebliche Erfolge erzielten die »roten Listen« in den Verkehrs- und Versorgungsbetrieben der großen Städte sowie in den Werkstätten der Reichsbahn. Auch dies war eher ein Beweis dafür, daß in einem durch sozialdemokratische Mehrheiten in den Gemeindevertretungen und / oder starken gewerkschaftlichen Einfluß geprägten Umfeld das Arbeitsplatzrisiko geringer war als in den Privatbetrieben und dadurch auch die Bereitschaft größer, auf den »roten Listen« zu kandidieren.

Obwohl die Gesamtbilanz, gemessen an der Ausgangsparole »Jeder Betrieb eine rote Burg«[146], zur Nüchternheit riet, war Wehner auch in den folgenden Monaten ohne jede Nachsicht, wenn es darum ging, Fälle anzuprangern, in denen seiner Meinung nach kommunistische Betriebs- und Gewerkschaftsfunktionäre bei Wirtschaftskämpfen versagt hatten. Wo dies geschah, etwa bei den Metallbetrieben in Limbach, einer Mittelstadt, in der die KPD Anfang der dreißiger Jahre den höchsten Organisationsgrad aller sächsischen Städte über zehntausend Einwohner aufwies[147] und bei den Landtagswahlen im Juni 1930 das Dreieinhalbfache der SPD-Stimmen bekam, mußte ihn dies besonders schmerzen. Dies um so mehr, als dort neben den anderen Massenorganisationen auch die Ortsverwaltung des Deutschen Metallarbeiterverbandes in kommunistischen Händen war und in den Betrieben fast nur »rote« Betriebsräte gewählt worden waren.

Nachdem dort zur Unterstützung der Metallarbeiterstreiks in Berlin und zur Auslösung der Streiks in Sachsen eine Versammlung, die weniger als ein Viertel der Gesamtbelegschaft der Metallbetriebe umfaßte, einen Ausstand beschlossen hatte, verlangten die »Reformisten« – auch im parteiinternen Sprachgebrauch hielt Wehner den Begriff »Sozialfaschisten« für überflüssig – in den Betrieben eine förmliche Abstimmung, ob gestreikt werden sollte. »Die Abstimmungen«, so Wehner in seinem Bericht für die parteiinterne Funktionärszeitschrift *Der Parteiarbeiter,* »ergaben durchweg überwiegende Mehrheiten gegen den Streik«.[148] Besonders bitter war für ihn, daß in einigen Betrieben nur knapp die Hälfte der Mitglieder der kommunistischen Betriebszellen für den Streik gestimmt hatten.

Der Bezirksleitung der RGO und damit sich selbst lastete er zwar den Fehler an, sich auf die örtliche kommunistische Leitung des Metallarbeiterverbandes zu sehr verlassen und auf die Wahl »betrieblicher Kampfleitungen« sowie einer »zentralen Streikleitung« verzichtet zu haben. Die Kritik an der lokalen Partei und an der Leitung des Unterbezirks war viel härter. Die gesamte Partei habe sich dort »in Sicherheit« gewiegt. Außer der Vernachlässigung der Organisation habe sich »ein starker Opportunismus in der Praxis« gezeigt. Ob eine zentrale Leitung die Niederlage hätte abwenden können? Wohl kaum! Sich so sichtbar für die Zwecke der RGO verheizen zu lassen, obwohl die Beschäftigung in den eigenen Betrieben drastisch zurückgegangen war und weiter zurückging, das konnte und wollte auch die Mehrheit der sonst für die KPD votierenden Arbeiter nicht einsehen.

Wehner, der ursprünglich einmal als Anarchist von der direkten Demokratie der Arbeiter in den Betrieben ausgegangen war und auch als

RGO-Funktionär gelegentlich die »Betriebsdemokratie« gegen die »sozialfaschistische Gewerkschaftsdemokratie« ins Felde führte, hatte sich offenbar schon zu weit von der betrieblichen Wirklichkeit entfernt, um demokratische Entscheidungen in den Betrieben, die aufgrund der Motivation kaum anders getroffen werden konnten, zu respektieren. Hier schlug der wachsende Ehrgeiz durch, den anderen zu zeigen, wo es »lang zu gehen« hatte.

Die anderen – das waren die Feinde außerhalb, aber auch die Gegner und Mitstreiter innerhalb der Partei und nicht zuletzt die Berliner Zentrale. Dort durch besondere Anstrengungen angenehm aufzufallen, wurde offenbar auch für ihn immer erstrebenswerter. Anfang Februar 1930 hatte er in militärischer Kürze der »Reichskommission zur Förderung der RGO« brieflich mitgeteilt (»Mit Kommunistischem Gruß«), welche Summen aus dem Verkauf von Broschüren und RGO-Spendenmarken vom Betriebskomitee Sachsen der RGO nach Berlin überwiesen worden waren. Deren Organ druckte den Brief mit der Einzelaufstellung als »Beispiel für gute Arbeit« ab.[149]

Solches Lob verdrängte immer stärker die Erkenntnis, daß diese Aktionen[150] wie die organisatorische Arbeit insgesamt mit einer steigenden Belastung der Mitglieder erkauft wurden. In der Resolution des ersten sächsischen KPD-Parteitages Anfang Mai 1930 hieß es dazu im Abschnitt über die innerparteiliche Lage: »Unter den Schlägen des Klassenfeindes, die auf die Kommunistische Partei niedersausen, zeigen sich vor allem an der Peripherie der Partei *Neigungen eines feigen Zurückweichens* [151] vor dem Angriff des Gegners und zur Befolgung der Linie des geringsten Widerstandes. Diese rechte Gefahr hat sich in der letzten Zeit vor allem in einem bis tief in die Mitgliedschaft eingedrungenen Opportunismus bei der Durchführung der wichtigsten Aktionen und Kampagnen gezeigt. Vor der gleichen opportunistischen Grundeinstellung entwickelten sich Tendenzen des ›linken‹ Sektierertums, die in seinem Verzicht auf die Massenarbeit, in einem Unverständnis für die Aufgaben der Massenorganisationen des Proletariats und unserer Fraktionsarbeit in ihnen, in einer mangelnden Ausnutzung der Differenzen im bürgerlichem Lager und in einer fehlenden Unterscheidung zwischen sozialfaschistischen Führern, den mittleren und unteren Funktionären und Mitgliedern der Sozialdemokratischen Partei zum Ausdruck kommen.«[152]

Was der erste sächsische Bezirksparteitag »einstimmig« verabschiedete – abweichende Meinungen waren nicht mehr vernehmbar –, vollzog im wesentlichen das nach, was das Zentralkomitee in der Auseinandersetzung mit einem Ende Februar 1930 erschienenen Artikel Paul Merkers beschlossen hatte. Merker hatte dort die Arbeit unter den sozialdemokratischen Mitgliedern in Betrieb und Gewerkschaft mit der Begründung abgelehnt, wer noch zur SPD gehöre, sei »verfault«. Das bürgerliche Lager sei ohnehin nur eine »einheitliche reaktionäre Masse«[153]. In solchen Parolen drückten sich weitverbreitete Stimmungen aus. Der von ihnen ausgehenden Gefahr versuchte die Berliner Zentrale mit dem Vorwurf des »Opportunismus« beizukommen. Tatsächlich steckte dahinter die permanente Überforderung der Opferbereitschaft, der Disziplin und des Unterscheidungsvermögens der eigenen Mitglieder und Funktionäre. Kein Wunder, daß manche der »Linie des geringsten Widerstandes« in Betrieb und Gewerkschaft folgten, andere an der Aufgabe verzweifelten, ständig die führenden Sozialdemokraten und Gewerkschafter als »Sozialfaschisten« attackieren und zugleich die Mitglieder dieser Organisationen, die sich mit ihren Führern weitgehend identifizierten, für die kommunistische Sache gewinnen zu sollen.

Zu denen, die an dieser der Quadratur des Kreises nahekommenden Aufgabe nicht verzweifelten oder davon nichts nach außen spüren ließen, gehörte ohne Zweifel Herbert Wehner. Wenn es darum ging, sozialdemokratischen Gewerkschaftern nachzuweisen, wie sehr ihre aktuellen Ansichten gegen Erkenntnisse sozialdemokratischer Klassiker verstießen, dann lief er zu besonders großer Form auf. So in einem Artikel mit der Überschrift »Gewerkschaftsbürokratie gegen Frauenarbeit« Ende April 1930, der sich mit der Forderung des Redakteurs der Zeitung des Deutschen Metallarbeiterverbandes (DMV), Fritz Kummer, beschäftigte, verheiratete Arbeiterinnen aus den Betrieben zu entfernen.[154]

Laut Kummer wirke die Fabrikarbeit verheirateter Frauen auf die Dauer »nur nachteilig«, diene nur dazu, daß »Heim, Mutter und Kinder verkommen«. Durch sie werde der kulturelle Fortschritt gehemmt; dieser sei »mit Menschen ohne gemütliches Heim und ohne liebevoll erzogene Kinder undenkbar«. Wehner warf ihm vor, mit keinem Wort auf die sozialen Ursachen eingegangen zu sein, statt dessen zu moralisieren und ganz offen die Schuld auf die Arbeiterklasse abzuwälzen. Der »Spießerphilosophie« des Marxisten Kummer – die Anführungszeichen verraten, wie sehr es ihm Spaß machte, endlich wieder auf einen Marxisten eindreschen zu können – stellte er die Ansichten August Bebels in dessen Buch »Die Frau und der Sozialismus« gegenüber, der es angesichts der modernen Entwicklung für absurd gehalten habe, »die Frau auf die Häuslichkeit und die Familie zu verweisen«.

Wehners Fazit lautete: »Die sozialdemokratischen Arbeiter, die freigewerkschaftlichen Arbeiter stehen vor einer wichtigen Entscheidung: Sollen sie den Weg gehen, den ihnen Bebel wies, oder sollen sie mit Fritz Kummer gehen? Mit Kummer zu gehen, bedeutet, die Kollegin, mit der man noch gestern Schulter an Schulter kämpfte, ins Erwerbslosenheer zu stoßen. Der Provokation Kummers muß das Millionenheer der Arbeiterinnen antworten. Jetzt gilt es fest zusammenzustehen! [...] Unter den Forderungen der revolutionären Gewerkschaftsopposition: Siebenstundentag und Vierzigstundenwoche, Lohnausgleich und Lohnerhöhung, gleicher Lohn für gleiche Arbeit, ist der Kampf gegen die Unternehmer und die mit ihnen verbündeten SPD- und Gewerkschaftsbürokraten zu führen [...] Die revolutionäre Tradition der Vorkriegs-Sozialdemokratie, die Bebel verkörperte, wird von der SPD täglich geschändet. Allein die KPD und die revolutionäre Gewerkschaftsopposition haben das Recht, sich auf diese revolutionären Traditionen zu berufen, denn sie haben sie aufgenommen und konsequent fortentwikkelt. Jeder Arbeiter, jede Arbeiterin können deshalb nur unseren Weg wählen, wenn sie nicht dem sozialfaschistischen Verrat zum Opfer fallen wollen.«[155]

Auch wenn ihm – nicht zuletzt durch die Erfahrungen in der eigenen Familie – bewußt bleiben mußte, daß die Vorurteile gegen die außerhäusliche Erwerbsarbeit der verheirateten Frauen bis in die Reihen der eigenen Anhänger und Anhängerinnen tief verwurzelt waren: hier war ihm ein agitatorisches Kabinettstückchen gelungen wie nur selten. Genügte aber eine solche, ständig mit dem Vorwurf des Arbeiterverrats gekoppelte Agitation, um die Basis der sächsischen Sozialdemokratie, deren führende Sprecher sich nie solche Blößen wie der Metallarbeiterfunktionär Kummer gaben, zu erschüttern?

Das Ergebnis der Wahlen zum Sächsischen Landtag am 22. Juni 1930 beantwortete die Frage überwiegend mit einem Nein. Zwar verlor die SPD gegenüber der Landtagswahl 1929 fast 55 000 Stimmen; ihre Stimmenzahl sank von rund 923 000 auf 868 000. Aber der Anspruch, mit dem die sächsische KPD am Vorabend der Wahl aufgetreten war – »Das rote Sachsen steht im Lager der KPD!«[156] –, erfüllte sich nicht. Die KPD hatte einen nur geringen Zuwachs von knapp 11 000 Stimmen (356 000 gegenüber 345 000 im Jahre 1929). Der Zugewinn war nur wenig höher als der Verlust der KPO (von 22 100 auf 14 800 Stimmen).

Die größte Überraschung – auch aus der Sicht der KPD – war der Erfolg der NSDAP, die von Wehner im Wahlkampf als Partei der »Arbeitermörder, Streikbrecher und Young-Fronvögte«[157] bezeichnet worden war. Mit einem Anstieg von rund 134000 auf rund 376000 konnte sie ihre Stimmenzahl fast verdreifachen, damit die KPD überrunden und zum ersten Mal in einem bevölkerungsreichen und hochindustrialisierten Flächenstaat zur zweitstärksten Partei werden. Ihr reichsweiter Durchbruch vom September 1930 vollendete das, was sich in Sachsen zuvor angekündigt hatte: Neben den enormen Verlusten der rechtsbürgerlichen Parteien[158] und der Mobilisierung bisheriger Nichtwähler waren im Dresdener Bezirk, in der Lausitz und im Vogtland Zehntausende von Arbeitslosen sowie ruinierter Kleinhändler und Handwerker (die beiden letztgenannten Gruppen erhielten keine Arbeitslosenunterstützung), die bisher eine der beiden Arbeiterparteien (in Dresden und Umgebung meist die SPD)[159] gewählt hatten, zu den Nazis übergelaufen, um ihrem sozialen Protest Ausdruck zu verleihen.

In der von Rudolf Renner, dem ersten Mann der sächsischen KPD, verfaßten Wahlanalyse hieß es dazu: »Da wir nicht genügend Klarheit über die Krise des Kapitalismus und die Diktatur des Proletariats gaben, zogen die Phrasen der Nazis von der ›Diktatur des starken Mannes‹ bei den Mittelschichten und banden diese an die Nationalsozialistische Partei. Auch unter der Arbeiterschaft wird die Frage der Diktatur stärker und mehr generell gestellt, und hier ist die Propagierung und die Aufklärung über das Endziel der KPD eine zwingende Notwendigkeit.« Renner räumte ein, daß es der KPD weder gelungen sei, »einen wirklich starken Einbruch in die sozialdemokratische Front zu machen«, noch die von den bürgerlichen Parteien »abgewanderten Arbeiterwähler und die proletarisierten oder vor der Proletarisierung stehenden Mittelständler zu gewinnen«. Neben der Befürchtung, daß das rapide Anwachsen der nationalsozialistischen Stimmen schon deswegen die Arbeiter beeinflussen würde, weil die Nationalsozialisten jetzt versuchen würden, in die Betriebe einzudringen, hielt er es für einen Fehler, daß die »werktätigen« Mittelschichten von der KPD bisher entweder nicht beachtet oder »außerordentlich stark« vernachlässigt worden seien.

Indirekte Kritik an der obersten Führung übte Renner mit dem Hinweis, daß die schematische Anwendung der Parole »Schlagt die Faschisten, wo ihr sie trefft!« – die Parole wurde Heinz Neumann zugeschrieben, der drei Tage vor der Wahl auch in Dresden aufgetreten war[160] – den Faschisten keinerlei Abbruch getan hätte. Im Gegenteil.

Sowohl in jenen Gebieten, in denen angesichts des »Aufmarschs der aktiven Teile der Arbeiterschaft« (d.h. der KPD-Anhänger) die Nationalsozialisten es nicht gewagt hätten, Versammlungen durchzuführen, wie in jenen Orten, wo sie kurz zuvor Arbeiter ermordet hätten, sei ihr Stimmenzuwachs groß gewesen.[161]

Außer der allgemeinen Willensbekundung, sich der Fehler und Schwächen anzunehmen, verriet Renners Analyse Ratlosigkeit. Beklemmender indes war, daß sich die Berliner Führung noch mehr hinter den Wällen gestanzter Formeln und aggressiver, aber meist kontraproduktiver Parolen verschanzt hatte. Das war schon vor den Wahlen deutlich geworden. Wehner, dem die Organisation des Wahlkampfes übertragen worden war, hatte die Bezirksleitung kurz vor der Wahl dazu gebracht, dem Berliner Zentralkomitee Vorschläge für eine positive Stellungnahme zu den Nöten und Problemen von Gemeinderäten und Belegschaften »im Zusammenhang mit den seuchenartig um sich greifenden Betriebsstillegungen und der Arbeitslosigkeit ganzer dicht bevölkerter Industriegemeinden vorzulegen«. Sie waren, wie sich Wehner viele Jahre später erinnerte, als »opportunistisch« zurückgewiesen worden: »statt dessen wurden wir darauf hingewiesen, nicht der Theorie von der Entindustrialisierung zu verfallen [die konnte nichts taugen, da sie von den »Versöhnlern« stammte] [...], sondern den Massen zu beweisen, daß es eben nur den Ausweg der Revolution aus dieser Krise gäbe.«[162]

Diesen »Beweis« hatte die KPD seit Jahr und Tag geführt, ohne mit Ergebnissen aufwarten zu können. Es sei denn mit dem, daß die Gegenrevolution schneller vorankam als die Revolution, so daß dieser Hinweis bei den »Massen« nicht mehr die Naherwartung steigerte, sondern immer stärker als bloße Pflichtübung empfunden wurde.

Wie beachtete Wehner in seiner neuen Rolle als Parlamentarier die »Lehren« der Sachsenwahlen?

Zwischenspiel im Sächsischen Landtag

Mit noch nicht ganz 24 Jahren war Wehner nicht nur jüngstes Mitglied seiner 13 Abgeordnete zählenden Fraktion, sondern des ganzen Landtags. Gleichwohl wurde er, weil er in der Hierarchie der Partei inzwischen schon an die zweite Stelle gelangt war, zum Stellvertreter Renners im Fraktionsvorsitz gewählt.

Von Beginn an machte er deutlich, daß er das »Hohe Haus« nur als zusätzliches Forum der Agitation sah, auf dem es galt, die kommunistischen Forderungen als »Produkte des Massenwillens« ungehemmt auszubreiten. Dem »routinierten Parlamentarier« anderer Fraktionen, der es vorzog, »hinter den Vorhängen des Ausschusses zu verhandeln und im Plenum seine Stellungnahmen zu verschweigen« – gemeint waren in diesem Fall die Mitglieder der NSDAP-Fraktion; der Vorwurf brachte ihm schon in der zweiten Sitzung des neugewählten Landtags den ersten Ordnungsruf ein[163] –, begegnete er mit Verachtung.

Voller Stolz wies er die wechselweise von sozialdemokratischer oder nationalsozialistischer Seite kommende Vermutung zurück, er hätte auf der Rednerschule gut gelernt: »Das haben wir nicht nötig gehabt [...]« oder auch: »Wir haben keine Zeit gehabt dazu, dazu fehlt uns das Fett.«

Das KPD-Organ *Arbeiterstimme* brachte nicht nur regelmäßig lange Auszüge aus seinen Reden, sondern berichtete auch über Reaktionen der Zuhörer auf den Tribünen: »Als der Genosse Wehner mit seiner glänzenden Rede über bolschewistische Methoden zur Beschaffung von Arbeit und Kampf gegen den Verrat endete, erschollen starker Beifall, Rot-Front-Rufe und Händeklatschen auf den Tribünen.«[164]

Der Versuchung, das Parlament nur als Forum der Agitation zu gebrauchen, waren nicht nur Wehner und die anderen Redner seiner Fraktion erlegen. Die Vertreter anderer Parteien, insbesondere der Rechten, hatten sich schon Jahre zuvor so verhalten. Es hing auch damit zusammen, daß angesichts brüchiger Mehrheitsverhältnisse – Neuwahlen nach knapp einem Jahr waren notwendig geworden, weil die amtierende Regierung in Dresden seit Monaten über keine Mehrheit im Landtag verfügte – und unter dem Druck der extremen Parteien von rechts und links die Neigung zur Flucht aus der Verantwortung in die bloße Agitation auch bei den Parteien gewachsen war, die den Parlamentarismus bejahten. Hinzu kam, daß die einzelstaatlichen Haushalte, die auch in den wirtschaftlich besseren Jahren nie völlig den Charakter von Nothaushalten verloren hatten, durch die Wirtschaftskrise immer stärker am Tropf der Reichsfinanzen hingen. Verkürzung der Wochenarbeitszeit und Arbeitsbeschaffungsmaßnahmen in großem Stil waren ohnehin Sache der Reichsgesetzgebung. Schließlich verhinderte auch eine von den bürgerlichen Parteien betriebene und von der NSDAP trotz ihres antibürgerlichen Verbalradikalismus weitgehend unterstützte Wirtschafts- und Sozialpolitik zugunsten der Unternehmerinteressen jeden konstruktiven Ansatz einer aktiven Beschäftigungspolitik. Dies alles verstärkte die Tendenz zum rhetorischen Schlagabtausch.

Die von der kommunistischen Fraktion am Tag nach der Wahl dem neuen Landtag vorgelegten Anträge, die Wehner dann im Plenum mehrfach begründete, entbehrten nicht des Schaucharakters. Aber sie enthielten neben Forderungen, die, wie der Siebenstundentag und die Vierzigstundenwoche, nur vom Reichstag zu entscheiden waren, auch Vorschläge zum Bau von Talsperren, Kanälen, Straßen und Arbeiterwohnungen und zur sofortigen Bereitstellung der dazu notwendigen Mittel, die den Marsch in die Erwerbslosengesellschaft – bei dem Sachsen dem Reich um einige Längen voraus war – etwas hätten verlangsamen können.

Hauptgegner in Wehners Landtagsreden waren die Nationalsozialisten. Ihre auf die existentiellen Nöte der Erwerbslosen bezogenen Versprechungen aus dem Wahlkampf nahm er zuerst aufs Korn, um angesichts der Forderungen der NSDAP nach einem Arbeitsjahr »vor den Arbeitermassen und den breiten Massen der Mittelschichten dieser sogenannten Arbeiterpartei die heuchlerische Maske schonungslos vom Gesicht zu reißen«[165]. Er stellte den NSDAP-Versprechen Zitate eines NS-Autors[166] gegenüber, in denen die Erwerbslosen als Faulenzer, Langschläfer und Genießer geschildert wurden, und fuhr fort, diese Leute, die sich zwar nach außen Arbeiterpartei nennten, »in Wirklichkeit aber Trabanten der Kapitalisten« seien, wären niemals in der Lage gewesen, auf den »Stempelstellen« herumstehen zu müssen, um an Stelle »ihrer dicken Havanna die selbstgedrehte Zigarette rauchen zu müssen, wie es der Erwerbslose tun muß«.

Er deckte den militärischen Charakter dieser »von ehemaligen Offizieren [...], von Arbeiter- und Soldatenschindern« geführten Partei auf, verwies auf die »jeder Kultur und Zivilisation hohnsprechenden Zustände« in den Frauenkliniken[167], wo nach den Worten der Nationalsozialisten »die heiligste Stunde der Mutter« sein sollte, hielt ihnen vor, daß die »gelben Streikbrecher« der Nazis alles täten, um die »einheitliche Klassenfront der Arbeiter zu zerstören« und zitierte genüßlich aus einem Streitgespräch zwischen Gregor Strasser und Hitler, in dem der letztere nachzuweisen versuchte, daß die großen Unternehmer sich durch ihre Tüchtigkeit an die Spitze gearbeitet hätten und aufgrund dieser Auslese, »die wiederum nur die höhere Rasse beweise«, ein Recht hätten zu führen. Darin sah er einen weiteren Beweis für seine These, daß die Arbeiter, Angestellten und unteren Beamten von den Nazis nur als »Stimmvieh« benutzt würden.[168]

Die Sozialdemokraten wurden von Wehner in dieser ersten Rede gewiß nicht geschont. Ihnen drohte er: »Für uns gibt es nur einen geraden Weg: in den Betrieben und in den Stempelstellen die Massen [...] von der Doppelzüngigkeit und von dem Verrat der sozialdemokratischen Gewerkschaftsbürokratie und Führerschaft zu überzeugen.« Immerhin räumte er selbstkritisch ein, »daß es uns diesmal noch nicht gelungen ist, einen breiteren Einbruch in diese Schichten der sozialdemokratischen Anhänger zu machen«[169].

Trotz der Polemik gegen Vertreter von SPD und Freien Gewerkschaften – so sprach er, an die Adresse des ADGB-Vorsitzenden Theodor Leipart gewandt, vom »schleimigen und widerwärtigen Gerede eines sogenannten Arbeiterführers«[170] – ist deutlich zu spüren, daß der Schock der Sachsenwahlen nachwirkte. Wehner vermied es zunächst, die Sozialdemokraten zum Hauptgegner zu erklären oder ihnen auch nur das Etikett des »Sozialfaschismus« aufzukleben.

Dies veränderte sich nach der Reichstagswahl am 14. September 1930. Dort vollzog sich das auf Reichsebene, was sich zwölf Wochen zuvor bei den Sachsenwahlen ereignet hatte: Die Nazipartei wurde mit 6,4 Millionen Stimmen die zweitstärkste Partei hinter der SPD, die gegenüber den Reichstagswahlen 1928 fast 700000 Stimmen verlor (von 9,15 auf 8,46 Mio.). Die NSDAP profitierte dabei in erster Linie von den Verlusten der rechtsbürgerlichen Parteien – die DNVP verlor 2,4 und die DVP über 1,1 Millionen Stimmen – sowie von der erhöhten Wahlbeteiligung.

Da die Gewinne der KPD die Verluste der SPD um das Doppelte übertrafen (die Stimmen für die KPD stiegen von 3,26 auf 4,54 Mio.), feierte die KPD das Ergebnis als »gewaltigen Sieg«. In Sachsen hatte sie das Landtagswahlergebnis vom Juni 1930 um 130000 Stimmen übertroffen (von 355000 auf 485000). Die Nationalsozialisten hatten aber rund 185000 Stimmen hinzugewonnen und somit ihr Ergebnis der Reichtagswahl 1928 mehr als versiebenfacht (von 74000 auf 562000 Stimmen). Selbst wenn alle Verluste der beiden rechtsbürgerlichen Parteien (DNVP/DVP) – die Staatspartei (vormals Demokratische Partei) und die Mittelstandspartei waren erstaunlich stabil – in der Größenordnung von 240000 Stimmen zugerechnet wurden, bleibt die Tatsache bestehen, daß der NSDAP das Gros der bisherigen Nicht- bzw. Erstwähler zugefallen sein mußte, darunter Zehntausende der mittlerweile allein in Sachsen über 400000 Erwerbslosen.[171]

Die SPD hatte in Sachsen nur knapp 8000 Stimmen verloren (991000 statt bisher 999000). Wenn das Ergebnis der Stadt Dreden weggerechnet wird, wo die SPD über 9000 Stimmen abgeben mußte (und die KPD 14000 Stimmen, die NSDAP allerdings über 61000 Stimmen hinzugewonnen hatten), dann war die Bilanz landesweit sogar ausgeglichen. Ganz nebenbei: Zum ersten Mal seit 1923 hatten die beiden Arbeiterparteien in Sachsen wieder gemeinsam eine knappe absolute Mehrheit der Stimmen. Nur politisch trennten sie inzwischen Welten.

Die Berliner KPD-Führung sah durch das Ergebnis nicht nur ihre Parole »Schlagt die Faschisten, wo ihr sie trefft!« gerechtfertigt, sondern wähnte sich auch kurz vor dem Ziel – der Eroberung der »Mehrheit des Proletariats«. Schon vor der Wahl hatte sie beanstandet, daß die erwähnte, Heinz Neumann zugeschriebene Kampfparole, gegen deren Nutzen sich schon Rudolf Renner in seiner Analyse der Sachsenwahlen gewandt hatte, in den von Wehner für den sächsischen Bezirk verfaßten Wahlkampfinstruktionen fehlte. Sie erzwang einen Beschluß des Bezirkssekretariats, durch den dieses Schlagwort (im buchstäblichen wie übertragenen Sinne) im Wahlkampf benutzt werden mußte.

Nachdem er schon auf diese Weise bei den Parteioberen Anstoß erregt hatte, wurde er nach der Wahl[172] auf eine vierzehntägige Schulung geschickt, die die Berliner Leitung für die stellvertretenden Sekretäre der Bezirke veranstaltete. »Der Kursus«, so Wehner im Rückblick, »wurde auf der These aufgebaut, daß in Deutschland bereits die faschistische Diktatur herrsche, die Brüningregierung, und daß die Partei vor der Aufgabe stehe, unmittelbar zur Organisierung von Organen der Doppelherrschaft überzugehen, die den Sturz dieser Diktatur vorzubereiten hätten. [...] Mit der [...] Orientierung gingen die Sekretäre in die Bezirke, veranstalteten entsprechende Bezirksparteischulungen und Konferenzen, und die Partei entfernte sich nur noch mehr von den wirklich brennenden Fragen der Entwicklung in Deutschland.«[173]

Wehners Reden in den darauffolgenden Wochen und Monaten zeigen, daß er wieder stärker auf Linie lag, ohne auf eigene Nuancen zu verzichten. In einem Referat auf dem »Kampfkongreß der revolutionären Gemeindevertreter Sachsens« Ende September 1930 hieß es einleitend: »Wir suchen nicht Pflästerchen für das kapitalistische System, sondern Wege zum revolutionären Sturz, denn wir sind Bolschewisten.« Mit Blick auf die bei den Reichstagswahlen in Sachsen weitgehend stabil gebliebene SPD fuhr er fort: »Die ›Linken‹ rühmen sich, besser abgeschnitten zu haben [...] als die Hörsing [Reichsbannerführer] und Wels. Sie glauben mit ihrem ›Sturm‹ gegen die jetzige Parteiführung die rebellierenden SPD-Arbeiter an [sic!] der Stange zu halten. Das erfordert von uns ernste und sachliche Arbeit, gewissenhafte Anwendung der Einheitsfronttaktik.« Dieses Bemühen, das er mit der praktischen Forderung verband, bei den Kampfprogrammen gegen die Notverordnungen und für die Winterhilfe »örtliche Besonderheiten« sowie die »stärkste Mitarbeit der Betriebsarbeiter und Erwerbslosen« zu berücksichtigen, kontrastierte mit seinem Schlußappell: »Schafft die organisatorischen Voraussetzungen für den erfolgreichen Kampf zum Sturz des kapitalistischen Systems. Kämpft um die fünf Millionen in den reformistischen Gewerkschaften befindlichen Klassengenossen.«[174]

Wie aber erfolgreich nur die letztgenannte Zwischenetappe erreichen, wenn schon die vorangegangenen Monate erwiesen hatten, daß das inzwischen immer weiter um sich greifende Brandmarken der Sozialdemokraten als »Sozialfaschisten« in den Reihen der KPD eine solche Tiefenwirkung erzielt hatte, daß, wie selbst Rudolf Renner hatte einräumen müssen, »die Mitglieder der Partei dem sozialdemokratischen einfachen Arbeiter offen feindlich gegenüber stehen und eine ernsthafte, aufklärende und sachliche Diskussion nicht führen«[175]? Zunächst erschien es ratsam, den Kampf gegen die Führer der SPD, insbesondere auch gegen deren in Sachsen dominierende linke Variante, zeitweise in den Hintergrund treten zu lassen und auch das Signal- und Reizwort »Sozialfaschismus«[176], wenn überhaupt, äußerst selten zu verwenden und vor allem das positive »Beispiel des sozialistischen Aufbaus in der Sowjetunion stärker in den Vordergrund« zu rücken, wie es Wehner selbst empfohlen hatte.[177]

Obwohl er mit Verbeugungen an die Adresse »unseres Führers Stalin«[178] – vielleicht eingedenk der früher an dessen die revolutionäre Linke unterdrückende Politik geübten Kritik – nach wie vor sparsam umging und sich darin von den meisten KPD-Funktionären unterschied, sang er das Lob der Sowjetunion auch im Landtag in geradezu hymnischen Tönen: »Das ist das einzige Land, in dem wir keine Krisen haben, weil die Arbeiter und Bauern herrschen; das ist das einzige Land, ein Sechstel der Erde, wo die Rote Fahne mit Sichel und Hammer weht. Wir werden dafür sorgen, daß wir Anschluß an dieses Sechstel der Erde bekommen, [...] daß bei uns reiner Tisch gemacht wird mit der Bourgeoisie und mit ihren Helfershelfern, wie es in Sowjetrußland der Fall gewesen ist; und das Geschrei der Bürgerlichen in Deutschland, unterstützt durch die sozialdemokratische Presse [...], das ausbricht, wenn die Herrschaft der arbeitenden Massen in Rußland Schluß macht mit den Saboteuren der Wirtschaft, mit den offenen Feinden des Aufbaus, beweist die schlotternde Todesangst dieser bankrotten bürgerlichen Gesellschaft.«[179]

Dieser Enthusiasmus und der wenig später ausgedrückte Stolz, »an der Moskauer Strippe« zu hängen[180] – beruhten beide auf echter Überzeugung? Oder waren sie schon Teil jener Doppelsprache, die immer mehr zu einem wesentlichen Charakterzug der kommunistischer Funktionäre geworden war, die sich eine realistische Wahrnehmung der Wirklichkeit allenfalls noch privat glaubten leisten zu können? Der fast gleichaltrige Waldeck-Rochet, in den sechziger Jahren Generalsekretär der französischen Kommunisten, hatte im gleichen Jahr (1930) während der Kaderschulung in Moskau einem vertrauenswürdigen Genossen gestanden: »Wenn wir das, was wir hier sehen, den französischen Arbeitern erzählten, würden sie uns mit faulen Äpfeln bewerfen [...] Aber wir stecken mit drin und müssen mitmachen.«[181]

Dieser Realitätsprüfung hatte Wehner sich noch nicht unterziehen müssen, da er noch keine Gelegenheit gehabt hatte, sich in der Sowjetunion selbst umzusehen. Um so verführerischer war deshalb für ihn der Glaube an den in der Sowjetunion sich vollziehenden Fortschritt in Gestalt der Fünfjahrespläne. Deren Rationalität und glückverheißende Wirkung schienen sich von dem Chaos und dem Massenelend, die die weltweite Krise der kapitalistischen Wirtschaft hervorgebracht hatte, um so vorteilhafter abzuheben. In diesen und anderen Fragen, die sich vom Rednerpult des Landtags aus – untermalt von kräftigen Bildern bis hin zum persönlichen Angriff auf politische Gegner, die ihm bei elf Reden fünfzehn Ordnungsrufe und einmal sogar den Entzug des Rederechts eintrugen – propagandistisch ausschlachten ließen, paßte er sich dem polemisch-plakativen Redestil seiner Genossen aus der KPD-Fraktion nahtlos an. Gleichwohl fand er immer wieder zu den konkreten Nöten der Arbeitslosen sowie der von Lohn- und Gehaltskürzungen betroffenen Arbeiter, Angestellten und Beamten und deren Familien zurück.

Im Parlament wurde das schon in der Betriebs- und Gewerkschaftsarbeit zu Tage getretene strategische Dilemma noch sichtbarer. Eine auf konkrete Erfolge ausgehende Strategie verlangte nicht nur »reformistische« Forderungen, sondern auch Bündnispartner. Solchem Verlangen verweigerte sich der abstrakte Revolutionarismus der herrschenden Komintern- und KPD-Linie. Auch der vermehrte Zulauf enttäuschter SPD-Wähler und die Mobisierung bisheriger Nichtwähler in der Reichstagswahl vom September 1930 konnte über die faktische, politische und soziale Isolierung nicht hinwegtäuschen, in der sich die KPD befand.

Mit welchem Geschick dagegen die Strategen der Gegenrevolution ihre Ziele verfolgten, wurde in der Antwort des Leipziger NS-Abgeordneten Studentkowski auf den an die Adresse der NSDAP gerichteten Opportunismusvorwurf Wehners deutlich: »Da muß ich schon sagen, daß Sie, Herr Abgeordneter Wehner, wahrscheinlich der letzte sind, der uns darüber belehren kann, was revolutionär, reformistisch und opportunistisch ist (Zurufe bei den Komm.) aus dem einfachen Grunde, weil es bei einem Revolutionär schließlich nicht auf die Worte ankommt, sondern auf den Willen, etwas durchzusetzen. Diesem Willen können sämtliche Mittel dienstbar gemacht werden, auch die Mittel, die die heutige parlamentarische Demokratie zur Verfügung stellt. Daß wir in dieser Hinsicht auf dem richtigen Wege sind (Lebhafte Zurufe links) beweist ja allein Ihr wütendes Gekläff [...], das Sie überall anstimmen, wo wir Nationalsozialisten daran sind, mit Hilfe der Mittel des heutigen Systems irgendeine neue Machtposition zu erwerben. Wir wissen, daß [...] so allerdings der Marxismus ausgeschaltet werden kann.«[182]

Es war aber nicht nur die von Studentkowski apostrophierte Mischung von halbherzigem Legalismus und abstrakter, den Willen zur Tat vermissen lassenden Revolutionsforderungen auf seiten der KPD, die die Nationalsozialisten so siegessicher auftreten ließ. Ob sie durch Instinkt oder rationale Analyse dazu gekommen waren, ist hier unerheblich: Sie hatten jedenfalls besser als die Parteien des Bürgertums und der Arbeiterbewegung begriffen, daß der Modernisierungsprozeß dabei war, objektive Klassenstrukturen und subjektive Klassenbindungen aufzulösen. Das dadurch wachsende »entstrukturierte« Potential (Emil Lederer[183]) war weder im herkömmlichen Parteienspektrum fest eingebunden, noch verfügte es über ein homogenes Sozialideal, das heißt über die Idee einer vernünftig geordneten Gesellschaft. Dies auch deshalb, weil das deutsche Bürgertum – territorial, konfessionell und sozial zersplittert – zu einem solchen politisch integrierenden Sozialideal bis dahin nie gelangt war, sondern in seiner Mehrheit dazu neigte, sich dem Sozial- und dem Politikideal der vorindustriell herrschenden Schichten des Feudaladels, der Offizierskaste und der hohen Staatsbürokratie zu nähern oder gar vollends zu unterwerfen. Verglichen mit Ländern wie Frankreich und England war so der die politischen und sozialen Mentalitäten prägende Einfluß des Bürgertums auf die Massen des traditionellen Kleinbürgertums in Handel, Handwerk und in der Landwirtschaft wie auf die der neuen Mittelschichten der Angestellten und der kleinen und mittleren Beamten gering. Schon vor dem Ersten Weltkrieg hatten diese Schichten bei den Wahlen ihre politischen Sympathien extrem unterschiedlich verteilt: von den Antisemiten über die Konservativen bis hin zu den Linksliberalen und den Sozialdemokraten.

Bei den Wahlen zur Nationalversammlung vom Januar 1919 haben die letzteren als die Garanten gegen den Umsturz von links in erheblichem Umfang Wählerstimmen aus diesem sich verbreiternden Potential gewinnen können. Überall da, wo die SPD in Einzelstaaten wie Preußen und Sachsen und großen Städten politische Ordnung, soziale Sicherheit und wirtschaftlichen Aufstieg verkörperte, machten die Wähler aus den alten und neuen Mittelschichten auch während der zwanziger Jahre, zumindest bis zu den Reichstagswahlen von 1928, mehr als ein Drittel ihrer Gesamtwählerschaft aus.[184] Während ihre Bindekraft gegenüber jenen Gruppen der Mittelschichten, die sich aus jüngeren, gut bezahlten Facharbeitern, Vorarbeitern und Werkmeistern zusammensetzten, auch nach Beginn der Wirtschaftskrise weitgehend erhalten blieb, wanderten jene ab, die von der Krise betroffen wurden, aber vom Sozialstaat unversorgt blieben, also die Wähler aus Handwerk und Einzelhandel.

Noch schlimmer traf es die liberale bürgerliche Mitte. Die politische Rechtsdrift der Mehrheit der »nichtproletarischen, aber werktätigen Mittelschichten« – die umständliche, auch von Wehner mehrfach benutzte Bezeichnung deutete schon die Schwierigkeiten an, die sich vor allem die kommunistische Linke mit deren begrifflicher Zuordnung machte – hatte schon weit vor der Wirtschaftskrise die Substanz der zu Beginn der Weimarer Republik mit 5,5 Millionen Stimmen wichtigsten Kraft des liberalen Bürger- und Kleinbürgertums, der Deutschen Demokratischen Partei (DDP), aufgezehrt. Auch ihre Umbenennung in »Staatspartei« – schon der Begriff enthielt eine Absage an die im Kampf mit staatlicher Obrigkeit opferreiche Geschichte der liberalen Idee – konnte nicht verhindern, daß sie bei den Reichstagswahlen im September 1930 auf weniger als ein Viertel (1,33 Mio.) ihres ursprünglichen Wählerbestandes absank.

Die Krise bewirkte, daß nicht nur die Modernisierungsverlierer in den älteren Mittelschichten (Handwerker, Einzelhändler, Bauern, freie Berufe), sondern auch die bisherigen Modernisierungsgewinnler in Gestalt der Angestellten, »Privatbeamten« und der Beamten in den öffentlichen Dienstleistungsunternehmen, die nirgendwo politisch heimisch geworden waren und sich in ihrem neugewonnenen sozialen Status bedroht fühlten, zu »Extremisten der Mitte« wurden und der Suggestion der NS-Propaganda zu erliegen begannen.

Letztere wirkte vor allem aus zwei Gründen so anziehend: *Erstens* beruhte sie nicht auf einem geschlossenen ideologischen Weltbild – die Rassenideologie, die aber nur von einem engen Kreis von Anhängern ernst genommen wurde, einmal ausgenommen. Vielmehr bot sie allen alles: den um seinen Besitz fürchtenden Bürger den Antimarxismus und Antibolschewismus, also etwa Streikverbot und Abschaffung der Gewerkschaften; dem von der Konkurrenz jüdischer Warenhäuser, Ärzte, Rechtsanwälte angeblich bedrohten Mittelständler, Arzt, Rechtsanwalt, Bauer den Antisemitismus, das heißt das Verbot für Bürger jüdischen Glaubens, sich wirtschaftlich zu betätigen, die Entschuldung des bäuerlichen Betriebes usw.; dem national Gesinnten die Durchbrechung des Versailler Diktats, dem Imperialisten die Eroberung von »Lebensraum im Osten«, dem erwerbslosen Arbeiter und Angestellten einen Arbeitsplatz, dem autoritären Charakter den Führerkult, dem unter der Zerissenheit der Gesellschaft Leidenden das Sozialideal der Volksgemeinschaft.

Zweitens: Einen unschätzbaren, wahrscheinlich entscheidenden Vorteil erlangte die NSDAP über ihre Gegner mit ihrer legalistischen Strategie, also – wie Studentkowski offen darlegte – mit Hilfe der Mittel, die »die heutige parlamentarische Demokratie« zur Verfügung stellte, immer neue Machtpositionen zu erwerben, um schließlich das vorgefundene System selbst abzuschaffen. Auf eine Gesellschaft, die durch Interessengegensätze, Ideologien, Feindbilder, Mythen und Gegenmythen, rechte und linke Dolchstoßlegenden so zerrissen und deshalb so voller Gewaltbereitschaft war wie die deutsche, mußte die von den Nazis angebotene Möglichkeit, zugleich Polizist und »nationaler« Revolutionär zu sein, wie eine Erlösung wirken.

Die »kleinbügerliche« Kollektivseele – sie reichte in Deutschland vom Amts- und Militäradel über das gehobene Bürgertum und die Mittelschichten bis hinein in die Arbeiterschaft –, jahrhundertelang im geistigen Gefängnis landesväterlicher Obrigkeit vor Angst erstarrt, konnte endlich ausbrechen und rebellieren, ohne befürchten zu müssen, dafür bestraft zu werden. Auch wenn es noch nicht ganz so weit war und bei den braunen Schlägerhorden der SA zunächst nur Vorformen geübt werden konnten – schon das Versprechen erzeugte eine Sogwirkung auf die vielen, deren mörderische Instinkte nur deshalb unterdrückt wurden, weil diese auszuleben noch mit Strafe bewehrt war.

Gewiß waren die Nazis nicht die einzigen, die die wachsende Gewaltbereitschaft in der Gesellschaft für ihre politischen Ziele einzuspannen suchten. Daß die verrohenden Verhältnisse des Alltags der Arbeiterschaft deren Neigung zum gewaltsamen Aufbegehren wachsen ließen, war unübersehbar. Die KPD versuchte diese Tendenz auf ihre Weise zu kanalisieren. Auch Wehner sprach im Landtag davon, das »Ausbeutergeschmeiß, das heute den Young-Plan auf dem Rücken der Arbeiter durchführt, unter die Diktatur der Arbeiterklasse zu beugen. Dabei werden die Köpfe rollen, nicht jene Köpfe, von denen heute Hitler spricht, nicht die Köpfe der Arbeiter, sondern die Köpfe der besitzenden Klasse, die Köpfe Hugenbergs und seiner Gesellen.«[185]

Daß ihm dafür der amtierende Präsident, der DNVP-Abgeordnete Dr. Eckardt, einen Ordnungsruf erteilen mußte, lag auf der Hand. Aber die jakobinisch-bolschewistische Formel des »Es werden Köpfe rollen« löste regelmäßig in der bürgerlichen Wahrnehmung einen Angstreflex aus, der nicht nur die Exponenten des kapitalistischen Großbesitzes à la Hugenberg erfaßte, sondern die »besitzende Klasse« schlechthin, selbst die, die noch kaum dazu gehörten, aber sich ihr insgeheim schon zurechneten. Nicht die revolutionäre Tat, bloß die manifest gewordene revolutionäre Gesinnung genügte, um auch in den Mittelschichten die Neigung zur vorwegnehmenden Gegenrevolution – und so wurde dort die NS-Srategie wahrgenommen – enorm zu steigern.

Revolutionäre Gewalt blieb in Deutschland illegitim. Hingegen verfügte gegenrevolutionäre Gewalt, auch wenn sie – wie nach Hitlers Legalitätseid vor dem Reichsgericht am 25. September 1930 – im Gewande der Legalität auftrat, nicht nur über eine breite, durch Rechtswissenschaft und Rechtspraxis abgesicherte Legitimation, sondern über hohe Attraktivität, weil sie dem Normalbürger seine jahrhundertelang eingeübte Doppelrolle ließ: Mann der Ordnung und Rebell zugleich zu sein. Die KPD – und das macht ihren revolutionären Anspruch auf Dauer so unglaubwürdig – war Teil dieser Ambivalenz: Gab es etwas Autoritäreres, als den in Moskau und in der Berliner Zentrale ausgeheckten Irrungen und Wirrungen der Generallinie jeweils mit »revolutionärer« Disziplin zu folgen?

Wie aber den Zulauf der »kleinbürgerlichen« Massen zu den Nationalsozialisten stoppen, wenn ihnen ideologisch und massenpsychologisch nicht beizukommen war? Machte es Sinn, wie dies Wehner schon bei den Angestellten – offensichtlich vergeblich – versucht hatte, an ihre materiellen Interessen anzuknüpfen? Seit Herbst 1930 bemühte sich Wehner in außerparlamentarischer Arbeit – die er noch für wichtiger hielt als das »starke Auftreten im Parlament«[186], obwohl es ihm, sichtbar durch den häufigen Beifall von den Rängen und an dem immer häufigeren Abdruck seiner Reden im KPD-Organ, wachsendes persönliches Ansehen eintrug –, in Dresden Protestaktionen »kleinbürgerlicher« Berufsgruppen gegen die Verschlechterung ihrer wirtschaftlichen Lage zu organisieren.

So wurde am 6. November 1930 ein Steuerstreik durchgeführt, um gegen die als Folge der Brüningschen Notverordnung zu den Gemeindefinanzen auf Beschluß des Gemeinderats eingeführte Schankverzehrsteuer zu protestieren. Zuvor war ein Aktionsausschuß gebildet worden, in dem Leute den Ausschlag gaben, die mit der KPD stark sympathisierten. Drei Massenkundgebungen fanden statt, in denen, so Wehners eigener Bericht, die Redner der KPD den größten Beifall erhielten. Redner der Wirtschaftspartei und der NSDAP wurden niedergeschrien. Die SPD hatte jeden Einfluß auf die Bewegung dadurch verloren, daß das von ihr betriebene »Volkshaus« zu der Handvoll Lokale gehörte, die sich dem Streik nicht angeschlossen hatten.

In den Tagen darauf wurde die Aktion dadurch weitergeführt, daß die Gäste zwar die Zeche entrichteten, nicht aber den Steuerbetrag. Statt dessen gaben sie kleine Zettel ab, die ungefähr folgenden Wortlaut hatten: »3 Pfennige Diktatursteuer am 8. November nicht gezahlt«, Unterschrift und Adresse.

Aus dieser Aktion, wie aus der Tatsache, daß in einigen Kleinstädten, in denen »viele verkrachte Existenzen« (kleine Fabrikanten, Strickmaschinenbesitzer, Zwischenmeister usw.) vorhanden waren, die KPD mit ihrer Agitation bei den Reichstagswahlen so erfolgreich war, daß sie, verglichen mit der vorausgegangenen Landtagswahl, ihre Stimmenzahl verdoppelte und die der NSDAP zurückging, zog Wehner den Schluß: »Es zeigt sich, daß das Kleinbürgertum nicht zwangsläufig in die Arme der Konterrevolution getrieben zu werden braucht. Durch eine klare offensive Politik, durch Aufzeigen des gemeinsamen Feindes und Enthüllung des Charakters des Nationalfaschismus im praktischen Kampf ist es möglich, dem Nationalfaschismus dieses Rekrutierungsfeld zu nehmen.«

Um sich abzusichern, suchte er Beistand bei den Klassikern und zitierte aus den Marxschen »Randglossen zum Gothaer Programm« (1875): »Aber das kommunistische Manifest setzt hinzu, daß die Mittelstände [...] revolutionär werden im Hinblick auf ihren bevorstehenden Übergang ins Proletariat.«[187]

Auch wenn der Steuerstreik der Dresdener Gastwirte nach zehn Tagen abgebrochen werden mußte, weil die Behörden mit dem Entzug der Schankkonzessionen drohten: Die Tatsache, daß es gelungen war, an eine – schon wegen ihrer Fähigkeiten, mit den Angehörigen vieler sozialer Schichten zu kommunizieren – besonders herausgehobene Gruppe des Kleinbürgertums heranzukommen und deren Verhalten zu beeinflussen, ermunterte Wehner, in dieser Richtung weiter zu machen und bei Teilen der »proletarisierten« Zwischenschichten zu agitieren. Ein solcher Anlaß bot der Ende November 1930 sich abzeichnende Streik der Dresdener Taxifahrer.

Der Dresdener Taxifahrerstreik

Mit dem Hinweis auf den außerordentlich schlechten Geschäftsgang hatten die Dresdener Taxiunternehmer das mit ihren »Kraftdroschkenfahrern« abgeschlossene Lohnabkommen gekündigt. Bisher erhielten die Fahrer täglich einen Grundlohn von 4 Mark und 15 Prozent Umsatzbeteiligung, mindestens aber einen Garantielohn von 8,50 Mark. Da die Krise auch die Bereitschaft des überwiegend bürgerlichen Publikums zur Benutzung des Taxis reduzierte, sank auch der Umsatz erheblich. Um so größere Bedeutung bekam der Garantielohn. Die Unternehmer forderten dessen völligen Wegfall und wollten so die ganze Schwere der Krise den Fahrern und deren Familien aufbürden. Der zum ADGB gehörende Verkehrsbund hatte deshalb den staatlichen Schlichtungsausschuß angerufen, dessen Schiedsspruch vom 28. November 1930 vorsah, den Garantielohn beizubehalten, aber ihn auf 8 Mark herabzusetzen. Die Erklärungsfrist für Arbeiter und Unternehmer lief bis zum 5. Dezember 1930.

Am Tag nach dem Schiedsspruch, einem Samstag, rief die KPD die Taxifahrer dazu auf, den »Lohnraub« mit dem sofortigen Streik zu beantworten.[188] Am Montag, dem 1. Dezember 1930, führte die RGO im Keglerheim eine Streikversammlung durch. Die *Arbeiterstimme* berichtete darüber unter der Überschrift »Feste Streikfront der Taxifahrer«: »Einmütig lehnten die Taxichauffeure die Unterschrift unter [...] den Schiedsspruch ab [...] Sie traten geschlossen in den Streik. In der gestern von der RGO einberufenen Versammlung [...] wurde eine Kampfleitung gewählt, in der organisierte und unorganisierte Kollegen vertreten sind. Begeisterte Zustimmung der Streikenden fanden die Ausführungen des Genossen Herbert *Wehner*, der einen Syndikalisten energisch zurückwies, als er versuchte, seine verräterische Auffassung vorzutragen.«[189]

Die »oppositionelle« Streikleitung richtete neun Streiklokale für Taxifahrer ein, die zugleich als Sammelstellen für die Sammlungen zur Unterstützung der Streikenden dienten, die von der Internationalen Arbeiterhilfe (IAH) organisiert wurden.

Einen Tag später hieß es am gleichen Ort, diesmal als Aufmacher auf Seite 1: »Der Streik der Dresdener Taxi-Chauffeure unter Führung der RGO dauert mit unverminderter Kraft an. 800 Fahrer stehen im Kampf. Nur etwa 100 Streikbrecher konnten unter Aufbietung größter Mühe gewonnen werden, ganz wenige Wagen trudeln, vom Haß des werktätigen Dresden verfolgt, durch die Straßen. Überall, wo sich Kraftdroschken sehen lassen, stauen sich die Massen und versuchen, die Streikbrecher von ihrem verbrecherischen Treiben abzuhalten [...] Die Polizei versuchte durch Einsatz starker Polizeiabteilungen und durch Gummiknüppelattacken gegen die Streikenden die Streikbrecher zu schützen. Von früh bis nach Mitternacht rasen Überfallwagen durch die Nacht oder stehen an den Hauptparkplätzen [...] Das brutale Vorgehen der Polizei zeigte sich besonders in den gestrigen Abendstunden am Postplatz, wo die Sipo [Sicherheitspolizei] alle Passanten niederschlug, die in den Bereich ihrer Gummiknüppel kamen. Blindlings wurden Verhaftungen vorgenommen.«[190]

Am Tag darauf, anläßlich eines von der RGO organisierten Hungermarsches der »Erwerbslosen«, an dem sich über 50000 Demonstranten beteiligt haben sollen, war zu lesen: »Als ein Polizeioffizier auf dem Ebertplatz den Genossen Wehner vergeblich aufforderte, er solle von dem eisernen Zaun heruntersteigen, versuchte er den Genossen Wehner durch vier Grüne mit Gewalt herunterholen zu lassen. Das gelang ihm jedoch nicht. Wie eine Mauer hatten sich die Arbeiter schützend vor den Genossen Wehner gestellt, um die Verhaftung ihres Führers zu verhindern.«[191]

Soweit die Berichterstattung der KPD-Presse. Sie strich zwar Wehners »führende« Rolle gebührend heraus, verschwieg indes den banalen, aber sehr folgenreichen Umstand, daß die RGO sich erst einschaltete, als die ADGB-Gewerkschaft, der Verkehrsbund, schon zum Streik aufgerufen hatte. In der Darstellung der *Arbeiterpolitik*, des Organs der KPO, hieß es dazu: »In Dresden streiken z.Zt. die Kraftdroschkenführer. Der Kampf geht gegen den Schiedsspruch. Die Bewegung wird vom Verkehrsbund geführt. Die RGO hat dabei nichts zu sagen. Nur etwa 180

Fahrzeuge, von den Besitzern selbst gesteuert, versehen die Streikbrecherdienste. Die Streikenden sind auf der Hut. Der Streikpostendienst ist gut organisiert [...] Das weiß die RGO. Sie, die im ganzen Verlauf der Bewegung nichts zu sagen hatte [...] greift jetzt ›führend‹ in die Bewegung ein. Das sieht so aus: Am Montag, dem 1. Dezember, setzen die RGO-Strategen von der Rosenstraße einen Stoßtrupp zusammen, Arbeitslose – die den ›gemeinsamen Kampf der Streikenden und der Arbeitslosen‹ im Droschkenführerstreik proklamieren sollen. Der Trupp begibt sich zum Altmarkt [dem Verkehrszentrum]. Bald ist die Diskussion mit den Streikposten im Gange. Neugierige sammeln sich an. Bald gleicht der Altmarkt einer Volksversammlung. Ein RGO-Redner [Wehner?] tritt auf und fordert im Namen der Streikenden: 30 Prozent Lohnerhöhung (von der die Streikenden nichts wissen), Kampf gegen die Brüning-Regierung und den Faschismus unter der Führung der RGO und KPD bis zur Diktatur des Proletariats. Die Streikenden, die in der Minderheit sind, wehren sich: Was wollt ihr hier? Was mischt ihr euch in unseren Kampf ein? Wer berechtigt euch, in unserem Namen Forderungen zu stellen, die wir nicht beschlossen haben? Die Diskussion wird lebhafter. Die Ablehnung der RGO-Parolen durch die Streikposten wird zum Anlaß heftiger Auseinandersetzungen. Das traurige Schauspiel – daß die gegen das Unternehmertum und seine Lohnabbaumentalität kämpfenden Kraftdroschkenführer mit den RGO-Arbeitslosen im Streit liegen – lockt immer neue Massen Neugieriger an. Der Verkehr droht zu stocken. Wenige Minuten später hört man die Trillerpfeifen des Überfallkommandos. Die Menge stiebt auseinander. Der Altmarkt wird ›aufgerollt‹. Der Gummiknüppel regiert. Der RGO-Stoßtrupp und die Streikposten der Kämpfenden werden durch die Straßen getrieben. Noch auf der Flucht hört man die Streikposten den RGO-Strategen sagen: Das habt ihr nun erreicht, jetzt können die Streikbrecher fahren.«[192]

Auch wenn zu beachten bleibt, daß es sich um eine der offiziellen KPD-Linie kritisch gegenüberstehende Stimme handelte: der lapidare Stil des Berichterstatters verrät nicht nur eine meisterliche Beherrschung des Stoffs. Die schnörkellose, auf Darstellung der Fakten beschränkte Schilderung versuchte den Zorn über die putschistische Taktik zu bändigen. Gerade deshalb erschien sie um vieles glaubwürdiger als die Siegesmeldungen der KPD-Presse[193].

Der Sinn der zentralen Frage eines Streikenden im obenstehenden Bericht – »Wer berechtigt euch, in unserem Namen Forderungen zu stellen, die wir nicht beschlossen haben?« – wurde von Wehner und anderen führenden Mitgliedern der Streikleitung nicht mehr verstanden. Hatten sie nicht eine historische Mission zu erfüllen, die sie von der Zustimmung derer entband, zu deren Nutz und Frommen sie sich diese Last aufgebürdet hatten? Was bedeutete es schon, daß Dutzende von Taxis zu Wracks geworden, die Unternehmer Streikbrecher angeworben und sie bewaffnet hatten, die streikenden Fahrer selbst zwischen Verkehrsbund und RGO hin und her gerissen waren und die bürgerkriegsähnliche Situation, die zeitweise an einigen Plätzen Dresdens herrschte, der NSDAP zusätzliche Sympathien aus dem bürgerlichen und kleinbürgerlichen Lager eintrug? Und was machte es auch, wenn die eingeschlagene Taktik eine Eigendynamik freisetzte, die per Saldo zum Gegenteil dessen führte, was ursprünglich angestrebt worden war: die Gewinnung »werktätiger« kleinbürgerlicher Gruppen?

Gewiß – es »rumorte« in jenen Dezembertagen in der örtlichen KPD, wie die sozialdemokratische *Dresdener Volkszeitung* meldete. In mehreren Dresdener Ortsgruppensitzungen habe die auf Renner und Wehner »schwörende Leitung nur mit geschickter Regie« die Annahme von Resolutionen verhindert, »die die Ablehnung der ›oben‹ so beliebten Teilaktionen forderten«. Diejenigen, die die »jetzige Putschführung der KPD« ablehnten, seien die alten, langjährigen Mitglieder, die, da sie zum größten Teil noch in Arbeit stünden, die Träger der kommunistischen Gewerkschafts- und Betriebspolitik seien: »Klar erkannten sie, daß zur Abwehr der jetzt über Deutschland rasenden Lohnabbauoffensive der Unternehmer die geschlossene Kraft einer in sich einigen Arbeiterklasse notwendig ist. Daß diese Einigung nicht durch Hungermärsche, Teilstreiks und andere Aktionen zu erzielen ist, weiß auch der jetzige Führerkreis der KPD. Aber wie soll er seinen Moskauer Auftraggebern den Beginn der von dort erwarteten Weltrevolution beweisen?«[194]

Die grobe Vereinfachung im letzten Satz wie der abschließende, »an die besonnenen Elemente der Arbeiterschaft« gerichtete Appell – »schart euch um das Banner der völkerbefreienden Sozialdemokratie und der freien Gewerkschaften« – zeigte, daß es auch der rivalisierenden Partei nicht in erster Linie um wahrheitsgetreue Berichterstattung, sondern vor allem um Agitation ging.

Aber es muß an dem Bericht etwas dran gewesen sein, das der Wahrheit ziemlich nahe kam. Denn anders wäre es kaum zu erklären, daß wenige Tage später die *Dresdener Volkszeitung* unter der Überschrift »Kommunistische Straßenkomödianten« erneut über das Innenleben der KPD informieren konnte: »Die früher so beliebten Straßendiskussionen kommunistischer Agitationsredner sind wieder eingeschlafen. Unsere Genossen erkannten, daß mit diesen nur auf Phrasen und Lüge eingestellten, bezahlten Rednern kein sachliches Diskutieren möglich war [...] Also diktierte *Herbert Wehner, M.d.L., ein neues Verfahren zum ›Totreiten‹ der Sozialdemokratie*. Auf der Parteiarbeiterkonferenz der Groß-Dresdener Funktionäre empfahl er seinen aufhorchenden Trabanten, ›bolschewistisch‹ zu arbeiten. Und das soll so aussehen: Einige Kommunisten stellen sich auf belebten Straßen oder Plätzen auf. Einer davon markiert den ›sozialdemokratischen‹ Arbeiter. Die Debatte beginnt. Der ›Sozialdemokrat‹ muß die Politik seiner ›verräterischen‹ Führer verteidigen. Der Kommunist widerlegt (!) ihm alles. Wenn genügend Zuschauer versammelt sind, erkennt endlich der ›Sozialdemokrat‹, daß ›er nur am Narrenseil‹ geführt worden ist. Mit einer großen Geste (zu diesem Zweck müssen in der Nähe stehende Kommunisten zurücktreten!) *zerreißt er sein vorher präpariertes Mitgliedsbuch* und meldet sich sofort als Mitglied der KPD an. In Berlin soll sich dieses Vorgehen ›sehr bewährt‹ haben, denn meistens hätten sich einige Zuhörer mit angemeldet. In Zukunft werden wir also Gelegenheit haben, diese politischen Arbeitsmethoden auch bei uns kennenzulernen. Unsere Genossen werden diesen Komödianten die Antwort nicht schuldig bleiben.«[195]

Auch wenn, wie der Bericht andeutete, ein »bewährtes« Drehbuch aus Berlin den Anstoß zu diesem Schelmenstück gegeben hatte: die Übernahme der »Spiel«-Idee und die konkrete Regie für Dresden war Wehners Werk. Zu sehr entsprach es seinen komödiantischen Talenten, als daß er sich die Gelegenheit hätte entgehen lassen, ein »Spiel« zu empfehlen, bei dem der Zuschauer zum unfreiwilligen »Mitspieler«, noch genauer zur Marionette, degradiert werden sollte.

Es war weit gekommen mit einem, der ausgezogen war, um anderen zu helfen. Denn Hilfe setzt die eigene Integrität wie die Achtung vor Autonomie und Integrität des anderen voraus. Und es war weit gekommen mit einer Partei, zu deren Gründungsmitgliedern Rosa Luxemburg und Karl Liebknecht gehörten, daß sie der totalitären Versuchung vollends erlag, die da lautet: Der Zweck heiligt die Mittel. Denn was in der Berliner Zentrale wie in Moskau allein zählte, war der spektakuläre Tageserfolg oder – und immer häufiger – dessen propagandistisch ausschlachtbare bloße Fassade. Gerade die bröckelte in Sachsen immer stärker, so daß nicht einmal die Ruinen kommunistischer Betriebs- und Gewerkschaftspolitik dahinter kaschiert werden konnten.

Der Dresdener Taxifahrerstreik ging für die KPD ebenso verloren wie zuvor der Chemnitzer Straßenbahnerstreik, bei dem es Tote gab. In ähnlicher Weise scheiterten im Januar und Februar 1931 die Versuche der KPD, Streikbewegungen gegen den Lohnabbau in der sächsischen Metall- und Textilindustrie zu entfachen. Sie erreichte damit häufig gerade das Gegenteil. Zahl und Einfluß der »roten« Betriebsräte in den Großbetrieben nahmen in den nachfolgenden Betriebsratswahlen im Frühjahr 1931 weiter ab.[196]

Da, wo kommunistische Betriebsräte nicht bereit waren, sich der Katastrophenstrategie der RGO zu unterwerfen, wurden sie als »Opportunisten« aus der KPD ausgeschlossen. Da sie häufig aufgrund ihres persönlichen Ansehens auch in die politische Vertretung von Arbeitergemeinden gewählt worden waren, verlor die KPD dort auch ihre politischen Repräsentanten.[197]

Auch der seit Monaten angekündigte »Antifaschistische Kampfkongreß«, der die führende Rolle der KPD Sachsens im Kampf gegen »National- und Sozialfaschismus« sowie gegen die »Brüningdiktatur« unter Beweis stellen sollte und den die *Arbeiterstimme* mit der dem Nazijargon entliehenen Überschrift »Volkssturm gegen Faschismus!« angekündigt hatte[198], war nicht zum erhofften rauschenden Erfolg geworden. 935 Delegierte wurden als parteilos gemeldet, 354 als Mitglieder der KPD, 48 als Mitglieder der SPD, 6 als Mitglieder der SAJ, ein Delegierter als Mitglied der Deutschen Demokratischen Partei[199]; Mitglieder der KPO waren als Delegierte nicht gemeldet worden.

Gleichwohl genügte die Rede eines KPO-Mannes (Schreiber), um zeitweise die ganze Kongreß-Regie, die auf »machtvolle« Einstimmigkeit aus war, durcheinanderzubringen. Er trat dafür ein, die Bezeichnung »Sozialfaschismus« fallenzulassen, weil sie die Schaffung der Einheitsfront der Arbeiter hemme und behindere. Er hielt es für möglich und nötig, mit den Sozialdemokraten und den Gewerkschaften »eine Kampfesfront gegen den Faschismus« zu bilden und verwies auf das Beispiel der Einheitsfrontbewegung in Radeberg, an der sich neben KPD und KPO auch SPD und ADGB sowie die dazugehörenden Arbeitersport- und Kulturorganisationen beteiligten.[200]

Obwohl die KPD auch unter den »parteilosen« Delegierten über eine deutliche Mehrheit verfügte, war die Stimmung auf dem Kongreß offenbar so labil, daß die ZK-Mitglieder Siegfried Rädel und Rudolf Renner in ihren Erwiderungen auf die Rede des KPO-Vertreters den Begriff »Sozialfaschismus« vermieden. Danach setzte sich die Kongreßroutine wieder durch. Ein Delegierter, der als SPD- und Reichsbannermitglied aus Leipzig angekündigt war, bekannte: »Der Kongreß hat mir gezeigt, wo ich als Arbeiter hingehöre. Das Reichsbanner ist der Schrittmacher des Faschismus, genauso wie die Sozialdemokratische Partei und der Faschismus. Ich erkläre hiermit öffentlich meinen Austritt aus diesen Organisationen und schließe mich der revolutionären Front der KPD und dem Kampfbund an (stürmischer Beifall).«[201]

Selbst wenn hier auf den Gaunertrick mit dem Pseudosozialdemokraten und seinem angeblich »spontanen« Entschluß zum Übertritt verzichtet worden war – das Risiko aufzufliegen war auf einer so großen Versammlung offenbar zu hoch –, roch dieses Bekenntnis doch nach einer vorher eingefädelten Inszenierung. Noch einmal wurde die Harmonie des Kongresses gestört, als bei der Abstimmung über die Kampfentschließung – die vorher im einzelnen gar nicht beraten worden war – »6–8 Delegierte, vorwiegend Brandleristen und ein Anarchist«, dagegen stimmten. Ein »Entrüstungssturm« der Delegierten, so die *Arbeiterstimme,* sei die Folge gewesen. Renners Antrag, »dieses halbe Dutzend Verräter an der Einheitsfront von der Liste der Delegierten« zu streichen, wurde »einstimmig« angenommen, ohne daß den Betroffenen die Gelegenheit gegeben wurde, ihr Abstimmungsverhalten zu begründen.

Wehner oblag es abschließend, die Kandidaten für den Aktionsausschuß auf der Basis der Vorschläge der Delegationen aus sämtlichen Unterbezirken zu benennen. Dem Charakter des Kongresses, so Wehner dort, entspräche es, wenn sich der Aktionsausschuß in seiner Mehrheit aus Parteilosen zusammensetzte. Auch diesem Antrag folgte der Kongreß einstimmig. Dies war zugleich einer der letzten öffentlich sichtbaren Auftritte Wehners in einer von der KPD organisierten Veranstaltung. Deutete die mediokre öffentliche Rolle, die ihm dabei zugewiesen worden war, darauf hin, daß Ende Januar 1931 seine Tage in der Leitung des sächsischen KPD-Bezirks schon gezählt waren?

Die Berichterstattung der Dresdener *Arbeiterstimme* ergibt ein anderes Bild. Dort wurde er im Dezember 1930 und Januar 1931 häufiger denn je erwähnt. Noch am 31. Januar 1931 wurde unter der Überschrift »Die Arbeiter fordern, daß Wehner weiter spricht« von einer SPD-Versammlung in Dresden-Neustadt berichtet, in der sich die SPD-Reichstagsabgeordnete Tony Sender und der SPD-Landtagsabgeordnete Oskar Edel angeblich »in wüster Kommunistenhetze« versucht hätten, »statt den Arbeitern praktische Maßnahmen im Kampf gegen den Faschismus« aufzuzeigen. »Unter großem Beifall«, so hieß es dort weiter, »trat ihnen Genosse Wehner entgegen. Ein großer Teil der Versammlung forderte, daß er weitersprechen sollte. Aber die Versammlungsleitung fürchtete die Abrechnung und drehte ab.«[202]

Das Auftreten kommunistischer Redner in Versammlungen der SPD war in jenen Tagen nichts Ungewöhnliches.[203] Als Voraussetzung galt, daß es sich um gute Redner und bewährte – also »auf Linie« liegende – Funktionäre handelte. Daran hatte es Wehner – soweit sichtbar – nicht mangeln lassen. Daß der Taxifahrerstreik die Sympathien für die KPD zumindest nicht erhöht hatte und der von Wehner mitorganisierte »Antifaschistische Kampfkongreß« kein voller Erfolg gewesen war – solche Tatsachen reichten unter normalen Umständen nicht aus, einen vielversprechenden jungen Funktionär von seinem Posten abzulösen. Dies um so mehr, als der erste Mann der sächsischen KPD, Rudolf Renner, sich öffentlich eine viel sichtbarere Blöße gegeben hatte.

Monate zuvor war von KPD-Anhängern eine KPO-Veranstaltung mit Heinrich Brandler in Dresden gesprengt worden. Das KPO-Organ *Arbeiterpolitik* hatte die KPD-Leitung für diesen Überfall verantwortlich gemacht, worauf Renner und weitere Mitglieder der Leitung wie Kurt Sindermann und Bruno Siegel »zum bürgerlichen Klassengericht liefen, um dort ihre durch die *Arbeiterpolitik* angeblich ramponierte Ehre wieder auflackieren zu lassen. Die *Arbeiterpolitik* hatte nämlich festgestellt, daß die Führer der KPD quietschvergnügt in einer Dresdener Weinstube saßen, während die aufgehetzten Proleten den Gummiknüppeln der Polizei ausgeliefert wurden.«

Der haßerfüllte Ton des Berichts machte deutlich, daß auch der KPO die »bolschewistische« Taktik der Herabsetzung des Gegners wie Pech an den Sohlen klebte. In der Sache hatte die *Arbeiterpolitik* recht. Denn mittlerweile hatten die drei KPD-Führer, die den verantwortlichen Redakteur der *Arbeiterpolitik*, ihren früheren Fraktionskollegen Paul Böttcher, mit einer Privatklage überzogen hatten, zugeben müssen, daß sie nach einer langen Landtagssitzung »erschöpft« in der »Taberna« – so hieß die Dresdener Weinstube – gelandet seien, während zur gleichen Zeit die Brandler-Versammlung gesprengt wurde. Zudem konnte durch Zeugen belegt werden, daß der Überfall am Abend vorher von Mitgliedern der Leitung besprochen worden war. Nachdem der Termin der Verhandlung auf Antrag der Kläger mehrfach verschoben worden war, zogen diese Mitte Februar die Beleidigungsklage zurück.[204] Nur mit Mühe war so eine verheerende Niederlage vermieden worden, die die gesamte sächsische KPD in Mitleidenschaft gezogen hätte.

Die Blamage für die beteiligten KPD-Funktionäre war ohnehin groß genug. Unter normalen Menschen und zu normalen Zeiten hätte es sich um eine Bagatelle gehandelt. Die von der KPD-Führung den eigenen Mitgliedern wie den »Massen« stets aufs neue gepredigte rigide Kampfmoral machte aus einer kleinen, menschlich verständlichen Schwäche einen Vorgang von erheblicher politischer Bedeutung. Schon das nach offiziellem Proletariergeschmack anrüchige Ambiente – die bürgerliche Weinstube, das bürgerliche Klassengericht – sorgte dafür.

Ob dieser Vorfall mitursächlich oder nur ein zusätzlicher Anlaß für die Berliner Zentrale war, das Revirement an der Spitze des sächsischen KPD-Bezirks zu beschleunigen, läßt sich auf der Basis der dem Verfasser zugänglichen Quellen – fast ausschließlich Zeitungen linker Couleur und einige spärliche Hinweise von Wehner – nicht zuverlässig entscheiden. Daß die Berliner Zentrale mit den Verhältnissen in Sachsen – dem nach Berlin-Brandenburg zweitgrößten KPD-Bezirk – nicht zurecht kam, hatte schon der mehrfache Wechsel an der Spitze in den vergangenen drei Jahren sowie der zeitweise Import Berliner »Berufsrevolutionäre« Ende 1929 hinreichend beweisen. Sie konnte nicht begreifen, weshalb in einer Industrieregion, die den höchsten Arbeiteranteil an der erwerbstätigen Bevölkerung in ganz Mitteleuropa, den besten gewerkschaftlichen Organisationsgrad im Deutschen Reich und zugleich eine überdurchschnittliche Zahl von Erwerbslosen – im Januar 1931 rund 600000 und damit fast 30 Prozent der abhängig Beschäftigten – aufwies, die Sozialdemokratie immer noch über eine erheblich größere Anhängerschaft verfügte als die eigene Partei.

Das konnte nicht nur am »Scheinradikalismus« der in Sachsen führenden SPD-Linken und auch nicht bloß am Versagen der bisherigen Bezirksleitung liegen. Ein intensiverer Blick in die Geschichte dieses Landes hätte den Sinn für das dort vorhandene hochdifferenzierte politische und soziale Verhalten geschärft, etwa für die – in den Teilregionen gewiß unterschiedlich ausgeprägte – spezifische Mischung aus Rebellion und Harmoniebedürfnis, aus Konflikt und Konsens, aus visionärer Hoffnung und Zufriedenheit auch mit kleinen Fortschritten, kurz: eine intelligente, auf ihre bisher in mühsamem Kampf erreichten demokratischen, sozialen und politischen Errungenschaften stolze Arbeiterschaft, die sich nicht schematisch über einen ungefügen Leisten schlagen ließ.

Wie aber sollte die Berliner Zentrale, die sich in ihrer reichsweiten Agitation und Propaganda immer mehr mit dem sowjetischen Vorbild identifizierte – Wehner sollte dort bald praktische Erfahrungen damit sammeln –, ausgerechnet im Falle Sachsens dem Schematismus *valet* sagen? Ihr blieb wieder nur die Lösung, personelle Konsequenzen zu ziehen.

Die Entschließung des ZK-Plenums zur politischen Lage von Mitte Januar 1931, mit der nach einer Intervention der Komintern die KPD-Führung von der sechs Wochen zuvor verkündeten Parole »Wir haben eine faschistische Republik« abrückte und zugleich die »Volksrevolution« als populäres »Synonym der proletarischen Revolution« propagierte[205], hatte in einem längeren Abschnitt über Sachsen die politische Begründung für das Revirement schon vorweg geliefert. Die alten Vorwürfe, die Thälmann auf der Dresdener Landeskonferenz im Dezember 1929, auf der die drei sächsischen Bezirke zusammengeführt wurden, schon einmal erhoben hatte[206], wurden erneuert. Da war die Rede davon, daß der Bezirk Sachsen »mit dem allgemeinen Tempo der revolutionären Entwicklung im Reiche, mit den gewaltigen Erfolgen, die die KPD mit der Durchführung ihrer richtigen bolschewistischen Linie in der Organisierung und Auslösung der Streikbewegung gegen den Lohnraub, den Massenkampf gegen den Faschismus und im Kampf zur Liquidierung des Masseneinflusses der Sozialdemokratie unzweifelhaft in der letzten Zeit errungen hat, *in keiner Weise Schritt gehalten hat*«.

Der »entscheidende Tempoverlust« – auch hier wieder die stalinistische Sprache der Atemlosigkeit – und die »schwersten Mängel der Parteiarbeit in Sachsen« hatten nach Meinung des ZK und der nach Berlin zitierten beiden ZK-Mitglieder, Renner und Rädel, ihre Ursachen »in der unzureichenden Verwurzelung und der mangelhaften politischen Arbeit der Partei in den Betrieben«. Wenn es da weiter hieß, »nur dort, wo die Betriebszellen der Partei, die Betriebsgruppen der RGO, die roten Betriebsräte und die revolutionären Vertrauensleute wirklich die Vollstrecker des Willens, aber zugleich auch die politischen Führer der Belegschaft im Bewußtsein der Arbeiter sind, gelingt es, die ungeheuer großen Aufgaben [...] zu erfüllen«, dann wurde nichts weniger als die Quadratur des Kreises verlangt.

Vollstrecker des Willens der Belegschaften zu sein und diese zugleich im Sinn der KPD-Linie zu führen, das paßte nicht zusammen: Abwehrstreiks gegen Lohnabbau dann, wenn sie im Interesse der Belegschaftsmehrheit lagen und wenn dabei mindestens Teilerfolge erreichbar waren – aber nicht die Auslösung von Massenstreiks, damit die KPD nachweisen konnte, sie bestimme das »Tempo der revolutionären Entwicklung«. Ein gemeinsames Vorgehen möglichst aller Arbeiter einschließlich der betrieblichen und außerbetrieblichen Funktionäre der Gewerkschaften – aber nicht deren Beschimpfung als »Sozialfaschisten«, »Bürokraten« und »Kapitalistenknechte«.

Die ZK-Erklärung enthielt nicht einmal ansatzweise den Versuch einer Analyse der tatsächlichen Gründe der »unzureichenden Verwurzelung« der Partei in den sächsischen Betrieben. Statt dessen wurde die alte Komintern-Phraseologie nachgebetet, wonach »in der Zeit der sich zuspitzenden revolutionären Krise die *Rechtsgefahr die Hauptgefahr* ist und bleibt«. Zugleich wurde einmal mehr der »Opportunismus« entlarvt, der sich auch dort, wo er sich unter der Maske eines »linken« Sektierertums verbergen würde, vor allem bei der Arbeit in den Betrieben immer stärker bemerkbar machte, und schließlich auch das »Wiederaufleben echter Brandlerscher Tendenzen« beschworen, »die die Einheitsfront mit den sozialdemokratischen Arbeitern in eine Blockpolitik mit den sozialfaschistischen Führern, den gefährlichsten Feinden des Proletariats, den aktiven Wegbereitern des Faschismus, umzufälschen« versuchten.

Die ZK-Kritik an der Betriebspolitik der sächsischen Parteiorganisation richtete sich, ohne daß Namen genannt wurden, in erster Linie gegen den für die RGO verantwortlich zeichnenden Herbert Wehner. Der Bezirksleitung wurde eine »im allgemeinen richtige politische Linienführung« bescheinigt, zugleich aber mangelnde Energie bei der Durchsetzung der »Generallinie der Partei gleich welchen Tendenzen gegenüber« vorgeworfen. Dahinter wie auch bei der Klage über die fehlende Aktivität bei der »Einbeziehung der werktätigen Mittelschichten« verbarg sich die Kritik an Rudolf Renner und dem Gros der Mitglieder der Bezirksleitung, die sich – im Gegensatz zu Wehner – keine große Mühe gemacht hatten, dieses schwierige Feld zu bestellen.

Die Berliner Zentrale ließ nach dieser Erklärung, die Anfang Februar 1931 in den sächsischen KPD-Organen erschien und sofort – wie sollte es auch anders sein – von der Bezirksleitung »einstimmig«[207] akzeptiert wurde, noch einige Wochen ins Land gehen, ehe sie den Personenwechsel an deren Spitze vollzog.[208] Daß Wehner sich heftig gegen seine Ablösung gewehrt hat, kann als sicher gelten. Dies geht nicht nur aus seinen fünfzehn Jahre später verfaßten »Notizen« hervor, sondern auch aus der Tatsache, daß er im Gegensatz zu anderen kommunistischen Landtagsabgeordneten, deren Mandatsniederlegung von dem Satz begleitet war, dies geschehe »in voller Übereinstimmung mit der Bezirksleitung«[209], bei seiner Mitteilung an den Landtagspräsidenten, er lege sein Mandat als Abgeordneter des Sächsischen Landtages nieder, auf diese Floskel verzichtete.[210]

Sehr viel schwieriger ist die Frage zu beantworten, ob Wehner sich tatsächlich um die Nachfolge Renners »eifrig bemüht« hatte, wie dies in der KPO-Zeitung *Arbeiterpolitik* behauptet wurde.[211] In der Wahrnehmung gegnerischer Zeitungen galten sie schon lange zuvor als Rivalen. In der sozialdemokratischen *Volkszeitung* klang das so: »Rudolf Renners Gegenpart *Wehner* ist nunmehr aus Ostsachsen verschwunden. Politische und persönliche Differenzen hatten soweit geführt, daß sich beide nicht mehr riechen konnten und einer den anderen mit den Mitteln des schäbigsten Fraktionskampfes auszustechen suchte. Der routinierte Oberschieber Renner scheint insoweit Sieger geblieben zu sein, als er mit Rücksicht auf die Lage in der Landtagsfraktion[212] noch in Ostsachsen bleiben darf, wenngleich er die politische Führung in Sachsen an den Breslauer Selbmann abtreten mußte.«[213]

Abgesehen vom gehässigen Ton, der zeigte, inwieweit sich die Tonlagen von sozialdemokratischer und kommunistischer Presse einander angeglichen hatten, war zumindest der zweite Teil des Berichts richtig. Renner verlor seine Spitzenfunktion, durfte aber zunächst in Dresden bleiben. Sein Nachfolger wurde Fritz Selbmann[214], dessen Stellvertreter – und damit Wehners Nachfolger – der ebenfalls von außen kommende Karl Ferlemann[215]. Der Einsatz heimatfremder Funktionäre in den Bezirken und die Ämterrotation unterhalb der Ebene des Politbüros gehörte inzwischen zu den »bewährten«, nach stalinistischem Muster vorgenommenen Maßnahmen der Berliner Zentrale, um auf keinen Fall »draußen« eine Hausmacht eines Bezirkssekretärs entstehen zu lassen. Schon deshalb hätte Wehners Bewerbung um die Spitzenposition kaum Chancen gehabt, falls sie je vorgelegen haben sollte.

In den »Notizen« teilt Wehner mit, er habe sich in den Monaten zuvor gegen Tendenzen der Berliner Leitung und Renners gewandt, nach dem Muster der NS-Bewegung auch die Spitzenfunktionäre der KPD im Bewußtsein der Massen zu »Führern« werden zu lassen. In der zeitgenössischen Berichterstattung der KPD-Presse war mehrfach von Wehner als einem »unserer Führer« (der RGO bzw. der KPD) die Rede gewesen. Er war also wie andere KPD-Funktionäre auch ins Korsett des von ihm später kritisierten »Hierarchentums« gezwängt, ohne je sichtbare Zeichen des Unwohlseins von sich zu geben. Von einem Vierundzwanzigjährigen wäre das vielleicht auch zuviel verlangt gewesen.

Seine Erinnerung muß deshalb nicht völlig falsch gewesen sein –

zumindest soweit es um seine eigene Wahrnehmung ging. Der Wille, mit den anderen Funktionären der Leitung gleichberechtigt zusammenzuarbeiten, war wohl vorhanden. Die Frage war nur, ob seine Persönlichkeitsstruktur ihn dazu befähigte.

Aus der Feder eines Mitglieds der anarchosyndikalistischen Bewegung stammt ein Porträt Wehners vom August 1931 – nicht ohne schadenfrohe Töne über die Art seiner Abberufung aus Dresden, aber auch mit treffenden Charakterisierungen. Unter der Überschrift: »Wehner der Große« hieß es da: »Im Laufe der Jahre ist es immer schon vorgekommen, daß Menschen ihre politische Gesinnung ändern. Dagegen kann man kaum etwas einwenden, denn der Mensch lernt eben nie aus [...] In unserer Bewegung befand sich schon mancher Feuerkopf, der alles opferte für die Sache des Anarchismus, der aber später umlernte und unsere Bewegung verließ. Doch zeigten sich auch Menschen, die aufgrund ihrer Charakterveranlagung nie fähig waren, Anarchisten zu sein, aber vom ersten Tag an vorgaben, den ganzen Anarchismus nur allein richtig verstanden zu haben. Sie waren meistens Extremisten, denen es schon an die Stirn geschrieben stand, daß sie nur eine Gastrolle spielen würden. So ein typisches Beispiel war Herbert Wehner – Dresden [...] Seine Tätigkeit für den Anarchismus währte nicht lange. Nur wenige arbeiteten aufgrund seines herrschsüchtigen Wesens mit ihm.«

Danach begann eine Abrechnung *ex post* mit einer Reihe von Thesen, die Wehner als Anarchist geschrieben hatte, insbesondere mit dem von ihm seinerseits reichlich ausgeteilten Vorwurf des »Opportunismus«. Dabei, so fuhr die Beschreibung fort, habe sich schon der »Geltungstrieb« gezeigt, der später, bei seiner Tätigkeit als kommunistischer Landtagsabgeordneter, »große Wogen schlagen sollte«. Es folgte die Zusammenstellung kritischer Bemerkungen über Stalin und die Politik der KP (Stalins »Verrat« an der revolutionären Sache, die KPD als »Bollwerk der Konterrevolution [...] schlimmer als die katholische Kirche«) aus Artikeln, die Wehner in jener Zeit verfaßt[216] und deren Gegenteil er dann als führendes KPD-Mitglied und Landtagsabgeordneter propagiert hatte. Das Porträt schloß mit einer Warnung vor dem »Berufsführertum« und mit der Aufforderung an die Arbeiter, sich die Wege, »die zur Freiheit führen«, selbst zu suchen: »Warum werden wohl Wehner und so viele andere den Weg zur KP gefunden haben? Die Arbeiter würden gut tun, solchen Leuten das Handwerk zu legen.«[217]

Herrschsucht, Geltungstrieb, Opportunismus – drei Eigenschaften, die sich nicht nur in der Politik, sondern im menschlichen Zusammenleben überall da intensiv ausbreiten, wo nicht die Zusammenarbeit von Gleichberechtigten, sondern straff organisierte Hierarchie, nicht freie Diskussion, sondern von oben verordnete »Linie« in hohem Maße vorhanden waren.

Die Verfassung, in der sich die KPD und insbesondere ihr hauptamtlicher Apparat zu jener Zeit befand, trug erheblich dazu bei, diese Charakterzüge zu fördern. Andere, wie Hilfsbereitschaft, Sensibilität, Streben nach Wahrhaftigkeit, die Wehner auch eigen waren, wurden dadurch in den Hintergrund gedrängt. Weil ihm das nicht verborgen bleiben konnte und weil er befürchten mußte, daß diese Tendenz übermächtig würde, falls ihm die heimatliche Basis verlorenginge, wehrte er sich so vehement gegen den Beschluß des Zentralkomitees, ihn »in Berlin zur Disposition zu stellen«[218]. Eine neutralere und zugleich beziehungsreichere Formulierung für diesen Vorgang läßt sich schwerlich finden.

Der Zufall wollte es – aber zufällig und sinnfällig sind häufig nur zwei Seiten derselben Medaille –, daß diese wochenlange Auseinandersetzung zeitlich vom Auftreten zweier Menschen in Dresden eingerahmt wurde, die bei seinem ersten Berlin-Aufenthalt eine Schlüsselrolle spielten: Erich Mühsam und Lotte Loebinger. Mühsam sprach in der ersten Februarhälfte 1931 in einer von den Dresdener Syndikalisten einberufenen Versammlung in den Annensälen. Zur gleichen Zeit hatte die KPD eine Erwerbslosenkundgebung organisiert, auf der der Hauptredner (Kurt Hermann) davon sprach, es müsse mit den »sektiererischen Tendenzen der syndikalistischen Föderation« Schluß gemacht werden. Ein großer Teil der Teilnehmer nahm dies wörtlich, begab sich zu den Annensälen und entrollte vor der »verdutzten« Versammlungsleitung der Syndikalisten Plakate und Transparente mit Losungen wie »Hinein in die kommunistische Partei!«, »Tretet ein in die RGO!«, »Hoch lebe ein Sowjetdeutschland!«.

Die »kleine Sektierergruppe«, so der Bericht der *Arbeiterstimme,* sei nicht mehr in der Lage gewesen, die »Versammlung zu beherrschen«. Sie habe deshalb zu einer Demonstration aufgefordert, »um den verschwindenden Einfluß nochmals aufzufrischen«. Vergeblich hätten Syndikalisten gefordert, daß die Plakate und Transparente (der KPD) entfernt werden sollten, da diese Demonstration von ihnen festgelegt sei. »Brausendes Gelächter der Arbeitermassen« habe darauf eingesetzt: »Die Genossen der Landesleitung der Erwerbslosen übernahmen die Führung [...]«[219]

Die Versammlung einer eher marginalen Gruppe der Linken zu zerstören, das traute sich die KPD noch. Es war kein Ruhmesblatt – im besten Fall eine Ersatzhandlung. Wehners Name tauchte dabei nicht auf. Hier gab es vermutlich Schamgrenzen, die er nicht überschreiten wollte.

Auch er mußte sich durch das angesprochen fühlen, was Mühsam seit Jahr und Tag der revolutionären Linken beizubringen versuchte – die Umkehr zur Moral. In einer Besprechung der von Otto Rühle verfaßten und auf der Linken weitgehend totgeschwiegenen Marx-Biographie, in der zum ersten Mal systematisch – nicht so nebenbei wie in bis dahin fast allen Marx-Biographien – die charakterlichen Defekte des Klassikers analysiert wurden[220], nannte Mühsam als Voraussetzungen dieser Umkehr: »Anstand im Verhalten, Mut zum Bekennen, Wahrhaftigkeit in der Werbung für die Idee, Selbstverantwortlichkeit und kritische Gewissenhaftigkeit«.

Es hieß da weiter: »Proletarier, am allermeisten Jungproletarier, die sich von irgendeiner Obrigkeit die Moral der Wahrhaftigkeit verbieten lassen, sind für die Revolution verloren. Zur Moral der Wahrhaftigkeit aber gehört die Aufrichtigkeit der Kritik. Außerhalb der Kritik steht niemand und nichts. Es ist an der Zeit, vor allen Dingen den Marx zu kritisieren, der den Geist der proletarischen Moral verlacht, den Marx, der die Unmoral anwandte, um seine Autorität über den Willen des Weltproletariats zu setzen.«

Nachdem er sich so den Zorn über die Zynismen und die Unmoral von der Seele geschrieben hatte, die sich Marx im Rahmen der Ersten Sozialistischen Internationale erlaubt hatte, widmete er sich der aktuellen Wirkung von Marx, »der guten deutschen revolutionären Arbeitern den Schlagring in die Hand gab als Argument gegen Klagen besorgter Kommunisten, die die Umschmeichelung eines asiatischen Despoten von Beauftragten revolutionärer Arbeiter nicht gut finden; den Marx, der seinen führenden Nachfahren die Macht über unkritische Menschen vermacht hat, Personen, die gestern als vorbildliche Genossen gefeiert waren, heute als Lumpen, Verräter und Renegaten zu denunzieren und morgen wieder, wenn sie sich würdelos dem Befehl der brotgebenden Autorität unterworfen haben, als treue Genossen mit Führervollmachten ausgestattet, loszulassen, um Charaktere zu verderben«[221].

Das Treffende an der Mühsamschen Kritik – eine Erweiterung und Vertiefung seines schon früh, vor 1914, an die Adresse der SPD gerichteten Vorwurfs des autoritätsgläubigen »Bismarxismus«[222] – darf nicht den Blick dafür verstellen, daß neben diesem schweren Erbe die täglich unübersehbarer werdende Not auch die Herzen derer versteinerte und die Charaktere derer verdarb, die sich vorgenommen hatten, diese Not ein für allemal zu beseitigen. Sinnfällig wurde dies in dem Theaterstück »§ 218/Frauen in Not«[223], das die Piscator-Bühne im April 1931 im Residenztheater Dresden an mehreren Abenden aufführte. Das die Nerven von Schauspielern wie Publikum peitschende und die Seelen zerreißende Thema machte deutlich, wie schwer moralische Maßstäbe – gerade solche jenseits aller Spießermoral – bei jenen geltend gemacht werden konnten, die von den Arbeits-, Wohn- und Lebensverhältnissen täglich erdrückt, ja geradezu erschlagen wurden.

Auch Lotte Loebinger spielte unter der Regie Piscators mit. Ob sich die Eheleute dabei begegneten, ist nicht bekannt.[224] Auch nicht, ob die Anästhesie der Gefühle, die der politische Kampf unter den damaligen Bedingungen entscheidend förderte, überhaupt noch Privatleben zuließ. Und ebensowenig, ob Wehners ironische Phantasie – und sei es nur für einen Augenblick – einen Vergleich anstellte zwischen seiner Reise nach Berlin und jener Zugfahrt nach Berlin, die der Dresdener Journalist und Schriftsteller Erich Kästner einen gewissen Emil Tischbein aus Neustadt (d.i. Dresden-Neustadt) drei Jahre zuvor unternehmen ließ. Kästners »Emil« (»und die Detektive«) lernte – so scheint es jedenfalls – Berlin nur von der Sonnenseite kennen.

Aber die weit über die »Kinderwelt« hinausreichende Wirkung des Buches bestand darin, daß Kästner in wenigen Strichen nicht nur Sozialcharaktere, die der Welt der Erwachsenen entstammten (nicht nur der Dieb mit der steifen Melone als Symbol des Kapitalisten), sondern auch die in einer krisenhaften Zeit besonders begierig aufgenommene Utopie einer zwar bedrohten, aber stets wiederherstellbaren heilen Welt skizzierte und auf diese Weise Hoffnung verbreitete.

Von Wehner-Parsifal nun zu Wehner-Emil Tischbein? Erschien ihm die von der Moskauer Komintern zur Untersuchung der KPD-Betriebszellen entsandte Russin Kolokolzewa als »Großmutter« und Ernst Thälmann als »Gustav mit der Hupe« (und Ballonmütze)? Schwerlich. Während Ironie einen großen und weiten Verstand benötigt, genügt zum Ernstbleiben Beschränktheit. Nur Beschränktheit? Sollte es für Wehner nicht noch schlimmer kommen? »Wehner der Große«, wie ihn der schon zitierte anarchistische Autor hämisch betitelte, sollte nach Aussage seines Ex-Rivalen Renner »in Berlin unter der hydraulischen Presse [liegen], um gerade gebogen zu werden«[225].

»Wehner der Große« – unter der »hydraulischen Berliner Presse«

»Geradebiegen« war mehrdeutig. Es konnte heißen: jemand wieder »auf Linie« zu bringen, Verstöße gegen die innere Ordnung der Partei zu ahnden oder auch einfach, ihn kleiner und »handlicher« zu machen. Da Wehner – soweit sichtbar – weder gegen die »Linie« noch gegen die innere Ordnung verstoßen hatte, spricht viel für die Annahme, daß er lernen sollte, sich unterzuordnen, genauer: sich einer jener »Cliquen«[226] um jene »Thälmänner« – die Mitglieder des Politbüros und die Sekretäre des ZK – anzuschließen, denen er noch fünf Jahre zuvor »das Maul« stopfen wollte, weil er damals im »Berufsführertum« die Wurzel der Entfremdung von Führung und Mitgliedschaft in der Arbeiterbewegung gesehen hatte.

Von seiner Basis in Dresden abgeschnitten, deren auch öffentliche Zustimmung ihm über manche Mißerfolgserlebnisse hinweggeholfen hatte, war er nun dazu verurteilt, den »Thälmännern« zuzuarbeiten – in einer Mischung aus Feuerwehrmann und Mädchen für alles. Während in der sächsischen Bezirksleitung im Jahre 1929 insgesamt 25 bis 30 hauptamtliche Funktionäre tätig waren[227], umfaßte allein die Organisationsabteilung des ZK davon das Mehrfache[228]. So wie Wehner sich zwar lange gegen seine Abberufung nach Berlin gewehrt, schließlich aber dem auf ihn ausgeübten Druck und seiner eigenen »Auffassung von der Notwendigkeit, Disziplin zu halten« nachgegeben hatte, versuchte er sich auf seine Weise in die Arbeit des Organisationsapparates einzufügen.

Die Grundregeln des Spiels beherrschte er schon: Opposition, insbesondere organisationsinterne, bedeutete den Verlust nicht nur der materiellen Existenz, sondern der politischen Aktionsfähigkeit überhaupt. Bewährung aber – in der Arbeit des Apparats – verhieß Aufstieg. Zu lernen, wie man sich in der Arbeit des zentralen Apparats bewährte, fiel Wehner allerdings schwerer. Vor allem mit der Passivität, mit der führende Funktionäre auf unvorhergesehene Ereignisse reagierten, kam er nicht zurecht.

In Dresden hatte bei wichtigen Lokalereignissen der immer noch vorhandene Druck der Mitlgiedschaft und/oder einer kritischen, teilweise auch konkurrierenden öffentlichen Meinung dafür gesorgt, daß nicht immer Direktiven aus Berlin abgewartet wurden, bevor die KPD dort Aktionen startete. In Berlin war das anders. Ereignisse wie der Bankenkrach im Juli 1931 trafen die KPD unvorbereitet. Am gleichen Tag war »Reichserwerbslosentag«, einer jener Demonstrationstage, die periodisch veranstaltet wurden. Als Wehner und ein weiterer Funktionär[229] in der Organisationsabteilung des ZK vorschlugen, mit Hilfe der Erwerbslosen vor den Sparkassen, Banken und Betrieben Diskussionsveranstaltungen durchzuführen – teilweise mußten wegen der Schließung der Banken Lohnzahlungen aufgeschoben werden –, wurden diese Vorschläge vom Leiter der Abteilung, August Creutzburg, strikt zurückgewiesen: »Wir sollten uns um unsere Arbeit kümmern und nicht in solche Dinge hineinreden.«[230] Selbständiges Sich-Kümmern von untergeordneten Parteifunktionären galt als »unzulässig«.

Während des Sommers 1931 ging Wehner wochenlang als eine Art Assistent der von der Organisationsabteilung der Moskauer Komintern zur Überprüfung der KPD-Betriebsarbeit entsandten Russin Kolokolzewa von Betriebszelle zu Betriebszelle. Beide stellten überwiegend »Stagnation und bestenfalls geringen Einfluß der KPD auf die Betriebsarbeiterschaft«[231] fest. In vielen Bezirken betrug nach Wehners Ermittlungen der Anteil der im Betrieb stehenden Parteimitglieder nur wenig über zehn Prozent der Gesamtmitgliederschaft.[232] Wahlversammlungen waren voll besetzt, Betriebsversammlungen aber »hinterließen durchweg einen beklemmenden Eindruck.«[233] Das KPD-Politbüro unterstützte diese Überprüfung der Effektivität der Arbeit vor Ort durch die Komintern keineswegs, sondern empfand sie als »lästiges Übel«. Aber auch die Abgesandte der Komintern stieß nicht bis zu den Wurzeln des Übels vor: »Sie legte ganz einfach russische Maßstäbe an, sprach von den Verkäuferinnen der großen Warenhäuser und den niedrigen Angestellten der Banken und Industrie- oder Handelsfirmen als von Beamten, die sozial zur selben Schicht gehörten, wie die Polizisten, und setzte sich überhaupt nicht in die wirklich herrschenden Verhältnisse ein. Wenn sie mit unseren Genossen in den Betriebszellen persönlich sprach, tat sie es in der Art einer Lehrerin und Vorgesetzten, die examiniert und tadelt.«[234]

Seit Sommer 1931 nahm der Einfluß der Kominternexekutive auf konkrete Entscheidungen der KPD-Führung noch zu. Über Nacht mußte sich die Parteiorganisation gegen ihren Willen an der vom Stahlhelm und den Parteien der »Nationalen Opposition« (DNVP, NSDAP) seit Frühjahr 1931 in Gang gebrachten Prozedur zur Auflösung des preußischen Landtags beteiligen. Im Politbüro war zuvor wochenlang über den Beschluß gestritten worden. Während Heinz Neumann und seine Anhänger – von Moskau inspiriert – dafür eintraten, den Volksentscheid zum »roten Volksentscheid« umzumodeln, zögerte Thälmann, weil er deren Auswirkungen auf die Arbeiterschaft fürchtete.

Auf linksliberale Intellektuelle hatte die Beteiligung der KPD am Volksentscheid ohnehin verheerend gewirkt. In einem offenen Brief an Willi Münzenberg – an den KPD-Propagandisten also, dem es immer wieder gelang, nichtkommunistische Intellektuelle für Hilfsaktionen zugunsten in Not und Gefangenschaft geratener Linker zu mobilisieren – stellte Kurt Hiller die Frage, die auch viele andere bewegte, ob denn jetzt Naziagenten im ZK der KPD säßen.[235]

Angesichts der Tatsache, daß die Mitglieder der KPD zu Kampfgenossen der Hitler und Hugenberg degradiert wurden, war dies keine überflüssige Frage. Bevor die Entscheidung am 21. und 22. Juli 1931 von der KPD-Führung vollzogen wurde – ein anderer Begriff bietet sich schwerlich an –, hatte die Exekutive der Komintern die Beteiligung beschlossen. Die wahre Ursache, nicht die offizielle »revolutionsstrategische« Begründung – letztere diente nur dazu, Thälmann herumzukriegen – war einmal mehr im banalen, aber höchst folgenreichen Umstand zu suchen, daß die sowjetische Führung anläßlich des Brüning-Besuches am 18. Juli 1931 in Paris von der Sorge heimgesucht wurde, Deutschland ließe sich vom »französischen Imperialismus« zu antisowjetischen Zwecken einspannen.[236] Deshalb mußte die von der SPD geführte preußische Regierung – nicht nur die wichtigste politische Kommandohöhe, die die Sozialdemokratie noch im Reich besaß, sondern auch die stärkste Stütze der von ihr tolerierten Brüning-Regierung – gestürzt werden.

Thälmann blieb verborgen, daß die KPD erneut als Vehikel sowjetischer Interessen benutzt worden war. Sonst hätte er sich vielleicht nicht Monate später voll mit der Entscheidung für den »roten« Volksentscheid identifiziert.[237] Der Negativkoalition der extremen Rechten und der extremen Linken blieb der Abstimmungserfolg zwar versagt, aber die Verwüstungen, die der Abstimmungskampf in der kollektiven Psyche der Linken hinterlassen hatte, waren enorm.

Dem aus der Rückschau geschriebenen Befund Wehners ist in dieser Hinsicht nichts hinzuzufügen: »Die Kluft, die sich nun zwischen uns und den Sozialdemokraten befand, war kaum noch zu überbrücken. Andererseits wurde die an und für sich stark feindliche Einstellung vieler kommunistischer Funktionäre gegen die Sozialdemokraten im Verlauf dieses Abstimmungskampfes zu einem giftigen Haß gesteigert.«

Die schwache Beteiligung der Arbeiterschaft am Volksentscheid zeigte, daß die bloße Imitation bolschewistischer Strategien[238] – wie etwa bei der Isolierung der Menschewiki und der Sozialrevolutionäre 1917/18 – nur zur Selbstisolierung der KPD »von den ausschlaggebenden Arbeiterschichten«[239] führte.

Im Zusammenhang mit der – laut Wehner – voraussehbaren Niederlage spielte das Politbüromitglied Heinz Neumann eine zwielichtige, möglicherweise sogar eine verhängnisvolle Rolle. Um vom Scheitern des Volksentscheids abzulenken, wurden – ob auf seine persönliche Anweisung oder auf die Ulbrichts[240] (damals Polleiter des Bezirks Berlin-Brandenburg) hin, ist bis heute ungeklärt – am Abend des Abstimmungstages (9. August 1931) vor dem Kino Babylon in unmittelbarer Nähe des Karl-Liebknecht-Hauses zwei Polizeibeamte (Lenk und Anlauf) durch Angehörige des geheimen KP-Apparates unter Kippenberger ermordet. Dies führte zu einer zwei Wochen dauernden Beschlagnahmung des Karl-Liebknecht-Hauses, in dem die KPD-Zentrale untergebracht war. Dabei fielen der politischen Polizei wichtige Personalkarteien in die Hände, die im Laufe der nach dem Reichstagsbrand Ende Februar 1933 einsetzenden Verhaftungswelle Tausende von Kommunisten in Preußen und im Reich ihrem und der SA schnellen Zugriff auslieferte.

Viele der so Geopferten hatte Wehner auf seinen zahlreichen, zur Aktivierung der Partei- und Betriebsarbeit unternommenen Fahrten in die Bezirke persönlich kennengelernt. Zumindest ein Teil der tiefen Abneigung, ja des Hasses, den Wehner Neumann nach 1933 entgegenbrachte, hatte neben dessen von ihm für fatal gehaltenen Politik[241] hierin ihre Wurzeln. Während des Prozesses gegen einen der mutmaßlichen Todesschützen wurde bekannt, daß der Mord von einer Geheimgruppe organisiert worden war. Aber erst während der Auseinandersetzungen innerhalb der KPD-Führung über den neuen Kurs im Sommer 1935 erfuhr Wehner mit den Hinweisen auf Neumanns Rolle »einen Teil der wirklichen Umstände, [...] noch nicht die ganze Wahrheit« über den Vorfall, dessen indirekter Zeuge er geworden war[242]. Auch danach blieben bei ihm Zweifel, wieso Kippenberger »bei seiner bekannten unmittelbaren Verbindung zu Thälmann eine derartige Anweisung Neumanns«[243] habe durchführen lassen können.

Im Frühjahr 1932 verlor Neumann seinen Sitz im Politbüro der KPD. Thälmann hatte eine Sitzung des Präsidiums der Kominternexekutive im Mai 1932 dazu benutzt, Neumann einer gegen ihn gerichteten Fraktionstätigkeit zu bezichtigen. Die Anklage stützte sich auf »zahlreiche kompromittierende Briefe Neumanns an intime Freunde«, die im Parteiapparat, unter den leitenden Funktionären des Jugendverbands wie auch unter den deutschen Vertretern der Komintern zu finden waren. Ihnen hatte er gesteigerten Einfluß versprochen, wenn er – wie Wehner weiter berichtete – mit Hilfe Stalins, dessen Ohr er habe, der Erste geworden sei. Der dabei von Neumann unternommene Versuch, denen »drüben« zu beweisen, er könne die von dort befohlene Linie besser und konsequenter durchführen als Thälmann, stieß dort offenbar nicht im erhofften Maß auf geneigte Ohren. Allerdings ist bis heute ungeklärt, ob Neumanns Entfernung aus dem Politbüro »ohne definitive Zustimmung Moskaus [erfolgte], wo man nur gewisse Maßnahmen für zweckmäßig gehalten«[244], oder ob Stalin sich »endgültig auf die Seite des deutschen Parteiführers«[245] gestellt hatte. Neumanns Niederlage und sein damit beginnender Abstieg – nach einem Zwischenspiel in der Moskauer Kominternexekutive verlor er auch dort jeden Einfluß auf die KPD – geschahen ausgerechnet zu einem Zeitpunkt, als ihm zu dämmern begann, daß der Sieg des Nazismus nicht die Vorstufe für die proletarische Revolution in Deutschland sein würde.[246]

Wehner selbst war in seinem Rückblick auf diesen Vorgang insoweit um Objektivität bemüht, als er einräumte, daß nach Neumanns Entfernung aus der Leitung diesem alles angehängt worden sei, »was in der Parteimitgliedschaft unbeliebt geworden war«. Ebenso wurden »ehrliche Genossen, die tatsächlich gegen Mißstände zu kämpfen versucht hatten, gegen ihren eigentlichen Willen zu ›Neumannisten‹ gestempelt und bekämpft. Charakteristisch [...] für die Methode der Parteiführung, Oppositionen zu fabrizieren, um sie exemplarisch und vernichtend schlagen zu können«, sei gewesen, »daß unter den Hauptsünden, die Neumann vorgeworfen wurden, die war, daß er die Partei am rechtzeitigen Ergreifen der Initiative im Volksentscheid gegen die Preußen-Regierung gehindert habe! Es war nicht nur umgekehrt [...], sondern man fragt sich, welchen Sinn es eigentlich hatte, daß Thälmann nun auch noch diesen Lorbeer angeheftet bekommen mußte.«[247]

Da war sie wieder – die Frage nach dem Sinn eines Tuns, das immer mehr dem eines funktionierenden Rädchens in einer riesigen Maschine zu gleichen schien, deren Bewegungsrhythmus unabänderbar war und deren Bewegungsrichtung unaufhaltsam in den Abgrund wies. Stimmt dieses Bild? Oder läßt der Vergleich des von Wehner aus der Rückschau geschriebenen Abschnitts über die »Parteimaschine«[248] mit seinen in der Funktionärszeitschrift *Der Parteiarbeiter*[249] veröffentlichten zeitgenössischen Beiträgen nicht auch eine andere Interpretation dieses Bildes zu: Die Maschine bewegt sich nach oben – zum Gipfel, zur Revolution?

Die Partei als Maschine

Den allgemeinen Zustand der KPD Anfang der dreißiger Jahre schilderte Wehner rückblickend so: »Äußerlich betrachtet war die KPD eine starke kämpferische Partei, die ihre Kraft effektiv einzusetzen verstand. Im Innern war sie ein Gefüge von Apparaten, eine Maschinerie, die wohl tauglich zur Durchführung von Beschlüssen, aber unfähig zur schöpferischen Meinungsbildung und Austragung von Auffassungsunterschieden war.«[250] Im einzelnen kritisierte er, daß die Parteikörperschaften nur noch als »Statisterie für die Sekretariate« bestanden. Das habe auch für das auf dem Weddinger Parteitag (Juni 1929) gewählte Zentralkomitee gegolten, das nur in großen Intervallen zusammengerufen worden sei, »um vom Politbüro ausgearbeitete Beschlüsse entgegenzunehmen«.

Auf den Ebenen darunter war das innerparteiliche Leben nicht minder erstarrt. Die Bezirksleitungen waren den meist von oben eingesetzten und aus anderen Bezirken importierten Sekretären – Sachsen war also kein Einzelfall – untergeordnet. Nach seinen eigenen, gewiß auf höhere Weisung angestellten Untersuchungen unter anderem in den Bezirken Ruhrgebiet, Niederrhein und Mittelrhein hatten die Bezirkssekretäre die auf den Bezirksparteitagen gewählten Leitungen faktisch durch Zusammenkünfte des Sekretariats mit den ebenfalls hauptamtlichen Unterbezirkssekretären ersetzt. Begründet wurden diese Praktiken damit, daß die vor langer Zeit gewählten Leitungen nicht mehr die ausschlaggebenden Betriebe repräsentierten, weil die ursprünglich als Vertreter der Betriebszellen gewählten Mitglieder inzwischen arbeitslos geworden seien. Vor allem war es für die Sekretäre praktischer und effektiver, die Unterbezirkssekretäre oft zusammenzurufen, »weil auf denen ja doch die Durchführung der Beschlüsse beruhe«.

Das Politbüro förderte diese Tendenz aus leicht durchschaubaren Gründen durch seine Personalpolitik: »Zeigte sich irgendwo ein jüngerer und intelligenter Mensch, von dem man annehmen konnte, er werde sich einordnen lassen, wurde er durch Kurse und Schulen auf die Tätigkeit eines Unterbezirksleiters vorbereitet.« Übliche Praxis wurde es, Funktionäre nie »längere Zeit in ihrem Heimatgebiet tätig sein zu lassen« – ein dürrer Hinweis auf die Entwurzelung, die auch Wehner widerfahren war. »Noch schlimmer« geschah dies mit den Redakteuren der Zeitungen, die in mehr oder weniger kurzen Abständen ausgewechselt wurden. Dadurch und durch die von Berlin ausgehende finanzielle und redaktionelle Zentralisierung des Pressewesens verloren die Mitglieder jeden Einfluß auf die Zeitungen vor Ort, die ehemals mit ihren Beiträgen und den Anteilen der lokalen Parteiorganisationen aufgebaut worden waren.

Der »offizielle Ton«, der in der Presse und auf den Konferenzen der Partei herrschte, war – wie gezeigt – schon seit dem Ausschluß der »Rechten« und der endgültigen Niederlage der »Versöhnler« im Herbst 1928 und im Frühjahr 1929 üblich, die Versammlungen mit ihrem Kundgebungs- und Verlautbarungscharakter immer einförmiger geworden. Kritik fand nur noch als Einbahnstraße statt. Thälmanns Brauch, seine Reden mit kritischen Bemerkungen an die Adresse dieses oder jenes Funktionärs zu versehen, wurde von den Bezirkssekretären gegenüber den ihnen untergebenen Funktionären imitiert. Funktionäre, »die wenigstens mit ihren Vorträgen und Kursen von der zunehmenden Uniformität abwichen« und deshalb von den Mitgliedern »besonders geschätzt und gesucht« waren – zu ihnen konnte sich Wehner mit einigem Recht zählen –, wurden »von den offiziellen Apparatleuten beobachtet und verfolgt«[251].

»Die Überwachung, die von den Funktionären gegenseitig ausgeübt wurde, war der ›Ersatz‹ für die erstickte Demokratie in den Parteiorganisationen.« Die schriftliche Ausbeute dieser Kontrolltätigkeit sammelte der »sogenannte Nachrichtendienst (der sich als die Seele der Organisation fühlte)«. Er gehörte zu dem nach sowjetischem Muster aufgebauten und mit den sowjetischen »Diensten« eng verbundenen illegalen Apparat der KPD, dem sogenannten Kippenberger-Apparat.

Das mit diesem – der Kaderpolitik der zentralen Leitung dienende – Material angelegte Archiv hatte Anfang 1933 »einen Umfang erreicht, der einen unbemerkten Transport zu einem sicheren Ort unmöglich machte. Es diente später der Gestapo als Erpressungsmittel gegen verhaftete Kommunisten.«[252]

Die »Praxis der Entlarvung«, die an die Stelle der offenen Diskussion getreten war, die wachsende Tendenz der von oben neu eingesetzten Sekretäre, die Angaben ihres Vorgängers über organisatorische Erfolge zu bezweifeln, sie herunterzurechnen[253] und einige Zeit danach von eigenen Erfolgen zu berichten, das entsprechende Verfahren bei der Beurteilung von Leistungen einzelner Mitarbeiter und der Charakterisierung ihres politischen Verhaltens – kurz der »Kampf« aller gegen alle und von Cliquen gegen andere Cliquen hatte einem politisch-ideologischen Darwinismus[254] die Zügel schießen lassen, der ungehemmter war als jede kapitalistische Marktkonkurrenz, weil es nicht das leiseste Korrektiv einer innerorganisatorischen öffentlichen Meinung gab und weil zahlreiche »Teilnehmer« dieses Wettbewerbs mangels Durchschaubarkeit seiner Mechanismen weiterhin dem Solidaritätsideal der klassischen Arbeiterbewegung anhingen. Auf der mittleren Führungsebene und beim Führungsnachwuchs war die Bilanz noch düsterer.

Der extreme Wettbewerb um Machterhalt und Aufstieg innerhalb einer Organisation, deren Führung sich von einer Oligarchie zum Monopol einer Führungsperson wandelte, schob den früheren Pluralismus von Positionen in Sekundärphänomene. Hektik, Verrücktheiten, Ohnmachtsanwandlungen, Zug der Lemminge, Jahrmarkt der Eitelkeiten, Austoben der Instinkte waren die Folgen. Wie konnte sich Wehner diesen Verhaltensweisen entziehen?

Anpassung, Resignation oder Nischenexistenz als Spezialist waren mögliche Reaktionen. Schmiermaxe der großen Parteimaschine zu sein, Steine auf deren Weg zum Gipfel fortzuräumen und Keile unter sie zu schieben, um sie am Zurückrollen zu hindern – das garantierte eine Nischenexistenz als Organisationsspezialist. Wehner war um so stärker auf dieses Feld verwiesen worden, als die Grundfragen der politischen Linie zu Tabus geworden waren. Als Instrukteur und Kontrolleur, als Referent und Organisator, versehen mit der außerhalb Berlins noch etwas geltenden Autorität des ZK-Mitarbeiters, hatte er seit Sommer 1931 auch in den westlichen und südlichen Bezirken Einblicke in das Innenleben der Partei nehmen können wie nur wenige. Die Beiträge, die er in jener Zeit für die Zeitschrift Der Parteiarbeiter verfaßte, spiegelten diese Erfahrungen nur zum Teil und dann in häufig verzerrter Form.

Auf den ersten Blick ist augenfällig, in welch hohem Maße Wehner sich die Verlautbarungs- und Kommandosprache der Obermaschinisten zu eigen gemacht hatte. Deren rhetorische Versatzstücke laufend zu zitieren, war ohnehin unumgänglich geworden. Thälmann und Lenin, danach Molotow und Stalin standen im Reigen der zitierten Autoritäten an erster Stelle. Wenn er auf die Geschichte der Arbeiterbewegung im 19. Jahrhundert – zum Beispiel anläßlich des Jahrestages der Pariser Kommune – zurückgriff, kamen auch Marx und Engels zu Ehren. Andere Heroen oder gar Märtyrer der sozialistischen Bewegung blieben entweder unerwähnt oder gerieten ins Fadenkreuz der Kritik. So wandte er sich gegen die in der Arbeiterschaft offenbar immer noch weitverbreitete Ansicht, daß »das Proletariat durch einen spontanen, explosiven Ausbruch der Verzweiflung der Massen zur Macht« gelangen würde: »Überreste und Erbstücke der luxemburgischen Spontanitätstheorie sind es, die oft zu einer Unterschätzung der Rolle der Partei und des organisierten Aufbaues der Partei führen.«[255]

Auf diese Weise vollzog Wehner an sich selbst den Exorzismus der Ideen Rosa Luxemburgs, denen er wenige Jahre zuvor noch angehangen hatte. Dabei ließ er auch alles hinter sich, was Rosa Luxemburg gegen das selbsternannte Führertum eines kleinen Kerns von Berufsrevolutionären, die letztlich leicht durch einen einzigen Führer ersetzt werden konnten, gesagt und geschrieben hatte. Deren Befehlston hatte er voll verinnerlicht. Es wimmelte nur so von »jede Zelle muß [...]« oder »hat zu [...]«. Wenn er von sich als einem der Befehlsgeber oder zumindest als einem Befehlsübermittler der Zentralinstanz sprach, ging es nicht ohne das majestätische »Wir« ab: »Die Werbearbeit, die wir [...] leisten!« Oder auch: »Wir mußten in letzter Zeit auf einige wesentliche Mängel in unserer organisatorischen Arbeit hinweisen [...]«; und weiter: »Im Parteiarbeiter Nr.1 haben wir die Aufgaben entwickelt [...]«[256]

Daneben war häufig eines der wichtigsten Worte jeder Partei und Bewegung zu finden, die sich im unaufhaltsamen Aufstieg glaubt oder ihren Mitgliedern den nahe bevorstehenden Durchbruch (die Revolution etc.) verheißt – das Wörtchen »noch« bzw. »noch nicht«. Und immer wieder die aktionistische Kommandosprache: »durchführen«, »mobilisieren«, »erobern«, »Schritt halten«. Erobert werden sollten vor allem die Arbeiter der Großbetriebe – ein altes, immer schwerer durchzusetzendes Verlangen. Dies sollte durch »Bearbeitung« der parteilosen und sozialdemokratischen Arbeiter geschehen. Auf »kameradschaftliche Weise« sollte in deren Reihen »eingedrungen« werden. Wo das nicht gelang – etwa bei den letzteren – sollten SPD und Gewerkschaftsbürokratie »als Hauptstütze der Diktatur der Bourgeoisie«[257] »entlarvt« werden: »Auf der Grundlage der Einheitsfront von unten müssen wir neue Hunderttausende von Arbeitern und Werktätigen erfassen und in den Kampf führen. Ganz planmäßig sind Erklärungen von SPD-Mitgliedern zu organisieren, die sich gegen die Praxis der SPD-Polizeipräsidenten [nicht angemeldete Kundgebungen und Demonstrationen zum Jahrestag der Achtundvierziger Revolution in Berlin am 18. März zu verbieten] richten.«[258]

Allerdings: Gemessen an den sonstigen Verlautbarungen der KPD und der Komintern, in denen die Begriffe »Vernichtung« oder »Liquidierung« immer häufiger vorkamen, war Wehners Sprache – nicht zuletzt, weil sie sich nach innen wandte – bei der Kennzeichnung politischer Feinde spürbar weniger agressiv. Aus einem Kominternbeschluß zitierte er einmal die Aufforderung, die Sozialdemokratie »zu zerschlagen«. Ein einziges Mal benutzte er – eher beiläufig – die sonst alles dominierende strategische Formel, »den Hauptstoß gegen den Sozialfaschismus zu führen«[259]. Auch wenn er die Auffassung vertrat, daß die Zahl der »Übertritte von SPD-Arbeitern« zur KPD größer sei als die Zahl der formell registrierten, blieb ihm die Zerbrechlichkeit der von diesen neu eingegangenen politischen Bindungen bewußt. Ein Grund mehr, sich sprachlich zurückzuhalten und für deren »sorgfältige weitere Bearbeitung auch nach ihrem Übertritt zu unserer Partei«[260] einzutreten.

Bei der Begründung, weshalb die Partei auf diesem Felde nur mühsam vorankam, verwickelte Wehner sich in Widersprüche. Er beklagte zunächst die »ungenügende und unkonkrete Einheitsfrontpolitik im Betrieb«. Es fehle vor allem an der »Herausarbeitung von Betriebsforderungen, die sich aus der Lage und den Forderungen der Arbeiter in den einzelnen Betriebsabteilungen« ergeben würden. Ebenso würden Fehler bei der »Streikvorbereitung und Streikauslösung« gemacht: »An die Stelle der Kampfmobilisierung der Belegschaften von innen heraus, tritt oft das ›Kommando‹ von außen und eine schematische Anwendung der allgemeinen Losungen für die einzelnen Betriebe, ohne Verbindung mit Forderungen, die sich aus der Lage der einzelnen Betriebe und Industrien ergeben.«

Wie aber die Absage an »schematisches Warten auf allgemeine Anlässe zur Streikproklamation« mit der von Thälmann auf dem ZK-Plenum im Februar 1932 ausgegebenen Losung verknüpfen, die »Gesamtarbeit« der KPD dem »Kampf gegen den imperialistischen Krieg« (gegen die Sowjetunion) unterzuordnen? Da half nur eine Volte, die alles vorher Behauptete in den Dunst des allenfalls Halbrichtigen hüllte. Die Annahme wäre »grundfalsch«, so zog sich Wehner aus der Affäre, daß »politische Massenstreiks nur aus ökonomischen Streiks entwickelt werden können«[261].

Die Beispiele, die Wehner dazu aufführte – unter anderem die Braunschweiger Streikbewegung[262] –, machten deutlich, daß ohne »Kommando von außen« solche Bewegungen schnell im Sande verliefen. Das gleiche galt, wenn die örtlichen Mitglieder und Funktionäre der Gewerkschaften – in der großen Mehrzahl immer noch SPD-Anhänger – nicht mitzumachen bereit waren.

Gerade hinsichtlich der Gewerkschaften häuften sich die Widersprüche kommunistischer Politik. Die RGO-Gründung und die damit verbundene Strategie der Partei – von 1929 bis Anfang 1932 – hatte faktisch in weiten Industrieregionen zu einer Politik der verbrannten Erde geführt. Dies hatte solche Ausmaße angenommen, daß Thälmann auf der Tagung des ZK im Februar 1932[263] neben den üblichen Ausfällen gegen den »rechten Opportunismus in der Praxis« auch »linke sektiererische Abweichungen« kritisierte, die im Versuch sich ausdrückten, »ohne vorhergehende breite Massenkämpfe rote Verbände« zu gründen und mit »überspitzten und rein abstrakten Losungen« wie »Zerstörung des ADGB« und Aufrufen zur Beitragssperre zu arbeiten. Wehner konnte sich nicht nur auf dieses Zitat, sondern auch auf die Direktiven stützen, die das Präsidium der Kominternexekutive über die »Arbeit der Gewerkschaftsfraktionen« herausgegeben hatte, wenn er die Vernachlässigung der Gewerkschaften durch die Partei kritisierte.

Natürlich wurde zunächst die angeblich sozialdemokratischer Überlieferung entsprechende falsche Arbeitsteilung – die Partei beschäftigte sich mit den politischen Aufgaben, die Gewerkschaften mit den wirtschaftlichen Kämpfen – aufs Korn genommen, die immer noch in der Praxis der KPD lebendig sei. Danach wurden substantielle Mängel angemahnt, die bei der Überprüfung von Bezirks- und Unterbezirksleitungen zutage getreten waren: »Vielfach gehört Unterbezirkssekretariaten[264] kein einziger Gewerkschaftsfunktionär an. Parteileitungen, die so zusammengesetzt sind, verfallen leicht in den Fehler, an die Stelle der Überzeugung und der wirklichen Anleitung der Kommunisten in den Gewerkschaften die Methode des Kommandierens zu setzen.«

Es kam noch dicker. Die Parteileitungen machten, so argumentierte Wehner weiter, bei der richtigen Auswahl der Funktionäre in den Gewerkschaftsorganisationen die »ernstesten Fehler«. Funktionäre und Leitungen würden mitunter eingesetzt, ohne die Fraktion vorher zu informieren: »Das Gesicht der RGO und der roten Verbände als Massenorganisationen wird auf diese Weise völlig verwischt. Die Parteileitungen verstoßen bei der Absetzung oder Auswechselung eines Gewerkschaftsfunktionärs sehr oft gegen die einfachsten Grundregeln der gewerkschaftlichen Demokratie. Sie versuchen vielfach nicht einmal, die Maßnahmen durch die Fraktion den nichtkommunistischen Mitgliedern klarzumachen. Dadurch wird diesen Mitgliedern die Lust zur Mitarbeit genommen, sie betrachten sich als Mitglieder zweiter Klasse. Dies ist auch ein Grund dafür, daß in den Leitungen der RGO und der roten Verbände noch viel zu wenig parteilose und sozialdemokratische Arbeiter mitarbeiten.«

Nachdem er sich so auf eine mehr oder minder subtile Weise für seine eigene Absetzung und Entwurzelung durch die zentrale Leitung revanchiert hatte, wagte er sich – unter dem schützenden Dach eines Zitats aus den Direktiven der Kominternexekutive – noch weiter vor: Bei der Vorbereitung der Wahl von Funktionären seien zwei Forderungen zu erfüllen. Neben einem Kern von Mitgliedern der Partei, der die »politische Linie und die sachliche Arbeit der neuen leitenden Instanz« gewährleiste, »sind unbedingt revolutionär gesinnte Arbeiter (Parteilose, sowie auch Sozialdemokraten, Anarchisten usw.) in Vorschlag zu bringen, die das Vertrauen der Massen besitzen und sich als gute Organisatoren revolutionärer Aktionen des Proletariats hervorgetan haben«.[265]

Die Einheit der Revolutionäre aller Lager der Linken – der alte Traum, nun autorisiert durch das Präsidium der Kominternexekutive! Machte es ihm noch etwas aus, daß dies nicht mehr durch spontanen Entschluß aller revolutionär Gesinnten geschehen sollte, sondern durch den Befehl einer von wenigen gelenkten Parteimaschine, die »die Linie« vorgab? War das Kommandieren als Handlungsweise des Übergangs notwendig, um dem Kommandieren überhaupt ein Ende zu bereiten? Oder hatte er solches Fragen hinter sich gelassen, je näher er der Schaltzentrale der Maschine gekommen und je mehr er der Faszination der darin enthaltenen Möglichkeiten erlegen war, Macht zu gewinnen und auszuüben?

Die Zitate zeigen immerhin, daß ein Stück Resistenz da war, wie ein Werkstück, das sich – weil verkantet – schwer bearbeiten läßt. Diese Resistenz gründete sich weniger auf die Erfahrungen aus seiner politischen Vergangenheit – also vor dem KPD-Beitritt –, sondern hatte mehr mit seiner jetzigen Arbeit zu tun.

Die Parteimaschine zog nicht nur Menschen an, verbrauchte sie und spie sie wieder aus. Sie rollte auch an Menschen vorüber, die einen Schritt auf sie zu machten oder dazu gedrängt wurden, ihr beim Schieben zu helfen – und dann manchmal vor, manchmal nach dem ersten Versuch wieder beiseite traten, weil ihnen die anderen Helfer oder Richtung und Geschwindigkeit mißfielen.

Die enorme Fluktuation der Mitglieder hatte – wie schon erwähnt – die KPD wie einen Schatten seit der Gründungsphase begleitet. Je mehr die Mitgliederzahl wuchs – von Ende 1929 bis 1932 um mehr als das Doppelte von 133000 auf über 300000[266] –, um so länger wurde der Schatten. In manchen Unterbezirken traten sechzig bis achtzig Prozent der neugeworbenen Mitglieder innerhalb eines Jahres aus der Partei wieder aus, in Extremfällen sogar die Hälfte innerhalb eines Monats.

Für Wehner war es »offensichtlich, daß in der großen Mehrzahl der Fälle die jungen Mitglieder die Partei verlassen, weil das innerparteiliche Leben nicht so ist, daß sie sich ungehindert entwickeln können. Dieser Grund und die oft angewendeten falschen Methoden der Werbung sind zweifellos die Hauptursachen der Fluktuation.«[267]

Lag die hohe Fluktuation tatsächlich in erster Linie daran, daß die neuen Mitglieder nicht sogleich in die konkrete Arbeit einbezogen, nicht »besonders persönlich bearbeitet« wurden, wie Wehner diesen Vorgang – hier ganz dem Parteijargon folgend – auszudrücken pflegte? Entwikkelte sich deshalb ein »Wachstum in falscher Richtung«, weil die Partei hauptsächlich in den öffentlichen Versammlungen und bei der »Haus- und Hofagitation in den Wohngebieten« warb und in den vor Ort aufgestellten »Werbeplänen« häufig kein Wort der politischen Begründung, nichts »zur Durchführung von Streik und Aktionen« verlor geschweige denn erwähnte, »daß und wie der beherrschende Einfluß der SPD und der Renegaten in den Betrieben und Gewerkschaften gebrochen werden soll«[268]?

Solche Fragen offen zu beantworten hätte an den Grundfesten der »Linie« gerührt. Dieses Risiko mied er nicht nur wegen der haufenweise vorhandenen Loyalitätsingenieure und anderer notorischer Oberverdachtsschöpfer. Da die »Linie« nie so weit von der revolutionären Naherwartung wegdriftete, daß die Erfüllung der Träume auf den Sankt-Nimmerleins-Tag verschoben werden mußte, war die Bereitschaft zur Selbstzensur nach wie vor hoch.

Aber seine in der Nische des zeitweise in ganz Deutschland tätigen Organisators erworbenen Erkenntnisse waren doch so, daß er, wenn er sie denn linienkonform ausbreitete, indirekt auf die Motive vieler Mitglieder hinwies, sich dem wachsenden Druck der Bürokratenmaschinerie zu entziehen. Da half die von Wehner beschworene Gefahr, »Rolle und Zusammensetzung der Partei« würden »verwischt« ebensowenig wie der Versuch, über eine in den (Betriebs-)Zellen und Ortsgruppen anzulegende »nicht bürokratische«[269] Mitgliederstatistik einen wirklichkeitsnahen Zugriff auf die Mitgliederbewegung erhalten und damit endlich die Fluktuation eindämmen zu können.

Bei der Überprüfung einiger wichtiger Bezirke war ihm aufgefallen, daß die Zahl der in den Betrieben beschäftigten Parteimitglieder wesentlich höher war als aus der Beitragsabrechnung hervorging. Maßstab für die in den Betrieben beschäftigten Parteimitglieder war bis dahin die Zahl der verkauften »Voll- und Kurzarbeitermarken«. Viele in den

Betrieben beschäftigte Mitglieder gehörten einer Organisationseinheit in den Wohngebieten an und zahlten in vielen Fällen dort Erwerbslosenbeiträge. Wehner führte dies auf die »mangelhafte Erfassung« der Mitglieder in Betriebszellen zurück und forderte die »restlose Eingliederung aller in den Betrieben beschäftigten Genossen«[270] in diese Zellen. Dagegen sprach alles für die Vermutung, daß viele Mitglieder, die noch in den Betrieben beschäftigt waren, sich deshalb nicht über die Betriebszellen »erfassen« lassen wollten, weil sie sich nicht offen an den von den Betriebszellen organisierten Streikversuchen sowie sonstigen Aktionen beteiligen wollten, die häufig den Verlust des Arbeitsplatzes, zumindest aber den ständigen Konflikt mit den nichtkommunistischen Kollegen nach sich zogen.

Dieser Ausschnitt aus der Debatte über zunächst banal erscheinende Organisationsprobleme ist deshalb von Interesse, weil er nicht nur zeigt, wie sehr trotz äußeren Wachstums der Prozeß der inneren Auszehrung, der heimlichen Abstimmung mit den Füßen weitergegangen war. Die Betriebe, weit davon entfernt, dem immer wieder propagierten Leitbild der »Roten Burg« gerecht zu werden, waren zu Inseln geworden, umspült vom steigenden Meer der millionenfachen Arbeits- und der sie begleitenden Hoffnungslosigkeit. Wenn es noch so etwas wie kommunistische »Burgen« gab, dann lagen sie noch am ehesten in den Berliner Arbeitervierteln. Aber auch sie waren durch das in den Wahlergebnissen des Frühjahrs und Sommers 1932 immer sichtbarer werdende Vordringen der NSDAP und ihrer wichtigsten Frontorganisation, der SA, gefährdet.

Wehner schilderte als nachahmenswertes Beispiel folgende Episode, die sich im Frühsommer 1932 zugetragen hatte: Als Antwort auf die Eröffnung einer[271] SA-Kaserne – nach dem Münchner Beispiel protzig »Braunes Haus« genannt – in einem Arbeiterviertel in der Nähe des Stettiner Bahnhofs in Berlin hatten die dort existierenden kommunistischen Straßenzellen eine »breite Einheitsfrontbewegung gegen den Faschismus« organisiert. Im Zeitraum von zwei Wochen wurden täglich selbst angefertigte Flugblätter verteilt und für die Bewohner von je zwei oder drei Häusern Versammlungen abgehalten, in denen nicht nur sachlich diskutiert, sondern auch »Einheitsausschüsse« gewählt wurden, die nun die Träger der »Antifaschistischen Aktion« in diesem Gebiet wurden: »Durch den Einheitsausschuß wurden die SPD-Mitglieder bearbeitet. Eine Delegation parteiloser Mitglieder begab sich in die Versammlung der SPD in diesem Gebiet. Ferner wurden die Kleingewerbetreibenden bearbeitet [...] Durch diese Arbeit wurden zahlreiche parteilose und sozialdemokratische Arbeiter in Bewegung gebracht und an die Partei herangeführt. Gestützt auf diese Arbeit der Einheitsfrontorgane konnten unsere Zellen den Vertrieb unserer Presse und Literatur steigern und neue Mitglieder in die Partei aufnehmen [...] Durch die Aktion erfaßte die Partei neue, aktive Arbeiterelemente, die eine Verstärkung der Partei bedeuteten.«[272]

In den »Notizen« teilte Wehner, der im Einverständnis mit der Berliner Bezirksleitung und der zuständigen Unterbezirksleitung täglich an den Arbeiten der dortigen Wohngebietsorganisation teilnahm, das tatsächliche Ende dieser Aktion mit: »Die Sozialdemokraten waren bereit, gemeinsam mit uns für die Mobilisierung der Mieter zu einem Protest bis zur Schließung des Braunen Hauses zu gehen, vorausgesetzt, daß keine Gewalthandlungen von unserer Seite vorkämen. Die Protestbewegung wuchs sichtlich. Aber eines Nachts machte eine illegale RFB-Gruppe einen Feuerüberfall auf das Lokal, von dem niemand aus dem Kreis der an der Protestbewegung Beteiligten gewußt hatte. Die ganze Bewegung wurde zerschlagen, was die zur Rede gestellten RFB-Leute nur mit Lachen quittierten.«[273]

Ähnliche Erfahrungen gab es auch im Berliner Fischerkietz, wo es in jenen Monaten des Sommers 1932 wiederholt zu bewaffneten Zusammenstößen[274] zwischen Nationalsozialisten, Kommunisten und Sozialdemokraten gekommen war. Nach einem solchen Vorfall sprach Wehner in einer Versammlung von Bewohnern der anliegenden Häuser. Danach wurde dort eine nicht parteigebundene Schutzwehr gebildet: »Sie war bereits am nächsten Tag wieder gesprengt, weil Schalinsky, der Leiter der örtlichen RFB-Gruppe, erklärt habe, dies sei doch nur Quatsch, und er werde sich die besten Leute auswählen, damit sie ›mit der Puste‹ [also mit einer Schußwaffe!] im RFB (der eine unkontrollierbare Organisation geworden war) eingesetzt werden könnten. Bei einer langen Unterredung [...] zeigte sich, daß der Mann ganz einfach jeden Kontakt mit den Kampfmethoden und Gedanken der Arbeiterbewegung verloren hatte.« Laut Wehners eigenem Urteil, das den von diesem RFB-Leiter geäußerten persönlichen Antisemitismus[275] einbezog, war dies »kein typischer Fall, aber doch auch ein Fall unter vielen anderen, die von einer ideologischen Vergiftung zeugten«.

Es war kein Zufall, sondern gezielte nachträgliche Rechtfertigung, daß Wehner im Zusammenhang mit der Schilderung solchen Verhaltens einmal mehr den Namen Heinz Neumanns erwähnte. Kurze Zeit nach diesen Vorfällen habe er in »einigen großen Parteiarbeiterversammlungen des Unterbezirks Zentrum in Berlin den Kampf um die Ersetzung des mit Neumann politisch und persönlich verbundenen UB-Sekretärs Wolf durch einen anderen Genossen zu führen« gehabt. Dabei habe er gesehen, »wie groß die Zahl unklarer, desparater und selbst provokatorischer Elemente in diesem Funktionärkörper war, der als die Elite der Arbeiterklasse bezeichnet wurde. Auf diese Leute wirkte die Neumannsche Phrasendrescherei, das Kraftmeiertum, die Hetze zu unmittelbaren und schlagartigen Handlungen auch gegen Klassengenossen, wenn diese Reichsbannerkleidung trugen.«[276] War dieses Engagement bei der Vertreibung der Anhänger Neumanns aus wichtigen Positionen der Berliner Parteiorganisation nur in der Ablehnung von dessen Politik begründet? Oder war es das Billett für Wehners eigenen Aufstieg im Apparat? Da für eine zureichende Antwort die Quellen schweigen, muß die Frage ungeklärt bleiben. Jedenfalls wirkt es etwas ungewöhnlich, daß Wehner – obwohl er sich keiner der miteinander rivalisierenden Kreise und Cliquen zugehörig fühlte[277] – nach der Entfernung Neumanns aus dem Politbüro (Mai 1932) nicht zuletzt durch Thälmanns Entscheidung zum Technischen Sekretär des Politbüros bestellt wurde.

Als er Thälmann gegenüber zu begründen versuchte, er könne die neue Arbeit nicht machen, weil er »keiner Gruppe und keinem Freundeskreis« angehöre, soll dieser geantwortet haben: »Und gerade deswegen mußt Du das machen, so einen Mann will ich an dieser Stelle haben, niemanden anderen, sondern einen, der dafür sorgt, daß das, was gemacht werden muß, gemacht wird.« Wehner verkniff es sich leider zu schildern, was Thälmann dann konkret über die einzelnen Mitglieder der politischen Führung gesagt hatte (»die müßten zu ihrem Recht kommen, dürften aber auch nicht übermächtig werden [...]«[278]).

Wehners Schilderung seines Aufstiegs innerhalb des ZK-Apparats war manchem seiner Biographen zu schlicht. Es wurde dabei auf Wehners sächsischen Landsmann Ulbricht verwiesen, in dessen Interesse es gelegen habe, Wehner als seinen »Vertrauensmann« in diese Position zu bringen.[279] Immerhin versuchte Ulbricht – seit Juni 1929 Nachfolger von Wilhelm Pieck als Polsekretär des Bezirks Berlin-Brandenburg – nach Wehners eigener Einschätzung »alle Verbindungen und laufenden Angelegenheiten in seine Hände zu bekommen, um der Thälmann nächste Mann zu werden, der alles zentralisierte«[280].

Aber ob Ulbricht jemals gedacht hat, einem jungen Genossen zu vertrauen und ihn zu fördern, weil er gleich ihm aus Sachsen stammte und sich beide dort bei einigen wenigen Gelegenheiten begegnet waren[281], ist aus mehreren Gründen fraglich. Ob seine Abneigung gegen die Heimatstadt Leipzig bis zum Haß gediehen sein soll, wie behauptet wird, mag einmal dahingestellt bleiben. Für Dresdener waren bei ihm aber noch weniger Sympathien vorhanden. Viel wichtiger war, daß Ulbricht als der Prototyp des Apparatmanns außer sich selbst niemand vertraute. Nicht die von den Zielsetzungen des kommunistischen Programms vorgegebene Richtung war für ihn ausschlaggebend, sondern nur die Richtung und Geschwindigkeit, die seinem eigenen Streben dienten, Macht über die Maschine zu gewinnen, sie zu erhalten und zu vergrößern. Persönliche Gaben und Fähigkeiten, die ihm die Möglichkeit hätten geben können, Macht über andere zu gewinnen – etwa rhetorische Kraft, politische Phantasie, Weitsicht, Bildung oder gar »die mitreißende Vitalität des leidenschaftlichen Revolutionärs«[282] –, besaß er nicht. Aber die trockene Akkuratesse, das penible Bescheidwissen auch über das kleinste Detail, die Konsequenz, mit der er auf der Einhaltung bürokratischer Routine bestand, hatten ihm in den Jahren seit 1923/24, als die revolutionäre Welle der ersten Nachkriegsjahre versandete, einen kontinuierlichen Aufstieg gesichert.

Auf dem Leipziger Parteitag (Januar 1923) als Gefolgsmann Brandlers mit einem dürftigen Ergebnis[283] ins ZK gewählt, konzentrierte er sich in der 1923 im ZK-Apparat neugegründeten »Abteilung Zelle« auf die Betriebszellenarbeit. Von ihm stammte die Parole »Jede Fabrik soll unsere Burg sein« – eine Losung, um deren Realisierung sich später auch der junge Wehner kümmerte, ohne daß behauptet werden kann, es habe sonst noch Affinitäten zwischen beiden gegeben.

Während der Jahre 1924/25 war Ulbricht Mitarbeiter der Organisationsabteilung der Komintern. Er lernte dabei nicht nur die Parteiorganisation der Moskauer Großbetriebe kennen. Ihm wurde auch die wachsende Machtfülle des von Stalin nach »leninistischen« Prinzipien aufgebauten Apparats der sowjetischen Partei bewußt. Dies verstärkte seinen Drang, in Deutschland etwas Gleichwertiges zu schaffen. »Genosse Zelle«, wie er seit Mitte der 20er Jahre genannt wurde[284], hatte seit 1929 den Bezirk Berlin-Brandenburg zu seiner Machtbasis ausgebaut. Auf sein Konto wurde der Erfolg in der Einheitsfrontbewegung gebucht, der in Bernau bei Berlin erreicht worden war. Dort hatte der Ortsausschuß des ADGB 1932 eine gemeinsame Maikundgebung aller Arbeiterorganisationen und -parteien beschlossen. Ulbricht versuchte – ohne Erfolg –, ein entsprechendes Ergebnis in Berlin zu erzielen.

Die Agitprop-Abteilung des ZK benutzte in Braunschweig eine seit Oktober 1931 sich in der Arbeiterschaft ausbreitende Proteststimmung gegen das terroristische Vorgehen der SA mit ihrer »Hinein in die Betriebe« (HiB)-Strategie und gegen die vom NS-Ministerpräsidenten Klagges geführte Landesregierung, um Stimmung für einen Parteisekretär zu machen[285], der im Wettbewerb mit Ulbricht um eine leitende Sekretärstelle im Politbüro stand. Aber auch ohne »engstirnige innerparteiliche Manöver«[286] hätte die Protestbewegung der Braunschweiger Arbeiter gegen die Überfälle der SA – zu deren Opfer im Oktober 1931 drei, im Januar 1932 ein Toter zählte – nicht, wie von der Berliner Zentrale angestrebt, ausgereicht, um ein aussichtsreiches Volksbegehren gegen die braune Regierung Klagges zustande zu bringen.

Die *Rote Fahne* brachte zwar die übliche Vollzugsmeldung zum Massenaufmarsch und Proteststreik von Zehntausenden von Arbeitern am Tag der Beerdigung eines der Opfer[287]: »Die Bewegung steht völlig unter dem Einfluß der Kommunistischen Partei.«[288] Aber die Beratungen und Diskussionen, an denen Wehner in Braunschweig teilnahm, zeigten ihm, »wie sehr zögernd« die sozialdemokratischen Arbeiter auf die Vorschläge der KPD eingingen, aber auch »wie ungeduldig und wenig nachgebend wir waren. Selbst dort meinten wir, daß wir über die Köpfe der sozialdemokratischen Funktionäre an die Arbeiter appellieren müßten, sobald sich eine Stockung bemerkbar machte.«[289]

Die Tatsache, daß sich Wehner an einer Aktion beteiligte, die dazu dienen sollte, Ulbricht auszustechen (auch wenn er von dieser – wie er selbst sie bezeichnete – Profanierung der Einheitsfronttaktik erst später erfuhr), spricht entscheidend gegen die schon erwähnte These, Wehner sei als »Vertrauensmann« Ulbrichts Technischer Sekretär des Politbüros geworden.

Waren es dann doch die nur schwer übersehbaren Talente Wehners, die Thälmann bewogen, ihm, der erst knapp ein Jahr dem zentralen Apparat angehörte, diese Vertrauensstellung zu geben? Der zeitweise mit Thälmann rivalisierende Paul Merker, der im Frühjahr 1931 wegen der Radikalität seiner gegen den ADGB gerichteten Politik seine Position als leitender Funktionär der RGO auf Betreiben der Komintern[290] (die wieder einmal eine Kehrtwendung gemacht hatte) verloren hatte, berichtete später, Thälmann habe ihm, von einer Unterredung in Moskau zurückgekehrt, die Gesichtspunkte mitgeteilt, die ihm von Stalin persönlich bei der Auswahl von führenden Kadern genannt worden seien: Es schade nicht, wenn die Leute beschränkt seien, die Hauptsache sei, daß sie unbedingt ergeben seien. Dieser Rat sei von Thälmann als »tiefe Wahrheit« betrachtet worden.[291]

Das mußte nicht heißen, daß Thälmann immer nach diesem Rezept verfuhr. Bei Wehner »eigenartigerweise« – wie dieser selbst anmerkte[292] – gewiß nicht. Denn bei ihm konnte von »Beschränktheit« keine Rede sein. Loyal war er zwar. Aber diese Loyalität galt vor allem den kommunistischen Zielen, dann erst den Personen, die sie an führender Stelle vertraten. Und daß ihn sein Ehrgeiz, sein enormer Fleiß wie die Entschiedenheit, notfalls auch die Brutalität im Auftreten bald in die erste Reihe führen würden, daran konnte kaum einer zweifeln, der sein Wirken aus der Nähe betrachtete. Seine Fähigkeit, im Sinne der Parteiführung in Brennpunkten des Geschehens innerhalb wie außerhalb Berlins einzugreifen, hatte er mehrfach unter Beweis gestellt. Seine Rednergabe war schon im Winter 1932 – bei der ersten legalen Kundgebung der Partei (nach langanhaltendem Demonstrationsverbot), die weit über hunderttausend Anhänger im Berliner Lustgarten während der Kampagne zur Reichspräsidentenwahl zusammenführte – genutzt worden.[293]

Es gab nur wenige innerhalb des Führungsnachwuchses, die Wehner an Fähigkeiten gleichkamen. Das jugendliche Erscheinungsbild, das die Partei bei öffentlichen Veranstaltungen bot, scheint diesem Befund zu widersprechen. Aber die enorme Fluktuation innerhalb der Mitgliedschaft, die jahrelange Jagd auf »Abweichler«, das heißt auf halbwegs selbständig urteilende Funktionäre und Mitglieder, die Cliquen- und Gruppenkämpfe, die nicht nur innerhalb der obersten Führung die Regel waren, sondern durch ein System von Seilschaften die Konflikte und das gegenseitige Mißtrauen nach unten verlängerten, hatten einen qualifizierten Führungsnachwuchs in größerem Umfang gar nicht erst entstehen lassen. Im übrigen waren – abgesehen von Pieck und Remmele – die führenden Funktionäre[294] überwiegend im Alter zwischen 35 und 45 Jahren und weit davon entfernt, sich über eigene Nachfolger Gedanken zu machen.

Angesichts der Tendenz zur Einmannherrschaft innerhalb der KPD – auch wenn sie längst nicht den Intensitätsgrad des sowjetischen Vorbilds erreicht hatte – überlagerten zunehmend informelle, im Statut nicht vorgesehene Hierarchien die formellen Entscheidungsabläufe. Mit persönlichen Mitarbeitern – damals Heinrich Meyer, Erich Birkenhauer und Werner Hirsch – behandelte Thälmann zuerst alle wichtig erscheinenden Fragen. Den anderen Politbüromitgliedern konnte nicht verborgen bleiben, daß diese Mitarbeiter eine viel intimere Kenntnis über alle Vorgänge besaßen als sie selbst. So wurde im Politbüro von Zeit zu Zeit gegen das »Mitarbeiterwesen« polemisiert. Nicht nur dessen Mitglieder, sondern auch deutsche und wohl auch russische Sekretäre des Exekutivkomitees der Komintern, die dem Zentrum der Macht am nächsten waren, versuchten »Einfluß auf die Auswahl der Mitarbeiter zu bekommen«[295]. Soweit es sich um eigene Mitarbeiter handelte, gelang es Thälmann, solche Entscheidungen durch Verzögerungen gegenstandslos zu machen.

Andererseits hielt er an Wehner fest, obwohl nach der Rückkehr der deutschen Delegation vom 12. Plenum des Exekutivkomitees der Komintern (Ende August bis Mitte September 1932) zwei seiner Mitarbeiter, Birkenhauer und Meyer, ihn zu überreden versuchten, Meyer an Wehners Stelle zu setzen. Thälmann lehnte dies ab. Als er erfuhr, so berichtete Wehner weiter, »wie diese seine intimen Mitarbeiter versuchten, meine Arbeit zu erschweren, wobei sie geschickt die Widerstände der im Apparat verbliebenen persönlichen Freunde Neumanns und Fliegs ausnützten, ermahnte er mich in einer persönlichen Unterredung, mich nicht beirren zu lassen, sondern dafür zu sorgen, daß eine geordnete Arbeit durchgeführt werde, er sei mit meiner Art und Weise einverstanden und werde mich schon, wenn es notwendig sei, unterstützen«[296].

Ohne diese Vertrauenserklärung überzubewerten, läßt sich daraus zweierlei entnehmen: Erstens wurde Wehners Arbeit von Thälmann geschätzt und zweitens geschah dies wahrscheinlich nicht ohne Seitenblick auf die im Politbüro von Zeit zu Zeit hochkommende Kritik am »Mitarbeiterwesen«. Wehner war der lebende Beweis dafür, daß auch solche Funktionäre berücksichtigt wurden, die nicht zur häufig aus Hamburg stammenden Seilschaft Thälmanns gehörten. Andere Mitglieder der Führung sahen dies offenbar ähnlich, sonst hätte Wehner im Herbst 1932 wohl kaum den ehrenvollen, aber auch risikoreichen Auftrag erhalten, zusammen mit dem jungen wirtschaftswissenschaftlichen Kronzeugen der Partei, Jürgen Kuczynski, einen Band zum Gedenken an den vor fünfzig Jahren verstorbenen Karl Marx herauszubringen.[297]

Dies führte zu der Frage, welche Rolle und Bedeutung Thälmann in der politischen Entwicklung jener Jahre zuzumessen ist. »Von der Parteien Haß und Gunst verzerrt« gibt es Einschätzungen, die zwischen den Extremen »Korporal Stalins«[298] und dem von der offiziellen kommunistischen Geschichtsschreibung[299] in leuchtenden Farben gemalten Bild des Helden und Märtyrers der deutschen und internationalen Arbeiterklasse schwanken. Dabei ist verständlich, daß er nicht nur in kommunistischer Sicht als Verkörperung des Widerstandes gegen die braune Diktatur dargestellt wird, der sich auch durch körperliche und seelische Folter und langjährige Haft nicht brechen ließ. Nicht akzeptabel ist aber, daß die schon vor 1933 aus durchsichtigen politischen Gründen entstandenen Legenden nach 1945 unkritisch übernommen und teilweise noch ausgeschmückt wurden. Das galt für seine Rolle im Hamburger Aufstand (Oktober 1923) wie beim Abbruch der Barrikadenkämpfe während des Berliner »Blutmai« (1929).

Organisator und militärischer Leiter des Hamburger Aufstandes war nicht Thälmann, sondern der fünfundzwanzigjährige Student und ehemalige Leutnant Hans Kippenberger (später Leiter des militärischen Geheimapparates der KPD, während der Moskauer »Säuberungen« ermordet). Gegen ihn hatte Thälmann als Bezirksleiter von Groß-Hamburg noch ein Verfahren wegen »provokatorischer Handlungsweise« mit dem Ziel der Absetzung erfolgreich durchgeführt, weil Kippenberger für die von ihm geführten »Proletarischen Hundertschaften« einige Schußwaffen besorgt und Schießübungen veranstaltet hatte, während anderswo die Hundertschaften nur mit Stöcken und Knüppeln ausgestattet worden waren. Die »Ausbildung« bestand meist aus Marschübungen im Betriebsgelände oder im freien Feld.[300]

Thälmann hatte überdies nur wenige Tage vor dem Hamburger Aufstand gegen ein von den Führungen der Hamburger Linksparteien (VSPD, KPD, USPD) und dem örtlichen ADGB ausgehandeltes Einigungsprogramm keine Einwände. Dort war unter anderem verabredet worden, zum »Schutz der Republik« und »zur Förderung der Interessen aller wirtschaftlich Schwachen zusammenzustehen«, die »Verfolgung von parlamentarischen(!) und wirtschaftlichen Interessen der Arbeitnehmerschaft den Gewerkschaften zu überlassen und sich seitens der politischen Parteien jeder Einmischung in die Lohn- und Gehaltspolitik der Gewerkschaften zu enthalten« sowie »jedem parteipolitischen Mißbrauch der Betriebsräte entgegenzuwirken« und schließlich »den Auseinandersetzungen zwischen Linksparteien in Presse und Versammlungen freund-nachbarliche Form zu geben«[301].

Dies ist nur ein kurzer Hinweis darauf, daß Thälmann die Bedürfnisse der Arbeiterklasse nicht immer – gewissermaßen von der Wiege bis zur Bahre – auf im kommunistischen Sinne eindeutige, das heißt revolutionäre Weise durchzusetzen versuchte, sondern sich, wie andere engagierte Sprecher der Arbeiterbewegung auch, sehr ambivalent verhielt. Das galt für den jungen Gewerkschafter und Sozialdemokraten, der 1914 zum ersten Vorsitzenden der Kutscher aller Branchen Hamburgs (im Verband der Transportarbeiter) gewählt worden war, wie für den revolutionären Obmann und Vorsitzenden der Hamburger USPD (1919/20) und schließlich auch für den führenden Funktionär der Hamburger KPD (ab 1921).

Was ihm aus schwierigen Situationen heraushalf, war – wenigstens in den Anfangsjahren – sein politischer Instinkt und die ungeschminkte Rede. Im ersten Jahr seiner KPD-Mitgliedschaft beeindruckte er damit sogar Lenin und Trotzki, als er auf dem III. Kongreß der kommunistischen Weltbewegung (Juni/Juli 1921) die Kritik Lenins an der Märzaktion der KPD im Raum Halle – Merseburg – Mansfeld und an den Entlastungsaktionen in Hamburg und anderswo mit dem Argument scharf zurückwies: »Die Massen in Deutschland hätten es nicht verstanden, wenn man ihre mitteldeutschen Brüder hätte verbluten lassen.« Die von Paul Levi geübte öffentliche Kritik am Putschismus der KPD (die Lenin in gewissem Umfang teilte)[302] prangerte er als einen für die Massen unverständlichen Disziplinbruch an.[303]

Sich auf die Massen, auf deren Klasseninstinkt und deren stets vorhandenes Mißtrauen gegenüber allem, was von »oben«, von den Herrschenden kam, zu berufen, das gelang ihm mit einer Glaubwürdigkeit wie keinem anderen KPD-Funktionär. Diese und die sie begleitende Popularität waren seine Stärke, die seinen Aufstieg innerhalb der KPD wesentlich begünstigten. Sie machten aber auch seine Grenzen aus. Selbst Wehners zurückhaltende Wertung zeugt davon: »Ich bin nicht der Mann, der [...] sagen kann: Dies war Thälmann [...] Entgegen der Legende, die um mich verbreitet wird, war ich keineswegs sein ständiger Begleiter. Das war ein ausgesprochener Arbeiter [...], der zeitweilig auch von den intellektuellen Gruppierungen, die mit anderen in der Kommunistischen Partei im Streit lagen, benutzt wurde. Mit benutzt meine ich nicht nur, daß sie ihn vor sich herschoben, sondern daß sie seine ausgesprochene Arbeiteraffinität sich nutzbar machten für ihre Richtung.«[304]

Sehr viel ungeschminkter war das zeitgenössische Urteil von Clara Zetkin. Sie schrieb Anfang Juni 1932, kurz nach dem Konflikt, der durch die Niederlage der KPD in den Reichspräsidentenwahlen ausgelöst und mit Neumanns[305] Ablösung nur formal beendet worden war, an Maria Reese, eine Reichstagsabgeordnete, die von der SPD zur KPD übergetreten war[306]: »Ich bin mir keine Minute über Teddys [Thälmanns] Unzulänglichkeiten im Unklaren. Trotzdem stütze ich ihn persönlich aufrichtig und stütze ihn noch jetzt gegen persönliche Treibereien. Ich betrachte ihn als das persönlich verkörperte Symbol oder die Fahne der Partei, daß sie eine revolutionäre proletarische Politik treiben will. T. hat persönliche Eigenschaften für diese Aufgabe. Unter zwei Voraussetzungen: 1. Man darf ihn nicht selbstherrlich und größenwahnsinnig machen. Maslowskis[307] Broschüre ist großer Unfug [...] 2. T. muß eine gute beratende Körperschaft zur Seite haben, der reifste Theoretiker, erfahrene Praktiker und charakterstarke Persönlichkeiten angehören und die ganz kameradschaftlich zusammenarbeiten. Sie sollte nicht nach Fraktionsriecherei zusammengesetzt sein.« Und weiter: »Ich muß bekennen, daß ich T's letztes großes Referat zur Situation[308] für unzulänglich halte. Er ging den Dingen nicht auf den Grund und wusch den Pelz ›bolschewistisch‹, ohne ihn naß zu machen.«[309]

War von diesem – zumindest nach innen – kritischen Geist der alten europäischen und deutschen Arbeiterbewegung noch etwas in Thälmanns Reden zu spüren? Bei offiziellen Anlässen – etwa auf Bezirksparteitagen – oder vor dem Zentralkomitee (der letzte Parteitag auf Reichsebene lag schon drei Jahre zurück) sprach er wie die anderen führenden Funktionäre auch überwiegend in jenen immer abstrakter werdenden Substantiven, denen das Wort »durchführen« und andere Worte aus der bürokratischen Kommandosprache angehängt wurden – fast schon leblose Tätigkeitsworte, die nicht auf kritische Diskussion aus waren, sondern nur noch auf den Vollzug des von ihm selbst oder von außerhalb Befohlenen.

Carl von Ossietzky, der die Führungen beider großer Parteien der Weimarer Linken nicht zuletzt deshalb so unnachsichtig kritisierte[310], weil er in beider Bündnis die einzige noch mögliche Abwehrfront gegen den Sieg des Nazismus sah, hielt der KPD nicht zuletzt ihren betonten Klassenstandpunkt und ihre Vitalität zugute[311]. Ob er selbst von der Notwendigkeit und Unwandelbarkeit des Klassenkampfes ausging, ist mehr als zweifelhaft. Für Thälmann war dieser eine unumstößliche Wahrheit, mehr noch: eine Glaubensgewißheit. Wer davon abwich, mußte tiefe Reue zeigen und Buße tun, um wieder angenommen zu werden. Wer gar davon abfiel (oder das Stadium der Gläubigkeit nie erreicht hatte), war ein Verräter an seiner Klasse.

Die Achtzigtausend beispielsweise, die am 18. Juli 1932 aus Dresden und ganz Ostsachsen zusammengeströmt waren, um Thälmanns Wahlkampfrede zu hören, glaubten ihm, wenn er sich zu Bebels Aussage auf dem Dresdener Parteitag von 1903 bekannte, »der Todfeind dieser bürgerlichen Gesellschaft und dieser Staatsordnung« bleiben zu wollen, und wenn er statt dessen »Sowjetdeutschland« als das Ziel der KPD anbot. So abstrakt das Programm vielen klang, so bot es immerhin eine Hoffnung in der Zeit der Hoffnungslosigkeit, des täglichen Hungers und der sozialen Demütigung. Aber die Hunderttausende aus der Arbeiterschaft, die Thälmann dort nicht zuhören bzw. nicht die KPD wählen wollten – waren sie allesamt Verführte oder Verräter?

War nicht schon zu Bebels Zeiten die Arbeiterklasse als geschlossenes soziales Ganzes ein immer schwerer aufrechtzuerhaltender Mythos gewesen, der kaum noch ausreichte, ein komplexes Bündnis von nach Wirtschaftssektoren, Funktionen, Ausbildung, Fähigkeiten und Leistung immer stärker sich differenzierenden Gruppen von Arbeitnehmern und kleinen Selbständigen zusammenzubinden? In den drei Jahrzehnten seither hatte sich dieser Differenzierungsprozeß erheblich verstärkt. Die Wirtschaftskrise hatte eine weitere Aufspaltung hinzugefügt: die zwischen Arbeitsplatzbesitzenden und Erwerbslosen.

Selbst wer der kommunistischen Propaganda über »die Sowjetunion – das Rote Paradies«[312] mehr vertraute als der bürgerlichen Gegenpropaganda oder der meist fundierteren sozialdemokratischen Kritik: die Verfolgung und Unterdrückung Andersdenkender durch die sowjetische Diktatur und deren Spiegelung in der intoleranten Praxis der KPD gegenüber »Abweichlern« stieß auch jene ab, die den Halbheiten der Weimarer Demokratie und ihrer immer stärker werdenden Überformung durch autoritäre Strukturen mit wachsender Distanz begegneten. Diesen heimatlosen Linken bot auch die KPD keine Heimat trotz großer Nähe zu deren Klassenstandpunkt.

Was hatte es mit der Vitalität auf sich – dem zweiten positiven Merkmal, das Ossietzky der KPD zugebilligt hatte? Zunächst: Vitalität war kein unproblematischer Begriff, vielmehr – von Nietzsche über Georges Sorel bis Henri Bergsons »élan vital« – ein Kontrastbegriff zur politisch-sozialen Rationalität des Modernisierungsprozesses. Ein Begriff zudem, der ins Deutsche übertragen – als jugendliche, die Zukunft für sich reklamierende Lebenskraft – eine Bedeutung hatte, deren Zentrum politisch nach rechts gravitierte. Das schloß keineswegs die Möglichkeit aus, Phänomene auf der Linken zu beschreiben – aber eben solche, die eine gewisse Affinität zur Rechten aufwiesen.

Über Jugend als Inbegriff der Zukunft verfügte die KPD auch. Um nur ein naheliegendes Beispiel zu nennen: Auf dem zweiten Bezirksparteitag des KPD-Bezirks Sachsen in Leipzig war über die Hälfte der

Delegierten im Alter bis zu 30 Jahren.[313] Aber es war nur ein sehr begrenzter Teil der Jugend. Selbst Thälmann mußte im Mai 1932 vor dem ZK feststellen, daß, wegen eines gewissen »Schematismus«, den es bei der Jugendorganisation der KPD in noch schlimmeren Maß als bei der Partei gebe, es »kein Zufall [sei], daß der größte Teil der Jugend bei den Nazis ist«[314].

Blieb noch die emotionale Vitalität übrig, also das Bestreben, durch Übereinstimmung und Gleichzeitigkeit der emotionalen Reaktionen der eigenen (Groß-)Gruppe mehr Sicherheit und sich selbst größere Macht zu verschaffen. Dies gelang dann am besten, wo ein möglichst konkretes Feindbild beschworen wurde.

Wenn Thälmann vor einem ausgesuchten KPD-Publikum – meist abweichend vom vorbereiteten Manuskript – auf die ehemaligen Genossen der KPO unter Führung Heinrich Brandlers einschlug, gar von »diesen dreckigen Hunden« sprach, dann war ihm »stürmischer Beifall des gesamten Parteitags« sicher.[315] Nicht mehr so stark war der Beifall, wenn er die Gründung der Sozialistischen Arbeiterpartei (SAP) durch Vertreter des linken SPD-Flügels (Seydewitz, Rosenfeld und andere) als »größtes Verbrechen gegen die Einheit des deutschen Proletariats auf dem Boden des Klassenkampfes« und als »schamloseste[n] Liebesdienst für die Bourgeoisie und das kapitalistische System« bezeichnete. Hier erhielt er nur noch »lebhaften Beifall«[316], weil die Zuhörer die SAP-Gründung eher als ein Problem der SPD und nicht der KPD sahen, was diese auch war. Unterzog sich Thälmann dann den Pflichtübungen und machte den »Trotzkismus« zum »Vortrupp der Konterrevolution«[317] blieb der Beifall aus. Trotzki und der Trotzkismus, das war innersowjetischer Streit – zu fern, zu abstrakt.

»Stürmischer Beifall« klang auch dann auf, wenn er außer der Beschwörung konkreter Feinde – mit denen jeder kommunistische Delegierte fast täglich Umgang hatte (wobei Thälmann den »Kampf gegen den Hitler-Faschismus« weit nach hinten rückte und bei den Delegierten auch auf kein sichtbares Ergebnis stieß) – auf die revolutionären Hoffnungen zu sprechen kam: »Heute versteht jeder in unserer Partei [...] daß, wenn wir wieder eine solche Situation haben würden wie 1923, wir die explosive Flut des revolutionären Handelns zu entfesseln haben.«[318]

Revolution als mobilisierender Hoffnungs- und aktivierender Pflichtbegriff zugleich, der seine Inhaber nicht nur in das höhere historische Recht setzte, geltendes Recht zu brechen, sondern auch in die Pflicht nahm, dies nur auf höhere Weisung und zum befohlenen Zeitpunkt zu tun!

Ähnlich hat aus der Rückschau Wehner die kittende Wirkung des revolutionären Mythos begründet: »Zum Zusammenhalt heterogener Kräfte und der hauptsächlichen Kader der Partei überhaupt hat nicht zuletzt beigetragen, daß innerhalb der Partei die Hoffnung auf baldige revolutionäre Entscheidung wachgehalten und daß ständig an das revolutionäre Empfinden der Genossen appelliert wurde. Die Kurse über ›Der Weg zum Sieg‹ und viele sich daran anschließende Themen gaben den Beteiligten das Gefühl, zum Kern der revolutionären Garde zu gehören, die – auch wenn sie noch so große Mängel aufweisen mochte – doch die historische Aufgabe eines Tages erfüllen werde. Gerade diese Vielgleisigkeit diente der Gleichschaltung und Vergewaltigung selbständiger Gedanken.«[319] Es bedarf nur geringer Phantasie, um sich auszumalen, welche Konsequenzen dies für den Umgang der Mitglieder und Funktionäre miteinander hatte.

»Denkende Genossen« suchten sich mit »befreundeten Genossen« in inoffiziellen Kreisen Luft zu machen, beschafften sich und studierten Literatur »neben der Partei«, ließen »zwischen dem in persönlichen Gesprächen und im vertrauten Kreis Geäußerten und dem ›Auftreten‹ in den offiziellen Parteizusammenkünften« zunehmend »eine Kluft« entstehen, hielten es »schließlich für selbstverständlich [...] unter vier Augen etwas Anderes, oft Entgegengesetztes sagen zu dürfen, als im offiziellen Parteikreis, wo es darauf ankam, die offizielle Linie richtig und nachdrücklich zu interpretieren [...]«

Die Folgen waren: »Verschweigen und Verleugnen von Gedanken und Meinungen und eine mehr oder weniger konspirative Verschleierung persönlicher Freundschaften. Es ergab sich daraus auch eine provokatorische und erpresserische Praxis führender oder streberischer Leute, andere Genossen ›festzulegen‹ und zu ›entlarven‹. Viele kritisch denkende Kommunisten hatten somit ständig sich selbst zu überwachen, um nicht falsch ›aufzutreten‹; waren sie Mitglieder einer Leitung, durften sie über manche Fragen nicht oder nur in gewissen Grenzen zu den Mitgliedern sprechen; innerhalb der Parteiorganisation hatten sie sich einer Art von Parteisprache zu bedienen; gegenüber Nichtparteimitgliedern hatten sie wiederum darauf zu achten, nur das oder gerade das zu sagen, was die Partei denen zu sagen für notwendig hielt.«[320]

Es blieb also nicht nur bei einer Doppelsprache im Orwellschen Sinne.[321] Die Schere im Kopf mußte mindestens vier unterschiedliche

Sprachkanäle zurechtschneiden: die auf der Leitungsebene, die gegenüber den einfachen Mitgliedern, die gegenüber Nichtmitgliedern und die gegenüber befreundeten Genossen. Bei den letzteren mußte die Schere mit besonders großer Sorgfalt gehandhabt werden, jedenfalls solange, bis feststand, nicht an falsche »Freunde« geraten zu sein.

Wehners Fazit: »Eine Parteilehre, die eine solche Praxis hervorgebracht hat, kann nicht gesund sein. Sie sondert und verfeindet die denkenden Menschen zuletzt in sich selbst und mit sich selbst. Nur robuste Nichtdenker oder zynische Streber können in einer solchen Atmosphäre gedeihen und Erfolg haben. Für die Entwicklung der Arbeiterschaft zum eigenen Denken und Handeln war die aus dieser Lehre entstandene Parteipraxis mehr als ein Hindernis. Sie war Gift.«[322]

Insgesamt eine Vitalität, die zwar in dem von ihr teils organisierten, teils reflektierten sozialen Protest – etwa wenn Tausende von Erwerbslosen auf den Hungermärschen skandierten: »Gebt uns Arbeit und Brot, sonst schlagen wir Euch tot« – noch am glaubwürdigsten wirkte[323], die aber ihre Energien sonst weitgehend nach innen verzehrte oder sie durch das Gift des Hasses auf »Abweichler«, »Renegaten« und »Sozialfaschisten« zersetzen ließ. Kein Wunder, daß am Abend des »Papen-Putsches« am 20. Juli 1932 die Nachricht von der Absetzung der preußischen Regierung unter Braun und Severing in kommunistischen Versammlungen mit minutenlangen Beifallsstürmen aufgenommen wurde[324].

Damit soll nicht behauptet werden, daß eine grundsätzlich andere Haltung der KPD am 20. Juli 1932 das Schicksal der von der SPD geführten Regierung in Preußen noch hätte aufhalten können. Die Weichen für die Politik des zeitweiligen Burgfriedens innerhalb der Linken hätten spätestens unmittelbar nach den Preußenwahlen im April 1932, als die Koalitionsparteien in Preußen die Mehrheit im Landtag verloren hatten, gestellt werden müssen. Vielleicht hätte die SPD durch eine breite Massenmobilisierung mit Demonstrationen und Warnstreiks *vor* dem 20. Juli 1932 Hindenburg und Papen von ihrem Vorgehen abhalten können. Die traditionelle Taktik der Partei und der ansteckende Defaitismus[325] eines meist überschätzten Mannes wie Otto Braun hatte zum Verzicht der SPD auf eine solche aktive Politik geführt.

Am Tag des »Preußenschlags« war jeder Abwehrversuch mit einem enormen Risiko belastet; ob der moralische Gewinn das dabei unvermeidbar vergossene Blut aufgewogen hätte, bleibt zweifelhaft.

Die KPD-Führung hatte sich schon vorher als aktive Mitgestalterin der Politik verabschiedet. Ihr Zugewinn von rund 780000 Stimmen (von 4,59 auf 5,37 Mio. Stimmen) in den Reichstagswahlen vom 31. Juli 1932 betrug kaum mehr als ein Zehntel dessen, was die Nazipartei seit dem September 1930 hinzugewonnen hatte. Einige Wochen später wurden auf der 12. Plenartagung der Kominternexekutive auf Moskauer Geheiß die kümmerlichen Ansätze einer elastischeren Einheitsfronttaktik, die es nach Neumanns Ablösung gegeben hatte, schon wieder »liquidiert«. Dabei tat sich Ulbricht besonders hervor[326], denn er hatte mit seinem Aufruf vom 16. Juni 1932 zu gemeinsamen Aktionen mit SPD-Organisationen sich einer »rechtsopportunistischen Abweichung« schuldig gemacht. Die erneute Verschärfung des Kampfes gegen den »Sozialfaschismus« mündete in jenen Streik gegen die Berliner Verkehrsgesellschaft (BVG) Anfang November 1932 ein, bei dem Kommunisten und NS-Betriebsobleute gemeinsam Streikposten standen.

Die Rechnung von Joseph Goebbels war insoweit aufgegangen, als die Nationalsozialisten mit kommunistischer Hilfe stärker in die Arbeiterschaft eindringen konnten. In den Arbeitervierteln Berlins hatte die NSDAP bei den Reichstagswahlen am 6. November 1932 sehr viel geringere Stimmverluste als in den bürgerlichen Stadtteilen.[327]

Die absoluten Stimmengewinne der KPD (von 5,37 Mio. auf 5,98 Mio.) waren geringer als in den beiden vorausgegangenen Reichstagswahlen. Sie reichten noch immer nicht aus, die Mehrheit des »Proletariats« – ihr wahlstrategisches Hauptziel – zu erobern.[328] Die Zugewinne waren immerhin groß genug, um den konservativen Eliten ein zusätzliches Argument für eine Koalition mit Hitler als Kanzler gegenüber dem noch zögernden Reichspräsidenten in die Hand zu geben. Ehe dieses Ziel am 30. Januar 1933 – auch mit Hilfe erpresserischen Drucks auf Hindenburg und dessen Sohn wegen deren Verwicklung in den Osthilfeskandal – zustande gekommen war, zogen am 25. Januar 1933 noch einmal über hunderttausend Kommunisten am Karl-Liebknecht-Haus auf dem Bülow-Platz vorbei. Die Nationalsozialisten waren am gleichen Ort drei Tage zuvor in provokatorischer Absicht – »mit Front gegen das Karl-Liebknecht-Haus« – aufmarschiert.

Die Antwort der KPD beeindruckte auch Gegner. Der Chefredakteur des *Vorwärts*, Friedrich Stampfer, der die Demonstration beobachtete, sprach von einem »Erlebnis« und schrieb: »Auch das schärfste Urteil über die Politik der kommunistischen Führung kann nichts ändern an der Hochachtung, die diese Massen verdienen. Durch klirrenden Frost und schneidenden Wind zogen sie in abgeschabten Mänteln, in dünnen

Walter Ulbricht (auf dem Podium rechts)
bei einer Kundgebung der KPD vor
dem Karl-Liebknecht-Haus in Berlin
am 25. Januar 1933. Fünf Tage vor Hitlers
»Machtergreifung« zogen noch einmal
hunderttausend Kommunisten auf den Bülow-Platz.

Jacken, in zerrissenen Schuhen stundenlang. Zehntausende blasser Gesichter, aus denen die Not sprach, aus denen aber auch der Opfermut sprach für die Sache, die sie für die richtige halten.«[329]

So groß das Verständnis Stampfers für den »tausendmal berechtigten Haß« der Demonstranten gegen eine sie zu »Not und Elend« verdammende Gesellschaftsordnung und so berechtigt seine warnende Feststellung gewesen sein mag, die Gräben innerhalb der Arbeiterklasse zwischen den »Elendsproletariern« und den »qualifizierten Arbeitern« würden, wenn sie nicht aufgefüllt werden könnten, die Parteispaltung (zwischen SPD und KPD) sozial untermauern: Die *Rote Fahne* lehnte das einen Tag zuvor in Fragen des *Vorwärts* an die KPD eingekleidete Angebot eines Nichtangriffspaktes zwischen beiden Parteien – ähnlich den Nichtangriffspakten zwischen der Sowjetunion und kapitalistischen Ländern – brüsk ab. Sie nannte den Vorschlag »eine infame Verhöhnung des antifaschistischen roten Berlin«[330]. Wenn die Machtergreifung der Nazis nur eine notwendige Übergangsstufe zur proletarischen Revolution bildete, weshalb dann Nichtangriffspakte mit dem Hauptgegner, der Sozialdemokratie?

Die in der kommunistischen Anhängerschaft besonders intensiv wachgehaltene »rote Glut«[331] diente mit ihrem Widerschein ein letztes Mal der Illuminierung einer kommunistischen Führung, deren Passivität nur noch vom Grad ihrer Selbsttäuschung überboten wurde. Sie war unfähig, die nach dem 30. Januar 1933 eingetretene Lage zu begreifen. Die Schlagzeilen der bürgerlichen Presse – in denen Hitler von Hugenberg und Papen »eingerahmt« wurde – schienen jene im Politbüro zu bestätigen, die Hitler weiterhin als bloßen Agenten oder gar Gefangenen des Finanzkapitals sehen wollten und sich dadurch in einer Pseudosicherheit wiegten, die seltsame Blüten trieb. »Pieck machte sich geradezu einen Spaß daraus, in seinem Arbeitszimmer im Landtag zu sitzen und damit zu prahlen, daß er dies tue.«[332]

Sie alle übersahen, daß die rote Glut die große Maschine nicht mehr antrieb, ja nicht einmal mehr diejenigen wärmte, die nach deren Stillstand der Kälte der Verfolgung, der Folter und des Todes ausgesetzt waren. Sie zählten bald nach Zehntausenden.[333]

Unter ihnen befand sich auch Ernst Thälmann, dessen Aufenthaltsort Anfang März 1933 von einem vertrauten Mitarbeiter der KP-Zentrale – Alfred Kattner[334] – an die Gestapo verraten worden war. Einige Wochen zuvor hatte Thälmann auf einer Funktionärskonferenz bei Zeuthen (7. Februar 1933) deutlich gemacht, was auf die KPD zukommen würde: »Nicht nur Parteiverbot, nicht nur faschistische Klassenjustiz, sondern alle Formen des faschistischen Terrors; darüber hinaus: Masseninternierungen von Kommunisten in Konzentrationslagern, Lynchjustiz und Meuchelmorde an unseren tapferen antifaschistischen Kämpfern, insbesondere an kommunistischen Führern.«

Unerfindlich bleibt, wieso er nach einer illusionslos richtigen Beschreibung des Kommenden dann zugleich der KPD »in ganz Deutschland« die selbstmörderische Aufgabe zuwies: »Eine Kette ununterbrochener, miteinander verflochtener und sich gegenseitig ablösender Aktionen, die Entfaltung aller Formen des Massenwiderstandes und Massenkampfes gegen die faschistische Diktatur. Das ist die entscheidenste Aufgabe im Kampf um die proletarische Mehrheit [...]«[335]

Mit diesem Widerspruch, bei der partielle Klarsicht immer wieder von Illusionen überlagert und vergewaltigt wurde und den niemand so stark verkörperte wie Thälmann, mußte die KPD auch in den beiden folgenden Jahren leben. Auch wenn sich nicht mehr genau beziffern läßt, wie viele Opfer auf das Konto dieser »Massenaktionen« gingen: der braunen Diktatur und ihren Schergen wurde dadurch die Verfolgung von Kommunisten erheblich erleichtert. Dieser Widerspruch war Jahre vorher durch die »Wegbereiter«-These theoretisch untermauert worden. Sie ging von der Annahme aus, daß die faschistische Diktatur und ihre »Politik der offenen Gewalt« die große revolutionäre Krise und die dadurch folgende Machtergreifung des Proletariats unter Führung der KPD auslösen würde. Die Illegalität, in die die Partei eventuell gedrängt würde – damit rechnete die KPD-Führung seit Sommer 1930, weil mit der Brüning-Regierung angeblich die »faschistische Diktatur« die Macht ergriffen hätte[336] –, sei nur vorübergehend.

Obwohl die KPD durch ihren geheimen Militärapparat und durch zahlreiche verdeckte Nebenorganisationen organisatorisch besser als jede andere Partei auf die Illegalität hätte vorbereitet sein müssen, verspielte sie auf diese Weise einen Großteil ihrer Möglichkeiten.[337]

VII In der Illegalität

1933: Strategischer Rückzug oder Katastrophe?

Inwieweit ist Wehner dieser Selbstnarkotisierung erlegen? Zwar versuchte er Fehler bei der Vorbereitung der illegalen Arbeit zu vermeiden und dabei insbesondere gegen die Sorglosigkeit bei der Einberufung von Parteikonferenzen – etwa zu der erwähnten Funktionärskonferenz[1] am 7. Februar 1933 in der Sportstätte »Ziegenhals« bei Zeuthen – sowie gegen die Überzentralisierung von Kurierverbindungen, also gegen die Schwerfälligkeit des Apparats, anzugehen. Aber er blieb insgesamt eingewoben in das Netz der selbstgefälligen Siegessicherheit einer bürokratisierten Parteielite, die, weil sie die Anhänger zu bloßen Objekten degradierte, nicht gewahr wurde, daß sie längst vom historischen Subjekt zum bloßen Objekt der Verfolgung geworden war, und die gleichwohl an der Illusion festhielt, das historische Gesetz auf ihrer Seite zu haben.

»In den Jahren vor 1933 habe ich alle erreichbaren Schriften Lenins, Trotzkis, Bucharins, Stalins und anderer bolschewistischer Parteileute gelesen. Dabei beging ich den Fehler, zu glauben, daß die darin wiederklingenden Auseinandersetzungen und freimütige Kritik innerhalb der Arbeiterorganisationen nicht nur [nicht] der Vergangenheit angehörten, sondern dem Wesen der Leninschen Organisation entsprächen und noch in der Gegenwart lebendig zu erhalten seien. Die Konsequenzen der totalitären Lehre von der Partei und von der Diktatur des Proletariats vermochte ich infolgedessen nicht richtig zu erkennen.«[2]

Wie sehr Wehner die personellen Mängel vor die strukturellen schob und sich dadurch den Blick auf die letzteren verstellte, wird im Zusammenhang mit jenem berüchtigten Brief besonders deutlich, den Heinz Neumann kurze Zeit nach der Verhaftung Thälmanns im März 1933 an Hermann Remmele geschickt hatte. In diesem Brief, den ein im Auftrag Wehners handelnder ZK-Mitarbeiter in Remmeles Berliner Wohnung nach dessen Abreise nach Moskau gefunden hatte, drückte

Neumann seine Genugtuung über Thälmanns Verhaftung aus und forderte Remmele auf, »Liebknecht und nicht Haase zu sein«[3] – also im Kampf um die Mehrheit innerhalb der KP-Führung selbst die Spaltung zu riskieren.

Wehner war über den Brief tief empört: »Gerade weil ich selbst so kritisch zur politischen Praxis der Partei stand und weil ich viele ihrer Fäulniserscheinungen und schwachen Stellen genau erkennen konnte, empörte mich diese in der Zeit schärfster Verfolgung und tiefer Erniedrigung geäußerte unverhohlene Schadenfreude. Gerade Neumann und Remmele, die moralisch verkommene hemmungslose Karrieristen waren, und die selbst ihr gerüttelt Maß zu diesem Elend beigetragen hatten, waren die letzten, die jetzt dazu berechtigt gewesen wären, sich als Kritiker und Richter aufzuwerfen. So empfand ich auch eine von Remmele verfaßte Denkschrift über die Kader der Partei als nichts anderes, denn als Versuch, sich selbst und seine Clique in ein günstigeres Licht zu stellen. Schlimm war bei alledem, daß Remmeles Kritik – bei aller Heimtücke und moralischen Falschheit ihres Vertreters – auch auf die tatsächlichen Vergehen der Partei und ihrer Leitung einging, ohne Remmeles und seiner Freunde wirkliche Rolle zu erwähnen. Remmele griff manches auf, was tatsächlich hätte gesagt werden müssen. In den folgenden Jahren brauchte die Parteileitung gegenüber jeder kritischen Anmerkung den Vorwurf, ihr Träger sei inspiriert von oder verbunden mit der Neumann-Gruppe. Sogar die Unterdrückung der Feststellung, daß die deutsche Arbeiterklasse 1933 eine katastrophale Niederlage erlitten hat, geschah offiziell mit der Begründung, daß der Neumannschen Zersetzungsarbeit kein Spielraum gegeben werden dürfte.«[4]

Seine Abscheu gegenüber den auch in der Stunde der tiefsten Niederlage fortdauernden Personen- und Cliquenkämpfen klingt auch da noch nach, wo Wehner sich – Jahre später – um eine objektivere Einschätzung der innerparteilichen Kämpfe bemühte. Das Ausmaß der Niederlage blieb in den ersten Tagen nach dem Reichstagsbrand auch deshalb verborgen, weil trotz der nun begonnenen massenhaften Verfolgung in den Reichstagswahlen am 5. März 1933 immer noch fast fünf Millionen Wähler ihre Stimme der KPD gegeben hatten.

Danach begann, beschleunigt durch das »Chaos« an der Spitze[5], um so vehementer der Auflösungsprozeß der Partei, in dessen Gefolge »Massen desillusionierter Mitglieder der Partei und ihrer Nebenorganisationen in die halbmilitärischen Organisationen der Deutschnationalen und schließlich in die SA und NSDAP«[6] überwechselten.

Der sichtbarste Höhepunkt dieser im Frühjahr 1933 immer weiter um sich greifenden »Niederlagenstimmung« auch unter den bisher treuesten Anhängern, die sich von ihrer Organisation im Stich gelassen fühlten, war der 1. Mai 1933, an dem gewerkschaftliche Organisationen – die sich schon weit mit den Nazis eingelassen hatten – und Belegschaften unter dem Hakenkreuz aufmarschierten. Auch der verbohrteste Anhänger der bisher durch Komintern und KPD betriebenen Katastrophenpolitik hätte nun begreifen müssen, »wie tief unser Absturz in die Katastrophe war. Ich bin an diesem Tage durch viele Teile Berlins gegangen, habe die massenhafte Beflaggung der Wohnungsfenster gesehen und das Geschrei der Lautsprecher aus den offenen Fenstern gehört. Mir war elend zumute und ich dachte, wie viel Widerstandskraft dazu gehöre, gegenüber diesem Massenwahn und dieser Massenunterwerfung fest zu bleiben und ihnen entgegenzuarbeiten.«[7]

Wie sehr hatte sich Berlin in den drei Monaten seit dem 30. Januar 1933 verändert! Das voller Unruhe und Dynamik vibrierende, das sorglose und lebensgierige, das von Goebbels als »Augiasstall« und »Babel« beschimpfte, das freie, das kleinbürgerliche, das proletarische Berlin, das am 5. März 1933 noch mit 52 Prozent der Stimmen kommunistische und sozialdemokratische Kandidaten in den Reichstag gewählt hatte, trotz zunehmender Zeitungs- und Versammlungsverbote, trotz der begonnenen Hexenjagd auf die Anhänger der beiden linken Parteien – wo war es geblieben? Es war versunken in einem Meer von Hakenkreuz- und schwarz-weiß-roten Fahnen und von Uniformen, die ihre Träger von jeder Individualität »befreiten« sowie im Triumphgesang und im Marschtritt der braunen, schwarzen und der anderen, sich in Marschtritt und -gesang immer stärker angleichenden Kohorten.

Diese ungeheuere Verwandlung Berlins, in der das nachvollzogen und ins Megalomanische gesteigert wurde, was schon Monate zuvor in den Städten und Gemeinden außerhalb geschehen war, blieb auch kritischen ausländischen Beobachtern[8] nicht verborgen. Was sich diesen aber höchstens durch Einzelschicksale von Bekannten mitteilte, war für Wehner bei jedem Schritt und bei jedem Atemzug spürbar: das Meer der Angst, dessen entsetzliche Botschaften jeden Winkel erreichten, die geheimsten Verstecke umspülten.

Dieses Grauen wuchs nicht nur durch die Verfolgungsjagden der Gestapo, deren neuernanntem Chef, Rudolf Diehls, führende Kommunisten wie Ernst Torgler allzu lange mit Vertrauen begegnet waren[9], nicht allein durch die Nachricht von den Folterhöllen der SA in den

Kellern und in den improvisierten Konzentrationslagern der Anfangszeit. Auch ein zuvor teils freundlicher, teils gleichgültiger Nachbar konnte sich über Nacht in einen wildgewordenen Spießer, in einen Denunzianten oder gar Folterer verwandelt haben. Es war unmöglich, sich diesem Meer der Angst und des losgelassenen Hasses zu entziehen. Und es bedurfte äußerster seelischer Kräfte, wenigstens den Kopf oben zu behalten, nur verstohlene Schwimmbewegungen in der Hoffnung zu machen, einen einigermaßen geschützten Winkel zu erreichen.

Und dennoch: Inmitten dieser für alle Kommunisten existentiellen Situation ein Machtkampf um die durch Thälmanns Verhaftung verwaiste Führung!

Kurz nach dem 3. März 1933, dem Tag der Verhaftung des KPD-Führers, wurde vom Sekretariat beschlossen, John Schehr (seit 1932 Sekretariats- sowie Politbüromitglied und langjähriger Vertreter Thälmanns) und Hermann Remmele nach Moskau zu schicken. Sie hatten dort über die Lage in Deutschland zu berichten. Ulbricht, der, wie Wehner sich erinnerte, »den Eindruck außerordentlicher Frische« machte und nun versuchte, »die Fäden in seiner Hand zu zentralisieren«[10], mußte die ihm in Abwesenheit Schehrs übertragene Führung der Partei im Lande sehr bald mit dem aus Hamburg herbeigeeilten Hermann Schubert teilen. Dieser war nicht nur Mitglied des Politbüros und Sekretär des Bezirks Wasserkante. Er konnte außerdem geltend machen, daß ein Beschluß bestehe, aufgrund dessen er an Thälmanns Stelle zu setzen sei. Beide versuchten leitende Positionen umzubesetzen und forderten Wehner auf, »die Leute aus dem zentralen Apparat zu entfernen, die mit Teddy [Thälmann] herumgesoffen« hätten.

Wehner kam diesem Verlangen, das durch keine Beschlüsse innerhalb der Leitung autorisiert war, offensichtlich nicht nach. Schon vor 1933 hatte er die Erfahrung gemacht, daß Ulbricht »im großen Umfang Kader verbrauchte, aber nur Nachbeter und Stümper erzog«. Jetzt konnte er diese Beobachtungen »vertiefen«. Ulbrichts Stärken lagen nach Wehners Einschätzung in seiner »unermüdlichen Geschäftigkeit«, in seiner Fähigkeit, »stets besser informiert zu sein als andere« (auch über die Moskauer Entwicklungen) und »viel hartnäckiger der Durchführung von Einzelheiten nachzugehen«. Er war kaltblütiger als die meisten anderen KPD-Führer und konnte anfangs mit der Unauffälligkeit seines Erscheinungsbildes – in einer Metropole wie Berlin ein Buchhalter unter Zehntausenden anderer Buchhalter – Gefahren entgehen, denen andere mit prägnanteren und bekannteren Gesichtern stärker ausgesetzt waren.[11]

Der Kitt des Bündnisses zwischen Ulbricht und Schubert bestand einzig in der Sorge vor einem dritten Konkurrenten um Thälmanns Nachfolge. Schehr hatte – nach einem anfänglichen Dissens mit der Kominternexekutive schon vor seiner Abreise[12] – zwar seinen Führungsanspruch in Moskau bestätigt bekommen, konnte diesen in Deutschland aber nur schwer durchsetzen. Er fand zwar Unterstützung bei Kippenberger, dem Leiter des geheimen Militärapparats der Partei. Der Gestapo waren im Sommer und Spätsommer 1933 aber wesentliche Teile dieses Apparats in die Hände gefallen. Darunter waren ein Teil der sogenannten »Paßfälscherzentrale« (im Fuß des großen Teleskops der Berlin-Treptower Sternwarte, wo ein Kommunist Dienst tat), die Tausende falscher Pässe für die Komintern, die GPU und viele kommunistische Parteien hergestellt hatte, sowie das schon erwähnte Parteiarchiv mit den Dossiers von Tausenden von Funktionären. Unter den Verhafteten befanden sich die Apparat-Leiter für die Zersetzung der Reichswehr, der NSDAP und der Polizei.[13] Dadurch wurde die Unterstützung Schehrs von dieser Seite stark entwertet.

Die Kluft zwischen der Idee einer solidarisch im Untergrund kämpfenden kommunistischen Bewegung und der von Desorientierung, Zynismus und Machtstreben innerhalb der KP-Führung gekennzeichneten Realität wurde trotz der formalen Aufgabenverteilung – für Schehr die Gesamtführung, für Pieck die Auslandsleitung mit dem Sitz in Paris, für Ulbricht die operative Leitung in Deutschland – größer. Besonders absurd war die Beibehaltung der bisherigen »Linie«. John Schehr kam aus Moskau mit einer Lageeinschätzung der Komintern-Führung zurück, in der die Niederlage in Deutschland nicht nur nicht erkannt, sondern im Gegenteil so gesehen wurde, »als spiele sich in Deutschland ein gewaltiger, noch keineswegs entschiedener Kampf zwischen den nazistischen Kräften einerseits und der unter Führung der KPD stehenden Arbeiterklasse andererseits ab. Als gefährlichster Feind wurden die linken (!) Sozialdemokraten bezeichnet, die [...] jetzt besonders gefährlich seien, weil auch sie vom Faschismus verfolgt würden [...] Die offiziellen Resolutionen [...] trieben diesen Wahnwitz noch weiter.«[14]

Als sich ab Juni 1933 nacheinander drei der noch verbliebenen sieben Mitglieder des Politbüros[15] ins Ausland absetzten – zuerst Franz Dahlem, dann Wilhelm Florin, schließlich (im Juli) Wilhelm Pieck – wurde Wehners Position »zwischen den Fronten« der Wettbewerber um die Führung immer prekärer. Er hatte Pieck vor dessen Abreise noch darauf hinzuweisen versucht, zu welchen Konsequenzen der um sich greifende

Kampf zwischen den im Lande verbleibenden Politbüromitgliedern führen müsse. Pieck hörte ihm »wohlwollend« zu, meinte auch, Schehr sei »ja ganz gut«, aber »zu jung« – und ließ »den Dingen ihren Lauf«[16].

Ulbricht und Fritz Schulte versuchten John Schehr immer stärker zu isolieren. Um die zentralen Fäden der technischen und organisatorischen Arbeit, insbesondere die Verbindung zu den Bezirken vollständig in die Hand zu bekommen, wurde »Ulbrichts junger Mann«, Walter Barthel, Wehner zur »Unterstützung und Entlastung«[17] beigegeben, tatsächlich aber, um Ulbricht über alles, was Wehner tat und was er aus dem Lande erfuhr, zu berichten.

Die Differenzen zwischen Ulbricht und Schulte auf der einen und Schehr auf der anderen Seite wurden immer offener ausgetragen: »Ulbricht höhnte über Schehrs Langsamkeit, Schubert schimpfte in Gossentönen und Schehr selbst verhehlte nicht, daß er die Verhältnisse als [...] auf lange Sicht unhaltbar ansehe. Jeder der drei Genannten gruppierte um sich Teile des Apparats und der Mitarbeiter«[18] – soweit diese noch vorhanden waren. Denn die Verhaftungswellen hatten schon während des Frühjahrs 1933 in den Bezirksleitungen und unter den Mitarbeitern der Zentrale enorme Lücken hinterlassen. Laut Gestapo-Angaben sollen bis Anfang Juni 17 von 22 Bezirkssekretären verhaftet worden sein.[19] Wesentliche Teile des mittleren und unteren Funktionärskörpers waren ihr schon im März und April 1933 in die Hände gefallen.

So entstand im Juli 1933 die groteske Situation, daß die Berliner Inlandsleitung auf verschlüsselte Weise den Bezirken und Unterbezirken mitteilen mußte[20], daß sie wegen ihrer außerordentlichen Gefährdung nicht in der Lage sei, in Berlin anreisende Funktionäre zu kontaktieren und zu beraten, und daß zugleich die dennoch aus den Bezirken kommenden und ratsuchenden Funktionäre in Kenntnis des internen Machtkampfes »speziell mit dem einen oder anderen [der Konkurrenten] zu sprechen« verlangten[21].

Die erste Vertrauenskrise

Schon zuvor war Wehner vom Machtkampf in lebensbedrohender Weise betroffen worden. Er wurde schwerkrank und mußte zwei Wochen im Bett liegen. Sein Körper rebellierte gegen die physischen und psychischen Strapazen einer schon Monate dauernden Verfolgung. Die Vertrauenskrise zwischen ihm und dem Apparat spitzte sich zu, als ihm während der Krankheit von Schubert finanzielle Unterstützung mit einer »zynischen Erklärung«, die dem Gruppenstreit entsprang, verweigert wurde. Während seiner Krankheit spielte sich in Köpenick, in unmittelbarer Nachbarschaft seiner Wohnung, ein Kampf zwischen Reichsbannermitgliedern und SA und SS ab, in dessen Verlauf der ehemalige Ministerpräsident Mecklenburg-Schwerins, Johannes Stelling, und andere Sozialdemokraten ermordet wurden. Das ganze Gebiet wurde von mehreren Razzien heimgesucht.

Es fällt nicht schwer zu verstehen, daß nun nicht nur der Körper, sondern auch Geist und Seele zu rebellieren begannen. Statt einer uneinnehmbaren »roten Burg« mit einem unbesiegbaren Kommandanten anzugehören, mußte er erleben, daß dieser durch Verrat dem Feind ausgeliefert worden war, mit ihm Teile der Mannschaft und der Unterführer, während andere Teile in den Vorwerken schon kapituliert hatten oder zum Feind übergelaufen waren, die Hauptleute um die Nachfolge des Kommandanten würfelten oder sich lautlos abgesetzt hatten. Ihm selbst drohte Gefangenschaft oder gar Tod, denn über seine Fähigkeit hatte die Gestapo durch die Verhöre der Verhafteten »ziemlich ausführliche« Angaben bekommen[22]. Vielleicht wähnte er sich in den Fieberphantasien schon gefangen und gefoltert, jener Erfahrung der letzten Einsamkeit ausgesetzt, aus der es kein Entrinnen gibt.

Wie lautete doch das zweite der vom KPD-Apparat herausgegebenen »11 Gebote für das Verhalten Verhafteter«: »Über meine Partei, über meine Genossen mache ich prinzipiell keine Aussagen, weder vor der Gestapo, noch vor dem Untersuchungsrichter, dem Gericht oder ähnlichen Institutionen. Denn: tue ich das trotzdem, so werde ich zum Verräter an der Bewegung, an meinen Genossen, werde früher oder später im proletarischen Gericht erbarmungslos gerichtet werden.«[23] Es gab Hunderte, vielleicht Tausende, die dem Gebot folgten und deshalb ermordet wurden oder sich selbst töteten. Es gab andere, die die Folter zerbrach und die, sobald sie freikamen, auf die angedrohte Weise noch einmal »gerichtet« wurden. Es gab aber auch solche, die, weil sie zum Umkreis der Mächtigen gehörten, in Gnaden wieder aufgenommen wurden.

Von der Krankheit knapp genesen, versetzte ihm die Mitteilung Ulbrichts, es sei beschlossen worden, seine Erfahrungen besser als bisher in der politischen und organisatorischen Arbeit zu nutzen und ihn von den technischen Aufgaben zu entlasten, den nächsten Schock. Sein künftiger Auftrag, sich ausschließlich der Unterstützung der Bezirksleitungen und der Information der zentralen Instrukteure zu widmen, verhieß keine Beförderung, sondern diente nur dem Zweck, »alle Verbindungen so eng wie möglich an Ulbricht anzuschließen«[24].

Bevor Wehner die neue Aufgabe übernahm, versuchte er, sich – gewitzt durch seine jüngsten Erfahrungen – eine Grundlage »für das Verschwinden aus der Reichweite des Parteiapparats«[25] zu schaffen. Als jemand, der im Laufe des Frühjahrs und Sommers 1933 auf den Fahndungslisten der Polizei immer weiter nach vorn geraten war, türmten sich vor ihm schwer überwindbare Hindernisse. Dennoch versuchte er mit Hilfe falscher Papiere, die sich bei einer Prüfung, bei der ihm sein Bruder[26] half, als gut herausgestellt hatten, zunächst in der sächsischen Oberlausitz unterzutauchen, um als Landarbeiter eine Basis zu finden: »Zusammen mit Lotte[27] suchte ich einige Orte auf, wo ich gute und treue Genossen gehabt hatte. Die, auf die ich gehofft hatte, waren nicht nur selbst verhaftet, sondern auch deren Frauen waren in Haft. Der Versuch mißglückte [...] Somit mußte ich zunächst meine Absicht aufgeben, mich unter den damals herrschenden Verhältnissen selbständig zu machen. Aber ich ließ den Gedanken nicht fallen, denn es schien mir wichtig, aus der Sphäre der aufreibenden und zersetzenden Cliquenkämpfe zu verschwinden, um an anderer Stelle Positives leisten zu können.«[28]

Der alte Reflex, nach der Zerstörung der Festung »in die Wälder« zu flüchten, kehrte wieder. Indessen konnte er – angesichts der widrigen Umstände – nicht lange vorhalten. Die sprachliche Dürre, in der er das Zusammenfallen einer äußeren und inneren Krise schildert, läßt auch keinen Raum für eine Antwort auf die Frage, ob und inwieweit sein Glaube an die Idee des Kommunismus und an den Sinn seines Tuns einen unheilbaren Riß bekommen hatte.

Zunächst hat es auch bei Illegalen anderer politischer Richtungen[29] den Versuch gegeben, mit Hilfe des Wechsels der formalen äußeren Identität – gegenüber dem menschenverachtenden NS-Regime wie teilweise der eigenen Parteiführung, die, wie die der KPD in besonders ausgeprägter Weise, ihre Mitglieder und Funktionäre in sinnlosen Aktionen opferte – die innere Identität zu bewahren: Ein anderer zu werden, um sich selbst treu bleiben zu können. Weshalb aber wählte er nach dem Scheitern des Versuchs nicht die Emigration?

Die Antwort auf diese Frage führt in eines der dunkelsten Kapitel der KPD-Geschichte: die Behandlung der Mitglieder und Funktionäre, die ohne Erlaubnis emigrierten, weil sie – fast immer zu Recht – Verfolgung,

KZ und Tod fürchteten. Das begann schon damit, daß der »Deserteur« überhaupt nur Zugang zu einer Anlaufstelle der Auslandsleitung erhielt, wenn er die richtige Antwort auf die Frage wußte: War das, was die Partei im Winter 1933 erlebte, eine Niederlage oder ein strategischer Rückzug?[30] Auch die richtige Antwort (natürlich: Rückzug!) brachte dann nur eine Chance, sich rechtfertigen zu können. Viele, die von den Mächtigen nicht als »nützlich« angesehen wurden, mußten wieder zurück nach Deutschland.

In der ersten Phase der Illegalität kam es vor, daß ein Reichstagsabgeordneter, der nach den Märzwahlen 1933 ins Saargebiet geflüchtet und der Aufforderung seiner Bezirksleitung zur Rückkehr nicht nachgekommen war, vom ZK »wegen Feigheit vor dem Klassenfeind« aus der KPD ausgeschlossen wurde. Der Ausschluß wurde in der Saarbrücker *Arbeiterzeitung* veröffentlicht. Der Betroffene kehrte daraufhin zurück und wurde in »Schutzhaft« genommen.[31]

Während hier zwar auch nach dem Prinzip Befehl und Gehorsam, aber immerhin mit halbwegs offenem Visier gehandelt wurde – wenn auch mit bösen Folgen –, gab es daneben die verdeckte und mörderische Praxis, Kritiker und »unsichere Kantonisten« durch den Feind, die Gestapo, »stumm« zu machen. Illegalen, die bei Kurierreisen in die bald errichteten Grenzstützpunkte (Reichenberg, Basel, Saarbrücken, Brüssel, Amsterdam, Kopenhagen) den dort ansässigen Funktionären der Auslandsleitung die irreale Anweisungen und Siegesmeldungen enthaltenden Broschüren mit den Worten vor die Füße warfen, »für das Geseiche legt keiner von uns den Kopf auf den Block!«, widerfuhr wenig später dieses Schicksal.[32] Auch KPD-Emigranten, die »zur Strafe« in die illegale Arbeit »geschickt« wurden, folgte das nach, »was man einen Uriasbrief nennen möchte, wenn diese Erinnerung an die Untat des Königs David nicht ein Sakrileg wäre (denn David handelte aus Überschuß an Leidenschaft und bereute tief; die Parteibeamten blieben kalt, begründen bis heute ihr Recht auf solche Verbrechen als Folge eines ›geschichtlichen Gesetzes‹, dessen Vollstrecker sie sind)«[33].

In der Nutzung der schwierigen Lage der Illegalen für den innerparteilichen Kampf um die Macht soll Ulbricht eine besondere Meisterschaft entwickelt haben. Die Unübersichtlichkeit der illegalen Arbeit, häufig auch das nach Verhaftungswellen ausbrechende monatelange Chaos deckte solche Verbrechen. Darüberhinaus pflegte Ulbricht Kuriere oder andere zur Berichterstattung aufgeforderte Funktionäre nach der offiziellen Anhörung im größeren Kreis beiseite zu nehmen und sie dann dazu zu bringen, »schonungslos« – auch ein sehr beliebtes Wort innerhalb der KPD – über die wirkliche Lage in Deutschland zu berichten. Kein Wunder, daß er auf Dauer mit diesen jahrelang systematisch gesammelten Informationen allen seinen Konkurrenten überlegen war. Auch Wehner wurde nach seinem Bericht vor der Auslandsleitung im April 1934 auf diese Weise von Ulbricht »betreut«.

Ob und inwieweit Wehner die kriminelle Variante dieser Praktiken bekanntgeworden war, ließ sich nicht ermitteln. Die Tatsache, daß er sich – ob im Inland oder Ausland – Wohnungen[34], Reisedokumente etc. möglichst unabhängig vom »Apparat« zu beschaffen suchte, weil ihm die Gründe für die Verhaftung manch anderer Funktionäre dubios erschienen, läßt beide Deutungen zu: ein generelles, durch Erfahrung erhärtetes Mißtrauen in die Fähigkeiten des »Apparates«, solide Bedingungen für die Untergrundarbeit zu gewährleisten, wie auch ein spezielles Wissen von den mörderischen Praktiken.

Ob generelles oder spezielles Mißtrauen: ohne Aufforderung der Leitung in die Emigration zu gehen, kam für ihn nicht in Frage. Das wäre nicht nur der offene Bruch mit der Partei gewesen, sondern das hätte geheißen, vollends jede Einflußmöglichkeit auf den Widerstand in Deutschland zu verlieren. Den Widerstand gegen die braune Mörderbande, gegen den Inbegriff dessen, was Rosa Luxemburg als »Abstieg in die Barbarei« prophezeit hatte, aufzugeben, hätte aber bedeutet, sich politisch selbst aufzugeben. Denn nur durch diesen Widerstand konnte die Schmach der Niederlage getilgt und die Vorstellung eines Deutschland im Herzen bewahrt werden, das mit Hilfe einer durch ihren Widerstand neu legitimierten Arbeiterbewegung aus der tiefsten Erniedrigung wieder aufsteigen sollte.

Der Wille, in Deutschland zu bleiben, um mit Hilfe der Reste der Parteiorganisation den illegalen Widerstand aufzubauen, wurde auch dadurch gefördert, daß Wehner seit Herbstanfang 1933 selbständiger und »positiver« arbeiten konnte. Seine Nachfolger im Amt des Technischen Sekretärs wurden kurze Zeit später verhaftet – zuerst Walter Barthel, der Mann Ulbrichts, danach Franz Jakobs, den Schubert aus Hamburg geholt hatte. Deren Nachfolger, einem Absolventen der Moskauer Lenin-Schule, Wilhelm Kox[35], Parteiname Schenk, half Wehner beim Einarbeiten und dabei, die ihm in Moskau eingeimpften Vorurteile über die KPD wie über die illegale Arbeit wieder loszuwerden.

Schubert ging im Juli 1933 ins Ausland. Ulbricht folgte ihm im September oder Anfang Oktober. Als dessen Steckbrief an den Plakatsäulen in Berlin angebracht worden war, traf ihn Wehner und riet ihm, für einige Zeit »stillzuhalten«, worauf Ulbricht ihm erklärte, er stünde ohnehin vor der Abreise.[36]

Mit Schehr konnte sich Wehner sehr viel leichter über den Austausch von Parteifunktionären, über den verbesserten Schutz wichtiger Verbindungsleute, über die Aktivierung bisher nicht zur Geltung gekommener Mitglieder und Funktionäre verständigen. Sicherlich verfügte er nicht, wie ihm gelegentlich angedichtet wurde, über eine natürliche Begabung zu konspirativer Tätigkeit – was immer das heißen mag. Aber seine Fähigkeit zu unermüdlicher Kleinarbeit, seine Geduld, mit der er unablässig die immer neu zerrissenen Verbindungen wieder zu knüpfen verstand, und seine Bereitschaft, entmutigte und desorientierte Genossen – das althochdeutsche Wort »genôte« ist hier buchstäblich zu verstehen – dadurch neu zu motivieren, daß er ihnen konkrete Aufgaben zuwies und sie soweit wie möglich vor der »Verhaftungsseuche«[37] zu sichern suchte, machten ihn besonders nach Schehrs Verhaftung am 13. November 1933 zu einer Schlüsselfigur des kommunistischen Widerstandes in Deutschland.

Auch an der Verhaftung Schehrs hat Alfred Kattner, der schon Thälmann ans Messer geliefert hatte, mitgewirkt. Die Tatsache, daß dies möglich war, verstärkten Wehners Zweifel an der Qualität des geheimen Abwehrapparates.[38] Es bleibt die Frage nach den Motiven des Verrats. Ideologische Überzeugung war bei »Verrätern« gewiß am wenigsten anzutreffen. Erpressung durch Folter sehr viel häufiger. Materielle Anreize taten ein übriges, etwa wenn Enttäuschung über das Verhalten der eigenen Partei hinzukam.

Nicht untypisch war die Reaktion des ehemaligen Reichstagsabgeordneten und ZK-Mitglieds August Creutzburg, eines »notorischen Einpeitschers der ›Linie‹«, der als zentraler Instrukteur von Berlin nach Süddeutschland gehen sollte. Er lehnte dies, weil er gefährdet sei, ab und verband die Absage mit »enormen Geldforderungen (Trennungszulage für seine Familie, wie ein Staatsbeamter)«. Als ihm Wehner klarzumachen versuchte, daß die Mittel kaum zur Aufrechterhaltung der notwendigen Verbindungen ausreichten, brach es aus ihm heraus: »Wenn ihr die verdienten Funktionäre so behandelt, daß sie um 50 Mark betteln müssen, verstehe ich, wie sie zu Spitzeln werden.« Im übrigen schalt er Wehner einen »Dummkopf«, weil er seine »Haut zu Markte« trüge. Das sollte er denen überlassen, die die Verantwortung für die Partei hätten. Alles sei verloren, es sei am besten, sich zu retten.[39]

Die Tonlage, in der Wehner von diesem Vorfall berichtete, war ganz die des revolutionären Kaders, der seine Pflicht versah, voller Unverständnis, daß es auch andere »Pflichten« gab. Familien, Frauen, Kinder und deren Bedürfnisse waren im kommunistischen Verhaltenskodex entweder nicht vorgesehen oder hatten sich dessen Regeln total zu unterwerfen.

Sehr viel verheerender als die Einstellung von Funktionären wie Creutzburg wirkte sich der Hang der ins Ausland gegangenen Politbüromitglieder – als letzter ging Ende 1933 der RGO-Leiter Schulte, der Wehner »damals wie die Verkörperung der Furcht« vorkam[40] – aus, der Komintern und der sowjetischen Führung weiterhin vorzumachen, die Partei in Deutschland habe die Kräfte zur Offensive. Pieck war sich nicht zu schade, in seinem Bericht vor dem 13. Plenum der Kominternexekutive einmal mehr vom rasch steigenden Einfluß der KPD auf die werktätigen Massen, vom wachsenden revolutionären Aufschwung und den sich verschärfenden inneren Widersprüchen des NS-Regimes zu sprechen.

Als zu Jahresanfang 1934 entsprechende Beschlüsse von Komintern und KPD, in denen die Diffamierung der Sozialdemokratie – mit deren illegaler Organisation in Berlin Wehner und seine Gruppe gerade erst Kontakte geknüpft hatten – gesteigert und die theoretische wie praktische Vorbereitung des »proletarischen Aufstands« propagiert worden waren, den »illegalen Parteiarbeitern« in Deutschland bekannt wurden, taten diese alles, um sich »dieser Flut des Wahnsinns entgegenzustellen«. Vor allem suchten sie zu verhindern, daß diese »zum Teil lächerlichen Prahlereien« in Form von Broschüren, Flugblättern und Zeitungen von den Mitgliedern »unter Lebensgefahr«[41] verbreitet wurden.

Wehners Verbitterung war auch dadurch gewachsen, daß ein sorgfältig vorbereitetes Treffen der Inlandsleitung, zu der er zusammen mit Wilhelm Kox faktisch geworden war, mit Vertretern der Auslandsleitung in Spindlermühle – Wehner zusammen mit seiner Gefährtin Lotte als Skitouristen getarnt – nicht zustande gekommen war. Er erhielt dort von Mitarbeitern Kippenbergers lediglich die Auskunft, wenn die »illegalen Parteiarbeiter« mit der Leitung etwas besprechen wollten, sollten sie nach Paris kommen.[42]

Die gelegentlich von Mitgliedern der Auslandsleitung ausgesprochene Anerkennung »für Herberts und der Gruppe um Herbert Mut und Initiative«[43] reichte nicht aus, um über die sich häufenden Enttäuschungen hinwegzuhelfen. Die Auslandsleitung betrachtete die Organisation im Lande immer mehr als bloßen Verteilungsapparat: »Funktionäre, die im Lande entweder nie mitgearbeitet oder eine weitere Arbeit abgelehnt hatten, schrieben nun für das Land [...] Wir waren über die Rolle, die man der illegalen Partei zugewiesen hatte, tief empört. Wenn sich jemand von einem dieser Apparate auf der Durchreise in Berlin sehen ließ, um mit uns zu sprechen, mußten wir immer wieder hören, daß die jetzigen Kader nicht die eigentlichen Kader der Partei seien [...]«[44] Dieser Eindruck wurde durch die Tatsache abgerundet, daß Forderungen der Inlandsleitung nach Erholungsurlaub für übermüdete Illegale und nach größeren Sicherungsmöglichkeiten bei der Auslandsleitung auf taube Ohren stießen.

Der hohe Blutzoll, den die Untergrundarbeit kostete, wurde bei der Ermordung John Schehrs und drei weiterer Spitzenfunktionäre[45] am 2. Februar 1934 erneut deutlich. Mitarbeiter des Kippenberger-Apparats hatten kurz zuvor den als Gestapospitzel verdächtigten Kattner erschossen. Hitler soll daraufhin die Erschießung von tausend kommunistischen Geiseln verlangt haben.[46] Schließlich begnügte er sich mit vier Geiseln, die angeblich zum Gestapoamt Potsdam gebracht werden sollten, um dort zum Anschlag auf Kattner verhört zu werden, und in einem Waldstück in der Nähe des Kilometerberges bei Wannsee »auf der Flucht«, das heißt hinterrücks, erschossen worden waren.

In einem Artikel mit der Überschrift »Helden der Arbeiterklasse« in der Saarbrücker *Arbeiterzeitung* gedachte Wehner der Ermordeten. Sein Beitrag unterschied sich schon dadurch von einem am gleichen Ort zuvor erschienenen Gedenkartikel[47], daß er nicht nur Schehrs politisches Leben, sondern auch das der anderen Ermordeten würdigte. Schehrs Rolle als »engster Freund und Mitarbeiter unseres Führers Ernst Thälmann« seit der gemeinsamen Arbeit im Bezirk Wasserkante wurde ebenso erwähnt wie seine Berufung ins Politbüro[48] »beim Ausscheiden der Neumann- und Remmelegruppe [...] durch das Vertrauen der Kommunistischen Internationale und des Zentralkomitees«.

Die Erwähnung der Komintern an erster Stelle wie auch die ausführliche, fast umständliche Beschreibung der Übernahme der »Arbeiten von Ernst Thälmann in der Führung« durch Schehr, das Hervorheben »seiner besonderen Fähigkeiten«, die es »trotz wütenden Terrors [...] dem Politbüro mit ihm als Leiter« ermöglichten, »die Partei von der Legalität in die Illegalität zu führen« und die »Pläne der Hitler, Göring und Konsorten auf Zerschlagung der Partei zunichte zu machen«[49] – all diese Aufrufe verfolgten den Zweck, die Kontinuität in der Führung der KPD und Schehrs Legitimation als Nachfolger Thälmanns hervorzuheben. Deshalb wurde der »große Erfolg« der von Schehr noch unmittelbar vor seiner Verhaftung geführten Kampagne, beim Plebiszit am 12. November 1933 (durch das sich Hitler unter anderem den Austritt aus dem Völkerbund bestätigen ließ) mit Nein zu stimmen[50], als dessen persönlicher Erfolg gewertet.

Ein Abglanz dieses Erfolgs sollte auch auf die Inlandsleitung und damit auf den Verfasser[51] fallen. Der Artikel enthielt zwar auch den obligaten Aufruf, die »revolutionäre Einheitsfront« zu formieren: Um Hitler, der »ganz Deutschland in die Barbarei, Krieg und Katastrophe« treibe, zu stürzen, sollten die Mittel des »Protests«, des »Streikkampfes« angewandt, schließlich auch der »Generalstreik« und der »Aufstand gegen die faschistische Diktatur« organisiert werden. Aber Angriffe auf die aktuelle Politik der Sozialdemokratie unterblieben.[52] Bemerkenswert ist das Eingeständnis, bis zum Tag des »Sieges« (der proletarischen Revolution) »werden noch viele von uns fallen«. Die wahre Lage in Deutschland erlaubte keine Illusionen mehr über den nahen Sieg, den die Verlautbarungen der Auslandsleitung immer noch verkündeten.

Zusammen mit einigen wenigen Funktionären, die der Verfolgung durch die Gestapo bisher hatten entkommen können, arbeitete Wehner eigene Richtlinien aus, um die vom NS-Regime für Frühjahr 1934 angesetzten Wahlen zu den »Vertrauensräten« (eine Art Ersatz für die aufgelösten Betriebsräte – allerdings ohne deren Mitwirkungs- und Entscheidungsrechte) beeinflussen zu können. Entgegen den Anweisungen der Auslandsleitung, die auf bloße Ablehnung aller Vorschläge hinausliefen, plädierten Wehner und seine Mitstreiter in Berlin und auch in anderen Bezirken für die Wahl von Arbeitern, die das Vertrauen ihrer Kollegen verdienten. Bisweilen soll es dabei auch zu einer Zusammenarbeit mit den Sozialdemokraten gekommen sein, sowohl in bezug auf die Streichung der nationalsozialistischen Kandidaten als auch auf einen organisierten Wahlboykott.[53]

Kurz danach, im April 1934, reiste Wehner nach Paris, um der Auslandsleitung Bericht zu erstatten. Was ihm dort widerfuhr, steigerte seine Erbitterung. Sein Bericht über die Arbeit im Lande wurde vom Politbüro nicht einmal diskutiert. Außer Ulbricht, der sich, wie schon erwähnt, auch hier durch eine gesonderte Unterredung zusätzliche Informationen, vor allem Detailwissen aus der konspirativen Praxis, zu beschaffen suchte, »hat sich keines der Politbüromitglieder für die Probleme der Arbeit im Lande interessiert«. Das Gegenteil war der Fall: Wilhelm

Florin hielt ihm – allerdings außerhalb der offiziellen Sitzung[54] – eine dreistündige Philippika, die im Vorwurf gipfelte, er sei ein Oppositioneller – einer der unter Kommunisten schlimmsten Vorwürfe –, weil er den »Frontgeist« verkörpere, also das angebliche Bestreben der illegalen Kommunisten, »die Auslandsleitung abzuhängen und zu ignorieren«[55].

Die KPD-Führung verschwendete offenbar keinen Gedanken daran, daß solche Tendenzen von ihr selbst verursacht worden waren, weil sie immer noch in einer Vorstellungswelt lebte, die den Illegalen als Karikatur der Wirklichkeit vorkam. »In der illegalen Praxis im Lande hatte sich zwischen den aktiven Genossen eine feste Kameradschaft herausgebildet; vieles, das früher in der Partei störend gewesen war, hatte einem neuen Verhältnis der Genossen untereinander weichen müssen. Wir hatten geglaubt, diese durch die Verhältnisse geförderte Veränderung müsse etwas Bleibendes hervorrufen. Die Politbüromitglieder brachten mich in die Wirklichkeit zurück. Sie lebten nicht einfach in der alten Weise; auch bei ihnen hatte sich mancher verändert, aber die Veränderungen tendierten in der Richtung zur Verschlimmerung früher bemerkter Schäden und Mißverhältnisse. Es ist viel über die demoralisierende Wirkung der Emigrationsatmosphäre gesagt und geschrieben worden. Die Demoralisierung, die sich bei diesen Funktionären bemerkbar machte, war noch anderer Art, denn sie waren ja nicht den gewöhnlichen Bedingungen eines Emigrantenlebens unterworfen, sondern lebten in einer Atmosphäre, die sowohl durch das Vorhandensein finanzieller Mittel als auch durch außerordentliche Machtbefugnisse über andere Menschen gekennzeichnet wurde.«[56]

Von Paris zurückgekehrt, machte Wehner im Mai 1934 noch einmal einen Versuch, sich dieser »Gespensterherrschaft« der von der Exekutive der Komintern gehaltenen »Führergarnitur«[57] zu entziehen. Dabei nahm er Verbindung zu einer Reihe von Gruppen und Personen auf, die vor 1933 aus der KPD ausgeschlossen worden waren oder, weil sie ihre Opferbereitschaft durch die Führung 1933 mißbraucht sahen, nach der Entlassung aus Gefängnis oder KZ-Haft vom offiziellen KPD-Apparat nichts mehr wissen wollten. Als Wehner einen ihm seit Jahren bekannten Genossen aus einer solchen Gruppe bat, ihm dabei behilflich zu sein, eine Anstellung zu finden, die ihm zumindest als Alibi für weitere Arbeitssuche dienen konnte, wurde zur Bedingung gemacht, daß er sich vollständig von der KPD, auch von deren illegalen Organisationen, trennen müßte. Da er dies nicht wollte, verlor er erneut die Chance, »im Lande unterzutauchen«[58].

Jetzt erst kam er der immer drängender werdenden Forderung der Auslandsleitung nach, einen neuen und – wie es schien – zukunftsweisenden Auftrag zu übernehmen. Zuvor hatte er noch in Dresden unter dem Schutz der Nacht[59] von seinen Eltern und seinem Bruder Abschied genommen. Von den Eltern wurde es ein Abschied für immer. Der Vater starb ein Jahr später. Die Mutter kam im Februar 1945 bei der totalen Zerstörung Dresdens durch britische und amerikanische Bomber um.

Im Abstimmungskampf an der Saar

Die Auslandsleitung hatte Herbert Wehner die Aufgabe zugewiesen, die im Saarland begonnenen Verhandlungen mit der SPD über ein gemeinsames Vorgehen im Kampf um die Beibehaltung des Status quo bei der vom Völkerbund für Januar 1935 angesetzten Abstimmung aus der Sackgasse, in die sie geraten waren, herauszubringen. Zugleich sollte er die Teile der dortigen KPD, die noch an der bisherigen, auf die Wiedervereinigung des Saargebietes mit dem übrigen Deutschland abzielenden Politik für eine »rote Saar in einem Sowjetdeutschland«[60] festhielten, auf die neue Linie einschwören.

Für Wehner war vor allem »die Eile verwunderlich, mit der jetzt plötzlich Fragen entschieden wurden, deren Lösung früher für das Land von entscheidender Bedeutung gewesen wäre [...] Es dauerte nicht lange, bis ich begriff, daß die neue Taktik, die im Saargebiet eingeschlagen werden sollte, auf die neue Politik der Sowjetunion im Völkerbund[61] zurückzuführen war, und daß das Politbüro versuchte, rechtzeitig ein Demonstrationsbeispiel für seine Fähigkeit, die neue Politik zu verstehen und selbst durchzuführen, an seine Fahne heften zu können.«[62]

Dies war nicht der einzige Grund für die Eile. Hinzu kam, daß die französischen Kommunisten begonnen hatten, der KPD als der – nach der KPdSU – wichtigsten Partei der Komintern den Rang abzulaufen. Ein Massenaufmarsch der extremen Rechten vor der Pariser Abgeordnetenkammer Anfang Februar 1934 anläßlich des Stavisky-Skandals[63], in den Minister und Abgeordnete verwickelt waren, hatte auf der französischen Linken die nach den Ereignissen in Deutschland und Österreich[64] nicht unbegründete Furcht vor einer faschistischen Machtergreifung auch in Frankreich geweckt. Sozialisten und Kommunisten riefen wenige Tage später – jeweils getrennt – zu einer Gegendemonstration auf. Die in riesigen Massen zur Verteidigung der Republik mobilisierten Anhänger der beiden Parteien machten bald aus zwei getrennten Demonstrationen eine einzige. Zwar kam es erst Ende Mai 1934 (nachdem kurz zuvor die *Prawda* das neue sowjetische Konzept der Zusammenarbeit mit den Westmächten verkündet hatte) zu einem offiziellen Verhandlungsangebot der französischen KP an die Adresse der Sozialisten. Aber es gab keinen Zweifel, daß in Frankreich als dem für die Abwehr des Faschismus wichtigsten Land Westeuropas die Dinge in Fluß geraten waren. Die französische KP-Führung befand sich – nach einigem Zögern – nicht nur an der Spitze der Bewegung – die später überall in Europa nach französischem Muster die Bezeichnung Volksfront erhielt –, sondern genoß auch den Vorteil, im eigenen Lande (und in den meisten Nachbarländern) frei agieren zu können.

Die Auslandsleitung der KPD hatte das Saargebiet bis zum Juni 1934 meist nur als Stützpunkt für ihre illegale Arbeit im Südwesten Deutschlands genutzt; als Stützpunkt unter Stützpunkten, wie sie rund um Deutschland – in Brüssel, Amsterdam, Kopenhagen, Prag, Basel – errichtet worden waren. Einmal, Anfang Februar 1934, hatte auch das Politbüro der KPD im Saargebiet eine mehrtägige Sitzung abgehalten. Ohne auf die Zukunft des Saargebiets, insbesondere auf die für 1935 anstehende Abstimmung, näher einzugehen, spann die dort »einmütig gefaßte Entschließung« jenen alten Faden weiter, der die KPD schon in den Jahren zuvor in immer neue Sackgassen geführt hatte: Die »verräterische Sozialdemokratie« sei auch nach dem von ihrem Parteivorstand im Januar 1934 verkündeten »scheinradikalen« Prager Manifest die »soziale Hauptstütze der Bourgeoisie«; den »Trotzkisten, Brandleristen und SAP-Menschewisten« gelte nach wie vor der »schärfste Kampf«. Es folgte die alte Phantasterei vom »Heranreifen einer revolutionären Krise, die breiter und stärker [...] als die von 1918«[65] werden würde.

Es drohte immer mehr die Gefahr, daß mit solchen gebetsmühlenartig wiederholten Formeln der Realitätssinn auch an der Saar vollends verloren gehen würde. Dabei schien das Saargebiet nach 1918 ein für die Arbeiterparteien zunehmend interessantes Feld geworden zu sein – jedenfalls gemessen an den Jahrzehnten zuvor. Im Zuge der Modernisierung des Kohlebergbaus durch die preußische Verwaltung seit der Mitte des 19. Jahrhunderts hatte es immer wieder »Arbeiterbewegungen« gegeben – bis hin zu großen Massenstreiks Ende der achtziger Jahre und Anfang der neunziger Jahre des 19. Jahrhunderts. Aber die Versuche, in Form eines Rechtsschutzvereins eine organisierte Arbeiterbewegung zu schaffen, die von Klerus, preußischer Grubenverwaltung und nationalliberalen Unternehmern unbeeinflußt war, gelangten über Achtungserfolge für unabhängige Arbeiterkandidaten bei den Reichstagswahlen 1890 nicht hinaus. Nach der Niederlage im letzten großen Massenstreik (Januar 1893) kehrte »Friedhofsruhe« ein[66], die mehr als ein Jahrzehnt andauerte und weder durch sozialdemokratische noch durch freigewerkschafliche Organisationsversuche durchbrochen werden konnte.

Kein Geringerer als Friedrich Naumann prägte 1895 angesichts der nach wie vor betriebenen Verfolgung der Vorkämpfer der Streikbewegung durch Behörden und Unternehmer den Begriff »Saarabien«, um die an orientalische Despotien erinnernde Herrschaftsweise an der Saar zu kennzeichnen.[67] Die sozialdemokratische Presse sprach vom »Königreich Stumm«. Carl Ferdinand von Stumm war nicht nur als Haupt der wichtigsten Unternehmerfamilie, sondern auch als nationalliberaler Reichstagsabgeordneter von immensem Einfluß. Er und seine Unternehmerkollegen versuchten auch nach der Jahrhundertwende mit erheblichem Erfolg das Eindringen des Christlichen Bergarbeiterverbandes (GCB) zu verhindern. Voller Empörung notierte Max Weber noch 1905 in einer Debatte über das Thema »Das Arbeitsverhältnis in den privaten Riesenbetrieben«, daß das »System« im Saarrevier die Menschen zu »Kanaillen« erziehe, »Stickluft« verbreite, »depravierend und charakterschwächend« wirke.[68]

Nach dem Waffenstillstand am 11. November 1918 besetzten französische Truppen noch im gleichen Monat das Saarrevier. Die dort entstandenen Arbeiter- und Soldatenräte wurden von der französischen Besatzungsmacht kurzerhand für aufgelöst erklärt. Das von ihr vor allem in den ersten Monaten ausgeübte Regime geriet schnell in die offene Konfrontation mit der Bevölkerung. Ausweisungen, Gefängnisstrafen und sogar Todesurteile verschärften die Lage. Als die französische Militärverwaltung die Übernahme der sozialen Errungenschaften der deutschen Novemberrevolution verweigerte, brachen Streiks aus. Der Militärkommandeur, General Andlauer, reagierte mit der militärischen Dienstverpflichtung der Bergarbeiter und der Verhängung des Belagerungszustandes.

Auch nachdem der französische Wunsch nach Annexion des Saarreviers gescheitert und mit dem am 10. Januar 1920 in Kraft getretenen Saarstatut ein Kompromiß gefunden worden war, das dem französischen Staat als Ersatz für die während des Ersten Weltkrieges zerstörten nordfranzösischen Kohlegruben das Eigentum an sämtlichen im Saarbecken gelegenen Steinkohlebergwerken übertrug und Deutschland die

Regierung des Industriereviers für fünfzehn Jahre entzog, hatte dieser neue Status keineswegs zu idyllischen Zuständen geführt. Für die große Mehrheit der Saarbewohner war die Verwaltung des Gebietes durch die vom Völkerbund ernannte Regierungskommission[69] etwas Fremdes, von außen Aufgezwungenes.

Entsprechend wurde die Leitung der Bergwerke durch französische Grubenbeamte als besonders drückend und ausbeuterisch empfunden, auch wenn im Laufe der Jahre in der Realität Veränderungen eingetreten waren. In der ersten Hälfte der zwanziger Jahre, als in der Pariser Nationalversammlung der *bloc national* die Mehrheit besaß und die Regierungskommission in Saarbrücken sehr stark von französischen Interessen dominiert wurde, schien es so – etwa bei der Ausweisung von sozialdemokratischen Redakteuren im Herbst 1922 –, als setzten die neuen Herren nahtlos die Tradition der »saarabischen Despoten«[70] der Vorkriegszeit fort.

Seit Mitte der zwanziger Jahre[71], nachdem die von Paris unterstützten separatistischen Parteien und Gruppen der ersten Nachkriegsjahre nicht nur an der Saar, sondern in allen linksrheinischen Gebieten Deutschlands erfolglos geblieben waren und sich durch die Politik Briands und Stresemanns erste Ansätze französisch-deutscher Verständigung herausgebildet hatten, war in Frankreich das Interesse an einer völligen Einverleibung des Saargebiets gesunken. Das fremde Regiment wurde dadurch von der Bevölkerung nicht minder, sondern eher noch stärker abgelehnt. Dieser Widerstand hatte klassenübergreifende Züge. Das um so mehr, als innerhalb der organisierten Arbeiterschaft – insbesondere im Bergbau und in der Metallindustrie – die stärkeren Bataillone den Christlichen Gewerkschaften und nicht den Freien Gewerkschaften angehörten. Auch wenn die politischen und wirtschaftlichen Machtverhältnisse – verglichen mit dem ungleich kompakteren Machtblock der Jahrzehnte vor 1914 – »pluralistischer« geworden waren: Die »Heim-ins-Reich«-Stimmung blieb dominierend.

Ihr konnten sich auch die Führungen und Anhänger der Arbeiterparteien nicht entziehen. Vor der Machtergreifung des NS-Regimes sahen sie dazu auch keinen Anlaß. Eher im Gegenteil: Beide verstanden sich als Sachwalterinnen sowohl der nationalen wie der sozialen Interessen der Arbeiter an der Saar. Wohlgemerkt: jede auf ihre Weise. Die KPD lehnte das Versailler Vertragssystem in einer Sprache ab, deren Radikalität kaum von der äußersten Rechten überboten werden konnte. Die saarländischen Sozialdemokraten machten stets aufs neue die französische Politik gegenüber dem Saargebiet zum Prüfstein französischer Bereitschaft, sich mit Deutschland zu verständigen.

Dem SPD-Vorsitzenden an der Saar, Max Braun, der sich als Chefredakteur des Parteiorgans *Volksstimme* und als ihr Sprecher im Landesrat – dem direkt gewählten, aber nur mit beratender Stimme ausgestatteten Landesparlament – während der Auseinandersetzungen der zwanziger Jahre dem nationalen Konsens[72] keineswegs entzogen hatte, war gleichwohl sehr früh die Rückwirkung des Durchbruchs der NSDAP als Massenpartei bei den Reichstagswahlen im September 1930 auf das Saargebiet bewußt geworden. »Der Nazisieg in Deutschland«, so sein damaliger Kommentar, »wirft uns an der Saar um Jahre zurück. [...] Ohne die Überwindung dieses deutschen Faschismus ist von befriedigender Lösung des Saarproblems nicht zu reden.«[73]

Seine Kritik richtete sich nicht nur gegen die aus dem Vormarsch der NSDAP wachsende Bedrohung der deutsch-französischen Verständigung. Sein Blick reichte weiter. Im Januar 1931 befürchtete er, der Faschismus sei das »vorläufige Ende deutscher Wirtschaft- und Weltgeltung und deutschen Kulturlebens«. Deutschland stehe mitten im »Kampf um Existenz oder Nichtexistenz«. Ob seine damit verbundene Forderung nach einer »geschlossenen Abwehrfront gegen den deutschen Faschismus«[74] schon damals die Kommunisten einschloß, ist nicht verbürgt. Wie sehr ihm die »unbegrenzte Demut« der KPD »vor allen sowjetrussischen Anordnungen und Taten«[75] zuwider war, daraus hatte er in den Jahren vor 1933 keinen Hehl gemacht.

Ebenso unbeirrbar hielt Braun nach dem 30. Januar 1933 an seiner republikanischen Gesinnung fest. Die zeitweisen Versuche innerhalb des SPD-Vorstandes und – noch viel ausgeprägter – der Führung des ADGB-Vorstandes, mit dem NS-Regime ein Arrangement zwecks Aufrechterhaltung der Legalität der eigenen Organisationen zu finden, wurden von ihm bitter kommentiert. Der Konflikt zwischen dem Berliner und dem Saarbrücker Parteivorstand brach offen aus, als der Parteivorsitzende Otto Wels den Kölner Reichstagsabgeordneten Wilhelm Sollmann ins Saargebiet mit dem Auftrag entsandte, »die ›wilde Opposition‹ des saarländischen Führers der Sozialdemokratie abzustellen«. Hitler und Göring, so heißt es in den autobiographischen Aufzeichnungen Brauns über sein Gespräch mit Sollmann weiter, »hätten in Besprechungen mit führenden Partei- und Reichstagsfraktionsmitgliedern erklärt, sie würden über die Behandlung und die Zukunft der Sozialdemokratischen Partei mit sich reden lassen, wenn die Partei es fertig bringe, [...] insbesondere die ›landesverräterische Drohung‹ einer Abrechnung mit Hitler bei der Saarabstimmung zu beseitigen.«

Zwar sind Zweifel erlaubt, ob Sollmanns Begründung seiner Mission, die Saar-SPD und vor allem Max Braun zum Einlenken zu bringen, im einzelnen korrekt wiedergegeben worden ist.[76] Aber diese hier zum Ausdruck kommende Einstellung, die durch die faktische Zustimmung der noch im Lande und in Freiheit befindlichen SPD-Reichstagsabgeordneten zur außenpolitischen Regierungserklärung Hitlers vom 17. Mai 1933 erhärtet zu sein schien[77], hat mit dazu beigetragen, daß die SPD an der Saar unter Brauns Führung schon vor der Anordnung der Regierungskommission vom 31. Mai 1933, zum Schutz der saarländischen Verbände und Parteien vor der Gleichschaltung durch die NS-Regierung die vereinsrechtliche Selbständigkeit vorzuschreiben, auf innere Distanz zum Berliner bzw. Prager Exilvorstand gegangen war.[78]

Brauns Motto – »lieber republikanisch sterben als faschistisch verderben«[79] – hat, weil vom scheinbar sicheren Port aus gesprochen, angesichts der terroristischen Herrschaft des Dritten Reiches auf den ersten Blick einen pharisäerhaften Beiklang. Bei genauerem Hinsehen wird allerdings deutlich, daß Braun, der schon vor 1933 der von den Nationalsozialisten meistgehaßte Mann an der Saar war und nach Gründung der im Winter 1934 aus bürgerlichen Parteien, Katholischem Zentrum, NSDAP, Unternehmerverbänden, Christlichen Gewerkschaften (mit Ausnahme von Teilen des Christlichen Metallarbeiterverbandes) gebildeten Deutschen Front auch zur »Hauptzielscheibe«[80] des von ihr ausgeübten psychischen und physischen Terrors bis hin zum Mordanschlag[81] avancierte, persönlich erhebliche Risiken auf sich genommen hatte.

Spätestens seit Sommer 1933 war für ihn klar, daß die Rückkehr des Saargebietes in das von Hitler und seinen Spießgesellen beherrschte Deutschland verhindert werden müßte. Für ihn war Hitlers politisches Programm nicht nur eine Bedrohung Deutschlands, sondern Europas. Es schmerzte ihn, daß dieses Europa noch nicht in der Lage war, das wahrzunehmen, was für ihn immer »unumstößlichere Gewißheit« wurde: »*Hitler ist der Krieg!* Die Ideologie des Nationalsozialismus ist die Verherrlichung des Krieges. Ihre Urforderung ist daher die innere Kriegsvorbereitung [...]« Der »verbrecherische Machtwahn« des NS-Regimes werde nicht einen Augenblick davor zurückschrecken, um der »Machtbehauptung im Innern willen den Krieg nach außen [...] zu suchen!« Und dieser Krieg, so lautete seine an Klarheit schwerlich zu übertreffende Prognose vom August 1933 weiter, werde in einem noch »katastrophaleren Zusammenbruch« enden als 1918. Er blieb in der Logik seiner Prognose, wenn er es deshalb zur »dringenden Aufgabe europäischer Friedenssicherung« erklärte, »die neuen Kriegshetzer und Kriegstreiber Europas unter keinen Umständen an die Saar zu lassen«, dem »letzten Zipfel hitlerfreien Bodens«, der zum »Ausfalltor der deutschen Freiheit gegen die Hitler-Despotie zur Wiedereroberung des wahren deutschen Volksstaates«[82] gemacht werden müßte.

Welche Form die »freie Saar«, die er seit Sommer 1933 auf Kundgebungen der SPD propagierte, haben und auf welche Weise über sie im Winter 1935 abgestimmt werden sollte, blieb im Unbestimmten. Das hing zunächst damit zusammen, daß Braun im Namen der Saar-SPD beim Völkerbund in Genf mehrfach versuchte, eine Aussetzung oder zumindest eine Verlegung der Abstimmung bis zu einem Zeitpunkt zu erreichen, an dem die Saarbevölkerung »völlig unbeeinflußt« würde abstimmen können. Als er damit nicht durchkam, forderte er Garantien für eine freie, geheime und unbeeinflußte Abstimmung sowie weitere Garantien »für die Zeit nach der Abstimmung [...] durch das Vorhandensein einer tatsächlichen Macht für die Dauer eines mehrjährigen Übergangsregimes«[83].

Der Völkerbundsrat war zwar zu gewissen Garantien für eine sehr begrenzte Übergangszeit und zur Überwachung der Abstimmung durch eine internationale Polizeitruppe bereit. Aber die geforderte mehrjährige Übergangszeit wurde von ihm ebenso abgelehnt wie zuvor schon die Verlegung des Termins. Anfang Juni 1934 wurde in Genf der 13. Januar 1935 als Tag der Saarabstimmung verkündet. Da zwei der drei Möglichkeiten, die im Saarstatut vorgesehen waren – Rückkehr nach Deutschland oder Anschluß an Frankreich –, für die Saar-SPD nicht in Frage kamen und das – zugegeben – vage Konzept einer »freien Saar«, also eines unabhängigen von den Führungsmächten des Völkerbundes garantierten Staates, einen internationalen Kraftakt erfordert hätte, zu dem diese Mächte weder willens noch fähig waren, blieb für Braun und die Seinen nur die dritte Alternative: Der Fortbestand des Status quo.

Wie aber dem Kampf um die Erhaltung des auch in der Arbeiterschaft ungeliebten, weil mit dem Makel der Fremdherrschaft belasteten Status quo ein Mindestmaß an Erfolgschancen geben? Die eigenen Kräfte der Saar-SPD reichten dafür nicht aus – trotz der geistigen Führerrolle. Zu sehr war seit Beginn der Weltwirtschaftskrise die nie sehr große Schar der sozialdemokratischen Anhänger und Wähler[84] zusammengeschmolzen. Bei den Wahlen zum Landesrat hatte die SPD 1924 noch 18,4, 1928 noch 15,6, 1932 aber nur noch 9,9 Prozent erhalten. Die KPD hingegen konnte in der gleichen Zeit ihren Wähleranteil von 15,9 über 16,7 auf 23,2 Prozent erhöhen. Sie war damit 1932 nach dem Zentrum (43,2%) zur zweitstärksten Partei an der Saar geworden. Nach der inzwischen weit abgefallenen SPD besetzte die NSDAP mit 6,7 Prozent den vierten Rang. Knapp dahinter folgte die Deutsch-Saarländische Volkspartei mit 6,6 Prozent. Neben weiteren bürgerlichen Parteien (Deutsche Wirtschaftspartei mit 3,2%, DNVP mit 1,6%, Deutsche Staatspartei mit 0,6%) gab es noch die Kommunistische Partei/Opposition (KPO) mit 1,5 Prozent.[85]

Auf dem Papier verfügte die Linke über ein starkes Drittel der Wähler[86], aber in Wirklichkeit war die Linke alles andere als ein geschlossener Block. Nicht nur wegen der Aufspaltung in drei Parteien, sondern weil das katholische Milieu – vor allem in den kleineren Städten und Gemeinden – das Verhalten im Alltag nach wie vor dominierte. Auch die KPD hatte es – von einigen kleineren Gemeinden abgesehen – nicht geschafft, eine Art Gegenmilieu aufzubauen, das mit dem herrschenden Milieu und dessen Sozialmoral konkurrieren konnte.

Was die Wählerzahlen der KPD hochgetrieben hatte, war vor allem die steigende Erwerbslosigkeit. Auf ihrem höchsten Stand, im Januar 1933, waren von insgesamt 180000 abhängig Beschäftigten 45700 ohne Arbeit. Ein Jahr später lag die Erwerbslosenzahl immer noch bei 40700.[87] Zugute kam der KPD teilweise auch eine unterschwellige Protesthaltung, die überall dort entsteht und sich gegen jede Form von Herrschaft zu wehren sucht, wo die nackte Not ganze Familien zum Äußersten treibt und eben nicht nur organisierter Protest der Männer, sondern auch informeller Protest der Frauen und Kinder laut wird: Dies vollzog sich zum Beispiel bei denen, die im Winter als erwerbslose Schwarzschürfer in den aufgelassenen Stollen nach Kohle suchten, um ihre nassen und kalten Wohnungen zu heizen, von Landjägern verhaftet und durch die Solidarität massenhaft mobilisierter Leidensgefährten (darunter zahlreiche Frauen und Kinder) wieder befreit wurden.[88]

Das Mißverhältnis von Wählerstimmen und Mitgliederzahl, das die KPD im Reich vor 1933 so sehr kennzeichnete, gab es auch an der Saar – allerdings in geringerem Umfang. Mit etwa 7000 Mitgliedern waren weniger als neun Prozent der Wähler organisiert.[89] Bei den auf politischem Feld schwächeren Sozialdemokraten lag das Zahlenverhältnis etwas günstiger.[90] Beide Parteien hatten seit 1933 – wie zwei Nachwahlen in den Hochburgen der KPD zeigten[91] – Wähler und Mitglieder an die NSDAP verloren.

Die vor allem von der KPD bis zum Frühjahr 1934 betriebene kompromißlose Rivalität mit der SPD hatte die Linke zusätzlich geschwächt. Noch im April 1934 war es im Saarbrücker Volkshaus zu einer handgreiflichen Auseinandersetzung zwischen Kommunisten und Sozialdemokraten gekommen, bei der ein Teil der Stühle und Tische zerstört und als Schlagwaffen benutzt worden war. Die Sozialdemokraten wurden von ihren kommunistischen Gegnern als »Separatisten« und als »Vaterlandsverräter« gebrandmarkt.

Wehner berichtete in den »Notizen« von diesem Vorfall[92], verschwieg aber, daß er – offenbar auf der Rückreise von Paris nach Berlin – an der Schlägerei teilgenommen hatte. Viele Jahre später – im Gespräch mit einem sozialdemokratischen Emigranten, der im Volkshaus diese sozialdemokratische Versammlung abgehalten hatte[93] – bekannte er sich zu seiner Mittäterschaft auf eine ähnliche Weise wie dies ehemalige Frontsoldaten auf einem internationalen Veteranentreffen gegenüber den früheren Kriegsgegnern zu äußern pflegen: lachend, schulterklopfend – was waren wir doch für Kerle!

Im gleichen Monat (April 1934) hatte eine Parteikonferenz der Saarkommunisten sich noch einmal ausdrücklich auf die Unversöhnlichkeit »gegenüber dem ›antifaschistisch‹ maskierten Sozialfaschismus und Separatismus«[94] festgelegt. Auf einem wenige Tage später stattfindenden »Freiheitskongreß der Saarwerktätigen« mit sechshundert Teilnehmern versprach zwar der Organisationssekretär der KPD an der Saar, Fritz Pfordt, der Deutschen Front eine »zweite Marnesschlacht« zu bereiten, und der politische Leiter des Bezirks, der Bergmann Paul Lorenz, versuchte die Stimmung des Kongresses, dem zu rund sechzig Prozent angeblich Parteilose angehörten, durch den Ruf einzufangen: »Nieder mit dem imperialistischen Abstimmungsschwindel.«[95]

Aber die dort gegründeten Komitees einer »Freiheitsaktion« gegen den Hitler-Faschismus, gegen die Deutsche Front sowie gegen die Sozialdemokratie und deren Unterstützung des Völkerbundregimes liefen ins Leere, weil sie kein konkretes Ziel anzugeben wußten. Dies wurde besonders deutlich, als am 2. Juni 1934 eine Delegation dieser »Freiheitsaktion«, die sich aus dem Hüttenarbeiter Willi Purper (von der Röchlinghütte), dem Bergarbeiter Richard Kraushaar (von der Grube Dechen) und dem aus Merzig stammenden Schriftsteller Gustav Regler zusammensetzte, dem Genfer Völkerbund ihren Bericht über den Terror der Deutschen Front, die Verbotspraxis der Regierungskommission sowie Mindestforderungen wie volle Demonstrations- und Streikfreiheit, Anerkennung der von der Belegschaft gewählten Betriebsräte, Erlaß einer Vollamnestie für alle wegen antifaschistischer Handlungen oder wegen aus wirtschaftlicher Not begangener Delikte Verurteilten, Reinigung der Polizei und Justiz von allen faschistischen Elementen vorlegte.[96]

Wie schwer Teile der KPD an der Saar sich damit taten, auch nur zeitweise Abschied vom Luftgespinst »Rote Saar in Sowjetdeutschland« zu nehmen, machte noch einmal ein Leitartikel in der Saarbrücker *Arbeiterzeitung* deutlich. Zwei Tage, nachdem sich die Partei der Weisung der Komintern, für den Status quo zu stimmen, auf einer Veranstaltung im Saarbrücker »Stiefel«[97] gefügt hatte, hieß es hier unter der Überschrift »Status quo/Wir und die Sozialdemokraten« voller Trotz immer noch: »zwischen unseren revolutionären Prinzipien, aus denen unsere Stellung zum Saarproblem herauswuchs und den ›Prinzipien‹ der Sozialdemokratie klaffen tiefe prinzipielle Abgründe. Seit Jahr und Tag plädiert die Sozialdemokratie im Saargebiet für den Status quo. Weder bisher noch heute vertraut sie auf die Kraft des Proletariats, denn sie ist eine bürgerliche Partei, die zwar erhebliche Schichten von Arbeitern zu ihren Mitgliedern zählt, aber ihren Prinzipien nach ein Instrument zur Aufrechterhaltung des Kapitalismus ist. Aus dieser Tatsache ergibt sich der Gleichklang ihres Geschwätzes mit dem des deutschen Faschismus, daß das ›Dritte Reich‹ eine lange Lebensdauer habe [...]. Diese gleiche Sozialdemokratie, die seit mehr als zwanzig Jahren in ihren Gedankengängen bewußt die Klassenkraft des Proletariats leugnete, ja im Interesse des Finanzkapitals die proletarischen Klassenkämpfe unterdrückte, wurde folgerichtig zur Hebamme der faschistischen Diktatur in Deutschland.«

Auf diese Weise wurden die Löbe, Wels und Braun nicht nur mit dem üblichen Vorwurf des »Klassenverrats« überzogen. Vielmehr wurde die Erklärung von Max Braun vom Oktober 1933 anläßlich des Austritts von Hitler-Deutschland aus dem Völkerbund – »Wir sind uns klar darüber, wo wir stehen würden, wenn ein Waffengang unvermeidlich würde« – als »kriegstreiberische Konzeption der Sozialdemokratie«, als »neues Sarajewo« bezeichnet, hinter dem sich das »Gesicht des französischen Imperialismus« verberge.

»Für uns Kommunisten«, so hieß es zum Schluß, »ist der revolutionäre Kompromiß des Status quo eine vorübergehende Entscheidung wie die Lenins und der Bolschewiki, als sie im ›plombierten Wagen‹ nach Rußland fuhren, um, auf die Hoffnungen des deutschen Generalstabes pfeifend, durch den siegreichen Oktober die Rätemacht der Arbeiter und Bauern zu errichten.«[98] Es mußte also schon das spektakulärste Beispiel des »revolutionären Opportunismus«, genauer: einer genialen Strategie der Machteroberung in der modernen Geschichte bemüht werden, um nicht nur die Schwenkung zu erklären, sondern auch den revolutionären Mythos einer auf die Zukunft vertrösteten »Roten Saar« zu retten.

Die KPD-Führung an der Saar und mit ihr die *Arbeiterzeitung* hielten weiter am revolutionären Anspruch fest. Bis Mitte Juni 1934 fühlte sie sich darin durch einen die revolutionäre Linie im Grundsatz fortführenden gemeinsamen Aufruf des Zentralkomitees der deutschen und französischen Kommunistischen Partei bestätigt.[99] Wie häufig – und das hing weniger mit dem durch die Emigration erschwerten Bedingungen der Kommunikation, sondern sehr viel mehr mit den Eigenheiten des Machtkampfes innerhalb des Apparats und dessen Abhängigkeit von Moskauer Entscheidungen zusammen – wurde eine Position mit Verve auch dann noch vertreten, wenn deren Voraussetzungen schon entfallen waren.

Es ist ein menschlich anrührender Zug, daß einige der führenden Kommunisten an der Saar immer noch trotzig die alte Linie vertraten, als Wehner schon längst im Auftrag der KPD-Auslandsleitung in den letzten Junitagen 1934 die neue Botschaft verkündete und zur Eile antrieb. Der politisch leitende Funktionär, Paul Lorenz, wurde durch Fritz Pfordt, den bisherigen Organisationssekretär, ersetzt. Lorenz verkraftete den Wechsel nicht und unternahm wenig später einen Selbstmordversuch.[100]

Wehner steuerte von Anfang an ein offizielles Abkommen mit der Führung der SPD-Saar an. Da er bei den Verhandlungen nicht im Vordergrund stehen durfte, arbeitete er mit Fritz Pfordt Vorschläge aus, die der SPD-Führung am 29. Juni 1934 vorgelegt wurden.[101] Öffentlichen Rückenwind hatte das Zusammengehen von KPD und SPD schon einige Tage zuvor erhalten. Am 25. Juni 1934 hatten sich, aus Anlaß der Rückkehr saarländischer Arbeitersportler von einem internationalen Sportfest in Belgien, in der Innenstadt von Saarbrücken zehntausend Anhänger beider Parteien zu einer spontanen Demonstration zusammengefunden und den Sturz Hitlers durch eine kommunistisch-sozialdemokratische Einheitsfront gefordert.[102]

Am 30. Juni 1934 startete die erste gemeinsame Kundgebung im Saarbrücker Arbeiterviertel Burbach unter der Losung »Einheitsfront im Kampfe gegen den Faschismus«. Fritz Pfordt und Max Braun waren die Kundgebungsredner.[103] Noch während der Kundgebung überschlugen sich die Nachrichten aus dem Reich. Die Niederschlagung des sogenannten Röhm-Putsches und die Ermordung prominenter Persönlichkeiten aus dem konservativen und dem katholischen Lager ließen die Hoffnung aufkeimen, die Herrschaft Hitlers und seiner Spießgesellen sei ins Wanken geraten. Der äußere Anschein trog, wie sich bald erweisen sollte. Die Ermordung von Rivalen und Kritikern innerhalb und außerhalb der NSDAP sowie die dadurch mitgeteilte terroristische Botschaft hatten die letzten Schranken niedergelegt, die ihre Herrschaft bisher an bestimmte Rücksichtnahmen band. In der Not wird der bloße Schein für die Wirklichkeit genommen. Allerdings war die erneut drastisch sichtbar gewordene Bestialität des NS-Regimes Antrieb genug, um die Auslieferung der »deutsche[n] Saar [...] an dieses Regime von Henkern und blutbesudelten Abenteurern« zu verhindern.

Mit dieser Begründung trat das am 2. Juli 1934 beschlossene Aktionsbündnis beider Parteien – zumindest der Form nach die erste Einheitsfront der bisher feindlichen Brüder im Europa der dreißiger Jahre – an die Öffentlichkeit. Der am 4. Juli veröffentlichte Aufruf »An das Saarvolk«[104] griff die seit Jahren von Max Braun formulierten Warnungen vor der »Katastrophe«, in die »unser deutsches Volk« durch das »furchtbare Verbrechen der Hakenkreuz-Despotie« getrieben werde, ebenso auf wie die Klassenkampfschablonen der KPD. Ähnlich wie in Wehners Nachruf auf John Schehr wurde Hitler als »der verächtliche Knecht der Bank- und Börsenfürsten, der Schwerindustrie und der ganzen Reaktion in Deutschland« bezeichnet.

Nicht ohne Geschick wurden Kriegsfurcht, Antifaschismus und Antikapitalismus in der Aussage verbunden: »Weil wir unser deutsches Volk lieben, weil wir es vor neuen Kriegsschrecken bewahren und weil wir es aus der modernen Leibeigenschaft des reaktionärsten Kapitalismus unserer Tage befreien wollen – deshalb kämpfen wir für die Niederlage und den Sturz der Hitlerdiktatur.« Hitler einmal als Knecht, dann wieder als Inbegriff der Diktatur und dann als Verkörperung exzessiver Herrschaft – diesen Widerspruch aufzuheben, der schon Politik und Propaganda der KPD vor 1933 durchzogen hatte, war den Autoren des Aufrufs nicht gelungen. Das dort enthaltene Minimalprogramm wiederholte im wesentlichen die Forderungen, die die kommunistisch inspirierte »Freiheitsaktion« von Gustav Regler einige Wochen zuvor in Genf vorgetragen hatte[105].

Darüber hinaus erklärten beide Parteien, »daß sie ungeachtet ihres Willens, die Aktionseinheit der sozialdemokratischen und kommunistischen Arbeiter herzustellen, ihre prinzipielle Auffassung über das Ziel und die Taktik der sozialistischen Arbeiterbewegung und ihre organisatorische Selbständigkeit aufrechterhalten«.

Die so errichtete »Antifaschistische Front« konzentrierte sich in der Folgezeit überwiegend auf die Vorbereitung, Durchführung und den Schutz von Kundgebungen, Demonstrationen und Versammlungen sowie auf gemeinsames Vorgehen beim Genfer Völkerbund.

In diesen Veranstaltungen sprachen anfangs zumeist Max Braun für die Sozialdemokraten und Fritz Pfordt für die Kommunisten. Später wurden auch andere Rednerpaare eingesetzt. Obwohl die nach Wählerzahlen stärkere Partei, hatte es die KPD dabei zunächst schwerer als die SPD, denn der Eisenbahnarbeiter Fritz Pfordt war dem Intellektuellen Max Braun rhetorisch nicht gewachsen. Wehner erinnerte sich: »Mit Pfordt mußte ich anfänglich jede Rede Wort für Wort ausarbeiten, mußte ihm dann – nach der Kundgebung – auseinandersetzen, welche Wirkung die einzelnen Stellen der Rede gehabt hatten, und ihn überhaupt dazu trainieren, neben dem ausgezeichneten Redner Braun auftreten zu können.«[106]

In diesen Zeilen kam nicht nur das intellektuelle Opfer zum Ausdruck, das Wehner selbst dabei brachte – er durfte ja selbst nicht als Redner auftreten, damit er nicht von einem der zahlreichen Gestapospitzel enttarnt werden konnte. Wehners »Notizen«, so zurückhaltend sie in der Regel die Vorzüge anderer schilderten, lassen Respekt, ja Bewunderung gegenüber Max Braun durchklingen. Bewundert hat er offenbar nicht nur dessen rhetorische Gaben. Die im gesamten Verhalten Brauns sich ausdrückende Lebens- und Sangesfreude[107], diese Mischung aus westeuropäisch-bürgerlicher Eleganz, intellektueller Bohème und radikaldemokratischer Militanz war nicht nur ganz anders als das gewohnte Bild des sozialdemokratischen[108] und kommunistischen Funktionärs. Sie erinnerte ihn auch an eigene Begabungen und Neigungen sowie an Erich Mühsam – der in jenen Wochen des Sommers 1934 von den braunen Schergen im KZ Oranienburg nach monatelanger körperlicher und seelischer Folter ermordet worden war[109] – und dessen Kreis.

Die durch die »positive Zusammenarbeit im Rahmen der aktuellen Aufgaben«[110] entstandenen Erfahrungen an der Saar haben neben der persönlichen Wertschätzung, die Wehner Braun entgegenbrachte, das spätere Zusammenwirken beider in der Volksfrontbewegung in einer – angesichts des sonst zwischen Kommunisten und Sozialdemokraten tief eingeschliffenen Mißtrauens – selten günstigen Weise vorgeprägt. In den Artikeln und Reden, die Wehner für und mit Fritz Pfordt im Sommer und Herbst 1934 ausarbeitete, ist da und dort selbst die Übernahme Braunscher Argumente und Redewendungen erkennbar. Das galt insbesondere für die an die »werktätige Jugend« gerichtete Mahnung, ihr »junges Leben« nicht »in einem neuen Weltkrieg zu Markte zu tragen«, und für die Warnung vor der kriegsverherrlichenden und chauvinistischen Erziehung im NS-Deutschland nach dem Motto »Wir sind geboren, um für Deutschland zu sterben«. Die sonst von der KPD einseitig in den Vordergrund gerückte Gefahr eines Krieges gegen die Sowjetunion tauchte dabei nur am Rande auf.[111]

Kein Zweifel: Wehner fühlte sich in den Monaten des Abstimmungskampfes an der Saar auch persönlich sehr viel freier und sorgloser als in den achtzehn Monaten zuvor. Ohne jede Vorsichtsmaßregel konnte er sich schon wegen der vielen Spitzel und der Tatsache, daß er sich unter fremdem Namen im Lande aufhielt, nicht bewegen. Verglichen mit dem mörderischen Risiko, das ihn zuvor zu jeder Tages- und Nachtzeit umgeben hatte und das neben den uferlosen und deshalb zusätzlich entmutigenden Cliquenkämpfen in der KPD-Spitze ihn zeitweise dazu gebracht hatte, völlig unterzutauchen, also auch den illegalen Kampf im Rahmen der KPD aufzugeben, traf er hier auf geradezu idyllische Verhältnisse.

Eine Zeitzeugin, die Tochter[112] des Freiherrn Kurt von Hammerstein, General der Reichswehr und bis 1933 Chef der Heeresleitung[113], schilderte Begegnungen mit ihm in jenen Monaten als »sehr offen, sehr freundschaftlich, sehr in Richtung Einheitsfront«[114]. Die Realisierung der alten Leitvorstellung von der Einheit der Arbeiterbewegung tat also ein übriges. Daß dabei das alte kommunistische Schema der »Einheit von unten« und damit fürs erste auch der Vernichtungskampf gegen die SPD als eigenständige Organisation aufgegeben werden mußte – was verschlug's. Auch in der ideologischen Marktkonkurrenz, so erbittert sie sein mochte, konnte zeitweise nach dem Grundsatz der kapitalistischen Marktkonkurrenz verfahren werden: Wenn Du ihn (noch) nicht schlagen kannst, verbünde Dich mit ihm! Das funktionierte vor allem deshalb, weil es gegen einen übermächtigen Dritten ging.

Die Leitung der illegalen Arbeit in Deutschland war Wehner zwar los.

er hielt aber für alle Fälle Verbindungen nach Berlin aufrecht.[115] Als »Oberberater Südwest«, das heißt als der oberste Koordinator der illegalen KPD-Gruppen in ganz Südwestdeutschland, versuchte er überdies deren Tätigkeit in mehreren Bereisungen[116] auf die Zusammenarbeit mit den Sozialdemokraten einzustellen. Dabei war Vorsicht geboten, denn das Experiment der Einheitsfront von oben galt zunächst nur für das Saargebiet.

Aber dieses Experiment hatte für die KPD schon deshalb weit über das Saargebiet hinausreichende Bedeutung, weil an ihm mehrere Hundertschaften emigrierter Parteimitglieder und Funktionäre teilhatten. Obwohl Wehner daran gelegen war, die »Genossen aus dem Saarland selbst mehr in den Vordergrund treten zu lassen«, mußte angesichts der organisatorischen Schwächen und der »dürftig geschriebenen Parteipresse« eine Vielzahl von Helfern aus der etwa 600 Parteimitglieder zählenden Emigrantenkolonie einspringen, um in den Ortsgruppen und Betrieben die teilweise mutlos gewordenen Mitglieder zu aktivieren: »Das versuchte ich selbst so weit wie möglich durch Besuche und Vorträge zu erreichen.« Im Laufe des Sommers 1934 wurden außerdem weitere Funktionäre aus Frankreich und aus dem Reich ins Saarland abgeordnet, »die den Unterbezirksleitungen beigegeben werden konnten«[117]. Neben dem Hamburger Funktionär Anton Switalla (»der lange Anton«), der schon im Winter 1934 im Saarland wirkte, und dem aus Berlin herbeigeholten ehemaligen Frankfurter Reichstagsabgeordneten Philip Daub, der Vorgänger von Paul Lorenz als Polleiter gewesen war und deshalb in öffentlichen Versammlungen auftreten konnte, kam so eine bunte Schar von organisatorischen und publizistischen Helfern zusammen.

Unter ihnen befanden sich Erich Gentsch (früher RGO-Sekretär in Berlin-Brandenburg), Wilhelm Herzog (Lehrer und Parteifunktionär aus dem Ruhrgebiet), Sepp Wagner (Bergarbeiter und Bauernorganisator aus der Pfalz), Max Reimann (Funktionär aus dem Ruhrgebiet, nach 1945 Vorsitzender der KPD in der Bundesrepublik), Lene Vehser (eine badische Funktionärin), Bruno von Salomon (Bauernpropagandist, von der norddeutschen Landvolkbewegung zur KPD übergetreten), Hans Schrecker (ein Berliner Funktionär), Heinrich Maass (ein Hamburger Funktionär) und Alfred Zeidler (Bergarbeiterfunktionär aus dem Ruhrgebiet). Die Redaktion der *Arbeiterzeitung* wurde durch Alexander Abusch, Erich Glückauf und Bertram[118] aufgestockt. In den letzten Wochen des Abstimmungskampfes kam Hans Knodt, der Redakteur der vom Politbüro herausgegebenen *Roten Fahne*, als Verstärkung hinzu. Die unter dem Namen *Deutsche Volkszeitung* erscheinende Wochenschrift wurde unter anderem von Paul Dietrich und Lex Ende redigiert.

In Wehners Aufzählung[119] der im Saarkampf tätigen kommunistischen Funktionäre fehlen einige Namen. Unter ihnen waren neben Hans Kippenberger und Paul Verner auch die Intellektuellen Erich Weinert, Albert Norden und Otto Winzer.[120] Es mag sein, daß deren Tätigkeit an der Saar sehr kurz war oder sie von Wehner aus anderen Gründen – vielleicht wegen negativer Erfahrungen in der Emigration – nicht der Erwähnung für wert befunden wurden. Beides traf auf den ebenfalls namentlich[121] unerwähnt gebliebenen Erich Honecker nicht zu. Der am 25. August 1912 in Neunkirchen/Saar als Sohn eines Bergarbeiters geborene Honecker war schon während der Kindheit dem Beispiel seines zuerst in der SPD, nach 1919 dann in der KPD engagierten Vaters gefolgt und hatte sich zunächst in der kommunistischen Kindergruppe und später im kommunistischen Jugendverband sehr aktiv betätigt. Mit sechzehn Jahren leitete er die achtzig Köpfe zählende Jugendgruppe in Wiebelskirchen, einer Wählerhochburg der KPD. Der Achtzehnjährige wurde im Spätsommer 1930 für ein Jahr auf die Moskauer Lenin-Schule geschickt und absolvierte diese mit der Bestnote.

Zwischendurch war Honecker auf mehreren, wochenlangen Arbeitseinsätzen außerhalb Moskaus in einer für die sowjetische Wirtschaft, vor allem für die Landwirtschaft, besonders schwierigen Zeit. In seiner Autobiographie werden diese Schwierigkeiten zwar erwähnt, damit zusammenhängende Versorgungsprobleme aber auf frühere Sabotageakte der »Kulaken« zurückgeführt, die eine forcierte Kollektivierung der Landwirtschaft durch die Sowjetmacht notwendig gemacht hätten.[122] Ob ihm verborgen geblieben ist, daß das gewaltsame Bauernlegen Millionen Opfer gekostet hat? Wahrscheinlich nicht. Die Scharen »eltern- und heimatloser Jugendlicher«, die er in Moskau antraf, waren aber nicht mehr in erster Linie, wie er schrieb, »Strandgut des Bürgerkriegs«[123], sondern vor allem »Strandgut« des von Stalin betriebenen »Bauernkriegs«.

Noch ein halbes Jahrhundert später ist spürbar, wie sehr er durch Stalin und dessen Revolution von oben beeindruckt worden war. Genau beschrieb er die zwei Gelegenheiten, bei denen er »in der Nähe Stalins weilte«: »Auf dem IX. Kongreß des Leninschen Kommunistischen Jugendverbandes der Sowjetunion (Komsomol) vom 16. bis 26. Januar 1931 im Moskauer Bolschoi-Theater saß ich vier Reihen hinter ihm im

Präsidium, und ich sah ihn anläßlich einer Sitzung des Obersten Sowjets im großen Saal des Kreml. Erich Wollenberg hatte mich hingebracht.«[124] Neben Begegnungen mit dem legendären Reitergeneral Budjonny und Karl Radek schilderte er ein Zusammentreffen mit Max Hoelz bei einer Silvesterfeier 1930/31 im Hotel »Lux«. Zumindest über den letzteren, den Wehner nach dessen Entlassung aus der Haft betreut hatte, gab es gemeinsamen Gesprächsstoff zwischen ihm und Honecker – allerdings wohl kaum über die sehr mysteriösen Begleitumstände[125] des Todes von Max Hoelz im September 1933 in der Sowjetunion.

Nach seiner Rückkehr ins Saargebiet im Juli 1931 wurde er zunächst Agitprop-Sekretär der Bezirksleitung des kommunistischen Jugendverbandes an der Saar und wenige Monate später deren politischer Leiter und damit zugleich Mitglied der Bezirksleitung der KPD.[126] Honeckers Werbearbeit unter den von Erwerbslosigkeit immer stärker bedrohten Jugendlichen an der Saar soll einen erheblichen Anteil am Erfolg der KPD bei den Landesratswahlen im Februar 1932 gehabt haben. Im Herbst 1933 wurde Honecker ins Ruhrgebiet abgeordnet, um dort am Aufbau illegaler Gruppen der KPD mitzuhelfen.

Nach eigenen Angaben wurde Honecker im Herbst 1934 auf Beschluß des Politbüros »aus der illegalen Arbeit im ›Reich‹, zuletzt in den Bezirken Pfalz, Hessen, Baden und Württemberg, zum bevorstehenden Abstimmungskampf in das Saargebiet zurückgeholt«[127]. Wehner kannte den sechs Jahre jüngeren Funktionär schon aus der »unterirdischen Arbeit« im Reich, deren Leitung Wehner seit Herbst 1933 faktisch übernommen hatte. In den Monaten unmittelbar vor dem im Sommer 1934 einsetzenden Abstimmungskampf hatten sie in ihrer Funktion als »Oberberater Südwest« – Wehner für die KPD, Honecker für den kommunistischen Jugendverband – immer häufiger miteinander zu tun. Wahrscheinlich hat Wehner, der nach eigenem, späteren Bekunden wußte, was an dem Jüngeren (»weder ein Prahlhans noch ein Wichtigtuer«) »zu schätzen war«[128], dazu beigetragen, daß Honecker wieder direkt an der Saar eingesetzt wurde.

Der junge Honecker konnte offen auftreten und besaß genaue Orts- und Personalkenntnisse. Er konnte sich in die Gefühle der Mehrheit seiner Landsleute besser hineinversetzen als die kommunistischen Funktionäre aus dem Reich, auch besser als Wehner selbst. Deshalb wirkt es nicht nachträglich aufgesetzt, sondern klingt glaubwürdig, wie Honekker in seiner Autobiographie die Chancen der Befürworter des Status quo einschätzte. Als beide im Herbst 1934 auf einer Rundreise durch das Saargebiet auch durch Honeckers Heimatort Wiebelskirchen kamen, fragte ihn Wehner, »wie der Ort wohl stimmen werde«. Honeckers Antwort: »Höchstens 30 bis 35 Prozent! Er wollte es nicht glauben. Am 13. Januar 1935 waren es dann noch viel weniger [...]. Die Saarbewohner waren mehrheitlich keineswegs für Hitler, sondern gegen ihn, aber sie erlagen der nationalsozialistischen Propaganda.«[129]

Diese Bewertung enthält einen realistischen Kern. Wie sehr der alte Honecker dem von früher Jugend an eingeimpften Mythos anhing, die KPD habe in letzter Instanz immer recht gehabt, geht aus seiner Behauptung an gleicher Stelle hervor, die von ihm vertretene Formel vom »roten Saargebiet in einem freien, sozialistischen Deutschland« sei »bis ins Jahr 1933 [...] durchaus eine reale Möglichkeit und kein irrealer Wunschtraum«[130] gewesen. Enthielt der Hinweis auf den Nationalsozialismus die ganze Wahrheit? Wie mitentscheidend für das spätere Abstimmungsergebnis war die Haltung des katholischen Klerus und ihres Massenanhangs? Zwar versuchte die Einheitsfront auch Gruppen und Einzelpersönlichkeiten des katholischen Lagers für den Status quo zu gewinnen. Aber weder der Missionspater Hugolinus Dörr, der sich auf der großen gemeinsamen Kundgebung am 26. August 1934 in Sulzbach neben Max Braun und Fritz Pfordt als Redner für dieses Ziel engagierte[131], noch Johannes Hoffmann, bis Herbst 1933 Chef der katholischen Saarbrücker *Landeszeitung* und Sprecher der oppositionellen Minderheit innerhalb des politischen Katholizismus an der Saar[132], konnten das Blatt wenden.

Auch die von Honecker seit Herbst 1934 wiederaufgenommene Werbearbeit unter der Saarjugend – sie hatte während seiner Abwesenheit »weitgehend geruht«[133] – versuchte vor allem die in den katholischen Verbänden, daneben auch die in der HJ[134] organisierten Jugendlichen anzusprechen. Kurzfristig schien sich sogar die Chance zu bieten, größere Teile der in den christlichen Gewerkschaften organisierten Arbeiter in die Reihen der Status-quo-Anhänger einzubeziehen und damit über die Einheitsfront hinaus zum ersten Mal in Europa auch eine Art Volksfront zustande zu bringen. Als im September 1934 innerhalb des Christlichen Metallarbeiterverbandes der lange schwelende Konflikt, bei dem es um die Frage Selbstbehauptung oder Gleichschaltung ging, so weit gediehen war, daß Schlägertrupps der Deutschen Front das Verbandsbüro in Saarbrücken besetzten[135], um dem von Otto Pick geführten Vorstand die Herrschaft über den Verband und die Zeitung zu entwinden, hatte Wehner mit den ihm zur Verfügung stehenden organisatorischen Möglichkeiten ausgeholfen, damit der Vorstand die Mitglieder mobilisieren konnte. Die KPD, die acht Monate zuvor Pick noch als »Hitler-Faschisten« und »Kapitalsöldling« geschmäht hatte, druckte nun die Flugblätter des Verbandes und half gegen Störungen von Rollkommandos der Deutschen Front beim Saalschutz aus.[136] Die christlichen Funktionäre erklärten damals zwar, sie seien den Kommunisten für ihre Hilfe dankbar und würden sie nicht vergessen. Sie wüßten auch, daß sie in Deutschland Verfolgung erwartete, aber sie könnten nicht anders, als für die Wiedervereinigung mit dem Reich zu stimmen.[137]

Anstrengungen dieser Art wurden durch die Haltung der Bischöfe von Trier und Speyer, in deren Diözese das Saargebiet lag, konterkariert. Der erwähnte Pater Dörr wurde von seinen Ordensleuten gemaßregelt.[138] Am 12. November 1934 erließen beide Bischöfe den »Erlaß zur Saarfrage«, der allen Geistlichen politische Auftritte an der Saar untersagte. Formal richtete sich der Erlaß auch gegen in der Deutschen Front tätige Priester. Inhaltlich bedeutete er aber ein kaum verhülltes Ja zum Anschluß, wenn es dort hieß: »Unsere Anweisung berührt nicht die sittliche Pflicht der Liebe zum angestammten Volkstum und die Treue zum Vaterland. Diese Liebe und Treue sind vielmehr nach katholischer Lehre sittliche Tugenden.«[139]

Ob eine wirklich neutrale oder selbst eine für den Status quo votierende Haltung der katholischen Amtskirche das Blatt hätte wenden können, ist mehr als zweifelhaft. Die allgemeine politische Lage – insbesondere nachdem durch die Ermordung des französischen Außenministers Barthou im Oktober 1934 der energischste Gegner Hitlers auf internationalem Felde beseitigt worden war – wie die besonderen Gefühle der großen Mehrheit der Saarbevölkerung, die auf alles andere, nur nicht auf den politisch und wirtschaftlich als zutiefst unbefriedigend empfundenen Status quo fixiert war, haben dem Abstimmungssieg der Anschlußbefürworter mindestens ebenso stark den Weg bereitet wie die Haltung der Kirchen[140] und der von der Deutschen Front immer spürbarer ausgeübte Gesinnungsterror. »Wesentlich« für das über neunzigprozentige Ergebnis[141], das die Anschlußbefürworter am 13. Januar 1935 erzielten, war, wie Wehner rückblickend schrieb, »die Erfahrung, daß die nationalen Gefühle, Vorurteile und Traditionen sich als stärker erwiesen haben, als der von den Arbeiterorganisationen mit vereinten Kräften (wenn auch spät, wenn auch nach dummen, verwirrenden Fehlgriffen) veranstaltete Versuch, eine auf Vernunftgründen basierende politische Entscheidung herbeizuführen«[142].

Die Politik der kommunistischen Parteien der dreißiger Jahre hielt trotz solcher Erfahrungen an der von Lenin und Stalin vertretenen These fest, daß im Feuer des auch auf internationaler Ebene verschärften Klassenkampfes die nationalen Gefühle und Traditionen eingeschmolzen würden. Von »recht zweifelhafter Art« war deshalb auch die politische Unterstützung, die die KPD-Führung dem Abstimmungskampf an der Saar gewährte: »Für die Politbüromitglieder war offenbar nicht der Saarkampf an und für sich, sondern seine Ausnutzung zur Aufbesserung des Prestiges der deutschen Parteiführung in den Augen der Kominternführung wesentlich.«[143]

Neue Cliquenkämpfe

Die Cliquenkämpfe im Politbüro wurden seit Sommer und Herbst 1934 immer stärker von den Spekulationen über die Veränderungen in der Führung der Komintern auf dem ursprünglich schon für den Sommer 1934 geplanten[144] siebten Weltkongreß bestimmt. Während eine aus Florin, Schubert, Schulte und Dahlem sich zusammensetzende Mehrheit den Einfluß des durch den Reichstagsbrandprozeß populär gewordenen und seit Ende April 1934 dem Präsidium und der Politischen Kommission des EKKI angehörenden Georgi Dimitroff als vorübergehend ansahen, meinten Pieck und Ulbricht, dieser werde zur zentralen Figur der Komintern werden.

Ulbricht hatte sich im Herbst 1934 in Moskau über die neuen Tendenzen der sowjetischen Politik genauere Informationen geholt. In einem Artikel in der *Neuen Weltbühne* griff er in die von Politikern des linken Flügels der SPD wie Siegfried Aufhäuser kurz zuvor begonnene Diskussion über eine aus »Einheitsaktionen« hervorgehende »Einheitsfront« ein. Mit seinem Plädoyer für eine weitgehende Aktionseinheit von kommunistischen »Parteiorganisationen« und sozialdemokratischen »Arbeitern und Gruppen« ging er zwar in der Sache kaum über bisherige Positionen hinaus.[145] Aufhäuser konnte ihm sogar nachweisen, daß er hinter der Komintern herhinke, die schon Monate zuvor das Versagen der KPD, insbesondere auch die späte Korrektur der falschen KPD-Parolen an der Saar kritisiert hatte.[146] Aber die Tatsache, daß sich Ulbricht in eine Diskussion mit der als besonders gefährlich geltenden SPD-Linken einließ, hatte die Mehrheit im Politbüro überrascht.

Nun begann bei den anderen das »fieberhafte«[147] Sammeln von Material und Zeugen, mit denen jeder nachweisen wollte, er sei schon immer für die Einheitsfront gewesen! Vor allem auf die zahlreichen im Saarland kämpfenden Funktionäre versuchte jedes der Politbüromitglieder Einfluß zu gewinnen. Weil Wehner den Arbeit und Initiative lähmenden Charakter der Cliquenkämpfe nur zu gut kannte, wandte er sich kurz nach Erscheinen von Ulbrichts erstem Artikel in einer Sitzung der Saargebietsleitung gegen die sogleich daran geknüpften Spekulationen.

In der Diskussion hielten selbst »die unterwürfigsten Diener[148] Ulbrichts es für opportun [...] mit einigen Klagen über die Art, in der sie behandelt wurden, von ihrem Meister abzurücken«. Ebenso typisch war, daß nicht nur die Anhänger Ulbrichts, sondern auch die der Politbüromehrheit glaubten, Wehner hätte »irgendwo von ganz oben« – aus Moskau – »das Signal zum Angriff auf ihre Meister erhalten, die sie nun [...] hurtig verleugneten«[149].

Auf der in Moskau am 30. Januar 1935 stattfindenden Tagung der Führungsgremien der KPD wurde der Machtkampf nicht beendet. Gestützt auf die immer deutlicher sich abzeichnende neue Linie der Komintern gingen Ulbricht und Pieck aus der Januartagung, auf der »die Auseinandersetzungen mitunter bis an die Grenze körperlicher Tätlichkeiten getrieben worden«[150] waren, gestärkt hervor.[151] Aber dieser Befund ist relativ. Auch ihr Ansehen hatte international angesichts des Mangels von Erfolgen in der illegalen Arbeit der KPD wie bei der Herstellung der Aktionseinheit mit der Sozialdemokratie sichtbar gelitten.

Wehner selbst hielt nach Ende des Abstimmungskampfes an der Saar die Widerstandstätigkeit in Deutschland für wichtiger als jede Tätigkeit draußen. Indessen waren die Bedingungen, unter denen dort gearbeitet werden konnte, noch lebensbedrohlicher geworden. Durch zahlreiche Verhaftungen, durch unter der Folter erpreßte Geständnisse, durch das Einschleusen von Spitzeln in illegale Gruppen, das durch schon vor 1933 begangene Fehler der KPD-Führung und ihres Geheimapparates erleichtert worden war, hatten sich die Polizeibehörden des NS-Regimes ein immer genaueres Bild über die Verzweigungen der illegalen Organisationen der KPD verschaffen können. In einer Übersicht, die Wehner im Mai 1935 der Kominternführung – aus dem Gedächtnis geschrieben – vorlegte, sind die Namen von über 500 Funktionären enthalten, die allein auf der Ebene der Bezirksleitungen in die Hände der Gestapo gefallen und zu einem Teil ermordet worden waren.[152]

Während die politische Führung den Verhaftungen und dem Schicksal der Verhafteten »nur ein sehr beschränktes Interesse« widmete und sich vorwiegend um Ersatz kümmerte, übten sie auf die Illegalen selbst ganz anderen Einfluß aus: »Im Alltag des Illegalen bedeuten die Verhaftungen von Kampfgenossen (sofern er selbst nicht ein verhärteter Bürokrat oder ein frivoler Abenteurer ist) erschütternde Erlebnisse. Sie bringen ihm die Gefahr, in der er selbst lebt, zum Bewußtsein und fügen ihm jedesmal tiefen Schmerz zu, weil er immer und immer wieder Freunde und Kameraden verlieren muß. [...] Für den verhärteten Bürokraten bedeutet das Wegfallen eines Kameraden nicht viel mehr als das Wegfallen eines Konkurrenten, an dessen Unglück man sich am besten noch einige Zoll hinaufzuranken versuchen soll. Der frivole Abenteurer (in diese Kategorie zählte ich auch den ethisch haltlos gewordenen ›Apparatmann‹) handelt wie Otto Wahls[153]: Er sorgte für jederzeit greifbare Geldreserven und legte das Wort von den ›Toten auf Urlaub‹[154] auf diese Weise aus, daß er sich einem mehr als lockeren Leben hingab.«[155]

Es sind erhebliche Zweifel angebracht, ob die von Wehner vorgenommene Scheidung der Charaktere in »Bürokraten« und »Abenteurer« einerseits und »illegal kämpfende Kameraden und Freunde« andererseits die Wirklichkeit zureichend beschreibt. Es ist zum Beispiel schwer, Wehners Kategorien auf zwei der Funktionäre anzuwenden (Robert Stamm[156] und Adolf Rembte[157]), die nach den Beschlüssen des Politbüros vom Januar 1935 zusammen mit Wehner und Max Maddalena[158] die neue Inlandsleitung in Berlin bilden sollten. Schon vorher war bekanntgeworden, daß der Gestapo in Berlin Material in die Hände gefallen war, das Stamm, der zuvor schon zeitweise zur Berliner Landesleitung gehört hatte, und noch mehr Rembte schwer belastete. »Rembte war nach diesem Material Todeskandidat.«[159]

Stamm, der aus Schultes Bezirk (Niederrhein) kam und auch in der illegalen Arbeit überall »Versöhnler« bekämpfte, versuchte Wehner zu überreden, die neue Leitung sollte statt in Berlin besser in Prag oder in der Nähe der Grenze ihren Sitz aufschlagen: Es käme vor allem darauf an, daß diejenigen, die wirkliche Erfahrung im Lande aufzuweisen hätten, sich für den bevorstehenden Kongreß der Komintern und die zu erwartende Neuwahl der KPD-Führung aufsparen sollten. Wehner hätte es nicht nur lieber gesehen, wenn diese Bedenken den mit der operativen Auslandsleitung betrauten Mitgliedern des Politbüros Ulbricht und Dahlem mitgeteilt worden wären. Vielmehr hatte er für sich selbst eine andere Entscheidung getroffen: »Mir war klar, daß ich selbst von dieser

Arbeit in Berlin schwerlich wieder zurückkommen würde, denn die Tätigkeit im Saargebiet hatte mein Konto bei der Gestapo um etliche Posten erweitert[160]; aber für mich war immer noch die Organisation im Lande die Hauptsache. Dort wollte ich, wenn es nicht anders sein konnte, meinen letzten Einsatz machen. Von dort aus, hoffte ich noch immer, müßte, wenn überhaupt, eine grundsätzliche Veränderung der Partei ausgehen.«[161] Wehners eigener Bericht deutet schon in der Formulierung an, daß diese Hoffnung getrogen hat.

Um das Schicksal nicht zusätzlich herauszufordern, bereitete Wehner seine Rückkehr nach Berlin mit äußerster Sorgfalt vor: Während Reise und Ankunft dreier anderer Mitglieder der neuen Landesleitung durch einen Berliner Funktionär des Kippenberger-Apparats gesichert werden sollten – auch dies geschah nur durch ausdrückliches, an Ulbricht und Dahlem gerichtetes Verlangen –, wollte sich Wehner selbst in Berlin Unterkunft verschaffen. Aber dann kam er gar nicht mehr dazu, die Zuverlässigkeit seiner Vorbereitungen durch die Praxis überprüfen zu lassen. Kurz vor der Abreise wurden er und seine Gefährtin Lotte[162] bei einer Razzia der tschechischen Polizei in einem ihm von Bruno Goldhammer, dem ehemaligen Redakteur der Dresdener *Arbeiterzeitung*, als sicher empfohlenen Hotel festgenommen.

Die Tschechoslowakei war nach 1933 – schon wegen der Nähe zu Berlin – zu einem Land geworden, in dem die wichtigsten Verbindungen zwischen den illegalen Widerstandsgruppen und den Auslandsleitungen der Arbeiterparteien zusammenliefen. Eine Idylle war es aber nicht. Während der tschechoslowakische Staatspräsident T.G. Masaryk und das Außenministerium den nach 1933 asylsuchenden Deutschen gegenüber in der Regel freundlich gesinnt waren, verfolgten das Prager Innenministerium und der ihm unterstellte Polizeiapparat eine Politik der Zersplitterung des Widerstandes und der Abwehr der Immigration. Die Grenzen zwischen Befürwortern und Gegnern des Nationalsozialismus verliefen nicht zwischen den Nationen, sondern quer durch sie. Der Kampf für die Existenzberechtigung der deutschen Emigranten und ihrer politischen Tätigkeit wurde so ein Wesenselement der politischen Auseinandersetzung in der Tschechoslowakei – jedenfalls bis zum Sommer 1937. Im Herbst gab die Prager Regierung dem immer heftiger werdenden Druck Nazideutschlands nach und schränkte zunächst die politischen Aktivitäten der Emigranten ein. Ein halbes Jahr später drohte ihnen die Ausweisung.

Nachdem Wehner und seine Gefährtin, nicht zuletzt wegen ihrer verschiedenen Ausweispapiere, in großer »Ungewißheit über das Weitere« fünf Wochen lang im Prager Polizeigefängnis gesessen hatten, »wo die Behandlung und Verpflegung hundsmiserabel waren«, wurden sie durch Vermittlung der tschechischen Abgeordneten Hodinova »unter starker Polizeibedeckung« zunächst an die polnische Grenze, von da aus über Warschau an die russisch-polnische Grenze nach Negoreloje[163] gebracht. Erst als dort die Genehmigung zur Weiterreise nach Moskau eingetroffen war, war diese Odyssee, die Ende Februar 1935 in Saarbrücken begonnen und auf sehr ungesicherten Wegen durch Deutschland – und nicht wie zugesagt über die Schweiz[164] – geführt hatte, an ihr vorläufiges Ende gelangt.

Zunächst sollte seine Unterbringung in einem kleinen Zimmer im Hotel Lux in der Gorkistraße nur kurz dauern, weil vor allem Wilhelm Pieck auf Wehners beschleunigte Wiederabreise nach Berlin drängte. Mitten in diese Vorbereitungen platzte die Nachricht, daß es Verhaftungen im Bereich der Landesleitung in Berlin gegeben hatte. Am Ende eines mehrwöchigen Erholungsurlaubes, der ihm und seiner Gefährtin Lotte in Gagra, einem Kurort etwa 75 Kilometer nordwestlich der Hafenstadt Suchum an der Schwarzmeerküste am Fuße des Großen Kaukasus, gewährt worden war, erfuhr er, daß sich unter den Verhafteten auch die drei anderen Mitglieder der neuen Berliner Landesleitung befanden. Der Überbringer der Botschaft war ausgerechnet Otto Wahls, der bisher zur dortigen Leitung gehörte und dem es – erstaunlicherweise – gelungen war, aus Berlin rechtzeitig wegzukommen, nachdem Stamm und Rembte – entgegen ihrer in Prag geäußerten Absicht – ihn in Berlin wiedergetroffen hatten.[165]

Inzwischen hatte das Politbüro angesichts der durch die Verhaftungen in Berlin entstandenen »Unübersichtlichkeit der Verhältnisse«[166] beschlossen, daß Wehner zunächst in Moskau an den Vorbereitungen zum VII. Weltkongreß teilnehmen sollte. Wehner schwieg sich in den »Notizen« darüber aus, ob es über diese Entscheidung im Politbüro lange Diskussionen gegeben hatte. Die Motive der Mehrheit sind jedenfalls schwer zu erklären. Als genauer Kenner der illegalen Arbeit wie der Einheitsfrontaktion an der Saar konnte er als Kronzeuge der bisherigen Minderheit auftreten, der die sich abzeichnende neue Linie der Komintern ohnehin die Segel blähte. Allerdings war er auch für Ulbricht und Pieck eine schwer berechenbare Größe. Deshalb wurde auch der Versuch unternommen, ihn durch das attraktiv erscheinende Angebot, in Paris ein internationales Thälmann-Komitee zu gründen, vom Kongreß und der nachfolgenden Konferenz der deutschen Partei fernzuhalten. Obwohl das Angebot taktisch geschickt eingefädelt worden war – kein Geringerer als Bela Kun erklärte ihn aufgrund der Zusammenarbeit mit Thälmann für den geeigneten Kandidaten –, widerstand Wehner dieser Versuchung.

Hatte er die kurz zuvor in Prag noch gehegte Meinung, nur von den illegalen Gruppen in Deutschland könne eine grundlegende Veränderung der Partei ausgehen, inzwischen revidiert? Und wenn ja: waren die in Moskau (das er zum ersten Mal betrat) gewonnenen Eindrücke so überwältigend, daß sie den Umschwung bewirkt hätten?

Moskau – das Mekka der Revolution?

Damit ist die Frage verknüpft, wie »sowjetpatriotisch« Wehner zu jener Zeit war. Es ist schon gezeigt worden, wie der sehr junge Wehner innerhalb eines Jahres – von Herbst 1926 bis Herbst 1927 – seine Bewertung der inneren Entwicklung der Sowjetunion radikal geändert hatte.[167] Die danach in seinen Reden und Artikeln stets wiederkehrenden Hinweise auf die – verglichen mit der kapitalistischen Ausbeutung und Unterdrückung in Deutschland – ganz anderen, sprich positiven Verhältnisse in der Sowjetunion gehörten gewiß zum Pflichtpensum eines strebsamen kommunistischen Funktionärs. Denn im Zuge der »Bolschewisierung« der KPD wurde die Haltung gegenüber der Sowjetunion als dem Vaterland der (d.h. aller) Werktätigen – der bezeichnende Begriff »Sowjetpatriotismus« kam erst später auf – der Lackmustest für die Treue zur kommunistischen Weltbewegung, deren Mekka sich in Moskau befand.

In historischer Perspektive war es die säkularisierte Form des seit der Eroberung von Byzanz durch die Türken erhobenen großrussischen Anspruchs, Moskau sei das Dritte Rom.[168] Die Tatsache, daß es in Rußland – in Übereinstimmung nicht nur mit der byzantinischen, sondern noch mehr mit den orientalischen und asiatischen Herrschaftsweisen – nie eine Trennung von politischer und geistlicher Herrschaft und damit bis zur Revolution 1905 nie die Chance einer von beiden Gewalten autonom fungierenden politischen Öffentlichkeit gab, gehörte zu jenen Traditionen, die die Wiedererrichtung einer autokratischen Herrschaft zunächst noch in teilweise kollektiver Form unter Lenin, später als Einmanndiktatur unter Stalin enorm erleichterten.

In Wehners Perspektive – zumindest seit 1927 – schienen solche Hinweise auf die Last der Tradition in Rußland abwegig zu sein. Seine Phantasie war durch die Mythen der russischen Revolution von 1905 und 1917 vollständig mit Beschlag belegt – vor allem im Nachvollzug durch die neue Bilderwelt des Films. Im Februar 1935, wenige Wochen vor seiner Ankunft in Moskau, schrieb er in der von Oskar Maria Graf, Wieland Herzfelde und Anna Seghers herausgegebenen Emigrantenzeitschrift *Neue Deutsche Blätter* einen »Gruß an den Sowjetfilm«. Er beschrieb darin die Wirkung der ersten in Deutschland seit 1924/25 gezeigten Sowjetfilme, zunächst von Stanislawskis »Polikuschka« und später Eisensteins »Potemkin«, der am 29. April 1926 in Berlin, allerdings in einer zensierten Fassung, Premiere hatte. Vor allem der letztere habe »den ganz großen Sieg« gebracht.

Wie sehr seine sensible Künstlernatur noch im Banne dieses Films stand, enthüllten die folgenden Sätze über die Premiere in Berlin: »Wir saßen in dem alten Apollo-Theater in der Friedrichstraße, das bis dahin noch nie als Kino gedient hatte; es war ein düsterer stimmungstötender Kasten. Edmund Meisel ergriff den Taktstock, der Film begann zu laufen, die Unruhe im Saal legte sich, und es trat eine Stille ein, wie ich sie in einem Zuschauerraum weder vordem noch nachher wieder erlebt habe. Je weiter sich die Vorgänge auf der Leinwand entwickelten, desto geladener wurde die Atmosphäre, keiner der Zuschauer rührte sich, die Augen waren weit aufgerissen, die Gesichter steif der Bildfläche zugewandt, und im letzten Drittel des Films schien es, als hätte man auch das Atmen eingestellt. Und dann jubelte der Saal beglückt auf. Nie zuvor war eine ähnliche Identifizierung des Publikums mit einer Filmhandlung gelungen, man war völlig aufgewühlt, fühlte sich beschwingt und stark. Es war der erste Sieg des Gemeinschaftsgefühls im Kino. In dessen Zeichen begann der Siegeszug des Russenfilms im Kino, in dessen Zeichen wurde er fortgeführt [... bis] der Machtantritt der Faschisten die Vorführung von Sowjetfilmen unmöglich machte.«[169]

Die Wiedergabe der durch die Bildsequenzen dieses Films ausgelösten Gefühle ist hier wie selten geglückt. In dieser Hinsicht erwies sich Wehner in besonderem Maße als Kind seiner Zeit, die noch kaum gelernt hatte, mit dem neuen Kunst- und Unterhaltungsmittel Film umzugehen. Wie kein anderes Medium zwang es den Zuschauer in den Irrgarten der Gefühle, in dem allzuschnell die klare Unterscheidung zwischen Realität und Fiktion verlorenging. In keinem anderen Bereich der Kunst war auch für die Künstler selbst die Verführung so groß, im stets vorhandenen Spannungsfeld von subversivem Experiment und herrschaftslegitimierender Komplizenschaft zugunsten der letzteren zu optieren.

Wo – wie in der Sowjetunion unter Stalin – Politik zum gesellschaftspolitischen Experiment, zur Erfüllung der (über)geschichtlichen Mission, schließlich gar zu einem das »Glück des Volkes« inszenierenden Gesamtkunstwerk »erhoben« wurde, mußte Kunst zur bloßen Legitimations- und Erbauungskulisse, kurz zum »sozialistischen Realismus« verkommen. Kein Wunder, daß die Redaktion der *Neuen Deutschen Blätter* in einer Nachschrift das enthusiastische, jedenfalls unverstellte Bekenntnis Wehners zu den Filmen der künstlerischen Avantgarde der zwanziger Jahre mit dem Hinweis korrigierte, daß »der Einsender dieses Grußes« nicht wissen könne, »welche bedeutsamen Werke gerade in den letzten Jahren im Sowjetlande« geschaffen worden seien.[170]

Jahre später und unter den mörderischen Bedingungen der »großen Säuberung« hatte sich Wehner – zumindest in seinen öffentlichen Äußerungen – auf die Seite dieses so instrumentalisierten Verständnisses von Kunst geschlagen.[171] Bei dieser ersten Begegnung mit dem Mekka der weltrevolutionären Bewegung ging er aber offensichtlich noch davon aus, daß das der Solidarität aller arbeitenden Menschen dienende Gemeinschaftsgefühl, das bis in die kollektiven Herstellungsmethoden hinein der frühe sowjetische Film zu vermitteln schien, auch die sowjetische Wirklichkeit dominierte. An die Tatsache, daß es für die deutsche KPD-Führung kaum Geltung besaß, hatte er sich in den zurückliegenden Jahren schon gewöhnt. Dennoch war es offenbar kein gelinder Schock, als er nach wenigen Tagen in Moskau gewahr wurde, wie unterschiedlich sich der alltägliche Lebenszuschnitt im kleinen Universum der KP-Emigranten im Hotel »Lux« gestaltete.

Hermann Schubert, den Wehner aus dem ersten Jahr der Illegalität nicht in bester Erinnerung hatte, war Nachfolger Fritz Heckerts als deutscher Vertreter beim Exekutivkomitee der Komintern (EKKI) geworden. Er versorgte die Mitglieder der bisherigen Mehrheit und ihren Anhang nicht nur mit den jeweils neuesten Informationen aus dem Kominternhauptquartier in der Kropotkinstraße. Er ließ ihnen vor allem auch Vergünstigungen zukommen, die die Mangelwirtschaft, in der die große Mehrheit der Sowjetmenschen leben mußte, für die betreffenden Funktionäre kaum mehr spürbar werden ließ. Außer Lebensmittelzuteilungen, Essenmarken, Theaterfreikarten, Büchern gab es Gutscheine, die zum Einkauf von sonst nicht erreichbaren Waren in den »damals noch existierenden Torgsin-Läden (bevorzugte Geschäfte für zum Einkauf speziell legitimierte Ausländer und gewisse Sowjetbeamte) berechtigten«.

Wehner selbst stand mit seiner Gefährtin »außerhalb dieser ›Gemeinschaft‹«. Beide mußten »auf Tagesspesen für eine Person und auf die niedrigste Lebensmittelration leben«. Die sehr persönlich gehaltene Passage in den »Notizen«, die die beiden zugefügten Kränkungen noch Jahre später spürbar werden läßt, schloß mit dem Satz ab: »Wenn wir mitunter an der Verspeisung eines Fisches teilnehmen durften, den einer der Referenten im mitteleuropäischen Sekretariat des EKKI, Hermann Nuding, spendierte, war das ein Extravergnügen für uns.«[172]

Diese so naiv klingende, weil mit menschlich nur allzu verständlichen Neidgefühlen durchwachsene Schilderung erwähnte ein zentrales Element der Wirklichkeit im Sowjetstaat nur beiläufig: die extremen Privilegien des Partei-, Sicherheits-, Militär-, und Wirtschaftsapparates, die in improvisierten Ansätzen schon während des Bürgerkriegs – häufig aus der Not heraus – entstanden und am 6. Juni 1923 durch einen Beschluß des Organisationsbüros der Partei unter Vorsitz von Stalin mit dem harmlosen Titel »Verbesserung des Lebens aktiver Parteiarbeiter« förmlich installiert worden waren[173]. Damit wurde nicht nur ein System enormer Einkommensunterschiede[174], garniert mit Gratislieferungen von Lebensmitteln (»pajok« oder Paketchen genannt), Devisenzuteilungen, Reisemöglichkeiten bis hin zur besonderen medizinischen Versorgung für zunächst rund fünfzehntausend, später für etliche zehntausend Funktionäre geschaffen. Es entstand auch eine Mischung von Feudalherrschaft – die in historischer Perspektive entgegen der Marxschen Annahme meist sehr viel mehr eine politische Herrschaftsform mit ökonomischer Verteilungsmacht als eine ökonomische Gesellschaftsformation *sui generis* gewesen ist – und »moderner« Apparatherrschaft, deren bürokratische Rationalität – vor allem nach der Ausschaltung der »Linken« und »Rechten« – durch den Despotismus Stalins immer stärker eingeengt wurde.

Den längere Zeit in der Sowjetunion tätigen Funktionären der Komintern konnte dieses Privilegiensystem nicht verborgen geblieben sein. Zu einem gewissen – im einzelnen immer noch schwer rekonstruierbaren – Grad waren sie Teilhaber dieses Systems. Bei Neuankömmlingen wie Wehner, die zudem noch auf halbe Ration gesetzt worden waren, dauerte es – auch in Ermangelung russischer Sprachkenntnisse – länger, bis sie dahinterkamen. Seine genaue Einschätzung der Lebensverhältnisse im Sowjetstaat läßt sich allenfalls indirekt ermitteln, da Aussagen aus dem Jahr 1935 fehlen. Aus der Rückschau schildert er eine Reise, die er mit einer Gruppe von Delegierten nach Beendigung des Weltkongresses nach Gorki unternommen hatte. Auch wenn wegen der zeitlichen und – noch mehr – der inhaltlichen Distanz erhebliche Abstriche an den Wertungen zu machen sind, bleibt das Ausmaß enttäuschter Erwartungen bemerkenswert.

Obwohl der Gruppe versprochen worden war, daß es politische Gespräche mit Mitgliedern russischer Parteiorganisationen geben würde, konnte davon keine Rede sein. Die Reise entsprach »ungefähr einer von Intourist veranstalteten Vorweisungstour«. Betriebsbesuche fielen wegen des Widerstandes eines Parteisekretärs der Betriebszelle entweder aus oder verwandelten sich »unter der ordnenden Hand des Werksdirektors zu Festessen« ohne ein politisches Wort. Die Ausbeute waren »Eindrücke technischer Art [...], Einblicke in mißglückte Wohnungsbauten, ein flüchtiger Einblick in die Arbeit einer Schule, einige wohltuende Worte von einfachen Menschen aus der Bevölkerung, mit denen wir kurz Gespräche angeknüpft hatten«.[175]

Diese Erfahrungen wie auch der durch zahllose Mangelerscheinungen geprägte Moskauer Alltag standen in einem auffälligen Gegensatz zu der in leuchtenden Farben ausgemalten Schilderung der sowjetischen Errungenschaften, wie sie Manuilski als Hauptredner der KPdSU den Delegierten des Weltkongresses dargeboten hatte: Aus dem Land der am meisten ausgebeuteten Arbeiterklasse in Europa, so hieß es dort, der ärmsten Bauernschaft, aus dem Land der Degeneration, des Alkoholismus, einer durch Epidemien verstärkten erschreckenden Sterblichkeit, einem Land der Unkultur, des Analphabetentums, des Aberglaubens, der religiösen Verdummung, aus dem Land der Rückständigkeit auf allen Gebieten sei durch die proletarische Revolution das Land geworden, das die Produktivkräfte in einem in der Geschichte nie dagewesenen Tempo entfalte, das Hacke, Hakenpflug und Sense durch Traktoren und Mähdrescher ersetze, das die »Verdammten dieser Erde« in Herren des Landes und in Schöpfer eines neuen herrlichen Landes verwandle. Diese Revolution »hat in der Tat umgesetzt, wovon die besten Geister der Menschheit träumten – den Sozialismus«[176].

So beeindruckend sich die quantitativen Angaben[177] zu den Aufbauleistungen im Erziehungs- und Bildungswesen sowie im Bereich der schwerindustriellen Basis ausnahmen – die erfahrenen Rußlandkenner unter den Delegierten spendeten nur verhaltenes Lob. Ein alter Hase wie Wilhelm Pieck, der in den vergangenen eineinhalb Jahrzehnten mehrere Male[178] die Sowjetunion besucht hatte und Stalin (»Unser Führer«) mehrfach in seiner Rede zitierte, benutzte das vorsichtige Futurum, um die Entwicklung in der Sowjetunion zu beschreiben: »Auf der Basis der kolossalen Vorzüge der sozialistischen Wirtschaft [...] wird sich das materielle und kulturelle Niveau der Werktätigen weiterhin mit außerordentlicher Schnelligkeit heben [...]. Das Sowjetland wird in stetig steigendem Maße vor der ganzen Welt dastehen als das Land der fortgeschrittensten Kultur und Technik, als das Land des Friedens und des Wohlergehens des gesamten Volkes [...].«[179]

Mit kritischer Sympathie, aber ohne überschäumenden Enthusiasmus – so lassen sich Wehners Eindrücke während seines ersten Aufenthalts in der Sowjetunion noch am ehesten beschreiben. Im übrigen war seine Aufmerksamkeit durch den Weltkongreß, das wichtigste Forum der kommunistischen Weltbewegung, die er zum ersten Mal in voller Aktion erlebte, in Anspruch genommen. Wenn die KPD aufgrund des internen Macht- und Intrigenspiels ihrer Führung nicht mehr glaubwürdig den Schlüssel zur Tat besaß – und der Tatwille blieb sein wichtigster Antrieb –, dann mußten sich seine Hoffnungen um so stärker auf die Weltbewegung richten. Dazu trug die Tatsache bei, daß die »Politbüroleute«, wie er sie nannte[180], ihn von der organisatorischen und inhaltlichen Vorbereitung des Weltkongresses auszuschalten trachteten. Er blieb zunächst darauf verwiesen, während einiger Wochen im deutschen Sektor der Lenin-Schule Vorlesungen und Arbeitsgemeinschaften zum Thema »Erfahrungen und Lehren aus der konspirativen Arbeit« abzuhalten.

Was zusätzliche Distanz zwischen ihm und den »Politbüroleuten« schuf, war deren gemeinschaftlich organisierte Fähigkeit, nicht nur »zahllose« Artikel über deutsche Themen in der russischen Presse unterzubringen, sondern auch durch Willy Bredel und den aus dem KZ entlassenen Thälmann-Mitarbeiter Heinrich Meyer dominierenden Einfluß auf die von der KPD herausgegebenen Emigrantenzeitungen und Zeitschriften (*Deutsche Zentralzeitung*, *Internationale Literatur*, *Das Wort*) zu gewinnen. Nicht nur Florin, Schubert und Schulte, sondern auch Pieck ließen sich von diesen und weiteren Mitarbeitern Artikel schreiben, die dann unter ihrem Namen publiziert wurden. Wehner war diese Art der Produktion geistiger Leistungen »besonders widerwärtig«. Er sah darin »ein charakteristisches« Zeichen für die »Verkommenheit dieser Führergarnitur«. Seine ablehnende Haltung »zu diesem Treiben« wurde ihm »damals und viele Jahre danach als Hochmut und Unfähigkeit zu kollektiver Arbeit angerechnet«. Er fügte im Rückblick hinzu: »Ich hatte und habe eine grundsätzlich andere Auffassung über das Schreiben.«[181] Kein Wunder, daß er bei dieser Einstellung außer einem Kurzbericht über einen Teilaspekt der illegalen Arbeit[182] nichts von dem, was ihn umtrieb, publiziert bekam.

Andererseits hatte Wehner durch den Erfahrungsaustausch mit den Leninschülern, von denen ein Teil aus der illegalen Arbeit kam (und später wieder dorthin zurückkehrte), und durch schriftliche Beiträge, die ihm von Knorin (dem Sekretär des EKKI für Mitteleuropa) sowie vom Organisationssekretär Pjatnitzki und von Dimitroff, dem aufgehenden Stern der Komintern, abgefordert worden waren, schließlich auch durch Diskussionen, an denen die drei genannten Sekretäre allerdings in der Regel[183] nicht teilnahmen, seine Argumente genügend geschärft, um allen Versuchen der bisherigen Politbüromehrheit entgegentreten zu können, ihre bisherige Politik neu zu legitimieren.

Insbesondere seit der Mehrheit bekannt wurde, daß die Referenten in Knorins mitteleuropäischem Sekretariat »zahllose Variationen kritischer Betrachtungen der Politik der deutschen Partei anfertigten«[184], und außerdem immer damit rechnen mußte, daß sie auch durch andere aus Deutschland kommende Delegierte in die Enge getrieben werden könnte, versuchte sie »in aller Eile«[185], das heißt wenige Wochen vor Beginn des Kongresses, durch einen ihr ergebenen Funktionär aktuelle Informationen über die Lage in Deutschland und vor allem über die Möglichkeiten der Partei, innerhalb von NS-Massenorganisationen wie der Deutschen Arbeitsfront (DAF) illegal tätig zu sein, zu beschaffen. Dieser Sonderauftrag wurde zum Fiasko. Außer dem Emissär wurden auch andere Kommunisten, unter ihnen der von Ulbricht und Dahlem mit seriöseren Aufträgen versehene Wilhelm Firl, verhaftet und abgeurteilt.[186]

Wienand Kaasch[187], ein anderer Funktionär, der vor Jahren Leiter der Organisationsabteilung des ZK der KPD gewesen war und danach in einigen Ländern als Instrukteur der Komintern gedient hatte, erlitt – von Ulbricht und Dahlem nach Deutschland geschickt – schon während der ersten 14 Tage das gleiche Schicksal. Pieck hatte vor seinem Einsatz Wehner aufgefordert, Kaasch über die Arbeitsbedingungen im NS-Deutschland zu unterrichten. Da er sich selbst für einen erfahrenen »Konspiratör« hielt, wollte er Wehner nicht abnehmen, daß das in anderen Ländern gängige Rezept, den finanziell unabhängigen Mann zu spielen, in Hotels zu wohnen und zugleich mit den Mitgliedern der illegalen Partei vertrauensvolle Kontakte zu knüpfen, fatale Folgen haben würde. Auch er wurde Opfer der im Politbüro vorherrschenden Meinung, die alten Kader seien den im illegalen Kampf gegen die NS-Diktatur inzwischen bewährten jungen Mitgliedern generell überlegen.

Die Isolierung, in der Wehner monatelang gelebt hatte, schien erst durchbrochen zu sein, als in Moskau eine Reihe dieser jüngeren Parteimitglieder eintrafen, die wegen ihrer illegalen Tätigkeit[188] zu Delegierten bestimmt worden waren. Einige von ihnen kannte Wehner gut. Mit den anderen konnte er Kontakte knüpfen und Erfahrungen austauschen. Da deren Skepsis gegenüber der bisherigen Politik der Politbüromehrheit nicht verborgen geblieben war, griff diese zu anderen Mitteln. Über Angaretis, den Vorsitzenden der Internationalen Kontrollkommission, erreichte sie, daß die GPU die Gruppe der »Unzufriedenen«, zu der außer Wehner auch Ulbricht, Paul Merker und Paul Bertz gezählt wurden, zu überwachen begann.

Noch aber war ihr mörderischer Zugriff gebremst durch die propagandistischen Absichten, die die sowjetische Führung mit dem VII. Weltkongreß der Komintern verband. Obschon die Komintern durch die sowjetische Politik, insbesondere die Zerschlagung der innersowjetischen Opposition zur bloßen »Verkaufsbude« – wie Stalin sie verächtlich genannt haben soll[189] – herabgesunken war, bot der Kongreß dennoch eine prächtige Gelegenheit, der Welt die Schauseite des »Vaterlands der Werktätigen« zu zeigen und zugleich die vorher festgelegte Linie der partiellen Zusammenarbeit mit den sozialdemokratischen Parteien und bürgerlichen Demokratien Westeuropas sanktionieren zu lassen.

Der VII. Weltkongreß – eine bloß taktische Wende?

Der am Abend des 25. Juli 1935 eröffnete Weltkongreß fand im Moskauer Gewerkschaftshaus statt. An der vorderen Fassade des Gebäudes war ein großes Lichttransparent angebracht, von dem in sechzehn Sprachen das Leitmotiv des Kommunistischen Manifests leuchtete: »Proletarier aller Länder, vereinigt Euch!« Im Kongreßprotokoll hieß es in jener sakral überhöhten Sprache, die inzwischen zum Ritual kommunistischer Großveranstaltungen gehörte: »Über die blumengeschmückte Haupttreppe gelangten die Delegierten in lange Seitengänge, an deren

Wänden die einzelnen Sektionen in einer künstlerischen Ausstellung die wichtigsten Episoden ihrer Arbeit und des Kampfes der Arbeiterklasse ihrer Länder zur Darstellung bringen [...]. Die Delegierten nehmen ihre Plätze in dem prachtvoll dekorierten Kolonnensaal ein. Die Wand hinter dem Präsidium ist mit riesigen roten Fahnen drapiert, auf denen gewaltige Portraits von Marx, Engels, Lenin und Stalin angebracht sind. Unter den Portraits ist die Inschrift zu lesen: Hoch das große unbesiegbare Banner von Marx, Engels, Lenin und Stalin. An den Seitenwänden hängen durchgehende Transparente, auf denen in sechs Sprachen die Parole steht: ›In einheitlicher proletarischer Front gegen Kapitaloffensive, Faschismus und Imperialismus.‹ An der rückwärtigen Wand hängen Transparente: ›Hoch die Sowjets in China‹. Nach dem abklingenden Beifall beginnt unter feierlicher Stille Genosse Wilhelm Pieck seine Eröffnungsansprache [...].«[190]

Das feierliche Gepränge bei der Eröffnung des Weltkongresses, das trügerische Gefühl, daß dessen Diskussionen und Entscheidungen auf der ganzen Welt beachtet würden, nicht zuletzt »die Erhebung der Gedanken zu den großen, die Arbeiterklasse aller Länder« betreffenden Zielen und Problemen drängten auch bei Wehner »zeitweilig das Bewußtsein der grausamen Wirklichkeit zurück«.

In Wehners Rückblick heißt es weiter: »Die Flammen der Begeisterung, die das Gefühl der Verbundenheit mit [...] den in zahllosen Kämpfen und Leiden geprüften [...] Vorkämpfern der revolutionären Arbeiterbewegung vieler Länder entfachte, verklärten die wirklichen Verhältnisse und verführten zu der Illusion, als sei durch diese Glut alles zu läutern und aller Schmutz zu verbrennen. Wir deutschen Illegalen, die während der letzten Jahre so oft Massenbegeisterungsräuschen gegenüber gestanden, an denen wir uns nicht erwärmt, sondern angesichts derer wir den Mund zusammen gekniffen [...] hatten – wir fühlten uns hier wieder unter Genossen, und wir ließen uns gern erwärmen und mitreißen. Gewiß, wir vergaßen nicht, welche Aufgaben wir zu lösen [...] und gegen welche Widerstände wir in der eigenen Partei zu kämpfen hatten. Aber wir glaubten, mit uns seien ja alle die, die sich mit uns zum Gesang der Internationale erhoben, die mit uns um gefallene und eingekerkerte Genossen trauerten [...]. Wir sahen noch nicht, daß ein erheblicher Teil dieser Flammen nicht aus brennenden Herzen geboren, sondern mit artistischer Fertigkeit von Pyrotechnikern der Propaganda entzündet oder reflektiert worden war. Unsere an das Dunkel der Illegalität [...] gewöhnten Augen, die sich nun des Lichts erfreuten, waren

Wilhelm Pieck mit führenden Kommunisten der
III. Internationale 1935 im Garten des
Moskauer Kreml. Obere Reihe (v.l.n.r.):
Klement Gottwald (ČSR), Pieck (Deutschland),
Dimitri Manuilski (Ukraine), Georgi Dimitroff (Bulgarien),
Palmiro Togliatti (Italien),
Wilhelm Florin (Deutschland), Van Minh (China).

noch nicht imstande, die Gerüste zu erkennen, von denen aus manches Feuerwerk abgebrannt wurde. Gorki begrüßen zu dürfen, Lenins Gefährtin Krupskaja dem Kongreß beiwohnen zu sehen – ich gestehe, daß mich dies den Anblick manches Bürokraten weniger deutlich empfinden ließ.«[191]

Die Intensität der Sprache, insbesondere die expressive Kraft des dabei benutzten bildhaften Vergleichs zeugen nicht nur davon, daß die Erinnerung an dieses Ereignis sich tief in Wehners Gedächtnis eingegraben hatte. Da diese Sätze mehr als ein Jahrzehnt später geschrieben wurden, dokumentieren sie auch, wie schwer ihm der Abschied vom Mythos Revolution immer noch fiel und wie lange er deshalb währte.

An gleicher Stelle versuchte er seine nachbebenden Gefühle mit dem Hinweis einzufangen, daß er sich nicht einfach »von den Festlichkeiten habe betäuben lassen«. Er habe während der Dauer des Kongresses (26 Tage) »nicht an einem einzigen der zahlreichen Banketts, Empfänge, Vergnügungsveranstaltungen teilgenommen«. Er sei vielmehr »gebannt« gewesen von dem neu sich eröffnenden politischen Aspekt. Zwar nahm er Anstoß daran, daß die meisten Reden vom Blatt abgelesen wurden und zu sehr diplomatischen Deklarationen glichen, als daß sie zu einer intensiven Diskussion hätten führen können. Hinzu kam, daß der von Wilhelm Pieck vorgetragene Tätigkeitsbericht der Kominternexekutive seit dem VI. Weltkongreß (1928) den Kontinuitätsnachweis in einer Weise strapazierte, die wenig Raum für die Glaubwürdigkeit einer neuen Linie ließ.[192]

Schließlich konnte Wehner selbst angesichts der inneren Gegensätze in der deutschen Delegation, in der um jeden Satz gestritten wurde, in seinem in freier Rede gehaltenen Beitrag nicht in voller Offenheit über das sprechen, was ihn und seinesgleichen bewegte und was er künftig geändert wissen wollte. Das Schlüsselwort dieser mit großer Sorgfalt vorbereiteten kurzen Rede war das Eigenschaftswort »neu«. Er berichtete von »neuen Methoden« der Illegalen bei deren Antwort auf den Terror des NS-Staates, von »neuen Formen der Massenagitation« und »neuen Organisationsformen«, die gefunden werden mußten, um in den »Massenorganisationen der Faschisten« – von der Deutschen Arbeitsfront über den Luftschutzverband bis hin zum Bund Deutscher Mädchen und zur NS-Frauenschaft – arbeiten zu können. Er pries dabei die »unerschöpflichen« und »unermüdlichen« Initiativen der »unteren Einheiten«, die, ganz allein auf sich gestellt, eine Flut von illegalem Material herausgebracht hätten.

Seine Kritik an der Parteiführung benutzte zunächst Umwege, war aber unüberhörbar. Er schilderte die enormen Anfangsschwierigkeiten im illegalen Kampf, insbesondere die Abkapselung und Isolierung: »wir waren nicht mit den Massen verbunden [...] und wir hatten nicht das richtige Verhältnis zwischen Konspiration und Massenarbeit. Es gab Genossen, die diese Isolierung fühlten und sie zu durchbrechen versuchten, indem sie die elementarsten Regeln der Konspiration über Bord warfen.«

In noch deutlicherer Weise griff Wehner die Führung an, als er bei weiteren Analysen der illegalen Arbeit auf die »massenweisen Fälle« der »Instrukteure« verwies – diese wurden von oben ernannt –, die bei ihren Reisen ins Land selbst »*Literatur* mitgenommen und dadurch nicht nur sich selbst, sondern auch die Organisationen und das mühselig aufgebaute Verbindungsnetz zerstört« hätten. Den »Leitungen« wies er »unter den Bedingungen der Illegalität« lediglich die Aufgabe zu, »die politische Grundlinie der Arbeit anzugeben und den unteren Einheiten bei der Durchführung zu helfen, damit vor allem ein Maximum an Initiative, ein Maximum an eigener Arbeit von den Genossen entfaltet wird. Wir haben das während der Zeit unserer legalen Arbeit vernachlässigt [...].«

Ebenso offen kritisierte er die parteieigene und parteinahe Presse, die es »bis heute« noch nicht verstanden habe, »ihre Rolle als organisierender Faktor zu spielen«. Damit machte er zugleich seinem schon erwähnten Ärger darüber Luft, daß die Seilschaft der »Politbüroleute« sich die Publikationsmöglichkeiten gegenseitig zuschanzte und die Vertreter der illegalen Gruppen mit ihren Erfahrungen nicht zu Wort kommen ließ. Wehner verlangte von der Presse, den Parteimitgliedern und darüber hinaus den Massen »anhand konkreter Arbeits- und Kampfbeispiele Erfahrungen« zu vermitteln und ihnen zu helfen, »sich zusammenzuschließen und den richtigen nächsten Schritt zu gehen«.

Mit kaum verhohlenem Triumph schilderte er die einzelnen Schritte einer Bezirksleitung – es war die in Frankfurt, die er als Oberberater Südwest zeitweise betreut hatte – beim Aufbau von Betriebszellen in einem Großbetrieb, die auch sozialdemokratische Arbeiter umfaßten. Diese halfen ihrerseits bei der Organisation einer »provisorischen Gewerkschaftsleitung«. Danach kam die eigentliche Erfolgsmeldung: »von diesem Betrieb[193] kamen wir heran an die seit Monaten gesuchte sozialdemokratische Leitung, mit der es dann möglich war [...] einen Pakt zur Aktionseinheit im ganzen Bezirk abzuschließen!«

Es gab kaum einen in der deutschen Delegation, der sich ähnlicher Erfolge rühmen konnte.[194] Aber das war noch nicht alles. Nicht nur der bisherigen Politbüromehrheit, sondern allen »alten Kadern« müssen die Ohren geklungen haben, als Wehner dann auch auf die selbstgestellte Frage, was der Unterschied zwischen der Massenpartei sei, »die wir in die Illegalität führten«, und der Massenpartei, wie sie sich jetzt entwickle, folgende Antwort gab: »Damals hatten wir eine große Mitgliederzahl, die sich zusammensetzte aus einem verhältnismäßig engen Kreis von Funktionären und einer großen Zahl von Mitgliedern, die nicht oder ungenügend Massenarbeit unter Anleitung und Kontrolle der Partei leisteten. *Heute* haben wir eine Partei, die nach Überwindung großer Schwächen und Hemmnisse *auf dem Wege* ist, sich mit den Massen zu verbinden, indem jedes Mitglied ein Organisator und Führer der Massen wird.«

Anklänge an frühere Organisationsvorstellungen sind unüberhörbar. Am Schluß kleidete er den damit verknüpften politischen Anspruch in jenes klirrende Pathos ein, das nahtlos mit der heroisierenden Sprache des Kongresses übereinstimmte: »Unsere jungen Kader, die gestützt auf die Traditionen unserer Partei beispiellosen Heldenmut und große Opferbereitschaft im Einsatz ihrer Kraft und ihres Lebens für die Sache der Arbeiterklasse bewiesen haben, werden und können wahre Wunder an Heldenmut und Tatkraft in der Massenarbeit und in der Entwicklung der Einheitsfront mit den sozialdemokratischen Genossen vollbringen, wenn wir politisch das Sektierertum in unserer Partei restlos liquidieren und auf der Linie der Komintern marschieren.«[195]

Wehners Selbstbewußtsein verstärkte sich weiter, als er erfuhr, daß Molotows Sekretär und Beobachter auf dem Kongreß sich im Anschluß an die Rede nach seinen »Personalien und Gesichtspunkten«[196] erkundigt hatte. Er soll darüber verwundert gewesen sein, daß Wehner frei gesprochen habe.

Vor allem durch das Referat des zum neuen Generalsekretär vorgeschlagenen Georgi Dimitroff fühlte sich Wehner in der Hoffnung bestärkt, daß nun eine neue Ära der kommunistischen Weltbewegung angebrochen war, in der die bisher versteinerten Verhältnisse erneut zum Tanzen gebracht werden konnten – um ein vielzitiertes Wort von Marx erneut abzuwandeln. »Als Dimitroff die Vorsitzende der Internationalen Roten Hilfe, Stassowa[197], wegen des von ihr geübten hartherzigen Bürokratismus anklagte, faßten wir seine Anklage und Kritik als Anzeichen dafür auf, daß nun von oben her Ernst gemacht würde mit der

Anwendung demokratischer Methoden auch innerhalb der Schicht der leitenden Funktionäre, und wir zogen für uns die Schlußfolgerung, in unseren Wirkungskreisen mit Energie und Hartnäckigkeit um die Durchsetzung der demokratischen Kontrolle und des Rechts ungeschmälerter Kritik zu kämpfen.«[198]

Daß Dimitroff in seinem Schlußwort den Weltkongreß lediglich als einen »Kongreß der neuen taktischen Orientierung der Kommunistischen Internationale«[199] bezeichnete, überhörte Wehner offenbar ebenso wie die finsteren Drohungen, die Manuilski nicht nur gegen Trotzki, sondern auch gegen Sinowjew – immerhin der ehemalige Generalsekretär der Komintern – und dessen Anhang ausstieß: »Die gemeinen, abscheulichen und niederträchtigen politischen Degeneraten vom Sinowjew-trotzkistischen Block ermordeten unseren Freund, den Liebling der ganzen Partei [...] S.M. Kirow.«[200] Nach dieser Rede, die die Sprache der ein Jahr später beginnenden Schauprozesse vorwegnahm, beantragte der französische Delegierte André Marty, eine Diskussion über Manuilskis Referat erübrige sich.[201] Dem Antrag wurde stattgegeben. Auch das kennzeichnete die Atmosphäre des Kongresses.

Die Wahlen zur Komintern-Spitze waren eine Aufforderung zu noch mehr Nüchternheit. Zwar verschwanden die Namen von Knorin, Pjatnitzki und Bela Kun von den Vorschlagslisten[202] – ein Vorgang, der den neuen Kurs zu bekräftigen schien. Unverständlich für Wehner und die Mehrheit der deutschen Delegation war aber die Tatsache, daß neben Pieck auch Florin, der bisher in allen wesentlichen Punkten die Positionen von Schubert und Schulte gestützt hatte, in die Spitze gewählt wurde und sogar einen Platz im politischen Sekretariat des EKKI – der aus den Vertretern der größeren Parteien zusammengesetzten ständigen Arbeitskörperschaft – erhielt. Der von der deutschen Delegation vorgeschlagene Merker ging leer aus. Ulbricht, den nach Wehners Worten »kaum einer von uns liebte«[203], der aber, anders als Florin, eine positive Rolle im Kampf um die »neue Politik« gespielt hatte, blieb neben Dahlem nur Kandidat des EKKI. Der Weltkongreß hatte also nur in Ansätzen jene Änderungen in der Führung und in der von dieser neu einzuschlagenden Politik gebracht, wie sie von Wehner und den anderen illegalen Parteiarbeitern angestrebt wurden.

Die »Brüsseler« Konferenz der KPD

Immerhin gab in der Resolution zu den Fragen der Organisation eine Passage Anlaß zur Hoffnung, durch die das Exekutivkomitee aufgefordert wurde, »bei der Lösung aller Fragen von den konkreten Verhältnissen und Besonderheiten jedes einzelnen Landes auszugehen und in der Regel ein unmittelbares Eingreifen in die internen organisatorischen Angelegenheiten der kommunistischen Parteien zu vermeiden«[204]. Auch wenn verschiedene Auslegungen dieses Zugeständnisses möglich waren (keine Regel ohne Ausnahme!), konnten sich doch die Kräfte, die für eine Erneuerung der KPD-Führung waren, darauf berufen. Entsprechend groß waren die Widerstände bei der Umsetzung der neuen Regeln in die Praxis.

In dem wochenlangen Ringen um die Kompetenzen der für die Zeit nach dem Weltkongreß vorgesehenen KPD-Konferenz – die erste seit Oktober 1932 – versuchte die bisherige Mehrheit im Politbüro mehr als einmal, die Konferenz gar nicht erst zustande kommen zu lassen. Kippenberger und sein geheimer Apparat versuchten, bei der Komintern Delegierte anzuschwärzen. Wehner selbst wurde mit dem Vorwurf konfrontiert, er hätte angeblich zusammen mit anderen nationalistische Lieder, darunter auch das Deutschlandlied, gesungen. Eine andere Denunziation von Leuten wie Fritz Pfordt, dem Wehner im Saarland das politische Einmaleins beizubringen versucht hatte, gipfelte in dem Vorwurf, Wehner habe in Begrüßungsreden bei Betriebsbesuchen außerhalb Moskaus durch kritische Bemerkungen über die Schwächen der KPD deren Ansehen herabgesetzt.

Ein Jahr später hätten solche Vorwürfe, so widersprüchlich sie auch waren – einmal war Wehner zu nationalistisch, ein anderes Mal das Gegenteil –, ihn das Leben kosten können. Im Sommer und Herbst 1935 war die Atmosphäre noch freier, der Spielraum für persönliche Initiativen größer. Wehner tat alles, ihn zu nutzen – notfalls auch durch ein Arrangement mit Mitgliedern der bisherigen Führung.

Aufgrund seiner »verhältnismäßigen Unabhängigkeit von den gegeneinanderstehenden Personen« versuchte Wehner mehrfach in den Wochen vor Eröffnung der Konferenz, dem in die Komintern-Spitze aufgerückten Wilhelm Florin vor Augen zu führen, »in welche unhaltbare Lage die Partei kommen müßte, wenn es nicht gelänge, ein arbeitsfähiges Zentrum zu bilden«. Florin gab seiner Hauptsorge Ausdruck, die »Thälmannschen Kader« würden unter »Pieck und Ulbrichts Lei-

Fa/Esch. -716-

4. Parteikonferenz der KPD
5. Sitzungstag, 9. Sitzung
7.10.35.
Redner: Funk:

Vorsitzender Genosse Ackermann:

Wir fahren jetzt in der Tagesordnung fort. Das Wort hat der Genosse Funk, ihm folgt der Genosse Baldur.

Genosse Funk:

Genossen, unsere Konferenz, die die wichtigste Tagung ist, die wir seit vielen Jahren haben, hat eine grosse Aufgabe, die in der uns vorgelegten Resolution umrissen ist, indem es dort heisst, dass wir in unserer bisherigen Taktik und in den Formen und Methoden unserer Arbeit unter den Massen eine grundlegende Aenderung vornehmen müssen, um die vom Weltkongress beschlossene neue taktische Orientierung und die Verwirklichung der Einheitsfront auf neue Art vollziehen zu können. Es wäre vieles zu sagen auf Grund der grossen und massenhaften Erfahrungen, die wir im Laufe der Jahre gesammelt haben. Wir haben alle, glaube ich, sehr darunter gelitten, vor allen Dingen jene Genossen, die lange Zeit ohne richtige Verbindung an dieser oder jener Stelle gearbeitet haben, dass wir nur in wenigen Fällen Gelegenheit hatten zu sprechen, zu sagen, was unsere Meinung ist, welches unsere Auffassungen sind. Wir müssen uns jetzt darauf beschränken, gestützt auf die Vorbereitungsarbeiten, die wir zu unserer Konferenz und zum Weltkongress leisten mussten, die entscheidenden Fragen zu behandeln und auf Grund unserer Erfahrungen Vorschläge zu machen für die neue Arbeit, für die neue Taktik.

Auszug aus der Rede von Herbert Wehner (»Genosse Funk«) am 7. Oktober 1935 auf der Konferenz in der Nähe von Kunzewo bei Moskau, die zur Irreführung der NS-Organe als »Brüsseler Konferenz« bezeichnet wurde.

tung ausgeschaltet werden«. Wehner drängte ihn, »von den auch für ihn schon schwer haltbaren Personen Schubert und Schulte« abzurücken, »um damit überhaupt eine Grundlage zu einer Neukonstituierung der Arbeit zu erreichen«.

Die Neigung zum Arrangement mit Florin wuchs, als er sehen mußte, daß bei einem seiner Besuche im Kurort Barwicha, wo sich neben Florin Dimitroff und Manuilski aufhielten, auch Heinz Neumann bei letzterem zu Gast war, um diesen »zur Zustimmung für seinen Wiedereintritt in die deutsche Parteiarbeit zu gewinnen«. Nach Wehners Darstellung soll Manuilski Neumann, den er »wegen seiner intellektuellen Wendigkeit schätzte«, aufgefordert haben, »selbst mit den deutschen Genossen zu sprechen«. Neumann als Führungsreserve – das erschien Wehner als eine »der verhängnisvollsten Varianten«[205].

Unter den rund 40 Teilnehmern[206] der Konferenz waren zwar die im Wehnerschen Sinne »bodenständigen« Funktionäre, also solche, die in dem Gebiet, in dem sie ihre Arbeit leisteten, entweder durch Herkunft, Berufsarbeit oder Parteiengagement wirklich verwurzelt waren, in der Minderheit. »Insofern entsprach die Zusammensetzung der Konferenz nicht dem Gesicht der kämpfenden Partei.«[207] Immerhin hatte die Mehrheit der aus Deutschland sowie aus der west- und mitteleuropäischen Emigration eingereisten Delegierten längere Zeit illegal gearbeitet. Für die meisten von ihnen galt, daß sie zumindest vor 1933 einmal »bodenständige« Funktionäre gewesen waren und auch die Stimmung in den Reihen der immer stärker von KZ oder Hinrichtung bedrohten Illegalen aus eigenem Erleben kannten.

Die am 3. Oktober 1935 in einem Erholungsheim in der Nähe von Kunzewo bei Moskau beginnende Konferenz, die zur Irreführung der NS-Organe als Brüsseler Konferenz bezeichnet wurde, stand anfangs ganz im Zeichen des bisher in der KPD-Spitze üblichen Stils, für Fehler und Versäumnisse entweder andere verantwortlich zu machen oder sie gar nicht erst zuzugeben. So schob Pieck dem nicht anwesenden Heinz Neumann die vor 1933 begangenen Fehlschläge zu – was in Wehners Augen »ebenso einfach, wie [...] ungenügend und falsch war«[208]. Florin sprach von den neuen Aufgaben, ohne zu begründen, weshalb die alten nicht gelöst worden waren. Schulte beschwor die Traditionen und suchte sich mit Bekenntnissen zu einzelnen Namen – also zu Thälmann, Stalin, Dimitroff etc. – zu behelfen.

Wehners Rede in der 9. Sitzung der Konferenz am 7. Oktober 1935 hat im stenographischen Protokoll, das bisher nur in jenen Teilen veröffentlicht wurde, die die SED-offizielle These von der weitgehend bruchlosen Politik der KPD stützen sollte[209], einen Umfang von rund dreißig Seiten.[210] Es war eine der längsten Reden, die von einem Delegierten, der nicht zur bisherigen Führung gehörte, gehalten wurde. Die ihm zugebilligte Redezeit wurde bei weitem überschritten. Schon in den ersten Sätzen, die die Konferenz zur »wichtigste[n] Tagung [...], die wir seit vielen Jahren haben«, erklärten, machte er sich zum Sprecher jener »Genossen, die lange Zeit ohne richtige Verbindung an dieser oder jener Stelle gearbeitet haben« und die nur in wenigen Fällen die Gelegenheit hätten, zu sagen, welches ihre Auffassungen seien. Die entscheidende Aufgabe der Konferenz, so fuhr Wehner fort, sei es, »die ganze Partei auf die wirklich bolschewistische Durchführung der Beschlüsse des VII. Weltkongresses [...], auf die Herstellung der Aktionseinheit mit den sozialdemokratischen Organisationen« einzustellen.

Außer in dieser Einführungspassage benutzte er die vertrauten ideologischen Formeln des Apparats nur noch selten.[211] Vielmehr zog er den Bogen, der auf das »neue Verhältnis« zu den sozialdemokratischen Mitgliedern und Organisationen hinführte, in immer deutlicherer Weise aus: »Genossen, wenn wir uns an das Alte hängen, an das, was der SPD [...] gewiß nicht vergessen wird von der ganzen Arbeiterklasse, dann entsteht natürlich diese Gefahr, die wir schon mehrere Male gehabt haben – ich kann das wenigstens aus meinen persönlichen Erfahrungen, die ich in Diskussionen mit SPD-Arbeitern gemacht habe, [sagen] – daß wir mit diesen alten Geschichten aus der Vergangenheit eine Mauer aufrichten, über die es immer schwerer wird hinwegzukommen und daß wir dann nicht in der Lage sind, eine wirkliche Einheitsfront auf neue Art durchzuführen.«[212]

Persönliche Erfahrung und politische Analyse verbanden sich auch da, wo er die Fehler im einzelnen erläuterte. Dabei geriet vor allem die »schlechte und hemmende Rolle« des Parteiorgans *Rote Fahne* ins Visier seiner Kritik. Als Beispiel nannte er einen Kommentar dieses Blattes nach den Vertrauensrätewahlen im Frühjahr 1934. Als es zu jener Zeit in der Sozialdemokratie »gärte und brodelte«, als sich die sozialdemokratischen Arbeiter »auf einer neuen Plattform« zusammenfanden sowie auf eine »neue Art« arbeiten »und mit uns in ein Verhältnis« kommen wollten, da habe die *Rote Fahne* nichts besseres zu sagen gewußt als »Ihr SPD-Genossen, schaut voll Verachtung auf solche Schufte wie Löbe und Severing, die offen in das Lager des Faschismus abgeschwenkt sind. Aber viele von Euch erkennen nicht, daß die sogenannten ›Neubeginner‹, all diese Ideologen und Grüppchen der bankrotten Sozialdemokratie unter dem Fähnlein Miles[213] oder Brandler, von Trotzki oder der SAP ebenfalls mit ihrer Politik dem Faschismus dienen.«

Dadurch, so fuhr Wehner fort, sei den sozialdemokratischen Arbeitern ein »Keulenschlag« versetzt worden. Er brachte noch weitere Beispiele, nur um zu zeigen, »mit welch unerhörter Verantwortungslosigkeit in unserem Zentralorgan, durch das die Parteiführung zur Partei und zu den Massen spricht [...], gearbeitet worden ist«, und reichte auch entsprechende Zitate aus der von der Zentrale verbreiteten Broschürenliteratur nach. Sein vorläufiges Fazit: »Was dann die Einheitsfront noch soll, wird niemand verstehen und am allerwenigsten die sozialdemokratischen Arbeiter nach diesen fundamentalen und falschen Angriffen.«[214]

Die Forderung nach »radikaler« Änderung dieser Politik unterstrich er mit der Reaktion der Parteiführung auf das erste von Wehner mitgeschaffene Modell einer Aktionseinheit von Sozialdemokraten und Kommunisten in Frankfurt, über das er auch auf dem VII. Weltkongreß gesprochen hatte. Dabei sei zum ersten Male, wenn auch von einem Teil der Sozialdemokraten, die Frage einer einheitlichen Partei gestellt worden: »Gerade das hat uns eine solche scharfe Kritik seitens des Zentralkomitees eingebracht, weil das [ein] Eingehen auf trotzkistische und SAP-distische Tendenzen wäre.«[215]
Er brachte ein weiteres Beispiel für die von ihm gewählte Taktik, sich zu einzelnen Gruppen der Sozialdemokratie »differenziert« zu verhalten. An einem süddeutschen Ort habe es unter den KPD-Mitgliedern Hemmungen gegeben, ob das, was mit der SAP verabredet worden sei (Gewerkschafts- und Schulungsarbeit, Agitation usw.) auch mit den Anhängern des SPD-Vorstandes gemacht werden könne. Die Argumente, die dagegen sprachen, seien von der SAP, die mit dem SPD-Vorstand nichts mehr zu tun haben wollte, übernommen worden. Die eigenen Genossen seien nach langer Diskussion dazu gebracht worden, bei der Anwendung der Taktik »der Einheitsfront neuer Art« nicht von vornherein solche »Barrieren« aufzurichten. Die Zusammenarbeit sei dort so weit gediehen, daß »wir Sozialdemokraten an unseren Leitungssitzungen teilnehmen ließen, von der Bezirksleitung bis unten. Das war eine Methode, die trotz ihrer Primitivität doch einen Erfolg gebracht hat.«[216]

Natürlich blieb auf dieser Liste der Erfolge die Einheitsfront an der Saar nicht unerwähnt, obwohl sie, wie er nicht ohne spöttischen Unterton anmerkte, unter »legalen« Verhältnissen (d.h. mit Zustimmung der Politbüromehrheit) zustande gekommen war. »Richtungsweisend« sei die Arbeit vor allem gewesen, »weil es uns hier nach Überwindung der eigenen sektiererischen Hemmungen [...] gelang, nach der Herstellung der Einheitsfront [...] die Frage der Volksfront zu stellen.« Dabei habe es oft »Kollisionen« mit den Sozialdemokraten gegeben, weil diese der Meinung gewesen seien, Volksfront sei Koalitionspolitik und nur sie, die »Leisetreter« – die einzige spöttische Bemerkung, die sich Wehner gegenüber den neuen Partnern in deren Abwesenheit erlaubte –, könnten die Verbindung zu den Zentrumsleuten herstellen.

Wehner schilderte daraufhin den schon erwähnten Vorgang[217], wie mit kommunistischer Unterstützung die Machtübernahme der Nazis im Christlichen Metallarbeiterverband an der Saar verhindert werden konnte. Danach wandte er sich der Frage zu, wie in den Betrieben und Massenorganisationen im Lande selbst an gemeinsame Erfahrungen, Nöte und Interessen angeknüpft werden könnte, um den dort Beschäftigten den Gedanken der Einheitsfront näherzubringen: »Wir dürfen ihnen [...] nicht die Einheitsfront als etwas Hohes und Kompliziertes darstellen, sondern wie sie aus dem Leben herauswächst.« Dabei verhehlte er nicht die Schwierigkeit, den vom SPD-Vorstand angesprochenen Boykott der Mitarbeit in den NS-Massenorganisationen, an den sich viele Sozialdemokraten gebunden fühlten, zu überwinden. Er verwies dabei auf die Vertrauensrätewahlen vom Frühjahr 1935, wo es im Gegensatz zu den Wahlen 1934, bei denen es eine – die illegalen Organisationen im Lande allerdings teilweise zu spät erreichende – Boykottanweisung des Politbüros gab, gelungen sei, »die sozialdemokratischen Massen [...] an Hand ihrer eigenen Betriebserfahrungen zu überzeugen, daß unsere Vorschläge richtiger waren als die Vorschläge des Prager Vorstandes«[218].

Dabei ging es ihm auch um andere »Arbeiterschichten«, insbesondere die der katholischen Arbeiter. Dies war für ihn, der aus einem überwiegend protestantisch geprägten Industriegebiet kam, etwas Neues – eine Frucht der Erfahrungen aus dem Saarkampf, die sich bis in die Sprache hinein fortsetzten. Der sonst im Zusammenhang mit der Arbeiterschaft stets auftauchende Begriff der *Klasse* wurde hier durch den der *Schicht* ersetzt. Immer wieder betonte er, wie sehr »leitende Funktionäre im Lande« der vom Politbüro vorgegebenen »Linie« widersprochen hätten: »Wir hatten geschrieben und gesprochen an die Genossen, daß man differenzieren muß, daß man in dem einen Betrieb so auftreten muß, in dem anderen so, je nach Lage des Betriebs [...].« Voller Absicht benutzte er auch einen Schlüsselbegriff innerkommunistischer Auseinandersetzungen, als er davon sprach, es sei »unter den Bedingungen der faschistischen Diktatur« sehr leicht, »auf diesem schlüpfrigen Gebiet abstrakter sektiererischer Losungen auszugleiten«[219].

Bis dahin hatte es einige wenige Zwischenrufe gegeben, die eher bestätigenden Charakter hatten. Als Wehner erneut dazu überging, an Hand von Zitaten aus der *Roten Fahne* nachzuweisen, wie grotesk und verfälschend dies Zentralorgan der Partei noch während des Jahres 1934 die wirkliche Lage in Deutschland dargestellt habe, gab es einen Zwischenruf des Politbüromitglieds Hermann Schubert[220], der darauf hinwies, daß dies eine Einschätzung vom Januar 1934 gewesen sei. Wehner ließ sich nicht einschüchtern, wies auf zahlreiche Zitate hin, die Schulte in seiner Rede benutzt hatte, um seine Position zu begründen, und brachte weitere Belege, um seine These von der Irreführung der »Massen« durch das Zentralorgan und damit durch die Mehrheit des Politbüros zu untermauern. Ermuntert durch einen Zwischenruf von »Walter« (Ulbricht)[221] mahnte er ein »sehr hohes Niveau« des Zentralorgans an, »weil [...] die Genossen im Lande nicht dauernd mit Milchsuppe abgespeist werden wollen«.

Wehner kritisierte auch, daß die aus dem Lande kommenden »Arbeiterkorrespondenzen« mit der Begründung nicht abgedruckt worden seien, die Fragen seien schon einmal behandelt worden. Er hielt es für entscheidend, daß die Genossen dort direkt zu Worte kämen. Dies könne dazu beitragen, »das Verhältnis zwischen Führung der Partei und der Parteiorganisation unten und zu den Massen tatsächlich auf eine andere Stufe zu heben [...] wenn wir zur Herstellung der Aktionseinheit kommen wollen, wirklich die Massen packende Losungen herausgeben, müssen wir die Partei in ihrer ganzen Agitation herumreißen.«[222]

In der »Erziehung der Partei zur Argumentation« sah er die große Aufgabe: »Die Tatsache, daß wir in der Hauptsache mit Zeitungen arbeiten, kennzeichnet einen gewissen Zustand in der Partei, nämlich den, daß wir vorwiegend eine Agitation machen, bloß Partei sind, weniger eine wirkliche Kampforganisation. Wenn man die Arbeiter unmittelbar zu Aktionen anleiten will, arbeitet man mit dem Flugblatt.«[223]

Als er diesen Faden – wie die Parteiorganisationen zum »selbständigen Handeln« anzuleiten seien – weiterspann, kam er auch auf die »Kaderfrage« zu sprechen. Er selbst hatte dazu aus Berlin und aus Teilen des Reiches mehrere Zusammenstellungen gemacht und zählte die Daten des Parteibeitritts von sechs KPD-Mitgliedern auf, die, wie er selbst, an einer gemeinsamen Besprechung teilnahmen. Sie alle waren im Alter von 21 bis 27 Jahren. Einer war seit dem 1. August 1924, ein weiterer erst seit 1932, ein Dritter seit 1926, der Vierte seit März 1933, der Fünfte seit 1930, der letzte seit dem 1. März 1934 dabei: »Und ihre Parteifunktionen sind entsprechend« – fügte Wehner hinzu. Gerade wegen der Verluste, die die Partei im Lande erlitten habe, gehe es angesichts der großen Aufgaben um die Frage, *wie* die vorhandenen Kader zu heben, wie sie gebildet und instruiert werden sollen. Er schlug »ein System von Schulen« vor, das weit besser sein muß als das, »was wir bisher an Nebenproduktion hatten«. Für ihn war dies – nach den Erfahrungen, die er an der Lenin-Schule gemacht hatte – keine bloße Ressortfrage, sondern ein Problem, mit dem sich ein Genosse in der Führung »ernsthaft« beschäftigen müsse.

Damit kam er zu der für ihn zentralen Frage: »Wie muß die Führung beschaffen sein, die diese Politik durchführt?« Die Antwort gab er selbst: »Sie muß konsequent und unbeirrbar sein. Ich bin der Auffassung, daß diese Führung frei sein muß von der Belastung des zersetzenden Gruppenkampfes [...] Ich bin überzeugt, daß sie an die Arbeit gehen muß oder sie wird Schiffbruch erleiden, mit dem unbedingten Willen zu einer hundertprozentigen kameradschaftlichen, kollektiven Arbeit unter Führung der Kommunistischen Internationale und in engster Tuchfühlung und mit Befruchtung durch die Genossen, die an den verschiedensten Stellen des Landes arbeiten, was bis heute nur in ganz geringem Maße der Fall war.«[224]

Er ließ noch einmal einige Stationen des »Gruppenkampfes« und der faktischen Führungslosigkeit – »wo wir uns vorgekommen sind wie die beschissenen Kinder, weil wir nirgendwo eine Stütze und Hilfe gehabt haben in der Führung der Partei«[225] – Revue passieren. Dabei vergaß er nicht seine eigene Beteiligung an jenem schon beschriebenen Test[226] in der Bezirksleitung des Saargebiets, als es um den Beitrag ging, den Walter Ulbricht im Herbst 1934 in Erwiderung eines Artikels des dem linken Flügel der SPD angehörenden Siegfried Aufhäuser in der *Neuen Weltbühne* geschrieben hatte: »Wir griffen den Walterartikel an, obwohl wir (und ich sage das von mir mit ganz kalter Überzeugung) wußten, daß diese Linie die richtige Linie ist.« Er knüpfte an die von Dimitroff auf dem VII. Weltkongreß benutzte Formel an, man müsse die Einheit der Partei »wie seinen Augapfel« hüten, und zog daraus die Folgerung,

»daß man das schon prophylaktisch machen muß, [...] daß man dafür sorgen muß, daß es nicht wieder zu solchen beschämenden Beispielen kommt«[227].

Er scheute auch nicht vor dem Tabu zurück, das Namen und Person Thälmanns umgab: »wenn wir [...] als Heizer wieder unter Deck gehen wollen, mit dem Bewußtsein, das Schiff wird wirklich mit Hilfe unserer Arbeit in der richtigen Linie gesteuert, [...] dann brauchen wir Gewißheit, daß die neue Führung eine Führung ist, die nicht etwa, wie das leider in unseren Diskussionen sehr oft geschehen ist, den Namen Thälmanns immer und immer wieder demonstrativ und dekorativ in den Vordergrund stellt, sondern die im Geiste Ernst Thälmanns arbeitet und handelt«[228]. Außer Heinz Neumann, den er als ein Beispiel für die zersetzende Wirkung des Gruppenkampfes wörtlich nannte[229], hatte er vor allem Hermann Schubert und Fritz Schulte im Visier. Dies wurde auch in seinem vor allem an die Adresse Wilhelm Florins gerichteten Schlußappell deutlich. Dort meinte er, daß Florin »ein führender Genosse unserer Partei« sei, der »absolut imstande« sei, an der Durchführung der Beschlüsse des VII. Weltkongresses »ganz entscheidenden, hervorragenden Anteil zu haben«. Das hieß, im Grundsatz war auch für ihn Platz in der neuen Führung.

Florin sei aber, so fuhr Wehner fort, über »einige Hemmungen« noch nicht ganz hinweggekommen und es sei entscheidend, darüber hinwegzukommen. Florin sollte also die anderen Mitglieder der bisherigen Politbüromehrheit fallenlassen. Diese seien »hauptverantwortlich« für die erwähnten Fehler, gewiß nicht für alle, aber eben für das »Abrutschen zum Gruppenkampf«. Ihnen müsse Gelegenheit gegeben werden, an anderer Stelle als an der »komplizierten und schwierigen Stelle der Führung der Partei« die Beschlüsse des VII. Weltkongresses »zum Nutzen der Partei« aufzunehmen: »Mancher ist ein guter Grobschmied, aber nicht gut an dem komplizierten Schaltwerk einer Elektrostation, wo er einer ganzen Großstadt schaden kann.«

Abschließend betonte er noch einmal, daß die ganze Diskussion um das Problem der neuen Führung nicht herumkommen werde, weil es mit der Durchführung der Beschlüsse dieses »historischen Kongresses« untrennbar verbunden sei »und damit mit dem Aufreißen oder Nichtaufreißen der Wege zum Sturz der faschistischen Diktatur.« Das Protokoll vermerkte: »Starker Beifall«[230].

Vielleicht war dies nicht die glanzvollste, aber sicher die ungeschminkteste Rede, die Wehner als Mitglied der Kommunistischen Partei vor einem führenden Gremium der Partei je gehalten hat. Ebenso gewiß war es eine der wirkungsvollsten Reden, wenn nicht die wirkungsvollste Rede auf der Brüsseler Konferenz. Im Rückblick lautete Wehners Einschätzung so: Er habe durch die Rede sowohl seine »Unabhängigkeit von den wechselnden Gruppierungen unter Beweis stellen, als auch die Diskussion um die Probleme und Sachfragen wieder in den Mittelpunkt des Interesses rücken« können[231].

In dieser, für die meisten Delegierten, die nur die bisher üblichen Formen der »Diskussion« – rituelle Selbstkritik und Kampfappelle statt Analyse und Argumentation – kannten, völlig ungewohnten Weise legte sich Wehner mit allen Mitgliedern der bisherigen Führung an. Dabei machte er Unterschiede. Die Kritik an Ulbricht kam nur indirekt zum Ausdruck, als er die Vernachlässigung der illegalen Kämpfe durch die gesamte Führung bis weit in das Jahr 1934 beklagte. Allerdings erlaubt die Art, in der er auch in den nachfolgenden Diskussionen – durch Zwischenrufe[232] und eine »tatsächliche Feststellung«[233] – Ulbricht gegenüber den Angriffen von Schulte in Schutz nahm, nicht den Schluß, Wehner sei der junge Mann Ulbrichts gewesen.[234] Im übrigen ließ er auch die Kominternführung wegen deren nach Hitlers Machtergreifung John Schehr mitgegebenen falschen Informationen und Stellungnahmen keineswegs ungeschoren.

Erfolglos versuchten Vertreter der Komintern – der Italiener Ercoli (d.i. Palmiro Togliatti) und der Russe Smoljansky –, den zeitweise für die Berliner Landesleitung verantwortlichen und der bisherigen Mehrheit angehörenden Otto Wahls vor Kritik zu retten. Vergeblich verbat sich Florin Wehners »ungehörigen Ton«: »Die Diskussion behandelte wirklich einen Großteil der strittigen Fragen und war in Bezug auf die verantwortlichen Personen unnachsichtlich.«(Sic!)[235]

Wehners Sprache ist auch mehr als ein Jahrzehnt später nicht frei von Triumphgefühlen. Aber sind seine Beiträge auf der Konferenz nur als – wie es im mörderischen Jargon der nachfolgenden Jahre immer öfter hieß – gnadenlose Abrechnung mit innerparteilichen Gegnern zu sehen? Die Art und Weise, wie er das Eingreifen Fritz Heckerts (der seine Rede wegen einer Herzattacke abbrechen mußte) in die Diskussion würdigte, zeigte, daß es ihm um mehr ging: »Er sprach auch von seinen eigenen Fehlern. [...] Bei ihm leuchtete, unter dem in jahrelanger Funktionärsdiplomatie angesammelten Schutt, noch die Glut des alten Spartakusmannes, der – wenn auch zu spät – auf seinen Ausgangspunkt zurückgreift.«[236]

Gewiß, da war sie wieder, die alte Sehnsucht des »Nachvollziehenden« nach dem authentischen Revolutionär. Aber er wollte vor dem zum Mythos stilisierten Heldenbild[237] nicht stehenbleiben, sondern dem Imperativ des »weiter, weiter[...]« folgen und – legitimiert durch den illegalen Kampf – selbst einen neuen geschichtlichen Abschnitt einleiten.

Mit dem Rückenwind des VII. Weltkongresses, der zumindest den jüngeren Delegierten den Aufbruch zu neuen Ufern verhieß, schien es der »Brüsseler« Konferenz in ihren zwölf Tage dauernden Verhandlungen gelungen zu sein, wenigstens in Teilen an jenes Maß geistiger Unabhängigkeit wieder anzuknüpfen, von dem der Spartakusbund und die KPD in ihren Anfangsjahren gekennzeichnet waren. Wohl zum ersten (und letzten) Mal auf einer kommunistischen Parteikonferenz war Wehner von dem Gefühl getragen, im Zentrum der Dinge zu stehen und etwas in der Richtung bewegen zu können, die seinem Ideal eines demokratischen Kommunismus entsprach. Den meisten der anderen Illegalen, die die Folgen der vor und nach 1933 von der KPD-Führung betriebenen Katastrophenpolitik, die völlige Zerschlagung vieler illegaler Organisationen, die Verhaftung und Ermordung ihrer Genossen hatten miterleben müssen, dachten offenbar genauso.[238]

Es machte einen wesentlichen Teil von Wehners Wirken aus, daß er diese gemeinsamen Gefühle in konkrete Vorschläge und Handlungen umzusetzen verstand und dabei auch die Auseinandersetzung mit den Vertretern der Komintern nicht scheute. In seiner Abschlußerklärung betonte er, es sei entscheidend für die KPD, der Opposition gegen das NS-Regime »generell« beizubringen, »eine Sprache zu sprechen«. Bewegungen in den NS-Massenorganisationen seien dadurch zu erzeugen, daß das NSDAP-Sofortprogramm von 1932 als Basis der »Oppositionsarbeit« in diesen Organisationen diene; die »Nazis« sollten gezwungen werden, »ihre eigenen Forderungen zu verbieten«. Diese Taktik sollte nicht nach bestimmten Schemata und fertigen Plänen betrieben werden. Vielmehr sollten die Genossen im Lande dazu gebracht werden, »selbständig in dieser Linie zu handeln«. Er widersprach noch einmal Schulte wegen dessen Behauptung, auf der Konferenz habe der Geist der Zwietracht geherrscht. Auf der Konferenz sei vielmehr »im Geist für die Verantwortlichkeit der Partei« gerungen worden, und deshalb müsse im Ergebnis die Konferenz eine »Konferenz der Abrüstung im innerparteilichen Kampf werden«[239].

Neben seinen Beiträgen zur Neuorientierung der Linie der Partei gelang es Wehner, Mitbewerber, die in die neue Führung aufgenommen werden wollten und sich in seinen Augen als ungeeignet erwiesen hatten, zu verhindern. Zunächst wehrte er gemeinsam mit anderen Delegierten auf dem Weg einer offenen Diskussion und Abstimmung – wann zuletzt hatte es diese auf einer KPD-Konferenz gegeben?! – einen von Smoljansky unterstützten und damit ernstgemeinten Versuch Heinz Neumanns ab, durch eine Erklärung an die Konferenz sich wieder in die Arbeit der KPD einzureihen.

Auf ähnliche Weise versuchte Ercoli/Togliatti, der das mitteleuropäische Sekretariat von Knorin übernommen hatte, und der Russe Manuilski, wobei sie Pieck vorschickten, die Konferenz dazu zu bringen, Schubert und Schulte wieder in das Zentralkomitee zu wählen – »im Interesse der Wahrung der Kontinuität der Politik der Partei und als Ausdruck der Verbundenheit der jungen Kader mit den traditionsreichen alten«.

Als erster Redner wandte Wehner ein, ob den Illegalen zuzumuten sei, »Schultes unerhörtes Verhalten gegenüber seinen eigenen Kameraden 1933 als ungeschehen zu betrachten, nachdem man bisher keine Anstalten gemacht hatte, die gegen ihn erhobenen Anschuldigungen zu untersuchen«[240]. Schulte hatte Ende 1933 von Prag aus in einem Telegramm an die illegale Berliner RGO-Leitung offiziell um Geld gebeten. Als unmittelbare Folge dieser »Gipfelleistung bürokratischer Unverantwortlichkeit und Gemeinheit«[241] gelang es der Gestapo, eine Reihe von illegal tätigen KPD-Mitgliedern zu verhaften. Nach dieser vom Angegriffenen offenbar nicht zu widerlegenden Kritik erklärte die Konferenz beide Personalvorschläge für erledigt.

In das neue, auf fünfzehn Mitglieder verkleinerte Zentralkomitee wurden neben Ernst Thälmann Wilhelm Pieck, Wilhelm Florin, Fritz Heckert, Walter Ulbricht, Franz Dahlem, Paul Merker, Herbert Wehner, Anton Ackermann, Paul Bertz, Elli Schmidt (»Irene Gärtner«), Walter Hähnel, Leo Flieg, Willi Münzenberg und Heinrich Wiatrek (»Fritz Weber«) gewählt.[242] Die sieben erstgenannten Mitglieder des ZK wurden auf dessen erster Sitzung zu Mitgliedern des Politbüros, die nachfolgenden zwei (Wehner und Ackermann) zu dessen Kandidaten bestellt.

Damit war der neunundzwanzigjährige Wehner jüngstes Mitglied des obersten Führungsgremiums der KPD. Zwar stand er dort formell noch in der zweiten Reihe. Aber da weiter beschlossen wurde, daß Wehner zusammen mit Ulbricht (als Leiter), Ackermann, Dahlem und Merker die »operative Leitung«[243] des Politbüros zur Führung der illegalen Organisation im Reich (hauptsächlich von den Grenzgebieten aus) zu übernehmen hatte, gehörte er damit faktisch dem neuen Machtzentrum an.

Gestützt auf weitreichende organisatorische Beschlüsse, zu denen auch die Auflösung des Kippenberger-Apparats sowie das Verbot der damit zusammenhängenden »Apparattätigkeit innerhalb der sozialdemokratischen Organisationen«[244] gehörte, wandte sich Wehner nach seiner Rückkehr aus der Sowjetunion im Herbst 1935 erneut der illegalen Arbeit in Deutschland zu. Sie bestand zunächst darin, Sekretariate und Grenzstellen in Westeuropa, die teilweise seit über einem Jahr ohne offizielle Instruktionen und materielle Unterstützung hatten arbeiten müssen, von der neuen Entwicklung zu unterrichten. Zugleich ging es darum, im Norden und Westen Deutschlands die durch mehrere Verhaftungswellen stark dezimierten illegalen Gruppen der Partei wieder aufzubauen und die durch ein von der Gestapo systematisch organisiertes Netz von Scheinorganisationen teilweise völlig unterminierten Verbindungen neu zu knüpfen.

Vor Ort konnte Wehner einmal mehr die Demoralisierung der »bodenständigen Organisation« – auch hier wieder das Schlüsselwort – durch das von außen aufgezwungene Instrukteurwesen und die damit verbundene Verführung zu gefärbten Berichten und zum Selbstbetrug studieren: »Neben diesen Trümmern der Parteiorganisation lebten die (mit Papieren und Geldmitteln wohlversehenen) Instrukteure und Berichterstatter des Kippenberger-Apparats ihr Eigenleben. Es war, als hätten beide nichts miteinander zu tun.«[245]

Obwohl Wehner die fatalen Tätigkeiten und Wirkungen dieses Geheimapparates kannte und bekämpfte, verdammte er nicht einfach die Menschen, die darin tätig waren. Dem damals den westdeutschen Abschnitt leitenden Funktionär des Apparats, »Viktor« (Leon Roth), mit dem er während des Saarkampfes enger zusammengearbeitet hatte[246], hat er sogar ein bemerkenswertes Portrait gewidmet. Es zeichnet sich nicht nur dadurch aus, daß es menschlich bewegende Züge enthält, sondern auch dadurch, daß sich in ihm eine Art Gegenbild zum eigenen Selbst herauskristallisierte – das Bild einer Persönlichkeit mit ähnlichen Fähigkeiten, ähnlichem Engagement und ähnlicher Distanz zu den »Prahlhänsen«; eine Persönlichkeit, die dennoch als verschworenes Mitglied des Apparats eine Entwicklung genommen hatte, die Wehner für sich und die Partei ablehnte:

»Viktor wollte der Partei dienen, und er meinte offenbar, daß er es auf seine Weise am besten tue. Er glaubte nicht an die Fähigkeiten der

›Politiker‹, die im Vordergrund standen. Letzten Endes war er in seinen Ansichten über die offizielle Partei im Tiefsten ein vollständig desillusionierter Mensch, der auf allen Seiten Sumpf sah und keinen anderen Ausweg wußte als den, sich durch Spitzenleistungen auf seinem Spezialgebiet über die triste Wirklichkeit zu erheben. Aber mit welcher Perspektive? Er glaubte, in seinem ›Apparat‹ kristallisiere sich die Elite der Revolutionäre heraus, die in der dafür gegebenen Situation als Kern einer Art von Militärorganisation wirken werde, genauer betrachtet: als ›die eigentliche Partei‹. Er wollte diese in seiner Vorstellung lebenden Entwicklungsmöglichkeiten nicht aufgeben; deshalb wehrte er sich gegen die wiederholten Versuche, ihn in den Dienst spezieller russischer Apparate zu übernehmen. Von diesen Apparaten wußte er wahrscheinlich mehr als andere; ihm graute vor dem Dasein eines vollständig entwurzelten Agenten. [...] Warum soviel Aufhebens um ein Einzelschicksal – würde mancher ungeduldig einschalten. Ich gestehe, daß ich mich immer für den einzelnen, konkreten Menschen interessiert habe, daß mich in diesem Fall der Widerspruch zwischen dem Verstehen eines konkreten Menschen und der Notwendigkeit einer politisch-organisatorischen Veränderung, die ihn hart treffen mußte, erschütterte, und daß ich mich fragte, ob nichts getan werden könnte, damit die Bewegung begabte und fähige Menschen nicht länger in solche Stellungen drängen könnte.«[247]

Anders als in der kurz darauf beginnenden Ära der Moskauer »Säuberungen«, die für die Beteiligten und Betroffenen nach völlig undurchschaubaren, jedenfalls menschenverachtenden Mechanismen abliefen, ging es hier noch um den Versuch, eine neue Strategie und ein neues Verhalten in den Außenbeziehungen durchzusetzen, wobei Inhaber bisheriger Machtpositionen durch deren Verlust auch einen wesentlichen Teil ihres politischen Lebensinhaltes verloren. Wehner hielt die Opfer für sinnvoll, weil die Gewinne für die Partei weitaus größer zu sein schienen als die damit verbundenen menschlichen Kosten. Dabei hat er das Einzelschicksal nicht aus den Augen verloren.[248] Die Grundfrage blieb: Konnte Wehner dieser neuen Strategie auch Geltung verschaffen? Vor allem: Wie glaubwürdig wirkte der politische Neuansatz auf die sozialdemokratische Emigration und deren führende Repräsentanten?

Einheitsfront und Volksfront – gegenseitige Hilfe oder Hegemonie?

In den auf der Brüsseler Konferenz beschlossenen Richtlinien hieß es zwar, solche Auffassungen müßten »ausgemerzt [!] werden, als ob das Herantreten an die sozialdemokratischen Organisationen eine formale Angelegenheit, eine Werbung sozialdemokratischer Arbeiter für die KPD, eine Gelegenheit zur Entlarvung sozialdemokratischer Führer sei«. Zugleich wurden aber in Anlehnung an die Entschließung des VII. Weltkongresses die Kommunisten aufgefordert, sie sollten »vor den Massen den Sinn der demagogischen Argumente der rechten sozialdemokratischen Führer gegen die Einheitsfront aufdecken und den Kampf gegen den reaktionären Teil der Sozialdemokratie verstärken«[249].

Wehner hatte schon während seiner Versuche im Herbst 1935, in Westdeutschland die illegale Partei zu reorganisieren, diesen Widerspruch dadurch überbrückt, daß er die nach wie vor vorhandene Neigung, schnelle Erfolge bei den Einheitsbestrebungen vorzeigen und dabei sich wie die möglichen Partner betrügen zu wollen, durch die Verhaltensmaxime ersetzte, »alle Sprunghaftigkeit und Fassadenbauerei«[250] zu vermeiden. Seine eigenen Kontakte zu dem früheren *Vorwärts*-Redakteur Kuttner[251] wie zu dem Organisator illegaler sozialdemokratischer Gruppen im Lande – »Mozart«[252] – gestaltete er in diesem Geist ebenso wie die Verbindung mit ehemaligen Mitarbeitern des Hauptvorstandes des Bergarbeiterverbandes, die er gemeinsam mit Wilhelm Knöchel[253] (»Erasmus«), dem für Westdeutschland verantwortlichen ZK-Kandidaten, anbahnte.

Vom Niederrhein aus gelang auch die Verbindung zu einer Gruppe des katholischen Widerstandes, die die in Holland gedruckte Zeitschrift *Der deutsche Weg* illegal im Lande vertrieb. Hinter ihr stand der Jesuitenpfarrer Friedrich Muckermann (SJ), ein Bruder des katholischen Sozialethikers Hermann Muckermann. Obwohl die Gruppe »scharf antikommunistisch« war, suchte Wehner das Gespräch mit Mitarbeitern der Zeitschrift, nicht weil er sich davon die Unterzeichnung einer förmlichen Zusammenarbeit oder eines gemeinsamen Aufrufs versprach, sondern weil er es für notwendig erachtete, »gute Kameradschaft im Kampf gegen den gemeinsamen Feind zu halten, die allmählich fester und tiefer werden konnte«. Er meinte damit im »Geiste der von Dimitroff entwickelten politischen Linie« zu handeln.

Wie sehr er mit diesem Verhalten bei den anderen Mitgliedern der

Führung, die die nach außen sichtbare Manifestation solcher Kontakte für das »geradezu Entscheidende«[254] hielten, auf Widerstand stieß, zeigte sich bald. Seit der Jahreswende 1935/36 in Paris tätig, versuchte Wehner dort durch Kontakte zu einigen ihm persönlich bekannten Sozialdemokraten, liberalen Nazigegnern und linksorientierten Schriftstellern, Vorbehalte gegen die Glaubwürdigkeit der neuen KPD-Politik abzubauen. Im Mittelpunkt dieser Bemühungen stand der von Willi Münzenberg[255] aus Vertretern dieser Gruppen sowie der KPD und SAP mehr oder minder locker – nicht zuletzt durch materielle Angebote (Schriftstellerhonorare) – zusammengehaltene Kreis, der wegen seines Tagungsortes, dem Pariser Hotel »Lutetia«[256], auch Lutetia-Kreis genannt wurde.

Am 1. Februar 1936 gab es eine aus Mitgliedern dieses Kreises gebildete Vorbesprechung der »marxistischen« Parteien (KPD, SPD, SAP, Revolutionäre Sozialisten) unter dem Vorsitz von Rudolf Breitscheid. Einen Tag später kam auf Einladung von Heinrich Mann und Max Braun eine erste größere Volksfrontkonferenz zustande. Auf der Konferenz wurde eine »Kundgebung an das deutsche Volk« verabschiedet und von 118 Teilnehmern unterzeichnet. Zugleich wurde dort ein Arbeitsausschuß gebildet, der den Auftrag erhielt, eine politische Plattform für eine deutsche Volksfront zu entwerfen.[257]

Das ohnehin risikoreiche Unternehmen wurde einmal dadurch erschwert, daß führende Kommunisten mit ihm sehr unterschiedliche Ziele verbanden: Münzenberg wollte daraus eine Art deutscher Exilregierung machen, Ulbricht ein »überparteilich« wirkendes Instrument der KPD-Führung, um insbesondere den Prager Exilvorstand der SPD zum Einschwenken auf den Einheits- und Volksfrontkurs zu bewegen.[258] Zum anderen waren die inhaltlichen Differenzen schon unter den beteiligten Kommunisten unübersehbar.

Das Mißtrauen führender Sozialdemokraten erhielt immer neue Nahrung durch die unterschiedlichen kommunistischen Interpretationen der bisherigen wie der neuen Politik: »In einer Unterhaltung mit Breitscheid und andern Sozialdemokraten, an der Münzenberg, Dengel und ich teilnahmen, und in der ich versucht hatte, unsere Beschlüsse zu erklären, antwortete zunächst Münzenberg auf eine entsprechende Frage Breitscheids, daß die frühere Politik der Partei falsch gewesen sei; Dengel dagegen dozierte, daß die Partei nach wie vor auf dem Standpunkt der Diktatur des Proletariats stehe, ein Sowjetdeutschland anstrebe, aber zur Zeit – auf Grund der gegebenen Verhältnisse – bereit sei, mit

Sozialdemokraten zusammen zu gehen, wenn diese eine Reihe von Bedingungen erfüllten. Weder die opportunistische Grundsatzlosigkeit Münzenbergs, noch die Dengelsche Prinzipienfestigkeit konnten Breitscheid oder andere davon überzeugen, daß wir ehrlich um neue Wege der Arbeiterbewegung ringen wollten.«[259]

Wehners rückblickendes Fazit blendet das eigene Verhältnis zur SPD aus. Ein Artikel in der *Rundschau* vom März 1936 über die Einheitsfront bei den zum 3. und 4. April 1936 angesetzten Vertrauensrätewahlen machte deutlich, wie Wehner mit der SPD und deren Politik zu jener Zeit umging.

Die Vertrauensrätewahlen waren 1934 vom NS-Regime im Rahmen des »Gesetzes zur Ordnung der nationalen Arbeit«, das die Unternehmer und Betriebsleiter zu »Betriebsführern«, das heißt auch formell zu Herren im Hause ernannt hatte, als Ersatz für die Betriebsräte geschaffen worden, um der weitverbreiteten Unzufriedenheit in den Betrieben eine Art Ventil zu geben. Weder konnten die Arbeiter in den Betrieben eigene Listen aufstellen, noch die gewählten Vertrauensräte deren Interessen aufgrund eigener Kompetenzen vertreten. Sie hatten lediglich das Recht zur Mitberatung und waren im übrigen zur Zusammenarbeit mit dem »Betriebsführer« und mit der außerbetrieblichen NS-Institution der »Treuhänder der Arbeit« verpflichtet.[260]

Aus diesen Gründen hatte der Exilvorstand der SPD auf dem Wege eines Artikel im *Neuen Vorwärts* (2. Februar 1936) wie schon in den Jahren zuvor seinen Anhängern im Lande geraten, sich an diesen Wahlen mit Kandidaten nicht zu beteiligen. Anders die KPD. Ihr Zentralkomitee hatte in einem Aufruf »Forderungen der Betriebsarbeiter zu den Vertrauensrätewahlen« zusammengefaßt und die Losung ausgegeben, nur Vertrauensräte zu wählen, die für die Interessen der Arbeiter und Angestellten eintreten, und alle Kandidaten zu streichen, »die uns Kanonen statt Fett verschaffen wollen, die vor dem Unternehmer katzbuckeln«. Das ZK hatte seine Vorschläge an den SPD-Vorstand, an den Internationalen Gewerkschaftsbund und den Arbeitsausschuß deutscher Gewerkschaftler (ADG) mit dem Ziel übersandt, eine Verständigung über ein einheitliches Vorgehen zu erreichen.

Wehner bedauerte zunächst, daß die SPD-Führung, ohne auf die Vorschläge der KPD zu antworten, alle Sozialdemokraten und Freigewerkschaftler aufgefordert habe, mit »Nein« zu stimmen, um so eine »politische Wirkung« auszuüben, und sah in dieser Handlungsweise »eine neue schwere Belastung für den Freiheitskampf der Arbeiterklasse

Deutschlands«. Die Gegenlosung des *Neuen Vorwärts* stehe, so hieß es da weiter, zu den Erfahrungen der Arbeiter in den Jahren 1934/35 im »krassen Widerspruch«. Im vergangenen Jahr hatten sich Sozialdemokraten, Kommunisten, Freigewerkschaftler und Christen in zahlreichen Betrieben verständigt, »um durch eine dem Leben entsprechende Taktik die wirkungsvollsten Kampfmaßnahmen gegen die faschistische Diktatur zu finden und anzuwenden«.

Im folgenden versuchte er die Argumente der SPD-Führung, die in der Wahlbeteiligung eine Mitarbeit in NS-Institutionen und damit eine Stärkung des Regimes sah, im einzelnen zu widerlegen: »Die klassenbewußten Arbeiter und die vielen enttäuschten und unzufriedenen Anhänger des Nationalsozialismus stellen die Vertrauensrätewahlen nicht den ›Reichstagswahlen‹ gleich. Kommunisten und Sozialdemokraten in den Betrieben unterscheiden sehr sorgfältig zwischen Nazi-Bonzen und den einfachen werktätigen Mitgliedern der NSDAP oder ihrer Massenorganisationen«. Den Arbeitern, so heißt es da weiter, sei es »nicht gleichgültig (wie offenbar dem *Neuen Vorwärts*), ob Prokuristen, Abteilungsleiter, Obersteiger, Antreiber usw. oder aber Arbeiter im Vertrauensrat sitzen, auf die sie sich verlassen können. Es geht zwar, wie der *Neue Vorwärts* schreibt, ›nur‹ um die ›kleinen Nöte der Belegschaft‹, aber es ist eben für die Arbeiter gar nicht unwesentlich, im täglichen, zähen Ringen um die Akkord- und Gedingesätze, um Überstundenzuschläge, Teuerungsausgleich, Urlaubsbezahlung und anderes Vertreter zu haben, die Arbeitervertreter und nicht Unternehmerknechte sind.«

Verglichen mit den Jahren vor 1933 – welch seltsame Verkehrung der Fronten! Die Sozialdemokraten berufen sich auf hehre Grundsätze; der für die KPD sprechende Wehner plädiert dafür, die »geringe Bewegungsfreiheit, die die Arbeiter noch haben«, im »Kampf um die Tagesinteressen« zu nutzen. Allerdings war Wehner schon in den Jahren vor 1933 zwischen den Polen konkrete Hilfe und kommunistische Grundsatztreue ständig hin und her gerissen worden.

Ein Argument, das Wehner hier zugunsten der »praktischen antifaschistischen Politik« verwendete, leuchtet besonders ein: das der konspirativen Sicherung. Er sah sie durch die Wahlbeteiligung sehr viel besser gewährleistet als durch eine »Abkapselung gegenüber den Massen«. Deshalb war sein Vorwurf an die Adresse der SPD-Führung, sie kommandiere ihre Anhänger zu einem Verhalten, das sie von den Belegschaften isoliere und in vielen Fällen den Faschisten die »willkommene Handhabe« liefern würde, »sie vom Arbeitsplatz zu entfernen«, nicht ohne Substanz. Die entscheidende Aufgabe der erfahrenen Gewerkschafter sei es gerade, »den neuen Arbeiterschichten, den enttäuschten Nationalsozialisten in der aufgezwungenen Sklavensprache Wege zu zeigen, wie die Arbeiter kollektiv ihre Interessen vertreten, ihre Forderungen durchsetzen und Unternehmerangriffe abwehren können. Das ist die Voraussetzung zum Wiederaufbau der zerstörten Freien Gewerkschaften. So wie sich unter dem Sozialistengesetz die unterdrückte Arbeiterbewegung neu entwickelte, indem sie alle legalen Möglichkeiten ausnutzte, bleibt auch unter den ungleich härteren Bedingungen der faschistischen Diktatur kein anderer Weg.«

Gewiß, diese von Wehner so offen propagierte Vorgehensweise – »strengste Konspiration in den Parteiorganisationen und gleichzeitig Verankerung der Funktionäre in den Massen« – verzichtete weder darauf, alte Illusionen fortzuschleppen, noch darauf, neue zu erzeugen. Das NS-Regime sagte die Wahlen zu den Vertrauensräten kurze Zeit später aus Furcht vor den kommunistischen und sozialdemokratischen Unterwanderungsversuchen[261] ebenso wie aus Gründen der Konzentration auf die wirtschaftliche Kriegsvorbereitung ab. Wehner hatte die Zwänge des Regimes überschätzt, der Arbeiterschaft in Form der Vertrauensräte »Konzessionen« machen zu müssen.

Gleichwohl bleibt dieser Beitrag bemerkenswert. Er verzichtet über weite Strecken auf Polemik und betont »die gute Kampfgemeinschaft kommunistischer und sozialdemokratischer Funktionäre«[262], die sich im täglichen Ringen mit der braunen Diktatur in zahlreichen Betrieben sowie in den Gliederungen der DAF und der NSV entwickelt habe. Selbst da, wo er die SPD-Führung kritisierte, weil sie bei den Vertrauensrätewahlen ihren Anhängern im Lande Weisungen erteile, obwohl sie den Vorschlag der KPD-Führung, eine Aktionseinheit herzustellen, mit dem Hinweis auf die Selbständigkeit der sozialdemokratischen Organisationen im Lande zurückgewiesen habe, ist nicht nur Zurückhaltung im Ton zu erkennen, sondern auch eine indirekte Mahnung an die eigene Adresse, dieses Argument nicht zu gering zu schätzen.

Die Methode des Umgangs mit der SPD-Führung hatte kurz zuvor zur ersten großen Auseinandersetzung zwischen Wehner und Ulbricht geführt. Dieser hatte zusammen mit Dahlem am 23. November 1935 in Prag mit Vertretern des Exilvorstand der SPD verhandelt. Nachdem die letzteren es unter anderem mit dem oben erwähnten Argument abgelehnt hatten, ein Abkommen mit der KPD zu schließen, veröffentlichten Ulbricht und Dahlem im Winter 1936 ein »Protokoll« des Gesprächs, das die »Einheitsfrontfeindlichkeit« des SPD-Exilvorstandes anklagend dokumentieren sollte.

Wehner war über die Tatsache, daß das Gespräch stattgefunden hatte, erst durch Pressemeldungen informiert worden. Seinen Protest gegen diese »Wiederaufnahme alter taktischer Manöver« – dazu noch ohne vorherige Zustimmung anderer Mitglieder der Auslandsleitung – konnte er zunächst nur durch einen Brief anmelden, der deutlich machte, daß das »Ankurbeln einer Kampagne« gegen die SPD-Führung einen »Bruch«[263] mit den Beschlüssen der Brüsseler Konferenz bedeutete. Erst Wochen später konnte er nach Prag reisen, um sich mit Ulbricht und Dahlem auseinanderzusetzen. Auch diesmal, zum dritten Mal, versagte die ihm dort zugewiesene Anlaufstelle. Wenn in solchen Stunden lang aufgestauter Zorn sich mit plötzlicher Enttäuschung mischt, kann die Versuchung abzuspringen erneut übermächtig werden.

Sie kam auch prompt über ihn in Gestalt von Werner Peuke. Peuke war eine der farbigsten Persönlichkeiten des illegalen Widerstandes in Berlin. Weil er frühzeitig erkannte, daß illegale Arbeit im Dienst der KPD mit hoher Wahrscheinlichkeit zur Verhaftung führen würde, hatte er sich während der ersten Zeit der Verfolgungen außerhalb Berlins verborgen gehalten. Danach begann er gemeinsam mit anderen, die teilweise oppositionellen Richtungen innerhalb und außerhalb der KPD angehörten, illegale Betriebsgruppen in Berliner Banken, Versicherungen und Industriebetrieben aufzubauen, knüpfte Kontakte nach Westdeutschland und arbeitete sich mit Hilfe ehemaliger sozialdemokratischer Gewerkschafter bis zur Leitung der Gruppe »Neu Beginnen« durch.

Diese Gruppe, von Mitgliedern der KPO wie Walter Löwenheim (»Miles«) und Richard (Rix) Löwenthal (»Paul Sering«) und Mitgliedern der Leitung der Sozialistischen Arbeiterjugend (SAJ) Großberlins um Erich Schmidt, Kurt Schmidt, Kurt Mattick und Fritz Erler[264] schon vor Hitlers Machtergreifung ins Leben gerufen, verfügte nicht nur über nach Süddeutschland reichende Verbindungen, sondern auch über zahlreiche Auslandskontakte, die über Prag, Wien, Zürich, Brüssel und Paris bis nach England und in die USA führten. Sozialdemokratische Grenzsekretäre wie Erwin Schoettle und Waldemar von Knoeringen hatten Anschluß an die Gruppe gefunden. Verbindungen bestanden auch zum Sekretär der Internationalen Transportarbeiterföderation, Edo Fimmen – einer Schlüsselfigur des illegalen Widerstandes gegen das NS-Regime. Die erheblichen Spannungen, die in den ersten Jahren nach 1933 zwischen »Neu Beginnen« und dem Exilvorstand der SPD bestanden, waren zwar nur teilweise abgebaut. Aber die Tatsache, daß Peuke vom SPD-Vorsitzenden Otto Wels empfangen worden war, dokumentierte dessen Interesse an der Arbeit der Gruppe.

Peuke, den Wehner aus der Berliner Zeit vor 1933 kannte und wegen seines Arbeitsvermögens, seiner Kühnheit und seines Witzes schätzte – so hatte er während einer stürmischen Auseinandersetzung innerhalb der Berliner KPD-Bezirksorganisation einen Resolutionsentwurf eingereicht, der ausschließlich aus Zitaten von Entschließungen des ZK und der Kominternexekutive bestand und von Ulbricht und seinem Anhang solange als »parteifeindlich« attackiert worden war, bis sie von Peuke »schmunzelnd« über die Herkunft der Zitate aufgeklärt wurden –, machte ihn mit den theoretischen Überlegungen[265] von »Neu Beginnen« bekannt: Nach dem Auslaufen der revolutionären Wellen in Deutschland Anfang der zwanziger Jahre sei es ein Fehler gewesen, die KPD als selbständige Partei aufrechtzuerhalten. Die konsequenten Marxisten hätten als kleine klare Minderheit in einer breiten Massenpartei, etwa vom Typ der Labour Party, arbeiten müssen. In Deutschland hätte zu einer solchen Partei die USPD umgestaltet werden müssen. Da die KPD sich letztlich den Erfordernissen der russischen Außenpolitik unterzuordnen habe, verfüge sie über kein sicheres Fundament für eine marxistische Politik im eigenen Lande. Im übrigen würde Wehner bald zu der Einsicht kommen müssen, daß die vom VII. Weltkongreß verkündete Politik, weil sie lediglich von den Bedürfnissen Moskaus bestimmt werde, nicht von langer Dauer sein werde. Ulbricht, »der alter Verlader«, würde auch die neuen Kräfte in der Führung wieder verladen.

Wehner scheute zwar das ihm von Peuke vorgeschlagene feste Übereinkommen, an verschiedenen Stellen »für ein gemeinsames Ziel« zu wirken. Ihm selber ging es um ein »zwangloseres« Miteinanderfühlunghalten, an dem wiederum Peuke nichts lag. Deshalb versuchte dieser wenig später, mit Merker und Ulbricht ins Geschäft zu kommen, wobei für Wehner unklar war, wer wen »verladen« hatte. Obwohl diese Beobachtung wie auch die nach der Rückkehr ins Land erfolgte Verhaftung Peukes durch die Gestapo Wehner in seiner Vorsicht bestätigte, war diese Begegnung schon wegen der »Übereinstimmung mit vielen der von Peuke dargelegten Gedanken« von Bedeutung.[266] Sie verlieh dem ständig wiederkehrenden Traum, unabhängig vom KPD-Apparat eine die alten Zerklüftungen hinter sich lassende Arbeiterbewegung in Deutschland aufbauen zu können, neuen Glanz.

Dies um so mehr, als in der Auslandsleitung der KPD die Spannungen zunahmen. Wehners Kritik am überhasteten Vorgehen gegenüber der SPD wurde brüsk zurückgewiesen. Weil die Möglichkeiten einer Annäherung verbaut worden waren, wurde versucht, die Autorität des SPD-Vorstandes im Lande zu unterminieren. Ulbricht versuchte nicht nur, mit Hilfe von Sozialdemokraten und SAP-Mitgliedern im sächsisch-thüringischen Grenzgebiet, die schon vor 1933 in Opposition zur SPD-Führung gestanden hatten und deshalb in Wehners Augen bloß »nachgemachte Sozialdemokraten«[267] waren, Druck auf den Prager SPD-Vorstand auszuüben. Er dirigierte auch immer unumschränkter die operative Arbeit und organisierte an Stelle des aufgelösten Kippenberger-Apparats einen neuen Apparat, für den ein Teil der Mitarbeiter des alten rekrutiert wurde. Der Unterschied zu den bisher dort geübten Praktiken reduzierte sich in Wehners Augen darauf, daß sie unter Ulbrichts Regie »viel stümperhafter und plumper als früher«[268] betrieben wurden.

Wehners Bitterkeit auch im Rückblick ist zum Teil dadurch zu erklären, daß Ulbricht nicht mehr ihn und die anderen auf der Brüsseler Konferenz in die Leitung gewählten Genossen ins Vertrauen zog, sondern Leute wie Gerhard Eisler[269], der nach längerem Aufenthalt in den USA von Dimitroff dem KPD-Politbüro als Mitarbeiter und Aufpasser »beigegeben« worden war. Begriffe wie »Mitarbeiterunwesen« und »neue Entdeckung« (für Eislers Auftauchen) signalisieren, wie sehr er auch persönlich verletzt war, weil andere, die keine Verdienste in der illegalen Arbeit aufzuweisen hatten, ihm vorgezogen wurden. Das war aber noch nicht das Schlimmste. Die Jagd auf »Sektierer/Versöhnler« wurde neu eröffnet. Bruno Goldhammer, der sich gegen die »fortgesetzte apparatemäßige Bearbeitung der sozialdemokratischen Organisationen« wandte und sich dabei auf Wehners Erläuterung der Beschlüsse der Konferenz berufen hatte, wurde von Ulbricht und seinem neuen Abwehrmann Hermann Nuding (ehemals im mitteleuropäischen Sekretariat der Komintern tätig) seiner Funktionen enthoben und in die Schweiz abgeschoben.

Anton Ackermann, wie Wehner neu ins ZK gewählt und wie dieser Kandidat des Politbüros, begann als Leiter des Abschnitts Mitte, der auch Berlin umfaßte, »parteifeindliche« Gruppen aufzuspüren. Dabei geriet er mehrfach in Konflikt mit dem für die illegale Betriebsarbeit zuständigen Paul Merker, der nicht nur auf Parteimitglieder zurückgreifen konnte, die sich bisher am Gruppenstreit nicht beteiligt hatten.

Ackermann verstärkte seine Spürhundtätigkeit auch dann noch, als er schon von der Kominternexekutive als Leiter (d.h. Aufpasser) des deutschen Zweigs der Lenin-Schule angefordert worden war – als müsse er sich den Moskauern als besonders unerbittlicher »Bolschewik« präsentieren.[270]

Wehner versuchte, mit Mitgliedern der innerparteilichen Opposition – zumeist »Versöhnlern« – offen zu sprechen. Er verlangte von ihnen, ihre Vorbehalte gegenüber einer offenen Teilnahme an der Parteiarbeit aufzugeben, ihre kritischen Auffassungen innerhalb der Partei vorzubringen und sich nicht in »jesuitische Geheimbündlerei« zu verstricken. Die Resonanz war symptomatisch für das anhaltende Mißtrauen. Der eine vermutete hinter solchen Äußerungen eine »Art von Kriegslist«. Ein anderer, dem er mehrfach seine kritischen Ansichten in politischen Fragen dargelegt hatte, meinte, er müßte an seiner Stelle als »Ketzer« behandelt werden und beteuerte im übrigen, daß er mit der bisherigen Opposition gebrochen habe.

Noch in der »Illusion befangen [...], die Parteikonferenz müßte eine erneuernde Wirkung haben, wenn nur alle aufrichtigen Genossen fest und intensiv in ihrem Sinne wirkten«, erschien Wehners Haltung den »routinierten Parteifunktionären [...] entweder als Ausdruck großer Naivität oder als besonders schlaue Parteidiplomatie«[271]. War Wehner wirklich so offen und ahnungslos, wie er sich im Rückblick gab? Seine in fast zehnjähriger Tätigkeit innerhalb der KPD gewonnenen Erfahrungen ließen soviel Naivität nur schwerlich zu. Noch weniger konnte ihm verborgen geblieben sein, daß auf der Brüsseler Konferenz zwar der doktrinäre Teil des Apparats dem taktisch flexiblen Teil unterlegen war, aber die »Apparateleute« hier wie dort in der Mehrheit waren.

Was trieb ihn dazu, den Funktionären, die nach wie vor berechtigten Zweifel am neuen Kurs hegten, immer wieder die Ergebnisse der Parteikonferenz vom Oktober 1935 plausibel zu machen und für deren Verwirklichung zu werben? Es war der schon während des VII. Weltkongresses sich vorbereitende und durch den Verlauf der Parteikonferenz zur Gewißheit gewordene Glaube an die Bedeutung der eigenen politischen Mission. Schien er nicht das Schicksal seiner politischen Generation, das Schicksal der stets nur zum »Nachvollzug« Verdammten endlich überwunden zu haben?! War er nicht zu Beginn einer neuen Phase geschichtlicher Bewegung selbständig aufgetreten und zu einem Dreh- und Angelpunkt dieser Bewegung geworden?!

Aus solcher Selbstbestätigung holte er die Kraft, wenn es galt, sich von den wachsenden Widerständen nicht erdrücken zu lassen. Denn auch er und mit ihm der »Frontgeist« und das »Frondieren« aller jungen Funktionäre waren gemeint, als die Jagd auf seinen Freund Wilhelm Kox, der ihm in der schwierigsten Zeit der Illegalität (in den Wochen und Monaten nach der Verhaftung John Schehrs) zur Seite gestanden hatte, zunächst mit dem Vorwurf, schwere konspirative Fehler begangen zu haben, eröffnet wurde. Nach seinem Ausschluß wurden ihm von Nuding weitere Untaten (Gestapoagent) angedichtet. Die ihm zugesagte Überprüfung der Entscheidung fand nie statt. Als Jahre später Kox, der unabhängig vom offiziellen Apparat die illegale Arbeit wieder aufgenommen hatte, von den Nazis hingerichtet worden war, stellte Wehner Ulbricht deshalb zur Rede. Dieser soll sich daraufhin die Bemerkung abgerungen haben: »Er war also doch kein Schuft.«[272]

War die Atmosphäre in Prag auch auf diese Weise unerquicklich und durch die Sorge um das Schicksal seiner dort erneut in Haft geratenen Gefährtin Lotte zusätzlich getrübt (sie kam erst Wochen später durch Vermittlung von Egon Erwin Kisch wieder frei), so begann im Westen Wehners Methode des »sachlichen Meinungsaustauschs« und der »Anbahnung gegenseitiger Hilfe«[273] erste Früchte zu tragen. Gespräche mit sozialdemokratischen Funktionären wie dem Grenzsekretär Erwin Schoettle, der vor 1933 eng mit dem Stuttgarter Reichstagsabgeordneten Kurt Schumacher zusammengearbeitet hatte und nun den Standpunkt der Gruppe »Neu Beginnen« vertrat, ergaben, daß dort »alle Versuche demonstrativer Einheitsfrontpolitik« abgelehnt wurden, zugleich aber die Bereitschaft zur »gegenseitigen Hilfe«[274] – einmal mehr benutzte er diesen Schlüsselbegriff Kropotkins – der Organisationen im Lande und ihrer Vertreter in den Grenzländern vorhanden war.

Im Juni 1936[275] fand in Paris nach einer Sitzung des Zentralkomitees, in der Ulbricht und Pieck betont hatten, die auf der Brüsseler Konferenz begonnene Selbstkritik sei abgeschlossen, weil deren Fortsetzung nur die Position der KPD gegenüber der SPD verschlechtern würde, eine Zusammenkunft mit Sozialdemokraten (unter anderen Rudolf Breitscheid, Paul Hertz, Albert Grzesinski, Max Braun, Erich Kuttner) und SAP-Mitgliedern (darunter Jakob Walcher, Paul Frölich, Walter Fabian, Fritz Sternberg, Rosi Wolfstein) statt. Obwohl die KPD-Führung in ihrer Mehrheit die sozialdemokratischen Teilnehmer gegen den Prager Vorstand auszuspielen, dabei Breitscheid in eine Oppositionsführer-Rolle zu drängen und andererseits die SAP-Funktionäre zu spalten versuchte, deren radikalere Forderungen für ein künftiges Deutschland[276] die taktische Annäherung an den bürgerlichen Teil der Emigration erschwerte, gab es einen ersten großen Ertrag. Sozialdemokraten, Kommunisten und Bürgerliche gaben ab Juli 1936 gemeinsam ein hektographiertes Blatt heraus – die *Informationen von Emigranten für Emigranten* [277].

Als Herausgeber traten hervor: Max Braun, Kurt Funk (d.i. H. Wehner), Albert Grzesinski und August Hartmann[278]. Das Blatt diente nicht nur als Organ der Arbeiterwohlfahrt, der Roten Hilfe und der »Beratungsstelle für Saaremigranten«[279], sondern sollte darüber hinaus als »Einheitsorgan der antifaschistischen Emigranten aus Deutschland« fungieren. Neben den Problemen, die den Alltag jedes Emigranten prägten – wie die Anerkennung als politischer Flüchtling, Wohn- und Aufenthaltsrecht, Arbeitserlaubnis –, versuchte das Blatt auch auf die wachsende Zahl der inländischen Opfer des NS-Regimes hinzuweisen. Dabei kümmerte es sich nicht nur um prominente Opfer wie Thälmann, Ossietzky oder den zum Tode verurteilten Edgar André, sondern führte eine Statistik über die zu Haft- und Zuchthausstrafen Verurteilten und über die Hingerichteten.[280]

Außerdem bot das Blatt eine kurze Übersicht über die internationale Presse und konfrontierte die vom NS-Regime anläßlich der Olympischen Spiele in Berlin inszenierte Propagandaschau mit der Millionenschar der 1933 und danach verbotenen sozialistischen, pazifistischen, jüdischen und katholischen Turn- und Sportorganisationen.

Anfang August 1936 stellte Wehner in einer Zwischenbilanz der Einigungsbemühungen fest: »Bisher krankte die deutsche Emigration an ihrer Zersplitterung [...]. Die internationale Konferenz der Emigranten, die am 19. und 20. Juni (1936) der Asylrechtskonferenz voranging, hat immerhin bewiesen, daß sich Vertreter aller Richtungen in der deutschen Emigration sachlich und im Geiste der Kameradschaftlichkeit über Fragen, die alle berühren, aussprechen können. Für die Asylrechtskonferenz und für Genf[281] war die deutsche Konferenz von Bedeutung. Die deutsche Emigration trat – endlich – als eine Einheit auf.«

Das bisher Erreichte, so hatte Wehner zuvor schon hervorgehoben, verdanke die deutsche Emigration »in erster Linie der Solidarität der Arbeiterbewegung und humanitären Organisationen in den demokratischen Ländern«. Daß dabei ein besonders großes Lob »für die Parteien und Organisationen der Volksfront« und die »in der mächtigen CGT vereinigten Gewerkschaften Frankreichs« abfiel, ist nur zu verständlich. Ohne den im Mai 1936 von den Parteien der Volksfront errungenen Wahlsieg und die sozialpolitischen Anfangserfolge des von den französischen Kommunisten tolerierten Kabinetts Léon Blum wäre nicht jenes der Zusammenarbeit innerhalb der deutschen Emigration so förderliche Klima entstanden. Wehner wollte es weiter nutzen. Schon weil er die »weltanschaulichen Differenzen« nicht übersehen konnte, verzichtete er auf spektakuläre Vorschläge. Er plädierte deshalb für eine »Zusammenarbeit auf allen Gebieten der Selbsthilfe der Emigration und im Kampf um ein wirkliches Asylrecht«. Für diesen Zweck sollten in allen in Frage kommenden Ländern »einheitliche Vertretungen« geschaffen werden, die mit den Organisationen und Behörden der asylgebenden Länder eine weitgehend einheitliche Regelung aller rechtlichen und sozialen Seiten des Asylrechts erreichen sollten. Dabei war ihm bewußt, daß »in jedem Land die Formen der Einheitsorganisationen und der Zusammenarbeit zunächst verschieden sein werden«.

Neben dieser »dringlichsten Arbeit« sah er noch weitere Aufgaben. Insbesondere sollten die zu gründenden gemeinsamen Organisationen die »Gesamtemigration« davor schützen, daß die Gestapo in sie eindringen konnte, um »Zersetzungs-, Spitzel- und Provokations-Arbeit zu leisten«. Diese kurz *vor* Ausbruch der »großen Säuberung« und des damit einhergehenden Verfolgungswahns in allen Kominternparteien erhobene Forderung war wenige Wochen später nicht nur überholt, sondern wurde ein zusätzliches Hindernis der Zusammenarbeit, weil die anderen Partner – sofern sie selbständig urteilten – bald gewahr wurden, daß die KPD künftig jeden von der Säuberungsmaschine Verfolgten mit dem Etikett des Gestapoagenten versah. Gleichwohl drückte dieser Beitrag über den »Zusammenschluß der Emigration« Wehners Wunsch aus, jedes starre Schema zu meiden und in gegenseitiger Hilfe und Selbsthilfe einen gemeinsamen Nenner für die gesamte Emigration zu finden.

»Vielleicht«, so betonte er zum Schluß, »erscheinen diese Schritte manchem allzu zaghaft. Sie stellen aber mindestens das zur Zeit Erreichbare dar. Wahrscheinlich ergibt sich aus der Zusammenarbeit auf dem hier umrissenen Gebiet die Erkenntnis, daß es noch mehr gibt, was man besser gemeinsam tut, als es getrennt zu versuchen [...] Realisieren wir aber zuerst das Mögliche. Die deutsche Emigration hat im Kampf um Deutschlands Befreiung große Aufgaben. Jeder erfolgreiche Schritt, den sie jetzt in der Durchsetzung ihrer unmittelbaren Interessen tut, wird seine Rückwirkung auf die Arbeits- und Kampffähigkeit jedes Emigranten für ein freies Deutschland haben.«[282]

Geist und Methode dieses Minimalprogramms prägten auch seine Appelle in den *Informationen von Emigranten für Emigranten*. Dem

Ziel der rechtlichen Anerkennung und sozialen Sicherung aller Emigranten fügte er auch den Vorschlag auf Unterstützung »der Angehörigen der eingekerkerten und ermordeten Opfer des Faschismus« sowie von »Kultur- und Schulungsveranstaltungen« hinzu.[283] Später regte er die Bildung von »Freundeskreisen« (der *Informationen*) an, die nicht in Konkurrenz zu den bestehenden Organisationen stehen, sondern als Bindeglied zwischen diesen sowie als Sammelpunkt der nichtorganisierten Emigranten dienen sollten.[284]

Wehner sprach ausdrücklich davon, daß diese Vorschläge keine Bedingungen seien. Wo die Voraussetzungen für deren Verwirklichung gegeben seien, sollte der Versuch gemacht werden. Dadurch könnten viele Schranken, die die verschiedenen Richtungen noch trennten, überwunden werden und »ein neues, ein vorbehaltlos brüderliches Verhältnis unter den deutschen Emigranten entstehen«.

Ebenso versöhnlich wie beschwörend klang sein Appell an die »sozialdemokratischen und kommunistischen Genossen«, am Prozeß der Einigung der antifaschistischen Kräfte in der Emigration wie in Deutschland mitzuarbeiten und sich deshalb »über die nächsten Schritte kameradschaftlich auszusprechen und zu verständigen«[285]. Der immer wieder[286] auftauchende Begriff der »Kameradschaft« war nicht zufällig gewählt. Er stand in engem Zusammenhang mit dem militärischen Engagement vieler Emigranten im Spanischen Bürgerkrieg.

Wenige Tage nach dessen Beginn Mitte Juli 1936 hatte Wehner aus Barcelona einen Brief eines KPD-Genossen namens Herz[287] erhalten, der über die Teilnahme einiger sich dort aufhaltender deutscher Emigranten am Kampf gegen die Truppen General Francos berichtete. Gemeinsam mit August Hartmann[288], dem Leiter des Ausschusses, der die Verbindungen zu allen in Frankreich lebenden KPD-Emigranten hielt, sammelte Wehner wenig später unter den militärisch versierten Emigranten Freiwillige, die auf republikanischer Seite in Spanien kämpfen wollten. In kurzer Zeit hatten sich über hundert gemeldet, in der Mehrzahl Kommunisten, aber auch eine Reihe von Sozialdemokraten. Aus dieser Gruppe, die unter der politischen Leitung des einige Monate später bei der Verteidigung Madrids gefallenen Hans Beimler stand, entstand die »Centuria Thälmann«. Sie hatte schon im September und Oktober 1936 in Aragon schwere Kämpfe zu bestehen. Von den sechzehn Gefallenen während dieser ersten Einsätze waren vier Sozialdemokraten, die, wie Wehner in der Zeitschrift *Die Internationale* rühmte, »wie die Kommunisten mit ihrem Leben die Einheit im Kampf besiegelten«[289].

Nachdem Anfang August das in Paris tagende Politbüro des ZK der KPD alle Mitglieder in der Emigration aufgefordert hatte, sich als Freiwillige zu melden, war der Zulauf so groß, daß zu deren Betreuung bald ein spezielles Büro unter der Leitung Siegfried Rädels eingerichtet werden mußte. Inzwischen hatte auch Moskau und die Komintern erkannt, welch propagandistischer Gewinn die Bildung dieser »Internationalen Brigaden« mit sich brachte. Das Politbüromitglied der französischen KP André Marty, der seinen revolutionären Ruf 1919 als einer der Anführer einer Meuterei zugunsten der »Weißen« in der zur Intervention im russischen Bürgerkrieg bestimmten französischen Schwarzmeerflotte begründet hatte, wurde Chef der militärischen Abteilung der Freiwilligenbrigaden. Eines Tages, so berichtete Wehner später, wurde er zu Marty bestellt: Das Gespräch habe zu »den unangenehmsten« gehört, die er mit leitenden französischen Genossen gehabt habe. Als Wehner ihm über die »Leistungen«[290] der im katalanischen Sektor kämpfenden deutschen Freiwilligen berichtete habe, sei Marty »völlig aus der Rolle« gefallen. Auch hierbei sei sicher, so behauptete Marty, die »Gestapo im Spiele« gewesen. Er habe auf ähnliche Weise »aufgedeckt«, daß eine unter anarchistischer Leitung stehende italienische Kolonne von Freiwilligen von der (italienischen Geheimpolizei) Ovra gebildet worden sei.[291]

Wehner, der Marty vorher persönlich nicht kannte, zeigte sich verblüfft über dessen »hysterische Ausfälle«, denn er habe noch keine Ahnung von dessen »Psychose« gehabt, »die ihn überall Feinde und feindliche Agenten sehen ließ«[292]. Die Tatsache, daß Leute wie Marty in diese von Moskau ausgehende, bald auch ganz Westeuropa und insbesondere das republikanische Spanien vergiftende Atmosphäre des stalinistischen Verfolgungswahns hervorragend paßten, ist Wehner offensichtlich entgangen. Wenig Verständnis brachte er jenen Freiwilligen entgegen, die wie Albert Schreiner[293] (ein Mitarbeiter des Pariser Büros der KPD-Auslandsleitung) nach den schweren Verlusten in den ersten Monaten – wahrscheinlich aus der Erkenntnis heraus, durch eine unfähige militärische Führung verheizt worden zu sein – sich gegen den weiteren exponierten Einsatz der Centuria Thälmann aussprachen und ihre persönliche Ablösung forderten: »Mir war diese Stellungnahme unerklärlich. Es war mir unmöglich, auf Schreiners Argument einzugehen, daß er als militärpolitischer Spezialist – im Stabe einer großen Einheit – viel besser am Platz sein würde.«[294]

Woher kam dieses Nichtverstehenwollen? In seiner schon erwähnten Schilderung der Leistungen dieser Freiwilligeneinheit in der Zeitschrift

Die Internationale hatte er die Erstürmung der Berges Eremita in einem (sehr verlustreichen) Nachtangriff als deren »Großtat« gepriesen: »Mit dem Gesang der ›Internationale‹ durchstürmte sie den Kugelregen und vertrieb den Feind in hartem Nahkampf aus seinen gut verschanzten Stellungen.«[295]

Diese Sprache steht der heroisierenden Sprache der politischen Rechten, die um den Opfergang deutscher Kriegsfreiwilliger bei Ypern und Langemarck im Herbst 1914 ihren Mythos von der Heiligkeit des im Dienste der deutschen Sache vergossenen Blutes rankte, in nichts nach. Der einzige Unterschied: Statt des Deutschlandliedes hier die Internationale! Diese Nähe war von Wehner sicher nicht beabsichtigt. Sie war aber unmittelbare Folge jenes erregenden, durch das massive Eingreifen Hitler-Deutschlands und des faschistischen Italiens in Spanien sich noch steigernden Gefühls, vor allem innerhalb der Emigration, zum ersten Mal den faschistischen Erzfeind direkt mit der Waffe in der Hand bekämpfen und damit die Schmach der Niederlage von 1933 vergessen machen zu können. Kein Wunder, daß Wehner »selbst gern nach Spanien gehen« wollte: »Aber in der Leitung war darüber keine Einigkeit zu erzielen. Schließlich wurde beschlossen, daß ich für kurze Zeit reisen sollte, um den Genossen zu helfen, Schwierigkeiten zu überwinden. Diesen Beschluß ließ aber Ulbricht wieder umstoßen, um dafür beschließen zu lassen, daß er selbst einen Besuch an der Front veranstalte.«[296]

Eine neue Station auf dem Weg des Leidens am Verlust des unmittelbaren Erlebens, am bloßen Nachvollzug? Gewiß auch – aber nicht nur dies. Es war auch das Bedauern über einen gescheiterten Versuch, aus den sich mehrenden Zweideutigkeiten der Bemühungen um eine politische Einigung der Emigration in Gestalt der Einheits- und Volksfront herauszukommen. Spanien wurde allerdings seit der Jahreswende 1936/37 immer weniger ein Ort, von dem aus die Volksfrontbewegungen in den anderen Ländern Westeuropas hätten neue Kraft gewinnen können. Die Lieferungen von Kriegsmaterial und Hilfsgütern, die Stalin der republikanischen Regierung in Madrid gewährte, wurden nicht nur mit den im Besitz des spanischen Staates befindlichen Goldreserven – Barzahlung war schon bei den ersten Verhandlungen ausgemacht worden – beglichen.[297] Auch blieb es nicht beim raschen Aufstieg der bis zum Ausbruch des Bürgerkriegs eher unbedeutenden Kommunistischen Partei Spaniens zu einer die Politik der Republik immer stärker dominierenden Macht. Hinzu kam jene mörderische Maschinerie des NKWD, die, in der Sowjetunion beginnend, ihr heilloses Werk des

Verfolgens, Folterns und Tötens über Westeuropa ausdehnte und im republikanischen Spanien mit seinem breiten linken Spektrum außerhalb der sozialistischen und kommunistischen Partei – von der linkssozialistischen, bald als »trotzkistisch« verfemten POUM[298] bis zu den Anarchosyndikalisten – ein weites Betätigungsfeld fand. Diese Maschinerie begann nach längerer Vorbereitungszeit zu arbeiten. Deutsche Kommunisten wie Alfred Herz, der im Juli 1936 den schon erwähnten Brief an Wehner geschrieben hatte, und das ZK-Mitglied Karl Mewis, mit dem Wehner vor allem 1941/42 in Schweden zu tun hatte, gehörten zu den eifrigsten Handlangern.

Der von Wehner erwähnte Aufenthalt Ulbrichts in Spanien, der im Dezember 1936 und Januar 1937 unter »strengster Geheimhaltung« stattfand, hat wahrscheinlich dazu beigetragen, der Maschinerie Opfer in erheblicher Zahl zuzuführen[299].

War es deshalb ein glücklicher Zufall, daß sein Wunsch, nach Spanien zu gehen, unerfüllt blieb? Die Frage läßt sich kaum beantworten, weil ihm zur Jahreswende 1936 eine andere, noch schwierigere Reise bevorstand – die nach Moskau. Das hieß: Bevor er den Regen spürte, kam er gleich in eine mit Blut und Jauche angefüllte Traufe. Bei dieser von Wehner alles andere als erwünschten Reise spielte Ulbricht erneut eine wesentliche Rolle. Aber damit ist den Ereignissen seit Sommer 1936 vorgegriffen worden.

Der Konflikt mit Ulbricht

Nach Wehners »Notizen« haben seit Herbst 1936, als das Politbüro der KPD von Prag nach Paris übersiedelte, die erwähnten, an der unterschiedlichen Behandlung der Partner in der Volksfront sich schon früher entzündenden Spannungen zwischen ihm und Ulbricht weiter zugenommen. Auch Jahrzehnte später machte er keinen Hehl daraus, daß er »zeitweilig« und »stellenweise mit ihm übereinstimmende Meinungen«[300] gehabt und ihn auch deswegen respektiert habe, weil er »nicht nur andere in gefährliche Situationen schickte, sondern selbst auch gefährliche übernahm«[301]. Aber solche und andere Eigenschaften Ulbrichts, die, wie dessen »Arbeitsbesoffenheit«[302], Wehner nicht völlig fremd waren, erwiesen sich da als ungeeignet, wo es darum ging, Berge von Mißtrauen abzutragen und neues Vertrauen aufkeimen zu lassen.

Ulbricht, der schon von Prag aus ständig »sichtbare Ergebnisse« der

Arbeiten des Ausschusses zur Vorbereitung einer Volksfront (Lutetia-Kreis) gefordert hatte, begann nach Wehners Darstellung in Paris, sich in alle Beziehungen »einzuschalten«, die Münzenberg, Wehner und andere KPD-Mitglieder zu den verschiedenen Richtungen der deutschen Emigration geknüpft hatten. Es wundert einen nicht, daß auch Schriftsteller, die der kommunistischen Bewegung sonst eher unkritisch bis wohlwollend begegneten – so etwa Heinrich Mann[303] –, die bei Ulbricht anzutreffende Mischung von taktischer Beweglichkeit und engem Dogmatismus im Grundsätzlichen besonders abstoßend fanden.[304]

Da es Ulbricht nicht gelungen war, Rudolf Breitscheid in die Rolle eines Oppositionsführers zum Prager SPD-Vorstand zu drängen, soll ihm das »gute persönliche Verhältnis«[305], das Wehner zu Breitscheid hatte, mißfallen haben. Ein Bericht Wehners an das noch in Prag weilende Politbüro vom Juli 1936 zeigt, daß Wehner diese Beziehung zu Breitscheid dazu nutzte, Konflikte[306], die in der Emigration rasch aufzukommen pflegten, so weit wie möglich aus der Arbeit des Lutetia-Kreises herauszuhalten. Breitscheid war auch der wichtigste Ansprechpartner bei dem Versuch, ein gemeinsames Programm zustande zu bringen. Erstaunlich ist aber auch Wehners dortige Einschätzung der Haltung des früheren preußischen Innenministers Grzesinski – vor 1933 Gegenstand wildesten Hasses von seiten der KPD. Wenig später wurde er zusammen mit Grzesinski einer der Mitherausgeber der *Informationen von Emigranten für Emigranten.*

Der Bericht enthält eine deutliche Kritik an der Praxis des Prager Politbüros, Mitglieder der »Abwehr« für die Kontakte zur Presse zu nutzen: »Wir haben doch mehrmals beschlossen, daß der Abwehrapparat für die Abwehr da ist und daß er mit dem Nachrichtenwesen und den Presseinformationen nichts zu tun hat. An diesem Beispiel zeigt sich leider wieder, daß diese Beschlüsse noch nicht in die Praxis umgesetzt werden.«[307]

Im übrigen mahnte Wehner dort eine längst überfällige Entscheidung an: »Mein Verhältnis zu den Westbezirken werdet Ihr hoffentlich bald klarstellen, nachdem wir doch beschlossen haben, daß ich mit Jean[308] unmittelbar für den Westen verantwortlich sein soll. Es ist mir nicht klar, warum ich darüber keine Zeile bekommen habe und warum ich nicht, nachdem ich doch viel weniger räumliche und zeitliche Schwierigkeiten zu überwinden [habe,] einen engeren Kontakt zu unseren dortigen Freunden bekommen sollte.«[309] Es ist unschwer zu erkennen, daß es vor allem Ulbrichts Interesse war, die Verwirklichung des etliche

Monate früher gefaßten Beschlusses immer wieder zu hintertreiben. Wie in den Jahren zuvor tat er alles, um die Verbindungen nach Deutschland in seiner Hand zu konzentrieren, oppositionell gestimmte Illegale als »Trotzkisten« zu verketzern und sie durch Rundschreiben[310] – eine zweite Auflage jener »Urias«-Briefe der ersten Zeit der Illegalität –, die prompt in die Hände der Gestapo fielen, endgültig auszuschalten.

Da wollte er sich von niemandem in die Quere kommen lassen, schon gar nicht von einem selbständig denkenden und operierenden Kopf wie Wehner, der – wie die Brüsseler Konferenz gezeigt hatte – über einen erheblichen Anhang unter den der Verfolgungsjagd der Gestapo bisher noch entkommenen Illegalen sowie über gute Beziehungen zu fast allen Richtungen der Emigration verfügte. Nicht nur die eben zitierte Kritik an den Versäumnissen des Politbüros, sondern auch die an gleicher Stelle formulierten Ratschläge, wie ein vom Politbüro angeforderter Artikel von Johann (Becher) für die in Prag erscheinende Zeitschrift *Die Internationale* zu redigieren sei, dokumentierte Wehners Selbstbewußtsein. Der Artikel, so heißt es dort, zeige nur die eine Seite des Kampfes gegen die faschistische Ideologie und Demagogie, nämlich wie im täglichen Leben diese Demagogie gegen die Nazis ausgenutzt werden könne. An der Spitze müsse aber stehen, daß die NS-Ideologie das Klassenbewußtsein töten wolle und den Zweck verfolge, das Volk chauvinistisch zu verhetzen. Daraus sei abzuleiten, »wie wir unter den gegenwärtigen Bedingungen das Klassenbewußtsein wachhalten können und wie wir es bei den breiten Massen, die erst unter der faschistischen Herrschaft zu gewissem politischen Bewußtsein gekommen sind, neu erwecken können.«

Nach diesem bemerkenswerten, weil auf die Versäumnisse der KPD vor 1933 hinweisenden Befund trat er dafür ein, die »grundsätzliche marxistische Bedeutung« der in der NS-Demagogie enthaltenen Losungen wie »Die Reichen sollen zahlen« in diesem Zusammenhang nachzuweisen und sie als eines der wichtigsten Mittel auszunutzen, »um Freiheiten und Verbesserungen zu erzielen. Dadurch bekommen wir eine Stellung der vom Faschismus beeinflußten und geführten Massen gegen die Bürokratie.«[311] Besonders der letzte Satz mit dem Eingeständnis, daß der Faschismus in Deutschland die Massen beeinflusse und leite, enthielt ein Maß an Wirklichkeitssinn, das in der KPD-Führung nicht sehr verbreitet war.

Auch in den folgenden Monaten, als er sich fieberhaft bemühte, neben den Vertretern der sozialdemokratischen Emigration in Paris auch die anderen Gruppen der Linken – den Internationalen Sozialistischen Kampfbund (ISK), Miles (Neu Beginnen) und die SAP (einschließlich Heinrich Brandlers) – sowie die emigrierten Gewerkschafter vor allem mit Hilfe der internationalen Verbände der Bergarbeiter und der Transportarbeiter auf den Kurs der Aktionseinheit einzustimmen und dadurch dem Gesamtunternehmen Volksfront mehr Dynamik zu verleihen, führte er in seinen Briefen Klage darüber, daß er zu einer Reihe von Fragen keine Antwort der in Prag sitzenden Mitglieder des Politbüros erhalten habe.[312] Der sich anstauende Ärger drückte sich auch darin aus, daß Wehner dazu überging, Kopien seiner Briefe an den zeitweise in Moskau weilenden Wilhelm Pieck zu schicken und darauf hinzuweisen, daß die von diesem entworfenen Richtlinien für eine gemeinsame Plattform der in der Volksfront vertretenen Parteien und Gruppierungen nicht ohne dessen Zustimmung veröffentlicht werden könnten.[313]

In Prag war der Ärger nicht minder groß. Dies zeigt sich in Randglossen wie »sehr typischer Brief« oder »Kurt ist darüber informiert worden, scheint aber manches zu vergessen«[314]. Da die Gespräche mit dem Prager SPD-Vorstand ergebnislos geblieben waren und Paris seit Beginn der dortigen Volksfrontbewegung und des Bürgerkriegs in Spanien ohnehin zur wichtigsten Drehscheibe der Ost/West-Beziehungen und zum Zentrum der Meinungsbildung in der deutschen Emigration geworden war, verlegten die »Prager« den Sitz der KPD-Auslandsleitung im Oktober 1936 nach Paris.

Nun brach der schon länger schwelende Konflikt zwischen Wehner und Ulbricht offen aus. Neben den unterschiedlichen Auffassungen über den Umfang kommunistischen Einflusses auf die Volksfrontbewegung, nicht zuletzt bei der Zusammenarbeit im Lande selbst[315], entzündete sich der Streit an einem Vorgang, dessen Bedeutung erst bei näherem Hinsehen deutlich wird. Wehner hatte im August und September 1936 zusammen mit einigen kommunistischen und sozialdemokratischen Intellektuellen eine Dokumentation über den aggressiven und imperialistischen Charakter des Nationalsozialismus erstellt[316], von der Teile, mit einer Einleitung von Heinrich Mann versehen, in den Pariser *Deutschen Informationen* veröffentlicht wurden.[317]

Noch von Prag aus hatte die Auslandsleitung im Namen des ZK einen Aufruf zum Nürnberger Parteitag der NSDAP vom September 1936 publik gemacht, ohne Wehner vorher davon zu unterrichten. Einige Passagen des Aufrufs desavouierten offen die Bemühungen der Pariser Denkschrift, die Weltöffentlichkeit über das NS-Regime aufzuklären.

Wehner protestierte gegen den Prager Aufruf, »besonders wegen der lächerlich anmutenden, gerade erschienenen französischen und italienischen Parteiaufrufen entlehnten, pathetischen Erklärung von der Notwendigkeit der ›Versöhnung des deutschen Volkes‹. Dies war u.a. ein typischer Fall dafür, daß die Partei sich nicht nach der in Deutschland herrschenden Lage richtete, sondern durch Kampagnenschlagworte irregeführt wurde, die Ulbricht[318] aufgeschnappt hatte, und von denen er annahm, sie entsprächen den neuesten Intentionen ›von drüben‹. Über diesen Fall gab es Auseinandersetzungen, die schließlich darin kulminierten, daß Ulbricht drohte, ich würde für meine Auffassung in Moskau Rede und Antwort zu stehen haben.«[319]

Wie ernst nahm Wehner Ulbrichts Drohung? Zunächst nicht allzu sehr! Größere Sorgen machte er sich über die Reaktionen der anderen Partner in der Volksfrontbewegung, für die dieser sich indirekt ankündigende Wandel in der Bewertung des NS-Regimes inakzeptabel war. Innerhalb der KPD-Führung erhielt er keine Unterstützung. Paul Merker, den er von der »Unhaltbarkeit« der Ulbrichtschen »Versöhnung des deutschen Volkes« zu überzeugen versuchte, soll die diplomatische Antwort gegeben haben: »Wir sitzen alle in einem Boot, und es ist keinem erlaubt auszusteigen.«[320]

Noch sah Wehner keinen ausreichenden Grund »auszusteigen«. Gegenüber Ulbricht glaubte er im Recht zu sein. Auch war Willi Münzenberg, der im Oktober 1936 in Moskau der Internationalen Kontrollkommission der Komintern »Rede und Antwort zu stehen« hatte, wieder nach Paris zurückgekehrt.[321] Schließlich hatte die politische Alltagsarbeit – darunter die Vorbereitung des Brüsseler Welt-Friedenskongresses und eine mit dem SPD-Vorstandsmitglied Paul Hertz sowie Professor Georg Bernhard Ende Dezember 1936 unternommene Reise nach London, um an einer von Sir Malcolm, dem vom Völkerbund eingesetzten Flüchtlingskommissar, einberufenen Beratung über deutsche Flüchtlingsfragen teilzunehmen – nicht nur zeitweise die Auseinandersetzung mit Ulbricht, sondern auch zum Teil die Wahrnehmung der durch den Beginn der »großen Säuberung« in der Sowjetunion veränderten Wirklichkeit verdrängt.

Die »große Säuberung« wirft ihre Schatten voraus

Aus den »Notizen« geht immerhin hervor, daß die Auswirkungen der »großen düsteren Ereignisse [...], deren Zentrum Moskau war«, ihn während seines Aufenthalts in Westeuropa nicht unberührt gelassen hatten. Gespräche mit Freunden und Bekannten, die gerade aus Moskau kamen, waren voller dunkler Andeutungen, verhießen jedenfalls nichts Gutes. Der ihm aus der Zeit seiner Verbindung mit Lotte Loebinger bekannte Erwin Piscator, dessen Freundin Carola Neher verhaftet worden war, machte auf ihn »einen gespenstischen Eindruck«. Der aus dem Saargebiet stammende Schriftsteller Gustav Regler, der sich stets seiner guten Beziehungen in Moskau gerühmt hatte, »wirkte völlig verworren und war ganz ohne seine frühere Sicherheit [...]. Angesichts der brutalen Härte und Wucht, mit der dort die Anklagen gegen Sinowjew, Kamenew und andere, die mit dem Mord an Kirow[322] und anderen Anschlägen gegen den Sowjetstaat in Verbindung gebracht worden waren, hinausgeschleudert wurden, fühlte Regler das Fundament, auf dem er bisher sicher gehen und bauen zu können geglaubt hatte, bersten.« Selbst wenn die Beschuldigungen auf Tatsachen beruhen sollten, so fuhr Wehner in seinem Bericht über Reglers Reaktion fort, bedeutete für diesen »ihre Enthüllung eine so schreckliche Offenbarung innerer Verhältnisse der Sowjetunion und der Kommunistischen Internationale, daß ihm vor deren Auswirkungen auf die europäische Intelligenz schauderte«. Deshalb hatte er sich, als man an ihn herangetreten war, am Redigieren von Prozeßberichten für die Auslandspresse beteiligt[323], um – wie er sagte – »das Gröbste zu verhindern«.

Auf ähnlich lapidare, die eigene – auch im Rückblick noch erkennbare – Desorientierung nur mühsam verbergende Weise schilderte Wehner die ersten Versuche von kommunistischen Intellektuellen, den Prozessen eine höhere geschichtliche Weihe zu verleihen. Dies galt zum Beispiel für Manès Sperber, den Wehner durch Arthur Koestler kennengelernt hatte. Er entwickelte die Theorie, daß die Prozesse zwar schrecklich, aber angesichts des »Kampfes der Sowjetunion um ihre Existenz wahrscheinlich unumgänglich« seien, »damit die Aufmerksamkeit auf die feindlichen Anschläge gegen die Sowjetmacht gelenkt würde. Manche der Angeklagten opferten ihren Ruf und sich selbst, um der Sache zu dienen; die Leiden, die andern auferlegt würden, seien zwar persönliche Tragödien, dienten aber auch dem höheren Zwecke.«[324] Manès Sperber hat als eine Art Wiedergutmachung für solche Rechtfertigungsversuche viele Jahre später in seiner Romantrilogie »Wie eine Träne im Ozean«, die stark autobiographische Züge aufweist, die Tragödie der mittel- und osteuropäischen Kommunisten, die der faschistischen und stalinistischen Doppelverfolgung ausgesetzt waren, eindrucksvoll geschildert.

Obwohl Sperber als linker »Popularisator« der Psychologie Alfred Adlers zu einem gewissen Teil die psychischen Mechanismen erkannte, die zusammen mit physischer und psychischer Folter dazu dienten, die Angeklagten für Schauprozesse zu präparieren, hatte er sich mit der Berufung auf den angeblich höheren Zweck die Möglichkeit verbaut, die im stalinistischen Sowjetsystem dominierenden Antriebe, insbesondere die kriminellen Energien und das – im Sinne Adlers – jeder menschenwürdigen Gemeinschaft hohnsprechende Machtstreben seines leitenden Mannes zu durchschauen.

Rechtfertigungsversuche wie die von Sperber trugen nicht dazu bei, Wehner ein klares Bild zu vermitteln. Für Ulbricht dagegen war »alles sonnenklar und einfach, ein glänzendes Beispiel für die Schonungslosigkeit, mit der vom sozialistischen Staat – ohne Ansehen der Person und früherer Verdienste – die ›Fünfte Kolonne‹ ausgerottet wurde, bevor sie in Aktion treten konnte«[325].

Nur mit Breitscheids Unterstützung, der selbst durch die Moskauer Nachrichten in seinem »pessimistischen Fatalismus« bestärkt wurde, konnte Wehner verhindern, daß Ulbricht mit seinen Versuchen durchkam, von den Sozialdemokraten und den anderen Gesprächspartnern im Volksfrontausschuß eine positive »Stellungnahme« zu erzwingen. Da der von den Moskauer Prozessen ausgehende Schatten die Volksfrontbewegung immer stärker zu lähmen begann, wurde versucht, wenigstens nach außen, vor allem »nach dem Lande hin«, den Willen zur Zusammenarbeit zu dokumentieren. Unter dem am 21. Dezember 1936[326] beschlossenen Aufruf standen fast alle bekannteren Namen der deutschen politischen Emigration. Es fehlten aber die Mitglieder des Prager SPD-Vorstandes.[327]

An der Spitze der Liste der SAP-Mitglieder, die, abweichend von der nach politischer Rangfolge geordneten KPD-Liste (mit K. Funk an fünfter Stelle – nach Pieck, Florin, Ulbricht und Dahlem), eine alphabetische Reihenfolge aufwies, stand auch Willy Brandts Name. Er hatte zwei Monate zuvor in einer Stellungnahme zum Einheitsproblem geschrieben:

»Das, was in der SU vor sich geht, darf nicht bagatellisiert oder übergangen werden. Aber wir dürfen und können nicht mit moralischer

Entrüstung zu parieren versuchen, obgleich es auch angebracht sein könnte, bestimmten moralischen Formen der revolutionären Arbeiterbewegung wieder Geltung zu verschaffen. Wir dürfen nicht einen Ultimatismus zulassen, der die Abgrenzung vom Moskauer Prozeß zur Grenze unserer Einheitspolitik machen würde [...] Die Machthaber der SU haben noch vor Vollstreckung der Todesurteile begonnen, das Ja oder Nein zu ihren Maßnahmen zur Barrikadenfrage zu machen [...] Diese Politik fortgesetzt bedeutet nichts anderes als bewußte Zertrümmerung der hoffnungsvollen Ansätze der Einheits- und Volksfrontpolitik. Aber auch Zertrümmerung von Kominternsektionen von maßgeblicher Bedeutung. Hier geraten die Auswirkungen des Moskauer Prozesses unmittelbar in Konflikt mit den Kräften, die durch die KI-Politik der letzten Zeit gefördert oder überhaupt erst geschaffen wurden [...] Viele parteikommunistische Genossen in allen Ländern, die den Moskauer Prozeß in Schutz nehmen, weil sie meinen, sonst die SU aufgeben zu müssen, werden bereit sein, dem Rückfall in den ›Sozialfaschismus‹ aktiven Widerstand entgegenzusetzen. Sie werden auch die Notwendigkeit der Unabhängigkeit von Moskau leichter einsehen.«[328]

Diese sehr gewundene und von überzogenen Hoffnungen begleitete Erklärung bezeugte das Maß an Desorientierung auch bei jenen, die sich in der Auseinandersetzung mit »Reformismus, Zentrismus und Stalinismus«[329] und auf dem Boden der demokratischen Traditionen der westeuropäischen Arbeiterbewegung um eine unabhängige Position gegenüber den Denk- und Verhaltensweisen der alten Parteien der Arbeiterbewegung bemühten. Waren hier noch angesichts einer ernster werdenden internationalen Lage legitime Überlegungen im Spiel, so kann dies für jene antinazistischen Intellektuellen nicht gelten, die kritiklos die offiziellen Moskauer Begründungen der Prozesse nachvollzogen.

Die Liste derer, die als »Unabhängige«[330] den Volksfrontaufruf unterzeichneten, begann mit dem Namen des Schriftstellers Lion Feuchtwanger. Dieser hatte sich mit Romanen wie »Jud Süß« (1925), »Erfolg« (1927) – einer der frühesten antinazistischen Romane – und »Geschwister Oppermann« (1934), der die Drangsal einer jüdischen Familie und ihrer Freunde bei der »Entjudung« Berlins schildert, eine große Leserschaft in den westlichen Ländern und in der Sowjetunion erworben. Dem NS-Regime, das seine Bücher im Mai 1933 auf den Scheiterhaufen werfen ließ und ihn als einen der ersten ausbürgerte, galt er auf dem Feld der Literatur – noch vor den Brüdern Thomas und Heinrich Mann – als Feind Nr.1.

Im Dezember 1936 reiste Lion Feuchtwanger, der schon im Sommer dieses Jahres die neue sowjetische Verfassung enthusiastisch gelobt hatte, zu seiner großen Lesergemeinde in die Sowjetunion. Er wurde dabei auch von Stalin empfangen. Feuchtwanger soll sich in diesem dreistündigen Gespräch unter anderem auch für die Freilassung von verhafteten sowjetischen Schriftstellern und emigrierten Schriftstellerkollegen verwendet haben.[331]

Der sowjetischen und internationalen Öffentlichkeit präsentierte sich allerdings ein anderer Feuchtwanger. Einer, der sich, begeistert über die grandiose Aufnahme – er wohnte zeitweise im Schloß, das früher einmal dem Fürsten Wolkonski, der in Tolstois »Krieg und Frieden« eine Rolle spielt, gehört hatte[332] –, aber der Sprache des Landes, der Ideologie des Regimes und der raffinierten Methoden der Prozeßvorbereitung völlig unkundig, dazu hergab, den Beobachter im Prozeß gegen Radek, Pjatakow und andere[333] Ende Januar 1937 zu spielen. In seinem Bericht in der in Moskau erscheinenden *Deutschen Zentral-Zeitung (DZZ)* hieß es: »Es ist erfreulich, daß in dem Prozeß gegen das antisowjetische trotzkistische Zentrum Licht gefallen ist auf die Motive, welche die Angeklagten zu ihren Geständnissen bewogen haben. Es wird dadurch allen denjenigen, die ehrlich um die Findung der Wahrheit bemüht sind, erleichtert, diese Geständnisse als Beweismaterial zu werten. Es ist keine Frage, daß die Schuld der Angeklagten eindeutig bewiesen ist.«

Nachdem er sich so die offizielle Lesart des Regimes zu eigen gemacht hatte, kam er ins Grübeln: »Was das *Psychologische* anlangt, so hat der Prozeß die Motive, aus denen die Angeklagten ihre ungeheuerlichen [an anderer Stelle: «todeswürdig(en)»] Taten begingen, zwar nicht ganz, aber doch zu einem großen Teil ins Licht gehoben. Er hat viele von den Wegen und Umwegen gezeigt, auf denen diese Männer, manche ursprünglich ehrliche, fanatische Revolutionäre, dahin gelangten, den Aufbau des Sozialismus in ihrem Lande mit allen Mittel zu stören.«

Die leise formulierten Zweifel, ob »westlichen Menschen [...] die letzten Gründe« des Verhaltens der Angeklagten vor Gericht »ganz klar« geworden seien, sollten durch literarische Mittel überwunden werden: »Ihre Schuld und ihre Sühne westlichen Menschen klar zu machen, bedürfe es eines großen Sowjetdichters.« Offenbar verschwendete er keinen Gedanken darauf, daß dies unter Stalins Herrschaft – wie das Schicksal des kurz zuvor gestorbenen, möglicherweise auch ermordeten Maxim Gorki, der noch während der Revolution 1917/18 vehement die Menschenrechte verteidigt hatte, danach aber literarisch verstummt war, zeigte – einen Todesmut verlangte, der weder zur Grundausstattung großer Dichter noch zu der anderer »großer Männer« in Kunst, Wissenschaft oder Politik gehörte.

In der Gesamtbewertung des Prozesses gab es für Feuchtwanger keinen Zweifel: »Erfreulich eindeutig ist das *politische* Resultat des Prozesses. Er hat den Trotzkismus innerhalb und außerhalb der Sowjetunion erledigt. *Historisch* gesehen bedeutet der Prozeß ein Fanal, das deutlicher als die meisten Ereignisse der letzten beiden Jahre ins Licht rückt, in welch bedenkliche Nähe des Krieges der Faschismus die Welt gerückt hat [...] Die Fakten, die in diesem Prozeß enthüllt wurden, erhöhen notwendig die Wachsamkeit der Antifaschisten [...] Darüber hinaus zeigt der Prozeß den Unentschiedenen der ganzen Welt, wo mit Sicherheit der Weg derjenigen endet, die mit den Reaktionären liebäugeln. Dieser Prozeß zeigt: der Weg nach rechts ist der Weg in den Krieg. Daß und wie er dies zeigt, ist der historische Sinn dieses Prozesses. Er hat eine neue Barriere gegen den Krieg errichtet.«[334]

So verständlich diese Hoffnung war, so verfehlt war sie. Denn mit Radek wurde einer der besten Kenner der deutschen Politik verurteilt[335]. Wenige Monate später wurden nach einem Geheimprozeß jene Mitglieder der Führung der Roten Armee hingerichtet[336], die wie Marschall Tuchatschewski die deutsche militärische Führung und deren Offensivstrategie mit Hilfe mechanisierter und gepanzerter Großverbände aus der Nähe kannten und eine entsprechende Umrüstung für die Rote Armee gefordert hatten. Statt dessen übernahm Feuchtwanger ungeprüft die offiziell verbreitete Mär, die Angeklagten seien »faschistische Agenten«. Auch der propagandistische Schlüsselbegriff der »Wachsamkeit« konnte hier nicht fehlen.

Wie sehr die sowjetischen Gastgeber Feuchtwangers Stellungnahmen ausbeuteten, läßt sich auch daran ablesen, daß sie das von Feuchtwanger kurz danach veröffentlichte Moskau-Buch dem wichtigsten Angeklagten des nächsten Schauprozesses, Nikolai Bucharin, zum Lesen gaben, um ihn, der die Haltlosigkeit der gegen ihn erhobenen Anklagen an die internationale Öffentlichkeit bringen wollte, zu entmutigen.[337] Für Feuchtwanger war – wie er während des Moskauer Aufenthalts an Arnold Zweig schrieb – in der Sowjetunion »alles weit, großartig und ungeheuer jung. Ich bin überzeugt, daß hier die Zukunft liegt, und zwar die nahe Zukunft, vor allem für den Schriftsteller.«[338]

Das äußere Bild, das Moskau um die Wende 1936/37 Besuchern bot, war sicherlich attraktiver als jemals zuvor seit Ende der zwanziger Jahre.

Es wurde überall gebaut. Nach den großen Menschenverlusten im Bürgerkrieg und in den Hungerkatastrophen zu Anfang der zwanziger und der dreißiger Jahre war die Stadt voll von jungen Gesichtern, die meisten strebsam, aufstiegswillig, hungrig auf Wissen, Bildung und Kultur. Schulen, Hörsäle, Theater, Kinos, Dichterlesungen waren überfüllt. Hatte doch Manuilski als Sprecher der KPdSU auf dem VII. Weltkongreß der Komintern verkündet: »Dem Sozialismus wendet sich auch der beste Teil der Intellektuellen zu, die sehen, daß nur der Sozialismus keine Überproduktion an Gelehrten, Ingenieuren, Technikern, Schriftstellern, Künstlern, Schauspielern kennt, daß nur unter dem Sozialismus Talent, Fähigkeiten und Arbeit, nicht aber die Macht des Geldes und die Unterstützung der Großen dieser Welt den jungen Talenten die Bahn öffnet [...]«[339]

War ein Feuchtwanger noch nicht in der Lage, hinter diese Fassade zu sehen, dahin, wo nicht »Talent« und »Fähigkeiten«, sondern die Unterwerfung unter die Allmacht des Diktators und seiner »Organe« zählte, wenn dieser höchstpersönlich ihn eines dreistündigen Gesprächs für würdig erachtete? War Feuchtwanger auf diese Weise nicht dem Traum vieler Schriftsteller, Künstler, Philosophen nähergekommen, wenigstens einmal alle vermeintliche Ohnmacht hinter sich zu lassen und mit einer jener machtvollen Persönlichkeiten, die das Glück der großen Zahl so sichtbar auf ihre Fahnen geschrieben hatten, von gleich zu gleich zu sprechen, ihr zu raten und so am Gesamtkunstwerk des neuen Menschen und des Umgestalters der Erde unmittelbar mitzuwirken?

Er war nicht der erste und nicht der letzte, der sich von der Gloriole und der Chance des Augenblicks, einen aufgeklärt wirkenden Despoten beeinflussen zu können, blenden ließ und dabei eine Grundlage jeder intellektuellen Arbeit – die Wirklichkeit möglichst genau wahrzunehmen – vergaß. Nicht alle »freischwebenden« Intellektuellen der Emigration sind dieser Faszination erlegen. Leopold Schwarzschild, Herausgeber des in Paris erscheinenden *Neuen Tagebuchs*, der schon nach dem ersten Schauprozeß es »ungeheuerlich« nannte, »Gründer und Mitglieder« des Sowjetstaates als bezahlte Gestapo-Agenten zu denunzieren[340], meinte später bei vielen deutschen Emigranten eine Psychose erkennen zu können: In ihrem intensiven Kampf gegen Hitler hätten sie als Ausgleich für das dabei entstandene Feindbild das tiefe Bedürfnis nach einem freundlichen Gegenbild entwickelt und würden deshalb für Stalin und die Sowjetunion schwärmen.

Dieser Befund beschreibt Tendenzen, die nicht nur in der deutschen

Emigration, sondern innerhalb des gesamten liberalen und linken Spektrums in Westeuropa vorhanden waren. Er erklärt aber nicht, weshalb bisher übliche Grundsätze und Maßstäbe intellektueller Kritik mißachtet wurden.

In der deutschen intellektuellen Tradition – und die Geschichtsschreibung gehört dazu – gab es und gibt es bei der Beurteilung von Menschen, denen eine bedeutende geschichtliche Rolle zuerkannt worden ist, häufig zwei Schulen. Die eine, ältere, meist von Konservativen bevorzugte Schule folgt jener Vorstellung von historischer Größe, die, wie es Jacob Burckhardt in seinen »Weltgeschichtlichen Betrachtungen« ausdrückte, vom »gewöhnlichen Sittengesetz« dispensiert sei. »Wer also«, so heißt es dort weiter, »einer Gesamtheit Größe, Macht, Glanz verschafft, dem wird das Verbrechen nachgesehen.«[341] Die andere, modernere Schule versucht Aufstieg und Erfolg von Diktatoren unseres Jahrhunderts als Folge bestimmter Systementwicklungen zu erklären. Auf einen sehr vereinfachten Nenner gebracht: Die eine Richtung – am deutlichsten ausgeprägt bei Erich Nolte in seinen Arbeiten über den »Faschismus in seiner Epoche« und den »Europäischen Bürgerkrieg« – betont den Vorrang ideologischer Glaubenssysteme. Die andere Richtung – gewiß die Mehrzahl der Historiker in der Bundesrepublik Deutschland – orientiert sich am Wandel des politisch-ökonomischen Systems, seinen Brüchen, Verwerfungen und Sonderwegen.

So berechtigt im deutschen »Historikerstreit« die Zurückweisung der These Noltes war, Hitlers »Rassenmord« sei zumindest indirekt eine Folge bolschewistischen und später stalinistischen »Klassenmords« – sie war angesichts des von Hitler aus dem Österreich-Ungarn der Vorkriegszeit mitgebrachten Antisemitismus und seines schon vor 1917 vorhandenen Willens zu radikalen Lösungen falsch angelegt –, so sehr wurde übersehen, daß den Erklärungsansätzen beider Richtungen das gleiche Defizit anhaftet: Sie klammern das Element der Persönlichkeit weitgehend aus oder weisen ihm einen minderen Rang zu.

Es paßt eben in keine der gängigen Theorien – weder in die des ideologischen Glaubenskrieges, noch die der Modernisierung oder die des Sonderwegs –, daß beide Diktatoren Verbrecher waren, Verbrecher je eigenen Typs, ausgestattet mit einem je eigenen Genie des Bösen, das sie in die Lage versetzte, die in ihren Gesellschaften vorhandenen oder angelegten mentalen, sozialen, technischen Mechanismen und Instrumente so zu nutzen oder umzumodeln, daß sie dem Hauptzweck, der Errichtung eines von ihnen beherrschten weltweiten Syndikats, dienten.

Diese Deutung bietet keine umfassende Erklärung. Aber sie trägt dazu bei, jene durch die »großen« Theorien bisher kaum ausgeleuchteten Gelenksituationen besser zu erklären, die diese Art von monströser »Bewegung« in Gang gebracht hatten: zum Beispiel auch die Bereitschaft beider Diktatoren, auf jeweils eigene Weise voneinander zu lernen[342] und notfalls einvernehmlich und für eine gewisse Frist die »Claims« ihrer Syndikate auf Kosten Dritter abzustecken. Die Tatsache, daß ihre Lebensgeschichte ebenso große Unterschiede aufweist wie das Potential und der Entwicklungsstand der von ihnen beherrschten Territorien und dies auch ihre unterschiedlichen Herrschaftsweisen beeinflußt hat, ist so offenkundig, daß sie hier nicht weiter erklärt werden muß. Die These, daß wir es bei beiden mit Extremformen von »Paten« weltweit operierender Syndikate zu tun haben, löst auch das Problem, daß sich die Herrschaftssysteme beider in kein bisher bekanntes – sozialökonomisch und/oder politisch bestimmtes – Entwicklungsschema einordnen lassen.

Während im italienischen Faschismus noch bonapartistische Züge auszumachen sind, kann dies für den Hitlerfaschismus nicht mehr behauptet werden. Der Stalinismus in Sonderheit enthielt – ohne dadurch vollends charakterisiert zu sein – überwiegend die negativen Elemente jener Gesellschaftsformationen, die sich – dem idealtypisch zu verstehenden Ablaufschema von Marx entsprechend – nach dem urkommunistischen »Sündenfall« herausgebildet haben sollen: von der Sklavenhaltergesellschaft vor allem den »Archipel Gulag« mit seiner Millionenschar von Häftlingssklaven; vom Feudalismus besonders jene die breiten Massen kommandierenden und bespitzelnden Bürokratenheere asiatischer Feudaldespotien; vom Kapitalismus den staatlichen Monopolkapitalismus, der von Angebot und Nachfrage nichts hält, sondern sich bei Sicherung jedes Mehrertrags für den herrschenden Parteiapparat allenfalls aufs Produzieren und Verteilen in den jeweils primitivsten Formen versteht.

Der weltweite Anspruch des Stalinschen Syndikats wurde schon im Fahneneid der Roten Armee deutlich, der neben dem Gelöbnis der Verteidigung der Sowjetunion auch den Schwur der Rotarmisten enthielt, die Interessen des Proletariats der ganzen Welt mit ihrem Leben zu verteidigen. Die Tatsache, daß die Stalinsche Geheimpolizei, auch ohne öffentlichen Schwur, nach diesem Rezept weltweit mordete, wurde spätestens seit dem Spanischen Bürgerkrieg offenbar. Zur mörderischen Infamie, zu der der »große Puppenspieler«, wie der ungarische Schriftsteller Julius Hay Stalin genannt hat[343], fähig war, gehört, daß er zu einer Zeit, als das Drehbuch für den Prozeß und die Hinrichtung Nikolai Bucharins schon vorbereitet war, diesen nicht nur an der Ausarbeitung der neuen Sowjetverfassung beteiligte, sondern ihn auch dem amerikanischen Publikum in *Foreign Affairs*[344] ankündigen ließ, daß die weltweite Tendenz zu einer Union von Staaten proletarischen Charakters nach dem Muster der Union der Sozialistischen Sowjetrepubliken Ausdruck der »tiefgreifendsten historischen Gesetzmäßigkeit« sei.

Mit welcher Raffinesse und Perfektion Stalin seine kriminellen Instinkte befriedigte – im Gegensatz dazu lief auch in der »großen Säuberung« vieles nicht im Sinne der Syndikatszwecke, sondern wurde häufig durch die Ambitionen der vielen lokalen und regionalen »Stalins«, durch gegenläufige Interessen zwischen den »Stalinisten der ersten Stunde« und der nachfolgenden Generation stalinistischer Kader[345] konterkariert –, wird an folgendem Beispiel deutlich: Auf dem XVII. Parteitag der KPdSU, dem »Parteitag der Sieger« – der »Sieger« im Pogrom gegen die produktiven Mittelbauern –, der im Januar 1934 zusammentrat, hatte Stalin bei den Wahlen zum Zentralkomitee laut offiziellem Wahlergebnis drei Gegenstimmen bekommen. Ebenso viele wie Kirow, der Leningrader Parteisekretär, der, obschon ihn vorher viele alte Mitarbeiter Lenins bedrängten, gegen Stalin als Generalsekretär zu kandidieren, »bester Schüler des Führers« bleiben wollte und zum Dank dafür im Auftrag dieses Führers elf Monate später ermordet wurde.

Tatsächlich hatten 292 Delegierte, also ein Viertel des Parteitages, Stalins Name auf dem Stimmzettel durchgestrichen – ein Ergebnis, das es in der Partei vorher nie gegeben hatte. Lasar Kaganowitsch, Sekretär des ZK, Politbüromitglied und treuester Spießgeselle Stalins, ließ 289 Stimmzettel verbrennen. Im übrigen liefen auf dem Parteitag genügend Agenten des NKWD herum, um herauszubekommen, wer unter den Delegierten gegen Stalin gestimmt haben könnte. Von über 1200 Delegierten sollen etwa zwei Dutzend am Leben geblieben sein. Von den Mitgliedern des Wahlausschusses überlebten jene zwei Gefolgsleute Stalins, die sich auch noch nach 1956 – nach der Geheimrede Chruschtschows vor dem XX. Parteitag – gegenüber der Kontrollkommission der KPdSU bedeckt hielten.[346]

Stalin schuf sich eine Generation ohne Erinnerung und ohne Vergleichsmöglichkeiten nicht nur durch die Beseitigung der alten Leninschen Garde, sondern auch der Kader, die – ohne seinen Segen – Auslandserfahrung gesammelt hatten, egal, ob sie direkt in sowjetischen

Diensten standen oder einer der Parteien der Komintern angehörten. Auch Verwandte und nahestehende Mitarbeiter wurden nicht verschont. Sie wußten zuviel über Stalins Vergangenheit.

Die noch so amoralische Psyche eines »großen« Verbrechers ist aber nie stabil genug, um nicht von Zeit zu Zeit von Alpträumen heimgesucht zu werden. Nicht nur die Gesichter der Ermordeten, sondern die von Lebenden umstellten ihn bei Tag und Nacht. Eines davon gehörte Trotzki. Mit ihm versuchte er ständig abzurechnen. Ihn zieh er aller Verbrechen, die er selbst begangen hatte. So auch am Ende jener mehrtägigen Plenarsitzung des Zentralkomitees im Winter 1937, in der heftige Angriffe der Anhänger Stalins auf Bucharin und Rykow, die noch während der Sitzung verhaftet wurden, den dritten Schauprozeß vorbereiteten und auf der Stalin sich an diesem »Vorspiel« ergötzte[347]. »Der gegenwärtige Trotzkismus«, so Stalin am 3. März 1937, »ist keine politische Strömung in der Arbeiterklasse, sondern ist verkörpert in einer prinzipien- und ideenlosen Bande von Schädlingen, Geheimagenten, Spionen und Mördern, in einer Bande ›verschworener‹ Feinde der Arbeiterklasse, die im Solde der Spionagedienste ausländischer Staaten handeln.«[348]

Natürlich waren Stalin und seine »Bande« nicht gegen das Ausland, im Gegenteil. Ausländische Besucher waren willkommen. Sie wurden sogar »triumphierend empfangen«, wie Feuchtwanger an Arnold Zweig schrieb, wenn sie sich als nützlich erwiesen. Prozesse, bei denen Tee getrunken wurde und sich der gefürchtete Staatsanwalt Wischinski auf die Stuhllehne des Angeklagten setzte und mit ihm über Politik diskutierte[349] – wo gab es die sonst?!

Diese Inszenierung des Rechtsstaates in einem Land, in dem in erster und letzter Instanz nur Wille und Laune eines einzelnen galten, täuschte nicht nur Intellektuelle wie Feuchtwanger, die gewöhnt waren, »politische Ereignisse aus geschichtlicher Distanz zu betrachten«[350], sondern auch prominente westliche Politiker[351]. Ähnliches galt für westliche Besucher Hitlers[352], obgleich dessen Herrschaftsgebiet für ausländische Besucher viel zugänglicher war als die Sowjetunion.

Aber es gab auch Intellektuelle, die diese Regie schon früh durchschauten. Zu ihnen gehörte an vorderster Stelle Ignazio Silone. In einem an die in Moskau erscheinende deutschsprachige Zeitschrift *Das Wort*, für die neben Willy Bredel Bert Brecht und Feuchtwanger als Herausgeber zeichneten, gerichteten Brief vom 30. August 1936 hieß es, es sei Aufgabe der Journalisten und der Schriftsteller im Dienst der russischen Regierung (und damit auch die Aufgabe der Zeitschrift *Das Wort*), eine

Diskussion über die Frage zu unterschlagen, wie eine Regierung politischen Gegnern verbrecherische Absichten unterschiebe, sie ermorde oder zum Selbstmord zwinge, »die ihr Leben lang gegen den zerstörerischen Absolutismus und das internationale Bürgertum gekämpft« hätten und sie durch »allgemeine Redensarten über die neue russische Verfassung und über die demokratischen Rechte, die sie den russischen Bürgern« zusichere, zu ersetzen.

Dieses Ablenkungsmanöver verfange nur bei solchen »sogenannten Intellektuellen«, die jeden kritischen Sinnes bar seien und infolgedessen gar zu leicht jener Geisteskrankheit verfielen, die man den »juristischen Kretinismus« nennen könnte. Dieser bestehe hauptsächlich in der Gewohnheit, die Gesetze eines Landes als den exakten Widerschein der sozialen Beziehungen zu betrachten, die zwischen den Bürgern dieses Landes bestünden. Die sozialistische Kritik habe seit ihrer ersten Begründung durch Marx und Engels immer gerade vor dieser Krankheit gewarnt und wiederholt darauf hingewiesen, daß man ein Land oder eine Gesellschaft nach den wahren, realen Beziehungen beurteilen solle, die zwischen den Menschen bestünden. Emil Ludwig, Lion Feuchtwanger oder Jakob Bührer mögen vor der neuen Sowjetverfassung in Verzückung geraten, aber kein sozialistischer Arbeiter oder Bauer, der, mit dem Marxismus geimpft, gegen den juristischen Kretinismus immun sei, werde den abstrakten Paragraphen der Sowjetverfassung irgendwelches Vertrauen schenken, und angesichts der in der Form rechtens vorgenommenen »Niederschlächterei der Opposition« werde er sich fragen: »Was ist aus der russischen Revolution geworden?«

Für Silone war dieser Protest ein »notwendiger Akt antifaschistischer Folgerichtigkeit«. Um gegen den Faschismus gewappnet zu sein, brauche man in der Hauptsache weder Waffen noch große bürokratische Apparate, sondern eine andere Art, das Leben und die Menschen zu betrachten: »Ohne diese andere Art [...] würden wir selber Faschisten werden, meine lieben Freunde, nämlich: rote Faschisten!«[353]

So einleuchtend Silones Plädoyer für eine kritische Wahrnehmung auch der Entwicklung in der Sowjetunion war, so sehr war die Frage damit verbunden, wie tief sich auch in die Köpfe der marxistischen Linken in Westeuropa die Behauptung der Sowjetpropaganda festgesetzt hatte, seit der Oktoberrevolution sei im Vaterland der Werktätigen der Grundwiderspruch zwischen Arbeit und Kapital aufgehoben, und deshalb sei die sowjetische Rechtsordnung der exakte Widerschein der sozialen Verhältnisse?

Wie intensiv hat diese Theorie bei Wehner gewirkt, der als Anarchist – oder wie er es später ausdrückte: als Mitglied der »freien sozialistischen Jugendbewegung« – die Verfolgungen, denen die nichtbolschewistische Linke in der Sowjetunion ausgesetzt war, stets scharf kritisiert hatte? Es wurde schon gezeigt, daß diese Kritik seit Wehners Eintritt in die KPD sehr schnell durch den Willen verdrängt worden war, in Deutschland ein System des revolutionären Sozialismus anzustreben, dessen wichtigster Rückhalt, insbesondere in der Phase des Übergangs, die Sowjetunion sein würde. In ihr sah er deshalb »*den* entscheidenden Aktivposten« der sozialistischen Arbeiterbewegung, »dessen Verteidigung und Schutz« notwendig sei, »um sowohl die Durchführung sozialistischer Maßnahmen im Inneren zu fördern, als auch der internationalen Arbeiterbewegung eine wesentliche moralische Stütze zu erhalten«.

Weil er die Bedeutung der moralischen Glaubwürdigkeit auch für Partner, die gewonnen werden sollten, durch die Arbeit im Volksfrontausschuß sehr genau einzuschätzen wußte, waren die Moskauer Vorgänge für ihn »weder sonnenklar noch leicht zu nehmen«. Angesichts der unvollständigen und unter seinesgleichen sehr unterschiedlich interpretierten Informationen und darum bemüht, »die Sowjetunion nicht zu verlieren«, sah er, bevor er nach Moskau kam, im ersten Schauprozeß gegen Sinowjew, Kamenew und andere zunächst den Ausdruck »einer summarischen Abrechnung der herrschenden Kreise mit den im Kampfe um die Macht unterlegenen Mitbewerbern«. Die darin enthaltene Tendenz »erschütterte« ihn: »Ich erkannte in ihr die Gefahr einer neuen rückschrittlichen Entwicklung, vermochte nicht, die Abstempelung und Vernichtung alter Revolutionäre als Verbrecher zu feiern, betrachtete das Ganze als Tragödie und klammerte mich um so mehr an die Hoffnung auf die ausgleichende Wirkung der demokratischen Tendenzen in der neuen Verfassung.«[354]

Das war nicht genau das, was Silone »juristischen Kretinismus« nannte. Aber das verzweifelte Klammern an Illusionen wurde nun untrennbarer Bestandteil seines Versuchs zu überleben.

VIII Im Moskauer Käfig – die Gitter preisend

Von der Naivität zur Komplizenschaft?

An diesen dünnen Illusionsfaden klammerte Wehner sich auch noch, als er in den ersten Wochen und Monaten seines Moskauer Zwangsaufenthaltes immer stärker sehen, ja körperlich spüren mußte, in welchem Ausmaß Angst, Verzweiflung und damit einhergehend Selbstbezichtigung und Denunziation anderer im Apparat der Komintern wie unter den Emigranten im Hotel »Lux« um sich griffen. Es wurde schwer, wenn nicht unmöglich, sich über Prozesse und Verhaftungen ein genaues Bild zu verschaffen: »Die meisten Menschen zogen es vor, sich etwas erzählen zu lassen, statt selbst etwas auszusagen [...]. Zu einfachen russischen Menschen hatte ich damals noch keine Beziehungen.« Von den ausländischen Gesprächspartnern erhielt er, wenn überhaupt, nur »die allervorsichtigsten und sehr allgemein gehaltenen Äußerungen«[1]. Noch war er nicht bereit, sich von diesem eiszeitlichen Klima, das nicht nur zwischenmenschliche Beziehungen, sondern das eigene Blut gefrieren ließ, den Atem nehmen zu lassen.

In den langen Wochen, bevor und während die Probleme der deutschen Partei in den Gremien der Komintern und – im Nachvollzug – der KPD diskutiert und entschieden wurden, las Wehner die unter dem Titel »Die Rechnung« erschienenen Erzählungen des in Moskau lebenden ungarischen Schriftstellers Andor Gabor über den illegalen Kampf in Deutschland. Die Rezension, die Wehner darüber verfaßte, bot ihm die Gelegenheit, »das stumme erbitterte Ringen der Antifaschisten« in den einzelnen Regionen Deutschlands zu schildern: von den Bergarbeitern an Rhein, Ruhr, Saar und in Oberschlesien über die Proteste in den Industriebetrieben gegen erhöhten Leistungsdruck und verlängerte Arbeitszeit bis hin zu Aktionen katholischer Christen im oldenburgischen Münsterland gegen Versuche der Nazipartei, die Glaubensfreiheit zu unterdrücken. Durch diesen tiefgreifenden – keineswegs geradlinigen – Prozeß der schrittweisen Abkehr nationalsozialistisch beeinflußter

Werktätiger vom faschistischen Regime ziehe sich wie ein roter Faden »die unerschütterliche Treue der Kommunisten, das Wiedererwachen der kämpferischen Traditionen bei den Sozialdemokraten«.

Nach dieser Einführung, bei der auch Dimitroffs Wort auf dem VII. Weltkongreß – »Das Proletariat ist der wirkliche Herr der Welt, der Herr von morgen« – nicht fehlte, kam die obligate Frage, ob es Gabor gelungen sei, die Wirklichkeit dieses Kampfes und die Menschen, die ihn führten, zu gestalten. Die Antwort war ein schroffes Nein. Mehr noch – durch Gabors Buch werde die Wirklichkeit »grob entstellt und verzerrt«.

Fast alle Erzählungen des Buches seien erfüllt von dem Erlebnis des »viehischen faschistischen Terrors«. Aber die dort gegebenen Antworten seien Akte individuellen Terrors von Antifaschisten, die mit dem Leben eben nicht das mindeste zu tun hätten. Das Buch gebe weder Aufschluß darüber, wofür die Antifaschisten kämpften, noch seien dort Kommunisten oder Sozialisten zu finden, die fest mit den Massen verbunden seien. Die Kommunisten würden »als enger, sektiererischer Kreis ohne Perspektiven, ohne wirkliches Leben« geschildert. Sie würden nicht als Arbeiter präsentiert, die ihren Kollegen am besten helfen, ihre Forderungen zu formulieren und durchzusetzen, sondern als »schürende« und »wühlende« Sekte. Sozialdemokraten, »die die Züge wirklicher, lebender Menschen« trügen, kämen in dem Buch auch nicht vor. Schließlich stieß sich Wehner auch daran, daß Gabors Helden Menschen, die in der Haft Spitzel der Gestapo geworden seien, verteidigten, obwohl sie in der Praxis aus den antifaschistischen Organisationen ausgeschlossen würden. Sein Fazit lautete: »Gerade von den emigrierten antifaschistischen Schriftstellern, die das große Glück haben, unmittelbar zu erleben, wie in der Sowjetunion unter der führenden und helfenden Hand der Kommunistischen Partei die Schriftsteller den Weg zum sozialistischen Realismus gefunden haben, können wir fordern, daß sie ernst und gründlich an der Schaffung einer Literatur über den antifaschistischen Kampf arbeiten, die hilft und nicht schadet.«[2]

Kein Wunder, daß dieses – verglichen mit anderen Rezensionen Wehners aus der gleichen Zeit[3] – sehr schroffe Urteil sofort nach Veröffentlichung auf die heftige Gegenwehr von Gabor und dessen Freund Georg Lukács traf, die sich an den deutschen Vertreter beim Exekutivkomitee der Komintern (Dengel) wandten und eine »Klärung in einer Schriftstellersitzung« forderten. Erst dort dämmerte es Wehner, der offenbar noch naiv genug war, von ihm aufgespießte Einzelheiten des Buches – etwa die Schilderung individuell-terroristischer Vergeltungsaktionen sowie das dort gezeigte Verständnis für die in der Gestapohaft zu Spitzeldiensten erpreßten ehemaligen Genossen – als eine »rein literarische Angelegenheit« zu betrachten, welch hochpolitische Brisanz seiner Kritik beigemessen wurde.

Die noch im Rückblick gewählte Formulierung, Gabor und seine Verteidiger seien »von der fixen Idee besessen« gewesen, Wehner sei von ihren Feinden ausgenutzt worden, die diesen Artikel lanciert hätten, um Gabor zu vernichten, läßt ahnen, wie schwer Wehner sich tat zu verstehen, daß diese Intellektuellen nicht nur, wie Wehner meinte, »in einer ganz anderen Vorstellungswelt lebten«, sondern inzwischen hatten lernen müssen, auf der Hut zu sein. Ursprünglich einmal nach Moskau gekommen, um die ideellen Inkonsequenzen, die materiellen Unsicherheiten wie die konkrete Gefährdung ihres bisherigen Lebens in faschistischen oder profaschistischen Gesellschaften hinter sich zu lassen und am Aufbau des Sozialismus mitzuwirken, fühlten sie sich nun, insbesondere nach der Verhaftung des Schriftstellers Ernst Ottwald, der bis dahin »die Rolle eines geistigen Zentrums« unter den deutschsprachigen Schriftstellern in Moskau gehabt hatte, in vorauseilendem Gehorsam dazu gezwungen, überall »Volksfeinde« ausmachen zu müssen: »Für sie war bereits alles, das geschah, ein Glied in einer Kette, deren Anfang sie nicht kannten (weshalb sie aber um so eifriger beteuerten, ihn genau zu kennen und zu verstehen), und als deren Ende ihnen – so weit es die einzelnen Personen betraf – die von ihren Feinden (die im Dienste der ›Volksfeinde‹ standen) angestrebte Verhaftung ihrer eigenen Person erschien, der die meisten dadurch zu entgehen suchten, daß sie ›Material‹ zur Verhaftung ihrer Feinde lieferten.«[4]

Wenn Gabor Jahre später Wehner erklärte, seit diesem Vorkommnis sei er nicht mehr schriftstellerisch produktiv gewesen, weil er befürchten mußte, dadurch Anlaß zu »Maßnahmen« zu geben[5], dann war dies gewiß beklagenswert, dennoch nicht vergleichbar mit der mörderischen Alternative, der sich Verhaftete und deren Bekannte, Freunde und Kollegen gegenübersahen: entweder der physischen Selbstzerstörung als Opfer oder der psychischen als Denunziant, der – meist gezwungen – andere beschuldigte. In vielen Fällen folgte dem psychischen der physische Tod, weil die »Organe« sich nicht an Zusagen hielten oder – angesichts mehrerer sich überschlagender Terrorwellen – inzwischen selbst »liquidiert« worden waren und ihre Nachfolger von ihnen nichts wußten oder wissen wollten.

Wehner berichtete von einem zweiten Beispiel seiner anfänglichen Naivität. Bevor die Diskussion im Exekutivkomitee der Komintern über den Streit in der deutschen Partei begann, fragte er seinen Kontrahenten Ulbricht »nach den Grundlinien seines Berichts«. Dieser »unübertreffliche Praktiker« antwortete, Wehner könne doch wohl nicht glauben, »daß er so dumm wäre, etwas niederzuschreiben, bevor er von Dimitroff, Manuilski, Ercoli und Kuusinen herausbekommen hätte, welche Fragen diese stellen wollten«[6].

Dieser Einstellung entsprach das Klima der Beratung. Ulbricht erwies sich auch darin als gewiefter Praktiker, daß er in seinem offiziellen Bericht den in Paris aufgebrochenen Streit nicht erwähnte. Wehner mußte von sich aus versuchen, in mehreren Beiträgen seinen Standpunkt darzulegen. Es blieb bei dem Versuch, denn eine Diskussion hierüber kam im größeren Kreis nicht zustande, sondern wurde offenbar in eine »kleine« Kommission verlagert, von der Wehner ausgeschlossen blieb. Deren Beratungsergebnisse wurden ihm danach in »einer Art von Urteilsspruch« eröffnet. Danach sollte das vom Zentralkomitee gewählte Politbüro aufgelöst und durch ein kleines Sekretariat in Paris ersetzt werden, dessen verantwortliche Leitung eines der bisherigen Vollmitglieder des Politbüros übernehmen sollte.

Wehner sollte in Moskau »eine Untersuchung durchmachen«. Pieck hatte immerhin durchgesetzt, daß er gleichzeitig als Referent in Ercolis (Togliattis) Sekretariat die »deutschen Fragen« bearbeiten sollte. Außerdem hatte Pieck darauf bestanden, als amtierender Vorsitzender der Partei an der Untersuchungskommission teilzunehmen, weil Wehner gewähltes Mitglied des Zentralkomitees war. Bei der Verkündung dieses Spruches wurde Wehner gefragt, ob er mit diesen Beschlüssen einverstanden sei: »Als ich schroff verneinte, erntete ich bewegte Entrüstung.«[7] Er nahm vor allem daran Anstoß, daß in den vom VII. Weltkongreß (1935) verabschiedeten neuen Statuten die Selbständigkeit der Parteien in Organisations- und Kaderfragen festgelegt worden war und Untersuchungen auch gegen leitende Mitglieder deren Kontrollkommission obliegen sollten. Wenig mehr als ein Jahr nach diesen Beschlüssen war die gewählte Kontrollkommission der KPD aufgelöst worden. Wie vor 1935 überwachte nun die Komintern die Kader.

Der Hintergrund des gesamten Vorgangs wie auch der Vorwürfe, die speziell gegen Wehner während einer zwanzig Monate dauernden Untersuchung erhoben wurden, ist bis heute weitgehend dunkel geblieben. In der späten DDR-Geschichtsschreibung, die Wehner zurückhaltender beurteilte als die früherer Jahrzehnte[8], lautet der Vorwurf kryptisch, Wehner sei wegen »Verletzung der Konspiration« als Mitglied der Leitung abberufen worden.[9] Inzwischen kann durch die Möglichkeit, Kopien der Beschlußprotokolle der Sitzungen des Politbüros der KPD bzw. (nach dessen Auflösung im Winter 1937) der »Sitzungen deutscher Genossen« aus den ehemaligen Beständen des mitteleuropäischen Sekretariats der Komintern einzusehen[10], dieser Hintergrund etwas besser ausgeleuchtet werden.

In den Protokollen der Sitzungen des Politbüros Ende Januar und Anfang Februar 1937 wurden weder der Streit Wehners mit Ulbricht noch die speziell gegen Wehner gerichteten Vorwürfe erwähnt. Wehner wurde in der Januarsitzung zusammen mit Ulbricht und Florin in eine Kommission entsandt, die einen Konflikt schlichten sollte, der zwischen der Leitung der dänischen KP und dem dortigen Vertreter der KPD-Auslandsleitung ausgebrochen war[11]. Anfang Februar wurde Wehner beauftragt, eine Broschüre zu »Trotzkismus und Faschismus« zu erstellen[12].

In der Sitzung am 28. Februar 1937 wurde der schon erwähnte Beschluß »gemäß Vereinbarungen mit dem Sekretariat des EKKI« gefaßt, das Politbüro der KPD aufzuheben. Die Funktionen wurden von einem Sekretariat übernommen, das sich aus Pieck, Ulbricht und Merker zusammensetzte. Ulbricht wurde zum verantwortlichen Leiter des Sekretariats bestellt. Sein Adlatus Paul Bertz, der wie Wehner auf der Brüsseler Konferenz neu ins ZK gewählt worden war und im Auftrag Ulbrichts – entgegen den Beschlüssen der Brüsseler Konferenz – einen neuen Abwehrapparat (anstelle des Kippenberger-Apparats) aufgebaut hatte, wurde »Kandidat« im Sekretariat, »zuständig für Kaderfragen und die Leitung des Apparats«. Anton Ackermann, bisher Kandidat des Politbüros, sollte zur »engeren Mitarbeit im Sekretariat« zur Verfügung stehen. Wehner wurde die schon erwähnte Funktion im mitteleuropäischen Sekretariat der Komintern unter Ercoli zugewiesen. Degen (Hermann Nuding) übernahm die »laufenden Geschäfte« von Leo Flieg. Der bisherige Vertreter der KPD bei der Kominternexekutive, Weber (H. Wiatrek[13]), wurde durch Philipp Dengel ersetzt.

Schließlich wurde noch beschlossen, daß die operative Leitung »stärker nach dem Lande« arbeiten und weniger »geschäftliche Angelegenheiten« bearbeiten sollte.[14] Das letztere war offenbar eine Richtlinie für die von Ulbricht geleitete Auslandsarbeit. Ob er, dessen Stellung zunächst sichtbar gestärkt worden war, sich davon beeindrucken ließ, ist mehr als zweifelhaft.

Von Bedeutung war, daß es nach dem Willen der Kominternspitze, also der sowjetischen Führung, in Zukunft kein formell selbständiges Entscheidungsgremium der KPD – die nach außen immer noch als eine der wichtigsten Sektionen der Komintern galt – mehr geben sollte. Außer der von Wehner berichteten Zuständigkeit in Kader- und Organisationsfragen hatte die Komintern auch wieder die Kompetenz für das taktische Vorgehen der deutschen Partei an sich gezogen. Anderen Parteien wie der polnischen KP erging es noch schlimmer. Ihre gesamte Führung wurde ermordet. Schließlich waren es die Polen, die der Roten Armee und ihrem Politkommissar Stalin 1920 den Weg nach Westeuropa verlegt hatten. Polen als autonomen Staat zu beseitigen – das verband Stalin mit der politischen Rechten in Deutschland – gehörte nach wie vor zu seinen Plänen. Ihnen konnte eine selbständige polnische KP nur hinderlich sein.

Die Mehrheit im Politbüro der KPD war auch deshalb so bereitwillig der Selbstauflösungsorder der Komintern gefolgt, weil sie eine Zurückstufung der »jungen Kader« bedeutete, als deren Vertreter sich Wehner immer noch fühlte.[15]

Die Gründe für die gegen Wehner geführte Untersuchung wurden in diesen drei letzten Sitzungen des Politbüros nicht genannt. Das Wort Untersuchung taucht nicht einmal auf. In den seit Sommer 1937 abgehaltenen »Sitzungen deutscher Genossen« – so lautete das Ersatzgremium im Protokoll – war erstmals im Juni 1937 von einer »Überprüfung« einzelner Genossen, unter anderen Wehners, durch eine Kommission die Rede, der neben Pieck auch Zirnl und Below, offenbar zwei Vertraute Dimitroffs, angehörten.[16] Diese Kommission beschäftigte sich mit Vorwürfen Belforts (Birkenhauer), die sich auf die Umstände der Verhaftung Thälmanns bezogen.

Ende September 1937 wurde in der »Angelegenheit Funk« die Kaderabteilung beauftragt, eine Untersuchung gegen Wehner wegen »Verletzung der Konspiration« durch Hinterlassung »sehr sekreter Materialien« in seiner Pariser Wohnung und in seinem Pariser Büro zu führen – sie waren offenbar nach seiner Abreise von der französischen Polizei entdeckt und untersucht worden – und ihn deswegen »zur Verantwortung zu ziehen«. Diese Vorwürfe hatten, schon aus zeitlichen Gründen, mit dem inhaltlichen Disput vom Herbst 1936, der zum Moskauer Zwangsaufenthalt geführt hatte, nichts zu tun – außer daß sie aus der gleichen Ecke kamen und deshalb wahrscheinlich nachträglich konstruiert worden waren.

Insgeheim wurde Wehner vorgeworfen, daß er sich weit über das von der Einheitsfronttaktik gebotene Maß hinaus mit Sozialdemokraten und anderen politischen Gruppen eingelassen und bei der Reorganisation der illegalen Arbeit in Deutschland Kommunisten ermuntert hatte, nicht nur durch apparatgemäße, sondern durch auf gemeinsame Ziele gerichtete Zusammenarbeit vertrauensvolle Beziehungen zu anderen illegalen Gruppen zu schaffen. Auf den ersten Blick sind solche Vorwürfe um so schwerer zu verstehen, als Ulbricht sich zur gleichen Zeit in der Emigration der Schwarzen Front um Otto Strasser und den mit den Nazis unzufriedenen Deutschnationalen anzunähern versuchte – deshalb benutzte er die von Wehner kritisierte Formel von der »Versöhnung des deutschen Volks« –, was im Pariser Lutetia-Kreis zu schweren Verstimmungen bei den anderen Parteien der Volksfront führte. Nur tat Ulbricht nichts ohne Rückendeckung von ganz oben, durch die sowjetische Führung. Hingegen schien Wehner aufgrund seiner Persönlichkeitsstruktur und seiner politischen Entwicklung unberechenbarer zu sein und wurde deshalb in der Führung der KPD wie der Komintern als stets latentes Risiko eingeschätzt.

In einer Zeit, in der alle in Moskau sich auf schwankendem Boden bewegten und in der selbst deutsche ZK-Mitglieder verfolgt wurden, weil sie so unvorsichtig waren, als »Trotzkisten« und »volksfeindliche Terroristen« Verurteilte noch als Genossen oder ehemalige Genossen zu bezeichnen, konnten mit Leichtigkeit künstliche Anklagen über angebliches »konspiratives« Fehlverhalten konstruiert werden, um dem Streit über die richtige inhaltliche Politik auszuweichen: »Durch Lotte, die am 2. Mai [1937] in Moskau eintraf, konnte ich mir ein Bild davon machen, in welcher Weise die nach Paris zurückgekehrten Ulbricht und Nuding dort noch nach Brennmaterial zu meinem Scheiterhaufen gesucht hatten. Die hundsföttische Art, in der Flieg ihre Reise [gemeint war: die von Wehners Gefährtin Lotte] hatte bewerkstelligen lassen, war ein Anzeichen mehr dafür, daß ich für jene schon ein ›toter Mann‹ war. Lotte und ich richteten uns in dem winzigen Zimmer, das uns zur Verfügung gestellt wurde, häuslich ein und beschlossen, uns ehrlich und anständig durchzuschlagen, was auch kommen möge.«[17]

Während Wehner in den folgenden Monaten im Sekretariat Ercolis eine mehr formale Tätigkeit – die Auswertung von Informationen über die politische und ökonomische Entwicklung in Deutschland – ausübte, hatte er durch die Vorlesungen an der deutschen Abteilung der Lenin-Schule – trotz des Mißtrauens der dortigen Leitung – die Möglichkeit, manchem der Schüler, die wieder nach Deutschland fuhren, seine Kenntnisse und Erfahrungen zu vermitteln. Weist die Ausübung solcher Tätigkeiten darauf hin, daß die gegen ihn geführte Untersuchung doch kein lebensbedrohendes Ergebnis erwarten ließ? War dadurch seine von verschiedenen Zeugen[18], die gleich ihm das Hotel »Lux« bewohnten, bestätigte Gelassenheit und Bereitschaft zum offenen Gespräch inmitten der sich ausbreitenden »hysterischen Angst vor einer ungreifbaren und doch so gut wie unentrinnbaren Gefahr«[19] zu erklären? Baute er auf hohe Gönner wie Dimitroff? Oder hatte er sich zur stoischen Haltung eines Menschen durchgerungen, der sich mit seinem Schicksal abgefunden hatte? War es unter den gegebenen Umständen überhaupt möglich, sich »ehrlich und anständig« durchzuschlagen?

Die vorliegenden Quellen lassen nur unvollständige Antworten zu. Im August 1937 wurden ihm zweiundvierzig Fragen übergeben, die er schriftlich[20] zu beantworten hatte. Sie betrafen seine soziale Herkunft, seinen politischen Werdegang, ihm bekannte Personen und Vorgänge (z.B. Thälmanns Verhaftung), seine Beziehungen zu Sozialdemokraten sowie sein Eintreten für Genossen, von denen er meinte, sie seien – wie Kox und Goldhammer[21] – von der KPD-Führung ungerecht behandelt worden. Einige waren inzwischen aus der Partei ausgetreten oder hatten sich als Verwandte von »Volksfeinden« – auch hier gab es Sippenhaft – entpuppt. An den Fragen konnte Wehner erkennen, daß Ulbricht bei seiner Materialsuche in Paris bei Münzenberg und anderen fündig geworden war.

Diese Fragen, die immer wieder von höchst banal klingenden Fangfragen – zum Beispiel woher er das Geld zu einer Weinzeche mit fünf anderen Funktionären auf einer Zugfahrt von Paris nach Saarbrücken gehabt habe – durchwebt waren, bildeten das Vorspiel für eine unbestreitbar lebensgefährliche Anklage, die zwei aus Paris angereiste führende Kommunisten, das ZK-Mitglied Leo Flieg und Thälmanns ehemaliger Mitarbeiter Birkenhauer, gegen Wehner erhoben: Er habe schon am Nachmittag vor der Verhaftung Thälmanns diesen der Polizei in die Hände zu spielen versucht.[22]

Selbst wenn ein solcher Verdacht nur als Vorwand diente, konnte er schlimme Folgen haben. In diesem Fall ging es noch glimpflich aus. Die schon erwähnte Kommission des EKKI stellte im August 1937 fest, daß der Verdacht unbegründet war.[23] Dennoch saß die Erbitterung bei Wehner sehr tief. Das zeigen seine Vergeltungsmaßnahmen. Als er einige Monate später aus dem Mund eines anderen ZK-Mitglieds (Philipp

Dengel) erfuhr, das deutsche ZK habe beschlossen, Birkenhauer zur Arbeit in der deutschen Redaktion von Radio Moskau vorzuschlagen, wurde auf Wehners Protest hin die Ernennung zurückgestellt. Einige Zeit später wurde Birkenhauer verhaftet.[24]

Kurz vor der Abreise Fliegs nach Amerika, der dort Mittel für die KPD einwerben sollte, fragte Wehner Pieck, ob im Laufe der Untersuchungen gegen Flieg »Thälmanns Kassiber-Anschuldigungen« auch geklärt worden seien. Da Thälmanns aus dem Gefängnis geschmuggelte Briefe durch Wehners Hände gegangen waren und er sie später an die Parteiführung weitergeleitet hatte, konnte er sich an deren Inhalte sehr genau erinnern. Nach einigen Tagen mußte Pieck zugeben, daß der von Wehner zitierte Brief, der Thälmanns Anschuldigungen gegen Flieg enthielt, in den Papieren des inzwischen verhafteten ehemaligen Sekretärs der Komintern, Pjatnitzki, gefunden worden sei.

Einige Wochen später zählte auch Flieg zu den Verhafteten[25]: »Ob diese Verhaftungen irgend etwas mit meiner Verteidigung gegen die zu meiner Vernichtung konstruierten Anklagen zu tun gehabt haben, wage ich nicht zu entscheiden. Ob durch diese Verhaftungen Licht in die dunkle Angelegenheit der Verhaftung Thälmanns gebracht worden ist, entzieht sich meiner Kenntnis. Ich glaube es jedenfalls nicht.«[26]

Auch wenn Wehner diese letzte Vermutung durch gleichlautende Anschuldigungen der »Organe« gegen andere deutsche Funktionäre, die aus objektiven Gründen nichts mit der Verhaftung Thälmanns zu tun haben konnten, bestätigt fand, drücken sich in seinem Rechtfertigungsversuch, gerade weil er so lapidar klang, Schuldgefühle aus. Obwohl er durch die beiden Verhafteten einem lebensgefährlichen Verdacht ausgesetzt worden war, wird spürbar, wie schwer Wehner damals und später daran getragen hat, in diesen beiden Fällen direkt in das Räderwerk des kriminellen Verfolgungsapparates geraten und dadurch Opfer und zugleich Mittäter geworden zu sein.

Soweit das bisher zugängliche Material ein präzises Urteil zuläßt, ist Wehners »Mittäterschaft« auf diese beiden Fälle beschränkt. Dagegen war die Beschuldigung, die Ende der sechziger Jahre von Margarete Buber-Neumann gegen Wehner vorgebracht wurde[27], auch *vor* der Zugangsmöglichkeit zu den entsprechenden Unterlagen der KPD-Führung nie sehr überzeugend. Danach soll der schon zitierte, durch Wehners Initiative zutage geförderte Brief ihres Lebensgefährten Heinz Neumann an Hermann Remmele vom März 1933 bei der Verhaftung Neumanns eine ausschlaggebende Rolle gespielt haben.

Wenn es überhaupt einen ehemaligen deutschen Funktionär der Komintern gab, an dessen Beseitigung Stalin ein unmittelbares Interesse haben mußte, dann war es Heinz Neumann als Personifizierung zahlreicher Fehlschläge der Stalinschen Politik des Revolutionsexports. Insbesondere galt dies für den Kantoner Aufstand Ende 1927. Sein Fehlschlag führte zur Vernichtung der dortigen KP-Organisation und kostete viele tausend chinesische Arbeiter das Leben. Neumanns seitheriger Beiname als »Henker von Kanton« übertrieb bei weitem dessen persönliche Schuld. In Wahrheit hatten er und der KPdSU-Funktionär Lominadse, der ebenfalls den »Säuberungen« zum Opfer fiel, auf Stalins Geheiß den Aufstand mitinszeniert, um dadurch vom Bankrott der bisherigen sowjetischen Chinapolitik abzulenken.[28] Stalin hatte zu lange die Politik der Kuomintang unter Tschiang Kai-schek als »nationaler Befreiungsbewegung« unterstützt und war in der Gefahr, das Vertrauen der chinesischen KP zu verspielen.

Im übrigen bedeutete der gegenüber Wehner ausgesprochene Verdacht eine Überschätzung der Einflußmöglichkeiten ausländischer Kommunisten auf den Gang von Verhaftungen, Prozessen, Verurteilungen und Hinrichtungen. Sie waren ausschließlich Sache der sowjetischen »Organe«. Das einzige, was der KPD-Führung an »Kompetenz« blieb, war der Ausschluß der verhafteten oder häufig schon verurteilten Mitglieder. Inzwischen zugängliche Akten der Kaderkommission der KPD-Führung aus den Jahren 1937 bis 1940[29] zeigen, daß den Ausschlüssen in der Regel entsprechende Entscheidungen der Internationalen Kontrollkommission der Kominternspitze vorausgegangen waren. Als Gründe wurden genannt: a) »Trotzkistisch- sinowjewistische und andere konterrevolutionäre Verbrechen gegen die Arbeiterklasse« – dies auch einer der Verhaftungsgründe – »und Partei- verrat«; b) »Verbindung mit partei- und klassenfeindlichen Elementen und Begünstigung ihrer Verbrechen infolge mangelnder politischer Wachsamkeit; politische Zersetzungsarbeit«; c) »Parteischädigendes Verhalten«; d) »Politische Unzuverlässigkeit«; e) »Korrumpierung«.

Der Reigen der Ausschlüsse aus der KPD hatte im September 1936 – kurz nach dem ersten Schauprozeß gegen Kamenew, Sinowjew und andere – begonnen. Das Politbüro schloß am 3. September 1936 21 Genossen wegen »trotzkistisch-sinowjewistischer Verbrechen« und 25 weitere wegen »Verbindung mit partei- und klassenfeindlichen Elementen« aus der Partei aus.[30]

Die ersten Parteiausschlüsse, an denen Wehner teilnahm – ausgeschlossen wurden dabei unter anderen Hans Kippenberger, der ehemalige Leiter des geheimen Militärapparats der KPD, und Werner Hirsch, ein ehemaliger enger Mitarbeiter Thälmanns –, fanden in der Politbürositzung am 28. Januar 1937 statt.[31] Danach wurden über die Ausschlüsse entweder durch die Unterschrift der ZK-Mitglieder auf umlaufenden Listen oder in »Sitzungen deutscher Genossen« entschieden, die meist in monatlichen Abständen abgehalten wurden.

In der »Sitzung deutscher Genossen« vom 20. Mai 1937 wurde eine Liste von Auszuschließenden – wegen »Verhaftung in der Sowjetunion« – verabschiedet, die unter anderem den Namen Heinz Neumann enthielt. Anwesend waren: Pieck, Florin, Karl (Walter Hähnel). Dengel fehlte wegen Erkrankung. Funk (Wehner) »erschien später«[32]. Es ist also unklar, ob er an dieser Entscheidung beteiligt war.

Wie sehr die KPD-Führung die Entscheidungen anderer nachvollzog, wird an folgendem Vorgang deutlich: Das Protokoll der »Sitzung deutscher Genossen« am 22. Juni 1937 – anwesend: Pieck, Florin, Dengel, Karl; »Funk konnte nicht erreicht werden« – weist folgende Entscheidungen aus: 1. Den Parteiausschluß von 93 Mitgliedern »wegen politischer Unzuverlässigkeit« sowie weiterer sechs Mitglieder aus anderen Gründen (»Verrat« etc.) auf Vorschlag von Philipp Dengel. 2. Wegen Verhaftung in der UdSSR wurden zwanzig Mitglieder ausgeschlossen, darunter Hermann Remmele und Hermann Schubert.[33] Das Protokoll vermerkt dazu: »Aufgrund telegraphischen Ersuchens des [?] Sekretariats der KPD, den Ausschluß Neumanns, Remmeles, Schuberts mit einer politischen Begründung zu veröffentlichen, wird zugestimmt. Dengel erhält den Auftrag, die Begründung zu formulieren und einen kürzeren Artikel über den Ausschluß zu schreiben.«[34]

Der Text ist offenkundig mißverständlich formuliert. Da das »Sekretariat der KPD« nicht an sich selbst telegraphieren konnte, muß die Eingangsformel heißen: »Aufgrund telegraphischen[35] Ersuchens *an das* Sekretariat der KPD«.

Auf Weisung von ganz oben also »entschieden« drei Mitglieder der KPD-Spitze (bei Anwesenheit eines Jugendvertreters), rund 120 Mitglieder, darunter drei ehemalige Politbüromitglieder, auszuschließen und sie ohne Widerspruch in Form und Sache ihrem von den sowjetischen »Gastgebern« bestimmten Schicksal zu überlassen. Ohnmacht oder Kapitulantentum, wie es im KP-Jargon geheißen hätte? Wenn Kapitulation, dann lag sie lange vor 1933. Aber verlieren nicht Begriffe – wie die von »Schuld« und »Unschuld«, »Täter« und »Opfer« – für die Menschen,

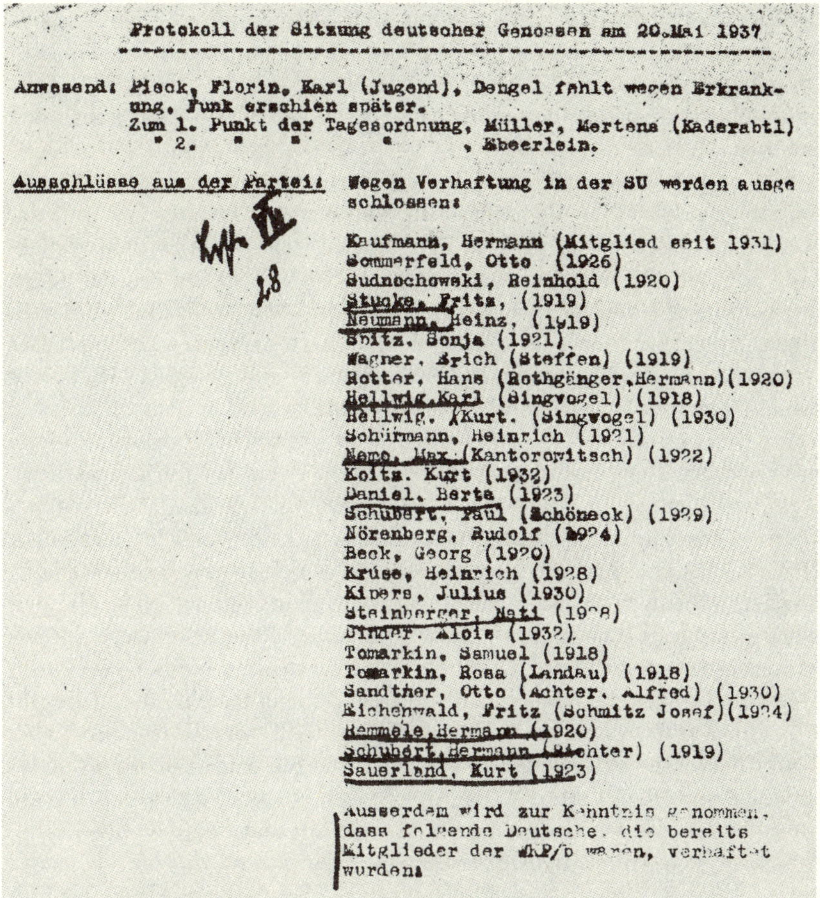

Protokoll der Sitzung deutscher Genossen am 20. Mai 1937

Anwesend: Pieck, Florin, Karl (Jugend), Dengel fehlt wegen Erkrankung, Funk erschien später.
Zum 1. Punkt der Tagesordnung, Müller, Mertens (Kaderabtl)
" 2. " " " , Eberlein.

Ausschlüsse aus der Partei: Wegen Verhaftung in der SU werden ausgeschlossen:

Kaufmann, Hermann (Mitglied seit 1931)
Sommerfeld, Otto (1926)
Sudnochowski, Reinhold (1920)
Stucke, Fritz, (1919)
Neumann, Heinz, (1919)
Spitz, Sonja (1921)
Wagner, Erich (Steffen) (1919)
Rotter, Hans (Rothgänger, Hermann) (1920)
Hellwig, Karl (Singvogel) (1918)
Hellwig, Kurt. (Singvogel) (1930)
Schürmann, Heinrich (1921)
Nemo, Max (Kantorowitsch) (1922)
Koitz, Kurt (1932)
Daniel, Berta (1923)
Schubert, Paul (Schöneck) (1929)
Nörenberg, Rudolf (1924)
Beck, Georg (1920)
Kruse, Heinrich (1928)
Kipers, Julius (1930)
Steinberger, Nati (1928)
Binder, Alois (1932)
Tomarkin, Samuel (1918)
Tomarkin, Rosa (Landau) (1918)
Sandtner, Otto (Achter, Alfred) (1930)
Eichenwald, Fritz (Schmitz Josef) (1924)
Remmele, Hermann (1920)
Schubert, Hermann (Richter) (1919)
Sauerland, Kurt (1923)

Ausserdem wird zur Kenntnis genommen, dass folgende Deutsche, die bereits Mitglieder der WKP/b waren, verhaftet wurden:

Allein wegen der Verhaftung durch den sowjetischen Geheimdienst NKWD wurden deutsche Kommunisten aus der KPD ausgeschlossen, wie das Protokoll der »Sitzung deutscher Genossen« vom 20. Mai 1937 ausweist, an der unter anderem Wilhelm Pieck und Wilhelm Florin teilnahmen und zu der Wehner (Funk) später erschien.

die kriminellen Regimen ausgeliefert sind, ihre spezifische Rolle, nämlich die der klaren Unterscheidung und Zuweisung, auch die des Lossprechens? Schieben sich ihre Bedeutungsgehalte nicht bis zur Ununterscheidbarkeit ineinander? Der Verzicht auf sie führt aber noch tiefer in die Irre.

Für unseren Zusammenhang ist von Interesse, daß an einer Reihe von »Sitzungen deutscher Genossen« im Sommer und Herbst 1937, in der ebenfalls Ausschlußlisten verabschiedet wurden, Wehner nicht teilgenommen hat. Ob sein Fernbleiben nur oder überwiegend mit der gegen ihn geführten Untersuchung zusammenhing, über die in drei[36] der fünf Sitzungen gesprochen wurde, war nicht zu klären. Noch während dieser Untersuchung, im Dezember 1937[37], im Januar und im Juli 1938, taucht seine Unterschrift auf mindestens drei umlaufenden Ausschlußlisten auf.[38] Das konnte zweierlei bedeuten: 1. Er hatte seine Parteifunktionen nie verloren; 2. er mußte sie ausüben, wenn er die für ihn bestehenden Gefahren nicht verstärken wollte. Wahrscheinlich ist beides richtig.

Die – wie zumeist »streng vertrauliche« – Liste vom 21. Dezember 1937[37a] enthielt 38 Namen. Jede Seite der Namensliste wurde von Pieck, Dengel, Florin noch im gleichen Monat, von Kunart (d.i. Hähnel) Anfang Januar und von *Funk* am 24. Januar 1938 unterschrieben. Zwei Monate später stand Funks Name zusammen mit den Namen von Pieck, Dahlem, Dengel, Hähnel, Florin und Ulbricht unter einem Antrag auf Ausschluß Münzenbergs aus dem ZK der KPD und Enthebung aller Funktionen wegen »Intrigen«, vor allem wegen seines »Doppelspiels« in Volksfront und Partei.[39] Der Antrag richtete sich, da es sich um ein amtierendes ZK-Mitglied handelte, an die Internationale Kontrollkommission der Komintern. Am 4. Juli 1938 unterschrieb Funk als letzter eine 21 Seiten lange Ausschlußliste mit 158 Namen. Sie enthielt als Nr. 81 den Namen der einen Monat zuvor verhafteten Grete (Margarete) Buber-Neumann[40] und als Nr. 152 den Namen des im Februar 1938 verhafteten Fritz Schulte.[41]

Später – vom April 1939 bis November 1940 – gehörte er der aus ihm, Ulbricht und Dengel gebildeten »kleinen Kommission« an, die neben weiteren Ausschlußverfahren auch über die Wiederherstellung der KPD-Mitgliedschaft von aus der Untersuchungshaft Entlassenen oder von Angehörigen Verhafteter beriet. Zum Teil wurden nach Appellen der Betroffenen auch andere Parteistrafen (Ruhen der Mitgliedschaft) zurückgenommen, nachdem sich meist Ulbricht oder Funk für die betroffene Person eingesetzt hatten.[42]

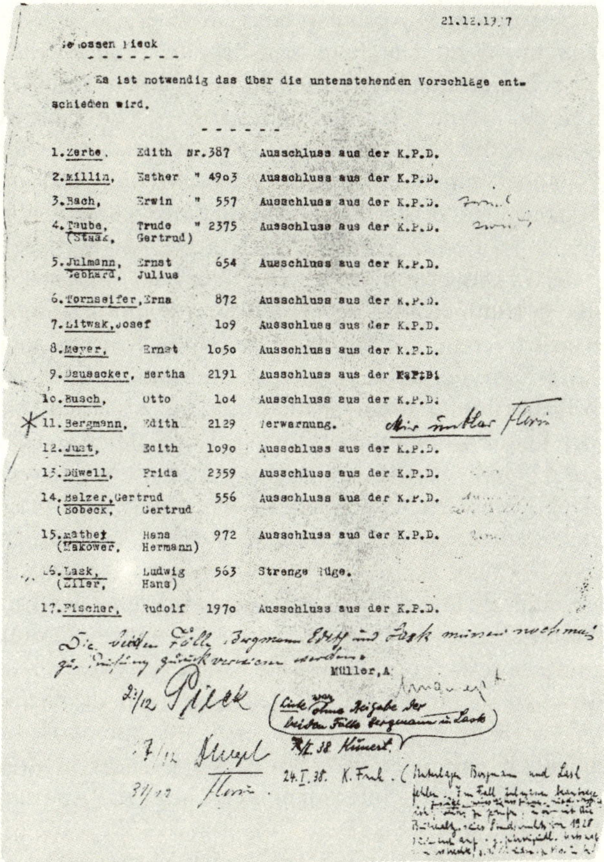

21.12.1937

Genossen Pieck

Es ist notwendig das über die untenstehenden Vorschläge entschieden wird.

1. Zerbe,	Edith	Nr. 387	Ausschluss aus der K.P.D.
2. Millin,	Esther	" 4903	Ausschluss aus der K.P.D.
3. Bach,	Erwin	" 557	Ausschluss aus der K.P.D.
4. Taube, (Staak,	Trude Gertrud)	" 2375	Ausschluss aus der K.P.D.
5. Gulmann, Gebhard,	Ernst Julius	654	Ausschluss aus der K.P.D.
6. Tornseifer,	Erna	872	Ausschluss aus der K.P.D.
7. Litwak,	Josef	109	Ausschluss aus der K.P.D.
8. Meyer,	Ernst	1050	Ausschluss aus der K.P.D.
9. Daussacker,	Bertha	2191	Ausschluss aus der K.P.D.
10. Busch,	Otto	104	Ausschluss aus der K.P.D.
11. Bergmann,	Edith	2129	Verwarnung.
12. Just,	Edith	1090	Ausschluss aus der K.P.D.
13. Düwell,	Frida	2359	Ausschluss aus der K.P.D.
14. Belzer, (Bobeck,	Gertrud Gertrud	556	Ausschluss aus der K.P.D.
15. Mathes (Makower,	Hans Hermann)	972	Ausschluss aus der K.P.D.
16. Lask, (Ziller,	Ludwig Hans)	563	Strenge Rüge.
17. Fischer,	Rudolf	1970	Ausschluss aus der K.P.D.

Die beiden Fälle Bergmann Edith und Lask müssen nochmals zur Prüfung zurückverwiesen werden.

Müller, A

24.I.38. K. Funk.

Auszug aus der Liste mit Parteiausschluß-Vorschlägen vom 21. Dezember 1937, die Wehner (Funk) am 24. Januar 1938 als letzter unterschrieb.

Gegen die behauptete Mitverantwortung Wehners bei den Verhaftungen von Neumann, Remmele, Schubert, Schulte[43] und anderen spricht auch die Tatsache, daß deren Namen in den beiden Verhören, denen Wehner durch die »Organe« in der »Lubjanka«, dem Zentralgebäude des NKWD, im März und Dezember 1937 unterzogen wurde, nicht einmal Erwähnung fanden. Dort wurde er vor allem nach Kenntnissen über die Tätigkeit »trotzkistischer Schädlinge« sowie über seine früheren Verbindungen zu Max Hoelz gefragt, der unter mysteriösen Umständen bei der Überquerung des Flusses Oka bei Gorki im September 1933 zu Tode gekommen war. Außerdem wurde ihm zugemutet – und dagegen verwahrte er sich –, die Rolle eines *agent provocateur* gegenüber Zenzl Mühsam, der Frau von Erich Mühsam, zu spielen. Sie war nach dessen Ermordung im KZ-Oranienburg auf Einladung von Jelena Stassowa, der Leiterin der Internationalen Roten Hilfe, nach Moskau gekommen und stand offenbar unter dem Verdacht, mit dem des Trotzkismus verdächtigen Erich Wollenberg[44] Verbindungen zu unterhalten[45].

Einige Indizien weisen darauf hin – Wehners eigene Schilderung schließt diese Deutung nicht aus –, daß er zunächst nur als Zeuge verhört wurde, um Belastungsmaterial gegen andere zu liefern. Aber die Art dieses Verhörs[46] und die Namen, die dort auftauchten, drängten die Vermutung auf, es sollte getestet werden, ob er sich nicht in den ausgelegten Fallstricken verfangen würde. Jedenfalls war die Gefahr, selbst schnell zum Angeklagten zu werden – nicht nur subjektiv – allgegenwärtig. Schließlich galt jedwede »Abweichung«, das heißt auch die frühere Zugehörigkeit zu »Splittergruppen« wie den Anarchisten, als Verhaftungsgrund.[47]

Zeit, Ort und Umstände des Verhörs – nach Mitternacht fieberkrank aus dem Bett geholt, dann Schlangen stumm wartender Menschen vor der Lubjanka (bis zur Oktoberrevolution Hauptsitz der Allrussischen Versicherungsgesellschaft »Rossija«, seitdem ein Haus der absoluten Unsicherheit, der Angst, der Folter, des Todes), die versuchten sich nach dem Schicksal Angehöriger zu erkundigen, die einschüchternden Kontrollen, das Labyrinth der Gänge, durch das die Gefangenen und andere, noch nicht Verhaftete, geführt wurden – taten alles, um den seelischen Druck zu steigern. Auch in der Erinnerung überfiel ihn noch der kalte Schauer:

»In einem der Gänge des Labyrinths begegnete mir und dem begleitenden Offizier ein Gefangener, der zum Verhör geführt wurde. Sein Gesicht mit dem sich in irgendeiner Ferne verlierenden Blick sehe ich noch immer vor mir. Es gehört zu den Eindrücken, die wahrscheinlich unauslöschlich sind; so sehe ich auch noch einen Gefangenentransportzug, dem wir 1938 auf einer Fahrt nach dem Kaukasus begegnet sind, so höre ich noch das Schlagen und Rattern der nächtlich durch den Vorort Moskaus fahrenden Gefangenenzüge, und so sehe ich Lotte – wie sie mir beim Abschied 1941 sagte: ›Laß mich nicht in diesem Lande sterben; ich muß immer an die Mauer denken.‹ Die Mauer sehe ich auch noch; es ist die Mauer eines Moskauer Friedhofs; die Photographien und die sich auf die revolutionäre Vergangenheit einiger dort Beigesetzter beziehenden Daten waren überklebt oder weggemeißelt worden. Wir hatten erschüttert vor dieser Mauer gestanden, als wir zum Jahrestag des Todes unseres Freundes Christel Wurm im September 1940 dort Einlaß erhalten hatten.«[48]

Noch einmal entronnen zu sein, das kann nur der ertragen, der sich das absolute Ausgeliefertsein, die frierende Todesgewißheit, die letzten Gedanken und Gefühle der zum Tode Verurteilten bewußt zu machen vermag und so die Erinnerung an das eigene Versagen nicht auslöscht.

Nach diesem zweiten Verhör in der Lubjanka dauerte es noch ein dreiviertel Jahr, bis Dimitroff in Gegenwart des Leiters der Kaderabteilung der Komintern Wehner mitteilte, daß die Untersuchungen gegen ihn abgeschlossen seien: »Er wisse, daß diese Zeit für mich nicht leicht gewesen sei, nachdem sich aber herausgestellt habe, daß die gegen mich erhobenen Anschuldigungen grundlos gewesen seien, hoffe er, daß ich die Notwendigkeit der Untersuchung verstünde und daß ich mit ganzer Kraft weiterarbeiten würde.«[49]

Wehner hat dieses Ergebnis offenbar schweigend zur Kenntnis genommen, jedenfalls über eine Reaktion auf diese Eröffnung auch später nichts verlauten lassen. Ob dies Dimitroff in seiner gegenüber anderen Gesprächspartnern geäußerten Vermutung bestätigt hat, Wehner (»einer unserer besten Leute«) bleibe nicht bei den Kommunisten, weil er zuviel denke[50], mag dahingestellt bleiben.

Im Bewußtsein der Tatsache, daß er neben Pieck insbesondere Dimitroff, der seine Helferdienste während des Reichstagsbrand-Prozesses vor dem Leipziger Reichsgericht[51] schätzengelernt hatte, den günstigen Ausgang der Untersuchungen und damit wahrscheinlich sein Leben verdankte, hat Wehner keinen Versuch unternommen, mit ihm und anderen den Sinn der Verfolgungen überhaupt zu erörtern. Später hat er dieser Orientierungslosigkeit auf eine Weise Ausdruck gegeben, die deutlich macht, wie sehr die korrumpierende Atmosphäre jener Zeit noch die Sprache in den Jahren danach infizierte: »Welche Linie wurde mit den Massenverhaftungen, Verhaftungen, Liquidierungen, Absetzungen – überhaupt mit all den zu einer Psychose führenden Maßnahmen verfolgt?«[52]

Es wäre ein zu einseitiges Bild, Wehners Einstellung zu den »Säuberungen« auf ein verzweifeltes Suchen nach der Linie zu reduzieren. Seine spätere Schilderung zahlreicher Einzelschicksale und seine Anteilnahme – dahinter verbarg sich ein Versuch moralischer Wiedergutmachung – folgte nicht zufällig dem Bibelwort: »Ihr laßt die Armen schuldig werden, dann überlaßt ihr sie der Pein.«[53]

Er verschwieg dabei nicht, was Pein alles bedeuten konnte: von kafkaesken Situationen, daß die Angehörigen der Verhafteten meist nie die Gründe der Verhaftung erfuhren, über die von der Sowjetpropaganda nachgelieferte perverse Begründung, es sei besser, »tausend Unschuldige müßten eine Zeitlang leiden, als daß ein Volksfeind unentdeckt bleibe«[54], bis hin zum Appell des NKWD an die »Treue und Ergebenheit«[55] ihrer Opfer zur Kommunistischen Partei und zur Sowjetunion und der dadurch meist erfolgreich ausgelösten Bereitschaft, Taten zu »gestehen«, die nur in der Phantasie der Verfolger und ihrer Auftraggeber existierten. Zu den größten Peinigungen gehörte jene Art der Sippenhaft, die die Frauen von Verhafteten nach Verlust ihres Arbeitsplatzes zur Prostitution zwang und Mütter, die über das Schicksal ihrer verhafteten Kinder jahrelang im unklaren gelassen wurden, in den Wahnsinn trieb.

Es fällt heute noch schwer, den teils monströsen, teils absurden Charakter der Stalinschen Säuberungen zu erklären: Monströs in Art und Umfang da, wo Stalin seinen kriminellen Neigungen folgte, absurd in der ungehemmten Eigendynamik seiner Folgen für die »Organe« und deren Opfer.

Die von Wehner beschriebene »Vereinsamung jedes Individuums inmitten eines Wirrwarrs einander offen und geheim bekämpfender Individuen«, die ihm »für die Auswirkungen der totalitären Diktatur« charakteristisch (zu sein) schien[56], ist als Erklärung zu allgemein. Immerhin deutet sie an, daß die Diktatur Stalins die sozialistische Ideenwelt, die auf eine Gesellschaft der Freien und Gleichen, aber auch der gegenseitigen Anteilnahme und Hilfe angelegt ist, in ihr Gegenteil verkehrt hat.

Ist das Schicksal der Opfer Stalins mit denen Hitlers zu vergleichen? Die Wahnidee der »rassischen Minderwertigkeit« (Juden, Sinti, geistig und körperlich Behinderte etc.) war *von vornherein* auf Ausrottung, das heißt auf absolute Erbarmungslosigkeit angelegt. In der Phase der »Liquidierung« des »Kulakentums« war es nicht erlaubt, verfolgten Verwandten und Nachbarn zu helfen, die Kinder der Verhafteten und Verbannten bei sich aufzunehmen, Gefühle wie Mitleid zu zeigen. Sie galten als verdächtig, ja als verbrecherisch, zumindest als Ausdruck falschen Klassenbewußtseins. Dennoch gab es tausenderlei Ausnahmen und Inkonsequenzen, da Mitleid mit den Geschlagenen zu den nur schwer ausrottbaren Eigenschaften des russischen Volkes gehört.

Wieder anders waren die Unterschiede zwischen den zu Zwangsarbeit im Archipel Gulag verurteilten »Volksfeinden« und den politischen Häftlingen in den Zuchthäusern und Konzentrationslagern des NS-Regimes. Gewiß war es auch für die letzteren schwer, der »Vernichtung durch Arbeit« und damit Situationen der letzten Einsamkeit zu entgehen. Die politischen Häftlinge wußten dort aber, daß sie in diese Lage geraten waren, weil sie durch Gesinnung und/oder Handlung einer menschenfeindlichen Diktatur widerstanden hatten. Dies schuf immer wieder Momente der Solidarität unter den »Politischen« und trug dazu bei, daß sie in einer Reihe von KZs die innere Lagerorganisation den von den NS-Schergen favorisierten kriminellen Kapos entreißen konnten. Dies alles war im Archipel Gulag nicht möglich.[57]

Welcher Trost blieb gar den Opfern der »Säuberungen«, die schon als Verfolgte des NS-Regimes oder anderer faschistischer Regime in die Sowjetunion geflüchtet waren und nun im »Vaterland aller Werktätigen« im Namen der gemeinsamen kommunistischen Ideale verfolgt wurden?

In der neueren Geschichte gibt es keine politische Gruppierung, die auf ähnliche Weise nicht nur der physischen, sondern auch der psychischen Auslöschung ausgesetzt war wie die kommunistischen Emigranten aus Mittel-, Ost- und Südosteuropa. Das hing auch mit dem banalen, aber höchst folgenreichen Umstand zusammen, daß Freunde und Angehörige der Verhafteten sich, im Unterschied zu französischen, belgischen, holländischen und britischen Kommunisten, die in Moskau arbeiteten, nicht einmal theoretisch an die Botschaften ihrer Heimatländer wenden konnten. Die Altkommunistin Clara Zetkin hatte noch 1929 in Moskau, als sowjetische Behörden ihre Ausreise von einer offiziellen Verurteilung der gerade aus der KPD ausgeschlossenen »Versöhnler« um Brandler und Thalheimer abhängig machten, sich mit der Drohung, sie würde sich an den deutschen Konsul wenden, durchsetzen können.[58] Diese Möglichkeit war den Kommunisten aus den genannten Teilen Europas, in denen sich autoritäre, halb- oder offen faschistische

Regime etabliert hatten, völlig verbaut. Wehner selbst hat – soweit sich dies den »Notizen« entnehmen läßt, *nach* Abschluß der gegen ihn laufenden Untersuchungen – in einer Reihe von Fällen dadurch zu helfen versucht, daß er Briefe der Angehörigen von Verhafteten selbst Dimitroffs persönlichem Sekretär übergeben hat, so daß sie auf dem Postwege nicht verlorengehen konnten. Das trug ihm zwar die Schelte jener Untergebenen Dimitroffs ein, die dabei übergangen wurden, hatte aber den Effekt, daß zumindest die in den Briefen geforderten Überprüfungen in die Wege geleitet wurden.[59]

In den »Notizen« wird in zahlreichen Variationen die schon im Zusammenhang mit der Ausschlußpraxis der »Sitzung deutscher Genossen« während des Jahres 1937 beschriebene Ohnmacht, aber auch die Furcht und die Trägheit der um Pieck gruppierten Emigrationsleitung geschildert, wenn es darum ging, sich bei den sowjetischen »Organen« via Komintern für die Freilassung verhafteter kommunistischer Emigranten einzusetzen. Soweit Wehner sich erinnern konnte, war in jener Zeit nur ein einziger Verhafteter, der Parteifunktionär Bernhard Koenen[60], freigelassen worden, der auch die Gelegenheit gefunden hatte, sich mit Pieck in Verbindung zu setzen. Koenen beschuldigte Beamte und Offiziere des NKWD »der Anwendung von Torturmitteln«, um ein Geständnis zu erpressen, und erklärte sich bereit, daß sein Bericht an das Büro Stalins übergeben werden sollte: »Eine der ersten sichtbaren Folgen des Koenenschen Berichts war seine Wiederverhaftung. Immerhin ließen sich Pieck, Florin und Ulbricht auf Grund dessen, was sie durch Koenens Bericht erfahren hatten, nun dazu herbei, einige Schritte für verhaftete Personen zu unternehmen.«[61]

Diese Schritte fanden ihren Niederschlag in einem vertraulichen Brief Piecks an Dimitroff unter dem Datum 20. April 1938. Er wurde in Ost-Berlin im Sommer 1989 gemeinsam mit anderen Briefen Piecks vom Leiter des zentralen Parteiarchivs des Instituts für Marxismus-Leninismus beim ZK der SED, Heinz Voßke, veröffentlicht[62], um nachzuweisen, daß sich die KPD-Führung in der Emigration um die verhafteten kommunistischen Emigranten gekümmert hätte. Vorausgegangen war eine von Hermann Weber (Mannheim) im April 1988 begonnene Initiative bundesdeutscher Wissenschaftler, Publizisten und Abgeordneten, die sich für eine vollständige Rehabilitierung der KPD-Opfer der stalinistischen Verbrechen einsetzten.[63]

In diesem Brief übermittelte Pieck eine von der Kaderabteilung (der KPD) zusammengestellte Liste von Personen, die vom NKWD verhaftet wurden, über die aber »von der Kaderleitung kein belastendes Material« vorliege. Von acht der dort genannten sechzehn Personen, so hieß es in dem Schreiben weiter, »ist das Sekretariat des ZK der KPD fest überzeugt, daß sie sich keiner verbrecherischen Handlung gegen den Sowjetstaat schuldig gemacht und auch keine Verbindung mit sowjetfeindlichen Elementen unterhalten haben. Auch wegen der übrigen Personen, die uns nicht so bekannt sind, glauben wir, daß sie sich ebenfalls nicht schuldig gemacht haben.« Der Brief schloß mit der Bitte, geeignete Schritte zu unternehmen, damit die Untersuchung gegen die genannten Personen zum Zwecke ihrer Freilassung beschleunigt werde.[64]

Zugleich schrieb Pieck einen Brief an den NKWD-Chef Jeschow, der nie beantwortet wurde. Knapp ein Jahr später, Anfang April 1939, wandte er sich »im Einverständnis mit dem Genossen Dimitroff« erneut mit einer Liste von Verhafteten[65] an Jeschows Nachfolger Berija – auch die Säuberung »fraß ihre Kinder« – und bat um eine Unterredung. Nachdem Pieck zwei Monate ohne Antwort geblieben war, schrieb er an den sowjetrussischen Vertreter im Präsidium der Kominternexekutive, Manuilski (»betr. die Verhaftung von Emigranten«), da er auch im vergangenen Jahr keine Antwort erhalten habe, so wolle er sich »in dieser Angelegenheit an den Genossen Stalin wenden«. Nach diesem zarten Wink lenkte er sofort wieder ein: »Aber vielleicht ist es besser, wenn Du zunächst erst mit dem Genossen Berija sprichst, ob er eine solche Unterredung mit mir machen will oder nicht.«[66]

In der Ost-Berliner Dokumentation dieser Briefe wird über das Ergebnis dieser Bemühungen – sie bezogen sich ohnehin nur auf wenige Dutzend Opfer, verhaftet wurden aber weit über tausend KPD-Emigranten – nichts berichtet. In den »Notizen« findet sich folgende Passage: »Manuilski gab auf wiederholte Vorstellung Piecks hin die Antwort, daß er nicht verstehen könne, warum sich Pieck für die Verhafteten überhaupt einsetze. Fast alle hätten ja selbst gestanden und unterschrieben, daß sie im Dienste der Gestapo oder anderer feindlicher Stellen gestanden hätten. Und da doch niemand behaupten könne oder wolle, sie hätten diese Geständnisse unter Zwang abgelegt, sei doch zumindest soviel klar, daß es sich bei den Verhafteten, die unterschrieben hatten, um unzuverlässige Personen handelte. Welchen Nutzen könnte die Partei von solchen Personen haben? Wie würden sie sich erst verhalten, wenn sie in den Händen der Gestapo wären und Torturen ausgesetzt würden?«[67]

Nach diesen rhetorischen Fragen eines der vielen kleineren »Stalins«

mit ihrem drohenden Unterton war offenbar die Bereitschaft Piecks, sich beim »großen Stalin« zu beschweren, auf Null gesunken.

Eine der genannten Personen auf der ersten, im Jahre 1938 abgesandten Liste war der Sohn Max Maddalenas, der 1937 vom Volksgerichtshof zu lebenslangem Zuchthaus verurteilt worden war. Er und der Sohn des in Spanien gefallenen Hans Beimler waren nach etwa neun Monaten freigelassen worden. Nach einem Bericht Ulbrichts, so die »Notizen«, sollen beide ihre Kameraden belastet haben. Sie sollen dadurch und durch ihre Bereitschaft, dem NKWD Berichte zu liefern, früher freigekommen sein. Als Florin und Pieck erfuhren, daß der junge Maddalena unter anderem den Auftrag hatte, sie zu bespitzeln, hatte Wehner beide »zum ersten Mal in wirklicher Aufregung gesehen. Bisher hatten sie offenbar geglaubt, außerhalb der Kreise der Gefährdeten zu stehen.«[68]

Auch wenn Stalin und seine Schergen die Moskauer Emigrationsführung der KPD nicht so lautlos hätten ermorden können, wie sie dies mit der polnischen KP-Führung getan hatten – in den »Notizen« sind Charakter und Verdienste der führenden polnischen Kommunisten auf eindrucksvolle Weise geschildert worden[69] –, die Macht, sie auszulöschen, hatten sie allemal. Dieser Umstand erstickte jede Regung des Widerstandes. Hinzu kam das subjektive Bedürfnis der ständigen Selbstvergewisserung der eigenen Glaubensinhalte, was die Fähigkeit zur angemessenen Wahrnehmung der Außenwelt lähmte oder gar völlig zerstörte. Beide Faktoren erklären teilweise, weshalb die Diktatur mit ihrem Verlangen, »daß auch der zu Boden Getretene sich wieder in ihren Dienst stelle«, bei denen, die ihre Verfolgungen überlebten, meist Erfolg hatte: »Viele haben es getan. Sobald sie nur einen Schimmer persönlicher Hoffnung sehen zu dürfen glaubten, klammerten sie sich wieder an ihre alten Vorstellungen und stellten sich wieder in Reih und Glied.«[70]

... die Gitter preisend

Finden sich Spuren der Jahre später wieder deutlich zutage tretenden Sensibilität und des Mitleids auch in Wehners zeitgenössischen Schriften? Die Antwort ist ein schroffes Nein, danach ein zaghaftes Ja.

Die Arbeit innerhalb des mitteleuropäischen Sekretariats der Komintern, deren Bedeutung seit Beginn der »Säuberungen« ohnehin progressiv abgenommen hatte, füllte ihn keineswegs aus. Seine Referententätigkeit für Ercoli, der häufig und lange von Moskau abwesend war, beschränkte sich »allmählich« darauf, sich »selbst zu informieren«[71]. Die Ungewißheit über den Ausgang der Untersuchung trug lange Monate[72] dazu bei, seine sonst vorhandene Lust, Beiträge für alle erreichbaren Zeitungen und Zeitschriften zu schreiben, lahmzulegen. Wenn er sich öffentlich über das während der Säuberungen in Moskau umgehende Hauptgespenst, den Trotzkismus, äußerte, klang dies anfangs lustlos, eben wie eine Pflichtübung.[73]

Seine Sprache wurde sofort lebendiger, wenn er sie gegen den braunen Hauptfeind richten konnte. Nach mehreren Monaten erläuterte Wehner am Beispiel Nürnbergs (»Nürnberg ist nicht braun«), welche »schöpferische Kraft [...] im werktätigen deutschen Volke« liege. Der Bogen, den er schlug, reichte von den Kämpfen der Handwerker und Gesellen gegen die »parasitären Adelsgeschlechter« im Hochmittelalter über die von Albrecht Dürer geschaffenen »wehrhaften« Bauerngestalten und die »lebendigen Volksspiele« eines Hans Sachs – an seinen Part bei der »Meistersinger«-Aufführung der Arbeiterjugend 1923 wollte er sich offenbar selbst erinnern – bis zu den Anfängen der Arbeiterbewegung und zu den »prophetischen« Worten Rosa Luxemburgs auf dem Nürnberger Parteitag der SPD von 1908: »Wir erhielten das Vertrauen der Millionen durch die rücksichtslose Kritik des Bestehenden und durch unser sozialistisches Zukunftsideal.«

Der Beitrag war, auch wenn er sich daneben kritisch mit dem nationalsozialistischen Kunstverständnis auseinandersetzte und die »Hundepeitsche in der besudelten Hand des als Gauleiter amtierenden Pogromhelden Streicher« als Symbol für das durch die »blutige Schminke der Faschisten«[74] entstellte heutige Gesicht Nürnbergs beklagte, über weite Strecken eine Flucht in eine idealisierte Vergangenheit, gemischt mit leisem Trotz, der sich in der – zu jener Zeit in Moskau verpönten – Erwähnung Rosa Luxemburgs manifestierte.

Auch die folgenden Artikel zeigen einen Wehner, der sich – politisch gesehen – lieber auf weniger riskanten Nebengebieten tummelte. Dort schien es zunächst möglich zu sein, mit einem Minimum an sprachlichen Unterwerfungsgesten negativer oder positiver Art auszukommen. In einer Betrachtung der in Moskau erscheinenden Zeitschrift *Internationale Literatur – Deutsche Blätter* monierte er zum Schluß, daß dort der Kampf »gegen die trotzkistischen Agenten des Faschismus auf literarischem Gebiet« nur schwach entwickelt sei: »Es ist notwendig, sie in ihren Schlupfwinkeln aufzustöbern, zu stellen und zu entlarven.«[75] Nach diesem verbalen Kotau – ohne jeden Zusammenhang mit dem vorausgegangenen Text – fuhr er im bisherigen diskursiven Stil fort. Ein weiterer Beitrag beschäftigte sich mit den sowjetischen Flügen zum Nordpol und der geologischen Erschließung der arktischen Teile der Sowjetunion. Einer der Polflieger, über die Schwierigkeiten des Fluges befragt, gab zur Antwort: »Hinter meinem Rücken steht eine Kraft, eine Macht: Genosse Stalin läßt keinen Menschen umkommen!«[76]

Diesen Versuch, durch positive Wortmagie das Geschehene ungeschehen zu machen, steigerte er allerdings in den folgenden Wochen, in denen die gegen ihn geführte Untersuchung einem ersten Höhepunkt zustrebte. »Moskau, die glückliche Stadt« war ein Artikel über die sowjetische Hauptstadt am 20. Jahrestag der Oktoberrevolution überschrieben. Die dort benutzte Sprache überschlug sich förmlich: Moskau biete »ein unvergleichliches Bild«; »Moskau blendet nicht, sondern strahlt aus, was in ihm an glutvollem Leben ist«; »es widerspiegelt die frohe, stolze und kühne Zuversicht, die das ganze Sowjetvolk erfüllt«; »Ströme fröhlicher Menschen, deren schöpferische Kraft vom Anbeginn ihres Lebens an sich positiv auswirken und entwickeln« kann. »Sie alle verweilen mit leuchtenden Blicken vor dem wogenden Fahnenmeer, das den Swerdlowskerplatz erfüllt«; »unzählige Menschen [...] stehen andächtig vor dem Mausoleum Lenins«.

Neben dem pseudoreligiösen Pathos steht eine Sprache, die materielle Überfülle suggeriert: »großartige Wohnhäuser«, die im Entstehen seien; »die bunte Kinderstadt« als »unerschöpfliche Quelle der Freude«; Bazare, Magazine und Kaufhäuser, die »buchstäblich überquellen von der Fülle der Erzeugnisse der sozialistischen Arbeit«. Zwischendurch die obligate Verneigung vor dem Hut, genauer: vor der wohlbekannten Militärmütze auf der Stange: »Es offenbart sich einem die übermenschliche Kraft der Partei Lenins und Stalins. Auf Schritt und Tritt erhält er [der Betrachter] neue Beweise von der geschichtsbildenden Arbeit dieses überragenden Baumeisters der neuen Welt.«[77] Ist der etwas schiefe Satzbau Ausdruck dafür, daß er sich schwertat? Gemach! Noch war Wehner nicht am Ende der sprachlichen Selbstüberbietung angelangt.

Den ersten Jahrestag der neuen Verfassung benutzte er, um über »Ein Jahr Stalinsche Verfassung« zu schreiben, einen »Ehrennamen«, wie er eilfertig unterstrich, den sie »im Sowjetlande und in der Welt« erhalten habe. Nach der im superlativischen Ton gehaltenen Beschreibung einzelner Verfassungsbestimmungen ging er auf die äußere Lage der UdSSR ein: Sie sei und bleibe »ein unbesiegbares Land«. Inmitten der »Schwankungen bürgerlich-demokratischer Staaten« halte sie einen »geraden

Kurs auf die Sicherung des Weltfriedens [...] jederzeit bereit, faschistische Angreifer zurückzuschlagen«.

Natürlich erschienen dann die »Säuberungen« – auch die in der Führung der Roten Armee – in einem anderen Licht: »Die Vernichtung der schmutzigen Agenten des Faschismus und die weitere Stärkung der Schlagkraft der Roten Armee vollzogen sich im Zeichen der breitesten Entfaltung sozialistischer Demokratie.« Eines der größten Verdienste der von Stalin geführten Kommunistischen Partei bestehe darin, »den vernichtenden Schlag gegen die trotzkistisch-bucharinschen Feinde des sozialistischen Aufbaus [...] geführt zu haben.« Schließlich bekamen auch »einige reaktionäre Führer der II. Internationale«, darunter die »Musketiere um Wels«, ihr Fett ab, weil sie »ihre haßerfüllte Verleumdungskampagne gegen die UdSSR« führten und gleichzeitig behaupteten, Demokraten und Gegner des Faschismus zu sein: »Im Chor der Feinde des sozialistischen Staates fallen die Fistelstimmen dieser seltsamen ›Antifaschisten‹ auf.«[78]

Der Honigmond der Einheitsfront war offenkundig vorbei. Stand schon der Rückfall in die vergiftende Sprache der Jahre vor 1933 bevor?[79] Zunächst nicht, noch hatte er andere Sorgen. Wenige Tage nach Veröffentlichung dieses Artikels fand jenes schon beschriebene Verhör in der Lubjanka statt. Beim Abschied von seiner Gefährtin Lotte fiel ihm der Gedanke »besonders schwer«, daß sie, falls er nicht wiederkäme, »fast mittellos war«. Er riet ihr deshalb zu versuchen, das fällige Honorar für einen eben geschriebenen Artikel zu erhalten, obwohl es bei Verhafteten Praxis war, auch deren Honorare, als zum Eigentum gehörend, nicht auszuzahlen: »Ich nannte ihr den Titel des Artikels, ein Thema zur neuen, sogenannten Stalinschen Verfassung der Sowjetunion, und wir mußten beide wehmütig lächeln.«[80] Diese Rückblende wirft einmal mehr ein gespenstisches Licht auf seine damalige Lage.

Seit Winter 1938 begann Wehner regelmäßig für die Zeitschrift *Die Kommunistische Internationale* zu schreiben. Der Österreicher Ernst Fischer, bis zur Niederschlagung des Abwehrversuches des republikanischen Schutzbundes im Februar 1934 Sozialdemokrat, nach der Emigration in die Sowjetunion dann Mitglied der österreichischen Exil-KP, hatte um die Wende 1937/38 die Chefredaktion der Zeitschrift übernommen und nahm Wehner in eine kleine Redaktionskommission auf, zu der auch ein enger Mitarbeiter Dimitroffs sowie jeweils ein französischer und ein englischer Funktionär gehörten. Sie leistete zeitweise die Hauptarbeit der Redaktion. Fischer machte in jener Zeit auf Wehner den »Eindruck eines frischen, nicht von Vorurteilen eingeengten Genossen, der es wagte, für seine Auffassung einzutreten«[81].

Aus Wehners meist etwas lang geratenen, aber mit interessantem Material aus deutschen Quellen reichlich gespickten Analysen, die darauf hinweisen, daß der oben erwähnte Prozeß des weitgehenden Sich-selbst-Informierens erheblich fortgeschritten war, sticht ein Beitrag besonders grell hervor: die Rezension des von Max Seydewitz – der offiziell noch als SAP-Mitglied firmierte, aber seit 1934 insgeheim Mitglied der KPD war[82] – verfaßten Buches »Stalin oder Trotzki?«.

Obwohl Seydewitz die Entwicklung in der Sowjetunion unter Stalin in schwer überbietbarer Weise bejubelte (»in keinem anderen Jahrzehnt der Weltgeschichte wurde eine gleich gewaltige Tat vollbracht«) und die Verdienste Trotzkis um die Oktoberrevolution und den Sieg der Bolschewiki als Legende bezeichnete, ging er für Wehner noch nicht weit genug in der Verurteilung Trotzkis und der Trotzkisten. Wehner räumte dabei ein: »Es mag das zum Teil daran liegen, daß einige der empörendsten Untaten des trotzkistischen Gesindels der Öffentlichkeit erst durch den letzten Prozeß in ihrem ganzen Umfang bekannt geworden sind. Sicher aber ist auch, daß M. Seydewitz noch einen entscheidenden Schritt tun muß, um eine vollständige Charakteristik und damit eine Entlarvung des Trotzkismus geben zu können. Es ist notwendig, darzulegen, daß der Trotzkismus wie eine Giftpflanze auf dem Boden der verfaulenden kapitalistischen Gesellschaftsordnung wächst und von jenen faschistischen und imperialistischen Kräften ausgenutzt wird, die an einer Wiederaufrichtung des Kapitalismus auf dem Gebiete der UdSSR und an einer Annexion von Teilen der Sowjetunion interessiert sind. Es ist kein Zufall, sondern entspricht durchaus der zersetzenden Funktion des Trotzkismus, daß Trotzki und viele seiner Spießgesellen zum Teil seit vielen Jahren unmittelbare, bezahlte Spione sind.«

Auch in den folgenden Passagen war ihm kein politischer Vorgang in den einzelnen europäischen Ländern zu entlegen, um ihn nicht mit dem Trotzkismus in Verbindung zu bringen; das galt für die angeblich »verbrecherische Tätigkeit der spanischen POUM« wie auch für die Behauptung, daß in Österreich trotzkistische Einflüsse in illegalen sozialdemokratischen Gruppen »deren Kampfkraft zerstört, wertvolle Kader der Gestapo ausgeliefert und das Zustandekommen der Einheitsfront gegen den Faschismus gehemmt« hätten. Deshalb dienten die »Aushebung und Vernichtung der trotzkistischen Nester« in der Sowjetunion nicht nur der unmittelbaren Verteidigung, sondern gehörten »zu den wertvollsten Diensten, die von der an der Macht befindlichen Arbeiterklasse der internationalen Arbeiterbewegung und der ganzen fortschrittlichen Menschheit geleistet worden sind«.

Schließlich fand er den Titel des Buches »Stalin oder Trotzki?« »marktschreierisch« und »lächerlich«: »Es ist in jeder Beziehung ein Unding, den größten lebenden Führer der Arbeiterklasse, den genialen Baumeister des Sozialismus mit einem Provokateur und einem Banditen in einem Atemzug zu nennen.«[83]

Argumente und Sprache verraten, daß es sich um einen erneuten, noch intensiveren Versuch der Unterwerfung handelte. War Stalin als dem Herrscher Moskaus, jenes »Dritten Roms« (nach Rom und Byzanz) – wenn auch seit 1917 in säkularisierter Form –, nicht am besten mit dem byzantinischen Ritual der Proskynese – dem Berühren des Bodens mit der Stirn – beizukommen? Und was machte es aus, daß diese Geste der extremen Selbsterniedrigung und Ehrerbietung nur in schriftlicher, entpersönlichter Form dem Götzenbild dargebracht wurde? Und folgte nicht der Geste der Unterwerfung die Geste des Wiederaufgenommenseins? Wurde ihm doch wenig später der für ihn günstige Abschluß des Untersuchungsverfahrens mitgeteilt, der Bann also gelöst!

Zur Abwehr extremer seelischer Belastungen verfügt der Mensch über ein Spektrum von psychischen Mechanismen, die von der Selbstimmunisierung (Verleugnung der Wirklichkeit) über die Identifizierung mit dem (oder den) Angreifer(n) bis hin zur Verkehrung der Realität in ihr Gegenteil reicht.[84] Es kommt häufig vor, insbesondere wenn die Belastung von Dauer ist, daß sich mehrere Reaktionsweisen ineinanderschieben. Das trifft auch auf Reaktionsmuster Wehners in dieser Lebensphase zu. Dabei handelt es sich meist um Prozesse der Identifizierung und der Verkehrung der Realität, während der Immunisierungsprozeß so ablief, daß Wehner auf Nebengleise auswich oder seine Botschaften verschlüsselte. Die Exzesse der Sklavensprache und Überlebensstrategien sind in seinen Artikeln jedenfalls viel schneller auszumachen als jene Mischung aus verschlüsselten eigenen Auffassungen und verdeckter Kritik am offiziellen Moskauer Deutschlandbild.

So wehrte er sich in einem Beitrag über »Großdeutschland« dagegen, daß auch »Werktätige und solche Kreise der Intelligenz in den trüben Strom des Chauvinismus gezogen werden, die dem Faschismus und seiner Innenpolitik ablehnend gegenüberstehen«[85]. Dabei hatte er hier sicherlich seine persönliche Überzeugung mit der nach dem Anschluß Österreichs im März 1938 immer stärker sich abzeichnenden Notwendigkeit zu verbinden, »gegen das Liebäugeln mit großdeutschen Tendenzen in der deutschen Parteileitung zu polemisieren«[86].

Seine öffentliche Polemik war natürlich nicht direkt gegen die eigene Parteileitung gerichtet, sondern nahm den Umweg einer Kritik an den Sozialdemokraten, »die Neigungen und Bindungen zum bürgerlichen Nationalismus« gezeigt hätten und die Wiederherstellung des Staates Österreich für »reaktionär« hielten.[87]

Nicht minder galt dies für seine Warnung vor der pseudohistorischen Rechtfertigung des »pangermanistischen« Expansionsprogramms der Nazis: »Es bliebe wenig übrig von Deutschland, wenn Nazimoral und das Nazirecht Gemeingut anderer Völker würden [...]. Bedeutet für die Welt das Programm des deutschen Imperialismus eine ständige Bedrohung des Friedens, den Krieg in Permanenz, so enthält das deutsche Volk selbst überdies die Gefahr, zurückgeworfen zu werden hinter die Entwicklung seit dem Dreißigjährigen Krieg. Eine unabsehbare Kette von Eroberungskriegen, in deren Verlauf Deutschland selbst zum Kriegsschauplatz würde, knüpft sich an dieses Programm. Alles Progressive der Entwicklung der letzten 150 Jahre würde ausgetilgt, das deutsche Volk würde mit allen Völkern Europas verfeindet sein und selbst aufs Schwerste geschlagen werden.«[88]

Durch die verschiedenen Schichten und Strukturen der Argumentation auf diesem Feld ist noch spürbar, mit welchem inneren Wohlgefühl – jedenfalls gemessen an den sonstigen pflichtgemäßen Lobhudeleien gegenüber den »Gastgebern« – er sich in eine Rolle versetzte, in der er sowohl Sachwalter der internationalen Arbeiterbewegung und der Völkerverständigung wie auch deutscher Patriot sein konnte. Ihm blieb dabei stets bewußt, daß er für diese Position nur indirekt werben konnte. In einer Untersuchung zum »Verfall Deutschlands unter dem Faschismus« wies er auf die durch forcierte Aufrüstung entstandenen volkswirtschaftlichen Schäden hin, auf den »Abgrund sozialer Not«, »die Steigerung der Betriebsunfälle« und »die Zunahme der Kriminalität« sowie »das niedrige Bildungsniveau des soldatischen Nachwuchses«, das selbst »die deutschen Militärfachleute beklagten«.

Die Zahlen, die er dabei benutzte, stammen aus den offiziellen statistischen Quellen des Deutschen Reiches. Er zitierte sie aber so ausführlich, daß nicht nur der Nachweis über die Verfallserscheinungen geführt, sondern auch der Umfang der dort vorhandenen sozialen Einrichtungen deutlich wurde. Schließlich konnten aus Deutschland emigrierte kommunistische Arbeiter schon dann in die Fänge des NKWD geraten, wenn sie im Kollegenkreis nur zu erwähnen wagten, daß es dort überhaupt Einrichtungen zum Wohl der Arbeiter gab.[89]

Am wenigsten angewiesen auf die Äsopsche Sprache, auf das »Durch-die-Blume-reden«, war Wehner in der Auseinandersetzung mit den Sozialdemokraten. Aber auch hier ging Wehner, wie ein Beitrag zur Frage »Gibt es fortschrittliche Tendenzen im Faschismus?« zeigt, teilweise nach der Methode vor, den Sack zu schlagen (die Sozialdemokratie) und den Esel (die Strategie von Komintern und KPD) zu meinen: »Das Suchen nach dem ›Fortschritt‹ im Faschismus, [...] diese angeblich ›realpolitische‹, pseudomarxistische Stellung zum Faschismus, hat in Deutschland schon einmal verhängnisvolle Folgen gehabt. Die ›Theorie‹, daß es notwendig sei, auf dem Wege zum Sozialismus das Stadium des Faschismus zu durchlaufen, drang 1931/32 bis in die Reihen der Arbeiterklasse. Die Auffassung vom Faschismus als einem ›Vorläufer des Sozialismus‹ hatte einen verderblichen Fatalismus zur Folge, der den Kampf um die Verteidigung der demokratischen Freiheiten gegen den Faschismus hinderte.«[90]

Das war auch gegen die Parolenschmiede in den eigenen Reihen gerichtet[91], die noch lange Zeit nach Hitlers Machtergreifung den »revolutionären Aufschwung« beschworen und gemeint hatten, »nach den Nazis kommen wir«.

Daneben ist der Versuch einer ernsthaften Auseinandersetzung mit den Defiziten der Politik der Mehrheitssozialdemokratie 1918/19 erkennbar: »Die Bemühungen um den Weg zu einer neuen deutschen Demokratie, die auf den Faschismus folgen muß, werden immer abgelenkt und gestört, wenn die Gründe, die den späteren Zusammenbruch der deutschen Republik herbeiführten, nicht bei den subjektiven Faktoren selbst gesucht werden.«[92]

Die Formel vom subjektiven Faktor ist in mehrfacher Hinsicht bedeutsam. Einerseits diente sie zum Nachweis, daß Wehner nicht nur Lenins Schriften, sondern vor allem Stalins kurzen Lehrgang der Geschichte der Bolschewiki (KPdSU), wie damals im Kominternapparat üblich, schülerhaft eifrig durchgearbeitet hatte. Andererseits richtete sie sich gegen Friedrich Stampfers Rechtfertigung der damaligen sozialdemokratischen Politik durch »objektive Ursachen«. Schließlich enthielt die Formel auch geistige Schmuggelware aus der Zeit als Anarchist, während der er im »Nachvollzug« ständig seine Gedanken um die gescheiterte Revolution von 1918/19 hatte kreisen lassen. Es hieß da in einem Beitrag Ende November 1938: »Heute noch bewundert Friedrich

Stampfer die starke ›Reichsgewalt‹, die der Faschismus geschaffen hat, ohne zu begreifen, daß die Stärke einer demokratischen republikanischen Bewegung in Deutschland nicht in einer einseitigen ›Zentralisation‹, sondern vor allem in einer ausgeprägten, wirklich demokratischen Selbstverwaltung liegt, für die sie kämpfen muß. Die sozialdemokratischen Regierungsmänner nahmen die Aufgaben der demokratischen Republik nicht in Angriff. Sie versprachen statt dessen in verschwommenen Worten den Sozialismus, aber sie ruinierten die Demokratie.«[93]

Aus dem Munde eines führenden Funktionärs der KPD, die sonst die SPD anzuklagen pflegte, diese habe durch ihre Verteidigung der »formalen« Demokratie den Sozialismus verraten, klang dies erstaunlich und wie eine Verkehrung bisheriger Fronten. Ähnlich verhielt es sich mit dem Argument, daß »Demokratie und Parlamentarismus in Deutschland noch keineswegs überlebt«[94] gewesen seien. Auch hier ist nicht mit letzter Entschiedenheit auszumachen, ob sich Wehner in die offiziell immer noch geltende Volksfronttaktik nur eingeschmiegt hat, oder ob hier die Keime eines neuen Demokratieverständnisses entstanden, in denen sich alte und neue Vorstellungen zu einer Synthese verbanden. Auch wer Wehners späterer Interpretation, er habe versucht, für »Demokratisierung und Unabhängigkeit der Arbeiterbewegung einzutreten«[95], nur sehr zögernd folgt, muß von der Konsequenz überrascht sein, mit der der »antizentralistische Selbstverwaltungsgedanke« alle von ihm erwähnten Ebenen politischen und wirtschaftlichen Handelns durchzog.

Im Kampf gegen die »nazistische Expansion« (1938/39)

Nach dem Münchener Abkommen vom September 1938 und den danach in Westeuropa zunächst noch zunehmenden Illusionen, Hitlers Expansionsdrang durch immer größer werdende Konzessionsbereitschaft eindämmen zu können, wandte sich Wehner in mehreren Beiträgen, deren Grundgedanken dann in einer in Westeuropa verbreiteten Broschüre mit dem Titel »Soll die Arbeiterklasse vor dem Kriege kapitulieren?«[96] zusammengefaßt wurden, gegen jene sozialistischen Parteiführungen in Westeuropa, die solche Illusionen mit den dortigen bürgerlichen Parteien teilten. In seiner Kritik am »geschäftig verbreiteten Friedensdurst«, der zur Betäubung der Massen führe, konzentrierte er sich auf die französischen, englischen, belgischen und holländischen

Sozialisten, aber auch auf Sozialdemokraten aus Ländern wie Polen und Ungarn, deren autoritäre Regierungen als Leichenfledderer im Gefolge Hitlers im Herbst 1938 Gebiete der »demokratischen Tschechoslowakei« annektiert hatten: »Der bedingungslose ›Pazifismus‹, dem Sévérac, L'Heveder, Chochoy und andere das Wort geredet haben, führt in der Konsequenz von der Kapitulation vor Hitler zur Auslieferung der französischen Arbeiterklasse an die Reaktionäre in Frankreich selbst.«[97]

Selten ist aus kommunistischem Munde die künftige Entwicklung in Frankreich selbst so genau vorhergesagt worden – aber nicht nur die in Frankreich, sondern auch die in Europa insgesamt, denn Wehners wenige Wochen später getroffene Feststellung ist nicht minder illusionslos: »Es ist zum besseren Verständnis der Methoden faschistischer Außenpolitik notwendig, den von den Vertretern des Hitler-Regimes immer wieder betonten Parallelismus zwischen ihrem Weg zur Alleinherrschaft in Deutschland und dem von ihnen beschrittenen Weg zur Weltherrschaft zur Kenntnis zu nehmen.«[98]

In keinem dieser Beiträge Wehners während des Winters 1938/39 und des Frühjahrs 1939 wurden deutsche Sozialdemokraten kritisiert. Das wäre ihm auch deshalb schwergefallen, weil die Führung der SPD-Emigranten als eine der wenigen Parteien der Zweiten Internationale lange Monate vor München und in der Zeit danach ihre Schwesterparteien sowie die öffentliche Meinung und die Regierungen in Westeuropa mit steigender Intensität – leider auch mit sinkender Resonanz – vor jedem Entgegenkommen gegenüber Hitler gewarnt hatten.

Hier gab es unübersehbare Gemeinsamkeiten in der Lagebeurteilung zwischen deutschen Sozialdemokraten und jenen deutschen Kommunisten, die wie Wehner nach der »Zerschlagung der Resttschechei« im März 1939 mit Bitterkeit feststellen mußten, wie zutreffend ihre Warnungen vor dem Propagandagerede des Hitlerregimes waren, es habe nach München keine territorialen Forderungen mehr in Europa: »Und schließlich sind die Kreise in der Labour Party und in der Sozialistischen Partei Frankreichs, die ihre Kapitulationspolitik gegenüber dem deutschen Faschismus mit der Entschuldigung zu decken suchten, man müsse Deutschland zugute halten, daß es eben die Bestimmungen des Versailler Friedensvertrages auf seine Art rückgängig mache, dieses Feigenblattes beraubt, denn die Gewaltakte des deutschen Imperialismus lassen sich selbst von den biegsamen Kapitulanten nicht mehr als Korrektur der Versailler Gebietsabtretungen erklären.«[99]

In dieser im April 1939 veröffentlichten Untersuchung über »das europäische Kolonialreich des deutschen Faschismus« versuchte er nicht nur einer internationalen Öffentlichkeit fünf Minuten vor zwölf klarzumachen, daß das NS-Regime trotz der schon erreichten Expansionserfolge seine imperialistischen Ziele immer ungezügelter verfolgte. Er legte auch die pseudoromantischen Wurzeln der nationalsozialistischen Aggressionspolitik sowie deren Verwandtschaft mit den Kriegszielforderungen der Rechtsextremen während des Ersten Weltkrieges bloß. Seine Auseinandersetzungen mit dem NS-Ideologen Alfred Rosenberg (»der dunkelste Dunkelmann unserer Zeit«) und dessen Versuch, die durch die Französische Revolution in Gang gebrachte Entwicklung zur »Nation« und zum »Staatsbürger« rückgängig zu machen und an dessen Stelle einen verschwommenen Universalismus der deutschen Kaiser im Mittelalter, eine durch den Faschismus modernisierte und verschärfte Unterdrückung und Unfreiheit anderer europäischer Völker zu setzen, gipfelte in dem beschwörenden Appell an die deutschen Landsleute umzukehren:

»Das neue ›Ordnende Prinzip‹, d.h. der aggressive Imperialismus unserer Zeit, wird – wenn die Deutschen selbst das tun, was Rosenberg fürchtet: ihre eigene Geschichte kritisch zu würdigen – vom deutschen Volk als das erkannt werden, was es ist: Als die reaktionärste Macht der Gegenwart, die, indem sie sich schmarotzend und unterdrückend auf andere Völker wälzt, zugleich dem deutschen Volk den Weg zum Fortschritt, zum Aufstieg, zur Freiheit versperrt und die Zukunft der deutschen Nation unmittelbar gefährdet. Diese Erkenntnis ist geeignet, breite Massen verschiedenster sozialer Schichten des deutschen Volkes zu einen: Um der Zukunft Deutschlands willen gegen den Faschismus.«[100]

Anfang Sommer 1939 begann auch der Rest der Hoffnungen auf eine solche Einigung gegen den Nazismus zu schwinden. Der Ton wurde skeptischer. In einer Betrachtung über »die Bedeutung der Lehre Lenins und Stalins vom Staat« hieß es: »In Deutschland, Italien und Österreich, in der Tschechoslowakei und auch in Spanien zahlt die Arbeiterklasse mit kostbarem Blut für die praktischen Auswirkungen der bürgerlich-sozialdemokratischen und anarchosyndikalistischen Staats-›Theorien‹, die dem erbittertsten Feind der Arbeiterklasse und ihres Aufstiegs zum Sozialismus, dem Faschismus, zum Nutzen gereichten.« In allen kapitalistischen Staaten, so fuhr er nach dieser Kritik auch an der eigenen Vergangenheit fort, trügen diese »Theorien« vom Staat dazu bei, »daß die Arbeiterklasse noch nicht ihre volle Kraft einzusetzen vermochte, um sich der weiteren Ausbreitung des im Gange befindlichen zweiten imperialistischen Krieges entgegenzustellen«[101].

Was aber, wenn nicht diese Staats-»Theorien«, sondern eine jähe Wende in der Politik der Sowjetunion, des – in Wehners Augen – wichtigsten Rückhalts der internationalen Arbeiterklasse, den Kampf gegen Faschismus und Krieg unmöglich machte?

Der Hitler-Stalin-Pakt

Schon in den Monaten nach dem Münchener Abkommen, das ohne die Sowjetunion zustande gekommen war, begann sich in Moskau die Meinung durchzusetzen, »nun sollten die in Europa sich selbst überlassen bleiben«[102], wie sie der russische Vertreter in der Kominternspitze, Manuilski, zum Ausdruck brachte. Im Frühjahr 1939 hatte Wehner erste Anzeichen einer neuen sowjetischen Außenpolitik wahrnehmen können. In der Stalin-Rede auf dem XVIII. Parteitag der KPdSU am 10. März 1939 sah er – und dadurch kam es zur Entfremdung mit Ernst Fischer – nicht nur die Keime »einer möglichen Abwendung von der bisher verfolgten Politik der kollektiven Sicherheit, sondern auch einer Befriedung des Verhältnisses zum nazistischen Deutschland«.

Wenige Wochen später folgten die ersten praktischen Auswirkungen. Seit Sommer 1938[103] lieferte Wehner allwöchentlich Beiträge für die deutschsprachigen Sendungen des Moskauer Rundfunks. Es waren wie bei den Zeitschriftenbeiträgen überwiegend Stellungnahmen gegen die nazistische Expansionspolitik. Als er einige Zeit nach der Besetzung der Tschechoslowakei (März 1939) begann, Danzig zu behandeln, wurde schon der zweite Beitrag gestoppt: »Der Chef der Auslandsabteilung des Moskauer Senders, ein gewisser Kolmakow, sagte mir, daß es unmöglich sei, diese Beiträge weiter zu senden, denn es würde daraus die Gefahr entstehen, daß die deutschen Hörer zur Auffassung kämen, die Sowjetunion halte die gleiche Linie in der Danzig-Frage ein wie der englische Imperialismus. Antifaschismus um jeden Preis könne leicht zur Provokation werden.«[104]

Mit dem Hinweis auf diesen verräterischen letzten Satz konnte Wehner zwar in der Folgezeit eine von Kolmakow bei Berija eingereichte Anzeige gegen ihn und den Leiter der Presseabteilung der Komintern wegen der ungenauen Übersetzung des Titels von Molotow in der Wiedergabe eines Telegramms unschädlich machen. Aber die Abwendung von »Europa« – das heißt von den westeuropäischen Demokratien – wurde von Mal zu Mal deutlicher.

Die von Stalin aufgestellte Schutzbehauptung, die Sowjetunion werde in der Auseinandersetzung mit Hitler-Deutschland nicht für andere die Kastanien aus dem Feuer holen, war schon bei ihrer Entstehung in jener bereits erwähnten Rede vom März 1939 falsch. Schließlich hatte die britische Regierung unmittelbar nach der »Zerschlagung der Resttschechei« eine Erklärung abgegeben, in der die Existenz Polens ausdrücklich garantiert wurde. Das Hauptmotiv für den Kurswechsel, der sich teilweise vor München angekündigt hatte – ihm diente auch die »Liquidierung« der emigrierten polnischen KP-Führung –, war die Absicht, Polen zu zerschlagen, nicht nur um die verlorenen Westgebiete im Baltikum, in Weißrußland und in der Ukraine wiederzubekommen, sondern um einen direkten Zugang nach Mittel- und Westeuropa zu erhalten, der für vielerlei Zwecke genutzt werden konnte. Wie Stalin mit den Parteien der Komintern umsprang, läßt sich einmal mehr daran erkennen, daß er es nicht einmal für notwendig hielt, unmittelbar nach Abschluß des formell von Molotow und Ribbentrop am 23. August 1939 in Moskau unterzeichneten Nichtangriffspaktes deren Führungen informieren zu lassen.

Nur wer wie Wehner und einige andere deutsche und österreichische Kommunisten die Radiosendungen verfolgte, konnte sich ein ungefähres Bild von der Lage machen. Erst Wochen später – einige Tage vor dem Einmarsch der Sowjettruppen ins östliche Polen – wurde »den deutschen ZK-Mitgliedern durch Pieck eine vertrauliche Information aus dem Kreis der russischen Parteileitung gegeben«. Es hieß darin, wegen des angeblichen Versuchs »der München-Mächte«, den Krieg gegen die Sowjetunion zu wenden, habe diese, um solche Absichten zu vereiteln, den deutsch-sowjetischen Vertrag abgeschlossen. Nach den »Notizen« lautete die weitere Begründung: »Auch vom Standpunkt der Interessen des internationalen Proletariats könne es kein Nachteil sein, wenn das halbfaschistische Polen von der Landkarte verschwinde. Die ›Bruderparteien‹ in den kapitalistischen Ländern dürften aus dem deutsch-sowjetischen Vertrag jedoch nicht den Schluß ziehen, daß sie ähnliche Pakte mit der Bourgeoisie ihres eigenen Landes schließen dürften; dies sei eine grundsätzlich andere Frage. Die deutschen Kommunisten dürften nie aus dem Auge verlieren, daß sie keinen Pakt mit Hitler hätten.«[105]

Dieses Stoppsignal war schwer zu übersehen. Fiel es dadurch leichter, den Pakt gegenüber den eigenen Anhängern zu rechtfertigen? Wohl kaum, zumal der eigene Denkhorizont von weiteren Verbotsschildern umstellt war. Kein Parteikommunist hätte sich damals einzugestehen gewagt, daß sich hier zwei Gangsterchefs zusammengetan hatten, um die Grenzen ihres jeweiligen Reviers abzustecken – natürlich zu Lasten Dritter.

Keiner wäre auch auf die Idee gekommen zu fragen, welcher der beiden Diktatoren stärker den »europäischen« oder den »asiatischen« Typ verkörperte. Schließlich war es spätestens seit dem Krimkrieg in der Mitte des 19. Jahrhunderts eine beliebte Methode der politischen Pamphletliteratur, den Begriff des »Asiatischen« zur Verschärfung der Abgrenzung in die innereuropäischen Frontstellungen einzubringen. Kein Geringerer als Marx hat sich an dieser Debatte über Jahrzehnte hinweg – und bezogen auf das zaristische Rußland – mit Vehemenz beteiligt. Diese »Loch-Ness«-Frage ist auch durch Stalins Bekenntnis bei der Verabschiedung des japanischen Außenministers Matsuoka am 13. April 1941 – nach Abschluß des sowjetisch-japanischen Neutralitätsvertrages – keiner Lösung näher gekommen. Der Spruch »Wir beide sind Asiaten« wie die vorausgegangene herzliche Umarmung des deutschen Botschafters, Graf von der Schulenburg, und die vor aller Welt getroffene Aussage »Wir müssen Freunde bleiben«[106] verfolgte den gleichen Zweck: das Vertrauen in die Kumpanei zu Lasten Dritter zu stärken.

Dabei hätte sein viel größeres Vertrauen in den »europäischen« Kumpan beinahe zu Stalins Exitus geführt. Die Leidensbereitschaft und der durch den Vernichtungskrieg Hitlers gegen die »slawischen Untermenschen« wiedererweckte Patriotismus der von ihm zuvor so geschundenen Völker der Sowjetunion haben ihn – neben der materiellen Hilfe der Westmächte – letztlich vor diesem Schicksal bewahrt.

Wehner mied in seiner Reaktion solche Tabuzonen. Immerhin hatte ihn der Pakt – offenkundig zum ersten Mal – in brutaler Deutlichkeit darauf gestoßen, daß es auf Dauer einen unüberbrückbaren Gegensatz zwischen den außenpolitischen Interessen des von Stalin geführten Sowjetstaates auf der einen und der internationalen kommunistischen Bewegung auf der anderen Seite gab, ja geben mußte, falls sich deren Parteien auf ähnliche Weise wie die KPdSU mit den jeweiligen Interessen ihrer Nation identifizierten. Zwar hatte auf den Anspruch, die besten Patrioten und Internationalisten zugleich zu sein, theoretisch keine der Parteien der Komintern verzichtet. Seit den zwanziger Jahren waren sie aber alle in steigendem Maße einer Praxis gefolgt, in der Internationalismus die Unterwerfung unter den sowjetisch-großrussischen Nationalismus bedeutete und Patriotismus nur in Form des »Sowjetpatriotismus« geduldet wurde. Im Rückblick sah dies so aus: »Von mir selbst muß ich sagen, daß ich schweren Herzens an die Genossen dachte, die in Deutschland durch den Vertrag in die schwersten Konflikte gebracht wurden, und daß ich mit offenen Augen die Anzeichen nationalistischer Beschränktheit und einer Art von chauvinistischer Selbstgefälligkeit im russischen Leben aufnahm.«[107]

Die inneren Konflikte bei den Kommunisten, die in Moskau lebten, waren nicht minder gering, wenn auch von anderer Art. Im Gegensatz zu denen in Deutschland konnten sie ihre Zweifel und seelische Bedrängnis nicht einmal ihren Genossen mitteilen: »Nur ganz intime Freunde wußten voneinander, was der einzelne wirklich dachte. Daß dies alles eine Korrumpierung der Grundsätze der Arbeiterbewegung bedeutete, die auch den einzelnen korrumpieren mußte, und daß jeder, dem es mit dem Sozialismus ernst war, einen Zustand herbeiwünschen mußte, in dem die Arbeiterbewegung sich von den ihr durch das Stalinsche Regime auferlegten Fesseln würde befreien können, ist damals wahrscheinlich nicht nur mir klar geworden.«[108]

Der einzige, mit dem Wehner solche Gedanken hatte austauschen können, war neben seiner Gefährtin Lotte Christel (Christoph) Wurm gewesen, Mitglied des Gründungsparteitags der KPD. Er starb im September 1939 an den Folgen eines Schlaganfalls, den er während der Jahre der »Säuberungen« als Lehrer an der deutschen Sektion der Leninschule erlitten hatte. Neben der zunehmenden Vereinsamung inmitten einer wachsenden Schar von »Schreibtischsiegern«, zu denen auch der früher mit ihm freundschaftlich verbundene Österreicher Ernst Fischer gehörte, der in den Tagen nach der gewaltsamen Besetzung des östlichen Polens durch die Sowjetunion »in seinen dichterischen und karrieristischen Visionen den Sowjetstern bereits über Wien sah«[109], brachte der Hitler-Stalin-Pakt noch zusätzliche Gefahren für die deutschen Kommunisten.

Bei der Ankunft Ribbentrops am 23. August 1939 – sie fand unter Ausschluß der Öffentlichkeit statt – war auf dem Moskauer Flughafen neben dem deutschen Botschafter auch eine Gruppe sowjetischer Beamter zugegen. Zwei junge deutsche Diplomaten, die Jahrzehnte später die Bonner Diplomatie als Botschafter vertraten, Hans von Herwarth und Gebhardt von Walter, beobachteten die Szene. Der erstere schilderte die Ankunft so: »Walter packt mich plötzlich am Arm und deutete auf eine Gruppe von Gestapo-Agenten, die gerade ihre Gegenspieler vom NKWD herzlich begrüßten: ›Schau, wie sie sich anlachen. Die freuen sich, daß sie endlich zusammenarbeiten können. Das kann furchtbar werden. Stell Dir nur vor, wenn die ihre Akten tauschen‹.«[110]

Es wurde furchtbar. Nicht nur dadurch, daß das NKWD deutsche Flüchtlinge, die in der Sowjetunion Asyl gesucht hatten, dazu zwang, sich an das deutsche Konsulat zu wenden; vielmehr wurden zahlreiche Häftlinge, aber auch (Noch-)Nicht-Gefangene über die neue »deutsch-russische« Grenze abgeschoben, die die *vierte polnische Teilung* markierte. Dort wurden sie von den Schergen des Dritten Reiches in Empfang genommen und in die deutschen Konzentrationslager eingeliefert.[111] Einsprüche, die in einigen Fällen von Mitgliedern der KPD-Führung wie Ulbricht bei dem NKWD vorgebracht wurden, blieben völlig wirkungslos.

Von der Abschiebung von Personen in die östliche Himmelsrichtung ist weniger bekannt. Sie hat stattgefunden. Aber dieser Austausch lief nicht zwischen Deutschland und der Sowjetunion. Das Regime des Admiral Horthy ließ im Herbst 1940 eine Reihe ungarischer Kommunisten, darunter Rákosi und Zoltan Vas, in die Sowjetunion ausreisen.[112] Weshalb wurde Thälmann nicht ausgetauscht? Lag es daran, daß er nicht bereit war, eine ihm vom NS-Regime abgeforderte Wohlverhaltensklausel zu unterschreiben? Schwerlich! Die in diesem Zusammenhang öfter auftauchende Behauptung, die Moskauer KPD-Emigration, insbesondere Ulbricht, hätte kein Interesse an der Rückkehr ihres inzwischen eher lästig gewordenen »Führers« gehabt, klingt einleuchtend. Sie überschätzt aber deren Einfluß. Wahrscheinlich hat bei Stalin und seiner Umgebung das Kalkül den Ausschlag gegeben, daß ein an die Spitze der KPD zurückgekehrter Thälmann mit seinem internationalen Ansehen nur die eigenen politischen Kreise stören würde, zumal die sowjetische Politik den von Thälmann nach dem Münchener Abkommen entwickelten Vorstellungen nicht gefolgt war.

Thälmann sah zunächst eine »historische Aufgabe« der sowjetischen Außenpolitik in der Mobilisierung der französischen und britischen Völker gegen ihre eigenen Regierungen, um eine von den »totalitären Staaten« unabhängige Politik in diesen Ländern durchzusetzen. Seiner Frau Rosa, die den Kontakt zu ihm aufrechterhalten konnte und auch die von ihm verfaßten Schriftstücke aus dem Gefängnis herausschmuggelte, erzählte er, daß zur Abwehr der faschistischen Staaten eine Einheitsfront mit der Sowjetunion die einzige Möglichkeit sei. Die

Sowjetunion müsse eine »aktive Gegenoffensive« in der europäischen Außenpolitik herbeiführen, »die ihr das Machtprestige gibt, das ihr entsprechend ihrer konsequenten Haltung gegenüber ›München‹ gebührt«. Den Kern seiner Überlegungen zu »München« bildete die Sorge um die Aufrechterhaltung des Friedens: »Die schwierigste und zugleich brennendste Frage im Bereich der Gesamtaufgabe des Kampfes gegen das Münchener Abkommen und seine Folgen ist gegenwärtig für die Sowjetunion und ihre Freunde die Propaganda und der Kampf für den Frieden.«[113]

Die inzwischen zugänglichen Beschlußprotokolle der Sitzungen der in Moskau anwesenden Mitglieder des ZK der KPD enthalten in der Regel keine aussagefähigen Hinweise weder auf deren Einschätzung des Hitler-Stalin-Paktes noch auf eine Debatte über die Freilassung Thälmanns. Auf letztere zu hoffen, wäre ohnehin zu verwegen gewesen.

An einer Stelle wurde die Sprachlosigkeit durchbrochen. Aber auch dies geschah *vor* dem Pakt. In einer Sitzung Ende Juli 1939 wurde zum ersten Mal über eine von Wehner verfaßte Rezension des im Frühjahr 1939 in Paris erschienenen Buches von Albert Schreiner (»Vom totalen Krieg zur totalen Niederlage Hitlers«) diskutiert.[114] Drei Wochen später wurde die Diskussion fortgesetzt. Die Rezension wurde akzeptiert. Damit nicht der »Eindruck einer Kritik am Sekretariat« entstehe, so hieß es dort weiter, solle sie entweder ohne Namen in der *Rundschau* veröffentlicht oder abgewartet werden, bis alle Genossen an der Sitzung teilnehmen könnten. Pieck solle deswegen Kontakt mit Dimi-troff aufnehmen. Bevor die Rezension in der *Rundschau* veröffentlicht werde, solle die *Deutsche Volkszeitung* eine Kopie erhalten, um eine eigene Kritik zu schreiben.[115]

Brisant war diese Rezension offenkundig nicht durch den Text selbst, sondern durch Thema und Zeitpunkt. Zwar kam der Pakt für die Mehrzahl der KPD-Mitglieder wie aus heiterem Himmel. Aber die KPD-Führung, die notgedrungen untereinander und mit Vertretern anderer kommunistischer Parteien wie den Tschechen täglich zusammenarbeiten mußte, die dafür bekannt waren, daß sie das Gras wachsen hörten, konnte sich wenigstens teilweise ausrechnen, bis zu welchem Grade die Annäherung zwischen Hitler und Stalin gediehen war. Da war alles, was kritisch gegen Hitlers Politik gesagt und geschrieben wurde, in höchstem Maße riskant. Einige Tage später wurde der Pakt vereinbart und machte jede weitere Diskussion überflüssig.

Innerhalb des Kominternapparates nahm dagegen der Druck auf

Wehner und die anderen Mitglieder der KPD-Führung zu, Angriffe auf das NS-Regime einzustellen und sich auf die neue Linie zu begeben. Als ihm von der Redaktion der *Kommunistischen Internationale* zugemutet wurde, dort nur noch über Gewerkschaftsfragen und andere unverfängliche Themen zu schreiben, verweigerte Wehner zunächst jede weitere Mitarbeit an dieser Zeitschrift. Statt dessen versuchte er, in der seit September 1939 in Stockholm erscheinenden Zeitschrift der KPD-Emigration *Die Welt*[116], sich auf seine Weise der neuen Linie zu nähern.

Im November 1939, wenige Tage vor dem sowjetischen Angriff auf Finnland, klagte Wehner, indem er eine Rede Molotows vor dem Obersten Sowjet über konstruktive Friedenspolitik der Sowjetunion zum Ausgangspunkt nahm, »die englischen und französischen Imperialisten« an, sie würden an der Verbreitung des gegenwärtigen Krieges intensiv arbeiten: »Diese ›Ritter eines ideologischen‹ Kreuzzuges, deren ganze Konzeption durch die Verträge zwischen der Sowjetunion und Deutschland über den Haufen geworfen wurde, versuchen in letzter Zeit alles, um Mißtrauen zwischen der Sowjetunion und Deutschland zu säen; sie glaubten die historische Wende rückgängig machen zu können [...], jeden Schritt, den die Sowjetunion unternahm, legten sie geflissentlich als gegen Deutschland gerichtet aus. Alles, was Deutschland tat, drehten und wendeten sie, je nach Bedarf, solange, bis es in der bengalischen Beleuchtung ihrer Schaupropaganda [...] als Beginn neuer Feindseligkeiten gegen die Sowjetunion erschien. [...] Ganz augenfällig ist die Tätigkeit dieser Brunnenvergifter angesichts der Verhandlungen zwischen der Sowjetregierung und Finnland. [...] Einige besonders eifrige sozialdemokratische Zeitungen haben ausgeplaudert, worauf es den Kriegsprovokateuren ankommt und haben, in einem Anfall von Wahnsinn, von einem ›nordischen Krieg‹ gefiebert.«

Schließlich bezichtigte er die »Propagandisten der westlichen ›Demokratien‹«, zwanzig Jahre nach dem »Bankrott des imperialistischen Friedensregimes von Versailles« ein noch härteres Versailles errichten zu wollen »auf der Basis der Unterdrückung und der Ausplünderung des deutschen Volkes. [...] In ihrem Drang, die Freundschaft zwischen den Völkern Mitteleuropas und der Sowjetunion um jeden Preis zu stören, in ihrem Bestreben, Mitteleuropa zu einem Aufmarschplatz des Krieges gegen die Sowjetunion zu machen, scheuen diese Mächte, die angeblich einen ideologischen Krieg gegen den ›Hitlerismus‹ führen, vor keiner Provokation zurück.«[117] Vom »europäischen Kolonialreich des deutschen Faschismus«, wie es im April 1939 noch geheißen hatte, zu dem so wertfrei klingenden, in Wirklichkeit aber schönfärbenden Wort von den »Völkern Mitteleuropas« – fürwahr ein langer Weg in kurzer Zeit!

Dennoch hatte ihn Wehner in den Augen der Kominternführung noch nicht konsequent genug beschritten. Von Dimitroff dazu aufgefordert, »mußte«[118] er eine sehr viel härtere Gangart einlegen.

Im Januar 1940 setzte Wehner sich mit dem *Neuen Vorwärts*, dem Organ der Exil-SPD, auseinander. Dort hatte Rudolf Hilferding zu begründen versucht, daß die Politik Englands und Frankreichs keine imperialistische Politik sein könne, weil »nicht aggressiver Imperialismus« ein Widerspruch in sich selbst sei. Frankreich und England hätten zur Erhaltung des Friedens »immer neue Konzessionen« gemacht, wichtige Machtpositionen geopfert – selbst »um den Preis realer Machtminderung«. Auf ähnliche Weise machte Stampfer deutlich, daß die deutsche Sozialdemokratie zusammen mit ihren Schwesterparteien in England und Frankreich in diesem Krieg einmütig auf seiten der Westmächte stünde und dieser Krieg einen anderen Charakter als der von 1914 habe, weil er letzten Endes der »Befreiung« Deutschlands diene.

Diese Argumente fand Wehner im höchsten Maße anstößig. Er rechnete den Engländern und Franzosen ihre kolonialen Sünden vor sowie die gegen die »junge Sowjetmacht« gerichtete Intervention nach 1918: »Und wie ist es heute, da England und Frankreich nicht nur zur militärischen Aggression übergingen, sondern auch eifrig bemüht sind, sämtliche Völker in den Krieg hineinzureißen? Aber ganz abgesehen davon, daß England und Frankreich heute als Aggressoren auftreten, ist der Imperialismus natürlich nicht eine vorübergehende Krankheit, die einmal diesen und einmal jenen Staat befällt, sondern Imperialismus ist das Weltsystem der kapitalistischen Monopole, der kolonialen Unterdrükkung und Ausplünderung.«

Schließlich gipfelte die Polemik im an die Adresse Hilferdings und Stampfers gerichteten Vorwurf, beide wollten im Auftrag des englischen Imperialismus in Verbindung mit dem Krieg »jede Erschütterung kapitalistischer Positionen verhindern, um im Gegenteil durch eine verlogene, ›antihitlersche‹ Demagogie neue reaktionäre kapitalistische Einflüsse auf die Werktätigen Deutschlands wirksam werden zu lassen, damit Deutschland unter dem Protektorat des Imperialismus zu einer Festung und einem Aufmarschfeld gegen die UdSSR werde. Während die deutschen Werktätigen gerade in der deutsch-sowjetischen Freundschaft eine Grundlage zur Herbeiführung eines wirklichen Friedens erkennen und alle Hoffnungen auf eine Vertiefung dieser Freundschaft setzen, versuchen die reaktionären sozialdemokratischen Führer, diese Freundschaft zu unterwühlen und zu zerstören.«[119]

Lassen die teilweise hanebüchene Beweisführung wie die überzogene Polemik überhaupt noch eine vernünftige Erklärung zu? Angesichts dieser geifernden Sprache – Stampfer wird als »alte Vettel« bezeichnet, Hilferding als ein Mann, dessen »weißglühende Feindschaft« gegen die Sowjetunion »notorisch« sei, die »ehemaligen sozialdemokratischen Führer« werden der »Schamlosigkeit« geziehen, weil sie angeblich im »Solde« des »anglo-amerikanischen Imperialismus« stünden –, einer Sprache, die kaum mehr als Sprache, sondern allenfalls als verbale Absonderung eines total entfremdeten, seelisch schwerkranken Menschen bezeichnet werden kann, greifen im Text begründete Erklärungen einmal mehr zu kurz.

Es wurde schon gezeigt, in welchem Umfang Wehner während der Jahre der »Säuberungen« seelische Abwehrmechanismen benutzte, die gleichwohl die Erschütterung, ja die teilweise Zerstörung der politischen wie persönlichen Identität und damit auch die Deformation der Sprache nicht hatten verhindern können. Aber es gab in jener Zeit zwischen ihm und dem sowjetischen »Gastland« mindestens auch ein zentrales Element, das Identität stiftete: den Kampf gegen das Hitlerregime.

Da dieses zentrale Objekt des gemeinsamen Kampfes ausfiel, weil es nicht mehr kritisiert werden durfte, verschob sich erneut das Ziel der Aggression. Andere Gegensätze rückten in den Vordergrund. Gegner zweiten Ranges wurden zu Hauptfeinden stilisiert und für vogelfrei erklärt. Dabei benutzte er zunehmend Versatzstücke aus der offiziellen Sowjetpropaganda. Emphatisch begrüßte er die Ankunft der in den Obersten Sowjet von den »Nationalversammlungen der befreiten Westukraine und Westbelorußlands« gewählten Delegierten als »Vertreter von nahezu 13 Millionen Menschen, die unter der Herrschaft des polnischen Pans [...] zu Boden [...] getreten waren [...]. Diesen 13 Millionen eröffnete die starke Hand der Sowjetunion das Tor zu einer lichten Zukunft, sie befreite sie aus dem grauenhaften Trümmerhaufen, den eine anmaßende polnische Herrenschicht als ›Staat‹ bezeichnete.«[120]

Der Begriff der »polnischen Pans« wurde schon lange vor dem Pakt von der Sowjetpropaganda benutzt, um den nationalen Gegensatz mit dem sozialen (Großgrundbesitz gegen Bauern) zu einem wirksamen Gemisch zu verbinden. Auch Wehner hatte ihn zuvor schon benutzt.[121] Aber erst dessen Kombination mit der kaum verhüllten Ablehnung der

Existenzberechtigung zumindest des bisherigen polnischen Staates ergab jene imperialistische Versuchung von links – war eine direkte Nachbarschaft von sowjetischem und deutschem Gebiet auch für Wehner eine revolutionsstrategische Zukunftsperspektive? –, für die Wehner in den letzten beiden Jahrzehnten seines Lebens durch praktische Hilfe für den 1945 neu entstandenen polnischen Staat Abbitte zu leisten sich bemühte.

Im Dezember 1939 wurde zwar in einer Erklärung der kommunistischen Parteien Deutschlands, Österreichs und der Tschechoslowakei »gegen den imperialistischen Krieg – für den Frieden und die Freiheit der Völker« neben den anderen Völkern des östlichen Mitteleuropas auch Polen das »volle und freie Selbstbestimmungsrecht« eingeräumt. Aber auf welchem Territorium das Recht ausgeübt werden sollte, davon war nicht die Rede. Die polnische KP, durch Stalin ihrer emigrierten Führung beraubt, hätte zu jener Zeit wohl kaum der Formulierung zugestimmt, die Völker der Westukraine und Westbelorußlands hätten durch ihre Vertreter ihren Willen »zur brüderlichen Vereinigung mit den Sowjetvölkern zum Ausdruck« gebracht.

Im übrigen wurde in diesem Dokument, dessen Entwurf wegen einiger Formulierungen, die noch nicht der neuen Linie entsprachen, lange Wochen von der Kominternspitze zurückgehalten und dessen letzte Fassung von Wehner und dem österreichischen Kommunisten Fürnberg »mit Hängen und Würgen«[122] ausgearbeitet worden war, jede Kritik am Faschismus bzw. Nazismus vermieden. Der »englische« – gelegentlich auch der »anglo-französische« – »Imperialismus« wurde einmal mehr zum zentralen Angriffsobjekt. Ihm wurde vorgeworfen, er habe »zur Wahrung seiner imperialistischen Vormachtstellung [...] die Niederschlagung der Arbeiterbewegung Deutschlands und [...] die Expansion des wiedererstandenen deutschen Imperialismus mit dem Ziel [unterstützt], diese Expansion nach dem Osten zu lenken«[123].

»Die ehemaligen Führer der Sozialdemokratie«, so ging es dort weiter, spielten in diesem Krieg die »schändlichste Rolle«. Mit ihrer Behauptung, daß »die englischen und französischen Imperialisten für die Befreiung des deutschen, tschechischen und österreichischen Volkes« kämpften – vom polnischen Volk war hier nicht die Rede –, deckten sie deren »Schwindel« vom »angeblich antifaschistischen Krieg gegen das Hitlerregime«. Dann folgte ein gewisse neuaufkeimende Hoffnungen innerhalb der KPD-Führung entblößender Satz: »Sie gießen damit Wasser auf die Mühlen des Chauvinismus und Antimarxismus in Deutschland und erleichtern dem deutschen Imperialismus seinen Kampf gegen die revolutionäre Arbeiterschaft.«[124]

Wachten nun Dengel und Ulbricht »geradezu eifersüchtig« darüber, »daß nicht durch ›primitiven Antifaschismus‹ die ›legalen‹ Möglichkeiten der Propagierung des sowjetischen Systems innerhalb Deutschlands gestört wurden«[125], wie die »Notizen« berichten? Oder hatte sich auch Wehner zeitweise von solchen Illusionen anstecken lassen? Auch während des Jahres 1940 gab es keinen Hinweis. Er benutzte weiterhin die üblichen Klischees der sowjetischen Propaganda, sprach von der »genialen Voraussicht Stalins, des großen Fortsetzers des Werkes von Marx, Engels und Lenin«, dessen Weigerung, den »Kriegstreibern« in Frankreich und England die »Kastanien aus dem Feuer« zu holen, die Sowjetunion »vor dem imperialistischen Krieg« bewahrt habe. Er übernahm, wenn vom NS-Regime die Rede war, Dimitroffs pseudoneutrale Formel von dem in »Deutschland herrschenden Regime« und feierte die »Befreiung von 23 Millionen Werktätigen in Weißrußland, der Ukraine, in den Baltischen Ländern, in Bessarabien und in der Nordbukowina« – also den im geheimen Zusatzabkommen des deutsch-sowjetischen Paktes Stalin eingeräumten imperialistischen Profit – »aus den Schrecken, beziehungsweise aus den drohenden Gefahren des Krieges, die gleichzeitig eine weitere Stärkung der Sowjetunion bedeutet«. Den Werktätigen der kapitalistischen Länder unterstellte er, daß deren Hoffnung »inmitten des Grauens des imperialistischen Krieges [...] in der weiteren Sicherung und Festigung dieser Festung der Werktätigen« liege.[126]

Außer der Festungsmetapher, die kurz auf die früher erörterte psychische Binnenstruktur der Familie Wehner verweist, klang das, was hier zum ersten Jahrestag des Paktes – gespickt mit Zitaten aus Reden Molotows und Dimitroffs, hinter denen man trefflich seine eigene Meinung verstecken konnte – niedergeschrieben wurde, distanziert und kühl – weitgehend eine Pflichtübung. Jedenfalls waren solche Stellungnahmen von Ulbrichts Bereitschaft, alle Gegner des Paktes als »Feinde des Volkes«[127] zu denunzieren und sie damit potentiell der Gestapo auszuliefern, weit entfernt.

Wehners Distanz bei den meist in mehrmonatlichen Abständen abgelieferten Pflichtarbeiten stand im schroffen Gegensatz zum glühenden Enthusiasmus, mit dem er – abgesichert durch ein an die Adresse Karl Liebknechts gerichtetes Lob Lenins vom Mai 1918 – von den beiden Begründern einer revolutionären und selbständigen kommunistischen Partei in Deutschland sprach. Ausführlich zitierte er dabei Liebknechts

»prophetische« Erklärung im Reichstag vom 2. Dezember 1914, mit der er die Kriegskredite ablehnte: »Die Befreiung des russischen Volkes muß dessen eigene Sache sein, so wie die Befreiung des deutschen Volkes nicht das Ergebnis von Beglückungsversuchen anderer Staaten, sondern nur sein eigenes Werk sein kann.« Dieser Satz enthielt nach wie vor den Kern der politischen Sehnsucht Wehners im fernen Moskau. An ihm hielt er fest, auch wenn – wie er nun wieder in der Äsopschen Sprache formulierte – »die Zeitumstände ungeheuere Schwierigkeiten mit sich brachten«[128].

Die Schwierigkeiten hingen zunächst damit zusammen, daß nach Beginn des Krieges im Westen die Pariser Auslandsleitung interniert und dadurch die Verbindungen zu den da und dort »im Lande« noch bestehenden illegalen Gruppen zerstört worden waren. Zum anderen bestanden sie darin, daß die KPD in den Augen der sowjetischen Führung und der Kominternspitze nicht mehr als handlungsfähige Einheit angesehen wurde, wenn auch aus teilweise unterschiedlichen Gründen.

Für Stalin war die Weiterexistenz der KPD und deren Emigrationsführung in Moskau angesichts der neuen deutsch-sowjetischen »Freundschaft« wenigstens bis Herbst 1940 ein Klotz am Bein, den er – wie die Auslieferung von Hunderten deutscher Kommunisten an das NS-Regime zeigt – so weit wie möglich loswerden wollte. Dimitroff rühmte zwar, daß die deutschen Kommunisten etwa im Vergleich zu den französischen Kommunisten, von denen einige aus ihrer Kritik am Hitler-Stalin-Pakt anfangs keinen Hehl gemacht hatten, nur einen »geringen Prozentsatz von Verrätern und Überläufern«[129] aufweisen würden. Er meinte aber zugleich, daß die KPD schon während des Krieges in Spanien nicht mehr als »handelnder politischer Faktor« aufgetreten sei und daß es jetzt keine zusammenhängende deutsche Partei mehr gebe.

An die daraus von Dimitroff gezogene Konsequenz, im Lande selber wieder Zentren zu bilden und diese zu einer einheitlichen Partei zu verbinden[130], knüpfte Wehner im Januar 1940 an, als während der internen Beratungen der Komintern die deutschen Kommunisten mit ihren Kritikern aus den anderen Parteien heftig aneinandergerieten:

»Ich hatte Dimitroff die Frage gestellt, warum die Kominternführung bei ihrer Einschätzung der Lage in der deutschen Partei nicht früher zugelassen habe, daß Genossen, die in der illegalen Arbeit erfahren seien, im Lande arbeiten dürften. Dimitroff versprach, auf meine Frage und auf die Anregung, mir die Erlaubnis zur Arbeit im Lande zu geben, später zu antworten. Bevor es zu dieser Antwort kam, hatte ich in einer

Sitzung der Deutschen die Frage gestellt, ob es nicht an der Zeit sei, zu fragen, weshalb die Kominternführung den Versuch der Brüsseler Konferenz, eine verjüngte Parteileitung zu schaffen, gestört hatte, und ob sie bereit sei, zu erklären, weshalb sie in der Praxis sich von einem Mißtrauen mir und anderen jüngeren Genossen gegenüber habe leiten lassen. Meine damit verbundene Kritik an der Kaderpolitik sowohl der deutschen Parteileitung als auch der Kominternleitung hatte unter den Deutschen zu nachträglichen Auseinandersetzungen über das Verhalten Ulbrichts und Piecks zu der gegen mich geführten Untersuchung geführt. Ulbricht hatte erklärt, er sehe ein, damals falsch gehandelt zu haben und würde sich nicht wieder zu solchen Schritten treiben lassen. Man überließ es mir, Dimitroff die hier skizzierten Fragen selbst zu stellen. Das tat ich auch. Das Ergebnis war, daß Dimitroff nach langem Schweigen die diplomatische Antwort gab: ›Das Vertrauen der Kominternführung äußert sich in ihren Beschlüssen. Wir haben Vertrauen zu Pieck; wir haben Vertrauen zu Florin; wir haben (nach einigem Zögern) Vertrauen zu Ulbricht.‹«[131]

Die Folge der innerhalb der Komintern und zeitweise innerhalb der KPD-Führung[132] geschwächten Stellung Ulbrichts war, daß er jede persönliche Verantwortung scheute, als es darum ging, vor dem Zusammenbruch Frankreichs ehemaligen Spanien-Kämpfern sowie Mitarbeitern der Pariser Auslandsleitung, die aus französischen Internierungslagern geflohen waren und sich irgendwo in Westeuropa verbargen, ein sowjetisches Visum zu verschaffen. Wehner selbst war über seinen Schatten gesprungen und hatte sich unter anderem um die Einreiseerlaubnis auch eines Anhängers[133] des ehemaligen Politbüromitglieds Hermann Schubert bemüht.

Die schnelle Niederlage Frankreichs, von der in Moskau »erschreckend wenig Notiz genommen wurde«[134], zerstörte nicht nur solche Bemühungen, sondern auch jede Hoffnung auf ein absehbares Ende der Naziherrschaft in Europa. Es gab nichts, aber auch gar nichts an äußeren Ereignissen, was in diesem Sommer und Herbst 1940, zugleich einer Phase der tiefsten Erniedrigung und absoluten Einflußlosigkeit der deutschen Kommunisten in Moskau, hätte Trost spenden können. Wehner versuchte sich dadurch über die Runden zu helfen, daß er bis Jahresende 1940 eine umfassende Arbeit über die Entwicklung der deutschen Wirtschaft fertigstellte, an der er seit Jahren mit seinem Freund Christel Wurm gesessen hatte. Diese Arbeit, deren Manuskript leider verschollen ist, übergab er im Januar 1941 Dimitroff, Pieck sowie dem Ungarn

Eugen Varga, dem angesehensten kommunistischen Ökonomen, »der sich seit Jahr und Tag mit diplomatischer Vorsicht gescheut hatte, offen über die deutsche Wirtschaft zu sprechen«[135].

Wenig später, Ende Januar 1941, konnte er nach vierjährigem Aufenthalt Moskau wieder verlassen. Diese Reise wäre schon ein Jahr zuvor fällig gewesen. Nachdem sich die Pariser Auslandsleitung unter Franz Dahlem im September 1939 freiwillig in die von der französischen Regierung errichteten Internierungslager für deutsche Emigranten begeben hatte, um die Loyalität der deutschen Kommunisten gegenüber dem Gastland zu beweisen, versuchte die Moskauer Emigrationsführung die dadurch abgerissenen Verbindungen nach Deutschland zunächst über Kopenhagen (Abschnittsleiter Heinrich Wiatrek), dann über Stockholm (Abschnittsleiter und ZK-Mitglied Karl Mewis) neu zu knüpfen. Ende November 1939 berichtete Mewis in einer gemeinsamen Sitzung des Sekretariats der EKKI und der KPD-Vertreter über die mit ihm in Verbindung stehenden Berliner Organisationen: Er behauptete unter anderem, daß zehn Parteileitungen, vier Jugendleitungen sowie 96 Zellen existierten. Von den letzteren arbeiteten 56 in Betrieben, 35 in Massenorganisationen der Wohngebiete, 5 unter den Mittelschichten.[136] Sein Bericht machte einen so »kraftvollen« Eindruck, daß Dimitroff danach gesagt haben soll: »Ich glaube dem Mann kein Wort.«[137] Soweit es in Berlin überhaupt noch funktionierende illegale Gruppen gab, wurden deren Aktionsmöglichkeiten im Sommer 1940 weitgehend zerstört, nachdem die Gestapo führende Berliner Funktionäre sowie die meisten der von Mewis ins Land geschickten Instrukteure[138] festgenommen hatte und seitdem die wichtigsten Kurier- und Reisewege sowie die Anlaufstellen kontrollierte.

Die schönfärberischen Berichte, die Mewis während des Jahres 1940 aus Stockholm nach Moskau schickte, wurden dort für noch unglaubwürdiger gehalten als sein Bericht von Ende 1939. Auf wachsende Kritik stieß auch seine in mehreren Artikeln in der in Stockholm erscheinenden deutschsprachigen Kominternzeitschrift *Die Welt* sich dokumentierende Neigung, die der KPD von der Komintern, also von der sowjetischen Führung, im Januar 1940 vorgegebenen »Richtlinien«, die sogenannte »Januarresolution« – einerseits schärfster Kampf gegen das Hitlerregime, andererseits Unterstützung der sowjetrussischen Paktpolitik –, so auszulegen, »daß Hitler die Rolle Tschiang Kai-scheks in Deutschland spiele und daß die deutschen Kommunisten darauf hinarbeiten müßten, ihre Legalität zu erringen und zum Regime ein entsprechendes Verhalten an den Tag zu legen, wie die chinesischen Kommunisten zu Tschiang Kai-schek«[139].

Im Spätherbst 1940 hatte Dimitroff seinen Vertrauten Richard Stahlmann (mit bürgerlichem Namen Arthur Illner) nach Stockholm entsandt, um dort die Arbeit von Mewis zu kontrollieren. Stahlmann war seit den zwanziger Jahren im Geheimapparat der KPD und der Komintern tätig. Er hatte zahlreiche technische und organisatorische Aufträge (bis hin zum Mord) von China bis Spanien[140] im Hinterland des Gegners zur Zufriedenheit seiner Auftraggeber erfüllt. Sein *nom de guerre* »Partisanen-Richard« unterstrich diese Rolle[141] des militärischen Spezialisten, machte aber auch die Grenzen seiner Fähigkeiten sichtbar. Zur politischen Richtungskontrolle oder gar zur politischen Initiative, die die bisherige illegale Tätigkeit zusammenfassen und neu motivieren sollte, war er denkbar ungeeignet.

Das Haupthindernis für einen solchen politischen Neuanfang lag aber in der sowjetischen Außenpolitik, die bis zum Spätherbst 1940 keinerlei Interesse daran hatte, ihr Verhältnis zu Hitler-Deutschland auf diese Weise stören zu lassen. Erst als nach dem Molotow-Besuch in Berlin im November 1940 – obwohl aus diesem Anlaß zum einzigen Mal im Dritten Reich offiziell die Internationale gespielt wurde – der Rauhreif über die Scheinblüte der Hitler-Stalin-»Freundschaft« fiel, wurde für die sowjetische Führung aus dem bisherigen Störfaktor KPD wieder ein potentielles Instrument.

Mehr als ein Jahr nach den internen Beschlüssen[142] der KPD-Führung, mit der diese auf die Kritik der Kominternspitze zu reagieren versucht hatte – sie sahen unter anderem den Aufbau einer zentralen Leitung in Berlin und von Bezirksleitungen in den wichtigsten Industriegebieten sowie als Vorstufe dazu die Bildung einer neuen Auslandsleitung in Stockholm als operatives Führungsorgan unter der Leitung von Wehner, Mewis und Wiatrek vor –, war vergangen, bevor der Versuch begonnen werden konnte, sie zu verwirklichen.

Bevor Wehner sich auf die Reise nach Stockholm machen konnte, war lange um seine Rechte »gefeilscht« worden. Ulbrichts Forderung, Mewis sofort von dort abzuberufen, wurde »zurückgestellt«. Statt dessen sollte Wehner dessen Tätigkeit genau – »unfamiliär« lautete Dimitroffs Auftrag – untersuchen und danach ein neues Parteizentrum in Berlin bilden. Die Angst der Zurückbleibenden, »abgehängt« zu werden, wie dies im Politjargon hieß, begleitete ihn: »Piecks Hauptsorge war, daß dies kein Zentralkomitee werden dürfe, und es wurde ausdrücklich festgelegt, daß sich neue Leitungen, die im Lande gebildet werden sollten, nicht als Zentralkomitee bezeichnen dürften, daß sie aber als ›Kommunistische Partei‹ auftreten könnten. Ich selbst legte diesem Feilschen keine große Bedeutung bei, sondern war im Grunde genommen froh, Gelegenheit zu eigener Arbeit im Kampfe gegen den Nazismus zu erhalten [...].«[143]

Die Begeisterung war anfangs dadurch gedämpft, daß seine Gefährtin Lotte, entgegen der ursprünglichen Zusage, nicht mitreisen durfte – ein Versuch, »ihm noch mehr die Hände zu binden«.

IX Schweden als letzte Etappe

Je mehr Wehner sich seinem Reiseziel näherte, um so mehr scheinen – wie noch die »Notizen« bezeugen – die Beklemmungen der Moskauer Atmosphäre von ihm gewichen zu sein. Ob es um den von ihm und seiner Gefährtin mit Bitterkeit registrierten Beifall einer Delegation NS-Deutschlands für den jüdischen Dirigenten im Moskauer Konservatorium oder um den Anblick der in Tallin herumspazierenden SS-Leute ging, der Abschied von dieser Art verkehrter Welt fiel ihm nicht schwer. »Nein, ich wollte aus allen Zweideutigkeiten heraus; ich wollte wieder unmittelbar im Kampfe gegen den Feind stehen, von dessen eigentlichem Wesen ich mehr zu wissen glaubte, als viele der politischen Würdenträger.«[1] Es war nicht der rohe Instinkt des politischen Frontkämpfers, der ihn so reden ließ, vielmehr das Gefühl, einem Leben entkommen zu sein, in dem auf Dauer nur ein jeder Würde entkleidetes Marionettendasein übrigblieb.

Ob ihm die Gefahr bewußt blieb, den alten Illusionen neue hinzuzufügen? Er vertraute jedenfalls auf die großen Veränderungen durch den Krieg, von dessen langer Dauer er überzeugt war. Sie sollten ihm helfen, Unabhängigkeit und innere Demokratisierung der Arbeiterbewegung voranzubringen: »Mein Traum war die Ausnutzung der geringen mir gewährten Bewegungsfreiheit zur Bildung neuer, aus verschiedenen Richtungen der Arbeiterbewegung zusammengesetzter Kampfzentren gegen den Nazismus, aus denen die Grundelemente einer gegen Schluß des Krieges selbständig hervortretenden und ihren Einfluß geltend machenden neuen Arbeiterbewegung hervorgehen sollten.« Diese »Idee, vom Lande her die verfahrene Entwicklung der Bewegung auf neue Gleise zu lenken«, war die Wiederaufnahme des Mythos von der autonomen deutschen Revolution, auch wenn sie im Kern Anklänge an Lenins erfolgreiche Strategie von 1917 enthielt.

Hatten diesen Traum seither nicht die meisten der führenden deutschen Kommunisten geträumt? Fühlte sich auch Wehner als künftiger deutscher Lenin – gar ein Lenin im Geiste Rosa Luxemburgs? Erlaubten es die Umstände, hatten sie es je erlaubt, Lenins Rezepte auf Deutschland anzuwenden? Waren die Jahre seit 1918 nicht Gegenbeweis genug? Oder taugten sie dazu nicht, weil »wahre« Revolutionäre wie Wehner damals noch keine Handlungschancen hatten?

Der von ihm in der Rückblende benutzte Begriff des »Traums« deutet an, daß dieser der vorgefundenen Wirklichkeit nicht standgehalten hatte. Es existierten zu viele »Zweideutigkeiten« – alte und neue. In den ersten Monaten gab es noch die alten »Zweideutigkeiten« aus dem Hitler-Stalin-Pakt. In den Beiträgen, die Wehner seit Mai 1941 in der Komintern-Zeitschrift *Die Welt* veröffentlichte, ist spürbar, wie schwer er sich damit tat, einerseits gegen die Illusionen eines Karl Mewis[2] anzugehen, andererseits die von Komintern- und KPD-Führung geforderte ideologische Quasineutralität – also Verzicht auf »primitiven Antifaschismus« – beachten zu müssen.

Schon im ersten Artikel bemühte er sich, auf ideologisch unangreifbares Terrain zu gelangen, das heißt einen in den Höhen der Abstraktion angesiedelten Klassenstandpunkt einzunehmen. Dies gab ihm die Möglichkeit, »mit offenem Visier jenen Nationalsozialisten gegenüberzutreten, die sich abmühen, den Weg zum Sozialismus zu finden und zu beschreiten«. Er verschwieg dabei nicht den Zwiespalt der Gefühle: »Es ist für revolutionäre Kämpfer, die unter dem Faschismus blutig gelitten haben und noch leiden, gewiß nicht leicht, über die Kluft hinweg zu sprechen, die zwischen ihnen und denjenigen, die dem Nationalsozialismus gefolgt sind, aufgerissen ist. Qualvolle Jahre, die Schatten so vieler gemordeter Freunde und die Erkenntnis, daß dieser Weg der Entbehrungen, der Fesseln und des Bluts hätte vermieden werden können, liegen zwischen denen, die jetzt miteinander sprechen sollen.«

Damit stellte Wehner klar, daß »die Aussprache, die mit den ehrlichen Leuten aus der Gefolgschaft des Nationalsozialismus angestrebt werden soll und die auf jeden Fall zustande kommen wird, frei ist von Tricks, von Demagogie und von der Absicht, den Partner hinters Licht zu führen. Die revolutionären Kämpfer, die Schüler Lenins und Stalins sind, stehen auf festem Grund. Sie bedürfen nicht der Tricks bourgeoiser Demagogen. Sie haben die sozialistische Zukunft lebendig vor Augen, und sie wurzeln in den gesunden Volkskräften, denen diese Zukunft gehört.«

Wehner ging dann auf ein – von einer NS-Zeitung kurz zuvor veröffentlichtes – (fiktives) Gespräch zwischen einem Leutnant und einem Feldwebel auf okkupiertem polnischen Gebiet ein, das sich mit der Frage beschäftigte, wem dieses Gebiet, das »für Deutschland« erobert worden sei, künftig gehöre, nachdem ein Wettlauf kapitalkräftiger Leute nach den »neuen Ostgebieten« eingesetzt habe. Die Quintessenz des Gesprächs lief auf die für jene Nationalsozialisten, die glaubten, der Krieg werde geführt, um die »Welt der fremden Plutokraten in Stücke zu schlagen«, beunruhigende Frage hinaus: Was wird, wenn sich die »eigenen Plutokraten« auf diesen »Stücken« festsetzen und es sich wohl sein lassen? Die Schlußfolgerung des Leutnants – »dann brauchen wir gegen die [fremden] Plutokraten keinen Krieg zu führen« – versah Wehner mit dem Kommentar: »Ohne Schadenfreude sehen wir, wie solche Nationalsozialisten, denen es Ernst ist um die Überwindung des Kapitalismus, an einem Punkt anlangen, an dem sie erkennen müssen, daß sie fehlgegangen sind, solange sie noch meinten, man könne den Kapitalismus überwinden, ohne den Kapitalisten zu Leibe zu gehen.«[3]

Wehner bemühte sich, mit Hinweisen auf das Ende 1940 erlassene NS-Gesetz über steuerbegünstigte Investitionen in den »neuen Ostgebieten« und auf die Übernahme von Hütten- und Bergbaubetrieben in den eroberten Gebieten Oberschlesiens, Lothringens und Luxemburgs durch schlesische, rheinisch-westfälische und saarländische Montankonzerne – von Graf Ballestrem über Friedrich Flick und die Klöckner-Familie bis hin zu den Röchlingschen Eisen- und Stahlwerken – die bei »ehrlichen Nationalsozialisten« aufkommenden Zweifel über den Sinn des Krieges zu verstärken.

Den hier aufgenommenen Faden spann er in einem Kommentar zum Flug des »Führerstellvertreters« Rudolf Heß nach England weiter. Er fand es erstaunlich, daß in der NS-Presse Heß lediglich als »Idealist« und »Opfer von Wahnvorstellungen« bezeichnet und dessen Versuch, sich zu einem Gespräch mit Angehörigen der »hauchdünnen plutokratischen Oberschicht« Englands zu begeben, völlig anders behandelt worden sei als das Abhören ausländischer Rundfunksender durch einfache Bürger, das mit hohen Zuchthausstrafen geahndet werde: »Es handelt sich um Beziehungen von Angehörigen der herrschenden Kreise beider kriegführenden Seiten, die mit der gleichzeitigen Abschlachtung der Zivilbevölkerung vereinbar sind.«

Aber hinter dem Flug des Hitler-Stellvertreters sah er noch andere Absichten verborgen, die angeblich in den letzten Reden des englischen

Premiers Churchill offenbar geworden seien. Dort sei dessen Wunsch erkennbar geworden, »es möge, zur Entlastung des ramponierten englischen Imperialismus, endlich gelingen, dem imperialistischen Krieg die Wendung gegen die Sowjetunion zu geben [...]. Auf eine solche Wendung hoffen die kapitalistischen Bankrotteure noch immer.« Deshalb erblickte er im Absprung von Heß auch »eine Warnung«[4]. Er sprach nicht aus, an wessen Adresse diese Warnung – knapp drei Wochen vor Beginn des Krieges im Osten – gerichtet war. Das hätte ja bedeutet, daß er die Wachsamkeit des »großen« Stalin in Zweifel gezogen hätte. Trotz solcher Ahnungen war Wehners Hoffnung immer noch groß, daß die »tiefe Feindschaft gegen den Kapitalismus«, die er in den »breiten werktätigen Massen«[5] Deutschlands verankert sah, das NS-Regime vom Krieg gegen die Sowjetunion abhalten würde.

Um so tiefer war die Enttäuschung, als diese Hoffnung getrogen hatte. Aber auch in den ersten Tagen des Hitlerschen Vernichtungskrieges[6] gegen die »bolschewistischen Untermenschen« blieben seine Deutungen noch im Dunstkreis des Antikapitalismus.

Wehners erstes Wort galt jenen Menschen in Deutschland, »die mit dem Herzen bei dem 1939 durch einen Vertrag besiegelten Freundschaftsverhältnis zwischem dem deutschen Volk und dem Sowjetvolk waren«, und besonders »denen aus der Gefolgschaft des Nationalsozialismus, die 1939 aufatmeten, als nach jahrelanger teuflischer Hetze und Verleumdung der Sowjetunion durch den Propagandaapparat einmal, wenn auch nur für kurze Zeit, die Wahrheit über die Sowjetunion durchschimmerte«. Seine bange Frage lautete: »Werden sie sich nun, nachdem sie in schweren Jahren den Beweis erhalten haben, daß die Sowjetunion treu zu ihrem Wort steht, wieder dazu hergeben, den offenen Wortbruch der deutschen Plutokraten und ihrer nationalsozialistischen Geschäftsführer durch Schweigen zu decken?«[7] Die gleiche Frage in immer neuen Variationen stellte er auch in den nachfolgenden Monaten. Je mehr die Hoffnung auf Antwort sank, desto öfter wiederholte er sie.

Der Überfall auf die Sowjetunion

Immerhin schien mit dem deutschen Überfall auf die Sowjetunion der durch den Hitler-Stalin-Pakt eingetretene innere Bruch geheilt und Stalin mit seiner (nachträglichen) Begründung des Paktes, dieser habe der Sowjetunion die nötige »Atempause« verschafft, gerechtfertigt zu sein.

Der Enthusiasmus war jedenfalls ungekünstelt, mit dem Wehner Lenin achtzehn Jahre nach dessen Tod als »Erwecker und Befreier des russischen Volkes« feierte, der mit seiner Partei als einer »Volkspartei« seine »große historische Konzeption« einer »Volksrevolution« verwirklicht habe. Und der Hinweis auf die Erweckung und Errettung Rußlands aus der Dumpfheit und dem Massenelend des verfaulenden zaristischen Systems und auf den dadurch vollzogenen »Durchbruch eines großen, lebenskräftigen Volkes und seiner kleineren Brudervölker zum zielbewußten Leben«[8] war zugleich ein beschwörender Appell an das deutsche Volk, es dem russischen gleichzutun.

Die Forderung nach dem Selbstbestimmungsrecht der Völker durchzog alle weiteren Beiträge. In dessen Durchsetzung sah er auch das offizielle Kriegsziel der sowjetischen Politik: »der vaterländische Krieg [verschmilzt] immer mehr mit dem Kampf aller ihres Selbstbestimmungsrechts beraubten oder gegen die ihnen drohende Gefahr ankämpfenden Völker«[9].

Die Ernsthaftigkeit dieses obersten Kriegszieles sah Wehner zum einen durch die Erklärungen Stalins und Molotows gewährleistet, »daß die Völker der Sowjetunion in Frieden und Freundschaft mit dem deutschen Volk zusammenzuleben wünschten, und daß sich der vaterländische Verteidigungskrieg nur gegen jene richtet, die die Union der sozialistischen Sowjetrepubliken angegriffen haben«[10]. Zum anderen hielt er es durch die Atlantikcharta für garantiert, die von Roosevelt und Churchill während ihres Treffens im August 1941 verkündet worden war. In ihr hatte das Selbstbestimmungsrecht der Nationen Vorrang erhalten. Wehner betonte mehrfach, daß auch die Sowjetunion den dort enthaltenen Prinzipien zugestimmt hatte.[11] Es mag dahingestellt bleiben, ob er damit indirekt ein durch Erfahrung gehärtetes Mißtrauen ausdrücken oder dem neutralen Leser die sowjetische Haltung nur um so glaubhafter darstellen wollte. Der antiplutokratische Klassenstandpunkt war zumindest im Rahmen der Anti-Hitler-Koalition funktionslos geworden.

Die Polemik gegen Sozialdemokraten, die während des Hitler-Stalin-Paktes ein willkommener publizistischer Ersatzkriegsschauplatz gewesen war, lief zunächst weiter. Nicht ohne hämischen Unterton zählte er das Schicksal führender deutscher Sozialdemokraten – von Otto Wels über Ernst Heilmann und Johannes Stelling bis zu Rudolf Hilferding (»der wildeste Hasser der Sowjetunion«) – auf und kommentierte deren Tod mit dem Satz: »So also endeten diejenigen, die das deutsche Proletariat dem Faschismus ausgeliefert haben.«

Noch vehementer attackierte er jene schwedischen Sozialdemokraten, die aus Sympathie für die finnische Sozialdemokratie und deren jahrzehntelangen Kampf gegen den Sowjetkommunismus eine Niederlage der Sowjetunion herbeiwünschten. Einer von ihnen, Sven Backlund[12], hatte nach der Rückkehr von einem Aufenthalt in Finnland in einem Leserbrief, der im Stockholmer *Social-Demokraten* veröffentlicht wurde, geschrieben: »Die finnische Sozialdemokratie unter der Führung Väinö Tanners ist heute ja auch der Vorposten der Internationale. Denn der Bolschewismus wird liquidiert. Er wird gleichzeitig von außen und von innen liquidiert. Von außen durch den gewaltsamen Vorstoß der Deutschen gegen die Russen.«

Wehners Antwort war entsprechend: »Sodomie«, »Sünde wider die Natur der Arbeiterbewegung«, »Abgrund der Perversion« – so lautete die Schmähkritik[13], die später fortgesetzt wurde.[14]

Sein Hauptaugenmerk galt aber in steigendem Maße dem lastenden Schweigen in Deutschland selbst. Je mehr er den Krieg als Ausdruck des Kampfes um das Selbstbestimmungsrecht der Völker interpretierte, um so beredter wurde seine Klage, daß das deutsche Volk sich bisher noch nicht selbst zu einem »eigenen Wort aufgerafft« hatte: »Ist es nicht an der Zeit, an die Stelle des verzweifelten Mutes zum Sterben für eine fremde Sache den Mut zum Kampf um die eigene Sache zu setzen? Schwere trübe Gedanken quälen Millionen an der Schwelle des dritten Kriegswinters. In vielen Feldpostbriefen finden sie schon ihren Niederschlag, mancher deutet im Sinne des alten Sprichwortes: ›Was du nicht willst, das man dir tu', das füg' auch keinem anderen zu!‹ und ist entsetzt, wenn er bedenkt, was wäre, wenn die heute gequälten Völker einmal Gleiches mit Gleichem vergelten würden.«[15]

Mit wachsender Sorge kommentierte Wehner vor allem die Einführung des »Davidsterns« für die deutschen Juden im September 1941 und die von der gelenkten deutschen Presse offenbarte Absicht des NS-Regimes, die deutschen Juden als Geiseln anzusehen und sie nach Belieben Rachegelüsten antisemitischer Elemente als Vergeltung für die Haltung Amerikas auszuliefern: »Diese Infizierung mit einem gefährlichen Gift ist eine furchtbare Gefahr. Wenn sich das Volk, das heute mit dem Tode und mit Zuchthaus bestraft wird, sobald es die Wahrheit wissen will, in der Finsternis, in der es lebt, auch noch gegen die elementarsten Gerechtigkeitsgefühle ›immunisieren‹ ließe, so wären die Folgen nicht allein für die jüdischen Opfer, sondern auch für das verführte Volk schrecklich [...], es liegt eine teuflische Konsequenz in dem angewandten Verfahren. Ein Volk, in dessen Namen das Standrecht über fast ganz Europa verhängt worden ist, ohne daß es dies erfahren darf, soll, ohne die Folgen zu bedenken, in ein Pogrom geführt werden, durch das es sich mitschuldig machen würde an den Zuständen, die es im Grunde selbst verabscheut, und aus denen es nach einem Ausweg sucht.«[16]

Mit der gleichen analytischen Schärfe, mit der er die Aktionen, die wenige Monate später in der Entscheidung über die »Endlösung« gipfelten, und deren Konsequenzen für das deutsche Volk beschrieb, verschaffte er sich und seinen Lesern Einblick in die psychischen Mechanismen der im NS-Deutschland systematisch betriebenen Erziehung zu einem Völkerhaß, der alle Nichtdeutschen zu Untermenschen stempelte – die Polen zu einem Volk von »Mördern«, die Tschechen zu einem Volk von »Schuhputzern«, die Holländer zu einem »satten Krämervolk«, die Belgier zu einem »verkommenen« Volk, die Franzosen zu einem »vernegerten, dekadenten und verfaulten Bastardvolk«, die Engländer zu einem »verkrämerten und verjudeten« Volk.

Auf ähnliche Weise machte er auch den Hauptzweck der von Hitler in »Mein Kampf« entwickelten Propagandatechnik im Krieg mit der Sowjetunion deutlich: »Das eigene Volk soll mit Entsetzen und vor Schreck gesträubten Haaren blind in den Krieg rennen, soll dem Gegner nicht ins Gesicht sehen, soll glauben, es stünden ihm nicht Menschen gegenüber, die ihr eigenes Vaterland verteidigen, sondern Bestien. ›Bestien‹ werden die russischen Soldaten und alle Bürger der Sowjetunion in letzter Zeit systematisch genannt. [...] Alte Maßstäbe verblassen und versagen angesichts dieser ›wissenschaftlich‹ betriebenen Volksvergiftung [...]. Dieser Doktrin ist die Achtung vor fremdem Volkstum absolut fremd, sie ist in der Tat anti-national.«[17]

Dabei wies er auf die schon vor der formellen Kriegserklärung begonnene Immunisierungsstrategie des NS-Regimes gegenüber den USA hin, um die in Deutschland vorhandene Erinnerung an die entscheidende Bedeutung des amerikanischen Kriegseintritts 1917 auszulöschen. »Seit Wochen behauptet man allen Ernstes, Amerika habe die Absicht, die männliche Bevölkerung Deutschlands nach einer deutschen Niederlage zu sterilisieren und den großen Teil der männlichen Bevölkerung Deutschlands in Konzentrationslagern gefangen zu setzen [...]. Diese Haßpropaganda hat Aussicht, auf Teile des Volkes zu wirken, erst dadurch erhalten, daß man im eigenen Land die fürchterliche Wirklichkeit der Konzentrationslager, der Sterilisation und der anderen ›Umschulungsmittel‹ erfahren hat. Mit dem Schrecken, den die Initiatoren all dieser Methoden erzielt haben, schrecken sie nun das ganze Volk, indem sie vorgeben, es sei von außen in dieser Weise bedroht. Man muß sich dies vor Augen halten, wenn man die tiefe Tragik der gegenwärtigen Heimsuchung des deutschen Volkes verstehen will.«[18]

Obwohl Wehner also sehr genau die Wirkungen jener aus vielfältigem Terror und raffinierter Propaganda bestehenden Herrschaftstechnik erfaßt hatte, zeigte er sich seit Herbst 1941 in zunehmendem Maße beunruhigt, daß in Deutschland noch nichts von dem zu spüren war, was mit den nationalen Widerstandsbewegungen gegen die deutsche Fremdherrschaft in den besetzten Ländern hätte verglichen werden können.

Deshalb versuchte er, in einer für die Verbreitung in Deutschland geeigneten Weise »Grundlinien einer innerdeutschen Widerstandsbewegung gegen die nazistische Kriegspolitik zu entwickeln«[19]. Daraus entstand im Herbst 1941 die Broschüre »Die Wahrheit dem deutschen Volk!«[20], die auf Umwegen über die Niederlande im Westen Deutschlands von den unter der Leitung Wilhelm Knöchels neuaufgebauten illegalen Gruppen der KPD verbreitet wurde.[21] Des Humanisten Ulrich von Huttens trotziges Motto – »Dem Vaterland zunutz und gut, die Wahrheit mich bewegen tut. Die Wahrheit muß herfür, zugut dem Vaterland, das ist mein Mut. Kein ander Ursach ist noch Grund, drum habe ich aufgetan den Mund. Ich hab's gewagt!« – zierte das Deckblatt. Mit klassischem deutschen Bildungsgut war auch die Einleitung versehen.[22]

Danach kam aber sofort die zunächst in Fragen gekleidete Anklage von brennender Aktualität für zahllose Familien: »Warum werden denn keine ordentlichen Verlustlisten veröffentlicht? Warum setzt man uns falsche Zahlen vor? Die am Ende des dritten Kriegsmonats bekanntgegebenen Verlustziffern sind eine Verhöhnung des Volkes. Jeder kann sich selbst ausrechnen, daß die Zahl von 84000 Gefallenen, die man uns vorgesetzt hat, geringer ist als die Zahl der in den Zeitungen veröffentlichten Todesanzeigen [...]. Dabei veröffentlicht nur ein Teil der Familien überhaupt Todesanzeigen [...]. Müttern, Frauen und Bräuten wird gesagt, der Soldat, um den sie sich sorgen, lebe, nur könne er nicht schreiben, weil er ständig unterwegs [...] sei. Eines Tages aber bricht dieses ganze Kartenhaus zusammen, und die Betroffenen erfahren, daß der von ihnen Geliebte schon lange unter der Erde oder als Krüppel in irgendeinem Lazarett im besetzten Gebiet liegt.«

Auf diesen Einstieg, der das Gefühl »Wir sind alle betroffen« vermittelte, folgte die Ursachenforschung: »Warum und wofür fließt das Blut in Strömen? Warum stehen wir im Krieg mit Rußland?« Die Antwort lautete: »Es gibt keinen einzigen Beweis für irgendeine Verletzung der Verträge durch die Sowjetunion. Sie hat unser Land nicht bedroht [...]. Heute noch stünde die Sowjetunion als neutrale Macht außerhalb des Krieges, wenn Adolf Hitler nicht den Befehl zum Angriff gegeben hätte. Also kommt auf ihn, auf Adolf Hitler das Blut, das in diesem Krieg in Strömen fließt.«[23]

Wehner hatte sichtlich von der anderen Seite gelernt. Er sprach nicht mehr – jedenfalls nicht in erster Linie[24] – von anonymen Kräften, sondern von Personen, vor allem von der autoritären Zentralperson. Er machte aus dem Blut- und Opfermythos der NS-Propaganda die Blutschuld Hitlers. Er bemühte den Tauroggen-, Bismarck- und Rapallo-Mythos, um zu zeigen, daß ein freundschaftliches Verhältnis zu Rußland Deutschland stets Nutzen gebracht hatte. Und er steigerte die dramatische Wirkung, ging zeitweise vom »wir« zum »Du« über, indem er den den Schulkindern eingetrichterten Sprechchor »Das danken wir dem Führer!« den Betroffenen in den Mund legte: »Soldat, der Du durch Dreck, Blut und Trümmer watest, den morgen die Kugel treffen oder in einigen Wochen die russische Kälte hinraffen kann, was Du jetzt mit Grausen erlebst, das dankst Du dem Führer Adolf Hitler. Mütter, die Ihr Euch um Eure Söhne harmt, Frauen, die Ihr um Eure Männer bangt, Eure Sorgen und das tägliche Elend, das der Krieg bringt, dies alles dankt Ihr dem Führer Adolf Hitler. [...] Arbeiter, die Ihr Tag und Nacht schuftet und dabei Kohldampf schieben müßt, und deren karge Ruhestunden durch Bombenangriffe zerrissen werden, wißt: Das dankt Ihr dem Führer Adolf Hitler.«

Er ließ niemanden aus. Die ganze Skala der »werktätigen« Schichten – bis hin zu den Bauern, Handwerkern und Kleingewerbetreibenden – wurde durchgegangen. Er ersparte den deutschen Lesern auch nicht die Verbrechen, die von Deutschen in den besetzten Ländern täglich begangen wurden: »Was, glaubt Ihr, denken die Polen von uns, die Polen, deren Todesopfer in die Millionen gehen und die schlimmer behandelt werden als Tiere? Was, glaubt Ihr, meinen die Holländer von uns, deren

Land arm geplündert wird, und die durch die Gestapo geschunden werden? Was, glaubt Ihr, wird die Bevölkerung des niedergetretenen Belgien gegenüber uns Deutschen für Gefühle haben, wenn dort 70jährige Greise und Greisinnen zum Tode verurteilt werden, weil sie aus Barmherzigkeit und Sympathie abgestürzten englischen Fliegern geholfen haben? [...] Würde man unserem Volk, jedem Mann, jeder Frau die volle Wahrheit sagen über das, was heute in den besetzten Ländern vorgeht, und würde man sie dann, wieder jeden Mann und jede Frau fragen, was sie darüber denken, so würde die überwältigende Mehrheit mit Abscheu und Entsetzen die Gemeinschaft mit den Schuften ablehnen, die wie die Henkersknechte in den besetzten Ländern hausen. Aber das zu wissen, ist noch wenig. Haben denn wir, hast Du selbst genügend getan, um diesem Irrsinn, der uns am Ende selbst zugrunde richten wird, entgegenzutreten?«[25]

Nachdem er die internationale Isolierung Hitler-Deutschlands geschildert hatte, um zu begründen, daß »dieser Krieg niemals mit einem ›deutschen Sieg‹ enden kann«[26], konzentrierte er sich auf die Zurückweisung jener NS-Propaganda, die behauptete, mit den Nationalsozialisten stehe und falle Deutschland: »Tatsache ist, daß es mit dem Nationalsozialismus nur noch fallen kann, daß es aber auferstehen kann, wenn es sich frei macht. [...] Um des deutschen Volkes willen, reicht Euch, die Ihr Deutschland wirklich liebt, die Hände! [...] Was bedeuten angesichts der drohenden Katastrophe diese oder jene politischen oder weltanschaulichen Meinungsverschiedenheiten? Müssen wir nicht alle, um der Zukunft unseres Volkes willen, an einem Strang ziehen?«[27]

An dieser Stelle unterstrich Wehner auch die Legitimation der eigenen Partei, solche Anstrengung vom deutschen Volk zu fordern. Er verwies dabei auf die »schweren Opfer«, die die Kommunisten seit 1933 gebracht hätten. Die nachfolgenden Sätze – »Wir wußten, in welche Katastrophe Hitler unser deutsches Volk führen würde. Wir stemmten uns gegen diesen Marsch ins Verderben« – waren, soweit sie sich auf die KPD-Führung bezogen, mehr ein Tribut an die Parteiräson als an die historische Wahrheit.

In der Schlußpassage nutzte er noch einmal die Dramaturgie des persönlichen Appells (»Volk, erkenne Deine Kraft!«). Angesprochen waren zunächst die, denen er sich am nächsten fühlte: »Arbeiterinnen, Arbeiter! Ihr könnt viel dazu beitragen, den Krieg schnell zu beenden [...]. Arbeitet langsam! Schuftet Euch nicht krank! Jedes unbrauchbare

Flugzeug, jeder Blindgänger, jedes heißgelaufene Lager, jede verdorbene Stahlplatte dienen zur schnelleren Beendigung des Krieges [...].«

Weiter ging es mit den »Hausfrauen« und »Müttern«, denen empfohlen wurde, nicht müde zu werden, wenn es galt, »von den Behörden Auskunft über das Schicksal Eurer Männer, Söhne und Brüder im Felde« zu fordern. Die »Bauern und Bäuerinnen« ermahnte Wehner, die ihnen zugewiesenen Kriegsgefangenen und ausländischen Zivilarbeiter »menschlich« zu behandeln. Den Soldaten wurde geraten, so zu handeln, daß sie es vor ihrem Gewissen und ihrem Ehrgefühl verantworten könnten. Ein besonderes Wort war an die Adresse des »Arbeiters im Waffenrock« gerichtet: »Bedenke, gegen wen Du schießen sollst! Die Rote Armee ist die Armee der Arbeiter und Bauern! Die *Sowjetunion* ist das Land des Sozialismus.«

Der deutschen Jugend rief Wehner zu: »Es ist nicht wahr, daß der Weg über diese Gräber vorwärts führt. Du willst für Deutschlands Zukunft kämpfen. So kämpfe gegen die Tyrannei, die Deutschland zugrunde richtet!« Die letzte Rubrik war den »schaffenden Deutschen aller Berufe und Bekenntnisse« gewidmet. Sie sollten »eine feste Front der anständigen Deutschen gegen die Spitzel und Provokateure der Gestapo« bilden, den »Schnüfflern der NSDAP und ihrer Zwangsorganisationen ihr trauriges Handwerk« erschweren, den »Verfolgten« helfen, »Gefährdete« warnen.[28]

War dieses Eintreten »für ein freies Deutschland in einem aus Hitlers Bluthertschaft befreiten Europa« – wie es im abschließenden Appell hieß – aufklärend[29]? War es gar wirkungsvoll? Die erste Frage läßt sich mit einem Ja beantworten. Die Fakten waren schwer zu widerlegen, die Konzessionen an die parteieigene Ideologie einschließlich derer an den »Sowjetpatriotismus« stark reduziert, der vorgeschlagene Verhaltenskodex war praktikabel, jedenfalls weit entfernt von den Aufstands- und Massenaktionsillusionen der Anfangsjahre illegaler Tätigkeit. Die Frage nach der Wirkung läßt sich nur mit einem deutlichen Nein beantworten. Denn statt einer millionen- oder auch nur zehntausendfachen Verbreitung fand die Schrift im besten Fall eine dreistellige Zahl von Lesern.[30] Schon dieser Verteiler bedeutete ein extrem hohes Risiko.

Aber der Hinweis auf die bloße Zahl führt in die Irre. Auch die Schriften der radikalen Linken im Ersten Weltkrieg – von der Juniusbroschüre bis zu den Spartakusbriefen – hatten keine Auflage von Zehn- oder gar Hunderttausenden. Dennoch fanden sie ein breites Echo bis hin zu den Frontsoldaten: entweder auf Umwegen – über Auseinandersetzungen in der sozialdemokratischen Presse oder durch Berichterstattungen über Verhaftung und Verurteilung von prominenten Kriegsgegnern wie Karl Liebknecht und Rosa Luxemburg – oder durch direkte Kommunikation, die sehr viel risikoärmer war.

Eine entscheidende Ursache der ab 1916 wachsenden Proteststimmung an der »Heimatfront« fehlte überdies: Die materielle Versorgung der deutschen Bevölkerung – auch ihrer breiten Massen – war im Zweiten Weltkrieg ungleich besser organisiert, natürlich auf Kosten des restlichen Europa.[31] In dieser Hinsicht hatten die Hitler, Ley, Göring, Goebbels die Lektionen des ersten Krieges gelernt. Außerdem schien sich im Herbst 1941 das »Kriegsglück« noch nicht gewendet zu haben. Die Wirkungen des von Wehner erwähnten russischen Winters waren noch nicht eingetreten.

In der Zeitschrift *Die Welt* versuchte Wehner sich und den Lesern einmal mehr zu erklären, weshalb es zwar in Deutschland immer wieder »zu kleinen örtlichen oder betrieblichen Bewegungen gekommen [sei], doch noch nicht zu einer ein größeres Gebiet umfassenden Widerstandsbewegung«. Dies sei nicht nur durch die Zerschlagung aller Organisationen der Arbeiterbewegung seit 1933 und durch die Einbeziehung der Massen in die faschistischen Massenorganisationen bedingt, sondern werde durch eine Tendenz verstärkt, die in ihrer praktischen Auswirkung nicht unterschätzt werden dürfe und die da heiße: »Abwarten! Sie ist ein Ausdruck der zeitweiligen psychischen Schwäche der Gegenströmungen, obwohl sie gleichzeitig davon zeugt, daß selbst in der Masse derer, die äußerlich als Anhänger des Regimes zu betrachten sind, sich viele befinden, die schon darauf warten, daß es ›anders‹ wird«.[32]

Dabei kam er auf sein strategisches Hauptziel zurück, das er seit 1933 – meist vergebens – verfolgt hatte: »Der entscheidende Ansatzpunkt zur Überwindung des lähmenden ›Abwartens‹ war und ist die Herstellung des Kontakts der antifaschistischen Arbeiter mit den Werktätigen, die Anhänger und Mitglieder nationalsozialistischer Organisationen sind, durch die eine positive Beeinflussung und Förderung der oppositionellen Strömungen innerhalb dieser Organisationen ermöglicht wird. Ein anderer Ansatzpunkt war und ist die Überwindung der Isolierung der antifaschistischen Arbeiter von den übrigen Volksschichten, die auf irgendeine Weise ihre Gegnerschaft gegen die Maßnahmen der herrschenden Partei äußern.«[33] Hin und her gerissen zwischen Furcht und Hoffnung, weil »sogar viele Wohlmeinende außerhalb dieses Volkes an der Integrität des Charakters dieses Volkes zu zweifeln begonnen haben«, bangte er Tag um Tag, Woche um Woche darum, daß der »Gesundungsprozeß nicht fern ist«[34].

Nicht ohne innere Bewegung läßt sich nachlesen, mit welch seismographisch genauem Sensorium Wehner Stimmungsumschwünge in der Bevölkerung[35], aber auch die ersten Beben innerhalb des so monolithisch erscheinenden totalitären Staates registrierte, wie er gleichsam mit den Fingerspitzen den Rissen im Machtgefüge nachspürte und auf diese Weise ein Jahr vor der offensichtlichen Wende des Krieges durch die Vernichtung der Sechsten deutschen Armee in Stalingrad einen bedeutsamen Wandel in der NS-Propaganda erkannte. Während sie noch im Herbst 1941 den Krieg im Osten für endgültig gewonnen deklariert hatte, mußte sie wenige Monate später, nach der russischen Gegenoffensive vor Moskau und nach der Kriegserklärung an die USA, damit beginnen, die zu erwartenden Folgen einer Niederlage für die Zukunft des deutschen Volkes »farbenreich« auszumalen.[36]

Akribisch notierte er nicht nur die sich seit Jahresanfang 1942 mehrenden Durchhalteparolen in den Reden von Goebbels, Ley und anderen NS-Größen, sondern auch die kleinsten Widerstandsregungen im NS-Alltag, Berichte über Kriegsversehrte, die keine Arbeit fanden, und über Frauen, die bei der Ausgabe von Lebensmittelkarten säumige Beamte ohrfeigten: »nicht zufällig sind die Nachrichten, die über Proteste oder sonstige Äußerungen des Unwillens über den langen Krieg aus Deutschland an die Öffentlichkeit dringen, meist Nachrichten über Äußerungen und Handlungen von Frauen. Die Frauen aus den werktätigen Volksschichten, auf deren Schultern die ganze schwere Last des Mangels an Lebensmitteln, Brennstoff, Kleidungsstücken und das Bangen um das Leben ihrer Angehörigen im Felde liegt, sind am wenigsten als kriegsbegeistert anzusprechen, und wenn sie als ›Dienstverpflichtete‹ oder sonst Mobilisierte beruflich zu arbeiten gezwungen werden, tragen sie die Mißstimmung, von der sie erfüllt sind, in die Betriebe, wo – umgekehrt – ihre Mißstimmung wieder neue Nahrung erhält.«[37]

Die offener sich äußernde Kritik von Frauen wie auch von Arbeitern in Berufen mit einem hohen sozialen Zusammenhalt – wie bei den Bergarbeitern[38] – an der schlechter werdenden Ernährung, am Schlange-stehen-müssen vor den Geschäften und beim Warten auf die Straßenbahn, die Antreiberei bei der Rationalisierung und Intensivierung der Kriegsproduktion und die Erörterung der Lage an der Ostfront ließen in Teilen der arbeitenden Bevölkerung den Eindruck aufkommen, dies sei der Anfang vom Ende. Und wie er die grundsätzliche Änderung der

Stoßrichtung der Propaganda von oben – statt Siegesjubel die Warnung vor der Niederlage – erkannt hatte, las er den Stimmungsverfall und -umschwung unten daran ab, daß sich in vielen Betrieben die Arbeiter von den »direkten Anhängern der herrschenden Partei [...] schon fühlbar« absonderten. »Umgekehrt aber möchten jetzt viele nationalsozialistisch eingestellte Arbeiter nicht die Tuchfühlung mit den von ihnen als antifaschistisch eingeschätzten Kollegen verlieren, und von dieser Seite hört man, daß sie alles das, was jetzt passiert, auch nicht gewollt hätten, und daß auch sie der Meinung seien, daß der Krieg nicht mehr gewonnen werden könne.«[39]

Selbstbestimmung oder Sowjetpatriotismus?

Der Zeitpunkt schien endlich gekommen zu sein, aus der Phase des Abwartens, wenn auch des »fiebernden Abwartens«[40], in die neuer Organisationsversuche des kommunistischen Widerstands in Deutschland selbst zu kommen. Es gehört auf den ersten Blick zu den kuriosen Launen der Geschichte, daß Wehner ausgerechnet zu diesem Zeitpunkt in Stockholm verhaftet wurde.

Aus der Nähe betrachtet wird allerdings der Zusammenhang zwischen den Folgen des »Abwartens« in Deutschland und der prekären Lage deutlicher, in der sich Wehner in Schweden in steigendem Maße befand. Die Gründe dafür lagen sowohl in seinem Ehrgeiz, gegen den Willen der Moskauer KPD-Führung ein selbständiges Parteizentrum in Deutschland aufbauen zu wollen, als auch im Ausbleiben von breiteren nationalen Widerstandsregungen in Deutschland, wodurch der »Sowjetpatriotismus« wieder den obersten Rang zu erhalten drohte und es immer schwieriger wurde, die wenigen vorhandenen Verbindungen zu Widerstandsgruppen in Deutschland davor zu bewahren, in den Dienst der sowjetischen Kriegführung gestellt zu werden. Seinem ursprünglichen Auftrag entsprechend hat er während der ersten Monate seines Aufenthalts in Stockholm die Tätigkeit des bisherigen »Abschnittleiters« Karl Mewis untersucht.

Inzwischen zugängliche Unterlagen aus dem Ost-Berliner Institut für die Geschichte der Arbeiterbewegung zeigen, daß die von Wehner in den »Notizen« gelieferte Zusammenfassung[41] der Ergebnisse dieser komplizierten, sich über Monate hinwegziehenden Untersuchung weitgehend authentisch ist. Unter anderem standen die Verbindungen zu den illegalen Berliner Gruppen wie diese selbst, deren breites organisatorisches Spektrum Mewis noch ein Jahr zuvor in Moskau ausgebreitet hatte[42], »an entscheidenden Punkten unter Kontrolle der Gestapo«[43]. In einem der Moskauer KPD-Führung und der Kominternspitze übersandten Bericht Wehners von Ende April 1941[44] hieß es, alle Verbindungen der Instrukteure ins Land seien, von zwei Ausnahmen abgesehen, unbrauchbar geworden: »Das System der Instrukteure mit Verbindung nach draußen und der Versuch, eine Leitung zusammenzustellen, ohne von Anfang an selbst jeden Schritt im Land genau zu überwachen, sind gescheitert.«

Der Bericht enthielt auch die Information, daß zwei Reisen vorbereitet würden. Eine sollte der Vorbereitung eines Zentrums in Berlin dienen. Dafür war »Lotte« (Charlotte Bischof)[45] vorgesehen. Sie sollte dort vorhandene Kontakte zu Berliner Metallarbeitern nutzen. Die zweite Reise hatte Hamburg zum Ziel. Dort sollte ein neuer Kreis mit früheren Sozialdemokraten gebildet werden, die in der dortigen Gewerkschaftsbewegung »verankert« seien und zu denen Kontakte seit 1938 bestünden. Wehner warnte auch vor Gestapospitzeln unter den Seeleuten, deren Unterstützung zur Aufrechterhaltung der Verbindungen nach Bremen und Königsberg benutzt worden war.

In den Schlußbemerkungen bat Wehner die Moskauer KPD-Führung, nicht ungeduldig zu werden, wenn »größere politische Tatsachen nicht so rasch sichtbar« würden. Zu den von dort per Telegramm (!) schon geforderten »Stellungnahmen von Belegschaften« zur Freiheit für Ernst Thälmann gehöre ein »Fundament«, das leider zur Zeit nicht vorhanden sei. Er habe keine Lust zu »bluffen« – aber viel Hoffnung auf den Erfolg der Reisen nach Berlin und Hamburg.

Dieser »Übersicht über unsere Arbeit«, wie Hertel (d.i. Wehner) diesen auch im Namen von Erwin (d.i. Mewis) und Erna (d.i. Stahlmann) abgegebenen Bericht nannte[46], fügte er in einem gesonderten Schreiben einige persönliche Beobachtungen und Gedanken bei, die sich vor allem mit Mewis und dem in Kopenhagen sitzenden Abschnittsleiter, Wiatrek, beschäftigten. Das Abschicken von vier Instrukteuren (zwei aus Schweden, zwei aus Kopenhagen), ohne diesen »die Möglichkeit der Rückkehr und des Ausweichens vor Gefahren zu geben«, war in seinen Augen »geradezu erschütternd«. »Empört« war Wehner auch darüber, daß Wiatrek die Verantwortung für das Abschicken der beiden von Kopenhagen abgereisten Genossen[47] abgelehnt habe, weil er nur einen »festumrissenen Auftrag« (von Mewis) ausgeführt habe. »Dieses tat-

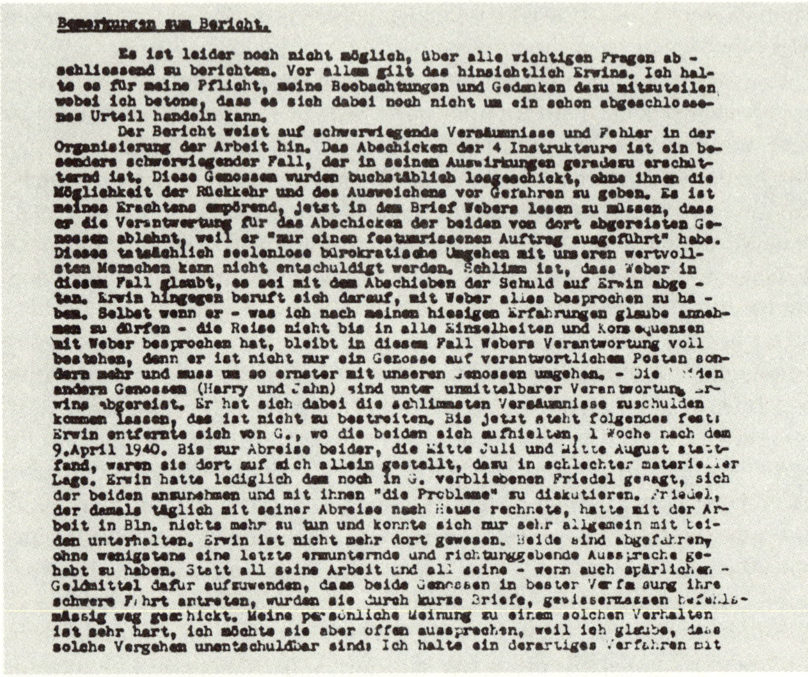

Bemerkungen zum Bericht.

Es ist leider noch nicht möglich, über alle wichtigen Fragen abschliessend zu berichten. Vor allem gilt das hinsichtlich Erwins. Ich halte es für meine Pflicht, meine Beobachtungen und Gedanken dazu mitzuteilen wobei ich betone, dass es sich dabei noch nicht um ein schon abgeschlossenes Urteil handeln kann.

Der Bericht weist auf schwerwiegende Versäumnisse und Fehler in der Organisierung der Arbeit hin. Das Abschicken der 4 Instrukteure ist ein besonders schwerwiegender Fall, der in seinen Auswirkungen geradezu erschütternd ist. Diese Genossen wurden buchstäblich losgeschickt, ohne ihnen die Möglichkeit der Rückkehr und des Ausweichens vor Gefahren zu geben. Es ist meines Erachtens empörend, jetzt in dem Brief Webers lesen zu müssen, dass er die Verantwortung für das Abschicken der beiden von dort abgereisten Genossen ablehnt, weil er "nur einen festumrissenen Auftrag ausgeführt" habe. Dieses tatsächlich seelenlose bürokratische Umgehen mit unseren wertvollsten Menschen kann nicht entschuldigt werden. Schlimm ist, dass Weber in diesem Fall glaubt, es sei mit dem Abschieben der Schuld auf Erwin abgetan. Erwin hingegen beruft sich darauf, mit Weber alles besprochen zu haben. Selbst wenn er - was ich nach meinen hiesigen Erfahrungen glaube annehmen zu dürfen - die Reise nicht bis in alle Einzelheiten und Konsequenzen mit Weber besprochen hat, bleibt in diesem Fall Webers Verantwortung voll bestehen, denn er ist nicht nur ein Genosse auf verantwortlichem Posten sondern mehr und muss um so ernster mit unseren Genossen umgehen. - Die beiden andern Genossen (Harry und Jahn) sind unter unmittelbarer Verantwortung Erwins abgereist. Er hat sich dabei die schlimmsten Versäumnisse zuschulden kommen lassen, das ist nicht zu bestreiten. Bis jetzt steht folgendes fest: Erwin entfernte sich von G., wo die beiden sich aufhielten, 1 Woche nach dem 9.April 1940. Bis zur Abreise beider, die Mitte Juli und Mitte August stattfand, waren sie dort auf sich allein gestellt, dazu in schlechter materieller Lage. Erwin hatte lediglich dem noch in G. verbliebenen Friedel gesagt, sich der beiden anzunehmen und mit ihnen "die Probleme" zu diskutieren. Friedel, der damals täglich mit seiner Abreise nach Hause rechnete, hatte mit der Arbeit in Bln. nichts mehr zu tun und konnte sich nur sehr allgemein mit beiden unterhalten. Erwin ist nicht mehr dort gewesen. Beide sind abgefahren, ohne wenigstens eine letzte ermunternde und richtunggebende Aussprache gehabt zu haben. Statt all seine Arbeit und all seine - wenn auch spärlichen - Geldmittel dafür aufzuwenden, dass beide Genossen in bester Verfassung ihre schwere Fahrt antreten, wurden sie durch kurze Briefe, gewissermassen befehlsmässig weg geschickt. Meine persönliche Meinung zu einem solchen Verhalten ist sehr hart, ich möchte sie aber offen aussprechen, weil ich glaube, dass solche Vergehen unentschuldbar sind: Ich halte ein derartiges Verfahren mit

Wehners Auftrag in Schweden lautete unter anderem, die Tätigkeit des bisherigen »Abschnittleiters« in Stockholm, Karl Mewis, zu untersuchen. In seinen Bemerkungen zu diesem Bericht vom 26. April 1941 zeigte sich Wehner »empört« über das »seelenlose bürokratische Umgehen mit unseren wertvollsten Menschen«.

sächlich seelenlose bürokratische Umgehen mit unseren wertvollsten Menschen« war in Wehners Augen unentschuldbar.

Bei den unter Mewis' unmittelbarer Verantwortung aus Schweden abgereisten beiden Instrukteuren hatte sich dieser nach Wehners Urteil »die schlimmsten Versäumnisse zuschulden kommen lassen«. Bis zu ihrer Abreise im Juli und im August 1940 waren sie mehrere Monate lang in Göteborg »in schlechter materieller Lage« allein gelassen worden. Mewis hatte lediglich dem dort selbst auf seine Abberufung nach Moskau wartenden Jugendfunktionär Friedel Stein aufgetragen, sich der beiden anzunehmen und mit ihnen »die Probleme« zu diskutieren. Da dieser aber mit der illegalen Arbeit in Berlin nichts mehr zu tun hatte, konnte er sich »nur sehr allgemein mit beiden unterhalten«. Beide seien abgefahren, »ohne eine letzte ermunternde und richtungsgebende Aussprache« mit Mewis gehabt zu haben: »Statt all seine Arbeit und all seine – wenn auch spärlichen – Geldmittel[48] dafür aufzuwenden, daß beide Genossen in bester Verfassung ihre schwere Fahrt antreten, wurden sie durch kurze Briefe[49], gewissermaßen befehlsmäßig weggeschickt.«

Aus seiner sehr harten Bewertung dieses Verhaltens machte Wehner keinen Hehl: »Ich halte ein derartiges Verfahren mit Genossen, die dazu noch seit Jahren schwere Arbeit als Instrukteure verrichtet haben, für gleichbedeutend mit Mord.« Er vermutete allerdings nicht »in schlechter Absicht«, sondern in »grober Nach- und Fahrlässigkeit«.

Unverständlich war für Wehner auch die »Leichtgläubigkeit«, mit der sich Mewis mit den schon erwähnten Seeleuten aus Bremen und Königsberg eingelassen hatte. Er habe diesen Leuten Menschen anvertraut und sei dabeigewesen, einem Steward aus Königsberg, der im Verdacht stand, seit seiner Verhaftung durch die Gestapo von dieser als Spitzel benutzt zu werden, erneut »einen wertvollen Menschen« anzuvertrauen. Zusammen mit Stahlmann, so hieß es dort weiter, habe er Mewis »fast mit Gewalt« von der Verbindung mit diesen Leuten losreißen müssen. Dessen Blindheit erklärte Wehner damit, daß er nicht zugeben wollte, daß die »hiesige Arbeit zum überwiegenden Teil auf Fiktionen« beruht habe: »Die Tatsache, daß keine lebendige Verbindung selbst zu den wenigen Menschen bestand, die für Erwin [d.i. Mewis] im Lande noch erreichbar waren, zeigt genug, wie wenig fest das Fundament war, auf dem man stand.«

Dennoch hatte Wehner zu jenem Zeitpunkt die Hoffnung nicht aufgegeben, daß die betont gute Zusammenarbeit mit Stahlmann auch

Mewis mitreiße. Dieser habe von Anfang an erklärt, daß er beabsichtige, »nach drinnen« zu fahren, und daß er mit dem Plan zum Aufbau eines Zentrums im Lande vollständig einverstanden sei. Wehners Schlußfolgerung: »Wenn er dableibt, müßte ihm m.E. eine Chance gegeben werden.«

Vier Wochen nach diesen von der »Sorge um die Festigung der Partei« diktierten Bemerkungen, denen sich ein Gruß an seine »Frau«, der er auf anderem Wege nicht schreiben konnte, anschloß[50], wurde mit Arthur Emmerlich der vierte und letzte der von Mewis und Wiatrek 1940 abgesandten Instrukteure verhaftet. Er hatte in Hamburg Adressen angelaufen, die ihm ein Jahr zuvor in Kopenhagen mitgegeben worden waren. Vier Tage später, am 29. Mai 1941, fiel Wiatrek selbst in Kopenhagen der Gestapo in die Hände – wahrscheinlich Opfer des gleichen Gestapospitzels wie Emmerlich.[51] Seine danach beginnende Zusammenarbeit mit der Gestapo[52] versperrte nun auch den Weg über Kopenhagen.

Durch diese Verhaftungen war die Position von Mewis unhaltbar geworden. In einem auch von Mewis unterschriebenen Bericht empfahl Wehner der Moskauer KPD-Führung, diesen aus der operativen Arbeit zurückzuziehen.

Dieser zweite, offenbar kurz vor Hitlers Überfall auf die Sowjetunion verfaßte Bericht hat, da zunächst alle Verbindungswege unterbrochen waren, Moskau nie erreicht.[53] Aber selbst wenn der Bericht dort angekommen wäre, bestehen Zweifel, ob die noch Ende Mai 1941 vorhandene Absicht der KPD-Führung, Mewis aus Schweden abzuberufen[54], nach Beginn des Krieges im Osten noch verwirklicht worden wäre.

Mewis war der Schwiegersohn Franz Dahlems, Mitglied des Politbüros und ehemaliger Chef der Pariser Auslandsleitung. Wegen dessen Bereitschaft, bei Kriegsbeginn 1939 mit der französischen Regierung zusammenzuarbeiten[55], war dessen Einfluß zunächst erheblich gesunken, aber nach dem 22. Juni 1941 wieder gestiegen. Mewis selbst verfügte spätestens seit der von ihm während des Spanischen Bürgerkrieges geleisteten »Säuberungsarbeit« über Verbindungen zum NKWD und dessen Agentennetz. Auch diese Verbindungen waren durch den Krieg im Osten wieder aufgewertet worden, ebenso die Rolle der bewährten »Kader«.

In Franz Dahlems Erinnerungen – deren dürftige Sprache die geistige Subalternität[56] dieses Spitzen-»Kaders« offenbart – liest sich das so: »die Kader sind das Kostbarste, über das die Partei verfügt, und sie entscheiden über Erfolg und Mißerfolg ihrer Politik.«[57] Ein Nachbeten des Stalin-Diktums »Die Kader entscheiden alles«? Das wohl auch. Im Gegensatz zu Stalin, für den auch Spitzen-»Kader« meist austauschbare Marionetten, im besten Falle Saufkumpane und Spießgesellen auf Zeit waren, war für Dahlem und seinesgleichen mit der lebenslangen Ausnahmestellung der »Kader« auch deren Recht verknüpft, Rangniedrigere zu denunzieren oder gar in den Tod zu schicken.

Auf den ersten Blick scheint der Superlativ »das Kostbarste« mit dem von Wehner benutzten Begriff der »wertvollsten Menschen« identisch zu sein. Nur sprach Wehner auch in seinen internen Berichten an die Moskauer »Kader« von »Menschen« und »Genossen« und kritisierte den »seelenlosen bürokratischen« Umgang mit ihnen durch »Kader« wie Mewis und Wiatrek.

Während der Zeit des Hitler-Stalin-Paktes hatte Mewis kommunistische Emigranten in Schweden, die an der Volksfrontlinie festhielten, als »englische Agenten« bezeichnet, nur weil diese nicht bereit waren, jeden der angeblich notwendigen politischen Purzelbäume nachzuvollziehen. Zu diesen gehörte auch Josef Wagner, der schon vor Wehners Ankunft dazu ausersehen worden war, nach Deutschland zu reisen, um in Hamburg neue Verbindungen aufzubauen.[58] Da Wagner kritisch gegenüber Mewis und seinem Anhang unter den Stockholmer Emigranten war und noch 1938 bei einem illegalen Aufenthalt in Deutschland frühere Beziehungen zu Funktionären der Gewerkschaften und der SAP hatte auffrischen können, faßte Wehner bald Vertrauen zu ihm und bestärkte ihn darin, auf diese Beziehungen wieder zurückzugreifen:

»Politisch suchte ich ihm klarzumachen, daß es nicht darauf ankomme, alte zersetzte Parteiorganisationen wieder zu flicken, sondern darauf, mit bewußten Menschen – gleichgültig welcher Richtung in der Arbeiterbewegung sie angehört hätten oder angehörten – Kontakt zu suchen, um aus ihnen Kreise zu bilden, die sich ernsthaft mit den Problemen des Kampfes gegen den Krieg und das nazistische Regime auseinandersetzen sollten, um zu gegebener Zeit Einfluß auf die Hamburger Arbeiterschaft ausüben zu können. Ich ging soweit, Wagner einzuschärfen, daß diese Kreise auch darin bestärkt werden müßten, sich zu gegebener Zeit als Repräsentanten des Widerstands und der neu zu bildenden Arbeiterbewegung zu behaupten, d.h. zu behaupten gegenüber Leuten, die mit weiter nichts ausgerüstet sein würden als den Machtbefugnissen offizieller Parteiorgane. Wir vereinbarten, die Organisierung der neuen antinazistischen Zentren unter größten Vorsichtsmaßnahmen zu betreiben und uns durch keinerlei Antreiberei von irgendeiner Stelle stören zu lassen. Sobald die Vorbereitungen dazu gediehen wären, wollte ich von Berlin aus mit ihm Kontakt nehmen.«[59]

Wer gehörte zu den »Antreibern«? Zunächst die Moskauer KPD-Führung, weil sie nur durch einen stärkeren Aktivitätsnachweis ihre geschrumpfte Legitimation gegenüber Komintern und KPdSU erhöhen zu können meinte. Da sie Wehners Unabhängigkeitsstreben kannte und fürchtete, lag ihr ohnehin daran, daß jeder seiner Schritte, insbesondere seine geplante Reise »ins Land«, sowohl von der eigenen Organisation – soweit diese noch dazu in der Lage war – kontrolliert wie auch mit dem Apparat der Komintern abgestimmt wurde.

Letzterer war schon vor Beginn des Krieges im Osten von den technischen und organisatorischen Verbindungen des sowjetischen Nachrichten- und Agentenapparates abhängig geworden. »Abhängig« ist eine zu schwache Bezeichnung. Tatsächlich handelte es sich um eine weitgehende Verschmelzung. Die Vernetzung der verschiedenen Apparate hatte es auch schon vorher gegeben, aber deren Ziele unterschieden sich teilweise.

Leopold Trepper – später als *grand chef* der Roten Kapelle bekannt, die 1942/43 von der Gestapo zerschlagen wurde[60] – hatte 1937 in Moskau vom sich teilweise neu formierenden[61] sowjetischen Geheimdienst den Auftrag erhalten, unter dem Deckmantel einer Import-Export-Firma in Brüssel ein nachrichtendienstliches Zentrum aufzubauen. Daraus entstand der Kern der Roten Kapelle. Trepper erhielt nach Abschluß des Hitler-Stalin-Paktes Weisungen aus Moskau, die deutlich machten, daß die dortige Zentrale kein Interesse am weiteren Ausbau der Roten Kapelle hatte.[62] Dagegen arbeitete das Nachrichtennetz der Komintern in Westeuropa auch während dieser Phase weiter.

Wilhelm Knöchel, der von Amsterdam aus versuchte, im Westen Deutschlands neue illegale Gruppen aufzubauen, betrieb mit dem Amsterdamer Vertreter des Komintern-Verbindungsapparates einen »geschäftsmäßigen Austausch von Nachrichten-Funksprüchen aus Moskau und Briefen aus Stockholm gegen Berichte aus Deutschland«[63].

Seit dem 22. Juni 1941 war die sowjetische Führung bestrebt, alle bestehenden Verbindungen – die eigenen, die der Komintern und die der nationalen kommunistischen Parteien – zu dem einen Zweck zu verschmelzen: der Sowjetunion in ihrem Kampf gegen Hitlers Armeen zu helfen.

Wehner war nach eigenem Zeugnis seit seiner Ankunft in Stockholm

Treffen mit den »Russen«, also den Verbindungsleuten des russischen diplomatischen Apparats, so weit wie möglich ausgewichen, nicht nur, weil er deren direkte Einflußnahme fürchtete, sondern weil er zu Recht davon ausging, daß diese von den schwedischen Behörden intensiv beschattet wurden. Völlig vermeiden ließen sich die Kontakte nicht – einmal wegen der technischen Verbindungen nach Moskau, deren Bedeutung von Stahlmann hervorgehoben wurde, zum anderen, weil er auf diese Weise erfuhr, daß Mewis eigene Verbindungen zu den »Russen« unterhielt und sie dazu benutzte, seine von Wehner abweichenden Meinungen bis hin zur Kritik an der Führung der schwedischen KP nach Moskau zu transportieren.

Nach einem ersten Treffen im Sommer 1941, das von den »Russen« und schwedischen Kommunisten unter dem Vorwand organisiert worden war, sie wollten eine von Dimitroff nur an ihn gerichtete Mitteilung übergeben, war Wehner noch vorsichtiger geworden. Tatsächlich wollten sie genauen Einblick in die illegalen Organisationen im Reich haben und suchten unter den Emigranten Leute, die sie in die Tschechoslowakei schicken konnten. Den ersten Wunsch schlug Wehner ihnen ab, sagte ihnen aber zu, einen mit sudetendeutschen Emigranten in Göteborg bekannten Funktionär dorthin reisen zu lassen, um diese zu fragen, ob sie mit den »Russen« Verbindung aufnehmen wollten. Daraufhin ließen die »Russen« in Kreisen der kommunistischen Emigration das Gerücht umgehen, »Kurt« (d.i. Wehner) werde mithelfen, einige Sudetendeutsche in die Tschechoslowakei zu transportieren.

Der Druck aus dieser Richtung wurde seit Herbst 1941 angesichts des immer härter geführten Krieges im Osten noch stärker. Wieder wurde er von den schwedischen Kommunisten zu einem Treffen mit einer Russin gedrängt, die angeblich kurz zuvor in Moskau von Dimitroff den Auftrag erhalten haben sollte, mit ihm zu sprechen. In der Unterredung soll die Russin deutlich gemacht haben, daß angesichts der brutalen Kriegführung Hitler-Deutschlands in Rußland »jede Sentimentalität verschwunden« sei. Auch von den deutschen Kommunisten werde erwartet, daß sie sich als »Soldaten fühlen und als solche handeln«. Wehner erwiderte, so wie er seien wahrscheinlich viele Kommunisten in Deutschland »tief beschämt« darüber, »daß deutsche Werktätige in Uniform sich als Werkzeuge des Vernichtungskrieges gegen die Sowjetunion mißbrauchen ließen«. Der Versuch, eine aktive Widerstandsbewegung in Deutschland zu formieren, sei eine in erster Linie »politische Aufgabe«, die nicht mit »militärischen Methoden« zu lösen sei.

Gleichwohl erwartete seine russische Gesprächspartnerin, daß die deutschen Kommunisten »Sabotage- und Kampftrupps« organisieren sollten. Wehner beharrte darauf, den Kampf gegen den Nazismus »auf unsere Weise« zu führen, weil dies am besten dazu diene, die »Kriegsstärke des Hitler-Regimes zu schwächen«. Er ließ sich von dieser Meinung auch nicht durch die unwirsche Entgegnung abbringen, »viele deutsche Genossen begriffen noch nicht, worum es gehe«[64].

War das, was die Russin forderte, so unverständlich, selbst wenn es weitab von den Aktionsmöglichkeiten der stark zusammengeschrumpften illegalen Gruppen der KPD im seit Kriegsbeginn noch terroristischer vorgehenden NS-Staat lag? Und ging es aus Wehners Sicht in erster Linie um den Konflikt zwischen Sowjetpatriotismus und deutschem Patriotismus? Die Antwort lautet nein und ja. *Nein*, weil diese Frage für Wehner keine prinzipielle Frage war, solange sich alle Energien, also auch alle patriotischen Gefühle auf die Niederringung des gemeinsamen Feindes zu konzentrieren hatten. *Ja*, weil in der unterschiedlichen Weise des gemeinsamen Kampfes der Grundkonflikt fortschwelte, der die kommunistischen Parteien außerhalb der Sowjetunion seit deren Unterwerfung unter Lenins Bedingungen der »Bolschewisierung« so stark gelähmt hatte, daß sie, wie im Extremfall die italienischen und die deutschen Kommunisten, dazu beigetragen hatten, Faschisten bzw. Nationalsozialisten zur Macht zu verhelfen: Konnten sie durch den Verzicht auf von ihnen selbstbestimmte Wege und Ziele in Grundfragen nationaler Existenz jenes Maß an Legitimation für breite Massen erreichen, das für den langjährigen Erfolg einer kommunistischen Hegemonie im eigenen Lande unabdingbar war? Für die Kippenberger, Thälmann, Pieck, Dimitroff, Ulbricht etc. war – wie der erstgenannte dies auf dem Weddinger Parteitag der KPD im Juni 1929 formuliert hatte – die »direkte Unterstützung [...] der Roten Armee im Hinterlande im Rücken der weißen Armee«[65] ganz selbstverständlich eine Aufgabe der jeweiligen kommunistischen Partei.

Für Wehner galt dies spätestens nach dem VII. Weltkongreß der Komintern, der die Selbständigkeit der nationalen Parteien zumindest in organisatorischen und Kaderfragen wenigstens auf dem Papier wiederhergestellt hatte, nicht mehr. Die absolute Ohnmacht während der »Säuberungen« tat ein übriges, um ihn in seiner Auffassung zu bestärken, »die Arbeiterschaft und die organisierte Arbeiterbewegung brauchen Demokratie und nationale Unabhängigkeit zu ihrer eigenen gedeihlichen Entwicklung wie Luft und Sonne«[66].

Diese Aussage vom Oktober 1941 war – wie zahlreiche andere Beiträge zur Bedeutung des Selbstbestimmungsrechts – nicht nur gegen die europaweite Unterdrückung des nationalen Selbstbestimmungsrechts durch das NS-Regime, sondern auch indirekt gegen die Praxis der sowjetischen Führung unter Stalin gerichtet. Für Wehner war es deshalb mehr als eine bloß taktische Frage, wenn er in jenen Wochen einen nach Westdeutschland entsandten Funktionär damit beauftragte, den dort illegal tätigen Genossen, die er aus früherer persönlicher Zusammenarbeit kannte, klarzumachen, sie müßten ihre politische Argumentation umstellen: »Sie waren in ihren Flugblättern wie eine Abteilung der Roten Armee aufgetreten. Ich ließ ihnen sagen und schrieb ihnen, daß sie den Kampf gegen den Krieg als Kern einer deutschen Opposition führen müßten, wenn sie nicht riskieren wollten, von der Bevölkerung als Teil der ›Feinde Deutschlands‹ betrachtet zu werden und auf diese Weise isoliert zu bleiben.«[67] Diese Grundlinie hatte auch die schon erwähnte Broschüre »Die Wahrheit dem deutschen Volke« bestimmt, die bei den westdeutschen Kommunisten Anklang und Verbreitung gefunden hatte.

Wehners Methode der sorgfältigen organisatorischen Vorbereitung, insbesondere der unbedingten Einhaltung der von ihm aus langer Erfahrung heraus entwickelten Sicherheitsstandards bei Reisen »ins Land« und sein Konzept einer inhaltlichen Argumentation, die jene Menschen ansprechen sollte, die am Erfolg des NS-Regimes zu zweifeln begonnen hatten, traf sich mit den Absichten Wilhelm Knöchels, der seit Sommer 1941 von Holland aus eine intensivere illegale Agitation in Westdeutschland eingeleitet hatte.

Auf den Berichten aus dem Organisationsbereich dieser »Leitung West« beruhten die meisten Beiträge, die Wehner im Winter 1941/42 über den Stimmungsverfall in Teilen der Bevölkerung nach der für die deutschen Armeen erfolglosen Winterschlacht vor Moskau veröffentlicht hatte. Wie Wehner versuchte auch Knöchel, durch sorgfältig vorbereitete Widerstandsaktionen zu verhindern, daß die als unausweichlich angesehene militärische Niederlage Hitler-Deutschlands auch noch zu einer moralischen »nationalen Katastrophe«[68] würde.

Im Februar 1942 erhielt Wehner von einem der dorthin entsandten Funktionäre die briefliche Zusicherung, daß trotz großer Schwierigkeiten die Einreise über Holland nach Berlin möglich sei. Die Reise war überfällig geworden: aus objektiven wie aus subjektiven Gründen. Zu den objektiven Gründen zählten die Rückwirkungen, die Wehners Strategie und Taktik hinsichtlich der illegalen Arbeit in Deutschland auf führende Funktionäre der Stockholmer KPD-Emigration ausübten. So sprach im Dezember 1941 Erich Glückauf – mit dem er während des Saarkampfes zusammengearbeitet hatte – davon, daß Wehner in einigen seiner Artikel »zu nüchtern und kalt über die Sowjetunion geschrieben« habe.[69]

Bei der Redaktion der Zeitschrift *Die Welt* gingen briefliche Beschwerden ein, die einen bedrohlichen Unterton aufwiesen. Zwar schrieb Wehner erheblich weniger Jubelartikel als während der Jahre im Moskauer Käfig, aber Distanz verratende Untertöne konnte nur der heraushören, der die Absichten, die in der ständigen Betonung des Selbstbestimmungsrechts lagen, zu entschlüsseln wußte. Die vor allem bei der Verteidigung Moskaus bewiesenen Fähigkeiten der sowjetischen Soldaten, standzuhalten, wurden von ihm gebührend herausgestrichen. Noch mehr: In seinem letzten[70] Artikel, der dem »Ehrentag einer jungen ruhmreichen Armee« gewidmet war, versuchte er Behauptungen zu widerlegen, die Rote Armee besäße »nach der Beseitigung verräterischer Elemente vom Schlage der Tuchatschewski keinerlei Kampftauglichkeit mehr«. Heute seien »zumindest schon viele der Neunmalklugen zu der Einsicht gekommen, daß gerade die Reinhaltung und die rücksichtslose Strenge gegenüber verkappten Feinden der Roten Armee die Voraussetzungen für ihre gegenwärtigen Erfolge geschaffen hat. Die am 22. Juni 1941 zur Eroberung der Sowjetunion aufgebrochenen Eindringlinge haben in der Sowjetunion das erste Land ohne Fünfte Kolonne und in der Roten Armee die erste Armee ohne Kapitulanten kennengelernt.«[71]

Das war sichtlich vom grünen Tisch aus geurteilt. Die sowjetische Verteidigung litt anfangs enorm unter dem Aderlaß von 1937/38. Im übrigen trug der von Wehner in diesem Zusammenhang erneut gelobte Stalin auch die Hauptschuld an den militärischen Katastrophen der ersten Kriegsjahre.[72] Eine davon bahnte sich gerade zu der Zeit an, in der der Artikel geschrieben wurde. General Wlassow, der im Dezember 1941 durch einen Gegenangriff der von ihm geführten 20. Armee erheblich zur Entlastung Moskaus beigetragen hatte, führte seit Januar 1942 die zweite Elitearmee bei deren Versuch, die Leningrader Blockade zu durchbrechen. Nach erfolgreichem Vorpreschen fand er sich seit Februar 1942 »auf 75 km in die deutschen Stellungen eingekeilt« – wie Solschenizyn diese Tragödie bezeichnet hat[73] –, weil die ihm zugesagte Unterstützung aus- und die Erlaubnis zum rechtzeitigen Rückzug versagt blieb. Anfang Juli 1942 mußte er sich den Deutschen ergeben.

Die Tatsache, daß Wlassows Soldaten und die anderer russischer Armeen, die durch Wahnsinnsbefehle in Kessel getrieben worden waren, aus denen es kein Entkommen gab, nicht zu einer wirksamen Fünften Kolonne wurden, lag gewiß nicht an der sowjetischen Führung unter Stalin. Es lag an der Tatsache, daß in Hitlers und seiner Spießgesellen Augen auch diese Soldaten und deren Führer slawische »Untermenschen« waren, die gelegentlich als Hilfstruppen nützlich, aber insgesamt doch mit Mißtrauen zu behandeln waren.

Obwohl Wehner in dieser Hinsicht sein Pflichtpensum erfüllte, genügte dies in den Augen seiner Gegner nicht. Mewis und sein Anhang haben diese Kritik wahrscheinlich angeheizt, wenn nicht gar initiiert, um dessen Versagen wieder wettzumachen. Dennoch war absehbar, daß sie bald das Ohr der Moskauer[74] Auftraggeber in der Führung von Komintern und KPD erreichen und dort nicht ohne Wirkung bleiben würden. Dies um so mehr, als vermutlich auch die russischen Gesprächspartner Wehners in ihren Berichten das dort stets latente Mißtrauen zusätzlich genährt hatten.

Zwei Tage vor seiner Verhaftung erschien die oben erwähnte Russin nochmals – obwohl er gegen diesen »Überfall« bei den am Gespräch beteiligten schwedischen Funktionären Protest erhob – und forderte ihn schließlich auf, Adresse und Anlaufstelle der nach Berlin zur Vorbereitung von Wehners Reise im Sommer 1941 gereisten, dort immer noch unentdeckt gebliebenen Lotte Bischof auszuhändigen, damit die Russen selbst diese Adresse für ihre Arbeit ausnutzen könnten: »Das schlug ich rundweg ab und erklärte abschließend, daß wir uns nicht mehr treffen würden, weil ich selbst nach Deutschland zu reisen beabsichtigte. Sie meinte, daß dies doch sehr riskant für mich sei, und ob sie mir vielleicht mit einem Papier helfen sollten, doch ich erklärte, daß ich keine solche Hilfe brauchen könnte.«[75]

Ob die angebotene Hilfe aufrichtig gemeint war oder eine versteckte Drohung enthielt, ist schwer auszumachen. Es ist aber davon auszugehen, daß die mehrfachen Besuche von offiziell dem sowjetischen diplomatischen Apparat angehörenden und gewiß überwachten Emissären dazu beigetragen haben, die schwedische Polizei auf Wehner aufmerksam zu machen. Es ist auch sehr wahrscheinlich, daß Wehner selbst durch mangelnde Vorsicht zu seiner Verhaftung beigetragen hat. Allerdings gibt es keine Hinweise dafür, daß er sich – wie kommunistische und SAP-Emigranten von Mewis bis Arno Behrisch[76] behaupten – absichtlich in die Hände der Polizei begeben hätte.

Damit sind wir bei den subjektiven Gründen, die seine Lage in Schweden immer prekärer werden ließen. Ein Jahr zuvor hatte er Moskau mit dem Ziel verlassen, »aus allen Zweideutigkeiten« herauszukommen. Das Leben in Schweden ließ zwar alte Zweideutigkeiten und Spannungen hinter sich, insbesondere die zugleich routinemäßige – als ob nichts wäre – und angsterfüllte Tätigkeit eines Funktionärs inmitten einer unmittelbar lebensbedrohenden Umwelt, schuf aber neue.

Spannungen mußte schon der Unterschied zwischen Außenwelt – einer freien, relativ wohlhabenden, von Krieg und Verfolgung weitgehend verschonten Gesellschaft – und der Innenwelt Wehners erzeugen. In der Einsamkeit, zu der sich Wehner verdammt sah, mußten düstere Erinnerungen die Oberhand gewinnen, die Gesichter der ermordeten oder verschwundenen Genossen ihn nachts im Halbschlaf heimsuchen, die wahnhafte Vorstellung sich steigern, zunehmend alle und alles hätte sich gegen ihn verschworen.

Was in Moskau noch ertragen werden mußte, weil es keine Wahl gab, war in Schweden auf Dauer unerträglich. Die persönlichkeitsreduzierende Isolation, das nächtelange Durcharbeiten der aus Deutschland kommenden Berichte, das Aufflackern und Zusammensinken von Hoffnungen, der Widerstreit der Gefühle und Gedanken, das viele Jahre enttäuschte oder unterdrückte Verlangen nach Glück und angstfreier Geborgenheit, all dies ließ sich nur zurück-, nicht aber völlig verdrängen und suchte sich einen Ausweg. Gewiß keinen offenen Ausweg, wie ihn sein Rivale Karl Mewis durch seine Verbindung mit Louise, der Tochter Franz Dahlems, gefunden hatte. Deren neugeborenes Kind verlangte und gewährte zugleich Geborgenheit, häuslich geordnetes Glück. Richard Stahlmann nahm auf seine Weise, durch den Besuch reichhaltig sortierter Kaufhäuser und guter Restaurants, die schwedische Außenwelt auf.

Im Protokoll des Polizeiverhörs ist nachzulesen, daß zwischen Wehner und Frieda Wagner – der Frau des »ins Land« geschickten Josef Wagner – ein »Liebesverhältnis« entstanden sei. Es habe dazu geführt, daß Wehner Frau Wagner oft besucht habe, und erkläre den Umstand, daß er in ihrer Wohnung festgenommen worden sei.[77] Obgleich ein solches Verhältnis angesichts der Gefühls- und Seelenlage, in der sich Wehner befand, das Normalste auf der Welt gewesen wäre, sind erhebliche Zweifel erlaubt, ob es je bestanden hat. Denn laut Protokoll bestritt Wehner, daß Frau Wagner in seine (illegale) Tätigkeit in irgendeiner Weise verwickelt gewesen sei. Mit dem »Verhältnis« versuchte Wehner also wohl, seine Kontakte zu ihr plausibel zu erklären, um sie vor weiterer Verfolgung zu schützen.

Josef Wagner war im Herbst 1941 zusammen mit einem anderen Emissär bei der Rückfahrt von Deutschland in einem schwedischen Hafen festgenommen worden. Die schwedische Polizei versuchte zunächst, die beiden Verhafteten als »Gestapoagenten« zu behandeln und zurückzuschicken. Durch die Mobilisierung liberaler Abgeordneter und des Rechtsanwalts Branting, des Sohnes des Mitbegründers der schwedischen Sozialdemokratie, gelang es nach über dreimonatigen Bemühungen, die Auslieferung zu verhindern. In dieser Zeit hatte Wehner, der die »Belieferung« der Verhafteten übernahm, Frieda Wagner kennengelernt.

Durch seine Besuche bei ihr, die seit der Verhaftung ihres Mannes sicher überwacht wurde – wenn auch wohl kaum rund um die Uhr –, war er der Polizei wahrscheinlich aufgefallen. Daß er ausgerechnet am späten Vormittag des 18. Februar 1942 in ihrer Wohnung verhaftet wurde, mag Zufall sein, kann aber auch mit den von »den Russen« erzwungenen Treffs oder gar mit deren mehr oder minder gezielten Hinweisen zusammenhängen, durch die er ausgeschaltet werden sollte. Ob nur Leichtsinn oder Verrat von anderer Seite[78] oder beides im Spiel war, wird auch künftig nie völlig zu klären sein. Wehner selbst übernahm noch viele Jahre später die Verantwortung für die Mißachtung von Grundregeln illegaler Arbeit: »Fehler unterlaufen offensichtlich Menschen, die unter härtesten Bedingungen solche vermieden haben (oder hätten). Dafür haben sie dann (habe ich dann) die Folgen zu tragen.«[79]

Für die dritte Annahme, er habe sich bewußt der schwedischen Polizei ausgeliefert oder gar selbst »Verrat« begangen, spricht nichts. Im Gegenteil – in den ersten Wochen gelang es ihm während der Verhöre, kunstvoll falsche Fährten auszulegen, um so seine Fehler wiedergutzumachen. Erst als Anfang März 1942 die Gefahr zunahm, daß ihn die schwedischen Behörden als illegal eingereisten und wohnsitzlosen Agenten der Gestapo ausliefern würden, und er nun auch annehmen konnte, daß seine »Mitstreiter« die ihn belastenden Unterlagen in seiner Unterkunft beiseite geschafft hätten, war er zu einem Teilgeständnis bereit.

Die Kritik, die Wehner an Mewis und Stahlmann geübt hatte, wurde durch deren Verhalten nach seiner Verhaftung nicht nur bestätigt, sondern übertroffen. Obwohl Zeit genug war, alle Hinweise auf Wehners Tätigkeit und Verbindungen zu beseitigen und die Mitglieder der schwedischen KP, bei denen er Unterkunft gefunden hatte, entsprechend zu präparieren, war in dieser Hinsicht nichts geschehen. Unklar bleibt auch hier, ob dieses Versäumnis nur Leichtsinn, Angst vor Verstrickung oder gezielte Absicht war. Die schwedische Polizei erhielt jedenfalls die Möglichkeit, einen Teil der schwedischen Verbindungsleute Wehners zu verhaften und Wehners Papiere zu beschlagnahmen.

Dieser von Wehner nicht verschuldete Teilerfolg der schwedischen Polizei hat Jahre später zu der von kommunistischer Seite vorgebrachten Behauptung geführt – die auch zur Rechtfertigung seines angeblich 1942 erfolgten Ausschlusses aus der KPD diente –, daß Wehners Angaben schwerwiegende Folgen für illegale Widerstandsgruppen der KPD in Deutschland gehabt hätten. Solche Behauptungen sind insbesondere in den Memoiren seines Konkurrenten Mewis enthalten, obgleich dieser selbst und Max Seydewitz erst ein halbes Jahr nach Wehners Verhaftung durch mangelnde eigene Vorsicht in die Hände der schwedischen Polizei gerieten.

Es gibt aber nicht nur indirekte, sondern auch direkte Gegenbeweise. Im Unterschied zu jenen Funktionären, die unter Mewis' Ägide ins Reich geschickt worden waren, blieb die von Wehner nach Berlin entsandte Charlotte Bischof auch nach Wehners Verhaftung unentdeckt. Aus der Anklageschrift des Volksgerichtshofes gegen den im Januar 1943 verhafteten Leiter des Westabschnitts der KPD, Wilhelm Knöchel, geht außerdem hervor, daß die Gestapo die von Wehner im Verhör durch die schwedische Polizei gelegte falsche Fährte, er habe sich von 1939 bis 1940 in Holland aufgehalten und sei von dort über Norwegen nach Schweden eingereist, gänzlich übernommen hatte.[80]

Im Unterschied zu heute, da Wehners Verhalten während der Ermittlungen durch die Polizei und vor Gericht hinreichend genau rekonstruiert werden kann[81], konnte der einem geheimen Gerichtsverfahren ausgesetzte Herbert Wehner es nicht vermeiden, in ein Zwielicht einzutauchen, dessen fahlen Schein sich noch Jahre und Jahrzehnte später Gegner, linker wie rechter Couleur[82], nutzbar zu machen suchten. Das hing nicht nur damit zusammen, daß die Polizei »Anhaltspunkte« für seine bisherige Tätigkeit hatte und Wehner deshalb die anfängliche Verschleierung seiner Identität nicht durchhalten konnte, sondern noch stärker mit den politischen Gesamtumständen in Schweden.

Das Gros des schwedischen Bürgertums, das auch in Polizei und Justiz dominierte, war traditionell »deutschfreundlich«, es empfand Sympathien für ein konservativ regiertes Deutschland. Diese Sympathien hatten seit Beginn des NS-Regimes keineswegs abgenommen.[83] Die Meinung, Hitler habe in Deutschland Ordnung geschaffen, war in diesen Kreisen weit verbreitet und machte politische Emigranten, die von schwedischem Boden aus ihre illegale Arbeit gegen das NS-Regime fortsetzten, rundherum verdächtig.

Die objektiven Schwierigkeiten für die schwedische Regierung – einer vom Sozialdemokraten Per Albin Hansson geführten All-Parteien-Koalition (unter Ausschluß der Kommunisten) –, ihr inmitten der kriegführenden Mächte gelegenes Land soweit wie möglich neutral zu halten, dürfen gewiß nicht gering veranschlagt werden, zumal die deutsche Besetzung Dänemarks und Norwegens eine latente Drohung auch für Schweden enthielt. Insoweit war die sehr flexible Neutralitätspolitik angesichts der realen Machtverhältnisse verständlich. Ebenso die Tatsache, daß Schweden sich immer wieder bemühte, der Ort zu bleiben, von dem aus Abgesandte der verfeindeten Mächte jeweils Friedensfühler auszustrecken versuchten – zunächst deutsche Kontakte mit England und den USA in den Jahren 1940/41, sodann solche der Sowjetunion mit Deutschland im Sommer 1943[84]. Unterhalb dieser sich nach beiden Seiten offenhaltenden Politik der Regierung gab es aber für die Behörden einen weiten Spielraum, ihre Sympathien und Antipathien bei der Behandlung von illegal sich aufhaltenden Emigranten kundzutun.

Schon beim Kampf gegen die Auslieferung der Kuriere Wagner und Sager hatte Wehner spüren können, daß zwischen der schwedischen und deutschen Polizei enge Kontakte bestanden: »Die Polizei, die in jener Zeit von der Auffassung durchdrungen war, daß Deutschland den Krieg zu gewinnen im Begriffe sei, und die sich in ihren Äußerungen so weit verstieg, Quisling als den Mann mit einer großen Zukunft zu bezeichnen, versuchte durch Drohungen mit Auslieferung und andererseits durch Versprechungen die Grundlagen zu einem umfassenden Schlag gegen die nach Deutschland führenden Verbindungen und gegen diejenigen, die uns in Schweden unterstützt hatten, zu erhalten. Nachdem vier Wochen vergangen waren, in denen ich täglich und oft bis spät in den Abend zu Verhören geschleppt worden war (in einer ungeheizten Zelle hatte ich rheumatische Schmerzen bekommen, die es zeitweise nicht zuließen, daß ich allein zu gehen vermochte), während der ich auch zweimal mit Polizeibewachung durch einige Teile der Stadt gefahren wurde, wo die Polizei Anhaltspunkte zu finden vermutete, entschloß ich mich, die Adresse meines Quartiers anzugeben, um dadurch zu verhindern, daß sechs Genossen weiter festgehalten, beziehungsweise unter Polizeikontrolle zur Aufdeckung weiterer Spuren ausgenützt werden konnten.«[85]

Da es hier um den Schutz weitreichender Verbindungen innerhalb Schwedens wie auch nach Deutschland ging und da Wehner während der Verhöre mehrfach erfahren mußte, daß die Polizei Anhaltspunkte für seine Tätigkeit besaß, mußte Wehner das Risiko eingehen, daß die Polizei in der Wohnung weitere Hinweise finden würde. Er war aber bestürzt, als er erfuhr, daß die vierwöchige Frist seit seiner Verhaftung nicht einmal dazu benutzt worden war, Wohnung, Wohnungsinhaber und Verwandte auf die zu erwartende Untersuchung durch die Polizei vorzubereiten.

Nicht nur, daß die Wohnungsinhaberin vor der Polizei alle Verbindungen bloßlegte. Zu allem Unglück hatte Stahlmann einen Teil seiner eigenen chiffrierten Briefe in der Wohnung des Bruders von Wehners Zimmerwirtin untergebracht, wo sie zusammen mit Wehners Papieren von der Polizei entdeckt wurden. Der Fund der Stahlmannschen Unterlagen brachte Wehner beim Kampf mit der Polizei um die »Auslegung jedes Stückes Papier« zusätzliche Schwierigkeiten ein, zumal es ihm darum ging, die von seiner Verhaftung Betroffenen weitgehend zu entlasten. Die zur Verfügung stehenden Materialien zeigen, daß es Wehner gelang, »der Polizei keinerlei Anhaltspunkte über in Deutschland arbeitende und mit der Arbeit in Deutschland in Verbindung stehende Genossen zu geben« sowie »Andeutungen, die auf organisatorische Beziehungen in Deutschland hinweisen könnten, abzubiegen«[86].

Nachdem die Polizei aber fürs erste auf die weitere Verfolgung einiger von ihr bereits aufgenommener Spuren verzichten mußte, hatte sich ihr Mißtrauen verschärft. Es verband sich mit dem Bestreben der Staatsanwaltschaft, aus den vorhandenen Indizien die Anklage zu konstruieren, Wehner habe Spionage im Dienst der Sowjetunion betrieben. Die Verteidigung gegen den Vorwurf der Spionage in dem am 8. April 1942 vor dem Stockholmer Amtsgericht beginnenden Prozeß gegen ihn und seine Mitarbeiterin Solveig Hansson, die zu schwedischen Seeleuten Verbindung hergestellt und ihn mit deutschsprachigen Zeitungen versorgt hatte, wurde Wehner dadurch erschwert, daß der schon erwähnte sozialdemokratische Reichstagsabgeordnete Georg Branting die ihm angetragene Verteidigung nach der Lektüre der Vernehmungsprotokolle ablehnte.

Auch wenn Zweifel angebracht sind, daß die von Mewis in seinen Erinnerungen überlieferte Begründung Brantings (Wehner sei weder ein

»Kommunist, noch ein Antifaschist«, sondern ein »Provokateur und Verräter«)[87] je gefallen ist, mußte sich diese Ablehnung im Verfahren zuungunsten Wehners auswirken. Obwohl Branting Erfahrungen bei der Verteidigung illegaler Emigranten hatte, war er zu jenem Zeitpunkt nicht in der Lage, Wehners spurenverwischende Aussagetaktik während der polizeilichen Ermittlungen zu durchschauen. Die Nennung vieler bekannter Kommunisten in der Emigration legte er irrtümlich als Verrat illegal tätiger kommunistischer Funktionäre in Deutschland aus.[88]

Dadurch wird deutlich, wie risikobehaftet Wehners Verteidigung, die auf der Aussage beruhte, er sei deutscher Kommunist und nicht Diener einer fremden Macht, sich für ihn auszuwirken begann. Wenn sich für eine Persönlichkeit wie Branting die Einschätzung der Tätigkeit Wehners so schwierig gestaltete, war im Justizapparat – angesichts der dort grassierenden Kommunistenphobie – die Fähigkeit und Bereitschaft zu einem differenzierten Urteil noch sehr viel geringer ausgeprägt. Trotz zusätzlicher Handicaps – etwa der Unmöglichkeit, Zeugen aufzurufen, die seine Angaben hätten bestätigen können – blieb Wehner in den Vorermittlungen und während des Prozesses im April 1942 bei seiner Grundaussage, die da lautete: Als führendes Mitglied der deutschen Kommunisten sei ihm daran gelegen gewesen, in Deutschland selbst eine breite demokratische Volksbewegung gegen die Hitler-Regierung in Gang zu bringen, die möglichst alle antinazistischen Gruppen umfassen sollte. Vom Ausland her sollte nur Unterstützung geboten und seine Reise »ins Land« selbst vorbereitet werden.

Die Anklage baute vor allem auf der Behauptung auf, die KPD sei Mitglied der Kommunistischen Internationale, und diese wiederum stünde ganz im Dienst der sowjetischen Politik. Da Wehner keine direkten Kontakte zur sowjetischen Botschaft nachgewiesen und seine Angaben, er habe sich von 1939 bis 1941 nur in Westdeutschland, Belgien und den Niederlanden aufgehalten und sei von dort aus über Dänemark und Norwegen nach Schweden gekommen, nicht widerlegt werden konnten, konzentrierte sich die Anklage auf eine indirekte Beweisführung. Zunächst stützte sie ihre Behauptung, die Komintern stünde im Dienst der sowjetischen Politik, auf ein beim schwedischen Außenministerium eingeholtes Gutachten. Den Wehner zur Last gelegten Vorwurf der Spionage für eine fremde Macht sah die Anklage durch die Berichte erwiesen, die Wehner seit Frühsommer 1941 aus Westdeutschland erhalten hatte und in denen Stimmungen und Reaktionen der dortigen Bevölkerung und einzelner illegaler Gruppen über den Kriegsverlauf und die wachsende Kritik am NS-Regime wiedergegeben worden waren.

Wehner konnte nachweisen, daß er diese Berichte in seinen Beiträgen und Kommentaren in der Zeitschrift *Die Welt* und in den von ihm verfaßten Broschüren verwertet hatte.[89] Der Behauptung des Staatsanwalts, bei diesen Stimmungsberichten handele es sich um »typische Agentenrapporte«, deren Zweck es sei, »die Leitung auf dem laufenden zu halten über die politische und militärische Lage in Deutschland«, versuchte Wehner mit dem Hinweis entgegenzutreten, daß es sich hierbei weder um regelmäßige Mitteilungen noch um solche mit aufklärendem Material über Truppenstandorte und andere wichtige militärische Punkte gehandelt habe. Da die Parteimitglieder in Deutschland diese allgemeinen Informationen als Grundlage für ihre eigene politische Widerstandstätigkeit noch dazu unter Lebensgefahr sammelten, sei es abwegig, sie mit »Agenten« zu vergleichen, die gegen Bezahlung militärisch bedeutsame Informationen ins Ausland lieferten. Die KPD habe wiederholt, zuletzt besonders scharf 1938, Beschlüsse gegen jede Verknüpfung der Parteiarbeit mit sogenannter »Nachrichtenarbeit« gefaßt und wegen Nichtbefolgung solcher Beschlüsse Parteimitglieder ausgeschlossen. Er selbst habe solche Ausschlüsse 1936 durchgeführt.

Weitaus schwieriger war der Nachweis, daß die KPD nicht nur Handlanger der Komintern sei und diese wiederum nicht völlig im Dienst der Sowjetunion stünde. Es gelang ihm zwar, einen Teil des Materials, das dem Memorandum des schwedischen Außenministeriums zugrunde lag, als bloßes Propagandamaterial extrem rechter Gruppen in den USA abzutun, das nicht einmal von Roosevelts republikanischem Gegenkandidaten bei den Präsidentschaftswahlen 1940, Wendel Wilkie, anerkannt worden sei. Aber sein Versuch, die nationalen Interessen der Sowjetunion von den Zielen der Komintern im allgemeinen und der KPD im besonderen abzugrenzen, war für seine weitere Laufbahn innerhalb der kommunistischen Bewegung nicht ohne gefährliche Implikationen. Er zitierte Molotows Rede vor dem Obersten Sowjet in den Jahren 1939/40, wonach die Sowjetunion ihre Außenpolitik »ausschließlich« aufgrund der nationalen Interessen ihres Volkes führe. Während Molotow sich in der Außenpolitik gegen einen »prinzipiellen Antifaschismus« ausgesprochen habe, dürfte es aber unbestritten sein, so fuhr Wehner in seiner Beweisführung fort, »daß sich z.B. meine ganze Tätigkeit im Rahmen der KP Deutschlands durchaus auf dem Boden eines prinzipiellen Antifaschismus abspielte«[90].

Am wirkungsvollsten war Wehners Verteidigung dort, wo er die persönliche Betroffenheit gegenüber dem Vorwurf der Anklage, er sei Agent einer ausländischen Macht gegen Deutschland, deutlich machte. Ungeachtet seiner durch die nazistische Regierung vorgenommenen »Ausbürgerung« fühle er sich als Sohn des deutschen Volkes, verbunden mit allem, was ihm an Deutschland und seinem schwer geprüften Volk teuer sei: »Als mein Vater 33 Jahre alt war, mußte er in den Krieg, aus dem er erst als 38jähriger zurückkehrte. Als ich 33 Jahre alt geworden war, begann der neue Weltkrieg. Diese Jahreszahlen umschließen einen Lebensabschnitt, in dem es an Härte und Enttäuschung nicht gefehlt hat. Als Sohn einer Arbeiterfamilie wurde ich in diesen schweren Jahren schon in früher Jugend zum überzeugten Kämpfer für den Sozialismus, weil meines Erachtens allein die sozialistische Gesellschaftsordnung den notwendigen Fortschritt der Menschheit aus der Barbarei der Kriege, der Krisen und des Hungers gewährleistet.«

Auch in den Jahren, so heißt es da weiter, in denen er durch »die Blutherrschaft des Nazismus« zu einem Leben in der Illegalität gezwungen worden sei, habe er nicht aufgehört, sein deutsches Volk zu lieben und für es, auch während der schrecklichen Verwirrungen, die viele durchmachten, nach »bestem Wissen und Gewissen« zu kämpfen. Dabei fügte er der persönlichen Legitimation zugleich die kollektive Mission der Kommunisten hinzu, nicht nur der deutschen Kommunisten, sondern auch die der anderen Parteien der kommunistischen Internationale, von denen in den letzten Jahren viele Mitglieder im Kampf für die Freiheit ihres eigenen Volkes den Tod gefunden und sich so als »vorbildliche Patrioten« bewährt hätten.

Nach seiner Überzeugung werde auch im deutschen Volk die Zeit kommen, in der die »im Kampf gegen den Nazismus gefallenen Märtyrer als Ehrenbürger der Nation noch im Tode geehrt werden«. Seine Tätigkeit faßte er bewußt als einen Teil der »unserer deutschen Arbeiterklasse auferlegten Mission auf: Vom deutschen Volk die ihm angetane Schmach zu tilgen und im deutschen Volk den Grundstein für eine Zusammenarbeit in Frieden und nationaler Selbstbestimmung mit all den Völkern zu legen, die durch das in Deutschland zur Macht gelangte Regime so schwer haben leiden und bluten müssen.«[91]

Diese Sätze gingen weit über die prozeßbedingte Rundumverteidigung hinaus. Lebenslanges politisches Handlungsmotiv und kollektive Mission verschmolzen hier in wenigen Sätzen zu einem Programm von seltener Klarheit, das, gerade weil es Wehners oft verwinkelte Formulierungskünste und -nöte weit hinter sich ließ, anzeigte, in welcher

Situation er sich befand. Es ging um nichts weniger als um das eigene moralische Sein oder Nichtsein, falls er in der einer freien Gesellschaft entsprechenden Würde – das heißt im Einklang mit sich – künftig leben wollte.

Dies war eine andere existentielle Situation als die der Moskauer Jahre, wo es ums bloße Überleben ging. Sie erforderte Selbstbesinnung, kritische Distanz zum bisherigen Tun, schließlich neue Einstellungen zu sich und der Umwelt. Diese Entwicklung brauchte mehrere Jahre. Über ihre einzelnen Phasen läßt sich, da Quellen weitgehend fehlen, wenig sagen. In seiner Verteidigung vor dem Stockholmer Gericht sind aber erste Ansätze spürbar.

Wehners ausführliche Memoranden, mit denen er die Anklage in zentralen Punkten zu entkräften versuchte, wurden in der zweiten Phase der mündlichen Verhandlungen vor Gericht, Ende April 1942, durch den Hinweis von Wehners Anwalt[92] Westerståhl ergänzt, daß die deutschen Sozialdemokraten bei ihrer illegalen Arbeit gegen das NS-Regime ähnliche Methoden benutzten wie die KPD. In der Schlußphase des Prozesses schwenkte auch Georg Branting als Anwalt der Mitangeklagten Solveig Hansson auf die Taktik Wehners ein, die Unabhängigkeit der KPD von der Komintern zu behaupten. Er ließ auch im Prozeßprotokoll seinen früheren Vorwurf korrigieren, Wehners Rolle in diesem Verfahren sei »dunkel«, nachdem dieser noch einmal vor Gericht darauf hingewiesen hatte, daß die in seinen Aussagen namentlich erwähnten Kommunisten allesamt den deutschen Behörden bekannt, aber, da sie außerhalb Deutschlands lebten, für diese nicht greifbar seien.

Obwohl das Gericht Wehner schließlich wegen nachrichtendienstlicher Tätigkeit und Vergehens gegen das Ausländergesetz zu einem Jahr Gefängnis verurteilte, machte es sich die Argumente der Verteidigung insoweit zu eigen, als es einräumte, daß die Informationen, die Wehner aus Deutschland bezogen habe, in der Hauptsache bei Wehners publizistischer Arbeit im Namen der KPD benutzt worden seien.

Dem Staatsanwalt war das Strafmaß zu gering. Er legte Berufung ein. Da das Gericht in erster Instanz den zentralen Punkt der Anklage, Wehner habe geheime nachrichtendienstliche Tätigkeit im Dienste einer fremden Macht betrieben und dadurch Schwedens Freiheit und Neutralität gefährdet, nicht für voll gerechtfertigt hielt, versuchte die Staatsanwaltschaft die Anklage durch einen neuen Vorwurf zu erweitern. Dabei sollte nicht der mehr oder weniger große militärische Wert der beschafften Nachrichten ausschlaggebend sein, sondern Wehners Eigenschaft als

Leiter einer Organisation, »deren Ziel der Sturz der Regierung eines mit Schweden freundschaftlich verbundenen Landes«[93] sei.

Den Nachweis für Wehners leitende Stellung mußte der Staatsanwalt mehrere Monate schuldig bleiben. Er wurde ihm frei Haus geliefert, nachdem am 18. August 1942 zunächst Max Seydewitz, einen Tag später auch Karl Mewis und Georg Henke[94] verhaftet worden waren.

Obwohl Seydewitz auf legale Weise nach Schweden gekommen war, hatte er sich, wie es im Polizeibericht hieß, »seit geraumer Zeit« verdächtig gemacht. Seine »regelmäßigen« Treffen mit Mewis waren offenbar schon 1941 – also vor Wehners Verhaftung – überwacht worden. Dadurch war die Polizei schließlich den Verbindungen von Mewis zu Henke und Stahlmann auf die Spur gekommen. Dem im Umgang mit Überwachungspraktiken der Polizei in vielen Ländern erfahrenen Richard Stahlmann war es allerdings gelungen, der Verhaftung zu entgehen.

Das, was Mewis im Verhör zu Protokoll gab, reichte aus, um der Anklage in ihrem Hauptpunkt endgültig Gewißheit zu verschaffen: Wehner als Leiter einer Organisation anzuklagen, die den Sturz der Regierung eines mit Schweden befreundeten Landes betrieb. Den Aussagen von Mewis konnte die Polizei nicht nur Wehners langjährige Funktion innerhalb der KPD-Führung entnehmen, sondern auch, daß Wehner (und Stahlmann) Emissäre der KPD nach Deutschland »beordert«[95] hätten. Erschwerend kam hinzu, daß einige dieser Emissäre aus dem schwedischen Internierungslager Langmora geflohen, und diese Flucht von Wehner »organisiert«[96] worden war.

Schlimmer noch für die Betroffenen waren die Angaben, die Mewis über deren Reiseziele machte. Danach war Holland das Ziel des ihm, wie er breit im Verhör ausführte, seit 1929 bekannten Jugendfunktionärs »Friedel« (Friedel Stein), der in Wehners Auftrag[97] über Holland Verbindung mit der westdeutschen Widerstandsorganisation um Wilhelm Knöchel aufgenommen hatte.

Friedel tauchte auch prompt in der gegen Knöchel gerichteten Anklageschrift des Volksgerichtshofes von 1944 als »neuer Jugend-ZK-Mann«[98] auf – allerdings ohne daß seine Verhaftung gemeldet werden konnte. Sehr viel schlimmer erging es dem ebenfalls dort genannten Gewerkschafter Jakob Welter, über dessen Ziel Mewis im September 1942 sehr genaue Angaben gemacht hatte. Er berichtete der Polizei von einer Diskussion mit »Kalle« (Richard Stahlmann), wonach es für einen Illegalen, der nach Deutschland gehe, unbedingt erforderlich sei, daß er mit der Gegend, in die er geschickt werde, vertraut sei, vor allem deshalb, damit er mit der einheimischen Bevölkerung in Verbindung käme und sich, ohne entdeckt zu werden, dort aufhalten könne. Da Mewis von Wehner wußte, daß dieser mit Welter im Saargebiet zusammengearbeitet und ihn dort als »sehr tüchtigen und zuverlässigen Genossen« kennengelernt habe, nahm er, wie es im Protokoll weiter heißt, an, »daß Welter entweder ins Saargebiet oder nach Belgien oder Holland geschickt worden war, von wo aus man die Agitationsarbeit in Deutschland gut starten konnte«[99].

Wenige Monate später wurde Welter im Saargebiet von der Gestapo verhaftet. Vor Stalingrad war der Draht zwischen schwedischer und deutscher Polizei besonders kurz. Der Mewis verhörende Beamte, Polizeikommissar Erik Lönn, war einer der drei schwedischen Sicherheitsbeamten, die im März 1941 mehrere Tage in Berlin mit der Spitze des NS-Sicherheitsdienstes, insbesondere mit SD-Chef Reinhard Heydrich, konferiert und dabei auch Akten übergeben hatten.[100] Selbst wenn diese persönlichen Beziehungen Mewis nicht bekannt gewesen sein sollten, mußte er durch die vielen Gespräche mit legal und illegal sich aufhaltenden Emigranten sowie durch die anhaltende öffentliche Diskussion in der schwedischen Presse (von der KPD-nahen europäischen Presse ganz zu schweigen) über die Zusammenarbeit zwischen der schwedischen und deutschen Polizei genug wissen, um solche Informationen unter allen Umständen für sich zu behalten. Die übrigen Angaben, insbesondere die über Wehners leitende Stellung, hätten mehr als ausgereicht, um die Polizei zufriedenzustellen. Nachdem die schwedische Justiz sich durch dieses Übersoll an Geschwätzigkeit von der Mewisschen »Harmlosigkeit« überzeugt hatte, verzichtete sie auf eine offizielle Anklage. Weil sie illegal ins Land gekommen waren, wurden Mewis und Henke noch bis Sommer 1943 in einem Lager festgehalten, danach freigelassen. Seydewitz war, da legal in Schweden, nur ein anderer Aufenthaltsort als Stockholm zugewiesen worden.

Wehner bekam in dem zwei Tage nach dem Abschluß des Mewis-Verhörs wiederaufgenommenen Verfahren vor dem Oberlandesgericht (Svea Hovrätten) erst nach und nach zu spüren, wie sehr sich die Anklage ihrer Sache sicher war. Noch ohne Kenntnis der Aussagen von Mewis und der anderen Verhafteten hatte Wehner die Dramaturgie seiner mündlichen Erklärung zur Verteidigung vor Gericht, deren schriftliche Fassung den Akten beigefügt wurde[101], so ausgelegt, daß durch sie die eigene Glaubwürdigkeit erhärtet, die des Staatsanwalts

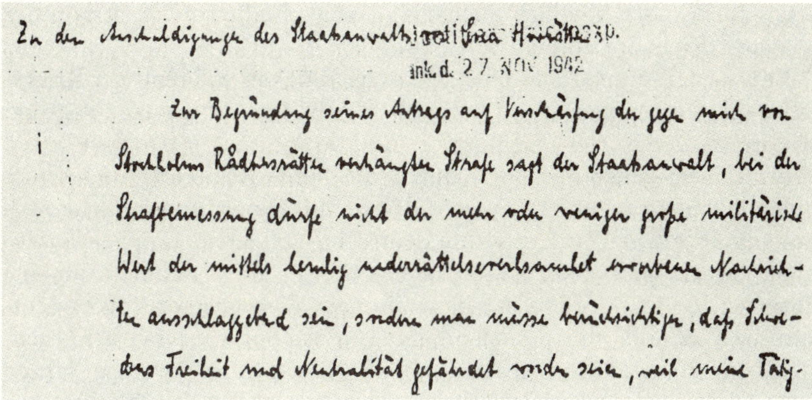
Zu den Ausführungen des Staatsanwalts

ink. d. 27 NOV 1942

Zur Begründung seines Antrags auf Verschärfung der gegen mich vom Stockholms Rådhusrätten verhängten Strafe sagt der Staatsanwalt, bei der Strafbemessung dürfe nicht der mehr oder weniger große militärische Wert der mittels heimlich nachrichtendienstlich gesammelter erworbenen Nachrichten ausschlaggebend sein, sondern man müsse berücksichtigen, daß Schwedens Freiheit und Neutralität gefährdet worden sein, weil meine Tätig-

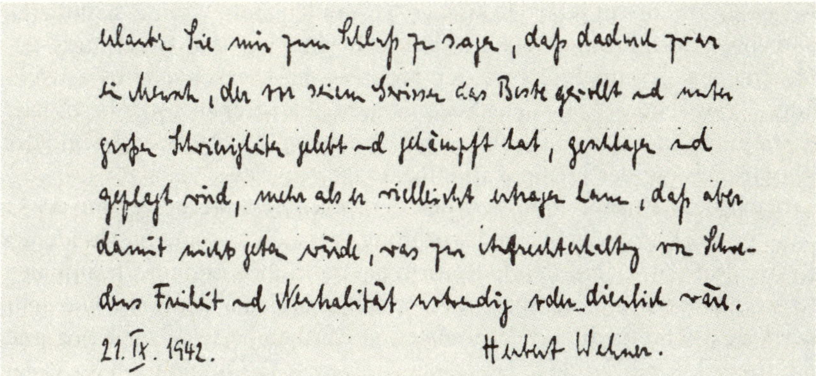
erlauben Sie mir zum Schluß zu sagen, daß dadurch zwar ein Mensch, der von seinem Wissen das Beste gewollt und unter großen Schwierigkeiten gelebt und gekämpft hat, geschlagen und gequält wird, mehr als er vielleicht ertragen kann, daß aber damit nichts getan würde, was zur Aufrechterhaltung von Schwedens Freiheit und Neutralität notwendig oder dienlich wäre.

21. IX. 1942. Herbert Wehner.

Handschriftliche Stellungnahme Herbert Wehners vom 21. September 1942 zur erweiterten Anklage vor dem Oberlandesgericht (Svea Hovrätten).

erschüttert und schließlich auch die persönliche Betroffenheit von der Schwere der Haft deutlich werden sollte.

Er wies darauf hin, daß seine politische Tätigkeit während der Kriegsjahre die Fortsetzung seiner politischen Arbeit davor gewesen sei, und nannte als deren Ziel »Demokratie und Sozialismus in Deutschland«. Trotz seiner »Ausbürgerung« durch die Hitler-Regierung und seiner unbedingten Gegnerschaft zu ihr verbiete ihm seine grundsätzliche Auffassung über sein Verhältnis zum deutschen Volk, eine Tätigkeit auszuüben, die als *spioneri* zu qualifizieren wäre. Es ginge vielmehr um eine Tätigkeit, die der »Sorge um das nationale Wohl meines Volkes« entsprungen sei und ihm zu dienen habe. Um den Spionagevorwurf gegenstandslos zu machen, betonte er, daß er seit rund zwanzig Jahren politisch tätig sei und daß er bei dieser vorwiegend publizistischen Arbeit unter öffentlicher Kontrolle gestanden habe. Seine Kindheits- und Jugenderfahrungen hätten ihn frühzeitig zu der Erkenntnis gebracht, daß es »im Interesse der progressiven menschlichen Entwicklung« notwendig sei, den Sozialismus anzustreben. »Unbeschadet parteipolitischer Bindungen« sei er allzeit von der Notwendigkeit der Verwirklichung der Demokratie überzeugt gewesen.

Nach dem Zusammenbruch der deutschen Arbeiterbewegung 1933 habe er, nach gründlicher Selbstprüfung, versucht, »seine bescheidenen Kräfte« für eine tiefgreifende Reform der deutschen und internationalen Arbeiterbewegung einzusetzen. Er machte zugleich deutlich, wie sehr der Krieg sich vor diese Bemühungen geschoben hatte: »Der Krieg und die schrecklichen Leiden, die durch die deutsche Okkupation so vieler Länder hervorgerufen worden sind, haben es mich als direkte persönliche Pflicht erkennen lassen, alles in meinen Kräften Stehende zu tun, um dem Volk, dem ich trotz allem angehöre, zur Einsicht und Umkehr, zum Verlassen des verhängnisvollen Weges zu verhelfen.«

Nachdem Wehner so dem Gericht vor Augen zu führen versucht hatte, daß er aus »reiner Überzeugung, Liebe zu meinem Volk und Land und zu den Idealen des Sozialismus« und nicht als »Agent einer fremden Macht« gehandelt habe, stellte er die Frage, ob dies Fakten seien, die nach schwedischem Recht eine Bestrafung notwendig machten. Dabei kam er auf die Beweismittel (Briefe und Flugblätter aus Westdeutschland sowie die von ihm verfaßte Schrift »Die Wahrheit dem deutschen Volk«) zurück, die dem Staatsanwalt in der ersten Instanz dazu gedient hatten, eine Verurteilung Wehners wegen »geheimer nachrichtendienstlicher Tätigkeit im Dienst einer fremden Macht« zu erreichen.

Er versuchte an den Beispielen eines »überzeugten Katholiken und christlichen Organisationsmannes« sowie eines »freigewerkschaftlichen« Bergarbeiters und Sozialdemokraten darzutun, daß – abgesehen von der Parteizugehörigkeit – die Widerstandsarbeit beider seiner eigenen »nahezu vollständig gleichen«. Schließlich verwies er auf die Lage im Nachbarland Norwegen und knüpfte daran die Frage: »Würde man wohl zugeben, daß von zwei norwegischen Patrioten, die, auf norwegische Verhältnisse bezogen, dasselbe getan haben, was ich tat, und von denen einer Mitglied der kommunistischen Partei Norwegens war, eben dieser eine verurteilt würde, so wie man mich verurteilt hat? Gibt es denn verschiedenes Strafmaß für gleiche Delikte, wegen verschiedener Parteizugehörigkeit?«

Nachdem er so den das Webmuster der Anklage wie einen roten Faden durchlaufenden Vorwurf – es sei unmöglich, Kommunist und zugleich Patriot zu sein – geschickt umgedreht und an die Anklage zurückverwiesen hatte, machte er auf den in der Tat frappierenden Widerspruch aufmerksam, der zwischen des Staatsanwaltes »pathetischer Berufung auf Schwedens Freiheit und Neutralität einerseits« und dessen Methode bestand, sich Argumente von der publizistischen Hintertreppe zu besorgen. Schon im Verfahren vor der ersten Instanz hatte der Staatsanwalt es als möglich hingestellt, Wehner sei »vielleicht der Nachfolger eines gewissen Wollweber, dessen Tätigkeit im Buch eines gewissen Jan Valtin behandelt« worden sei.

Wehner griff auf die Veröffentlichungen schweizerischer und schwedischer Zeitungen zurück, in denen Valtin als Gestapoagent Krebs überführt worden sei, dessen Angaben sich als unwahr herausgestellt hätten. Er machte auf die ihm eigene drastische Weise deutlich, was er von solchen Praktiken hielt: »Obwohl weder Valtins Buch selbst noch die Untersuchung gegen mich irgendwelche Beziehungen ergeben haben, die dazu berechtigen könnten, Wollweber und mich gemeinsam zu nennen, tat das der Staatsanwalt. Ihm waren die Lügen eines notorischen Gestapomannes nicht schmutzig genug, um sie nicht doch auf mich zu werfen.«

Diesem herausfordernden Fanfarenton, der deutlich machte, wie schnell Wehner die Chancen vor den Schranken eines unabhängigen Gerichts im freien Schweden zu nutzen gelernt hatte, folgten Töne in Moll, die dem Gericht dartun sollten, wie sehr betroffen Wehner von den Bedingungen war, unter denen er schon den fünften Monat der über ihn verhängten Strafe verbüßen mußte:

»Hart und scharf ist nicht nur die allgemeine Behandlung, der ich unterliege: die strenge Isolierung, die tägliche 11–12stündige Strafarbeit, die ganz unzureichende Verpflegung, die zu schweren gesundheitlichen Schäden führen muß. Hart und scharf sind die speziellen Maßnahmen gegen mich: Man hat mir verboten, Briefe mit dem einzigen Freund zu wechseln, den ich in diesem Lande habe. Man verabreicht mir wöchentlich zwei Missionsbücher, während ich keine Möglichkeit habe, Werke der schwedischen und der Weltliteratur zu lesen. Kurz, man zwingt mich auf ein körperliches und geistiges Niveau, das nur unter Aufbietung letzter Willenskraft zu ertragen ist. Diese Qual kann verlängert und verschärft werden. Doch erlauben Sie mir, zum Schluß zu sagen, daß dadurch zwar ein Mensch, der vor seinem Gewissen das Beste gewollt und unter großen Schwierigkeiten gelebt und gekämpft hat, geschlagen und geplagt wird, daß damit aber nichts getan würde, was zur Aufrechterhaltung von Schwedens Freiheit und Neutralität notwendig oder dienlich wäre.«

Die Verteidigung tat diesmal alles, um Wehners Glaubwürdigkeit zu stärken. Der Anwalt Georg Branting hielt die »Ehrlichkeit seiner politischen Auffassungen« für »über jeden Zweifel erhaben«. Das gleiche gelte für die Glaubwürdigkeit der allgemeinen Schilderungen. Er machte nur in der Weise eine Einschränkung, daß Wehners Angaben über die Personen, mit denen er im Lande Verbindung aufgenommen habe, nicht das gleiche Vertrauen geschenkt werden könne. Wehner habe den Verdacht auf Frau Hansson gelenkt, um andere zu schützen, deren Tätigkeit er für bedeutender hielt als die seiner Mandantin.[102] Diese Argumentation enthielt zwar ein Kompliment für Wehners »richtiges« konspiratives Verhalten während der Vernehmungen vor Gericht, bedeutete aber auch eine indirekte Bestätigung des Vorwurfs der Anklage, daß Wehner die Leitung einer Organisation innegehabt habe, deren Ziel der Sturz der Regierung eines »mit Schweden freundschaftlich verbundenen Landes« gewesen sei.

Das Stockholmer Oberlandesgericht folgte am 6. November 1942 in diesem Punkt dem Antrag der Staatsanwaltschaft und wandelte die Strafe für Wehner von einem Jahr Gefängnis in ein Jahr Zwangsarbeit um. Die Strafe der Mitangeklagten Solveig Hansson wurde von sechs auf neun Monate Gefängnis erhöht. Es mag dahingestellt bleiben, ob liberale Richter auf ähnliche Weise die Strafe verschärft hätten. Mit einiger Gewißheit können wir davon ausgehen, daß ein Jahr später – nach der Wende des Krieges an allen wichtigen Fronten – das Strafmaß geringer gewesen wäre, schon weil die Anklage nicht mehr in gleicher Unverfrorenheit von Hitler-Deutschland als einem »freundschaftlich verbundenen Lande« gesprochen hätte.

Dem um die Wende 1942/43 bestehenden Klima fiel auch das Gnadengesuch zum Opfer, in dem Branting noch einmal hervorhob, daß Wehner – ganz im Gegensatz zu Mewis – seine Verbindungen zu anderen kommunistischen Emigranten nicht aufgedeckt habe, um seine Landsleute vor dem Zugriff der Behörden zu schützen. Am 27. Januar 1943 wurde das Gesuch mit den Worten abgewiesen: »Königliche Majestät hat sich in Gnaden oben angeführte Beschwerde vortragen lassen und findet keinen Grund, das Urteil des Hovrätts zu ändern.«[103]

X Rosen und Disteln

»Wann ers [Gott] wolt als glych han eracht
Er hett wolt nût dann rosen gmacht
Aber er wolt ouch dystlen han
Do man syn gerechtikeyt såh an«[1]

Zur hundertjährigen Wiederkehr des europäischen und deutschen Revolutionsjahres 1848/49 gab Herbert Wehner in Hamburg einen Band mit Texten aus dem »Tollen Jahr« heraus, der den beziehungsreichen Titel »Rosen und Disteln« trug.[1a] Er war einer »Proklamation an die Frauen« entnommen, die der Dichter Georg Weerth in der letzten Nummer der von Karl Marx und Friedrich Engels herausgegebenen *Neuen Rheinischen Zeitung* im Mai 1949 veröffentlicht und die Wehner in seine Quellensammlung aufgenommen hatte. Darin hieß es: »An Euch, Ihr schönen Frauen, wende ich mich daher mit diesem Abschiedsstrauß, in dem ich alle Rosen und Disteln meiner unerforschlichen Seele zusammenband. Die Rosen sind natürlich für Euch; die Disteln für Eure allenfalsigen Männer.«

Nach einer Serie von Sarkasmen über die »großen Staatsmänner« (mit denen man nicht einmal die »kleinen Kinder bange« machen könnte), über die »berühmten Gelehrten« (vor denen nicht einmal »die tollen Hunde die Wasserscheu« bekämen) und über jene »gefeierten Bänkelsänger« (die durch alle ihre »patriotische Begeisterung nur zu einer roten Nase« gelangt wären) kam eine Lobrede auf die Frauen: »Wärt Ihr Frauen am Ruder gewesen, alles wäre anders geworden. Lachend hättet Ihr Eure ambrosischen Locken geschüttelt und nach kurzen Debatten hättet Ihr irgendeinen Adonis zum deutschen Kaiser gemacht und nach drei Tagen hättet Ihr ihn geköpft und aus seinem Blute wären blutrote Rosen gewachsen, die Blumen der Liebe und der Republik.«[2]

Selten hat ein Vertreter der deutschen Linken den mythischen Symbolgehalt der Rose so unbeschwert für sich und seine Sache in Anspruch genommen wie Georg Weerth: die der Sage nach aus dem Blut des Adonis entstandene, der Aphrodite geweihte Königin der Blumen, Symbol der Erhabenheit, aber auch der Jugend, der Mädchen und Frauen, des Frühlings, sowie der Schönheit und des Lebensglücks schlechthin.

Die Trennung zwischen heiterer Sinnlichkeit und Politik war in den anderen europäischen Ländern geringer als in Deutschland. In der deutschen Arbeiterbewegung – in dieser Hinsicht durchaus Miterbin der protestantischen Ethik – war jedenfalls kaum ein Theaterstück denkbar, wie es der irische Arbeiterdichter Sean O'Casey mit »Red Roses for me« als Ausdruck des proletarischen Anspruchs auf zweckfreie Schönheit verfaßt hatte.

Es ist kein Zufall, daß Wehner den Artikel Georg Weerths als seltenen literarischen Fund nicht nur abgedruckt, sondern dessen Leitmotiv zum Titel der Quellensammlung erhoben hat. Dabei hat die Tatsache, daß er als Sekretär der sächsischen Revolutionären Gewerkschafts-Opposition einmal in deren Quartier in der Dresdener Rosenstraße residierte, gewiß eine sehr viel geringere Rolle gespielt als die Bedeutung Dresdens als traditioneller Standort von Rosenzüchtern. Wie in anderen Residenzstädten war dort aus einem ursprünglich aristokratischen Zeitvertreib ein bürgerlicher Erwerbszweig geworden. Daß Wehner viele Jahre später – wie sein zeitweiliger Gegenspieler Mewis (und wie sein späteres politisches Gegenüber Adenauer) – in seinem Garten Rosen pflanzte und Besucher stolz auf besondere Sorten hinwies, hat Peter Weiss bei den Vorarbeiten zur »Ästhetik des Widerstandes« zu der Hoffnung verführt, ein »Gespräch über Rosen [mit Wehner und Mewis] könnte vielleicht den Anfang machen zu einer Klarlegung der bisher bestehenden Mißhelligkeiten«[3].

Es ist nicht bekannt, inwieweit Wehner selbst mit dem Umfang des Rosenmythos von der Antike bis hin zur Romantik vertraut war. Als Büchernarr, Kenner der Literatur (einschließlich der Bibel) und Liebhaber von Aphorismen, Metaphern und Wortspielen war er sich zumindest der Symbolträchtigkeit der Polarität von Rosen und Disteln bewußt. Disteln dienten schon in der Bibel[4] zur bildlichen Umschreibung der Nöte und Mühen des Alltags. Sie wuchsen im Weinberg des Faulen. Sie galten auch im bibelgläubigen deutschen Protestantismus[5] – bei Müntzer noch stärker als bei Luther – als Sinnbild der Unfruchtbarkeit, des Unnützen, ja der Bösartigkeit.

Daraus machte der Volksmund eine Reihe von Spruchweisheiten wie »Disteln wachsen schneller als Rosen« oder »Wer mit fremdem Schweiße düngt, dem trägt der Acker nur Disteln« oder »Auf Disteln wachsen keine Rosen (Feigen, Trauben)« oder »Wenn man die Disteln auch ins Paradies verpflanzt, sie werden (bringen) keine Rosen«.

Gibt es nichts, was den Gegensatz von Rosen und Disteln, von Erhabenheit und irdischer Mühsal überbrücken kann? Vielleicht die Eselsbrücke – im buchstäblichen wie übertragenen Sinne? »Disteln sind dem Esel lieber als Rosen«, lautet ein anderes Sprichwort, das Genügsamkeit als Ausweis tierischer Gelassenheit hervorhebt. Die epikuräische Ruhe, in der – nach Wieland – der Esel seine Disteln kaut, kann allerdings dort in Verzweiflung übergehen, wo die Überfülle droht, wie beim Esel jenes berühmt-berüchtigten Philosophen, der aus Verlegenheit über die Wahl zwischen zwei Distelfeldern von keinem etwas hatte – und verhungerte.

War für den Wehner von 1948 der Gegensatz von Rosen und Disteln, von oben und unten, von Himmel und Hölle, von Glück und Unglück – kurz die Zweiteilung der Welt und ihrer Wahrnehmung – überwindbar? Gab es – mit oder ohne Eselsbrücken – etwas Drittes, Viertes usw., das Geltung besaß?

Wenn man seine Rede auf dem Parteitag der SPD – der Partei, der er seit zwei Jahren angehörte – im September 1948 zu Rate zieht, ist ein vorsichtiges Ja angebracht. Er sprach dort von den Abertausenden in der KP (er meinte die KPD der Westzonen), die »tief unzufrieden und unglücklich« seien, und meinte: »Wir ringen zuwenig um diese Menschen«[6]. Das »Wir« machte deutlich, daß er sich in den Kreis der neuen Partei aufgenommen fühlte und von den KPD-Mitgliedern als von Dritten sprach.

Aber die emphatische »Proklamation an die Frauen« des jungen Revolutionärs Georg Weerth war nicht nur innerlich erheiternd, sondern auch erinnerungsschwer. Denn die Frauen, die Wehner vor Augen standen – die Mutter und die Lebensgefährtinnen eingeschlossen –, hatten auf den »Distelfeldern« zweier Weltkriege, der Inflation, der Massenarbeitslosigkeit sowie der politischen Verfolgung durch Hitler und Stalin arbeiten müssen, während die Männer – gewiß nicht immer freiwillig – den abstrakten »Rosen« des Absoluten in Gestalt des heroischen Kriegers oder Revolutionärs nachgejagt waren.

So betrachtet erhielt der Gegensatz von Rosen und Disteln eine neue Bedeutung. Die Wirklichkeit konnte wieder vom Kopf auf die Füße gestellt werden: Die Rosen, die Wehner später Freunden und Gegnern zum Abschied schenkte, waren nicht nur Boten des Dankes, notfalls des Respekts, sondern auch Zeugen eigener verwehrter Wünsche und Träume. Der Abschied von diesen dauerte lange Jahre. Es gibt bisher keine Hinweise auf ein bestimmtes Schlüsseldatum, das diesen Prozeß zu einem deutlich sichtbaren Ende gebracht hätte. Auch nicht die Haft in Schweden?

Angesichts der Klagen, die Wehner während des Wiederaufnahmeverfahrens über die Bedingungen seiner Haft vortrug, fällt es schwer, die Gefängniszelle als »Raum der Freiheit« einzuschätzen, wie dies Walter Henkels, der Chronist der *Frankfurter Allgemeine*, Jahrzehnte später getan hat. Aber es waren nicht nur die Haftbedingungen, insbesondere die Isolation während der Untersuchungshaft und in den Monaten vor dem Urteil der obersten Instanz, denen er ausgesetzt war. Mindestens ebensosehr verstärkten die nagenden Zweifel und Selbstvorwürfe unter den Bedingungen der äußeren Isolation die seit der Kindheit stets vorhandene Neigung zur Selbstisolation, zur Flucht in die »Festung«.

Auch nach den schweren Monaten isolierter Haft in Stockholm hat er es offenkundig vermieden, die dann wieder mögliche Nähe zu Schicksalsgefährten zu suchen – weder im Zuchthaus Falun noch in Vänersborg und in Långholmen, auch nicht im Internierungslager Smedsbo bei Falun, aus dem er schließlich im August 1944 entlassen wurde. Der »verstörte Eindruck«[7], den Wehner anfangs in Falun auf seinen Mithäftling Arno Behrisch[8] machte, war Ausdruck dieser Seelenlage und diente zugleich als Schutzschild, um die Neugier anderer abzulenken.

Bei aller Distanz, die Hilfsbereitschaft gegenüber Mithäftlingen keineswegs ausschloß[9], nutzte er jede sich bietende Gelegenheit, um Informationen über den Kriegsverlauf zu erhalten. In den Nachrichten aus der Außenwelt suchte er die neue Struktur der weltpolitischen Entwicklung herauszufinden – als eine Art Kompaß, der ihm Orientierung im künftigen Geschehen geben sollte. Je näher die Niederlage und die nachfolgende Besetzung Hitler-Deutschlands durch die Alliierten rückte, desto deutlicher zeigte dieser Kompaß, daß Wehners Traum, nach Kriegsende eine autonome sozialistische Bewegung in Deutschland in der Tradition Rosa Luxemburgs aufbauen zu können, ins Nichts führte. »Wie ein Mann im Niemandsland« erschien er seinem Dresdener Landsmann Peter Blachstein[10], der ihn Ende 1944 in Uppsala traf, wo Wehner durch die Vermittlung seines ehemaligen politischen Weggefährten Josef Wagner am Archiv des rassebiologischen Instituts der Universität eine Anstellung gefunden hatte.

Auf der Suche nach einer neuen politischen Identität mußte er tiefer graben als bisher. Auch das inzwischen erreichte Alter – er hatte als Enddreißiger die Lebensmitte erreicht, wenn nicht schon passiert – mußte ihn zur Rechenschaft über sein bisheriges Tun drängen.

Die Bilanz war ernüchternd. Zunächst hatte er sein Schicksal als bloß »Nachvollziehender« durch revolutionäre Rhetorik à la Bakunin – »die

Nach Verbüßung seiner Strafe
(ein Jahr Zwangsarbeit) wurde Herbert Wehner,
gegen den ein Ausweisungsbeschluß vorlag,
im Lager Smedsbo interniert,
das ein Häftling in einer Zeichnung festgehalten hat.

Lust am Zerstören ist eine schaffende Lust« – zu kompensieren versucht. Danach begegnete er dem revolutionären Humanisten Erich Mühsam, half ihm im einsamen Kampf um die Befreiung politischer Gefangener und um die Einheit der Revolutionäre. Weil Mühsam weder seine Erwartungen noch er diejenigen Mühsams erfüllte, verließ er ihn – mit apostatischen Abschiedsgrüßen. Es folgte die Wende zur KPD, deren Gründe nur teilweise entschlüsselt werden konnten[11].

Der »Nachvollzug« des von ihm ursprünglich als bürokratisch-versteinert kritisierten Stalinschen Modells durch die KPD – der hypertrophe Versuch, einzelne technizistische Elemente westlicher »Modernisierung« ohne deren ungleich wichtigere aufklärerisch-liberale Gehalte zu übernehmen und die demokratisch-kapitalistischen Marktgesellschaften überbieten zu wollen – hat zur Niederlage der Arbeiterbewegung und der demokratischen Republik im Winter 1932/33 wesentlich beigetragen.

Von mindestens ebenso großer Bedeutung für diese Katastrophe war der von den KPD-Führungen unterschiedlichster Richtung gehegte Mythos vom »deutschen Oktober«, die Vorstellung also, die Oktoberrevolution der Bolschewiki sei nur ein Vorhutgefecht gewesen; erst die von der KPD geführte *grande armée* des deutschen Proletariats werde der Weltrevolution zum Endsieg verhelfen. An diesem Mythos hielten die meisten führenden Kommunisten auch in den langen Jahren der absoluten Ohnmacht – der Verfolgung durch Hitler, später durch Stalin – fest. Er prägte insgeheim auch Denken und Verhalten der Führung der kommunistischen SED nach 1945 – von Ulbricht bis Honecker.

Diesem Teil des kommunistischen Mythos – der Pseudogewißheit, auch die größten Illusionen und Fehler würden durch das von Marx, Lenin, Stalin angeblich geoffenbarte »Gesetz der Geschichte« immer wieder aufgehoben – hat Wehner seit 1933 nicht mehr angehangen. Zu groß war sein Entsetzen über die totale Niederlage, zu kreatürlich die alltägliche Angst um sein und der noch übriggebliebenen Genossen Schicksal. Auch die »Brüsseler« Konferenz vom Oktober 1935 – die einzige Phase, in der Wehner fest glaubte, im Zentrum des Geschehens zu stehen und die kommunistische Bewegung in Deutschland erneuern zu können – hat für ihn diesen Teil des Mythos nicht zurückholen können. Zu desillusionierend war die nachfolgende Praxis in der Volksfrontbewegung und zu existentiell die Erfahrungen im Moskauer Käfig der Stalinschen »Säuberungen«. Blieb als einziger Aktivposten der Kampf gegen die braune Diktatur und die Solidarität mit der immer kleiner gewordenen und nur allzu häufig von außen mißbrauchten und in unnütze Gefahr gebrachten Schar der Illegalen.

Deshalb war sein Ehrgefühl am stärksten durch den Vorwurf getroffen worden, er habe während der Verhöre durch Polizei und Staatsanwaltschaft die Namen von Illegalen preisgegeben. Von Kindheit an war er gewohnt, gerade auch bei widrigsten äußeren Umständen moralische Standards hochzuhalten – und nun dieser Vorwurf des »Verrats«! Wie sehr er unter ihm litt, machen Briefe deutlich, die er während der Haft im Internierungslager Smedsbo und in der Zeit danach an Knut Mineur geschrieben hatte. Mineur, Seemann von Beruf und Mitglied der schwedischen KP, hatte Wehner im Frühjahr 1941 für einige Monate illegal in seiner Wohnung untergebracht.[12]

Vor allem in den Monaten nach der Entlassung (August 1944) beklagte sich Wehner darüber, daß einige »wenig anständige Menschen« die Gelegenheit ergriffen hätten, »Schlechtes« über ihn zu reden. Leider erlaube es seine Lage nicht – er stand noch unter »besonderer Polizeiüberwachung« und durfte das mittelschwedische Borås, wo er in einer Viskosefabrik nach siebenwöchiger Wartezeit »schwere körperliche Arbeit« gegen »geringen Lohn« zu verrichten hatte, nicht verlassen –, »diese Konstruktionen zu entlarven«. Hilfe, um diese Sache zu klären, habe er bis jetzt nicht erhalten.[13]

Wehner drückte sich wahrscheinlich deshalb so ungenau aus, weil er annehmen mußte, daß Mineur, der im Zusammenhang mit dem gegen ihn geführten Prozeß selbst zeitweise in Haft geraten war[14], weiterhin observiert und der Briefwechsel mit ihm eventuell kontrolliert wurde.

Der »Verrats«-Kampagne vorausgegangen war möglicherweise ein im Auftrag der Moskauer KPD-Führung unternommener Versuch von Karl Mewis, mit Wehner ein Arrangement zu finden. Diese Unterredung soll in der Wohnung von Kurt Vieweg – einem aus Deutschland emigrierten Agrarwissenschaftler – im Spätherbst 1944 in Borås stattgefunden haben. Vieweg selbst, in den fünfziger Jahren Direktor des agrarökonomischen Instituts bei der Akademie der Wissenschaften und führender Agrarexperte der DDR, war 1957 mit der SED-Führung wegen des Tempos der Kollektivierung der Landwirtschaft in Streit geraten und in die Bundesrepublik geflüchtet.[15]

Auf einer Pressekonferenz in Hamburg, die er im September 1957 – kurz vor der Wahl zum Dritten Bundestag – zusammen mit Leo Bauer, dem früheren Chefredakteur des Ost-Berliner Deutschlandsenders, und dem 1950 in die DDR verschleppten und von einem sowjetischen Militärgericht zu 25 Jahren Zuchthaus verurteilten ehemaligen stellvertretenden KPD-Vorsitzenden und Bundestagsabgeordneten Kurt Müller abhielt, wies Vieweg den Vorwurf, Wehner sei im Frühjahr 1942 wegen »Verrats« aus der KPD ausgeschlossen worden, als »grundfalsch« zurück. In der Aussprache mit Mewis (1944) habe Wehner ein klares politisches Programm mit solchen Grundfragen entwickelt, die später in der Auseinandersetzung mit dem Stalinismus allgemein wiedergekehrt seien. Er habe das Recht der Persönlichkeit, Demokratie in der Partei und Demokratie im Staate gefordert. Wehner sei von diesen Ideen »besessen« gewesen. Er habe sie so vorgetragen, daß jeder Anwesende überzeugt sein mußte, daß er mit dem Stalinismus gebrochen hatte. Der Beauftragte der KP (Mewis) habe versucht, einen Kompromiß zu erreichen, sei aber von Wehner schroff zurückgewiesen worden, der ständig auf seine Erfahrungen gepocht habe, aus denen er die Lehren ziehen wolle. Danach, so hieß es in Viewegs Bericht weiter, sei er aus der kommunistischen Partei ausgeschlossen worden. Der politische Bruch mit der KP sei also von Wehner vorgenommen worden, und er habe vor dem Ausschluß gelegen.[16]

Die Frage, ob sich die Begegnung in Borås tatsächlich und in der berichteten Form zugetragen hat, bleibt weiterhin offen. Wehner schildert selbst in den »Notizen«, er habe von Smedsbo aus »die Genossen über die Provokationen« zu unterrichten versucht, denen er ausgesetzt gewesen sei. Gemeint waren vor allem die Aussagen von Mewis, Henke und Seydewitz, die zur Verschärfung des Urteils gegen ihn beigetragen hatten. Es heißt dort weiter: »Mir lag an einer reinlichen Scheidung. Aber die Parteileitung zog, wie in so vielen früheren Fällen, ein schmutziges Zusammenleben einer reinlichen Scheidung vor.«

Nach seiner Entlassung, die durch die Hilfe einiger schwedischer Liberaler erreicht worden war, schickte die »sogenannte Parteileitung« in Schweden zwei ihrer Vertreter (Glückauf und Rauch) zu Wehner nach Borås. Nach seiner Darstellung habe er es abgelehnt, beide zu empfangen. Er habe auch »jede weitere Verbindung« zu Mewis und anderen abgelehnt. Eine »sogenannte Parteikonferenz« habe den Mitgliedern der KPD in Schweden »erneut jeden Verkehr« mit Wehner verboten.[17]

Diese Formulierungen schließen die von Vieweg berichtete Begegnung Wehners mit Mewis nicht aus, tauchen aber Umstände und Teilnehmer eines solchen Gesprächs ins Dunkel. Die Tatsache, daß Wehner in jener Zeit dem Russen Simon Sorkin – wahrscheinlich ein Mitarbeiter sowjetischer Dienste –, den er über Josef Wagner kennengelernt und der sich

Herbert Wehner mit seiner zweiten Frau
Charlotte Burmester und deren Kindern
Greta und Jens-Peter 1946 in Uppsala.

erboten hatte, seine Sache »an Pieck zu vermitteln«, »eine kurze Darstellung der Provokationen Mewis' und seiner Komplizen« gegeben hatte, führte später zu Spekulationen, ob es sich dabei um Teile der Urfassung der »Notizen« gehandelt habe.[18] Deren Niederschrift unter dem Titel »Selbstbesinnung und Selbstkritik« hatte Wehner nach eigener Aussage noch während der Haft begonnen. Es spricht alles dafür, daß er die ursprüngliche Fassung mehrfach überarbeitet und ergänzt hat, zuletzt – wie die Kopie des maschinengeschriebenen Manuskriptes und die 1982 im Druck erschienene Fassung ausweisen – vom Mai bis Juli 1946. Es spricht wenig dafür, daß frühere Entwürfe der »Notizen« an unterschiedliche Adressaten gegangen sind.

Trotz der Rätsel, die Viewegs Bericht über das Gespräch in Borås im Spätherbst 1944 aufgibt, enthält der Bericht, soweit er die dort behandelten Inhalte berührt, den interessanten Hinweis, daß Wehner dort das Recht der Persönlichkeit noch vor der Forderung nach Demokratie in Partei und Staat als Kern seines politischen Programms genannt habe.

Eine neue Konversion oder Rückkehr zum individualistischen Ansatz des Anarchismus? Gewiß nicht zum wölfischen Einzelgängertum – »es ist besser, als ein Wolf zu sterben, denn als Hund zu leben« – der Anfangszeit, das den »Herdengeist der proletarischen Massen« mit ätzender Schärfe anprangerte und auf jene tiefen Ängste reflektierte, die in der Kindheit durch die soziale Isolation und Deklassierung des Elternhauses entstanden und in der Phase des Heranwachsens durch den Gewaltkult des Krieges und der Bürgerkriegssituation der Nachkriegszeit stets aufs neue angefacht worden waren. Es wurde vielmehr die diesmal sehr viel bewußtere Hinwendung zu einer Ethik der *gegenseitigen Hilfe*, deren theoretische Grundlagen er zwar in seiner Jugend studiert, deren Konsequenzen für den politischen Alltag ihm aber zu anstrengend erschienen waren. Die Zuwendung, die er noch während der Haft durch die Familie Burmester[19] erfahren hatte, und das enge Band, das er später mit ihr knüpfte, halfen jenes für die Seelenlage so wichtige – und lange Zeit gestörte – Gleichgewicht von Arbeit und Liebe wiederherzustellen und das Stadium des Unbehausten bzw. nur In-sich-Hausenden zu verlassen.

Seine früher auch vorhandene Illusion, *gegenseitige Hilfe* ließe sich ohne rechtliche Garantien und politische Institutionen, die insbesondere den Schwächeren vor Ausbeutung und/oder Bevormundung schützen, verwirklichen, wurde durch eine intensive Beschäftigung mit den Menschenrechten und deren Geschichte abgebaut.

In Schweden war 1943 das Buch »Der Kampf um die Menschenrechte« aus der Feder des deutschen Emigranten Willy Strzelewicz erschienen. Dieser, der schon Jahre zuvor die KPD verlassen hatte und zum Sozialdemokraten geworden war, hatte in Stockholm den »Arbeitskreis demokratischer Deutscher« gegründet und war neben Willy Brandt Redakteur der Exilzeitschrift *Sozialistische Tribüne*.

Im Ringen um ein neues Wertesystem fand Wehner in dessen Menschenbild Anker und Ankergrund zugleich. Strzelewicz hatte eingeräumt, daß die Wertanschauung des Marxismus von Mensch, Staat und Gesellschaft zwar aus der Tradition der Menschenrechte stamme, kritisierte aber, daß in der kommunistischen Praxis die individuellen Freiheitsrechte nicht anerkannt würden. Die Freiheit des einzelnen bedeute lediglich die Unterordnung unter die »eiserne Disziplin des kommunistischen Ordens«. Anstelle der alten Klassen seien im kommunistischen System neue soziale Gruppen und Schichten entstanden, die sich nicht weniger zur herrschenden Macht herausbildeten als frühere Schichten.

Wehner war von den Thesen des Buches so beeindruckt, daß er den Verfasser brieflich um eine Unterredung bat. Das Treffen kam zustande und dauerte mehrere Stunden. Wehner sprach von den ihn bedrückenden Moskauer Erfahrungen und fand diese in Arthur Koestlers Büchern (»Der Yogi und der Kommissar« sowie »Sonnenfinsternis«) bestätigt.[20]

1947 gab Wehner in Hamburg das unveränderte deutsche Originalmanuskript des Strzelewicz-Buches heraus. Im Vorwort zitierte er neben der Rede von Kurt Schumacher auf dem ersten Nachkriegsparteitag der SPD (Mai 1946), in der die universelle, auch die Klassenforderung der Arbeiterschaft enthaltende Bedeutung der Menschenrechtsidee hervorgehoben worden war, auch Franz Mehring. Dieser hatte in einer seiner Arbeiten[21] das Kommunistische Manifest mit seiner Vision eines nachrevolutionären Idealzustandes – »an die Stelle der alten bürgerlichen Gesellschaft mit ihren Klassen und Klassengegensätzen tritt eine Assoziation, worin die freie Entwicklung eines jeden die Bedingung für die freie Entwicklung aller ist« – mit dem Hauptsatz der Kantschen Ethik gleichgesetzt: »Handle so, daß du die Menschheit sowohl in deiner Person als in der Person eines jeden anderen jederzeit zugleich als Zweck, niemals bloß als Mittel gebrauchst«[22].

Mehring hatte damit zwei Politikvorstellungen gleichgesetzt, die nicht auf einen Nenner zu bringen waren: erstens eine abstrakte Erwartung, die sich jenseits der vorhandenen Gesellschaft vielleicht einmal erfüllen könnte – die Wege und Mittel blieben dabei vage –, und zweitens die

Redaktionssitzung des »Hamburger Echo« (1947);
dritter von rechts Herbert Wehner.

konkrete Handlungsmaxime der Beachtung des Zweck-Mittel-Verhältnisses durch jedermann und zu jeder Zeit.

Obwohl hier immer noch Unvereinbares zusammengezwungen wurde, war Wehners Interesse am Kantschen Verständnis politischen Handelns spürbar. Die Rechte und Pflichten des einzelnen gegenüber dem Leviathan Staat oder – in der Sprache des 20. Jahrhunderts – gegenüber dem Leviathan totalitäre Staatspartei sind von Kant an anderer Stelle noch strikter eingefordert worden. »Der Mann kann seine Identität nicht als Gattungswesen im Gang der Geschichte verwirklichen, indem er sich als Individuum in der Gegenwart preisgibt.«[23]

In den letzten Sätzen der »Notizen« vom Sommer 1946 hatte Wehner angedeutet, um was es ihm ging: »Ein Leben, in dem das Streben bestimmend ist, nicht Kluft noch Widerspruch zwischen dem als Wahrheit Erkannten und dem eigenen Tun entstehen zu lassen.«[24] Oder, um das Leitmotiv dieses Nachworts aufzunehmen: »Ein eigenes Distelfeld ist mehr werth als ein fremder Rosengarten« (altes deutsches Sprichwort).

Während der Haft in Schweden sollen ihm auf sein Verlangen folgende Werke bewilligt worden sein: Hölderlin, die Bibel, Kierkegaard, Schopenhauers »Die Welt als Wille und Vorstellung«, ein technisches Buch von Diesel und Langbehns »Rembrandt als Erzieher«. Es war dies – wie der Berichterstatter hinzufügte – eine bemerkenswerte Mischung.[25] Wir wissen nicht, wie sehr ihn Schopenhauers Polemik gegen die »Hegelei«, also gegen Hegels und der Hegelianer Bestreben, die Weltgeschichte »organisch zu konstruieren«, beeindruckte.[26] Es spricht manches dafür, daß er – seiner eigenen Erfahrung eingedenk – die Schopenhauersche Skepsis gegen die große Idee und die sie begleitenden erhabenen Gefühle wenn nicht teilte, so doch als Orientierungshilfe zu schätzen begann. Und welche Idee der Moderne war größer und – wegen ihres die Menschen versklavenden Absolutheitsanspruches – zugleich monströser als die der kommunistischen Weltrevolution?!

In den Aphorismen Schopenhauers – des Entdeckers des Unbewußten und Philosophen der Gelassenheit – steht der Satz: »Die ersten vierzig Jahre unseres Lebens liefern den Text, die folgenden dreißig den Kommentar dazu.«[27] Ob und wieweit insbesondere der zweite Halbsatz für Wehner zutrifft, bedarf einer anderen, neuen Geschichte.

Anhang

Anmerkungen

I Die Stadt und ihre Geschichte – Prolog und Epilog zugleich

1 Ihre genaue Zahl wird nie mehr zu ermitteln sein. In der unter Leitung von Rudolf Förster herausgegebenen Geschichte Dresdens (Dresden. Geschichte der Stadt in Wort und Bild. Berlin/DDR 1985) wird von mindestens 35000 Toten gesprochen (S. 174). Es gibt Schätzungen, die bis weit über 100000 Opfer reichen.

2 Vgl. Wolfgang Francke (Hg.), China-Handbuch. Düsseldorf 1974, S. 219ff. und 938ff.

3 R. Förster u.a. (Hg.), Geschichte Dresdens, a.a.O., S. 178f.

4 So wurde am 30. Januar 1945 vor Stolpmünde (Pommern) die »Wilhelm Gustloff« mit 6200 Flüchtlingen durch ein sowjetisches U-Boot versenkt, wobei rund 5300 Menschen den Tod fanden.

5 Vgl. Henry Kissinger, Der weiße Revolutionär. Reflexionen über Bismarck, in: Lothar Gall (Hg.), Das Bismarck-Problem in der Geschichtsschreibung nach 1945. Köln/Berlin 1975, S. 392-428; Lothar Gall, Bismarck. Der weiße Revolutionär. Frankfurt a.M. u.a. 1980.

6 Herbert Wehner, Rosen und Disteln. Zeugnisse vom Ringen um Hamburgs Verfassung und Deutschlands Erneuerung im Jahre 1848/49. Hamburg 1948, S. 285-294.

7 Vgl. Karl Heinz Bohrer, Identität als Selbstverlust. Zum romantischen Subjektbegriff, in: *Merkur* 426 (1984), S. 367ff.

8 R. Förster u.a. (Hg.), Geschichte Dresdens, a.a.O., S. 81.

9 Der wohl bedeutendste Maler der deutschen Romantik, Caspar David Friedrich, lebte und wirkte (seit 1817 auch als Mitglied und Professor der Akademie) bis zu seinem Tode 1840 über vier Jahrzehnte in Dresden, vollzog dort den Übergang zu einer Vorform des Realismus in der Landschaftsmalerei, bei der sich Ernst und Melancholie der dargebotenen Landschaften mit den seelischen Stimmungen, die die Natur in bestimmten Augenblicken im Menschen erregt, auf besondere Weise mischten – ohne daß zunächst eine größere Öffentlichkeit davon hätte Notiz nehmen können.

10 Hermann Weber, Lenin in Selbstzeugnissen und Bilddokumenten. Reinbek 1970, S. 80. Vgl. auch Leonhard Haas (Hg.), Lenin. Unbekannte Briefe 1912-1914. Einsiedeln u.a. 1967, insbesondere S. 10. Auch Bakunin rief dem Dirigenten Richard Wagner am Palmsonntag 1849 nach der Aufführung der 9. Symphonie von Beethoven zu, daß, »wenn alle Musik bei dem erwarteten großen Welten-

brande verloren gehen sollte, wir für die Erhaltung dieser Symphonie mit Gefahr unseres Lebens einzustehen uns verbinden sollten« (Richard Wagner, Mein Leben (geschrieben 1865-1888). München 1963, S. 450).

11 Vgl. Otto Rühle, Karl Marx. Hellerau bei Dresden 1928; Ernst Kux, Karl Marx – die revolutionäre Konfession. Erlenbach u.a. 1967; Arnold Kuenzli, Karl Marx. Eine Psychographie. Wien u.a. 1966.

12 Martin Gregor-Dellin, Richard Wagner. Sein Leben. Sein Werk. Sein Jahrhundert. München/Zürich 1980, S. 76.

13 R. Förster u.a. (Hg.), Geschichte Dresdens, a.a.O., S. 86.

14 Richard Wagner, Mein Leben, a.a.O., S. 52.

15 August Kubizek, Adolf Hitler. Mein Jugendfreund. Graz/Göttingen 1953, S. 142 und 343. Zur Einordnung in die Entwicklung der Kindheits- und Jugendphase Hitlers vgl. Helm Stierlin, Adolf Hitler. Familienperspektiven. Frankfurt a.M. 1975, S. 112.

16 Alle Zitate aus: Richard Wagner, Mein Denken. Herausgegeben von Martin Gregor-Dellin. München 1982, S. 76-80.

17 Wagners Freund, der ebenfalls am Hoftheater tätige Schauspieler und Regisseur Eduard Devrient, notierte in seinem Tagebuch: »Der König schweigt über die Sache, vielleicht ignoriert er sie.« (Zitiert nach Martin Gregor-Dellin, Richard Wagner, a.a.O., S. 241.)

18 Röckel war als Musikdirektor des Hoftheaters inzwischen entlassen worden.

19 Richard Wagner, Mein Denken, a.a.O., S. 87f.

20 Abgedruckt in: H.K. Metzger und R. Riehn (Hg.), Richard Wagner. Wie antisemitisch darf ein Künstler sein? In: Musik Konzepte. Die Reihe über Komponisten, Heft 5. München 1978, S. 77f. Wagner hatte den Entwurf Eduard Devrient zur Begutachtung und zur Weiterleitung an den König geschickt. Es ist unklar, ob er dort je angekommen ist.

21 Ebenda, S. 78.

22 Nach dem Dresdener Maiaufstand 1849 büßte Röckel für sein demokratisches Engagement dreizehn lange Jahre im Zuchthaus Waldheim.

23 So Eduard Devrient in seinem Tagebuch; zitiert nach H.K. Metzger/R. Riehn (Hg.), Wagner. Wie antisemitisch darf ein Künstler sein? a.a.O., in der Nachbemerkung auf S. 78.

24 Vgl. Arnold Ruge (1876), neu abgedruckt in: Unterhaltungen mit Bakunin. Gesammelt von Arthur Lehning, Nördlingen 1987, S. 56f.

25 Richard Wagner, Mein Leben, a.a.O., S. 451.

26 Ebenda, S. 466.

27 Die Verteidiger hatten, um die Sempersche Barrikade vor einer Überrumpelung zu schützen, das ursprünglich nur provisorisch errichtete alte Opernhaus, in dem Wagner wenige Wochen zuvor noch die 9. Symphonie von Beethoven dirigiert hatte, in Brand gesteckt. Wagner wurde sicher zu Unrecht (obwohl er den Bau häßlich fand) später als Brandstifter verdächtigt. Die angreifenden preußischen Truppen, die von den Barrikadenkämpfern mehrfach zurückgeschlagen worden waren, hatten bald auf den Straßenkampf verzichtet, durch Mauerdurchbrüche von Haus zu Haus die Barrikaden umgangen und sich dadurch immer näher an den Sitz der provisorischen Regierung herangekämpft.

28 *Neue Rheinische Zeitung*, 6.7.1848 (MEGA III/2. Berlin 1979, S. 1005f.). Das

Dementi von George Sand, die angeblich im Besitz entsprechender Papiere war: ebenda, 3.8.1848 (ebenda, S. 466). Bereits in einem Brief vom 16.9.1846 an das Kommunistische Korrespondenzkomitee in Brüssel hatte Engels – ebenfalls aufgrund falscher Informationen - Bakunin als »sehr verdächtig« bezeichnet (ebenda, S. 37 und 640f.).

29 Er fuhr den Amur hinab, erreichte ein amerikanisches Schiff, das ihn nach Hakodate in Japan brachte. Von dort aus erreichte er mit einem weiteren amerikanischen Schiff San Francisco. Vgl. den Bericht von Alexander Herzen (1865) in: Unterhaltungen mit Bakunin, a.a.O., S. 200f.

30 Richard Wagner, Mein Denken, a.a.O., S. 94f.

31 Ebenda, S. 112, 102f., 109, 113.

32 Ebenda, S. 163-172.

33 Das Kunstwerk der Zukunft: Ebenda, S. 124-162, Zitat S. 155.

34 Vgl. dazu Manfred Kreckel, Richard Wagner und die französischen Frühsozialisten. (Phil.Diss. Mainz 1985), Frankfurt a.M. u.a. 1986.

35 Vgl. Martin Gregor-Dellin, Richard Wagner, a.a.O., S. 760.

36 Richard Wagner, Mein Denken, a.a.O., S. 173-190.

37 Vgl. Peter Dittmar, »Der zwölfjährige Christus im Tempel« von Adolph Menzel. Ein Beispiel für den Antijudaismus im 19. Jahrhundert, in: *Idea.* Jahrbuch der Hamburger Kunsthalle, Bd.6. (1987), S. 81-96.

38 So hat dies einmal Hans Mayer ausgedrückt, in: H.K. Metzger/R. Riehn (Hg.), Wagner. Wie antisemitisch darf ein Künstler sein?, a.a.O., S. 78 (Nachbemerkung).

39 Ebenda, S. 51.

40 August Bebel, Die Frau und der Sozialismus (1879). Reprint der 50. Auflage von 1909, Frankfurt a.M. 1976, S. 499f.

41 Auskunft von Peter Fischer, Dossenheim. Siehe auch unten Kapitel III, Anm.7.

42 *Arbeiterjugend.* Berlin, 15.Jg. (April 1923), S. 60.

II Arbeit und Arbeiterbewegung

1 Georg Hermann Müller, Chronik der Stadt Dresden. Dresden 1926, S. 9. Dieser Abschnitt ist überschrieben: »Die mitteleuropäische Großstadt (1815 bis zur Gegenwart)«.

2 Gerhard Röllig, Wirtschaftsgeographie Sachsens. Leipzig 1928, S. 57.

3 Ebenda, S. 63.

4 Ebenda, S. 65.

5 Zitiert nach: R. Förster u.a. (Hg.), Geschichte Dresdens, a.a.O., S. 99. An anderer Stelle wurde Dresden 1864 noch als »Hotel garni im Großen« bezeichnet (G.H. Müller, Chronik der Stadt Dresden, a.a.O., S. 11).

6 Zitiert nach: Hans Joachim Neithardt, Dresden, wie es Maler sahen. Leipzig 1983, S. 123.

7 Statistisches Jahrbuch für die Stadt Dresden, 1907, Dresden 1908, verwaltungsstatistischer Anhang S. 2.

8 G.H. Müller, Chronik der Stadt Dresden, a.a.O., S. 9.

9 Ebenda, S. 11.

10 Statistisches Jahrbuch für die Stadt Dresden, 1907, a.a.O., S. 2.

11 Ebenda, S. 12.
12 G.H. Müller, Chronik der Stadt Dresden, a.a.O., S. 9.
13 R. Förster u.a. (Hg.), Geschichte Dresdens, a.a.O., S. 99f.
14 Ebenda, S. 106.
15 Statistisches Jahrbuch für das Königreich Sachsen, 1906, Dresden 1907, S. 118.
16 Ebenda, S. 125.
17 Zitiert nach R. Förster (Hg.), Geschichte Dresdens, a.a.O., S. 109.
18 Ebenda.
19 Statistisches Jahrbuch für die Stadt Dresden, 1908, Dresden 1909, S. 120f.
20 Kohl kostete zwischen 19 und 25 Pfennig pro Stück, Bohnen hingegen 2,11 RM pro Kilo, ein Zentner Kartoffeln 3,30 RM, ein Kilo Butter 2,40 bis 2,83 RM und ein Liter Vollmilch 20 Pfennige. Die Preise für Fleisch lagen je nach Art und Güteklasse zwischen 1,37 und 3,37 RM pro Kilo. Ebenda, S. 142-144.
21 Ebenda, S. 12.
22 Ebenda, S. 180f.
23 Vgl. Bebels Darstellung auf dem Dresdener Parteitag der SPD 1903 (Protokoll, S. 140). Eine davon abweichende Darstellung findet sich bei Franz Osterroth und Dieter Schuster (Hg.), Chronik der deutschen Sozialdemokratie. 3 Bde., Bonn 1975. Bd.1, 2.Aufl. Bonn 1975, S. 29.
24 Vgl. Franz Osterroth, Biographisches Lexikon des Sozialismus. Hannover 1960, S. 315.
25 R. Förster u.a. (Hg.), Geschichte Dresdens, a.a.O., S. 102.
26 Unmittelbar nach der Schlacht von Königgrätz im August 1866 wurde auf Einladung von Bebel und Liebknecht zusammen mit bürgerlichen Demokraten wie A. Roßmäßler in Chemnitz die »Sächsische Volkspartei« gegründet. Die anwesenden sächsischen Lassalleaner stimmten dem Programm zu, mußten aber auf Anweisung des ADAV-Präsidenten J.B. von Schweitzer wegen der antipreußischen Haltung der neuen Partei ihre Zustimmung zurückziehen.
27 Er hatte gegenüber Bismarck u.a. die Ansicht vertreten, der »Arbeiterstand« fühle sich »instinktgemäß zur Diktatur hingeneigt«, um jenen zu einer »Revolution von oben« zu bewegen, und beurteilte die Chance, daß die preußische Krone sich in ein »soziales und revolutionäres Volkskönigtum« umwandeln lasse, als »sehr unwahrscheinlich« (Lassalle an Bismarck, 8.6.1863).
28 Zitiert nach: R. Förster u.a. (Hg.), Geschichte Dresdens, a.a.O., S. 103.
29 Vgl. Bebels eigenen Bericht auf dem Dresdener Parteitag 1903, Protokoll, S. 141.
30 R. Förster u.a. (Hg.), Geschichte Dresdens, a.a.O., S. 103.
31 Protokoll des Dresdener Parteitages 1903, S. 141.
32 August Bebel, Aus meinem Leben. 3 Teile, Stuttgart 1911, Teil 2, S. 383.
33 Ebenda, S. 406.
34 Ebenda, S. 413f.
35 Ebenda, Teil 3, S. 39.
36 Ebenda, S. 110.
37 Ebenda, S. 149.
38 Ebenda, S. 201f.
39 Ebenda, S. 211.
40 In den 1880er Jahren schwankte die Zahl der Konservativen in der zweiten Kammer des sächsischen Landtags zwischen 45 und 48 Sitzen, die der National-

liberalen zwischen 11 und 14, die des Fortschritts zwischen 11 und 15, die der Sozialdemokraten zwischen 4 und 7 (mit steigender Tendenz). Die Landwirte stellten die größte Berufsgruppe dar. Ihnen folgten die Selbständigen in Industrie, Handel und Bergbau, dann die Rechtsanwälte, danach die Bürgermeister. (Statistisches Jahrbuch für das Königreich Sachsen, 1907, Dresden 1908, S. 291f.).

41 A. Bebel, Aus meinem Leben, a.a.O., Teil 3, S. 210.

42 Ebenda, S. 213f.

43 Ebenda, S. 217.

44 Parteitagsprotokoll Kopenhagen 1883, S. 24. Zitiert nach Reinhard Jansen, Georg von Vollmar. Düsseldorf 1958, S. 30f.

45 *Der Socialdemokrat,* Nr. 34, 17. August 1882. Zitiert nach ebenda, S. 27.

46 Ebenda, S. 33.

47 Statistisches Jahrbuch für das Königreich Sachsen 1907, a.a.O., S. 292.

48 R. Förster u.a. (Hg.), Geschichte Dresdens, a.a.O., S. 112.

49 Peter Nettl, Rosa Luxemburg. 2 Bde., London u.a. 1966. Bd.1, S. 157.

50 Vgl. Winfried B. Scharlau und Zbyněk A. Zeman, Freibeuter der Revolution. Parvus-Helphand. Eine politische Biographie. Köln 1964, S. 289.

51 Jewgenij Gnedin, Das Labyrinth. Erinnerungen eines führenden Sowjetdiplomaten. Mit einem Vorwort von A. Sacharow (1978), deutsch: Freiburg 1987, S. 19.

52 Ein Jahr später verteidigte Parvus gegen die Kritik Rosa Luxemburgs in der *Sächsischen Arbeiterzeitung* (Nr. 219, 21.9.1899) das Vorgehen der bayerischen Sozialdemokraten, die zur Verhinderung eines reaktionären Kartells des Zentrums mit den Nationalliberalen in einigen Wahlkreisen selbst ein Bündnis mit dem Zentrum bei den Landtagswahlen eingegangen waren.

53 Gr.(adnauer), Zu den Fragen der Taktik, in: *Vorwärts*, Nr. 243, 16.10.1898.

54 Zitiert nach G. Gradnauer, ebenda.

55 Vgl. die auf Verlangen des sozialdemokratischen Parteivorstandes allerdings »gereinigte« Fassung der Engelsschen Einleitung zu Karl Marx, Klassenkämpfe in Frankreich 1848-50, geschrieben 1895 und noch zu Engels' Lebzeiten in der *Neuen Zeit* veröffentlicht (MEW Bd.22, S. 509ff., insbesondere S. 518-26).

56 Vgl. auch F. Engels in seiner Grabrede auf Marx am 17.3.1882 in London: »Wie Darwin das Gesetz der Entwicklung der organischen Natur, so entdeckte Marx das Entwicklungsgesetz der menschlichen Geschichte.« (MEW Bd.19, S. 335).

57 Vgl. z.B. Das Kapital, Bd.1, Vorwort zur ersten Auflage 1867. Dort heißt es unter anderem: »Weniger als jeder andere kann mein Standpunkt, der die Entwicklung der ökonomischen Gesellschaftsformation als einen naturgeschichtlichen Prozeß auffaßt, den einzelnen verantwortlich machen für Verhältnisse, deren Geschöpf er sozial bleibt, sosehr er sich auch subjektiv über sie erheben mag.« (MEW Bd.23, S. 16).

58 Rosa Luxemburg, Erörterungen über die Taktik, in: *Sächsische Arbeiterzeitung*, 19.10.1898, zitiert nach: Dies., Gesammelte Werke. 5 Bde., Berlin/DDR 1970-1975, Bd.1., S. 258-260.

59 Ebenda.

60 Rosa Luxemburg, Die Akkumulation des Kapitals (geschrieben 1911/12, erstmals veröffentlicht Leipzig 1921). Hier zitiert nach der Ausgabe Frankfurt a.M. 1969, S. 37.

61 S. u. S. 117f.

62 Viktor Adler, in: *Arbeiterzeitung* (Wien), 16.10.1898. Zitiert nach: *Vorwärts*, 29.10.1898.
63 Vgl. dazu P. Nettl, Rosa Luxemburg, a.a.O., Bd.1, S. 161.
64 V. Adler an A. Bebel, 8.9.1903, in: Viktor Adler, Briefwechsel mit August Bebel und Karl Kautsky. Wien 1954, S. 421f.
65 Protokoll des Dresdener Parteitags 1903, S. 319.
66 Ebenda, S. 303.
67 Ebenda, S. 315f.
68 Ebenda, S. 317.
69 Ebenda, S. 313.
70 Ebenda, S. 319.
71 Aus einem zeitgenössischen Zeitungsbericht, zitiert nach R. Jansen, Georg v. Vollmar, a.a.O., S. 87. Der Vorwurf, Bebel benutze die »Sprache eines Diktators«, findet sich im Protokoll des Parteitags auf S. 335.
72 Protokoll des Dresdener Parteitags 1903, S. 418.
73 Ebenda, S. 391f.
74 Ebenda, S. 393. Vgl. Bernsteins damalige Kritik in: Ders., Die Sozialdemokratie und das neue Landtagswahlsystem in Sachsen, in: *Die Neue Zeit*, XIV, Nr. 32 (29.4.1896), S. 181ff.
75 Eduard Bernstein, Der Kampf in Belgien und der politische Massenstreik, in: *Sozialistische Monatshefte*, Juni 1902.
76 Protokoll des Dresdener Parteitags 1903, S. 394f.
77 Er hatte schon ein Jahrzehnt zuvor Massenversammlungen als Mittel des Protestes gegen das preußische Dreiklassenwahlrecht gefordert. Der Vorschlag fand nur ein geringes Echo. Vgl. Bernstein, Die preußischen Landtagswahlen und Sozialdemokratie, in: *Die Neue Zeit*, XI (September 1893), S. 772-778.
78 *Sächsische Arbeiterzeitung*, Nr. 269, 20.11.1905.
79 Ebenda, Nr. 280, 4.12.1905.
80 R. Förster u.a. (Hg.), Geschichte Dresdens, a.a.O., S. 120.
81 Zu dieser Thematik: Dieter Groh, Negative Integration und revolutionärer Attentismus. Frankfurt a. M. 1973; Hans-Josef Steinberg, Sozialismus und deutsche Sozialdemokratie. 3. Aufl. Bonn 1972; neuerdings: Brigitte Seebacher-Brandt, August Bebel. Künder und Kärrner im Kaiserreich. Berlin/Bonn 1988.
82 Südekum an von Vollmar, 4.12.1903, zitiert nach R. Jansen, Georg v. Vollmar, a.a.O., S. 88.
83 Deutsch: »Ich will ein König der Armen sein«. Wilhelm II., Ereignisse und Gestalten aus den Jahren 1878-1918. Leipzig/Berlin 1922, S. 30f.
84 Alfred v. Tirpitz, Stellungnahme zu Knorrs Denkschrift vom 28.11.1895 (Januar 1896); ganz ähnlich in seinen Erinnerungen (Leipzig 1919), S. 52. Zitiert nach Volker Berghahn, Der Tirpitzplan. Düsseldorf 1971, S. 146. Vgl. dort (S. 143ff.) auch allgemein zu den sozialimperialistischen Absichten der Flottenpolitik.
85 Lexikon zur Parteiengeschichte. 4 Bde., Leipzig, Köln 1983-1986, Bd.3. (1985), S. 449.
86 Protokoll des Dresdener Parteitags 1903, S. 306.
87 Vgl. Reinhard Appel, Gefragt: Herbert Wehner, in: Herbert Wehner, Zeugnis. Hg. von Gerhard Jahn, Köln 1983, S. 333; (das Interview ist hier in einer

gekürzten Fassung (S. 322-350) wiedergegeben, daher im folgenden auch nach der Originalausgabe, Bonn 1969, zitiert).

88 Protokoll des Dresdener Parteitags 1903, S. 415.

89 Max Schwarz, MdR. Biographisches Handbuch der Reichstage. Hannover 1965, S. 342.

90 Die erste Diätenregelung für Reichstagsabgeordnete stammt aus dem Jahr 1906. Vorher gab es nur die Freifahrkarte der Reichsbahn.

91 Protokoll des Dresdener Parteitags 1903, S. 316.

92 Statistisches Jahrbuch für das Königreich Sachsen 1907, a.a.O., S. 292. Vor der Wahlrechtsreform hatten die Fortschrittspartei 6, die Sozialdemokraten 14 Sitze.

93 Vgl. Gerhard A. Ritter, Wahlgeschichtliches Arbeitsbuch. Materialien zur Statistik des Kaiserreichs (1871-1918). München 1980, S. 89.

94 Vgl. Arthur Schulze, Die Bankkatastrophen in Sachsen im Jahre 1901, in: *Zeitschrift für die gesamte Staatswissenschaft*. Ergänzungsheft IX, Tübingen 1903.

95 Vgl. Edmund Fischer, Der Widerstand des deutschen Volkes gegen Wahlentrechtungen, in: *Sozialistische Monatshefte* VIII, Oktober 1904, S. 806.

96 Gustav Stresemann, Die Entwicklung des Berliner Flaschenbiergeschäfts. (Phil.Diss. Leipzig) Berlin 1900.

97 Vgl. Donald Warren jr., The Red Kingdom of Saxony. Lobbying Grounds for Gustav Stresemann (1901-1909). The Hague 1964, S. 40.

98 Deutsch: »Rück' beiseite, um mir Platz zu machen!« Gustav Stresemann, Wirtschaftspolitische Zeitfragen. Dresden 1911, S. 100.

99 Vgl. M. Kreckel, Richard Wagner, a.a.O., S. 58ff. und 142ff.

100 R. Blank, Die soziale Zusammensetzung der sozialdemokratischen Wählerschaft Deutschlands, in: *Archiv für Sozialwissenschaft und Sozialpolitik* XX (1905), S. 507ff.

101 E. Fischer, Der Widerstand des deutschen Volkes gegen Wahlentrechtungen, a.a.O, S. 814f. Vgl. auch die bereits erwähnte Kritik von Bernstein (s.o.S. 62).

102 Vgl. Leo Stern (Hg.), Archivalische Forschungen zur Geschichte der deutschen Arbeiterbewegung. Bd.II, 2.Halbbd., Berlin 1956, S. 261.

103 Der Kaiser wollte, so von Bülow (ebenda, S. 263), Militär »nur im alleräußersten Notfall« eingesetzt wissen – das russische Beispiel zeigte die demoralisierende Wirkung auf die Truppen – dann aber »schonungslos«.

104 D. Warren, The Red Kingdom, a.a.O., S. 71. Auch bei Warren bleibt die Mitwirkung des Parteivorstandes einschließlich Bebels ohne Erwähnung (s.o.S. 63).

105 Vgl. dazu neuerdings: Martin Stather, Die Kunstpolitik Wilhelms II. (Phil. Diss.) Heidelberg 1988, S. 236. Die dem Deutschen Reich zugedachte Führerrolle wurde in der ursprünglichen, von Knackfuß abgeänderten Skizze des Kaisers noch deutlicher. Dort hatte die Germania den europäischen Völkern den Weg gewiesen. Auf ähnliche Weise wurde der Anspruch auch im zweiten Blatt unterstrichen (skizziert am 28.4.1896, Ausführung von Knackfuß): »Niemand zu Liebe, niemand zu Leide.«

106 F. Engels an A. Bebel, 29.9./1.10.1891. MEW Bd.38, S. 161. Zur gesamten Problematik vgl. Hartmut Soell, Weltmarkt – Revolution - Staatenwelt. Zum Problem einer Theorie internationaler Beziehungen bei Marx und Engels, in: *AfS* XII (1972), S. 161f.

III Familie und Kindheit

1 Karl Donat und Bernhard Wördehoff, Interview mit Herbert Wehner (gesendet im Deutschlandfunk am 9.7.76, 20.15 Uhr), in: H. Wehner, Zeugnis, a.a.O., S. 353.
2 Vgl. Otto Rühle, Das proletarische Kind. München 1911; ders., Die Seele des proletarischen Kindes. Dresden 1925. Das Zitat findet sich ebenda, S. 23. Zu den Lebensdaten Otto Rühles s.u. Kapitel IV, Anm.39.
3 Nach einer Statistik aus den 1920er Jahren, die auf Forschungen von Magnus Hirschfeld zurückgeht, hatten in Berlin von 100 Kindern den Sonnenaufgang nie gesehen: 70, den Sonnenuntergang nie gesehen: 54, eine Lerche nie trillern hören: 82, eine Birke noch nie gesehen: 87, einen Frosch noch nie erblickt: 58, eine Schnecke, ein Ährenfeld nie gesehen sowie keinen Tau gekannt: 49.
4 O. Rühle, Seele des proletarischen Kindes, a.a.O., S. 66.
5 Ebenda, S. 63ff.
6 S. o. S. 29.
7 Diese und die folgenden Informationen hat mir Peter Fischer, Dossenheim, der wie Herbert Wehner ein Urgroßenkel von Carl-August Wehner ist, zur Verfügung gestellt. Ihm möchte ich an dieser Stelle noch einmal ausdrücklich danken.
8 Die Sachsen deckten auch den »bis zur Auflösung regellosen Rückzug der kaiserlichen Armee« (Rudolf Kötzschke und Hellmut Kretzschmar, Sächsische Geschichte. 2 Bde., Dresden 1935, Bd.2, S. 195).
9 P.W. Wenger, Politisches Urgestein, in: Gerhard Jahn u.a. (Hg.), Herbert Wehner. Beiträge zu einer Biografie. Köln 1976, S. 290. Vgl. Günther Scholz, Herbert Wehner. Düsseldorf/Wien 1985, S. 18.
10 Dieter Thoma, Interview im WDR-Fernsehen, 20.2.1977, in: H. Wehner, Zeugnis, a.a.O., S. 374, und in: Knut Terjung, Der Onkel. Hamburg 1986, S. 178.
11 Vgl. das Interview von Ewald Rose mit Herbert Wehner, in: *Das Parlament*, 1.3.1980.
12 K. Donat/B. Wördehoff, Interview, a.a.O., S. 353.
13 K. Terjung, Der Onkel, a.a.O., S. 57f.
14 E. Rose, Interview, a.a.O.
15 Reinhard Appel, Gefragt: Herbert Wehner. Bonn 1969, S. 12.
16 K. Donat/B. Wördehoff, Interview, a.a.O., S. 353.
17 Vgl. die familienpsychologischen Arbeiten von Horst Eberhard Richter (Patient Familie. Hamburg 1972; Eltern, Kind, Neurose. Hamburg 1978) und die Studie von H. Stierlin, Adolf Hitler. Familienperspektiven, a.a.O.
18 Zur Problematik der Verwendung psychologischer Erklärungsansätze in der historischen Biographik vgl. Hartmut Soell, Fritz Erler. Eine politische Biographie. 2 Bde., Berlin/Bonn 1976. Bd.2, S. 987-1023; sowie neuerdings Thomas Kornbichler, Tiefenpsychologische Biographik. Berlin 1987.
19 E. Rose, Interview, a.a.O.
20 Ebenda.
21 K. Donat/B. Wördehoff, Interview, a.a.O., S. 353.
22 R. Appel, Gefragt: H. Wehner, a.a.O., S. 12.
23 In dem von Günter Gaus geführten Interview »Zur Person« (ZDF 8.1.1964;

zuletzt abgedruckt in: K. Terjung, Der Onkel, a.a.O. S. 77-103; im folgenden auch zitiert nach dem Abdruck in: H. Wehner, Zeugnis, a.a.O., S. 299-321), einem der frühesten Interviews mit Aussagen zur eigenen Biographie, beantwortete Wehner die Frage, ob der Vater eingeschriebenes Mitglied der Sozialdemokratischen Partei und einer Gewerkschaft gewesen sei, er sei beides gewesen – ohne Angaben, seit wann.

24 Statistisches Jahrbuch für die Stadt Dresden, 1907, a.a.O., S. 161 und 168.

25 Ebenda, S. 190f. Die Gewerkschaft der Schuhmacher war 1883 gegründet worden und zählte 1907 im Ortskartell Dresden 1651 Mitglieder.

26 Leider liegen nur Zahlen für ganz Sachsen vor. Danach waren 1905 von zehn Streiks in 144 betroffenen Betrieben mit 1679 Arbeitnehmern immerhin acht »teilweise erfolgreich«, nur zwei ohne Erfolg (Statistisches Jahrbuch für das Königreich Sachsen, 1907, S. 125).

27 Fritz Diettrich, Kindheit in Dresden, in Merian »Dresden«. Hamburg 1949, S. 7.

28 Adreßbuch der Stadt Dresden 1907. Im Adreßbuch 1906, das vor Jahresende 1905 abgeschlossen worden war, findet sich noch kein Richard Robert Wehner. Er war offenbar erst nach der Heirat bzw. vor der Geburt des ersten Kindes nach Dresden gezogen.

29 Neue Deutsche Presse. Berlin (DDR), H.8 (1965), S. 47. Es handelt sich um Erich Diener, 1919 eines der Gründungsmitglieder der Dresdener SAJ.

30 Schon vor der Jahrhundertwende gab es eine elektrische Straßenbahnverbindung von der Innenstadt nach Striesen. (F. Diettrich, Kindheit, a.a.O., S. 8.)

31 S. o. S. 40.

32 Adreßbuch der Stadt Dresden 1910. Die Jahrgänge 1908/1909 sind nicht erhalten, so daß unklar bleibt, wie lange vor 1909 der Umzug stattgefunden hatte.

33 Vgl. O. Rühle, Seele des proletarischen Kindes, a.a.O., S. 48. Dort wird Hamborn als Beispiel genannt mit 1911/12 nicht weniger als 37601 Zu- und 32240 Wegzügen (bei 106990 Einwohnern).

34 Alfred Freudenhammer und Karlheinz Vater, Herbert Wehner. Ein Leben mit der deutschen Frage. Gütersloh 1978, S. 25.

35 Johannes Zemmrich, Landeskunde des Königreichs Sachsen. Leipzig 1905, S. 84.

36 Im Adreßbuch der Stadt Dresden erscheint 1917 Antonie Almut Wehner als »Steppmeisters-Ehefrau«. Da ihr Mann schon 1914 eingezogen wurde, mußte er diese Position vorher erworben haben.

37 Es existiert ein Foto der Familie Wehner (vgl. A. Freudenhammer/K. Vater, H. Wehner, a.a.O., nach S. 112), die Kinder im obligaten Matrosenanzug, auf dem die Beteiligten jenen etwas leeren Gesichtsausdruck aufgesetzt haben, in dem sich Hilflosigkeit und das Bedeutungsvolle des Augenblicks mischen.

38 Weiss hatte Wehner während der Vorarbeiten zur »Ästhetik« lange Stunden befragt (ders., Notizbücher 1960-1971. Frankfurt a.M. 1982).

39 War es der Amboß oder der umgekehrte Dreifuß?

40 Peter Weiss, Die Ästhetik des Widerstands. 3 Bde., Frankfurt a.M. 1980, Bd.3, S. 163. Zum Problem der Einschätzung des in den Roman eingearbeiteten dokumentarischen Materials vgl. A. Sywottek, Die Ästhetik des Widerstands als Geschichtsschreibung? in: Alexander Stephan (Hg.), Die Ästhetik des Widerstands. Frankfurt a.M. 1983.

41 Vgl. O. Rühle, Seele des proletarischen Kindes, a.a.O., S. 70ff. Die dort gesammelten Aussagen vermitteln ein besonders düsteres, möglicherweise durch Massierung überzeichnetes Bild, an dem allerdings auch Vertreter des Lehrerberufes mitgewirkt hatten.

42 Seit 1878 zählten die Lehrerbildungsseminare in Sachsen zu den höheren Schulen. Die Seminarvorschulen sollten das Begabtenpotential außerhalb der größeren Städte erschließen (R. Kötzschke/H. Kretzschmar, Sächische Geschichte, a.a.O., S. 214).

43 G. Gaus, Zur Person, in: K. Terjung, Der Onkel, a.a.O., S. 79.

44 Vgl. K.H. Peters, Anna Freud. Ein Leben für das Kind. München 1979.

45 Da der ortsübliche Tagelohn in Lößnitz und Schneeberg vor 1914 bei 3,20 bzw. 3 Mark lag, was bei rund 25 Arbeitstagen einen monatlichen Bruttolohn von 75 bzw. 80 Mark ergab (Statistisches Jahrbuch Sachsen, 42. Jg. 1914/15, S. 179), muß der Monatsverdienst der Vaters über die Hälfte höher gelegen haben, damit die Familie 50% des Nettoverdienstes als staatliche Unterstützung erhalten konnte.

46 Vgl. Wehners eigene Angabe in: G. Gaus, Zur Person, in: K. Terjung, Der Onkel, a.a.O., S. 80.

47 Die meisten Beiträge zur Biographie Wehners gehen (ohne Quellenangabe) davon aus, daß die Familie sich nach 1911 zuerst in Schneeberg, dann in Lößnitz aufgehalten habe und 1915 nach Dresden zurückkehrte. Letzteres stimmt weder mit den Angaben Wehners über die Kinderarbeit noch mit dem Adreßbuch der Stadt Dresden überein.

48 E. Rose, Interview, a.a.O.

49 Vgl. Brief Wehners an die Studiengruppe zur Erforschung der Kinderspiele an der Universität Heidelberg vom 17.1.1980. Der Verfasser dankt den Herren Hertlein und Peters dafür, daß sie ihm diesen Brief zur Verfügung gestellt haben.

50 Vgl. Martin Stadelmaier, Zwischen Langemarck und Liebknecht. Arbeiterjugend und Politik im 1. Weltkrieg. Bonn 1986, S. 51f.

51 Ebenda, S. 125f.

52 Dazu hat sich Jünger später offen bekannt, z.B. in seinem Interview mit dem *Spiegel* anläßlich der Verleihung des Goethepreises (*Der Spiegel*, 33/1982, S. 157).

53 Ernst Jünger, Das abenteuerliche Herz. 2.Fassung, 7.Aufl. (1950), S. 33 (Die erste Auflage dieser Fassung erschien 1938).

54 M. Stadelmaier, Langemarck und Liebknecht, a.a.O. S. 73. Zu den Aktionen der Arbeiterjugend in Dresden und Pirna 1916-18 vgl. Horst Dörrer, Die Dresdener Arbeiterbewegung während des Weltkrieges und der Novemberrevolution 1918. (Phil.Diss.) Leipzig 1960, S. 76ff.

55 G. Gaus, Zur Person, in: Zeugnis, a.a.O., S. 300; allgemein haben Arbeiterfrauen 1914-1918 am frühesten ihre kritische Haltung zum Krieg artikuliert; vgl. U. Daniel, Arbeiterfrauen in der Kriegsgesellschaft. Göttingen 1990.

56 K. Donat/B. Wördehoff, Interview, a.a.O., S. 354.

57 G. Gaus, Zur Person, in: Zeugnis, a.a.O., S. 300.

58 Dies war allgemein feststellbar, wenn auch regional unterschiedlich ausgeprägt. Vgl. dazu Friedhelm Boll, Massenbewegungen in Niedersachsen 1906-1920, in: Veröffentlichungen des Instituts für Sozialgeschichte Braunschweig-Bonn. Bonn

1981, S. 152; Volker Ullrich, Die Hamburger Arbeiterbewegung am Vorabend des 1. Weltkrieges bis zur Revolution 1918/19. 2 Bde, Hamburg 1976, insbes. Bd.2, S. 51 und H. Dörrer, Dresdener Arbeiterbewegung, a.a.O., S. 37f.

59 Vgl. *Der Spiegel*, Nr. 41 (1954), S. 9.

60 Von den 5 Millionen Sachsen waren 750 000, 30% der männlichen Bevölkerung, eingezogen worden. Auf 100 Mann kamen 28 Tote, 44 Verwundete, sechs Gefangene (R. Kötzschke/H. Kretzschmar, Sächsische Geschichte, a.a.O., S. 234).

61 Vgl. dessen Hauptwerk Über den nervösen Charakter (1912), Frankfurt a.M. 1972. Ders., Der Sinn des Lebens (1933). Frankfurt a.M. 1973.

62 Vgl. Manès Sperber, Alfred Adler und das Elend der Psychologie. Frankfurt a.M. 1973, S. 114 und 192. Dort wird der Bruch Adlers mit Rühle, dessen Frau Alice Rühle-Gerstel eine Schülerin Adlers war, und Manès Sperber geschildert. Adler glaubte, die Individualpsychologie werde durch die Marxisten gefährdet.

63 Jo Mihaly, ...da gibts ein Wiedersehn! Kriegstagebuch eines Mädchens 1914-1918. Freiburg/Heidelberg 1982, S. 314.

64 Die Wohnung war im Hintergebäude I der Spenerstraße 5, Ecke Augsburger Straße (Adreßbuch der Stadt Dresden 1917). Das Haus steht nicht mehr.

65 Der Name dieses Pastors ist unbekannt. Die Stelle des »Exulantenpfarrers«, der wohl schon wegen seiner Rolle weniger »nationale« Empfindungen hatte, war seit 1917 durch Max Otto Freiesleben besetzt, der schon seit 1904 Diakonus an der Erlöserkirche gewesen war (Martin Lauckner, Hundert Jahre Erlöserkirche Dresden-Striesen, in: *Sächsische Heimat*, Zeitschrift der Landsmannschaft, 26.Jg., Hamburg 1980, S. 159).

66 K. Donat/B. Wördehoff, Interview, a.a.O., S. 354.

67 Vgl. etwa den Bericht »Familienbande« in: *Stern*, 14.5.1987, S. 78.

68 Vgl. Georg Glaser, Geheimnis und Gewalt. Hamburg, Düsseldorf 1969, S. 9f.

69 G. Gaus, Zur Person, in: Zeugnis, a.a.O., S. 300.

70 Bis 1919, also bis der Vater wieder Arbeit gefunden hatte, arbeitete Herbert Wehner als Handlanger in einer Limonadenfabrik.

71 Adreßbuch der Stadt Dresden 1920 bzw. 1930ff.

72 R. Appel, Gefragt: H. Wehner, in: Zeugnis, a.a.O., S. 328.

73 An der Volksschule gab es wahlweise eine Fremdsprache (W. Fabian, Klassenkampf um Sachsen 1918-1930. Dresden 1930, S. 61). Englisch lernte er erst im schwedischen Gefängnis.

74 R. Appel, Gefragt: H. Wehner, in: Zeugnis, a.a.O., S. 328.

75 G. Gaus, Zur Person, in: Zeugnis, a.a.O., S. 301.

76 Vgl. W. Maschke, Die Not der Lehrlinge, in: *Arbeiterjugend*, Januar 1922, S. 20f.

IV Mythos Revolution

1 Der Vorsitzende der Sozialistischen Arbeiterjugend (SAJ), Max Westphal, auf dem 3. Arbeiterjugendtag im August 1923 in Nürnberg: »Die Republik braucht die Seele der Jugend.« (zitiert nach: *Arbeiterjugend*, H.9, September 1923, S. 145).

2 R. Appel, Gefragt: H. Wehner, in: Zeugnis, a.a.O., S. 334.

3 K. Donat/B. Wördehoff, Interview, a.a.O., S. 353.

4 Herbert Wehner, Interview in: *Der Spiegel*, 20.11.1967, S. 28.

5 Vgl. Rudolf Binding, Deutsche Jugend vor den Toten des Krieges (1924), in: Werner Kindt (Hg.), Grundschriften der deutschen Jugendbewegung. Düsseldorf/Köln 1963, S. 431.

6 Vgl. neuerdings dazu Norbert Giovannini, Politik und politische Sozialisation Heidelberger Studenten. (Phil.Diss.) Heidelberg 1986.

7 Vgl. Detlef Peukert, Jugend zwischen Krieg und Krise. Lebenswelten von Arbeiterjungen in der Weimarer Republik. Köln 1987, S. 31ff.

8 Ebenda, S. 16ff.

9 Ebenda, S. 99.

10 Ebenda, S. 30.

11 R. Appel, Gefragt: H. Wehner, in: Zeugnis, a.a.O., S. 330.

12 Vgl. dazu Mircea Eliade, Mythos und Wirklichkeit. Frankfurt a.M. 1988.

13 Vgl. zur Krise der Heranwachsenden Erik H. Erikson, Identität und Lebenszyklus. Drei Aufsätze. Frankfurt a.M. 1966, S. 136f., 147f.

14 G. Gaus, Zur Person, in: Zeugnis, a.a.O., S. 300.

15 *Dresdener Volkszeitung*, 5.3.1923, S. 8.

16 S. o. S. 29f.

17 Vgl. den Bericht in: *Arbeiterjugend* (Berlin), 15.Jg., H.9 (September 1923), S. 148.

18 Vgl. das Interview der *Aachener Nachrichten* mit Herbert Wehner, 20.7.1980. Nach den Angaben der sozialdemokratischen *Dresdener Volkszeitung* vom 30.7.1923 sollte die einfache Bahnfahrt nach Nürnberg 71000 Mark kosten. Ebenso lagen die Forderungen der Streikenden Ende Juli 1923 in Sachsen bei 85000 Mark pro Stunde.

19 Zitiert nach: *Arbeiterjugend* (Berlin), 15.Jg., H.9 (September 1923), S. 152.

20 Ebenda, S. 148; Westphals Rede ebenda, S. 145.

21 Zur Anfälligkeit der unorganisierten Arbeiterschaft gegenüber dem frühen Nationalsozialismus vgl. neuerdings Michael Ruck, Bollwerk gegen Hitler? Arbeiterschaft, Arbeiterbewegung und die Anfänge des Nationalsozialismus. Köln 1988.

22 Neben den Arbeiten von Heinrich August Winkler (Von der Revolution zur Stabilisierung 1918-1924. Berlin/Bonn 1984; Der Schein der Normalität 1924-1930. Ebenda 1985; Der Weg in die Katastrophe 1930-1933. Ebenda 1987) und Ulrich Kluge (Die deutsche Revolution 1918/19. Staat, Politik und Gesellschaft zwischen Weltkrieg und Kapp-Putsch. Frankfurt a.M. 1985) hat diese Problematik besonders Detlev Peukert herausgearbeitet. Vgl. ders., Die Weimarer Republik. Frankfurt a.M. 1987, S. 33f.

23 Rosa Luxemburg, Organisationsfragen der russischen Sozialdemokratie, zitiert nach dies., Politische Schriften III. Hg. von O. K. Flechtheim. Frankfurt a.M. 1968, S. 83ff., vor allem S. 95f.

24 Ebenda, S. 134.

25 Ebenda, S. 138.

26 Ebenda, S. 140f.

27 Der Gründungsparteitag der KPD, Protokoll und Materialien. Hg. von Hermann Weber. Frankfurt a.M. 1969, S. 101f.

28 Ebenda, S. 194f.
29 Ebenda, S. 217.
30 Auch eine Analyse der von Rosa Luxemburg redigierten *Roten Fahne* seit ihrem Erscheinen am 9. November 1918 zeigt, wie sehr sich die Haßausbrüche seit Mitte Dezember 1918 mehrten.
31 Rosa Luxemburg, Der erste Parteitag, in: *Rote Fahne*, Nr. 2, 3.1.1919, zitiert nach: Gründungsparteitag der KPD, a.a.O., S. 303.
32 Ebenda, S. 301.
33 Ebenda, S. 43, Anm.101.
34 Zu Gustav Noske vgl. die politische Biographie von Wolfram Wette (Düsseldorf 1987) sowie die Rezension des Verfasser in der *FAZ* vom 19.2.1988.
35 Vgl. Karl Liebknechts Rede auf dem KPD-Gründungsparteitag, in der von »Selbstbefleckung«, »Selbstbeschimpfung«, »Gebot der Reinlichkeit« im Zusammenhang mit der Trennung von der USPD die Rede ist (Gründungsparteitag der KPD, a.a.O., S. 62).
36 Zu den besten Schilderungen jener Wochen des November und Dezember 1918 in der Reichskanzlei gehört nach wie vor die Autobiographie von Arnold Brecht, Aus nächster Nähe. Lebenserinnerungen 1884-1927. Stuttgart 1966. Vgl. insbesondere das Kapitel »Kampf um die Diktatur des Proletariats« (S. 218-226).
37 Friedrich Ebert, Schriften, Aufzeichnungen, Reden. 2 Bde., Dresden 1926, Bd. 2, S. 120f.
38 Eduard Heilfron (Hg.), Die deutsche Nationalversammlung im Jahre 1919. 8 Bde., Berlin o.J., Bd. 1. (1920), S. 3ff.
39 Otto Rühle, am 23.10.1874 in Groß-Voigtsberg bei Freiberg in Sachsen geboren, trat mit 22 Jahren der SPD bei und arbeitete bis zu seiner Mitgliedschaft im Reichstag (1912-1918) als Redakteur bei mehreren sozialdemokratischen Zeitungen u.a. in Breslau, Chemnitz, Forst und Zwickau. Er nahm an dem im Dezember und Januar 1918/19 stattfindenden Gründungsparteitag der KPD teil, mit der er sich wenig später überwarf (s.u. S. 123). Vor den Nationalsozialisten floh er 1933 nach Prag. Drei Jahre später emigrierte er nach Mexiko, wo er zeitweilig als Berater im Unterrichtsministerium tätig war. Rühle starb im mexikanischen Exil am 24.6.1943.
40 S. o. S. 56.
41 R. Förster u.a. (Hg.), Geschichte Dresdens, a.a.O., S. 139.
42 W. Fabian, Klassenkampf um Sachsen, a.a.O., S. 28.
43 Ebenda, S. 29.
44 Ebenda, S. 45.
45 Illustrierte Geschichte der Deutschen Revolution. Internationaler Arbeiterverlag Berlin o.J. (1929), S. 491f.
46 Hans Manfred Bock, Syndikalismus und Linkskommunismus von 1918-23. Meisenheim 1969, S. 237.
47 Ebenda, S. 255.
48 Ebenda, S. 286.
49 Franz Jung, Der Torpedokäfer. Darmstadt 1972, S. 198-206.
50 Ebenso Ernst Reuter (ebenda, S. 209).
51 Victor Serge, Beruf: Revolutionär. Erinnnerungen 1901-1941. Paris 1959, deutsch: Frankfurt a. M. 1967, S. 160.

52 Beschluß des sächsischen Landesvorstandes der USPD vom 21. November 1920, abgedruckt in: W. Fabian, Klassenkampf um Sachsen, a.a.O., S. 95-97.
53 Ebenda, S. 132.
54 Zu den Lebensdaten von Max Seydewitz s.u. Kapitel VIII, Anm.82.
55 Vgl. Raimund Wagner, Zur Frage der Massenkämpfe in Sachsen 1923, in: *Zeitschrift für Geschichtswissenschaft,* Jg. IV (1956), S. 246ff., sowie Helmut Gast, Die proletarischen Hundertschaften als Organe der Einheitsfront, in: Ebenda, S. 439ff.
56 R. Wagner, Massenkämpfe in Sachsen, a.a.O., S. 249.
57 Gustav Radbruch, Der innere Weg. Aufriß meines Lebens. Stuttgart 1951, S. 171f.
58 Verhandlungen des sächsischen Landtags, zitiert nach W. Fabian, Klassenkampf um Sachsen, a.a.O., S. 137.
59 Vgl. Friedrich von Rabenau, Hans von Seeckt. Aus seinem Leben 1918-1936. Leipzig 1941, S. 329f. Dort wird berichtet, daß Seeckt schon Ende März 1923 für Sachsen einen Reichskommissar verlangen wollte, weil Zeigner verfassungswidrig in militärische Belange eingreife.
60 Verhandlungen des sächsischen Landtags, zitiert nach W. Fabian, Klassenkampf um Sachsen, a.a.O., S. 135.
61 Hermann Graml, Europa zwischen den Kriegen. München 1969, S. 40.
62 Boris Baschanow, Ich war Stalins Sekretär. Frankfurt a.M. 1977, S. 57ff.
63 Wolfgang Leonhard, Völker hört die Signale. Die Anfänge des Weltkommunismus. München 1981, S. 338.
64 Ernst Thälmann, Reden und Aufsätze zur Geschichte der deutschen Arbeiterbewegung. 2 Bde., Berlin/DDR 1955-1956, Bd. 1 (1918-1928), S. 68.
65 B. Baschanow, Ich war Stalins Sekretär, a.a.O., S. 57.
66 Pierre Frank, Die Geschichte der Kommunistischen Internationale (1919-43). 2 Bde., Frankfurt a.M. 1981, Bd. 1, S. 273.
67 Schulthess' europäischer Geschichtskalender 1923. S. 167.
68 In seinem Brief an den Herausgeber der *Roten Fahne*, August Thalheimer, schrieb Stalin, daß die herannahende Revolution in Deutschland das wichtigste Weltereignis der Zeit sei. Ihr Sieg werde größere Bedeutung haben als die russische Revolution vor sechs Jahren (Gebhardt, Handbuch der deutschen Geschichte. Bd. 4.1. Stuttgart 1973, S. 249).
69 Zitiert nach: Akten der Reichskanzlei. Die Kabinette Stresemann I und II. Hg. und bearbeitet von Karl Dietrich Erdmann und Martin Vogt. Boppard 1978, S. 861, Anm.7.
70 *Dresdener Volkszeitung*, 11.10.1923: »Ein historisches Ereignis. Die kommunistisch-sozialistische Regierung in Sachsen«.
71 Ebenda, 30.10.1923: »Der Verfassungsbruch der Reichsregierung«. Reichspräsident Ebert hat sich später von Heinzes Beauftragung und der Schließung des Landtags bei Stresemann distanziert. Akten der Reichskanzlei, a.a.O., S. 1172 Nr. 282, insbesondere Anm.4.
72 Zur rechtlichen Bewertung Heinrich Weiler, Die Reichsexekution gegen den Freistaat Sachsen unter Reichskanzler Dr. Stresemann im Oktober 1923. Frankfurt a. M. 1987, S. 63ff.
73 Zitiert nach: W. Fabian, Klassenkampf um Sachsen, a.a.O., S. 177.

74 *Dresdener Volkszeitung*, 30.10.1923.
75 Diese Vermutung wurde von einem Augenzeugen im Bericht der *Dresdener Volkszeitung* geäußert (ebenda).
76 Ebenda. Bei H. A. Winkler (Von der Revolution zur Stabilisierung, a.a.O., S. 655) sind es 23 Tote und 31 Verwundete. Wehner selbst erinnerte sich an »42 oder 43 Tote« (R. Appel, Gefragt: H. Wehner, in: Zeugnis, a.a.O., S. 325).
77 R. Appel, Gefragt: H. Wehner, in: Zeugnis, a.a.O., S. 325.
78 Ebenda, S. 327.
79 Ebenda, S. 326.
80 W.Dittmann, Die Wahrheit über Sachsen, in: *Dresdener Volkszeitung*, 3.11.1923.
81 Protokoll des Heidelberger Parteitages (1925), S. 28ff., 120-131, 262-265.
82 W. Fabian, Klassenkampf um Sachsen, a.a.O., S. 189f.
83 »Aufruf des Dresdener Lehrervereins an alle Menschenfreunde - Rettet die Kinder« über die Not der Schulkinder, in: *Dresdener Volkszeitung*, 30.10.1923.
84 So der Bericht von Victor Serge, im Herbst 1923 einer der Emissäre der Komintern in Deutschland, über die Einschätzung der Lage durch Heinz Neumann (V. Serge, Beruf: Revolutionär, a.a.O., S. 196).
85 Max Westphal, Bundesgenossen, in: *Arbeiterjugend*, 15. Jg., Nov. 1923, S. 183.
86 Vgl. auch den Appell des Landesarbeitsausschusses der sächsischen SAJ vom 14.10.1923 an die kommunistische Jugend und die *Junge Garde*, zerstörende Angriffe zu unterlassen, in: *Jugendecho der SAJ Groß-Dresdens*, 7.Jg. (1923), Nr. 11, S. 82.
87 In der zeitgenössischen Dresdener Presse wird über die Abspaltung nicht berichtet. Auch im *Jugendecho der SAJ Groß-Dresdens* wird sie nicht erwähnt. Allerdings gab es ein Jahr später am 10.10.1924 eine Veranstaltung der SAJ-Gruppe Striesen-Ost über »Anarchismus«, vielleicht eine Art Reaktion (obwohl Wehner der Gruppe Striesen-West angehört hatte). In der Zeitschrift *Arbeiterjugend* wird unter dem 22.5.1924 nur vermerkt, daß in Ostsachsen seit 1923 rund 800 Mitglieder dazugewonnen worden seien (Jg.1924, S. 166). Anzunehmen ist, daß es innerverbandliche Verschiebungen nach links gegeben hat. Für die Altersgruppe der Jungsozialisten ist dies nachgewiesen bei Franz Walter, Nationale Romantik und revolutionärer Mythos. Politik und Lebensweisen im frühen Weimarer Jungsozialismus. Berlin 1986, S. 51ff.
88 Der »Wald« sollte nicht profaniert werden, sondern dem Naturerleben und der seelischen Erbauung in der kargen Freizeit dienen. Deshalb der stete Aufruf: »Schützt unsere Wälder und Felder. Zündet kein Feuer im Wald an. Der deutsche Wald sei euer Heiligtum« (so in *Jugendecho der SAJ Groß-Dresdens*, 8.Jg. [1924], Nr. 6, S. 49) – eine emphatisch-verpflichtende Sprache, die Wehner stark geprägt hat, gegen die er aber auch rebellierte.
89 K. Donat/B. Wördehoff, Interview, a.a.O., S. 355.
90 Vgl. das Gedicht von Erich Mühsam zum 80. Geburtstag von Reinsdorf, in: *Fanal*, 3.Jg., Nr. 5, Februar 1929, S. 118f.
91 Ulrich Linse, Organisierter Anarchismus im deutschen Kaiserreich von 1871. Berlin 1969, S. 317.
92 Ebenda, S. 331f.
93 Ebenda, S. 361f.
94 Diese erste Münchner Räterepublik dauerte von der Nacht vom 6. auf den

7. April 1919 bis zu Mühsams Verhaftung in der Nacht zum 13. April 1919. Vgl. Erich Mühsam, Die Entstehung der bayerischen Räterepublik. Berlin 1919, S. 323ff.; erst danach und vor allem in den Endkämpfen im Mai 1919 hatte die KPD unter E. Leviné, der vom Aufstand abgeraten hatte, das Kommando übernommen.

95 Allgemein zur Münchner Räterepublik: Karl Bosl (Hg.), Bayern im Umbruch. München 1969; zum Einfluß der Bolschewiki Helmut Neubauer, München und Moskau 1918/19. München 1958 (*Jahrbücher für die Geschichte Osteuropas*, Beiheft 4).

96 E. Mühsam, Entstehung der bayerischen Räterepublik, a.a.O., S. 322.

97 Gustav Regler, Das Ohr des Malchus. Köln 1958, S. 109.

98 Zitiert nach U. Linse, Anarchismus im Kaiserreich, a.a.O., S. 352.

99 Ebenda, S. 308.

100 Ebenda, S. 71; Karl Kautsky, Erinnerungen und Erörterungen. Amsterdam 1960, S. 445ff.

101 Vgl. unten S. 176; Heinz Hug, Erich Mühsam. Untersuchungen zu Leben und Werk. Glashütten 1974, S. 63.

102 U. Linse, Anarchismus im Kaiserreich, a.a.O., S. 112.

103 Schon bald wurden besser situierte Besucher der »Gruppe Tat« und andere Bekannte Mühsams von ihnen bestohlen.

104 Ebenda, S. 115. Vgl. auch F. Jung, Torpedokäfer, a.a.O., S. 79. Danach soll Landauer diese Abende im Münchner Gasthaus »Soller« verboten haben, die auch Gegenstand eines »Geheimbund«-Prozesses, u.a. wegen der Zündung einer Dynamitpatrone anläßlich der Hinrichtung des spanischen Anarchisten Ferrer, gegen Mühsams »Gruppe Tat« wurden.

105 D. Peukert, Jugend zwischen Krieg und Krise, a.a.O., S. 258f.

106 Ebenda, S. 245f.

107 Vgl. Ulrich Linse, Die anarchistische und anarchosyndikalistische Jugendbewegung 1919-33. Frankfurt a. M. 1976.

108 Georg K. Glaser, Geheimnis und Gewalt, a.a.O., S. 32f.

109 Die erste deutsche Übersetzung von Gedichten Whitmans stammt noch von Ferdinand Freiligrath. Die Jugendbewegung der zwanziger Jahre benutzte meist die von Max Hayek übersetzte und von Hermann Bahr eingeleitete deutsche Ausgabe »Ich singe das Leben« (Leipzig 1919) und die von Hans Resiger übersetzte Ausgabe des »Gesang von der offenen Landstraße« (Lauenburg 1921). Aus der Tatsache, daß Wehner ein Gedicht Whitmans benutzte, dessen erotische Ambivalenz in seinen Gedichten häufig Ausdruck fand, lassen sich aufgrund des vorliegenden Materials keine Folgerungen ableiten, die sich auf Wehner selbst beziehen.

110 Der Anarchismusforscher Gerd W. Jungblut (Schlitz) hat mir eine Kopie dieser handschriftlichen, vom 1. Juni 1926 datierten Postkarte aus seinem Privatarchiv dankenswerterweise überlassen.

111 V. Serge, Beruf: Revolutionär, a.a.O., S. 24. Er verwies dabei auf Walt Whitman.

112 Zum Problem der unbewußten und zeitweisen Hinneigung zum eigenen Geschlecht bei bis zu 30 Prozent der männlichen Mitglieder der bürgerlichen Jugendbewegung: Elisabeth Busse-Wilson, Liebe und Kameradschaft, in: W. Kindt (Hg.), Grundschriften der Jugendbewegung, a.a.O., S. 330.

113 Zur oft strengeren, d.h. vor allem partnerschaftlichen Normen unterworfenen und von Max Hodann und Magnus Hirschfeld beeinflußten Sexualmoral der Arbeiterjugend: Walter Pöppel (der der Dresdener SAJ angehörte), Es war einmal. Eine Jugend in Deutschland. 2 Bde. Stockholm 1984. Bd. 1, S. 152ff.
114 D. Peukert, Jugend zwischen Krieg und Krise, a.a.O., S. 243.
115 C. Ommerborn, Der geistige Wert des Anarchismus. 1902 (zitiert nach: U. Linse, Anarchismus im Kaiserreich, a.a.O., S. 103f.).
116 Es gibt ein eindrucksvolles Bild von Otto Rühle als Redner mit seinem wuchtigen Schädel – ähnlich dem Lenins – in voller Konzentration und Aktion, gemalt von dem expressionistischen Dresdener Maler Conrad Felixmüller.
117 So Ernst Pönisch von der »Freien Jugend« Pirna, zitiert nach: U. Linse, Anarchistische Jugendbewegung, a.a.O., S. 69.
118 Rühles Frau Alice Rühle-Gerstel war Schülerin Adlers (s.o.Kapitel III,Anm.62)
119 O. Rühle, Seele des proletarischen Kindes, a.a.O., S. 205f.
120 Vgl. Otto Rühle, Schriften. Perspektiven einer Revolution in hochindustrialisierten Ländern. Hg. von Gottfried Merger. Reinbek bei Hamburg 1971.
121 Die Frage, ob Hellmuth Böhme der Adressat des oben zitierten Gedichtes ist, kann nur schwer beantwortet werden. Auszuschließen ist es nicht, aber angesichts der anderen Schreibweise des Namens eher unwahrscheinlich.
122 Brief von Ulrich Linse an den Verfasser. Eine Anzeige dieser Gruppe findet sich in: *Die junge Menschheit*, Nr. 2, Februar 1923, dem Jugendblatt des *Syndikalist*, Organ der »Freien Arbeiterunion Deutschlands« FAUD(S).
123 *Arbeiterpolitik*, 2.3.1931.
124 Vgl. H. M. Bock, Syndikalismus, a.a.O., S. 281-287.
125 So hieß eine vielgelesene Schrift Rühles aus dem Jahre 1920.
126 Otto Rühle, Von der bürgerlichen zur proletarischen Revolution. Hg. vom Institut für Praxis und Theorie des Rätekommunismus. Berlin 1921, S. 63ff.
127 Es gibt einen von einem H.W. gezeichneten Artikel »Der sieghafte Marxismus« in: *Der Freie Arbeiter* (Berlin), 7.Jg., Nr. 29 (Juli 1924), der sich routiniert-polemisch mit den verschiedenen Spielarten des SPD-Marxismus befaßt und den »Wirklichkeitssozialismus« und die »psychologische Geschichtsauffassung« Gustav Landauers positiv davon abhebt. Da er auch Rosa Luxemburg in die Kritik einbezieht, erscheint eine Autorenschaft Herbert Wehners eher unwahrscheinlich. Vermutlich stammt dieser Artikel von Herbert Wild, einem anderen Mitglied der SAJD.
128 Der große Sumpf (1925). Die Publikationen Herbert Wehners werden im folgenden ohne Angabe des Autors mit Titel und Jahreszahl zitiert. Die wechselnden Autorenangaben – häufig Pseudonyme oder Kürzel – sind dem Schriftenverzeichnis zu entnehmen.
129 Zum 9. November (1925).
130 Vgl. Gerhard Laubscher, Die Opposition im ADGB 1918-1925. (Phil.Diss. Heidelberg 1978) Frankfurt a.M. 1979, S. 304.
131 Wehners Bericht in: *Junge Anarchisten*, 2.Jg., Nr. 12, November 1925.
132 Dieser Antrag wurde mit 24 gegen 12 Stimmen abgelehnt. Ebenda.
133 Hic Rhodus, hic salta! (1926).
134 Paul Albrecht ging später ebenfalls zur KPD. Er hielt auf dem Erfurter Kongreß der SAJD ein in Wehners Bericht sehr gelobtes Hauptreferat.

135 Hic Rhodus, hic salta! (1926). Zur FKAD Ulrich Linse, Die Transformation der Gesellschaft durch die anarchistische Weltanschauung, in: *AfS* XI (1971), S. 362f.
136 Die Revolution soll leben! (1926).
137 O edle Demokratie! (1926).
138 Der 1. Mai (1926).
139 An anderer Stelle heißt es »wir wenigen Wissenden«, in: Volksentscheid und Flaggenstreit (1926).
140 Die Revolution soll leben! (1926).
141 Der 1. Mai (1926).
142 Neue Antisemiten (1926).
143 Demokratie oder Revolution? (1926).
144 Bakunin uns voran! (1926).
145 Justizreform? (1926).
146 Demokratie oder Revolution? (1926).
147 Volksentscheid und Flaggenstreit sind Ablenkungsmanöver (1926).
148 Vgl. Die Konterrevolution marschiert (1926): Jedem Menschen, der die Freiheit wolle, müsse »das Grausen und der Ekel ankommen« angesichts der Reden der Vorkriegssozialdemokraten über eine auf den Staat fixierte »Revolution« und eine entsprechende »sozialistische Gesellschaft«.
149 Diese Rauflust hatte Wehner als einer der jugendlichen Gegendemonstranten eines großen Aufmarsches der »Vaterländischen Verbände« (Brigade Ehrhardt, SA, NSDAP, Stahlhelm und andere) im Frühjahr 1924 schmerzhaft zu spüren bekommen: »Damals haben wir als Jugendgruppe gegen die Kolonnen demonstriert und protestiert. Wir wurden zusammengeschlagen, haben uns aufgerafft und wurden wieder zusammengeschlagen« (R. Appel, Gefragt: H. Wehner, in: Zeugnis, a.a.O., S. 326).
150 Die Nationalisten rüsten, und wir...? (1926).
151 Lessings Artikel war am 25. April 1925 im *Prager Tagblatt* veröffentlicht worden; wiederveröffentlicht in: Theodor Lessing, Ich warf eine Flaschenpost ins Eismeer der Geschichte. Essays und Feuilletons (1923-1933). Hg. von Rainer Marwedel. Darmstadt u.a. 1986, S. 65-69.
152 Theodor Lessing folgte zwar vor 1914 jener Tendenz des deutschen Irrationalismus, die die »Seele« dem »Geist« vorzog, wurde aber in den zwanziger Jahren zum Verteidiger einer demokratischen politischen Kultur; die ursprüngliche Nähe zu Nietzsche, Klages, George wich der zu Herzl, Simmel und Landauer.
153 Neue Antisemiten (1926).
154 Vgl. oben Anm.149.
155 G. Gaus, Zur Person, in: Zeugnis, a.a.O., S. 302f.
156 Bakunin uns voran! (1926).
157 Volksentscheid und Flaggenstreit sind Ablenkungsmanöver (1926).
158 H.A. Winkler, Schein der Normalität, a.a.O., S. 493.
159 Das Haus und die Gaststätte haben den Krieg überlebt. Dagegen wurden andere Versammlungslokale zerstört, in denen sich die »Burschen und Mädels« der anarchistischen Jugendföderation Dresdens trafen wie die »Weiße Schleife« (Wettinerstr. 5), in der sich die Gruppe (oder »Horde«) »Morgenröte« jeden Donnerstag und Sonntag versammelte oder wie das »Mariencafé« (Marienstr.

34), in der sich die Gruppe »Erkenntnis« jeden Dienstag traf (*Junge Anarchisten*, Nr. 104, 1926).
160 *Der Freie Arbeiter* (Berlin), Nr. 12 (Mai 1926).
161 Was ist zu tun? (1926).
162 Die Gefangenen leiden für uns (1926). Zur Abgrenzung der KPD vom »Luxemburgismus« seit Herbst 1924 als Teil der »Bolschewisierung« der Partei vgl. H.A. Winkler, Schein der Normalität, a.a.O., S. 209.
163 Zu ihnen zählte neben Gustav Lübeck (s.o.S. 143f.) auch Christoph (»Christel«) Wurm (1891-1939), Mitglied der KPD, nach 1933 Emigrant in der Sowjetunion.
164 Bakunin führt zum Sieg (1926).
165 Ebenda.
166 Vorbereitung der sozialen Revolution (1926).
167 Ebenda.
168 Ebenda.
169 Vgl. hierzu Dieter Langewiesche, Politik – Gesellschaft – Kultur, in: *AfS* XXII (1982), S. 359-402, besonders S. 382ff.
170 Vorbereitung der sozialen Revolution (1926).
171 Der Zusammenbruch des Kapitalismus (1926).
172 Die Gefangenen leiden für uns (1926).
173 Die Nationalisten rüsten, und wir...? (1926).
174 Von dieser Amnestie profitierte vor allem Hitler, der nach dem Putschversuch vom 9. November 1923 am 1. April 1924 zu fünf Jahren Festung und zu 200 Mark Geldstrafe, also zu einer wesentlich kürzeren Freiheitsstrafe als Mühsam, verurteilt worden war (Emil Julius Gumbel, Verschwörer. Wien 1924, Reprint: Heidelberg 1979, S. 206).
175 Erich Mühsam, Antwort an O.K. [Oskar Kohl], in: *Der Freie Arbeite*r (Berlin), 18.Jg., Nr. 37 (1925).
176 Oskar Kohl, E. Mühsam als »Antimilitarist«, in: Ebenda, Nr. 35 (August 1925).
177 Vgl. ebenda, Nr. 35-39, 41 und 43 (August – Oktober 1925).
178 P.L., Erich Mühsam als Antimilitarist, in: Ebenda, Nr. 39.
179 Ro., Ein merkwürdiger Antimilitarist, in: Ebenda, Nr. 37.
180 Erich Mühsam, Antwort an O.K., a.a.O.
181 Oskar Kohl, E. Mühsam als »Antimilitarist«, a.a.O.; ähnlich auch P. L., E. Mühsam als Antimilitarist, a.a.O. Selbst der auf Ausgleich bedachte Beitrag von Paul Albrecht, Erich Mühsam, Antimilitarist – trotz alledem (in: Ebenda, Nr. 41), kritisierte Mühsam in diesem Punkt.
182 Erich Mühsam, Antwort an O.K., a.a.O.
183 Ders., Von Eisner bis Leviné. Berlin 1929. Der Bericht konnte erst nach zehn Jahren veröffentlicht werden, weil erst durch das Reichsamnestiegesetz vom 14. Juli 1928 die bayerische Justizverwaltung gezwungen wurde, die beschlagnahmten Schriftstücke Mühsams zurückzugeben. Schon im Herbst 1920 war die Handschrift aus der Festung herausgeschmuggelt worden. Von den draußen angefertigten Kopien soll ein Exemplar Lenin erreicht haben. Er hat sich durch Mühsams Darstellung angeblich von der »Fehlerhaftigkeit des Verhaltens seiner Parteigenossen in Bayern« überzeugen lassen (so Mühsam in seinem Vorwort, ebenda).

184 Ders., Gesamtausgabe. 4 Bde., Hg. von G. Emig, Berlin 1977-1983, Bd. 3 (1978), S. 266f.
185 Ebenda, S. 274.
186 Ebenda, S. 277.
187 Ebenda, S. 280.
188 Ebenda, S. 282.
189 Ebenda, S. 324f.
190 Ebenda, S. 284.
191 Zum ersten Mal seit der Vereinigung mit dem linken Flügel der USPD (Herbst 1920) sank die Mitgliederzahl der KPD Mitte 1924 auf unter Hunderttausend ab (Hermann Weber, Die Wandlung des deutschen Kommunismus. Die Stalinisierung der KPD in der Weimarer Republik. 2 Bde., Frankfurt a.M. 1969, Bd. 1, S. 101ff.).
192 Gegenüber den Reichstagswahlen vom 4. Mai 1924, bei denen die KPD noch von der hohen Arbeitslosigkeit profitiert und 3,693 Millionen Stimmen gewonnen hatte, erreichte sie am 7. Dezember 1924 nur 2,708 Millionen (H.A. Winkler, Schein der Normalität, a.a.O., S. 217).
193 Als eine Gruppe jugendlicher Arbeiter die Absperrung durchbrach, um den gerade dem Zug entstiegenen Mühsam auf die Schultern zu heben, stürmte die Polizei die kleine Ansammlung um Mühsam, räumte den Platz vor dem Bahnhof mit dem Gummiknüppel, berittene Polizei verfolgte die Demonstranten bis zum Halleschen Tor. Es gab Verwundete und Verhaftete (Chris Hirte, Erich Mühsam. Berlin/DDR 1985, S. 349).
194 Mühsam nannte eine Zahl von »weit über 15000 Proletariern« (ders., Die Rote Hilfe, in: *Fanal*, 1.Jg., Nr.6, März 1927, S. 84).
195 Literaturangaben bei H.A. Winkler, Schein der Normalität, a.a.O., S. 461f.
196 E. Mühsam, Rote Hilfe, a.a.O., S. 86.
197 Ders., Antwort an O.K., a.a.O.
198 Ders. in *Fanal*, 1.Jg., Nr.6, März 1927, S. 87. Trotz eines sehr viel kritischeren Artikels über »Die proletarische Linke« (ebenda, Nr. 3, Dezember 1926, S. 33ff.) setzte er auch dort auf »das einigende Band des Klassengefühls« des revolutionären Proletariats, weil auch die sonst ebensosehr (wie die revolutionäre Arbeiterschaft) zerrissene »Reaktion« in der »Verteidigung der kapitalistischen Ausbeutungsprivilegien ohne jede zentrale Befehlsgewalt unlöslich verbunden« sei!
199 Victor Serge (Beruf: Revolutionär, a.a.O., S. 176) hat Anfang der zwanziger Jahre bestätigt, daß diese nach 1917 in den zaristischen Archiven gefundene »Beichte« an den Zaren Nikolaus I. keine Fälschung war.
200 Michail Bakunins Beichte aus der Peter-Pauls-Festung an Zar Nikolaus I. Mit Autorisation des Herausgebers der russischen Originalausgabe W. Polonski erstmalig in deutscher Sprache veröffentl. von Kurt Kersten. Berlin 1926, S. 46f.
201 Michail Bakounine, Confessions. Annotations de Max Nettlau. Paris 1932, S. 325. Im zweiten Band von Nettlaus fünfbändiger Geschichte der Anarchie: Der Anarchismus von Proudhon zu Kropotkin. Berlin 1927, Reprint: Vaduz 1984, S. 31, heißt es: »Zwischen parlamentarischer Unfähigkeit und Diktatur wählte er die Diktatur – oder sagte dies wenigstens dem Zar Nikolaus. Denn seiner Tätigkeit seit 1864 lag die Idee zugrunde, durch eine ›unsichtbare Diktatur‹

einer geheimen Gesellschaft die Revolution auf dem richtigen Weg zu erhalten [...], und bei der großen Kontinuität seiner Ansichten ist nicht unmöglich, daß er diese Idee – die ihm die rettende Idee vor Parlamentarismus und vor offener Diktatur schien – schon 1848-1849 hatte.«

202 Henry Jacoby, Utopie als Gegenbild, in: Ders. (Hg.), Otto Rühle. Baupläne für eine Gesellschaft. Reinbek 1971, S. 225.

203 H. Hug, E. Mühsam, a.a.O., S. 189.

204 Ebenda, S. 190.

205 Vgl. die oben S. 105 erwähnte Schrift von Rudolf Rocker, Der Bankrott des russischen Staatkommunismus. Berlin 1921. V. Serge (ders., Beruf: Revolutionär, a.a.O., S. 122) berichtete, daß Lenin noch auf dem zweiten Kominternkongreß (1920) daran interessiert gewesen sei, die »Besten der [westeuropäischen] Anarchisten« an sich zu ziehen. Die russischen Anarchisten wurden zu jener Zeit schon als Gegner angesehen. Kronstadt machte den Graben dann »unüberschreitbar« (ebenda, S. 175).

206 Zitiert nach H. Hug, E. Mühsam, a.a.O., S. 190.

207 Zur Rolle von Goldmann als eventuelle Vermittlerin zwischen Bolschewiki und Aufständischen in Kronstadt im Februar/März 1921 vgl. V. Serge, Beruf: Revolutionär, a.a.O., S. 147f. Ihre eigenen Rußlanderfahrungen sind in der von Rudolf Rocker herausgegebenen Schrift »Emma Goldmann, Bolschewismus. Verstaatlichung der Revolution«, Berlin 1922, wiedergegeben.

208 Zitiert nach H. Hug, E. Mühsam, a.a.O., S. 190.

209 Ein entscheidendes Wort in Sachen Mühsam, in: *Der Freie Arbeiter* (Berlin), Nr. 43, Oktober 1925.

210 Erich Mühsam in: *Fanal*, 1.Jg., Nr. 7, April 1927, S. 102f.

211 In einem Artikel Wehners über die »Würdigung«, die die kommunistische *Welt am Abend* Johann Most zu dessen 20. Todestag am 17. März 1926 angedeihen ließ, hieß es (in: *Der Freie Arbeiter*, Nr. 13, April 1926): »[...] hätte er nur ein einziges Mal den Narrenzug einer kommunistischen ›Demonstration‹ gesehen mit Tambourkorps, Musikkapellen, Jungstürmern und Frontkämpfern, KPD-Soldaten [...] – er wäre vor so viel Menschenverblödung sprachlos gewesen und das ›Weltbekotzungsgefühl‹, von dem er ab und zu befallen wurde, wäre in verstärktem Maße aufgetreten!«

212 Vgl. die beiden Artikel von H. Wehner, Die Kommunisten und die Polizei, sowie ders., Einheitsfront aller Arbeiter und Polizisten, in: *Der Freie Arbeiter*, Nr. 22, 29. Mai 1926.

213 Vgl. C. Hirte, E. Mühsam, a.a.O., S. 8.

214 S. u. S. 184f.

215 E. Mühsam, Unpolitische Erinnerungen: in Bd. 4 der Gesamtausgabe, a.a.O., S.12.

216 Vgl. Erich Mühsam, Ascona. Eine Broschüre. Locarno 1905, sowie Robert Landmann, Monte Verità. Die Geschichte eines Berges. Berlin 1930, 2.Aufl. 1979; die Rezension eines Landmannbuches durch E. Mühsam im *Berliner Tageblatt*, 31.7.1930 (»Es war eine Jugendliebe von mir«); für die großbürgerlichen Idealisten um Henri Oedenkoven und Ida Hoffmann war der Hügel über Ascona ein Gesamtkunstwerk im Sinne Wagners. Das zeigen die Bezeichnungen landschaftlicher Abschnitte wie Parsifalwiese, Walkürenfelsen, Harrassprung.

217 »Mit Heinrich Heine« glaubte auch Mühsam, durch seinen Übertritt zu den traditionellen Geistesgenossenschaften des Landes, ein »Entrebillet zur europäischen Kultur« erworben zu haben (in: Unpolitische Erinnerungen, a.a.O., S. 227).
218 August Souchy, Erich Mühsam. Sein Leben, sein Werk, sein Martyrium. Barcelona 1934, deutsch: Reutlingen 1984.
219 A. Freudenhammer/K. Vater, Herbert Wehner, a.a.O., S. 31.
220 R. Appel, Gefragt: H. Wehner, in: Zeugnis, a.a.O., S. 333.
221 Ebenda, S. 333f.
222 Vgl. Theodor Plieviers 1929 im Malik-Verlag erschienenes Buch »Des Kaisers Kulis«.
223 Vgl. Ulrich Linse, Barfüßige Propheten. Erlöser der zwanziger Jahre. Berlin 1983.
224 Vgl. auch Plieviers Romane »Der Kaiser ging, die Generale blieben« (1932) sowie »Stalingrad« (1945) (die mexikanische Ausgabe von 1945 ist vollständiger als die 1947 in Ost-Berlin erschienene); sein 1939 in Moskau verfaßtes Buch »Hitlers Soldat« durfte nicht erscheinen, weil inzwischen der Hitler-Stalin-Pakt abgeschlossen worden war (R. Appel, Gefragt: H. Wehner, in: Zeugnis, a.a.O., S. 334).
225 Peter Härtling, Wütende Wahrhaftigkeit (über Plieviers »Des Kaisers Kulis«), in: *FAZ*, 9.8.1985.
226 U. Linse, Barfüßige Propheten, a.a.O., S. 90.
227 Gesell (1862-1930) war Mitkämpfer Mühsams während der ersten Münchener Räterepublik und Begründer der »Freiwirtschaftslehre«.
228 R. Appel, Gefragt: H. Wehner, in: Zeugnis, a.a.O., S. 333.
229 Vgl. das Vorwort in: Kurt Pinthus, Menschheitsdämmerung. Ein Dokument des Expressionismus. 4.Aufl., Reinbek bei Hamburg, 1961.
230 Andrej Belyi, Im Reich der Schatten. Berlin 1921-23, deutsch: (mit einem Essay von Karl Schlögel) Frankfurt a.M. 1987, S. 9f.
231 Ebenda, S. 7f.
232 Die Allgegenwart des »Negers« (vom Jazz und Foxtrott angefangen, über Dadaismus, Expressionismus bis hin zum Faschismus) war bei Belyi zur Obsession geworden.
233 V. Serge, Beruf: Revolutionär, a.a.O., S. 132.
234 E. Mühsam, Unpolitische Erinnerungen, a.a.O., S. 25f.
235 Nach U. Linse, Anarchismus im Kaiserreich, a.a.O., S. 60, trägt der erste Brief Wehners mit dem Briefkopf von *Fanal* das Datum vom 27. Januar 1926.
236 E. Mühsam, Gerechtigkeit für Max Hoelz! (Berlin 1926), in: Ders., Gesamtausgabe, a.a.O., Bd. 3, S. 400-402.
237 In einem Aufruf während des Aufstandes 1921, der von M. Hoelz unterzeichnet war (als »militärische Oberleitung«) hieß es unter anderem: »Im selben Augenblick, wo uns gemeldet wird, daß SIPO (Sicherheitspolizei) oder Reichswehr im Anmarsch ist, werden wir sofort die ganze Stadt anzünden und die Bourgeoisie abschlachten ohne Unterschied des Geschlechtes und des Alters«; Hoelz war damals noch Mitglied der KAPD.
238 Heraus mit Hoelz! (1926).
239 Ab September 1927 hat sich dies teilweise geändert (vgl. H. Hug, E. Mühsam, a.a.O., S. 70).

240 Vgl. das Porträt von Lotte Loebinger (»Pfeffer und Salz«) in der *Tageszeitung* (*TAZ*) vom 19.5.1990.

241 Vgl. Wehners lobender Bericht über Mühsams Diskussionsbeitrag auf dem 5. Kongreß der SAJD im Herbst 1925; in: *Junge Anarchisten*, 2.Jg., Nr. 12, November 1925, S. 8.

242 Der Verfasser verdankt die Auszüge aus Mühsams Tagebuch Herrn Dr. Ulrich Linse (München).

243 Vgl. U. Linse, Die Transformation der Gesellschaft, a.a.O., S. 337; dazu auch Mühsams eigener Beitrag: »Persönlichkeit – Autorität – Führer«, in: *Fanal*, 3.Jg., Nr. 12, September 1929, S. 271: »Jeder (Führer) muß sich in jeder neuen Lage neu bewähren und sich Liebe zutrauen und, wenn er dazu der Mann ist, Gefolgschaft seiner Kameraden neu erringen.«

244 Unter dem Pseudonym H.W. Klar (d.i. H. Wehner), in: *Der Freie Arbeiter*, Nr. 15, 9. und 16. April 1927; Mühsam hatte in seinem Beitrag (»Die Anarchisten«, in: *Fanal*, 1.Jg., Nr. 7, April 1927, S. 99) vor »monomanischer Verranntheit, persönlichen Eifersüchteleien, enttäuschter Ungeduld« sowie vor »Abkapselung und Sektentum« gewarnt. Das zielte offenbar auch und gerade auf H. Wehner.

245 Johannes R. Becher, »Beengung« aus »Verfall und Triumph« (1911-13), in: Bibliothek des Expressionismus, Bd. 2, Berlin 1914 (Reprint: Nendeln/Liechtenstein 1973), S. 52.

246 Ders., Abschied. Einer deutschen Tragödie erster Teil 1900-1919. Berlin 1945.

247 Leo Trotzki, Unsere politischen Aufgaben (1904), in: Ders., Schriften zur revolutionären Organisation. Hg. von Hartmut Mehringer. Reinbek bei Hamburg 1970, S. 73; vgl. dazu auch die ausführliche, in außergewöhnlicher Schärfe geführte Kritik Trotzkis an Lenin, ebenda S. 75-102, 113-126.

248 S. o. S. 114f.

249 Aus einem Brief Bakunins an Albert Richard vom 1. April 1870; zitiert aus: M. Nettlau, Der Anarchismus von Proudhon zu Kropotkin, a.a.O., S. 148.

250 Wehner zitiert auch genau die Fundstelle (s.o.Anm. 249).

251 W. Klar (d.i. H. Wehner) in: *Der Freie Arbeiter*, Nr. 16, 16. April 1927.

252 E. Mühsam, Persönliche Bemerkungen, in: *Fanal*, 1. Jg., Nr. 8, Mai 1927, S. 128.

253 A. Freudenhammer/K. Vater, H. Wehner, a.a.O., S. 32.

254 Der Mühsamforscher Gerd W. Jungblut hat dem Verfasser mitgeteilt, daß alle drei gegen Wehner erhobenen Vorwürfe frei erfunden seien: a) Wehner habe die *Fanal*-Kasse nicht leeren können, weil sie vom Kassenwart der Anarchistischen Vereinigung (Gustav Lübeck) verwaltet wurde. Dies sei Jungblut von mehreren Altgenossen bestätigt worden, die dies alles erlebt haben müßten. b) Es sei völlig aus der Luft gegriffen, daß Wehner bei seinem Übertritt zur KPD die Mitgliederkartei der Anarchistischen Vereinigung mitgebracht habe. Auch diese habe dem Kassenwart Gustav Lübeck unterstanden, so daß Wehner zu ihr überhaupt keinen Zugang gehabt habe. Dies sei ebenfalls von verschiedenen Altgenossen bestätigt worden. c) Ebenso sei die Geschichte mit den verschwundenen Haustieren der Mühsams frei erfunden. Wäre es so gewesen, dann hätte Mühsam seinen ganzen persönlichen Freunden, denen er auch sonst intimste Sachen mitteilte, davon geschrieben. Mühsams Briefen sei jedoch nichts Derartiges zu entnehmen. Im Gegenteil gehe aus den Briefen hervor, daß Mühsams Hund

Jolly, erstmals 1925 in einem Brief genannt, erst Anfang der dreißiger Jahre gestorben sei.

255 Die Wahrheit über das Schiedsgerichts in Sachen Großmann (Wien). O.Ort, o.J. (Dresden 1928), zusammengestellt von Oskar Kohl. Die erste Sitzung war am 20.2.1927 in Dresden, die zweite Sitzung und das Urteil am 8.5.1927 in Leipzig; Wehner war bei beiden Sitzungen anwesend (ebenda, S. 4-6).

256 *Fanal*, 1.Jg., Nr. 8, 5. 1927; das Datum der Versammlung war der 19. 5. 1927.

V »Paarweises Flüchten« aus der Bewegung?

1 Zu Gustav von Wangenheims Anteil an der Entwicklung der 1923 entstandenen »Proletarischen Sprech- und Spielgemeinschaft Steglitz«, die ursprünglich fast ausschließlich aus erwerbslosen Arbeitern bestand, zur »Proletarischen Bühne« und ab 1927 zu den »Roten Blusen« vgl. Ludwig Hoffmann und Daniel Hoffmann-Ostwald, Deutsches Arbeitertheater 1918-33. 2 Bde., 2.Aufl., Berlin 1972, Bd. 2, S. 134 ff.

2 Angaben zur Theaterkarriere Lotte Loebingers in: Henning Rischbieter (Hg.), Theaterlexikon. Zürich 1983, S. 829, sowie in der *TAZ*, 19.5.1990.

3 Vgl. Günter Hortzschansky, Max Hoelz, in: *BZG*, 31.Jg. (1989), H.6, S. 784.

4 In: *Schwarze Fahne* I, Nr. 41, Oktober 1926, abgedr. bei U. Linse, Anarchistische Jugendbewegung, a.a.O., S. 287-291.

5 Dem Text war ein Holzschnitt beigegeben (ebenda, S. 288), der ein junges Paar zeigt, wobei das Mädchen (im Reformkleid) den sehnsüchtig auf die Gruppe mit ihren schwarzen Fahnen zurückschauenden Jungen (mit obligatem Schillerkragen) mit sich fort und in den Wald zieht.

6 O. Rühle, Seele des proletarischen Kindes, a.a.O., S. 205f.

7 E. Busse-Wilson, Liebe und Kameradschaft, in: W. Kindt (Hg.), Grundschriften der Jugendbewegung, a.a.O., S. 327.

8 Ebenda, S. 333.

9 W. Pöppel, Es war einmal, a.a.O., Bd. 1, S. 152.

10 A. Freudenhammer/K. Vater, H. Wehner, a.a.O., S. 34.

11 Klaus Pfitzner, Ensembles und Aufführungen des sozialistischen Berufstheaters in Berlin 1929-33. Berlin/DDR 1966, S. 112.

12 Ein Foto, das sie 1929 mit E. Piscator und W. Mehring zeigte, in: Knut Boesner und Renatá Vatkova (Hg.), Erwin Piscator. Eine Arbeitsbiographie in 2 Bänden. Berlin 1986, Bd. 1, S. 263; vgl. auch das von Heinrich Vogeler in Moskau (1938) gemalte Ölbild von L. Loebinger, in: Werner Hohmann, Heinrich Vogeler in der Sowjetunion (1931-1942). Fischerhude 1987, S. 91.

13 A. Freudenhammer/K. Vater, H. Wehner, a.a.O., S. 34; Lotte Loebinger nannte die gemeinsame Verbindung eine »Ehe auf Papier« (ebenda); das galt offenbar erst ab Herbst/Winter 1927/28, als sie in Berlin bei der Piscatorbühne engagiert war und Wehner in Dresden seine neuen Aufgaben bei der KPD suchte und fand.

14 Schreiben Ruth von Mayenburgs an den Verfasser vom 13. August 1988.

15 Vgl. die Schilderung des ungarischen Schriftstellers Julius Hay, der Wehner Ende der zwanziger Jahre kennenlernte, in: Ders., Geboren 1900. Aufzeichnungen eines Revolutionärs. München 1977, S. 116.

A. Freudenhammer/K. Vater, H. Wehner, a.a.O., S. 34.
17 So der Titel eines Beitrags von Julia Unruh in einer 1928 in Berlin erschienenen Broschüre »Das Arbeitertheater«.
18 Erwin Piscator, Das politische Theater (1927), neu abgedruckt in: Ders., Theater der Auseinandersetzung. Frankfurt a.M. 1977, S. 12.
19 E. Piscator, Bühne der Gegenwart und der Zukunft, in: *Rote Fahne* (Berlin), 1.1.1928, neu abgedruckt in: Ders., Theater der Auseinandersetzung, a.a.O., S. 17.
20 E. Piscator, Über Grundlagen und Aufgaben des proletarischen Theaters, in: *Der Gegner*, 1920/21, Nr. 4, neu abgedruckt in: L. Hoffmann/D. Hoffmann-Ostwald, Deutsches Arbeitertheater, a.a.O., Bd. 1, S. 69.
21 Ebenda, S. 71.
22 Ebenda, S. 55f.
23 Ebenda, S. 54.
24 F. Jung, Der Torpedokäfer, a.a.O., S. 179.
25 Bericht über die Verhandlungen des XI. Parteitages der KPD. Hg. vom ZK der KPD, Berlin 1927; Thesen und Resolution, S. 96f.
26 Vgl. Almut Schwerd, Zwischen Sozialdemokratie und Kommunismus. Zur Geschichte der Volksbühne 1918-1933. Wiesbaden 1975, S. 84.
27 E. Piscator, Bühne der Gegenwart und Zukunft in: *Rote Fahne* (Berlin), 1.1.1928, neu abgedruckt in : Ders., Theater der Auseinandersetzung, a.a.O., S. 21.
28 Ebenda, S. 25.
29 A. Schwerd, Zwischen Sozialdemokratie und Kommunismus, a.a.O., S. 91.
30 *Vorwärts*, 24.3.1927, zitiert nach: Ebenda, S. 97.
31 Ebenda, S. 101.
32 Sie war ab Herbst 1927 nicht nur als Schauspielerin der Piscator-Bühne, sondern ab März 1930 als Sekretärin und Mitglied des verantwortlichen Arbeitsausschusses des Piscator-Kollektivs tätig; vgl. Ludwig Hoffmann und Karl Pfützner, Theater der Kollektive. 2 Bde., Berlin/DDR 1980, Bd. 1, S. 71f., 101f.
33 A. Schwerd, Zwischen Sozialdemokratie und Kommunismus, a.a.O., S. 105f.
34 Ruth von Mayenburg im Gespräch mit dem Verfasser (Juni 1988).
35 Ebenda.

VI Organisator der »gesamten proletarischen Klasse«

1 Am »blutigen Freitag« (22. Juli 1927) war eine Demonstration von Arbeitern, die sich gegen die als ungerecht empfundene Justiz gewandt hatte, vor dem Wiener Parlamentsgebäude durch berittene und von der Schußwaffe Gebrauch machende Polizei auseinandergetrieben worden; es gab unter den Arbeitern, von denen sich viele zur Wehr zu setzten versuchten, Hunderte von Verwundeten und etliche Tote.
2 *Arbeiterstimme* vom 28. und 29. Juli 1927; unklar ist, ob Wehner selbst zuvor in Wien gewesen war – etwa noch im Laufe des Verfahrens gegen Großmann (s.o.S. 190) oder als Mitglied der Spielgruppe.
3 Das genaue Datum ist wohl nur der Kaderakte zu entnehmen, zu der der Ver-

fasser keinen Zugang erhielt; wahrscheinlich ist ein Datum kurz vor dem 18. Juni 1927, dem Tag der Heirat mit Lotte Loebinger; vgl. auch das Porträt über L. Loebinger in der *TAZ*, 19.5.1990.

4 Vgl. den Bericht der *Arbeiterstimme* (19. Sept. 1927) über die »Sehr gut besuchte Versammlung« der Syndikalistischen Arbeiterföderation in den Dresdener Annensälen am 16. September 1927 aus Anlaß der Hinrichtung der beiden Anarchisten Sacco und Vanzetti in den USA (»Sind Anarchisten Mörder?«).

5 Vgl. *Der Freie Arbeiter*, 20.Jg, Nr. 3, 15. Januar 1927.

6 *Der Syndikalist*, 13.Jg., Nr. 34, 22.8.1931 (»Wehner der Große«).

7 Schulthess' Europäischer Geschichtskalender 1927, S. 163.

8 Vgl. D. Peukert, Weimarer Republik, a.a.O., S. 106, 169, 176f.

9 Die Angestellten gehören in die proletarische Klassenfront (1927).

10 Zeiss-Ikon-Arbeiter für zwischentarifliche Lohnregelung (1927).

11 Wehner in einer Rede vor der Arbeitnehmerkonferenz Köln-Mühlheim, 29. Januar 1974 (vervielfältigtes Manuskript); Wehner sprach dabei von einem »Trauma aus der Zeit als junger Arbeiter«, d.h. er machte auch hier keinen Unterschied zwischen Arbeitern und Angestellten.

12 Das Zitat eines zwanzigjährigen Modellschreiners bei D. Peukert, Weimarer Republik, a.a.O., S. 149.

13 Vgl. K. Donat/B. Wördehoff, Interview, a.a.O., S. 356.

14 Die Konterrevolution marschiert (1926).

15 Der Zusammenbruch des Kapitalismus (1926).

16 Die Konterrevolution marschiert (1926).

17 Berthold Brecht, Gesammelte Werke. Frankfurt a.M. 1967, Bd. 2, S. 637.

18 G. Gaus, Zur Person, in: Zeugnis, a.a.O., S. 321.

19 Günter Gaus, Versuch über Herbert Wehner, in: Herbert Wehner. Wandel und Bewährung. Ausgewählte Reden und Schriften 1930-1980. Hg. von Gerhard Jahn (1.Aufl. 1968). 5.Aufl., Frankfurt a.M./Berlin 1981, S. XXIV.

20 Vgl. G. Glaser, Geheimnis und Gewalt, a.a.O., S. 327.

21 Die »Stein«-Methapher war bei den Kommunisten nicht nur negativ besetzt. Sinowjew wollte aus der Komintern eine »wie aus Stein gehauene, zentralisierte Organisation machen«, zitiert nach: H.A. Winkler, Schein der Normalität, a.a.O., S. 204.

22 Paul Scheffer, Augenzeuge im Staate Lenins. Ein Korrespondent berichtet aus Moskau 1921-1930. München 1972, S. 278.

23 Ebenda, S. 281.

24 Ebenda, S. 269.

25 Zitiert nach: V. Serge, Beruf: Revolutionär, a.a.O., S. 86, 114; zu der von Gorki schon unmittelbar vor der Oktoberrevolution geübten Kritik am Vorgehen der Bolschewiki vgl. H. Altrichter und H. Hammann, Die Sowjetunion (1917-1953). München 1987, Bd. 2, S. 21f.; zum Gesamtkomplex der Herrschaft Lenins vgl. Peter Scheibert, Lenin an der Macht. Das russische Volk in der Revolution 1918-1922. Weinheim 1984.

26 In den Gegenthesen der »Linksopposition« über den Fünfjahresplan der Volkswirtschaft 1927, insbes. zu deren Vorwurf, die »Kulaken« würden geschont, vgl. H. Altrichter/H. Hammann, Sowjetunion, a.a.O., S. 214f.

27 Vgl. P. Scheffer, Die Linksopposition, in: Berliner Tageblatt, Ende Juni 1927 und in: Ders., Augenzeuge im Staate Lenins, a.a.O., S. 277.
28 Vgl. P. Scheibert, Lenin an der Macht, a.a.O., S. 132ff.
29 H. Altrichter/H. Hammann, Sowjetunion, a.a.O., S. 212ff.
30 Ebenda, S. 208.
31 Ebenda, S. 227ff.
32 Ebenda, S. 225.
33 Vgl. Th. Weingärtner, Die Kommunistische Internationale als Vermittlungsebene sowjetischer Innen- und Außenpolitik, in: Festschrift für Richard Löwenthal. Berlin/New York 1978, bes. S. 232-239.
34 H. Wehner, Nachdenkliches Gedenken an W. I. Lenin, in: Osteuropa, 20.Jg., April 1970, S. 222.
35 Vgl. den Untertitel bei Hermann Weber (Die Wandlung des deutschen Kommunismus, a.a.O.) »Die Stalinisierung der KPD in der Weimarer Republik«; vgl. dazu auch neuerdings H. A. Winkler, Schein der Normalität, a.a.O., S. 417ff.
36 Ähnlich Rosa Meyer-Leviné (Im inneren Kreis. Köln 1979, S. 314), die von einer »grauenhaften Unterwerfung [der KPD] unter Stalin« spricht.
37 Ossip K. Flechtheim (Die KPD in der Weimarer Republik. Frankfurt a.M. 1969, S. 215ff.), der allerdings durchgehend von einer »Bolschewisierung« spricht.
38 S. o. S. 126f.
39 H.A. Winkler, Schein der Normalität, a.a.O., S. 425.
40 Ebenda, S. 423.
41 Das Instrument des Paßentzugs für lange Wochen oder gar Monate wurde von den sowjetischen Behörden schon in der ersten Hälfte der zwanziger Jahre benutzt. So z.B. gegenüber Heinrich Brandler und August Thalheimer 1924; gegenüber Ruth Fischer 1925/26 – sie wurde zehn Monate »praktisch als Staatsgefangene« behandelt (Ruth Fischer, Stalin und der deutsche Kommunismus. Der Übergang zur Konterrevolution. Frankfurt a.M. o.J., S. 554) – und gegenüber Clara Zetkin, von der im Sommer 1929 eine Erklärung verlangt wurde, sie werde in Deutschland mit der Brandlergruppe keine Fühlung aufnehmen und sich Thälmanns Führung unterstellen. Als sie beide Forderungen ablehnte, wurde ihr die Ausreise verweigert. Erst als sie drohte, den deutschen Konsul in Moskau in Anspruch zu nehmen, durfte sie ausreisen (Schwäbische *Tagwacht*, 4. Juli 1929).
42 H.A. Winkler, Schein der Normalität, a.a.O., S. 421
43 Vgl. diese von Max Engel in der KPD-Funktionärszeitschrift *Der Parteiarbeiter* im Oktober 1925 benutzte Formel, zitiert nach H. Weber, Wandlung, a.a.O., Bd 1, S. 120, Anm.1.
44 Ebenda, S. 162.
45 Ebenda, S. 167; R. Fischer, Stalin und der deutsche Kommunismus, a.a.O., S. 696f.
46 Vgl. Karl Hermann Tjaden, Struktur und Funktion der »KPD-Opposition« (KPO). Meisenheim 1964.
47 *Arbeiterpolitik*, 3. Januar 1928 (erste Beilage): »Das Geheimabkommen von 1928. Ein Beitrag zur ultralinken Taktik in der KPD«; zur Vorgeschichte vgl. H. Weber, Wandlung, a.a.O., Bd. 1, S. 191ff. und H.A. Winkler, Schein der Norma-

lität, a.a.O., S. 444. Bei Winkler wird allerdings zwischen den Beschlüssen der internationalen Tagung und dem Geheimabkommen von KPdSU und KPD nicht unterschieden.

48 Auf deutscher Seite hatten Thälmann, Ewert, Remmele, Dengel, Gerhard (Eisler), H. Neumann, Blanker, auf sowjetischer Seite Bucharin, Stalin, Tomski, Molotow, Sosnowski, Mikojan, Pjatnitzki unterschrieben (*Arbeiterpolitik*, 3. Januar 1931).

49 Der Wortlaut des Briefes bei Hermann Weber, Zwischen kritischem und bürokratischem Kommunismus. Unbekannte Briefe von Clara Zetkin, in: *AfS* XI, 1971, S. 436.

50 H.A. Winkler, Schein der Normalität, a.a.O., S. 661.

51 Protokoll des sechsten Weltkongresses der Kommunistischen Internationale. 4 Bde, Hamburg 1928, Bd. 1, S. 302f. (Thälmann), S. 601 (Schneller).

52 Zitiert nach: H.A. Winkler, Schein der Normalität, a.a.O., S. 666f.

53 Erich Melcher wurde im Herbst 1928 aus der KPD ausgeschlossen; s.u.S. 226.

54 Melchers Referat, das er auf dem Bezirksparteitag am 10. Oktober 1927 hielt, wurde aufgrund eines Mehrheitsbeschlusses nicht sofort diskutiert und auch erst zwei Tage später in der *Arbeiterstimme* (gekürzt) abgedruckt, während Renners Referat, das sich fast ausschließlich mit der Opposition innerhalb der KPdSU (!) auseinandersetzte, am 11. Oktober 1927 in vollem Wortlaut wiedergegeben wurde.

55 *Arbeiterstimme*, 12. Oktober 1927, S. 6.

56 Vgl. H. Weber, Wandlung, a.a.O, Bd. 1, S. 287.

57 Vgl. Punkt 14 der verabschiedeten »Resolution zu politischen Lage«, in: *Arbeiterstimme*, 11. Oktober 1927.

58 Vgl. Hermann Weber, Die Generallinie der KPD 1929-33. Düsseldorf 1981; hier die ganzen Anweisungen (Rundschreiben, Stellungnahmen, Arbeitspläne etc.) der KPD-Zentrale an die Bezirke, die die weitere Intensivierung dieses bürokratischen Perfektionierungsprozesses widerspiegelt, der bei den Adressaten permanent Schuldgefühle auslösen mußte.

59 Fritz Kriegenherdt, Der Kampf der KPD in Dresden um die Aktionseinheit der Arbeiterklasse gegen die drohende Gefahr des Faschismus und des Krieges (September 1930 – Januar 1933). (Hist.Diss.) Potsdam 1962 (MS), S. 25.

60 Organisationsrichtlinien der RHD (Roten Hilfe Deutschland), Diskussionsentwurf des Zentralvorstandes, in: *Der Rote Helfer*, Januar 1927.

61 *Der Rote Helfer*, April 1928.

62 Ebenda, September 1926, November 1926, Januar 1927.

63 Ebenda, Februar–August 1928.

64 Ebenda, Juli 1928.

65 Die Dresdener Volkszeitung – ein »Organ des werktätigen Volkes« (1928).

66 *Der Rote Helfer*, März 1928.

67 Vgl. Mühsams Brief an den Zentral-Vorstand der Roten Hilfe Deutschlands vom 15. Januar 1929, in: *Fanal*, 3.Jg., Nr. 5, Februar 1929, S. 119f.

68 Panait Istrati, Auf falscher Bahn/So geht es nicht/Rußland nackt. München 1930.

69 Zitiert nach: Jürgen Rühle, Literatur und Revolution. Die Schriftsteller und der Kommunismus in der Epoche Lenins und Stalins (1.Aufl. Köln, Berlin 1960). Frankfurt a.M. 1987, S. 22.

70 Johannes R. Becher war vor dem Leipziger Reichsgericht aufgrund literarischer Tätigkeit wegen Vorbereitung zum Hochverrat, Unterstützung einer staatsfeindlichen Verbindung, Beschimpfung der republikanischen Staatsform und von Mitgliedern der Regierung sowie wegen Gotteslästerung angeklagt worden.
71 *Der Rote Helfer*, Juli 1928.
72 Es soll das erste Spiel einer sowjetischen Fußballmannschaft in Deutschland gewesen sein (vgl. A. Werner, Proletarischer Kampf in Striesen, in: *Dresdener Vorschau*, 1957, S. 4).
73 *Arbeiterstimme*, 11. Oktober 1927.
74 Ebenda, 1. März 1928 (»Die RH als Massenorganisation gegen die bürgerliche Klassenjustiz«).
75 Ebenda, 4. Mai 1928 (»Maikundgebung in Leppersdorf bei Radeburg«).
76 Ebenda, 5. Juli 1928 (»Der Räterepublikaner Lindner in Dresden«).
77 Ebenda, 12. Juli 1928 (»Begrüßungsfeier für den Genossen Schuster«).
78 Ebenda, 3. August 1928 (»Begeisterter Gruß den Amnestierten!«).
79 Ebenda, 27. August 1928 (»Eindrucksvolle Sacco-Vanzetti-Kundgebung«).
80 Tilgung der Strafvermerke! (1928).
81 Ein unerhörtes Terrorurteil in Dresden (1928).
82 Die Dresdener Volkszeitung lügt bewußt (1928).
83 Fürsorge an Gefangenen und Strafentlassenen (1928).
84 Ebenda.
85 *Der Rote Helfer*, Juli 1928.
86 Überschrift des Aufrufes der sächsischen Bezirksleitung der KPD zu den Betriebsratswahlen, in: *Arbeiterstimme*, 17. Februar 1930.
87 Die Zitate aus: »An die sächsische Arbeiterschaft! Manifest der kommunistischen Fraktion (Opposition) des sächsischen Landtags«, in: *Arbeiterpolitik* (Verbreitungsbezirk Sachsen), Leipzig, Nr. 1, 19. Januar 1929, Beilage S. 3.
88 K. Donat/B. Wördehoff, Interview, a.a.O., S. 356.
89 Der 18. Bezirksparteitag der KPD Ostsachsen, in: *Arbeiterstimme*, 8. April 1929.
90 Saefkow wurde als Mitglied der Saefkow-Jacob-Bästlein-Gruppe wegen illegaler Tätigkeit vom Volksgerichtshof zum Tode verurteilt und am 18.9.1944 in Havel-Görden (Brandenburg) hingerichtet. Vgl. Gerhard Nitzsche, Die Saefkow-Jacob-Bästlein-Gruppe. Dokumente und Materialien des illegalen antifaschistischen Kampfes (1942-1945). Berlin/DDR 1957. Zu den Lebensdaten Saefkows, ebenda, S. 9ff.
91 *Arbeiterstimme*, 8. April 1929.
92 Die Auswirkungen der neuen Gewerkschaftstaktik, in: *Arbeiterpolitik*, 27. April 1929.
93 Die Polizei setzte unter anderem Panzerwagen und Maschinengewehre ein und zum erstenmal »Spritzkommandos«, die mit an Hydranten angeschlossenen Wasserschläuchen Demonstranten auseinandertreiben sollten. Vgl. Thomas Kurz, »Blutmai«. Sozialdemokraten und Kommunisten im Brennpunkt der Berliner Ereignisse von 1929. Berlin/Bonn 1988, S. 27-43.
94 Ebenda, S. 67f.
95 Vgl. Peter Leßmann, Die preußische Schutzpolizei in der Weimarer Republik. Düsseldorf 1989.
96 Ebenda, S. 99.

97 Nach der Machtergreifung Hitlers und dem Verbot der KPD gab es dort Massenübertritte in die NS-Organisationen, insbesondere in die SA - gewiß nicht nur deshalb, weil die schon verbotene KPD dazu aufrief, sondern auch wegen der Enttäuschung über die Erfolglosigkeit der KPD.

98 Vgl. R. Meyer-Leviné, Im inneren Kreis, a.a.O., S. 245. Rosa Meyer-Leviné, Witwe des 1919 hingerichteten Führers der Münchner Räterepublik Eugen Leviné, war zu jener Zeit mit Ernst Meyer, dem früheren Generalsekretär der KPD und führendem »Versöhnler«, verheiratet.

99 Den Fluchtcharakter betont Th. Kurz (»Blutmai«, a.a.O., S. 103f.), der sich auf amerikanische Forschungen stützt, die sich auf nur in amerikanischen Archiven vorhandene Akten der Berliner Polizei beziehen - also auf keine stets genau unterrichtete Quelle. Noch zweifelhafter ist die in der offiziellen Thälmannbiographie (Ernst Thälmann. Eine Biographie. Berlin/DDR 1979) angegebene Version, wonach Thälmann »auf abenteuerlichen Wegen« zu den Kämpfern gelangt sei, um sie von der Notwendigkeit, den Kampf einzustellen, zu überzeugen (ebenda, S. 418f.).

100 Rudolf Renner, Das Ergebnis der Landtagswahlen in Sachsen, in: *Die Internationale,* 1929, S. 344-350; die erheblichen Verluste im Chemnitzer Bezirk und die geringen Zuwächse in Westsachsen wurde unter anderem auf das Wirken der KPO zurückgeführt.

101 Bruno Siegel war Chefredakteur der Dresdner *Arbeiterstimme.*

102 Protokoll des 12. Parteitages der KPD, Berlin-Wedding (9.-16. Juni 1929), S. 131.

103 So Arthur Ewert, der betonte, daß in Deutschland (noch) nicht der Faschismus (in Gestalt der sozialdemokratischen Reichsregierung) herrsche, sondern – ähnlich wie 1918/19, 1920 und 1923 – die »Diktatur des Finanzkapitals in Form der bürgerlich-demokratischen Republik« (Protokoll des KPD-Parteitages 1929, S. 181f.). Vgl. auch die Kritik Ernst Meyers an den nicht genutzten Möglichkeiten, dem Demonstrationsverbot zum ersten Mai durch die Taktik der Einheitsfront entgegenzutreten (ebenda., S. 221f.).

104 Ebenda, S. 49.

105 Ebenda, S. 91.

106 Ebenda, S. 72, 83ff.

107 Vgl. Th. Kurz, »Blutmai«, a.a.O., S. 128ff.

108 Protokoll des Magdeburger Parteitags der SPD, 1929, S. 14.

109 Protokoll des Parteitags der KPD, 1929, S. 364f.

110 D. Peukert, Weimarer Republik, a.a.O., S. 165.

111 Die Mitgliederzahl des KPD-Bezirks Ostsachsen war von 3000 (1925) auf 4080 (1929) angestiegen, damit war die Zahl von 1923 (5334) noch nicht wieder erreicht (O.K. Flechtheim, Die KPD in der Weimarer Republik, a.a.O., S. 378).

112 Wehner sprach als Hauptredner auf einer Kundgebung der »Antifaschistischen Arbeiterwehr« (einer Ersatzorganisation des Roten Frontkämpferbundes) in Dresden am 20. Juli 1929, in: *Arbeiterstimme*, 22. Juli 1929.

113 Ebenda, 29. Juli 1929.

114 H. Wehner, Notizen, o.O., o.J. (Raubdruck 1968), S. 2 ; in der gedruckten Fassung der Notizen (in: H. Wehner, Zeugnis, a.a.O., S. 31f.) fehlt ein Halbsatz.

115 Ebenda, S. 32.

116 E. Mühsam, Persönlichkeit-Autorität-Führung, in: *Fanal*, 3.Jg., Nr. 12, September 1929, S. 269f.

117 Wehner auf einer Konferenz der Textilarbeiteropposition Ostsachsens in Bischofswerde und auf einer Kampfdemonstration der Dresdner KPD, in: *Arbeiterstimme*, 30. September 1929.

118 Rede Wehners auf der ostsächsischen Erwerbslosenkonferenz in Dresden, in: *Arbeiterstimme*, 21. August 1929.

119 »Vertritt die SPD die Interessen der Gewerkschaftsmitglieder?« Es war der erste mit vollem Namen gezeichnete Beitrag Wehners in einer KPD-Zeitung (*Arbeiterstimme*, 14. November 1929); auch dies ein Zeichen für seine gewachsene Bedeutung innerhalb der KPD-Bezirksleitung Ostsachsens.

120 H.A. Winkler, Schein der Normalität, a.a.O., S. 690f.; dort auch weitere Literatur zur RGO.

121 Schmiedet das Eisen! (1929).

122 Ohne Pause vorwärts! (1929), S. 67; anderswo sprach er von 739 freigewerkschaftlich Organisierten und 204 Ausgeschlossenen, in: Wo stehen die Arbeiter? (1929). Vgl. Werner Müller, Lohnkampf, Massenstreik, Sowjetmacht. Ziele und Grenzen der revolutionären Gewerkschafts-Opposition (RGO) in Deutschland 1928 bis 1933. Köln 1988, S. 109; dort werden 759 Delegierte als freigewerkschaftlich organisiert angegeben.

123 Von den 1917 Delegierten wurden 281 als Parteilose geführt; der überwiegende Rest waren KPD- oder KJ-Mitglieder; nur drei Delegierte waren SPD-Mitglieder. Die ostsächsische Delegation war offener zusammengesetzt: Aus Betrieben waren 29 Delegierte entsandt, darunter 18 Kommunisten bzw. Jungkommunisten, 11 Parteilose; dazu kamen 7 Delegierte von Baustellen und Bauarbeiterversammlungen, 9 Erwerbslosendelegierte und 5 Jungarbeiter, die in Versammlungen der Freien Gewerkschaftsjugend und der Berufsschulen gewählt worden waren; vgl.: Wo stehen die Arbeiter? (1929); in diesem Beitrag Wehners erschien das Wort »Sozialfaschismus« achtmal!

124 Die KPD hatte am 19. Dezember 1929 durch eine große Erwerbslosendemonstration versucht, den Antrag der KPD-Fraktion im Dresdener Gemeinderat, den Erwerbslosen 30 Mark als »Winterhilfe« direkt zukommen zu lassen, zu forcieren (bei rund 50000 Erwerbslosen in Dresden im Dezember 1929 belief sich der Betrag auf 1,5 Mio. Mark. Die SPD hatte einen Betrag von lediglich 100000 Mark beantragt). Berittene Polizei trieb die Demonstranten zurück, die vor das Rathaus marschieren wollten. Polizeibeamte in Zivil versuchten ihren Kollegen in Uniform zu helfen: »Als die Genossen Siegel und Wehner einen solchen Lumpen stellten, zog dieser seinen Revolver, und nur durch ein sofort herbeigeeiltes Überfallkommando wurde er vor der Abrechnung geschützt« (*Arbeiterstimme*, 20. Dezember 1929).

125 H. Wehner, Notizen, in: Zeugnis, a.a.O., S. 33.

126 *Arbeiterstimme*, 24. Dezember 1929.

127 Rolf Ott, Ernst Thälmann in Dresden. Auf den Spuren des revolutionären Arbeiterführers in unserer Stadt, in: *Jahrbuch zur Geschichte Dresdens*, 1986, S. 36.

128 Vgl. Helmut Schwarzbach, Über den Kampf der KPD gegen die Gefahr des Faschismus und für die Verteidigung der Lebensrechte des deutschen Volkes in Ostsachsen 1929-33. (Phil.Diss.) Berlin 1969 (MS), S. 114ff.

129 H. Wehner, Notizen, in: Zeugnis, a.a.O., S. 34.
130 Ebenda, S. 35.
131 Angriff! (1929).
132 In ein neues Kampfjahr (1929).
133 Vgl. Rudolf Renner, Die Wahlen in Sachsen, in: *Die Internationale*, 1. Juni 1930, S. 321.
134 *Arbeiterstimme*, 31. Dezember 1929.
135 Ebenda, 27. Januar 1930.
136 »Aussprache der roten Delegierten«, in: Ebenda, 28. Januar 1930.
137 Arbeit in den Gewerkschaften auf der Linie der revolutionären Gewerkschaftsopposition (1930); ähnlich: Hammer und Amboß (1930) sowie: Warum schweigt der Textilverband? (1930).
138 Karlheinz Schaller, Die Grundorganisationen der KPD in Sachsen Anfang der dreißiger Jahre, in: *BZG*, 27.Jg. (1985), H.4, S. 534.
139 Die Betriebsrätewahlen in Sachsen (1930). In 125 Betrieben (von den erwähnten 140, die als KPD-Hochburgen galten) stimmten 32161 Arbeiter für die »roten Listen«, die 549 Sitze erhielten (gegenüber 29023 für die SPD-Listen, denen 382 Sitze zufielen).
140 Statistisches Jahrbuch für den Freistaat Sachsen, 1930. Dresden 1931, S. 111. In Sachsen gab es 5109 Betriebe mit 50 und mehr Beschäftigten und 28706 Betriebe mit 5 bis 49 Beschäftigten.
141 K. Schaller, Die Grundorganistationen der KPD, a.a.O., S. 532f.
142 Ebenda, S. 534.
143 Betriebsratswahlen in Sachsen (1930).
144 Ob die auch von Wehner betriebene Taktik der Übernahme von »Dorfpatenschaften« durch Betriebszellen oder gar die »breite Popularisierung der Lage der Bauern in Sowjetrußland« die KPD-Agitation auf dem Lande voranbrachte, muß bezweifelt werden. Vgl. auch H. Wehner, Zum Bündnis von Proletariat und Bauerntum, in: *Der Parteiarbeiter*, H.1, Januar 1931, S. 17-19.
145 Betriebsratswahlen in Sachsen (1930).
146 So die Titelüberschrift der *Arbeiterstimme* zum Auftakt der Kampagne zu den Betriebsratswahlen (17. Februar 1930); das unmittelbare Ziel - 150 Betriebe mit »roten Listen« – war bescheidener, wurde aber auch nicht ganz erreicht. Es blieb bei etwa 140 »roten Listen«.
147 Vgl. K. Schaller, Die Grundorganisationen der KPD, a.a.O., S. 539.
148 So wird ernsthafter Kampf vorbereitet. Die Lehren der Metallarbeiterbewegung in Limbach (1930), S. 364f.
149 *Betrieb und Gewerkschaft.* Organ der Reichskommission zur Förderung der revolutionären Gewerkschaftsopposition, 2.Jg, Nr. 4, S. 125.
150 Insgesamt ging es bei der Überweisung um die auf den ersten Blick relativ gering anmutende Summe von 665 Mark. Es handelte sich um den Verkaufsertrag von über 3700 Broschüren, Reden etc. sowie Spendenmarken in vierstelliger Höhe, also um durch mühsamen Kleinverkauf erworbene »Arbeitergroschen«.
151 Im Original Sperrdruck.
152 Vgl. *Arbeiterstimme*, 9. Mai 1930.
153 Zitiert nach H.A. Winkler, Der Weg in die Katastrophe, a.a.O., S. 148f.

154 Fritz Kummer, Die Fabrikarbeit verheirateter Frauen, in: *Metallarbeiterzeitung*, 19. April 1930. Der ökonomische Hintergrund war der, daß die Facharbeiter vor allem in der von der Krise weniger betroffenen Verbrauchsgüterindustrie immer häufiger entlassen wurden und durch weniger qualifizierte Kräfte, darunter auch Frauen der Erwerbslosen, ersetzt wurden; vgl. H.A. Winkler, Der Weg in die Katastrophe, a.a.O., S. 58.

155 Gewerkschaftsbürokratie gegen Frauenarbeit, DMV-Kummer korrigiert Bebel (1930); vgl. auch Wehners Polemik gegen Kummer in: Verhandlungen des Sächsischen Landtags, 5. Wahlperiode, 2. Sitzung, 15. Juli 1930, S. 33.

156 In: *Arbeiterstimme*, 21. Juni 1930.

157 Wahlkampf im Zeichen der Massenarbeit (1930).

158 Die DVP verlor über ein Drittel ihrer Wähler (statt 363000 nur 227000), die DNVP weit über 40 Prozent (statt 218000 nur 124000) und die DDP ein starkes Viertel (statt 115000 nur 84000); Statistik in: *Arbeiterstimme*, 23. Juni 1930.

159 Im Dresdener »Wahlkreis«, der ganz Ostsachsen einschließlich der Lausitz umfaßte, verlor die SPD knapp 40000 Stimmen, in Dresden-Stadt allein über 18000 (von 135000 auf 117000), die KPD gewann 8300 Stimmen im Wahlkreis dazu, in Dresden-Stadt lediglich 2200 (von 38600 auf 40800).

160 Vgl. *Arbeiterstimme*, 19. Juni 1930. Die Parole »Schlagt die Faschisten [...]« war 1924 erstmals gegen den Stahlhelm verwandt worden; die KPD griff auf Betreiben H. Neumanns im Herbst 1929 auf sie zurück und benutzte sie vor allem gegen die SA; vgl. Eve Rosenhaft, Beating the Faschists? Communists and Political Violence 1929-33. Cambridge (Mass.) 1983, S. 64f.

161 Rudolf Renner, Die Sachsenwahlen und ihre Lehren, in: *Die Internationale*, August 1930, S. 404-408.

162 H. Wehner, Notizen, in: Zeugnis, a.a.O., S. 36.

163 Verhandlungen des Sächsischen Landtags, 5. Wahlperiode, 2. Sitzung, 15. Juli 1930, S. 33.

164 *Arbeiterstimme,* 23. Juli 1930.

165 Verhandlungen des Sächsischen Landtags, 5. Wahlperiode, 2. Sitzung, 15. Juli 1930, S. 32.

166 Karl Schöpke, Deutsches Arbeitsdienstjahr statt Arbeitslosenwirrwarr. München 1930.

167 Der Arbeitsbeschaffungsantrag der KPD (vgl. *Arbeiterstimme*, 23. Juni 1930) enthielt auch die Forderung nach dem Bau einer Frauenklinik in Plauen und einem Erweiterungsbau in Chemnitz, wo offenbar besonders zum Himmel schreiende Zustände anzutreffen waren.

168 Verhandlungen des Sächsischen Landtags, 5. Wahlperiode, 2. Sitzung, S. 33f.

169 Ebenda, S. 35.

170 Ebenda, 4. Sitzung, 22. Juli 1930, S. 107.

171 Vgl. Wehner auf dem »Kampfkongreß der revolutionären Gemeindevertreter Sachsens«, in: *Arbeiterstimme*, 29. September 1930; Wehner erwähnte die saisonal eher günstigen Augustzahlen (416700).

172 Diese von Wehner in seinen »Notizen« vorgenommene Datierung klingt plausibel. Aber schon vor der Wahl – im August 1930 – muß Wehner für einige Zeit außerhalb Sachsens gewesen sein; denn auf dem 2. Landeskongreß der RGO

am 9. August 1930 in Dresden wurde sein Fehlen als »bisheriger Leiter« der RGO vom »Genossen Rothbarth« ausdrücklich erwähnt und der Kongreß auch in Wehners Namen eröffnet (*Arbeiterstimme,* 16. August 1930).

173 H. Wehner, Notizen, in: Zeugnis, a.a.O., S. 37.

174 Erwerbslosenproblem und Wirtschaftskämpfe (1930).

175 R. Renner, Die Sachsenwahlen und ihre Lehren, a.a.O., S. 407; Renner hatte schon in einem Beitrag am gleichen Ort drei Wochen vor den Sachsenwahlen kritisiert, daß die KPD in Sachsen zulange die »Bekämpfung des Nationalfaschismus vernachlässigt« habe und die KPD-Presse auch jetzt noch zu Beginn des Wahlkampfes »die Front zu sehr nur gegen die Sozialfaschisten ab[stellte]« (*Die Internationale*, 1. Juni 1930, S. 323).

176 In seinen Landtagsreden hatte Wehner diesen Begriff nur einmal benutzt: Verhandlungen des Sächsischen Landtags, 5. Wahlperiode, 5. Sitzung, 23. Juli 1930, S. 209.

177 *Arbeiterstimme*, 29. September 1930.

178 Verhandlungen des Sächsischen Landtags, 5. Wahlperiode, 5. Sitzung, 23. Juli 1930, S. 141.

179 Ebenda, 7. Sitzung, 7. Oktober 1930, S. 206.

180 Ebenda, S. 219.

181 Th. v. Münchhausen, in: *FAZ*, 5. April 1981.

182 Verhandlungen des Sächsischen Landtags, 5. Wahlperiode, 7. Sitzung, 7. Oktober 1930, S. 220.

183 Emil Lederer, einer der wenigen unorthodoxen Sozialwissenschaftler der Weimarer Linken, hat solche Beobachtungen in zahlreichen Analysen ausgebreitet, die teilweise schon vor dem Ersten Weltkrieg erschienen sind (ders., Die Gesellschaft der Unselbständigen, in: *Archiv für Sozialwissenschaft und Sozialpolitik*, Bd. 46 (1918/19), S. 114-139).

184 Nach H.A. Winkler, Der Weg in die Katastrophe, a.a.O., S. 110f. und S. 197f., der sich auf zeitgenössische Wahlanalysen und auf neuere Forschungen stützt, stammten bis zu 40 Prozent der sozialdemokratischen Wähler auch in den Reichstagswahlen 1930 aus den »nichtproletarischen« Schichten. Dagegen soll nur etwas über die Hälfte aller Arbeiter (einschließlich der Landarbeiter) die »marxistischen« Parteien unterstützt haben. Trotz einleuchtender Begründungen handelt es sich um relativ grobe Schätzungen, denn die ohnehin schmale statistische Grundlage kam nicht ohne subjektive Zurechnungen aus (Wer bezeichnete sich noch als »Arbeiter« und nicht als Angehöriger der »Mittelschichten«?).

185 Verhandlungen des Sächsischen Landtags, 5. Wahlperiode, 10. Sitzung, 15. Oktober 1930, S. 315. In den Anti-Wehner-Kampagnen der fünfziger Jahre ist dieses Zitat mehrfach benutzt worden; Wehner selbst bedauerte, daß er in der Abwehr nationalsozialistischer Redner (einer hatte den bezeichnenden Namen Herr von Killinger) »und in ungeschickter Polemik das schreckliche Wort aufgegriffen habe«: Brief Wehners an Carlo Schmid (in: Nachlaß C. Schmid, SPD-PV und Präsidium, Mappe 12, in: AdsD, Bonn).

186 Vgl. Wehners Schlußwort auf dem »Kongreß der revolutionären Gemeindevertreter Sachsens«, in: *Arbeiterstimme*, 29. September 1930.

187 W.(ehner), Dresden, Loslösung kleinbürgerlicher Schichten von der Führung des

Faschismus, in: *Der Parteiarbeiter*, 9.Jg., Januar 1931, S. 19f.; vgl. schon Wehners Bericht mit einigen kritischen Anmerkungen »Zum Steuerstreik in Dresden«, in: Ebenda, 8.Jg., Dezember 1930, S. 376f.

188 Vgl. F. Kriegenherdt, Der Kampf der KPD in Dresden, a.a.O., S. 41.

189 *Arbeiterstimme*, 2. Dezember 1930; bei dem Syndikalisten, der offenbar eine vermittelnde Position eingenommen hatte, handelte es sich wahrscheinlich um den in der KPD-Presse im Zusammenhang mit dem Taxifahrerstreik mehrfach erwähnten Friedrich, der am Taxiunternehmen Palitzsch finanziell beteiligt gewesen sein soll (vgl. *Arbeiterstimme*, 8.12.1930).

190 Ebenda, 3. Dezember 1930.

191 Ebenda, 4. Dezember 1930.

192 RGO-Bilderbogen, in: *Arbeiterpolitik*, 5. Dezember 1930.

193 »Glänzende Streiklage für die Taxi-Chauffeure/Dresdener Taxi-Unternehmer wanken schon« (in: *Arbeiterstimme*, 5. Dezember 1930), »Stärkt die Streikfront der Taxifahrer« (ebenda, 8. Dezember 1930), »Streikende Taxifahrer stehen fest zur RGO« (ebenda, 12. Dezember 1930), »Der Streik der Taxifahrer geht weiter!« (ebenda, 16. Dezember 1930).

194 Es rumort in der KPD, in: *Dresdener Volkszeitung*, 13. Dezember 1930.

195 Ebenda, 22. Dezember 1930.

196 Dies zeigte sich vor allem in den Dresdener Großbetrieben wie Seidel und Naumann, im Eltwerk, bei Meurer, bei den städtischen Verkehrs- und Versorgungsbetrieben usw., vgl. *Dresdener Volkszeitung*, 13. April 1931.

197 Vgl. das im KPO-Organ *Arbeiterpolitik* (7. Februar 1931) geschilderte Beispiel der kommunistischen Betriebsräte der Glasfabrik Malky in Freital (»Kommunistische Hochburg zerschlagen – gesamter Betriebsrat aus der KPD ausgeschlossen«).

198 *Arbeiterstimme*, 24. Januar 1931; vgl. auch Renners Schlußwort auf dem »Kampfkongreß«: »Sturmriemen runter! Auf die Posten!«; ebenda, 30. Januar 1931.

199 Ebenda, 26. Januar 1931.

200 Die *Arbeiterstimme* (30. Januar 1931) zitierte nur drei Sätze aus Schreibers Rede; vgl. dazu auch die *Arbeiterpolitik* (4. Februar 1931).

201 Kongreß des werktätigen Volkes, in: *Arbeiterstimme*, 30. Januar 1931.

202 Ebenda, 31. Januar 1931.

203 In der anderen Dresdener SPD-Versammlung, in der Tony Sender und Oskar Edel referierten, war Rudolf Renner aufgetreten. Darüber berichtete die *Arbeiterstimme* (ebenda) sehr viel ausführlicher als über Wehners Auftritt.

204 *Arbeiterpolitik*, 4. Februar 1931.

205 Vgl., H.A. Winkler, Der Weg in die Katastrophe, a.a.O., S. 305f.

206 S. o. S. 240.

207 Aufholen! Die Beschlüsse des Zentralkomitees und die Arbeit der Partei in Sachsen, in: *Arbeiterstimme*, 11. Februar 1931.

208 Noch am 12. März 1931 meldete die *Arbeiterpolitik* (KPO), daß Wilhelm Florin nächster Bezirkssekretär in Sachsen werden würde.

209 Vgl. die Notiz über die Mandatsniederlegung von Grete Nischwitz, Textilarbeiterin aus Chemnitz und Mitglied der Bezirksleitung, in: *Arbeiterstimme*, 11. Februar 1931.

210 Verhandlungen des Sächsischen Landtags, 5. Wahlperiode, 44. Sitzung, 9. Juni 1931, S. 1610 (Mitteilung des Präsidenten); die *Arbeiterstimme* (10.6.1931) gab die Mitteilung mit dem erläuterndem Satz wieder: »Die Partei hat dem Genossen Wehner Arbeit im Reich zugewiesen.«

211 *Arbeiterpolitik*, 12. März 1931.

212 Wenn neben Wehner auch noch Renner die Fraktion hätte verlassen müssen, wäre dieses mit politischen Talenten nicht gerade reich gesegnete Gremium praktisch führerlos geworden.

213 *Dresdener Volkszeitung*, 13. April 1931.

214 Zur Person von Fritz Selbmann vgl. Wer ist wer in der SBZ?. Ein biographisches Handbuch. Berlin/DDR 1958. Fritz Selbmann entwarf in seinem 1956 in Halle erschienenen Roman »Die Söhne der Wölfe« die Figur eines idealtypischen SED-Funktionärs (Frank Widera), dessen Vorbild der damalige Sekretär der SED-Kreisleitung Berlin-Köpenick, Hans Modrow, gewesen sein soll (*Der Spiegel*, 49/1989, S. 30).

215 K. Schaller, Die Grundorganisation der KPD in Sachsen, a.a.O., S. 533; zu den biographischen Daten Ferlemanns vgl. H. Wehner, Zeugnis, a.a.O., S. 387.

216 S. o. S. 153ff., 156, 164.

217 Willy Arlt, Wehner der Große, in: *Der Syndikalist* (Berlin), 13.Jg., Nr. 34, 22. August 1931 (Beilage, S. 4). Der Wahrheitsgehalt einer Behauptung in dem Bericht Arlts, im Gefängnis, in das Wehner wegen eines Artikels (in: *Revolutionäre Tat*) im Herbst 1926 für einige Tage geriet, sei er zusammengesunken »wie ein Sack«, läßt sich – mangels anderer Quellen – nicht untersuchen. Interessant ist, daß in der Dissertation von H. Schwarzbach (Über den Kampf der KPD in Ostsachsen 1929-33, a.a.O., S. 332, Anm.182), Arlts Vorwürfe (»egozentrische Bestrebungen«, »Karrieristentum«, »maßloses Geltungsbedürfnis«) – ohne die Herkunft zu nennen – fast wörtlich übernommen wurden.

218 H. Wehner, Notizen, in: Zeugnis, a.a.O., S. 53.

219 Wuchtiger Auftakt zum 25. Februar [dem Welterwerbslosentag]/Die Syndikalisten von den Erwerbslosen isoliert, in: *Arbeiterstimme*, 10. Februar 1931.

220 Vgl. Otto Rühle, Karl Marx, a.a.O.

221 E. Mühsam, Revolutionäre Moral, in: *Fanal*, 2.Jg., Nr. 9, Juni 1928, S. 199f.; vgl. auch die Antikritik von Karl Korsch und die Erwiderung Mühsams, ebenda, Nr. 10, S. 237 ff.

222 Die erste Verwendung dieses Begriffs wird M. Bakunin zugeschrieben.

223 Nach einer Textunterlage von Karl Credé. Vgl. »Frauen in Not«: *Dresdener Volkszeitung*, 4. April 1931; Veranstalter waren SPD und ADGB, nicht die KPD.

224 Als Leiter des Kurses »Gewerkschaften und revolutionäre Arbeiterbewegung« im Rahmen der »Marxistischen Arbeiterschule« (MASCH) vom 16. Februar bis 16. März 1931 wurde Wehner letztmals in der Dresdener *Arbeiterstimme* erwähnt (ebenda 16. Februar 1931).

225 W. Arlt, Wehner der Große, a.a.O.

226 H. Wehner, Notizen, in: Zeugnis, a.a.O., S. 53.

227 Helmut Schwarzbach, Die ostsächsische Bezirksparteiorganisation, in: *Sächsische Heimatblätter*, 18.Jg. (1972), S. 237f.

228 Zum Organisationsaufbau der KPD vgl. H. Weber, Wandlung, a.a.O., Bd. 1, S. 261ff. und Bd. 2, S. 6ff.

229 Sein Name lautete Bernhard Schmidt.
230 H. Wehner, Notizen, in: Zeugnis, a.a.O., S. 39.
231 Ebenda, S. 40.
232 Ebenda, S. 43. Diese Angaben stimmen weitgehend mit Forschungsergebnissen überein. Nach Siegfried Bahne, Die KPD (in: Erich Matthias/Rudolf Morsey, Das Ende der Parteien 1933. Düsseldorf 1979, S. 662), waren Ende 1932 von 320000-360000 Mitgliedern der KPD nur noch 15 Prozent Betriebsarbeiter. Nach einer von Josef Pjatnitzki (dem sowjetischen Organisationssekretär der Komintern, während der »Säuberungen« 1938 ermordet) aufgestellten Statistik soll 1933 die Zahl der in den Betrieben beschäftigten KPD-Mitglieder nur noch 11 Prozent der gesamten Mitgliedschaft ausgemacht haben; ähnliche Zahlen auch bei H.A. Winkler, Der Weg in die Katastrophe, a.a.O., S. 596.
233 H. Wehner, Notizen, in: Zeugnis, a.a.O., S. 43.
234 Ebenda, S. 40.
235 Vgl. R. Meyer-Leviné, Im inneren Kreis, a.a.O., S. 331.
236 Vgl. H.A. Winkler, Der Weg in die Katastrophe, a.a.O., S. 386f.
237 Vgl. E. Thälmann, Einige Fehler in unserer theoretischen und praktischen Arbeit und der Weg zu ihrer Überwindung, in: *Die Internationale*, Nov./Dez. 1931, S. 481-509, bes. S. 487f. und S. 507.
238 Auf sie griff Thälmann auch in dem in der vorigen Anmerkung zitierten Artikel zurück: Ebenda, S. 493.
239 H. Wehner, Notizen, in: Zeugnis, a.a.O., S. 41; zu einzelnen Ergebnissen vgl. H.A. Winkler, Der Weg in die Katastrophe, a.a.O., S. 390.
240 In der bisherigen Forschung, die notgedrungen auf einer sehr fragmentarischen Quellenbasis beruht (vgl. H.A. Winkler, ebenda., S. 392) wird auf H. Neumann als Auftraggeber verwiesen; die Lebensgefährtin Neumanns, Margarete Buber-Neumann (Von Potsdam nach Moskau. Stuttgart 1957, S. 257), behauptete, Ulbricht habe die Anweisung gegeben, um Neumann politisch zu kompromittieren. Völlig unwahrscheinlich ist diese Version nicht, weil einer der maßgeblichen Todesschützen, Erich Mielke, nach 1945 als Chef und Minister des Staatssicherheitsdienstes der DDR ein enger politischer Weggefährte Ulbrichts (und später – bis 1989 – Honeckers) war.
241 Wehner warf Neumann dessen allerdings von Moskau und Thälmann voll gebilligte »provokatorische Brandreden« und die Verführung der Partei »zum phrasenhaften Kraftmeiertum« vor. Vgl. H. Wehner, Notizen, in: Zeugnis, a.a.O., S. 56f.
242 Wehner hatte die Schüsse gehört, aber nicht den Vorgang direkt erlebt, d.h. Täter und Opfer gesehen: Ebenda, S. 41f.
243 Ebenda, S. 42.
244 Ebenda, S. 57.
245 H.A. Winkler, Der Weg in die Katastrophe, a.a.O., S. 556.
246 Vgl., S. Bahne, Die KPD, in: Matthias/Morsey, Das Ende der Parteien, a.a.O., S. 677f., 695, sowie H. Weber, Wandlung, a.a.O., Bd. 1, S. 245f.
247 H. Wehner, Notizen, in: Zeugnis, a.a.O., S. 57.
248 H. Wehner, Notizen, in: Zeugnis, a.a.O., S. 50ff.
249 Laut Hans Frederik (Herbert Wehner – gezeichnet vom Zwielicht seiner Zeit. München 1972, S. 76) soll Wehner 1931/32 Redakteur dieser Zeitschrift gewe-

sen sein. Auch wenn die Angaben dieses Autors häufig Anlaß zu Zweifeln geben (von den Mißdeutungen gar nicht zu reden): Es spricht einiges dafür, daß Wehner die Zeitschrift mitredigiert, allerdings nicht direkt geleitet hat. Die Leitung hatte unter anderen W. Pieck inne.

250 H. Wehner, Notizen, in: Zeugnis, a.a.O., S. 50.

251 Ebenda, S. 52.

252 Ebenda.

253 Auch Wehners Nachfolger als RGO-Sekretär in Sachsen, Karl Ferlemann, war – wie der Bericht der Bezirksleitung an den zweiten Bezirksparteitag des KPD-Bezirks Sachsen (25.–27. März 1932) ausweist – ähnlich vorgegangen. Im Dezember 1929 bestanden in Sachsen schon 216 Betriebszellen (K. Schaller, Die Grundorganisation der KPD in Sachsen, a. a. O., S. 532); allein zwischen Oktober 1931 und März 1932 sollen 59 neue Betriebszellen gegründet worden sein (Bericht der Bezirksleitung, S. 14); insgesamt bestanden im März 245 Betriebszellen; nach dieser Rechnung müssen sich von Dezember 1929 bis Oktober 1931 mehrere Dutzend Zellen aufgelöst haben.

254 H. Wehner, Notizen, in: Zeugnis, a.a.O., S. 52.

255 H. Wehner, Zum 61. Jahrestag der Pariser Kommune, in: *Der Parteiarbeiter*, 10.Jg., H.3, März 1932, S. 73.

256 Ebenda.

257 H. Wehner, Organisationsstrategie in unserer Werbearbeit, in: Ebenda, H.1, Januar 1932, S. 8.

258 H. Wehner, Zum 61. Jahrestag der Pariser Kommune, in: Ebenda, März 1932, S. 74.

259 H. Wehner, Die Beschlüsse des Reichskomitees der RGO und die Aufgaben der Kommunisten, in: Ebenda, H.4, April 1932, S. 104.

260 H. Wehner, Organisationsstrategie in unserer Werbearbeit, in: Ebenda, Januar 1932, S. 10.

261 H. Wehner, Die Beschlüsse des Reichskomitees der RGO..., in: Ebenda, April 1932, S. 102f.

262 S. u. S. 295.

263 An gleicher Stelle nannte Thälmann allerdings die Sozialdemokratie mit ihren »linken« Filialen (SAP) »die soziale Hauptstütze der Bourgeoisie. Sie ist der aktivste Faktor der Faschisierung, [...] und sie versteht zugleich in der gefährlichen Art als gemäßigter Flügel des Faschismus die Massen durch ihre Betrugsmanöver für die Diktatur der Bourgeoisie und für ihre faschistischen Methoden einzufangen. Die Sozialdemokratie schlagen, das ist gleichbedeutend damit, die Mehrheit des Proletariats zu erobern und die wichtigste Voraussetzung für die proletarische Revolution zu schaffen« (Ernst Thälmann, Reden und Aufsätze 1930 -1933, Bd. 1, Köln 1975, S. 400).

264 Hier wird deutlich, daß für den handelnden Zeitgenossen Wehner die später in den »Notizen« (in: Zeugnis, S. 50) kritisierte Identität von Unterbezirks*sekretariat* und Unterbezirks*leitung* eine Selbstverständlichkeit geworden war.

265 H. Wehner zum Aufbau der Fraktionen in den Gewerkschaften, in: *Der Parteiarbeiter*, H.7, Juli 1932, S. 200f.

266 Vgl. H.A. Winkler, Der Weg in die Katastrophe, a.a.O., S. 595.

267 H. Wehner, Gegen den Schematismus in der Werbearbeit, in: *Der Parteiarbeiter*, H.5, Mai 1932, S. 139.

268 Ebenda, S. 135, 138.

269 H. Wehner, Die Bedeutung einer richtigen Statistik der Parteimitglieder zur Unterstützung der Werbung und Regelung des Parteiwachstums, in: *Der Parteiarbeiter*, H.6, Juni 1932, S. 166.

270 Ebenda, S. 167f.

271 In der zeitgenössischen Schilderung (vgl. H. Wehner, Unsere Werbestrategie in der Antifaschistischen Aktion, in: *Der Parteiarbeiter*, H.7, Juli 1932, S. 217f.) wird von *einigen* SA-Kasernen gesprochen; in der kritischen Würdigung des Vorgangs in den »Notizen« (in: Zeugnis, a.a.O., S. 47f.) nur von *einem* »Braunen Haus«.

272 H. Wehner, Unsere Werbestrategie..., in: *Der Parteiarbeiter*, Juli 1932, S. 217f.

273 H. Wehner, Notizen, in: Zeugnis, a.a.O., S. 48.

274 Der Pegel der Gewalttätigkeit stieg nach Aufhebung des SA-Verbots in der zweiten Junihälfte 1932 steil an; vgl. die Zahlen bei H.A. Winkler, Der Weg in die Katastrophe, a.a.O., S. 641. Ob die Kommunisten dabei allerdings die NSDAP an physischer Gewaltsamkeit übertrafen, läßt sich aber nicht allein – wie dort festgestellt – an der Zahl der Todesopfer festmachen; dazu bedarf es einer genauen Untersuchung, die auch die Ergebnisse vor Ort sowie die dort jeweils herrschende Machtverteilung einbezieht.

275 H. Wehner, Notizen, in: Zeugnis, a.a.O., S. 48; Schalinsky bekannte im Gespräch seinen aus einer »Antibonzenstimmung« heraus entstandenen Antisemitismus; er rechnete Wehner unter anderem vor, wieviel mehr Juden in der KPD-Zentrale beschäftigt als in der Partei Mitglieder seien.

276 Ebenda, S. 47f.

277 Ebenda, S. 53.

278 K. Donat/B. Wördehoff, Interview, a.a.O., S. 358.

279 A. Freudenhammer/K. Vater, H. Wehner , a.a.O., S. 41, 45ff.

280 H. Wehner, Notizen, in: Zeugnis, a.a.O., S. 54.

281 Wehner hat nach eigenem Bekunden mit Ulbricht als Mitglied des sächsischen Landtags (1926-1928) zum ersten Mal zu tun bekommen, möglicherweise im Rahmen der Roten Hilfe, später als Ulbricht herumreiste, um Betriebszellen aufzubauen: K. Donat/B. Wördehoff, Interview, a.a.O., S. 357.

282 Carola Stern, Ulbricht. Eine politische Biographie. Köln 1963, S. 63.

283 Ebenda, S. 43; er erhielt 112 der 203 abgegebenen gültigen Stimmen.

284 Ebenda, S. 49.

285 Möglicherweise handelte es sich schon um John Schehr, damals Polsekretär des Bezirks Niedersachsen; er rückte nach Neumanns Ausscheiden im Mai 1932 ins Politbüro auf.

286 H. Wehner, Notizen, in: Zeugnis, a.a.O., S. 46f.

287 »Der zweite politische Massenstreik in Braunschweig«, in: *Betrieb und Gewerkschaft*, H.3, März 1932, S. 90-93. Es handelte sich um das Mitglied des Jungbanners (der Jugendorganisation des Reichsbanners) Erich Meyer, der in den MIAG-Werken beschäftigt war; vgl. die Berichte in: *Rote Fahne*, 26., 27., 28. und 29. Januar 1932.

288 Ebenda, 28. Januar 1932, S. 2.

289 H. Wehner, Notizen, in: Zeugnis, a.a.O., S. 46.

290 Der wahre Grund war der, daß »drüben« Losowsky, mit dem Merker eng liiert war, einen Rückschlag erlitten hatte: Ebenda, S. 56.

291 Ebenda, S. 55.

292 Ebenda, S. 53.

293 Unter den zehn namentlich genannten Rednern (von insgesamt 30), darunter mehreren ZK-Mitgliedern wie Ernst Schneller und August Creutzburg, befand sich an sechster Stelle Wehner. Da er noch nicht zur ersten Reihe gehörte, hatte der Berichterstatter noch akustische Schwierigkeiten mit dem Namen und schrieb ihn auf berlinerisch – »Wehna«. Vgl. »Die grandiose Kundgebung im Lustgarten«, in: *Rote Fahne*, 9. März 1932, S. 4.

294 Neben Thälmann (Jahrgang 1886) gehörten dem ständigen Organ der Parteiführung ab Mai 1932 noch zwei weitere Mitglieder (John Schehr, Jahrgang 1896 und Hermann Remmele, Jahrgang 1880) sowie zwei Kandidaten – Wilhelm Pieck (Jahrgang 1876) und Walter Ulbricht (Jahrgang 1893) – an; neuer Vertreter der KPD im Exekutivkomitee der Komintern wurde Wilhelm Florin (Jahrgang 1894); vgl. H.A. Winkler, Der Weg in die Katastrophe, a.a.O., S. 556.

295 H. Wehner, Notizen, in: Zeugnis, a.a.O., S. 54.

296 Ebenda, S. 53.

297 Vgl. J. Kuczynski, Memoiren. Berlin/Weimar (1973), 4.Aufl. 1983, S. 257; der Band über Marx ist nie erschienen. Zwei Wochen vor dem 50. Todestag von Karl Marx (14.3.1933) hatte in der Nacht nach dem Reichstagsbrand (27.2.1933) die systematische und massive Verfolgung der Kommunisten schon begonnen; Wehner hatte unter anderem gemeinsam mit Kuczynski, dem später von Stalin umgebrachten Sowjetdiplomaten Bessnow, Christel Wurm und Richard (Rix) Löwenthal 1931 an einem theoretischen Parteizirkel teilgenommen; schon früher hatte Wehner Kuczynski zitiert, wenn es um Beiträge zu Löhnen und Lebensbedingungen der Arbeiter ging; vgl. H. Wehner, Hammer oder Amboß? in: *Arbeiterstimme*, 4. Februar 1930.

298 So Gerhard Schmolze in einer Rezension über die von einem Autorenkollektiv herausgegebene Biographie Thälmanns (a.a.O.), in: *FAZ*, 30. Oktober 1980.

299 Vgl. die offizielle Thälmann-Biographie: »Ernst Thälmann«, a.a.O.; dazu Ruth und Walter Winner, Kampf dem Faschismus! Thälmann 1929-1933. Frankfurt a.M. 1986, sowie Ernst Thälmann – Bilder, Dokumente, Texte. Frankfurt a.M. 1986; eine kritsche wissenschaftliche Würdigung Thälmanns fehlt bisher: das von Hannes Heer erstellte Porträt in »rowohlts monographien« (Ernst Thälmann in Selbstzeugnissen und Bilddokumenten. Hamburg 1975) ist allenfalls ein erster Zugang aus abgeklärter marxistisch-leninistischer Sicht.

300 Vgl. die Einleitung von Erich Wollenberg zu dem von mehreren Autoren unter dem Pseudonym A. Neuberg verfaßten Buch: Hans Kippenberger, M.N. Tuchatschewski, Ho Chi Minh. Der bewaffnete Aufstand. (Zürich 1928) Frankfurt a.M. 1971, S. VI-VIII.

301 Aus Thälmanns Hamburger KPD-Tagen, in: *Die Aktion*, Oktober 1925, S. 554.

302 S. o. S. 126.

303 Protokoll des III. Kongresses der Kommunistischen Internationale (2 Bde., Hamburg 1921) Bd. 2, S. 634f.

304 K. Donat/B. Wördehoff, Interview, a.a.O., S. 357.

305 C. Zetkin nannte im weiteren Zusammenhang des Briefes Heinz Neumann (in dem sie einen Verursacher der »persönlichen Treibereien« gegen Thälmann sah) einen »charakterlosen, gewissenlosen Menschen mit gefährlichen Abenteurerneigungen [dem sie] höchlichst mißtraue« (an Marie Reese, 4. Juni 1932, in: H. Weber, Zwischen kritischem und bürokratischem Kommunismus, in: *AfS* XI, 1971, S. 445).

306 M. Reese, nach dem 30. Januar 1933 als Lehrerin entlassen, emigrierte sofort nach dem Reichtagsbrand, zuerst nach Schweden, wurde dort ausgewiesen und fuhr zu Clara Zetkin nach Moskau, obwohl sie von dieser vor der Moskau-Reise gewarnt wurde. Nach Enttäuschungen dort ging sie nach Holland, suchte Kontakt zu Trotzki und trat am 26. Oktober 1933 in Paris offiziell aus der KPD aus. Später ging sie nach Deutschland zurück und stellte sich in den Dienst der NS-Propaganda; vgl. Christel Wickert, Unsere Erwählten. Sozialdemokratische Frauen im Deutschen Reichstag. Göttingen 1986, S. 249ff.

307 Peter Maslowski (Thälmann. Leipzig 1932) hatte in stalinistischer Hofberichterstattung ein Portrait des KPD-Führers geschrieben.

308 Vgl. Thälmanns Referat auf der Tagung des ZK der KPD am 24. Mai 1932.

309 C. Zetkin an Maria Reese, 4. Juni 1932, a.a.O., S. 445f.

310 Bei der SPD kritisierte er die Unfähigkeit zur aktiven Politikgestaltung (ihre Minister seien »Spielzeug« des Beamtenapparats statt umgekehrt, in: *Die Weltbühne*, 25.Jg., 1929, S. 768), die Selbstgefälligkeit einer Honoratiorenkaste und vermißte den Willen zur Machtpolitik, den hegemonialen Anspruch (ebenda). Der KPD warf er vor, sie versuche ihre revolutionären Prinzipien durch eine »primitive Radikalität zu beweisen« (ebenda, 26.Jg., 1930, S. 41), man hätte »die notwendigen Marxzitate parat [...], wenn es Stalin plötzlich gefiele, katholisch zu werden« (ebenda, S. 812), und sie sei noch keine »Partei der Gestaltung, sondern der Erwartung« (ebenda, 28.Jg., 1932, S. 581).

311 Vgl. dazu C.v. Ossietzky, »Kommunistengesetz?«, ebenda, 21. Mai 1929; ders., »Areopag«, ebenda, 11. Juni 1929; ders., »Zum Leipziger Parteitag«, ebenda, 2. Juni 1931, sowie ders., »Das Verbot der SA«, ebenda, 19. April 1932.

312 Vgl. *Stoß von links*, Organ der Assoziation Revolutionärer Bildender Künstler Dresdens (ASSO), Nr. 6, Januar 1932 (Reprint: Leipzig 1982).

313 Vgl. Protokoll vom 2. Bezirksparteitag der KPD – Bezirk Sachsen – vom 25.-27. März 1932 (als Manuskript gedruckt), o.O. o.J., S. 72; von 1248 Delegierten waren 676 Delegierte im Alter bis zu 30 Jahren; 55 Delegierte gehörten der Partei seit ihrer Gründung an, 360 seit 1931 und 103 seit 1932.

314 Ernst Thälmann, Ausgewählte Reden und Schriften. 2 Bde., Frankfurt a.M. 1976/77, Bd. 2, S. 185f.

315 Vgl. Protokoll vom 2. Bezirksparteitag der KPD – Bezirk Sachsen, a.a.O., S. 48.

316 Ebenda, S. 60.

317 Ebenda, S. 61f.

318 Ebenda, S. 47.

319 H. Wehner, Notizen, in: Zeugnis, a.a.O., S. 58.

320 Ebenda, S. 58f.

321 »Doppelsprache« als Ausdruck von »doublethink« in der »newspeak« bei George Orwell, Nineteen Eighty-Four. London 1949 (bes. S. 220); vgl. auch

Hans-Christoph Schröder, George Orwell. Eine intellektuelle Biographie. München 1988, S. 264f.

322 H. Wehner, Notizen, in: Zeugnis, a.a.O., S. 60.

323 Alf Lüdtke, Hunger in der großen Depression. Hungererfahrung und Hungerpolitik am Ende der Weimarer Republik, in: *AfS* XXVII (1987), S. 145-176; die dortige These, »viele, wenn nicht die allermeisten der Hungernden äußerten ihre Not zu Hause, in den Familien« und deshalb hätten »Versuche, mit Hilfe einer alteingefahrenen politischen Semantik kollektiven Aufschrei und umfassende Massenaktion anzuregen, kaum eine Chance« gehabt (ebenda, S. 171), hat zwar angesichts der Segmentierung nicht nur der Arbeitsplatzbesitzenden, sondern auch der Erwerbslosen vieles für sich. Aber die Hungermärsche kamen dem »kollektiven Aufschrei« noch am nächsten.

324 Heinz Kühn, Widerstand und Emigration. Die Jahre 1928-1945. Hamburg 1980, S. 50; ähnlich schon Friedrich Stampfer, Die vierzehn Jahre der ersten deutschen Republik. 3.Aufl., Hamburg 1953, S. 631f.; auch Wilhelm Pieck berichtete auf der »Brüsseler Konferenz« der KPD (Moskau 1935) von dem Riesenbeifall in den KPD-Veranstaltungen am Abend des 20. Juli 1932.

325 H.A. Winkler, Der Weg in die Katastrophe, a.a.O., S. 629.

326 Ebenda, S. 757.

327 Ebenda, S. 773 und S. 777f. Die NSDAP hatte in diesen letzen Wahlen, die unter relativ »normalen« Bedingungen stattfand, über zwei Mio. Stimmen verloren und war von 37,4 auf 33,1 Prozent abgerutscht.

328 Der KPD-Zuwachs von 661000 Stimmen war geringer als die SPD-Verluste (von 7,96 auf 7,25 Mio.); allerdings war auch die Wahlbeteiligung von 84,1 (31. Juli 1932) auf 80,6 Prozent gesunken (ebenda, S. 774).

329 Friedrich Stampfer, Wieder Bülowplatz!, in: *Vorwärts*, Nr. 43, 26. Januar 1933.

330 SPD-»Nichtangriffspakt« – Angriffspakt gegen die Werktätigen, in: *Rote Fahne*, Nr. 22, 26. Januar 1933.

331 Vgl. das von dem unter anderem für die *Weltbühne* und den *Vorwärts* schreibenden Journalisten Georg Schwarz 1931 veröffentlichte Buch über den »Kohlenpott« (Neuveröffentlichung: Fulda 1986, S. 181): »Jeden Tag brennt auch in dem Herzen der Proletarier das Feuer seiner Entrechtung [...] Bis die rote Glut eines Tages hervorbrechen wird [...] Einst...kommt der Tag!«

332 H. Wehner, Notizen, in: Zeugnis, a.a.O., S. 64.

333 Nach dem Reichstagsbrand wurden innerhalb weniger Tage allein innerhalb Preußens rund 20000 KPD-Mitglieder und Funktionäre verhaftet (H.A. Winkler, Der Weg in die Katastrophe, a.a.O., S. 889); innerhalb des Jahres 1933 wurden rd. 60000 Kommunisten eingekerkert und rund 2000 ermordet (Wilhelm Pieck, Wir kämpfen für ein Rätedeutschland. November 1933, S. 51). 1935 nannte Pieck – offenbar gestützt auf Angaben Wehners - die Zahlen der verhafteten (51,8%), ermordeten (5,6%), emigrierten (29,6%) oder ausgetretenen (10%) führenden Funktionäre. Nur noch 13 von insgesamt 422 ZK-Mitgliedern, Bezirkssekretären und anderen führenden Funktionären befanden sich 1935 in Deutschland in Freiheit (W. Pieck, Der neue Weg, 1935, S. 88).

334 Kattner war von Thälmann als Verbindungsmann zu dem von Wehner geführten Teil des technischen Apparats eingesetzt (ders., Notizen, in: Zeugnis, a.a.O., S. 66); ob er schon vor 1933 Gestapomann war, ist unbekannt. Ulbricht hatte

seine Überprüfung möglicherweise vernachlässigt (Horst Duhnke, Die KPD von 1933 - 1945. Köln 1972, S. 104, Anm.14); zusammen mit Thälmann und Kattner wurden auch W. Hirsch und E. Birkenhauer verhaftet.

335 Geschichte der deutschen Arbeiterbewegung in 8 Bänden, Berlin/DDR 1966, Bd. 5, S. 446f.

336 Vgl. H. Wehner, Notizen, in: Zeugnis, a.a.O., S. 37.

337 Zum Gesamtproblem vgl. Johann Wachter, Zwischen Revolutionserwartung und Untergang. Die Vorbereitung der KPD auf die Illegalität (1929-33). Frankfurt a.M. 1983, S. 54ff., 13ff.

VII In der Illegalität

1 In der DDR-Historiographie wurde von der »ZK-Tagung« gesprochen (ebenda, S. 446).

2 H. Wehner, Notizen, in: Zeugnis, a.a.O., S. 60.

3 H. Weber, Wandlung, a.a.O., Bd. 2, S. 257.

4 H. Wehner, Notizen, in: Zeugnis, a.a.O., S. 73; Wehner gab den Brief Neumanns an Remmele an die Komintern weiter, die ihn dann in den Auseinandersetzungen mit beiden in Moskau verwertete. Das Sekretariat des KPD-Politbüros soll Remmele am 25. August 1933 aus dem Politbüro abberufen haben: Siegfried Vietzke, Die KPD auf dem Wege zur Brüsseler Konferenz. Berlin/DDR 1966, S. 96 Anm.2; Remmele hatte sich bei einem internen Funktionärstreffen Mitte März 1933 »gegen den kampflosen Rückzug in die Illegalität« gewandt und von der »größten Niederlage der Arbeiterklasse seit 1914« gesprochen.

5 Vgl. Babette Gross, Willi Münzenberg. Eine politische Biographie. Stuttgart 1967, S. 249.

6 H. Wehner, Notizen, in: Zeugnis, a.a.O., S. 69.

7 Ebenda, S. 76.

8 Vgl. etwa die eindrucksvollen Schilderungen der Berliner Korrespondentin des Pariser »Matin« (nach 1949 zeitweise in Bonn), Stephanie Roussel, in: Die Hügel von Berlin. Hamburg 1986, S. 75ff., S. 87f.

9 Vgl. H. Wehner, Notizen, in: Zeugnis, a.a.O., S. 68.

10 Ebenda, S. 71.

11 Im Oktober 1933, als sein Steckbrief an allen Plakatsäulen Berlins hing und sein Vermieter (ein preußischer Beamter) auf diese Weise erfuhr, wem er monatelang Obdach gegeben hatte, wich Ulbricht rechtzeitig nach Frankreich aus.

12 Ein tschechischer Funktionär (Renner) hatte Anweisungen des EKKI über die Zusammensetzung der Leitung mitgebracht, die weder bei Schehr noch bei Ulbricht Anklang fanden; außerdem hatte er, was einen besonderen Affront gegenüber der KPD darstellte, erklärt, die tschechische KP lehne es im Unterschied zur dortigen Sozialdemokratie ab, Emigranten anzuerkennen, denn letzteres würde bedeuten, eine Niederlage einzugestehen; Wehner (Notizen, in: Zeugnis, a.a.O., S. 73f.) versäumte es nicht, darauf hinzuweisen, daß die tschechische KP-Führung lange vor dem Einmarsch der deutschen Truppen emigrierte und diesen Tatbestand bei einer Diskussion innerhalb der Komintern (1940) mit dem Hinweis verteidigte, damit sei (im Gegensatz zu den Schwierigkeiten der deutschen Genossen 1933) die Leitung sichergestellt worden.

13 H. Duhnke, KPD 1933-45, a.a.O., S. 113.
14 H. Wehner, Notizen, in: Zeugnis, a.a.O., S. 76.
15 Außer Schehr, Schubert, Ulbricht war noch Fritz Schulte (Leiter der RGO) im Inland (bis Herbst 1933). Er und Schubert hatten sich eng zusammengeschlossen.
16 Ebenda, S. 77; Schehr war Jahrgang 1896, also zehn Jahre älter als Wehner.
17 Ebenda, S. 83.
18 Ebenda, S. 77.
19 Vgl. Beatrix Herlemann, Die Emigration als Kampfposten. Die Anleitung des kommunistischen Widerstandes in Deutschland aus Frankreich, Belgien und den Niederlanden. Königstein im Taunus 1982, S. 23.
20 Ebenda, S. 24.
21 H. Wehner, Notizen, in: Zeugnis, a.a.O., S. 76f.
22 Ebenda, S. 78.
23 Die »11 Gebote [...]« sind abgedruckt in: B. Herlemann, Emigration als Kampfposten, a.a.O., S. 211-213.
24 H. Wehner, Notizen, in: Zeugnis, a.a.O., S. 83.
25 Ebenda, S. 84.
26 Dies ist das einzige Mal, in der er seine (in den »Notizen« nirgendwo sonst erwähnten) familiären Beziehungen für seine Arbeit im Untergrund nutzte.
27 Bei dieser Lotte handelte es sich nicht um Lotte Loebinger, die 1933 Deutschland verlassen und in der Sowjetunion Zuflucht gefunden hatte, sondern um eine Mitarbeiterin des zentralen Apparats, die bis zu seiner Abreise nach Schweden (Februar 1941) seine Lebensgefährtin war. Nach dem Kriege war sie mit Erich Wendt (einem führenden Mitglied der SED) verheiratet (Mündliche Auskunft von Ruth von Mayenburg).
28 H. Wehner, Notizen, in: Zeugnis, a.a.O., S. 84.
29 Vgl. H. Soell, Fritz Erler, a.a.O., Bd. 1, S. 30f.
30 Vgl. G. Regler, Das Ohr des Malchus, a.a.O., S. 210.
31 Es handelte sich um Fritz Benedum (Kusel); vgl. B. Herlemann, Emigration als Kampfposten, a.a.O., S. 54.
32 G. Regler, Das Ohr des Malchus, a.a.O., S. 228f.
33 Ebenda, S. 231.
34 H. Wehner, Notizen, in: Zeugnis, a.a.O., S. 87.
35 Wilhelm Kox war vor Besuch der Lenin-Schule Unterbezirkssekretär in Koblenz, ging später in die illegale Arbeit, wurde verhaftet und 1940 von den Nazis hingerichtet. Lange vorher (1936) war er wegen »konspirativer Nachlässigkeit« und wegen seiner Beziehungen zu einer oppositionellen Berliner kommunistischen Gruppe von der KPD ausgeschlossen worden (ebenda, S. 170-172).
36 Ebenda, S. 88.
37 Ebenda.
38 Ebenda, S. 88-90; auf Wehners Frage (gleich nach Schehrs Verhaftung), weshalb Kattner, zusammen mit Thälmann verhaftet, kurze Zeit vor Schehrs Verhaftung aus dem KZ entlassen worden war, wurde von einem Mitarbeiter des Kippenberger-Apparats (Reinhold Dünow) jeder Verdacht zurückgewiesen; er wurde als alter Genosse bezeichnet, der schon im Spartakusbund seine Verläßlichkeit bewiesen habe.
39 Ebenda, S. 95; Creutzburg wurde wenig später Leiter der Auslandsstelle in

Holland und half »redlich [...], unsere Arbeit in westdeutschen Industriegebieten von draußen zu zerstören und zu desorganisieren« (ebenda, S. 96).

40 Ebenda, S. 91.

41 Ebenda, S. 96, 99f.

42 Ebenda, S. 96.

43 Ebenda, S. 91.

44 Ebenda, S. 99, 105.

45 Eugen Schönhaar, Gründungsmitglied des Spartakusbundes, später Sekretär der kommunistischen Jugendinternationale, der Internationalen Roten Hilfe und technischer Sekretär des Zentralkomitees; Erich Steinfurth, Mitglied des preußischen Landtags und Reichsleiter der deutschen Roten Hilfe; Rudolf Schwarz, Redakteur der *Jungen Garde*, Leitungsmitglied des Roten Frontkämpferbundes und zuständig für die Arbeit der KPD in Polizei und Reichswehr.

46 Vgl. Rudolf Diehls, Lucifer ante Portas. Zürich 1949, S. 290ff. (Diehls war erster Chef der Gestapo), zu seiner Rolle gegenüber hohen KPD-Funktionären, s. o. S. 311.

47 »Volkssturm! John Schehr und drei Spitzenfunktionäre der KPD bestialisch gemeuchelt!«, in: *Arbeiterzeitung*, 3. Februar 1934.

48 Der in Anm.47 genannte Beitrag sprach nur von Schehr als Mitglied des ZK; seine Rolle als Nachfolger Thälmanns blieb unerwähnt.

49 »Helden der Arbeiterklasse. Dem Gedächtnis der von Nazi-Banditen ermordeten teuren Genossen John Schehr, Eugen Schönhaas, Erich Steinfurt und Rudolf Schwarz«, in: *Arbeiterzeitung* (Saarbrücken), 15. Februar 1934, S. 7.

50 Über 1,5 Millionen Stimmberechtigte gingen nicht zu den Urnen, eine dreiviertel Million gaben einen ungültigen Stimmzettel ab und 2,1 Millionen stimmten mit Nein – gewiß nicht alles KPD-Anhänger!

51 Der Artikel ist unterschrieben mit: »Zentralkomitee der KPD«. Damit sollte gegenüber den eigenen Anhängern wie gegenüber den NS-Behörden die Fiktion aufrechterhalten werden, daß das ZK der KPD in Deutschland immer noch voll präsent sei; Erich Honecker (vgl. dessen Autobiographie »Aus meinem Leben«, Berlin/DDR u.a. 1980, S. 81) hat den Artikel, der ihn »tief bewegte«, zu Recht H. Wehner zugeschrieben. An bestimmten Details (etwa der Erwähnung der Braunschweiger Proteste gegen den NS-Terror, Januar 1932, die von Schehr als Polsekretär Niedersachsens mitorganisiert wurden) wie an allgemeinen Wendungen läßt sich Wehners Autorschaft erkennen.

52 Nur die Mitschuld sozialdemokratischer Regierungsmitglieder an der Ermordung Rosa Luxemburgs und Karl Liebsknechts wurde erwähnt.

53 Vgl. Werner Fehl, Illegale Betriebsopposition im Dritten Reich. Vertrauensratswahlen und Arbeitskonflikte 1933-1939. Unveröffentlichte Staatsexamensarbeit, Heidelberg 1979, S. 57ff. Er zitiert verschiedene Einzelergebnisse, die in der *Roten Fahne* von April/Mai 1934 erwähnt wurden. Vgl. auch Klaus Mammach, Die deutsche antifaschistische Widerstandsbewegung 1933-1939. Berlin/DDR 1974, S. 82.

54 Der einzige Zeuge dieses »Gesprächs« war Birkenhauer, der als enger Mitarbeiter Thälmanns mit diesem verhaftet, aber inzwischen wieder freigelassen worden war. Darüber wunderte sich Wehner – mit Recht.

55 H. Wehner, Notizen, in: Zeugnis, a.a.O., S. 103; die bei B. Herlemann (Emigra-

tion als Kampfposten, a.a.O., S. 42f.) zu findende Aussage des KPD-Funktionärs Martin Schmid, die im Lande tätigen illegalen Kommunisten (zur Zeit Merkers und Wehners) wären fast alle auf die extreme linke Linie Florin-Schubert festgelegt gewesen, muß eine sehr subjektive Einschätzung sein.

56 H. Wehner, Notizen, in: Zeugnis, a.a.O., S. 103f.

57 Ebenda, S. 104.

58 Ebenda, S. 107.

59 Ewald Rose, Interview, a.a.O., S. 6.

60 ZK-Aufruf zur Revolution und Rätemacht an der Saar, in: *Deutsche Volkszeitung* (Paris), 29. März 1934.

61 Die Sowjetunion hatte kurz zuvor ihre Bereitschaft zum Beitritt verkündet, nachdem das Politbüro der KPdSU am 19. Dezember 1933 das in der Völkerbundsidee ursprünglich angelegte, aber kaum realisierte Prinzip der kollektiven Sicherheit durch eigene Vorschläge zu diesem Ziel faktisch anerkannt hatte; nach Hitlers Machtergreifung hatte Stalin zunächst versucht, mit NS-Deutschland ins Geschäft zu kommen (im April 1933 wurde der Berliner Vertrag von 1926 verlängert). Erst als die Zusammenarbeit zwischen Reichswehr und Roter Armee von deutscher Seite abgebrochen wurde, wandte sich die sowjetische Politik schrittweise den Westmächten zu. Im September 1934 trat die Sowjetunion dem Völkerbund bei.

62 H. Wehner, Notizen, in: Zeugnis, a.a.O., S. 108.

63 Im Dezember 1933 wurde ein großangelegtes Betrugsmanöver mit gefälschten Wertpapieren aufgedeckt, die der von Alexandre Stavisky, einem aus der Ukraine eingewanderten und in Frankreich eingebürgerten Juden, gegründete »Crédit municipal de Bayonne« anbot. Die polizeilichen Ermittlungen ergaben eine Verstrickung von Vertretern der politischen und gesellschaftlichen Prominenz von Bayonne, noch bevor der flüchtige Stavisky aufgespürt werden konnte. Er wurde am 9. Januar 1934 sterbend gefunden. Nach offizieller Verlautbarung beging er Selbstmord, doch auf der Linken wie auf der Rechten war man von dessen Ermordung, damit er nicht mehr reden könne, überzeugt. Der Rücktritt des Ministers Dalimier, der die falschen Obligationen zuvor nachdrücklich empfohlen hatte, und die widersprüchlichen Dementis der Regierung Chautemps, die durch die Verstrickung einiger ihrer Mitglieder in den Skandal, wie weitere Untersuchungen bereits ergeben hatten, schwer kompromittiert war, bestätigten den Verdacht. Insbesonders die extreme Rechte nahm die für die dritte Republik vergleichsweise kleine Affäre zum Anlaß, ihre – aus Deutschland her mittlerweile sattsam bekannten – ideologischen Themen wie Antisemitismus, Ausländerfeindlichkeit, Antiparlamentarismus und -pluralismus sowie ihren Haß auf die Republik lautstark auf die Straße zu bringen. Vgl. Henri Dubief, Le Déclin de la IIIe République 1929-1938. Paris 1976, S. 74f.

64 Vgl. zu den Vorgängen in Österreich, insbesondere auch der Auflösung der organisierten Arbeiterbewegung durch die Regierung Dollfuß, Erwin Tramer, Der Republikanische Schutzbund. Seine Bedeutung in der politischen Entwicklung der ersten österreichischen Republik. (Phil.Diss.) Erlangen-Nürnberg 1969, hier vor allem das Kapitel IX: Der Kampf des Schutzbundes gegen das Dollfuß-Regime im Februar 1934 (S. 138ff.), sowie Karl R. Stadler (Hg.), Sozialistenprozesse. Wien 1986.

65 »Zentralkomitee der KPD zur Lage in Deutschland«, in: *Arbeiterzeitung* (Saarbrücken), 18/19. Februar 1934, S. 6f.; ähnlich auch die Artikelserie: »Wir gehen der Revolution entgegen. Zerstört die sozialdemokratischen konterrevolutionären Manöver« (Müller, Berlin, d.i. Wilhelm Florin), ebenda, 21., 22. und 23. Februar 1934, jeweils S. 2.

66 Klaus-Michael Mallmann und Horst Steffens, Lohn der Mühen. Geschichte der Bergarbeiter an der Saar. München 1989, S. 95f.

67 Ebenda, S. 97.

68 M. Webers Diskussionsbeitrag auf der Generalversammlung des Vereins für Socialpolitik in Mannheim am 26. September 1905 in: *Schriften des Vereins für Socialpolitik,* Bd. 116, Leipzig 1906, S. 213.

69 Sie bestand aus einem französischen, einem saarländischen und drei weiteren Mitgliedern, die weder Deutsche noch Franzosen sein durften; zur politischen Entwicklung ab 1920 Maria Zenner, Parteien und Politik im Saargebiet (1920-1935). Saarbrücken 1966, S. 31f., S. 39ff.

70 Vgl. Gerhard Paul, Max Braun. Eine politische Biographie. St. Ingbert 1987, S. 29.

71 Vgl. dazu Peter Lempert, Das Saarland den Saarländern. Die französischen Bestrebungen im Saargebiet (1918-1935). (Phil.Diss.) Köln 1985, S. 80ff.

72 Das schloß scharfe Kritik an der politischen Entwicklung in Deutschland keineswegs aus. Seine Charakterisierung des Reichspräsidenten Hindenburg als »Gamaschenknopf mit dem Brett vor der Stirne« trug ihm ein Schiedsgerichtsverfahren des Berliner SPD-Vorstandes ein, das Brauns »nationale Zuverlässigkeit« überprüfen sollte. Offenbar hatte das Auswärtige Amt dieses Verfahren, das mit einer Ehrenerklärung für Braun ausging, mit angestiftet, weil einigen deutschnationalen Beamten die Tatsache mißfiel, daß Braun bei Besuchen der Saardelegation beim Völkerbund sowohl die französische Delegation wie die tschechische, polnische und die der anderen »Vasallen« Frankreichs besuchte (G. Paul, Max Braun, a.a.O., S. 52/55).

73 Ebenda, S. 58.

74 Ebenda, S. 58.

75 Ebenda, S. 49.

76 Für diesen Vorgang gibt es offenbar keine andere Quelle als die von G. Paul (ebenda, S. 64) zitierten autobiographischen Aufzeichnungen Max Brauns. In der Debatte über das Ermächtigungsgesetz am 23. März 1933 im Reichstag sprach Hitler vom »Landesverrat«, den die Saarbrücker *Volksstimme* treibe.

77 In der zahlenmäßig fast halbierten Restfraktion hatte sich eine Mehrheit der Anwesenden unter der Führung Paul Löbes (Kurt Schumacher gehörte zur unterlegenen Minderheit) dafür entschieden, an der Reichstagssitzung teilzunehmen. Die Sitzung selbst lief so ab, daß keine Möglichkeit zu einer eigenen Erklärung bestand. Der Fehler lag darin, an der Sitzung teilzunehmen.

78 Die formale organisatorische Trennung wurde auf dem außerordentlichen Parteitag der Saar-SPD am 12. November 1933 vollzogen: G. Paul, Max Braun, a.a.O., S. 66.

79 Ebenda, S. 64.

80 Ebenda, S. 76.

81 Braun entging im Dezember 1933 einem Bombenanschlag; der Attentäter, ein

junger Arbeitsloser, wurde vom Saarbrücker Schwurgericht freigesprochen. Sein Anwalt konnte, ohne vom Gericht unterbrochen zu werden, erklären: »Jeder von uns würde es gerne sehen, wenn dem Herrn Max Braun eines Tages etwas zustieße« (ebenda, S. 78).

82 Ebenda, S. 72 und 75.

83 Ebenda, S. 79.

84 Eine Ausnahme machten die Wahlen zur Weimarer Nationalversammlung (19. Januar 1919). Hier erreichte die Mehrheitssozialdemokratie 36,2% der Stimmen: M. Zenner, Parteien und Politik im Saargebiet, a.a.O., S. 29. Vgl. auch Hans-Walter Herrmann, Widerstand und Verweigerung im Saarland 1935-1945. Überlegungen zu einem Forschungsprojekt, in: Klaus Michael Mallmann und Gerhard Paul, Das zersplitterte Nein. Saarländer gegen Hitler (Widerstand und Verweigerung im Saarland 1935-45. Hg. von H.-W. Herrmann, Bd. 1). Bonn 1989, S. III.

85 Gerhard Paul, Die NSDAP des Saargebiets (1920-1935). Der verspätete Aufstieg der NSDAP in der katholisch-proletarischen Provinz. Saarbrücken 1987, S. 198f.

86 Bei den Kreistagswahlen im November 1932 gewann die KPD 23,6%, die SPD 11,2% der Stimmen; die NSDAP steigerte sich auf 8,6%; das Zentrum hatte mit 39,4% fast vier Prozent gegenüber den Landesrats-Wahlen am 13.3.1932 verloren: Ebenda, S. 200.

87 Saarwirtschaftsstatistik, H.9, 1934, Saarbrücken 1935, S. 76.

88 Vgl. die literarische Verarbeitung solcher Beispiele bei Gustav Regler, Im Kreuzfeuer. Ein Saarroman. Paris 1934, S. 162ff. Regler stammt selbst aus dem Saarland.

89 Gemessen an der Reichstagswahl im November 1932, bei der die KPD fast 6 Millionen Stimmen erreichte, waren bei ca. 360000 eingetragenen Mitgliedern etwa 6 Prozent organisiert. An der Saar waren es 7000 Mitglieder bei 84000 Wählern; vgl. Patrik von zur Mühlen, Schlagt Hitler an der Saar. Bonn 1979, S. 49; andere Angaben, die höher liegen (bis zu 8000 Mitglieder) enthalten keine Aussage darüber, inwieweit die über 600 KPD-Emigranten, die sich zeitweise dort aufhielten, einbezogen sind.

90 Die SPD zählte Ende 1933 nach Angaben von M. Braun 4500 Mitglieder (P.v. zur Mühlen, Schlagt Hitler an der Saar, a.a.O., S. 39) bei knapp 36000 Wählern (1932). Bei den gewerkschaftlichen und sportlichen Organisationen war die KPD erheblich schwächer. Wehner nannte bei den linken Bergarbeiterverbänden ein Zahlenverhältnis von 10:1 zugunsten des sozialdemokratisch geführten Verbandes; der christliche Verband war allerdings stärker als beide linken Verbände (Notizen, in: Zeugnis, a.a.O., S. 109f.).

91 In Dudweiler wurde am 19.2.1933, in Ludweiler am 2.7.1933 zum Gemeinderat gewählt. Die SPD-Verluste waren relativ höher als die der KPD: G. Paul, NSDAP des Saargebietes, a.a.O., S. 220ff.

92 H. Wehner, Notizen, in: Zeugnis, a.a.O., S. 109.

93 Es handelte sich um Albert Preuss, geboren 1904, Führer der Reichsbannerjugend in Hannover, nach 1933 illegal, 1934/35 im Saarland tätig; vgl. A. Preuss, Eine deutsch-französische Biographie, in: Deutschlandfunk, 1. August 1989; der Verfasser dankt Hans Eberhard Dingels (Bonn) und Frau Ilse Koch (Paris) für Informationen zu diesem Vorgang.

94 Kommunismus befreit die Saar, in: *Arbeiterzeitung*, 11. April 1934.

95 Ebenda, 14. April 1934.
96 Die Forderungen der Saar-Delegation in Genf, in: Ebenda, 3./4. Juni 1934.
97 Vgl. G. Paul, Max Braun, a.a.O., S. 83.
98 *Arbeiterzeitung*, 8. Juni 1934, S. 1f.
99 Ebenda, 16. Juni 1934.
100 M. Zenner, Parteien und Politik im Saargebiet, a.a.O., S. 282; im Januar 1935 begrüßte Lorenz das Abstimmungsergebnis.
101 »Sozialistische Aktionseinheit an der Saar?« Ein Schreiben der Kommunistischen Partei an die Sozialdemokratische Partei (29. Juni 1934), in: *Deutsche Freiheit*, 1./2. Juli 1934.
102 »Freiheitszug durch Saarbrücken«, in: Ebenda, 27. Juni 1934.
103 Versammlungsort war das Lokal Kern (»Deutsches Haus«) in der Wilhelmstraße; als Unkostenbeteiligung wurden 30 Centimes von jedem Teilnehmer verlangt; vgl. *Arbeiterzeitung*, 28. Juni 1934.
104 Ebenda, 4. Juli 1934; im Organ der Saar-SPD (*Deutsche Freiheit*) wurde der Aufruf einen Tag später veröffentlicht; der Aufruf trug die Unterschrift von F. Pfordt (»Für die Kommunistische Partei Saargebiet«) und M. Braun (»Für die Sozialdemokratische Landespartei Saargebiet«).
105 S. o. S. 333f.
106 H. Wehner, Notizen, in: Zeugnis, a.a.O., S. 111.
107 Eine Nichte Max Brauns meinte: »Er hätte auch Opernsänger werden können«; zit. nach G. Paul, Max Braun, a.a.O., S. 36.
108 Der SPD-Vorsitzende Otto Wels schrieb Ende November 1933 nach einem Besuch in Saarbrücken: »Das ist keine Arbeiterorganisationsleitung, sondern eine besondere Art Bohème«; zit. nach G. Paul, Max Braun, a.a.O., S. 35.
109 Manès Sperber schildert in Romanform (vgl. ders., Wie eine Träne im Ozean. Romantriologie. Stuttgart u.a. 1976. 1. Buch, Der brennende Dornbusch, S. 292f.) wie einer der »Wot-tschto«-Männer, genannt »Bärtchen« (gemeint ist Ulbricht), bei der Nachricht über Mühsams Ermordung reagierte: »Im übrigen war der Dichter ein kleinbürgerlicher Anarchist mit gewissen sozialen Ideen, ein ewiger Rebell. Unter Umständen hätte ihn auch ein Sowjetdeutschland liquidieren müssen, ich sage das offen.« Auf diese Weise wurde Mühsam ein zweites Mal »ermordet«.
110 H. Wehner, Notizen, in: Zeugnis, a.a.O., S. 121.
111 Fritz Pfordt, Werktätige Jugend, um dich wird gekämpft, in: *Arbeiterzeitung*, 26. August 1934; ähnlich auch in Pfordts Rede am gleichen Tag auf der Kundgebung in Sulzbach (ebenda, 27. August 1934) sowie auf der Kundgebung im Malstatt (ebenda, 21. November 1934).
112 Frau Dr. Helga Rossow, geb. von Hammerstein, war befreundet mit Leo(n) Roth (einem Mitarbeiter des Kippenberger-Apparats, 1937 in der SU umgekommen), der als Viktor in Wehners »Notizen« mehrfach, meist positiv erwähnt wird (s.u.S. 374).
113 Als »roter (d.h. sich der republikanischen Verfassung verpflichtet fühlender) General« war von Hammerstein in der Nacht der langen Messer des sog. Röhm-Putsches dem Tod knapp entgangen. In der *Arbeiterzeitung* (4. Juli 1934) wurde berichtet, daß nach ihm »gesucht« werde (»Erschossenen-Liste ›bis auf weiteres‹ geheim«, in: Ebenda, S. 1).

114 Der Verfasser dankt Frau Rossow für die hier verwerteten Informationen.

115 Frau Rossow (s.o.Anm.112) brachte mehrfach auf ihren während der Semesterferien unternommenen Reisen zu L. Roth versiegelte Botschaften der Berliner KPD-Leitung zur Auslandszentrale nach Paris; auch Wehner nutzte ihre Reisetätigkeit, um »Verwandten« in Berlin Botschaften zu überbringen.

116 Ältere KPD-Mitglieder aus dem Steinachtal im Odenwald (wo es zahlreiche Einpendler in das Mannheim-Ludwigshafener Industriegebiet gab) erinnerten sich noch an Treffen mit Wehner im Herbst 1934 (im Gespräch mit dem Verfasser); vgl. auch H. Wehner, Notizen, in: Zeugnis, S. 122, über die Arbeit in Südwestdeutschland.

117 H. Wehner, Notizen, in: Zeugnis, a.a.O., S. 111.

118 Möglicherweise ist der aus Wien stammende Kurt Landau gemeint, der später »Wolf Bertram« als Decknamen benutzte. Bevor er Österreich 1934 verließ, war er Mitarbeiter bei der KPÖ-Zeitung *Rote Fahne.*

119 Ebenda, S. 111f.

120 Vgl. Karl-Heinz Pech, Die KPD im Kampf um die Einheitsfront im Saargebiet 1933-35, in: Der Kampf um die Zukunft des Saargebietes 1934/35. Berlin/DDR 1984, S. 30.

121 In den »Notizen« (in: Zeugnis, a.a.O., S. 112) schreibt Wehner lediglich, daß »einige Jugendfunktionäre aus Düsseldorf und Köln« zur Unterstützung der Saargebietsorganisation eingesetzt worden seien.

122 Erich Honecker, Aus meinem Leben. a.a.O., S. 40.

123 Ebenda, S. 42.

124 Ebenda, S. 41.

125 Nach offiziellen Angaben soll er bei der Überquerung eines Flusses (der Oka) ertrunken sein; Zeugen wollen gesehen haben, daß GPU-Beamte dabei nachgeholfen haben. Hoelz hatte mehrfach den Wunsch geäußert, die Sowjetunion zu verlassen. Es ist klar, daß Honecker sich der Unfall-Version anschloß (ebenda, S. 71).

126 P.v. zur Mühlen, Schlagt Hitler an der Saar, a.a.O., S. 53.

127 E. Honecker, Aus meinem Leben, a.a.O., S. 77; P.v. zur Mühlen (Schlagt Hitler an der Saar, a.a.O., S. 114) gibt den Mai 1934 als Datum der Rückkehr an und bezieht sich auf das Ergebnis von Verhören verhafteter Kommunisten durch die Gestapo aus dem Jahr 1940; die Diskrepanz erklärt sich möglicherweise daraus, daß Honecker seit Mai 1934 als »Oberberater Südwest« des KJVD vom Saarland aus tätig geworden war.

128 K. Donat/B. Wördehoff, Interview, a.a.O., S. 359.

129 E. Honecker, Aus meinem Leben, a.a.O., S. 77.

130 Ebenda, S. 78; Honecker wandte sich dabei gegen P.v. zur Mühlen.

131 Vgl. die Ankündigung in: *Arbeiterzeitung*, 25. August 1934, sowie der Versammlungsbericht, in: Ebenda, 27. August 1934.

132 Johannes Hoffmann, von Hitler wegen seiner kritischen Artikel im Mai 1933 vor dem Besuch einer Saardelegation in Berlin als Gesprächspartner abgelehnt, wurde ein Opfer der Selbstauflösung des saarländischen Zentrums im Oktober 1933; nach 1945 war Hoffmann maßgeblich an der Gründung der Christlichen Volkspartei beteiligt und nach deren Wahlerfolg im Oktober 1947 bis zur Saarabstimmung im Herbst 1955 Ministerpräsident des Saarstaates.

133 P.v. zur Mühlen, Schlagt Hitler an der Saar, a.a.O., S. 119.
134 Vgl. K.-H. Jahnke, KJVD und SDJ im Kampf gegen die Faschisierung der Saarbevölkerung, in: Der Kampf um die Zukunft des Saargebiets, a.a.O., S. 36f.
135 Ebenda, S. 130.
136 Ebenda, S. 130, vgl. auch die »Solidaritätserklärung des ZK der KPD mit den christlichen Metallarbeitern an der Saar«, in: *Arbeiterzeitung*, 18. September 1934.
137 H. Wehner, Notizen, in: Zeugnis, a.a.O., S. 114.
138 *Deutsche Freiheit*, 15. September 1934.
139 »Katholische Priester im Saargebiet«, in: Ebenda, 17. November 1934.
140 Auch die der Bekennenden Kirche angehörenden Pfarrer grenzten ihren Kampf gegen die Deutschen Christen von ihrer insgesamt positiven Einschätzung des NS-Regimes ab; vgl. H.-W. Herrmann, Widerstand und Verweigerung im Saarland, a.a.O., S. V/VI; Martin Niemöller erklärte den Pfarrern der Bekennenden Kirche an der Saar, in außenpolitischen Fragen sei er mit Hitler grundsätzlich derselben Meinung: G. Paul, Max Braun, a.a.O., S. 86.
141 Von den 528005 abgegebenen Stimmen entfielen auf den Status quo 46513, auf den Anschluß 477119; 4373 Stimmen votierten für Frankreich oder waren ungültig; vgl. *Deutsche Freiheit*, 16. Januar 1938.
142 H. Wehner, Notizen, in: Zeugnis, a.a.O., S. 113.
143 Ebenda, S. 118f.
144 Erich Honecker hatte im Sommer 1934 schon Paß und Flugkarte für den Kominternkongreß in der Tasche, als er für den Saarkampf abgestellt wurde: Ders., Aus meinem Leben, a.a.O., S. 80. Die Verschiebung des Kongreßtermins hing wahrscheinlich auch mit den inneren Problemen der KPdSU zusammen. Stalin hatte auf dem (XVII.) »Parteitag des Sieges« im Januar 1934 bei den Wahlen zum ZK 292 Gegenstimmen (ein Viertel der Delegierten) erhalten; etliche Altbolschewiki hatten zuvor den Leningrader Sekretär Sergej Kirow vergeblich zu überreden versucht, gegen Stalin als Generalsekretär zu kandidieren. Dies war der Ausgangspunkt für die von Stalin inszenierte Ermordung Kirows (Dezember 1934), die wiederum das Vorspiel für die »große Säuberung« war. Am eindrucksvollsten ist diese Entwicklung geschildert bei Anton Antonow-Owssejenko. Stalin. Porträt einer Tyrannei. (New York 1980) Frankfurt a.M. 1986, S. 102ff.
145 Walter (Ulbricht), »Für die Aktionseinheit«, in: *Die Neue Weltbühne*, Nr. 43, 1934, S. 1348ff.
146 Siegfried Aufhäuser, »Dennoch Aktionseinheit«, in: Ebenda, Nr. 44, 1934, S. 1383ff.
147 H. Wehner, Notizen, in: Zeugnis, a.a.O., S. 120.
148 Zu ihnen zählte vor allem Alexander Abusch, später Erich Gentsch, im weiteren auch Dietrich und Lex Ende: Ebenda, S. 129.
149 Ebenda, S. 121.
150 Ebenda, S. 123.
151 Vgl. H. Duhnke, KPD 1933-45, a.a.O., S. 149.
152 Es ist unklar, ob die früher schon erwähnte (s. Kap. VI, Anm. 333) von W. Pieck 1935 veröffentlichte Aufstellung sich zumindest teilweise auf Wehners Angaben stützt (vgl. H. Duhnke, KPD 1933-45, a.a.O., S. 104f.).

153 Otto Wahls war einer der Nachfolger Wehners in der Berliner Landesleitung und war Wehner auch dadurch negativ aufgefallen, daß er mehrfach ins Saargebiet reiste, um mit Schubert oder Florin zu »konferieren« und zugleich im Lande damit beschäftigt war, »Resolutionen von Bezirksleitungen zugunsten der Politbüromehrheit zu fabrizieren«; vgl. H. Wehner, Notizen, in: Zeugnis, a.a.O., S. 120.

154 Die Saint-Just zugeschriebene Losung (»Revolutionäre sind Tote auf Urlaub«) hatte durch die seit 1918 begonnene, durch faschistische Regime intensivierte Verfolgung von Kommunisten eine aktualisierende Umdeutung erfahren. Auch Wehner benutzte später die Formulierung (»Kommunisten sind Tote auf Urlaub«) mehrfach.

155 H. Wehner, Notizen, in: Zeugnis, a.a.O., S. 126f.

156 Robert Stamm (1900-1937) trat 1919 in die KPD ein, war 1924 Parteisekretär im Unterbezirk Barmen-Elberfeld, dort auch Redakteur der *Freiheit*, 1926 Chefredakteur der Barmer KP-Zeitung, 1930 politischer Leiter des Bezirks Nordwest in Bremen und 1932 Abgeordneter im Reichstag. 1933 arbeitete er illegal in Hannover und wurde am 27.3.1935 von der Gestapo in Berlin verhaftet und gefoltert, zusammen mit Rembte und Maddalena am 4.6.1937 zum Tode verurteilt.

157 Adolf Rembte war von Juli bis November 1933 Bezirksleiter von Halle-Merseburg, bis Mai 1934 in Düsseldorf und danach in der Landesleitung Berlin. Am 27.3.1935 wurde er von der Gestapo verhaftet. Informationen über seine Lebensdaten lassen sich den zahlreichen biographischen Werken über die Opfer des Nationalsozialismus oder auch anderen Nachschlagewerken nicht entnehmen.

158 Max Maddalena (1895-1943) wurde 1911 Gewerkschaftsmitglied, trat 1913 in die SPD ein und wechselte 1918 zur USPD. Er wirkte 1920 als Delegierter auf dem Vereinigungsparteitag mit, wurde danach in Südbaden ehrenamtlich für die Partei tätig, 1920-1923 war er Gewerkschaftssekretär in Oberbaden, wurde 1925 hauptamtlich bei der KPD angestellt und im Juli 1925 politischer Leiter des Bezirks Württemberg. 1926-1928 war er Sekretär für Gewerkschaftsfragen bei der Bezirksleitung Wasserkante in Hamburg, von 1928-1933 Abgeordneter im Reichstag, 1931 zudem Leiter der IG Metall in der RGO und von 1932-1934 RGI-Mitarbeiter in Moskau. 1934 schickte man ihn in die Illegalität nach Deutschland. Er wurde ein Jahr später gefaßt und starb am 23.10.1943 in Haft. Das Todesurteil gegen ihn war zuvor in lebenslange Haft umgewandelt worden.

159 H. Wehner, Notizen, in: Zeugnis, a.a.O., S. 124.

160 Es bestehen Zweifel, ob die Gestapo Kenntnis von Wehners Tätigkeit an der Saar erhalten hat: P.v. zur Mühlen, Schlagt Hitler an der Saar, a.a.O., S. 114.

161 H. Wehner, Notizen, in: Zeugnis, S. 124.

162 S.o.Anm.27.

163 Ebenda, S. 126.

164 Ebenda, S. 122; Leo Flieg hatte Wehner nicht nur einen schlechten Paß und eine Fahrkarte ausgehändigt, die angeblich über Zürich, tatsächlich aber über Kehl durch Süddeutschland führte. In Stuttgart füllten sich die Wagen mit »Nazidignitäten«, von denen einige Wehner aus dem sächsischen Landtag bekannt waren. Kein Wunder, daß sich Wehner dabei »unbehaglich« fühlte. Der Vor-

gang zeigte einmal mehr, daß er im Gegensatz zur Beschaffung von illegalen Quartieren, die von Wehner selbst vorgenommen wurde, bei den Reisepapieren auf den Kippenberger-Apparat und später auf die entsprechende Abteilung der Komintern angewiesen blieb, die Papiere sehr unterschiedlicher »Qualität« produzierten. Ähnliche Informationen erhielt der Verfasser von Frau von Mayenburg (Wien).

165 Aus welchen Gründen es in der Auslandsleitung Mißtrauen gegenüber Wahls gab, ist nicht völlig klar. Ulbricht und Dahlem verlangten, daß die neue Landesleitung mit Wahls nicht zusammentreffen sollte und dieser auch nicht wissen sollte, aus welchen Personen diese Leitung bestand: H. Wehner, Notizen, in: Zeugnis, a.a.O., S. 125f.

166 Ebenda, S. 132.

167 S. o. S. 187ff.

168 Vgl. Hildegard Schaedler, Moskau – das Dritte Rom. Hamburg 1929; dieser Anspruch hatte im politisch romantischen Kreis um Zar Alexander I., den Sieger über Napoleon und damit über den »Vollender« (und Beender) der Französischen Revolution, d.h. auch über den westlichen Rationalismus, eine Art Renaissance erlebt; nicht umsonst entstand in diesem Kreis die Idee der Heiligen Allianz als eines gegenrevolutionären Bündnisses der durch Gottes Gnade legitimierten Könige und Kaiser.

169 Herbert Wegner (d.i. H. Wehner), »Gruß an den Sowjetfilm«, in: *Neue Deutsche Blätter*, 2.Jg., Februar 1935, S. 246f.

170 Ebenda, S. 247; neben Piscators »Aufstand der Fischer von Santa Barbara« nach der Erzählung von Anna Seghers, der als Werk eines deutschen Emigranten in der Aufzählung einer Literaturzeitschrift der deutschen Emigration nicht fehlen durfte, wurden unter anderem Dziga Wertoffs historische Filmmontage »Drei Lieder über Lenin« (1934), die Filmreportage »Tscheljuskin« (1935) von M. Trojanowski und A. Schafran und der nach Furmanows gleichnamigen Roman von den Wasiliews gedrehte Film »Tschapajew« (1935) genannt. Schließlich wurde erwähnt, daß Nicolaj Ekk, der Regisseur des Films »Der Weg ins Leben« (1931) – der die Bemühungen des sowjetischen Pädagogen Makarenko in den zwanziger Jahren um die Integration der Besprisornij, der durch den Bürgerkrieg eltern- und heimatlos gewordenen Kinder und Jugendlichen in einer höchst suggestiven Weise schilderte - die »Produktion von Farbfilmen in sowjetrussischen Ateliers« aufgenommen habe.

171 S.u.S. 429.

172 H. Wehner, Notizen, in: Zeugnis, a.a.O., S. 133.

173 Dazu hat Alexej Podschekoldin (Institut für Marxismus-Leninismus der KPdSU) auf dem Wuppertaler Internationalen Symposium Ende März 1990 inzwischen Näheres berichtet; vgl. K. Grobe, Wann war im revolutionären Rußland eigentlich Thermidor?, in: *Frankfurter Rundschau*, 31. März 1990.

174 A. Podschekoldin (s.obige Anmerkung) nannte folgende Zahlen: Ein Arbeiter verdiente 1923 rund zehn Rubel im Monat, ein Parteifunktionär auf Gouvernementsebene erhielt 90 Rubel im Monat, ein zentraler Instrukteur 300 Rubel; bei einer mehr als dreiköpfigen Familie und einem über acht Stunden hinausgehenden Arbeitstag verdoppelte sich sein Einkommen.

175 H. Wehner, Notizen, in: Zeugnis, a.a.O., S. 114; an der Reise hatte auch Kox

teilgenommen, der mit Wehner 1933/34 in der Berliner Landesleitung zusammenarbeitete. Als Leninschüler verfügte er über Russischkenntnisse und konnte dolmetschen.

176 Protokoll des VII. Weltkongresses der Kommunistischen Internationale (25. Juli-20. August 1935). 2 Bde. Reprint, Erlangen 1974, Bd. II, S. 929f.

177 Die einzelnen Zahlen der Aufbauleistungen, ebenda, S. 933f., 939f.

178 Pieck reiste das erste Mal im Herbst 1921 für zwei Monate in die Sowjetunion. Ein weiterer ebensolanger Aufenthalt folgte im Winter 1923/24, und im Juni 1931 fuhr er fast für ein ganzes Jahr dorthin.

179 Protokoll des VII. Weltkongresses, a.a.O., Bd. I, S. 79f.

180 H. Wehner, Notizen, in: Zeugnis, a.a.O., S. 134.

181 Ebenda.

182 H.W. (d.i. H. Wehner), Arbeitersportler im illegalen Kampf, in: *Deutsche Zentral-Zeitung* (*DZZ*), 29. Juni 1935.

183 Knorin »geruhte« nur einmal mit Wehner zu sprechen: »Ich hatte von dieser Audienz den schlechtesten Eindruck – er wohl auch« (H. Wehner, Notizen, in: Zeugnis, a.a.O., S. 133). Knorin wurde wenig später Opfer der »großen Säuberung«.

184 Ebenda.

185 Ebenda, S. 135.

186 W. Firl wurde zum Tode verurteilt und hingerichtet. Der Emissär, der aus Ostpreußen stammende Hoffmann, erhielt 15 Jahre Zuchthaus (ebenda).

187 Wienand Kaasch (1896-1944) trat 1920 in die KPD ein, arbeitete 1923 in der Bezirksleitung Ruhr und wurde 1924 Mitarbeiter der Organisationsabteilung der Zentrale. Anfang 1925 wurde er politischer Leiter der neugebildeten KPD-Bezirksleitung Saar und war in den folgenden Jahren zeitweilig Abteilungsleiter in der Organisationsabteilung des ZK. 1928 erhielt er ein Mandat im preußischen Landtag, das er bis 1932 innehatte. 1931 agierte Kaasch als Instrukteur der Komintern, die ihn 1935 für die illegale Tätigkeit wieder nach Deutschland sandte, wo er im Oktober desselben Jahres verhaftet und 1936 zu zwölf Jahren Zuchthaus verurteilt wurde. 1944 starb er im Zuchthaus in Luckau.

188 Dieses Auswahlkriterium galt jedenfalls für die Delegierten, die bei einem Parteitreffen in Amsterdam im Frühjahr 1935 benannt worden waren. Ulbricht leitete die Beratungen bei diesen Treffen und war über die Haltung der dort gewählten 15 Delegierten offenbar gut informiert (H. Duhnke, KPD 1933-45, a.a.O, S. 184).

189 So Gustav Regler, Das Ohr des Malchus, a.a.O., S. 259.

190 Protokoll des VII. Weltkongresses, a.a.O., Bd. I, S. 3.

191 H. Wehner, Notizen, in: Zeugnis,a.a.O., S. 137f.

192 Pieck kritisierte zwar, daß vor 1933 die Kommunisten begonnen hätten, die sozialdemokratischen Arbeiter als »kleine Zörgiebels« zu bezeichnen, hielt es aber nach wie vor für richtig, daß die Kommunisten Westeuropas unter den Verhältnissen der Jahre 1928 bis 1929 »sich nicht mit Einheitsfrontangeboten an die Spitzen der Sozialdemokratie wandten« (Protokoll des VII. Weltkongresses, a.a.O., Bd. I, S. 33). Im weiteren Verlauf der Rede behauptete er, die KPD habe ab Frühjahr 1932, als ersichtlich gewesen sei, daß die Faschisten einen bedeutenden Vorsprung in der Mobilisierung vor den Kommunisten gehabt,

diese versucht hätten, »um jeden Preis« ein Übereinkommen mit der SPD und dem ADGB herbeizuführen (ebenda, S. 50). Zugleich fehlte jede kritische Auseinandersetzung mit der KPD-Beteiligung am BVG-Streik im November 1932 (ebenda, S. 43).

193 Es handelte sich um die Farbwerke Hoechst; vgl. B. Herlemann, Die Emigration als Kampfposten, a.a.O., S. 62.

194 Anton Ackermann, im März 1935 nach der Verhaftung Robert Stamms von Ulbricht zum Berliner Bezirksleiter bestellt (ebenda, S. 49), sprach auf dem Weltkongreß von einem Einheitsfrontabkommen mit dem Berliner SPD-Bezirksvorstand, als »dem ersten großen Ergebnis unserer Einheitsfrontpolitik« (Protokoll des VII. Weltkongresses, a.a.O., Bd. I, S. 162). Ob es diesen Erfolg gegeben hat, ist umstritten, denn Belege von sozialdemokratischer Seite fehlen bisher.

195 Genosse Funk/Deutschland (d.i. H. Wehner), in: Protokoll des VII. Weltkongresses, a.a.O., Bd. I, S. 309-312; sowie in: *Rundschau* (Basel), Nr. 54, August 1935, S. 2266f.; das Pseudonym Kurt Funk hat Wehner öffentlich hier zum ersten Mal benutzt. Es entstand aus der Kombination eines Decknamens, den er während eines Aufenthalts im Saargebiet geführt hatte, und des Namens Funk, der der Name eines von den Nazis ermordeten KPD-Funktionärs aus dem Ruhrgebiet war (vgl. H. Wehners Erklärung zu einer Veröffentlichung der Zeitung *Dagens Nyheter* vom 11.3.1957, in: Zeugnis, a.a.O., S. 287); dabei handelte es sich offenbar um Albert Funk, geb. 1894 in Essen, Bergmann und Reichstagsabgeordneter der KPD (1930-1933); am 27.4.1933 im Polizeipräsidium in Recklinghausen ermordet (vgl. M. Schwarz, MdR, a.a.O., S. 651); es ist denkbar, daß Wehner ihn während dessen Mitgliedschaft im Reichstag kennengelernt hatte.

196 H. Wehner, Notizen, in: Zeugnis, a.a.O., S. 140.

197 Jelena Stassowa wurde 1935 von der zentralen Kontrollkomission der KPdSU (deren ZK sie von 1919-1921 angehörte) in die der Komintern versetzt.

198 H. Wehner, Notizen, in: Zeugnis, a.a.O., S. 141.

199 Protokoll des VII. Weltkongresses, a.a.O., Bd. II, S. 974.

200 Ebenda, S. 934.

201 Ebenda, S. 968.

202 Diese drei Funktionäre fielen später der »Säuberung« zum Opfer, waren also vermutlich im Sommer 1935 schon in »Ungnade« gefallen.

203 H. Wehner, Notizen, in: Zeugnis, a.a.O., S. 142; Ulbricht hatte sich in seiner Rede auf dem Kongreß in Widersprüche verwickelt; einerseits trat er für »die Schaffung einer einheitlichen Partei der Arbeiterklasse in Deutschland« und für die »Errichtung eines Sowjetdeutschlands« ein, andererseits für die »breiteste antifaschistische Volksfront« unter Einbeziehung auch der Katholiken und der Demokraten, die kaum für seine Ziele zu gewinnen waren (Protokoll des VII. Weltkongreßes, a.a.O., S. 515-518).

204 Protokoll des VII. Weltkongresses, a.a.O., Bd. II, S. 982; es war der zum Referat Pieck am 1. August 1935 angenommene Beschluß.

205 H. Wehner, Notizen, in: Zeugnis, a.a.O, S. 145.

206 Wehner spricht von »etwa 35 Teilnehmern«, nach seiner eigenen Aufzählung (ebenda, S. 146f.), kamen zu den 24 aus der Illegalität kommenden bzw. auf

der Amsterdamer Konferenz (s.o.Anm.188) gewählten Delegierten die sieben Mitglieder des Politbüros. Neben diesen 31 stimmberechtigten Delegierten (H. Duhnke, KPD 1933-45, a.a.O., S. 184, spricht von 38 stimmberechtigten Delegierten, zählt aber nur 30 auf) nahmen als Gäste teil: sieben deutsche Mitarbeiter aus dem Kominternapparat, dazu H. Kippenberger sowie der Russe Smoljansky (ein Mitarbeiter Knorins), Manuilski und Ercoli (d.i. Palmiro Togliatti) waren zeitweise anwesend. Ohne die beiden Letztgenannten also 40 Personen.

207 H. Wehner, Notizen, in: Zeugnis, a.a.O., S. 146.

208 Ebenda, S. 147.

209 Das ganze Protokoll der Verhandlungen der Brüsseler Konferenz ist inzwischen zugänglich im Ost-Berliner Institut für die Geschichte der Arbeiterbewegung (IfGA) unter der Signatur I/1/1/34 (im folgenden zitiert: Protokoll der Brüsseler Konferenz). Es umfaßt mehrere tausend Seiten auf 15 Mikrofilmen. In dem von Klaus Mammach herausgegebenen Band, Die Brüsseler Konferenz, Berlin/DDR 1975, sind weniger als ein Drittel der Redebeiträge abgedruckt; die kritischen Reden (auch alle Beiträge Wehners) fehlen.

210 Die teilweise (irreführende) maschinenschriftliche Seitenangabe geht von S. 716 bis 762, die handschriftliche Paginierung reicht von 585 bis 615; zitiert wird nach der deutlicher ausgeschriebenen Seitenangabe des maschinengeschriebenen Protokolls.

211 Im weiteren Verlauf seiner Rede bemängelte er das Fehlen einer »wirklich richtigen« bzw. »gründlichen leninistischen Analyse« (Protokoll der Brüsseler Konferenz, S. 737).

212 Ebenda, S. 717.

213 Zu Miles und der Gruppe »Neu Beginnen« s.o.S. 381.

214 Protokoll der Brüsseler Konferenz, S. 719f.

215 Ebenda, S. 722; als die auf dieser Parteikonferenz in der zweiten Augusthälfte 1934 formulierte These, daß man durch die Einheitsfront zur Einheitspartei käme, am nächsten Tag in der KP-Zeitung des Saargebiets veröffentlicht wurde, führte dies zur sofortigen Absetzung des Redakteurs; vgl. ebenda, S. 756.

216 Ebenda, S. 723.

217 S. o. S. 341f.

218 Protokoll der Brüsseler Konferenz, S. 732.

219 Ebenda, S. 736.

220 Im Protokoll wurde wie bei fast allen Rednern und Zwischenrufern nur der Deckname (für H. Schubert: Richter, ebenda, S. 742) genannt, in manchen Fällen – etwa bei Dahlem und Ulbricht – diente der Vorname als Deckname.

221 Ulbrichts Zwischenruf (»Das riecht mir sehr nach Knodt«, ebenda, S. 741) wies auf den Chefredakteur der *Roten Fahne* von 1932 bis 1934, Hans Knodt, hin. Knodt, geboren 1900, seit 1919 KPD-Mitglied und ein enger Freund Thälmanns, wurde 1937 verhaftet und ein Opfer der Moskauer »Säuberungen«. Vgl. Hermann Weber, »Weiße Flecken« in der Geschichte. 2.Aufl. Frankfurt a.M. 1990, S. 80.

222 Protokoll der Brüsseler Konferenz, S. 742.

223 Ebenda, S. 745f.

224 Ebenda, S. 747-750; auch hier ist die Seitenzählung irreführend; es handelt sich lediglich um eine zu drei Vierteln beschriebene Seite.
225 Ebenda, S. 451.
226 S. o. S. 343.
227 Protokoll der Brüsseler Konferenz, S. 757.
228 Ebenda, S. 458-60.
229 Ebenda, S. 761.
230 Ebenda, S. 762-65.
231 H. Wehner, Notizen, in: Zeugnis, a.a.O., S. 148.
232 Vgl. Protokoll der Brüsseler Konferenz (IfGA 1/1/34-41), 8. Oktober 1935, S. 951 (Blatt 322 der Akte), und ebenda, S. 953 (Blatt 324).
233 Ebenda, S. 1076f.; es ging um die Frage, ob – wie Schulte behauptete - Ulbricht im August 1933 zur Gründung unabhängiger Klassengewerkschaften, d.h. faktisch zur Weiterführung der RGO sowie zur Sprengung der Deutschen Arbeitsfront (DAF) aufgerufen habe; Wehner konnte beide Behauptungen auf plausible Weise widerlegen.
234 Das sonst im allgemeinen um kritische Fairneß bemühte Wehner-Portrait von A. Freudenhammer/K. Vater, H. Wehner, a.a.O., leidet unter der fixen Idee, Wehner sei Ulbrichts junger Mann gewesen, der im Auftrag Ulbrichts den Führungswechsel mitorganisiert habe; die meisten der gegenüber Ulbricht kritischen Passagen aus den Notizen bleiben unberücksichtigt (ebenda, S. 62-64).
235 H. Wehner, Notizen, in: Zeugnis, a.a.O., S. 148.
236 Ebenda, S. 148f.
237 In einer postumen Würdigung des im Frühjahr 1936 verstorbenen Fritz Heckert beschwor Wehner die von Heckert seit dem Dresdener Parteitag (1903) verkörperten Erfahrungen der sozialdemokratischen Linken und der Vorkämpfer gegen Imperialismus und Faschismus, die gerade für die »jungen Kader« der KPD in der Illegalität ein »kostbarer Schatz« gewesen seien (vgl. K. Funk, Ein Tribun des antifaschistischen Deutschlands, in: *DZZ*, 6. April 1937).
238 Dies galt vor allem für die Beiträge der Delegierten, die im Protokoll unter den Decknamen Kurz, Lewald, Dirks, Wittig und Werner sprachen. Sie wurden von Wehner in dessen Abschlußerklärung am 14. Oktober 1935 lobend hervorgehoben (Protokoll der Brüsseler Konferenz, S. 2058).
239 Ebenda, S. 2059.
240 H. Wehner, Notizen, in: Zeugnis, a.a.O., S. 149f.
241 Ebenda, S. 94.
242 Hinzu kamen drei Kandidaten des ZK: Karl Mewis (»Fritz Arndt«), Wilhelm Knöchel (»Erasmus«), Werner Kowalski (»Kurt Doberer« oder »Dobler«); vgl. H. Duhnke, KPD 1933-45, a.a.O., S. 185.
243 Vgl. K. Mammach, Die Brüsseler Konferenz, a.a.O., S. 29, sowie H. Duhnke, KPD 1933-45, a.a.O., S. 185.
244 H. Wehner, Notizen, in: Zeugnis, a.a.O, S. 151.
245 Ebenda, S. 153.
246 S.o.Anm.112; Wehner kannte ihn allerdings seit 1932 und hatte in seiner Eigenschaft als technischer Sekretär des Politbüros mit ihm »mancherlei gemeinsam zu tun gehabt« (Notizen, in: Zeugnis, a.a.O., S. 156).
247 Ebenda, S. 154-156.

248 An Pieck schrieb er einen lobenden Brief über das korrekte Verhalten Viktors (L. Roth) bei der Übergabe. Seine Gefährtin Lotte, die sich noch in Moskau aufhielt, bat er, Viktor persönlich zu helfen, falls er dorthin kommen und Hilfe nötig haben würde (ebenda, S. 156); Wehner hatte außerdem Viktor geraten, die ihm mitgeteilte Information über die Verbindungen, die er im Auftrag Kippenbergers mit dem französischen und englischen Generalstab unterhielt, Pieck und der Kominternführung mitzuteilen.

249 K. Mammach, Die Brüsseler Konferenz, a.a.O., S. 589f.

250 H. Wehner, Notizen, in: Zeugnis, a.a.O., S. 157.

251 E. Kuttner war der Organisator »des Regiments Reichstag«, das bei den Januarkämpfen 1919 in Berlin das Gebäude des *Vorwärts* freikämpfte.

252 Hinter Mozart verbirgt sich möglicherweise Alfred Mozer, nach 1945 als niederländischer Staatsbürger führend in der Europäischen Bewegung.

253 Zu W. Knöchel, der 1943 vom Volksgerichtshof zum Tode verurteilt und hingerichtet wurde, siehe auch S. 359, 474, 477, 482, 489.

254 H. Wehner, Notizen, in: Zeugnis, S. 158.

255 Münzenberg soll dabei auf direkte Anweisung Dimitroffs gehandelt haben: B. Herlemann, Emigration als Kampfposten, a.a.O., S. 117.

256 Dort übernachtete N. Bucharin bei seinem letzten Aufenthalt im Frühjahr 1936; 1940 wurde das Hotel Sitz der deutschen Gestapo in Paris.

257 Vgl. *Rundschau* (Basel), Nr. 10, März 1936, S. 393f., sowie H. Duhnke, KPD 1933-45, a.a.O., S. 237f.

258 Ebenda, S. 242; Wehners Einschätzung der Absichten Ulbrichts wird auch durch den Brief der nichtkommunistischen Mitglieder des Ausschusses vom 13. November 1937 bestätigt (ebenda, Anm.37); zur Volksfront allgemein vgl. Ursula Langkau-Alex, Volksfront für Deutschland? Bd. 1, Vorgeschichte und Gründung des »Ausschusses zur Vorbereitung einer deutschen Volksfront«, 1933-1936. Frankfurt a.M. 1977.

259 H. Wehner, Notizen, in: Zeugnis, a.a.O., S. 159f.

260 Zum Gesamtkomplex der NS-Betriebspolitik vgl. neuerdings Matthias Frese, Nationalsozialistische Betriebspolitik 1933-1939. Untersuchungen zum Verhältnis von Deutscher Arbeitsfront, Industrie und Staatsbürokratie. (Phil.Diss.) Heidelberg 1988 (MS).

261 M. Frese, Nationalsozialistische Betriebspolitik, a.a.O., S. 287ff.

262 Alle vorstehenden Zitate aus: Kurt Funk, Zwei Taktiken im Kampf gegen Hitler. Für die Einheitsfront bei den Vertrauensrätewahlen, in: *Rundschau*, Nr. 10, März 1936, S. 376 und S. 393.

263 H. Wehner, Notizen, in: Zeugnis, a.a.O., S. 160.

264 Zu Erlers und der anderen genannten SAJ-Leitungsmitglieder Anteil an »Neu Beginnen« vgl. H. Soell, Fritz Erler, a.a.O., Bd. 1, S. 28-52; zu Peukes Rolle in »Neu Beginnen«, ebenda, S. 40f.

265 Vgl. Miles (W. Löwenheim), Neu Beginnen! Karlsbad 1933.

266 Die ausführliche Schilderung in den »Notizen« (S. 160-163) bestätigt diese Einschätzung.

267 Max Seydewitz, der damals schon insgeheim KPD-Mitglied war, spielte dabei Mittelsmann; vgl. H. Wehner, Notizen, in: Zeugnis, a.a.O., S. 163.

268 Ebenda, S. 164.

269 Gerhard Eisler (1897-1968), der Bruder Ruth Fischers sowie des Komponisten Hanns Eisler, trat 1918 in Wien in die KP ein. Er ging 1921 nach Berlin, war dort bei der *Roten Fahne* tätig und wurde 1927 auf dem XI. Parteitag der KPD ins ZK gewählt. Wegen seiner oppositionellen Haltung gegenüber Thälmann nach der Wittorf-Affäre wurde er aus Deutschland abberufen und arbeitete in China und den USA, von wo er 1935 zurückgeholt wurde. Als er 1940 nach Mexiko emigrieren wollte, wurde das Schiff von den Briten aufgebracht, und er kam nach New York. In den USA erkannte man in ihm acht Jahre später den ehemaligen Kominternagenten (»Hans Berger«) und verhaftete ihn. 1949 gelang ihm die Flucht nach Ost-Berlin, wo Mitte der fünfziger Jahre seine politische Karriere in der DDR begann, die ihren Höhepunkt 1967 mit der Mitgliedschaft im ZK der SED erreichte. Eisler starb 1968 in der Sowjetunion.

270 H. Wehner, Notizen, in: Zeugnis, a.a.O., S. 165f.

271 Ebenda, S. 167-169.

272 Ebenda, S. 172.

273 Ebenda, S. 159.

274 Ebenda, S. 173.

275 Wahrscheinlich fand dieses Treffen am Rande der am 19. und 20. Juni 1936 in Paris tagenden ersten »Internationalen Konferenz der deutschen Emigration« statt.

276 Vgl. H. Duhnke, KPD 1933-45, a.a.O., S. 247f.

277 Nicht zu verwechseln mit den seit 1935 erscheinenden Blättern *Deutsche Informationen*, die von Heinrich Mann, Rudolf Breitscheid, Max Braun und Bruno Frei herausgegeben wurden.

278 August Hartmann (d.i. Kurt Schmidt, 1905-1938) trat 1927 in die SPD ein und wechselte 1931 zur KPD. Von 1932-33 war Schmidt Mitglied der Unterbezirksleitung Dortmund, nach der Machtübernahme der NSDAP rückte er für einige Wochen als Abgeordneter in den Preußischen Landtag nach. Nach kurzer Festnahme war er zunächst illegal in Dortmund tätig, dann im Saarland. Im Dezember 1933 nahm er den Decknamen A. Hartmann an. Von 1934-1935 übernahm er die Emigrationsleitung im Saargebiet und hielt sich nach der Saarabstimmung in Frankreich auf. Dort war er Mitglied des Koordinationsausschusses für Spanienfreiwillige, ging Ende 1937 selbst nach Spanien, wo er 1938 erschossen wurde.

279 Die »Beratungsstelle für Saaremigranten« wurde wenig später aufgelöst.

280 Vgl. Archivius (Wehner?), Krieg gegen das eigene Volk!, in: *Informationen von Emigranten für Emigranten*, Nr. 1, Juli 1936.

281 D.h. für die bevorstehende Herbsttagung des Völkerbundes und für die dort anzustrebenden Beschlüsse über das Asylrecht.

282 Kurt Funk, Der Zusammenschluß der deutschen Emigration, in: *DVZ*, Nr. 20, 2. August 1936.

283 Ders., Gemeinsam geht es besser, in: *Informationen von Emigranten für Emigranten*, September 1936.

284 Ders., Freundeskreise der Information, in: Ebenda, Dezember 1936.

285 Ders., Gemeinsam geht es besser, in: Ebenda, September 1936.

286 Vgl. auch ders., Die Vertretung der deutschen Emigration ist einheitlich, in: Ebenda, Januar 1937.

287 Wehner wußte offenbar nicht, daß Alfred Herz NKWD-Agent war und wenig später zu einem der schlimmsten Verfolger nichtkommunistischer Linker in Spanien wurde; vgl. Patrik von zur Mühlen, Spanien war ihre Hoffnung. Bonn 1985, S. 171.

288 Hartmann war Mitherausgeber der *Informationen von Emigranten*; s. auch o.Anm. 278.

289 K. Funk, Internationale Bataillone für das demokratische Spanien, in: *Die Internationale*, Prag, H.1/2, S. 13; vgl. auch die Liste der Gefallenen und Vermißten in Spanien, in: *Informationen von Emigranten für Emigranten*, Dezember 1936, S. 13f.

290 In Wehners vorgenanntem Beitrag (in: *Die Internationale*, S. 13) erwähnte er besonders die Erstürmung des Berges Eremita in einem Nachtangriff. Der republikanische General (und Katalone) Enrique Pérez Farrás soll die Tapferkeit dieser Deutschen gelobt haben (Thälmann könne »stolz« sein auf diese »braven Kameraden«).

291 Zu der widersprüchlichen Figur André Martys vgl. Vincent Brome, The International Brigades. Spain 1936-1939. London 1965, S. 163ff.; dort wird allerdings deutlich, daß viele Anschuldigungen, die Marty auch noch Jahre später gemacht wurden, teilweise überzogen sind. Als Marty zwei Jahre später aus der französischen KP ausgeschlossen wurde, berichtete man von seiten ehemaliger Genossen ebenfalls nur negativ über ihn; ein objektives Urteil über ihn wird heute wohl kaum gefällt werden können. Hier, wie auch in anderen Werken über den Spanischen Bürgerkrieg, finden sich keine Hinweise über Unterwanderungsversuche der Ovra oder der Gestapo in den Brigaden.

292 H. Wehner, Notizen, in: Zeugnis, a.a.O., S. 177.

293 Albert Schreiner, 1892 geboren, war seit Gründung Mitglied der KPD und wurde 1922 Vorsitzender der KP-Württemberg. In den zwanziger Jahren war er zudem vorwiegend journalistisch tätig, 1924 in Moskau Teilnehmer eines militärpolitischen Kursus der Komintern. Im Zusammenhang mit der Wittorf-Affäre 1927 wurde Schreiner aufgrund seiner Korruptionsvorwürfe gegen einen Vertrauensmann Thälmanns, Willy Leow, aus der Bundesleitung, der er seit Ende 1924 angehörte, ausgeschlossen, 1928 aus der Partei. Er trat der KPO bei, begann Anfang der dreißiger Jahre wieder Kontakte über Pieck zur KPD zu knüpfen, emigrierte 1933 nach Frankreich und nahm 1936 in Paris an mehreren Lutetia-Konferenzen teil, bevor er im gleichen Jahr nach Spanien ging und dort Kommandeur der Centuria Thälmann wurde (Deckname zunächst Schindler, später Müller, Michael Anders und Alfred Wallner). 1939 wurde er erst in Marseille, danach auf dem Weg nach Mexiko in den USA interniert, von wo er 1946 in die DDR reiste. Er wurde 1952 an der Universität Leipzig im Fach Geschichte promoviert, von 1956-1961 war er Kollegiumsmitglied der *Zeitschrift für Geschichtswissenschaft* und trat 1961 in den Ruhestand.

294 Ebenda, S. 177f.

295 K. Funk, Internationale Bataillone für das demokratische Spanien, in: *Die Internationale*, a.a.O., S. 13.

296 H. Wehner, Notizen, in: Zeugnis, a.a.O., S. 178.

297 Eine Lieferung von angeblich mehreren 1000 Kilogramm Gold wurde am 25.

Oktober 1936 nach Odessa verschifft. Vgl. Pierre Broué und Emile Témime, Revolution und Krieg in Spanien. 2 Bde. Frankfurt a.M. 1968, Bd. 2, S. 466.

298 POUM = Partido Obrero de Unificación Marxista (Arbeiterpartei der marxistischen Einigung).

299 Vgl. P.v. zur Mühlen, Spanien war ihre Hoffnung, a.a.O., S. 178f.; Ulbricht besuchte unter anderem Barcelona, die Aragon-Front, Valencia sowie Albacete, wo sich das Basislager der Internationalen Brigaden befand. Zu den »Warnlisten« mit Namen und Adressen von illegalen Kämpfern, mit Angaben über illegale Quartiere, mit Vermerken über »Verbrechen« (»Trotzkist«), die Ulbricht und andere Mitglieder der Auslandsleitung auch im Reich verbreiteten (wo sie in die Hände der Gestapo gerieten), vgl. Wehners Brief an Carola Stern, 20. März 1964 (vgl. C. Stern, Ulbricht, a.a.O., S. 96 u. S. 316f.).

300 R. Appel, Gefragt: Herbert Wehner, in: H. Wehner, Zeugnis, a.a.O., S. 332.

301 K.Donat/B. Wördehoff, Interview, a.a.O., S. 357.

302 R. Appel, Gefragt: Herbert Wehner, in: H. Wehner, Zeugnis, a.a.O., S. 332.

303 R. Breitscheid schrieb über H. Mann (an den SPD-Genossen Laufe, 19.8.1938), was dessen Sympathien betreffe, so gingen sie weit mehr nach der kommunistischen als nach der sozialdemokratischen Seite; im übrigen sei H.M. ein »politisch [...] wenig erfahrener und so wenig unabhängiger Outsider«; (zit. nach C. Stern, Ulbricht, S. 316, Anm.34).

304 So soll H. Mann geäußert haben, er könne nicht weiter mit einem Mann verhandeln, der plötzlich behauptet, der Tisch, an dem wir sitzen, sei kein Tisch, »sondern ein Ententeich, und der mich zwingen will, dem zuzustimmen«; vgl. Alfred Kantorowicz, Deutsches Tagebuch. Bd. I, München 1959, S. 63.

305 H. Wehner, Notizen, in: Zeugnis, a.a.O., S. 176.

306 Dabei ging es unter anderem um Konflikte zwischen Georg Decker (SAP) und Willi Münzenberg sowie zwischen Georg Bernhard und L. Schwarzschild (die letzteren stritten sich um die *Pariser Tageszeitung*); vgl. Wehners Bericht an das Politbüro vom 20. Juli 1936,in: IfGA I/2/3/419, S. 1f.

307 Ebenda, S. 6.

308 »Jean« ist der Spitzname des aus Lothringen gebürtigen Franz Dahlem.

309 IfGA I/2/3/419, S. 9f.

310 S.o.Anm.298.

311 Vgl. Wehners Bericht vom 20. Juli 1936 an das Politbüro, in: IfGA I/2/3/419, S. 8.

312 Vgl. Wehners Brief an das Politbüro vom 24. September 1936 (laufende Nr. 187 der Briefeingänge), S. 2 (ebenda); die Namen im Brief sind verschlüsselt; der Schlüssel ist als Anlage beigeheftet.

313 Vgl. Wehners Brief an das Politbüro vom 2. Oktober 1936 (laufende Nr. 194 der Briefeingänge), S. 2 (ebenda).

314 Ebenda, S. 1 u. 3.

315 Wie aus Wehners Briefen an das Politbüro vom 24. September und 2. Oktober 1936 hervorgeht, waren mehrere Arbeitskreise »in Bildung«, die sich aus Vertretern der linken Gruppen zusammensetzten und die sich mit der Arbeit »nach dem Lande« beschäftigten.

316 Dabei ging es um Materialien zum Vierjahresplan des NS-Staates, um Material zu den Kriegsvorbereitungen Hitlers (»Wer bedroht Europa?«), um eine Ausar-

beitung zur Kolonialfrage, um Material zur Kommunal- und Sozialpolitik und um Spezialarbeiten über Musik, Theater, Film und Wissenschaft (vgl. Wehners Brief an das Politbüro vom 2. Oktober 1936, ebenda, S. 2).

317 Vgl. *Deutsche Informationen* (hg. von H. Mann und R. Breitscheid, M. Braun, B. Frei), Jg. I, Nr. 7, S. 4, 17. September 1936, Sondernummer: Antwort auf Nürnberg; aus dem Inhalt: Die 33 gröbsten Lügen der Goebbels-Rede; Louis Fischer: Der »Hunger« in der Ukraine. Der Hitler-»Friede«. Arthur Koestler: Die deutschen Flieger in Sevilla; Emil Ludwig: »Kultur« in Hitler-Deutschland. Wie denken die deutschen Arbeiter über die Antisowjethetze.

318 Vgl. auch Walter (Ulbricht), Für die Aussöhnung des deutschen Volkes gegen die dreitausend Millionäre, gegen die Kriegstreiber, in: *Rundschau*, Nr. 46, 1936, S. 1897ff.; später distanzierte sich Ulbricht von dieser Formulierung; ders., Neue Aufgaben der KPD, in: *KI*, Nr. 5, 1937, S. 421.

319 H. Wehner, Notizen, in: Zeugnis, a.a.O., S. 178f.

320 Ebenda, S. 179.

321 Die »inquisitorische Untersuchung«, die gegen Münzenberg angestrengt wurde, wurde u.a. damit begründet, daß dieser seine Pariser Mitarbeiter zu sorglos ausgewählt hatte und von Moskau nicht kontrollierte Kontakte zur republikanischen Regierung in Spanien unterhielt; sein Ausreisevisum hatte er nur durch die Fürsprache Togliattis und durch das Versprechen erhalten, er wolle lediglich sein Pariser Büro geordnet seinem Nachfolger, dem Tschechen Smeral, übergeben. Der Aufforderung, nach Moskau zurückzukehren, ist Münzenberg nicht mehr nachgekommen; vgl. H. Duhnke, KPD 1933-45, a.a.O., S. 259.

322 Sergej Kirow war Sekretär des Leningrader Parteibezirks und wurde bereits am 1. Dezember 1934 offenbar auf Geheiß Stalins ermordet.

323 Als Anfang 1937 das wörtliche Protokoll dieses ersten Schauprozesses vom August 1936 in verschiedenen Sprachen veröffentlicht wurde, begrüßten vor allem kommunistische Intellektuelle wie Wieland Herzfelde dessen Wirkung als »außerordentlich positiv«. Die deutsche Übersetzung war Heinz Neumann und dessen Frau Margarete Buber-Neumann übertragen worden - wenige Monate vor H. Neumanns Verhaftung; vgl. David Pike, Deutsche Schriftsteller im sowjetischen Exil 1933-45. Frankfurt a.M. 1981, S. 235.

324 H. Wehner, Notizen, in: Zeugnis, a.a.O., S. 181.

325 Ebenda, S. 182.

326 Nach anderer Version am 9. Januar 1937.

327 Die prominenteren Sozialdemokraten wie R. Breitscheid, M. Braun, A. Grzesinski u.a. unterzeichneten nur für sich, nicht für den Exilvorstand der SPD.

328 Willy Brandt, Bemerkungen zum Einheitsproblem, in: *Marxistische Tribüne* (hg. von der SAP), 1.Jg., Oktober 1936, Nr. 5, S. 25f.

329 Ebenda, S. 27.

330 Zahlreiche als »Unabhängige« firmierende Intellektuelle waren KPD-Mitglieder oder standen ihr sehr nahe; z.B. Egon Erwin Kisch, Johannes R. Becher, Ernst Bloch, Wieland Herzfelde (vgl. H. Duhnke, KPD 1933-45, a.a.O., S. 243f.).

331 Vgl. Marta Feuchtwanger an Familie (Arnold) Zweig, 21. Januar 1937: »Lion ist nach wie vor begeistert, er war drei Stunden bei St[alin], ich hoffe, er hat was für die unglücklichen Kollegen tun können. Ich meine nicht nur die Emigranten«, in: Lion Feuchtwanger und Arnold Zweig, Briefwechsel. Berlin/DDR

1984, S. 134. Durch Feuchtwangers Intervention bei Stalin wurde der im November 1937 verhaftete Schauspieler und damalige Direktor des jüdischen Nationaltheaters in Kiew, Alexander Granach, einen Monat später wieder entlassen: In den Fängen des NKWD. Deutsche Opfer des stalinistischen Terrors in der UdSSR. Hg. vom Institut für die Geschichte der Arbeiterbewegung. Berlin 1991, S. 84.

332 M. Feuchtwanger an A. Zweig, 12. Dezember 1936, ebenda, S. 124.

333 Zu den »Säuberungen« allgemein vgl. Robert Conquest, Am Anfang starb Genosse Kirow. Düsseldorf 1970; Joel Carmichael, Säuberung. Berlin 1972, S. 54ff.

334 Lion Feuchtwanger, Erster Eindruck dieses Prozesses, in: *DZZ*, 30. Januar 1937; vgl. auch schon Feuchtwangers Feststellung nach dem ersten Prozeßtag, er habe den Eindruck, »daß dieser wichtige Prozeß ruhig, würdig, eindrucksvoll, ja höflich geführt wird« (ebenda, 24. Januar 1937). Begleitet wurde Feuchtwanger während der Prozeßtage vom amerikanischen Botschafter Davies, der russisch sprach und Feuchtwangers Eindruck teilte.

335 Radek erhielt nur eine Strafe von acht Jahren, weil er offenbar an der Vorbereitung anderer Prozesse beteiligt war. Später soll er im Lager von Kriminellen erschlagen worden sein. Vgl. A. Antonow-Owssejenko, Stalin, a.a.O., S. 169.

336 Vgl. Rudolf Ströbinger, Stalin enthauptet die Rote Armee. Der Fall Tuchatschewski. Stuttgart 1990.

337 Vgl. D. Pike, Deutsche Schriftsteller im Exil, a.a.O., S. 268 Anm.83.

338 L. Feuchtwanger an A. Zweig, 9. Dezember 1936, in: Dies., Briefwechsel, a.a.O., S. 122; bei A. Zweig ist das Bemühen um eine differenzierte Einschätzung, insbesondere die Zurückweisung der These der Verbindung zwischen Trotzki und der Gestapo, deutlich erkennbar; vgl. seinen Brief an Feuchtwanger, 7.2.1937, in: Ebenda, S. 139f.

339 Protokoll des VII. Weltkongresses, a.a.O., Bd. II, S. 953.

340 L. Schwarzschild, Der Gestapomann Trotzki, in: Das *Neue Tagebuch* 35 (August 1936), S. 825ff., zitiert nach D. Pike, Deutsche Schriftsteller im Exil, a.a.O., S. 224.

341 Jackob Burckhardt, Weltgeschichtliche Betrachtungen. (1864) 3.Aufl. Stuttgart 1918, S. 245.

342 Die Niederschlagung des Röhm-Putsches durch Hitler – also die Wendung gegen bisherige Spießgesellen – hat, wie viele Quellen berichteten, zur Inspiration Stalins bei der Vorbereitung der »großen Säuberung« beigetragen.

343 J. Hay, Geboren 1900, a.a.O., S. 214.

344 N. Bukharin, Imerialism und Communism, in: *Foreign Affairs*, Vol.14, Nr. 4, Juli 1936, S. 563ff. Im englischen Text heißt es: »[...] a manifestation of the most profound historical law« (ebenda, S. 577).

345 Vgl. J. Arch Getty, Origins of the great Purges. Cambridge 1985; Gabor T. Rittersporn, Simplifications staliniennes et complications soviétiques: Tensions sociales et conflits politiques en URSS: 1933-53, Paris 1988.

346 Vgl. A. Antonow-Owssejenko, Stalin, a.a.O., S. 103-107 u. 159.

347 Ebenda, S. 152f. u. S. 212.

348 Ebenda, S. 151f.

349 Marta Feuchtwanger, Nur eine Frau. München/Wien 1983, S. 258f.

350 Volker Skierka, Lion Feuchtwanger. Eine Biographie. Hg. von Stephan Jaeger. Berlin 1984, S. 177.

351 Neben dem amerikanischen Botschafter Davies (s.o.Anm.333) gehörten zu denen, die sich von Stalin täuschen ließen, Wendell L. Willkie, republikanischer Präsidentschaftskandidat sowie General Bedell Smith, später Stabschef Eisenhowers (ebenda, S. 179).

352 Zu den westeuropäischen Intellektuellen, die sich von Hitler blenden ließen, gehörte unter anderen der englische Geschichtsphilosoph Arnold Toynbee, der nach einer mehrstündigen Unterhaltung mit Hitler überrascht über die Weite von dessen historischem Wissen war. Er kam auch mit »positiven Eindrücken« von einem Besuch des KZ-Dachau zurück. Vgl. Friedrich Berber, Zwischen Macht und Gewissen. München 1986, S. 83; laut Berber sei Toynbee nicht das KZ, sondern eine »präparierte Abteilung für die SS-Wache« gezeigt worden.

353 Ignazio Silone, An die Redaktion der Zeitschrift *Das Wort*, in: *Arbeiterzeitung* (Basel), 24. September 1936, neu abgedruckt in: europäische ideen, Berlin 1977, S. 237-239.

354 H. Wehner, Notizen, in: Zeugnis, a.a.O., S. 183f.

VIII Im Moskauer Käfig – die Gitter preisend

1 H. Wehner, Notizen, in: Zeugnis, a.a.O., S. 183f.

2 Kurt Funk, Erzählungen aus dem Dritten Reich. A. Gabors Buch »Die Rechnung«, in: *DZZ*, 22. März 1937.

3 Vgl. ders., Ein Buch über Ernst Thälmann, in: *DZZ*, 3. April 1937; dabei handelte es sich um ein von der Verlagsgenossenschaft Ausländischer Arbeiter in der UdSSR herausgegebenes Buch zum 50. Geburtstag von Thälmann (»Dem Kämpfer für Frieden und Freiheit«, hg. von H. Most und E. Walter).

4 H. Wehner, Notizen, in: Zeugnis, a.a.O., S. 185.

5 Ebenda, S. 185.

6 Ebenda, S. 186f.

7 Ebenda, S. 188.

8 Als Beispiel dafür, wie die DDR-Historiographie, die in der SED-Presse der fünfziger und sechziger Jahre auf meist sehr plumpe Weise verbreiteten Desinformationen über Wehners ehemalige Tätigkeit in der KPD übernommen hat, vgl. S. Vietzke, Die KPD auf dem Weg zur Brüsseler Konferenz, a.a.O., S. 220.

9 Vgl. K. Mammach, Die Brüsseler Konferenz, a.a.O., S. 24; auch das dort angegebene Datum von Wehners Abberufung (Oktober 1936) ist falsch.

10 Der Verfasser hat hier Matthias Frese (Heidelberg/Berlin) für die Überlassung der Kopien von Materialien aus dem Archiv des Instituts für die Geschichte der Arbeiterbewegung (IfGA) zu danken. Die Politbüroprotokolle befinden unter der Signatur I/2/3/20.

11 Protokoll der 27. Politbürositzung, 28. Januar 1937, ebenda.

12 Protokoll der 28. Politbürositzung, 1. Februar 1937, ebenda.

13H. Wiatrek machte auf Wehner den »Eindruck eines geprügelten und kopfscheu gewordenen Menschen«. Er hatte in den Versammlungen der Mitarbeiter des EKKI-Apparats nach der Verhaftung Fritz Davids (der im ersten Schauprozeß gegen Sinowjew und andere zu den zum Tode Verurteilten gehörte) »bolschewistische Selbstkritik üben müssen«, weil er nicht durch »eigene Wachsamkeit zur Entlarvung des Volksfeindes« beigetragen hatte (H. Wehner, Notizen, in: Zeugnis, a.a.O., S. 186).

14 Protokoll der 29. Politbürositzung, 28. Februar 1937,in: IfGA I/2/3/20.

15 Vgl. K. Funk, Ein Tribun des antifaschistischen Deutschlands, in: *DZZ*, 6. April 1937; in diesem Beitrag zum Gedenken an Fritz Heckert (der ein Jahr zuvor gestorben war) betonte Wehner, wie sehr sich in der Illegalität dessen »Erfahrungen und Traditionen« als »kostbarer Schatz« erwiesen hätten. »Die jungen Kader, die in die Lücke sprangen [...], sind mit ihrer Hilfe gewachsen.«

16 Protokoll der »Sitzung deutscher Genossen«, 22. Juni 1937, in: IfGA I/2/3/20.

17 H. Wehner, Notizen, in: Zeugnis, a.a.O., S. 189.

18 Dazu zählen: Ernst Fischer, Ruth von Mayenburg, Julius Hay.

19 H. Wehner, Notizen, in: Zeugnis, a.a.O., S. 189.

20 Im Beschlußprotokoll der »Sitzung deutscher Genossen« am 25. August 1937 hieß es, »Wehner soll seine mündlichen Auskünfte noch schriftlich abgeben«. Anwesend waren: Pieck, Florin, Dengel, Müller (d.i. Kader-Müller), der Jugendvertreter Karl (d.i. Walter Hähnel).

21 Zu Goldhammer s.o.S. 346, 382; zu Kox s.o.S. 318, 320, 385.

22 Wehner hat diesen Vorgang, bei dem er sich zusammen mit Sepp Schwab nur durch Flucht retten konnte, wobei Birkenhauers Rolle undeutlich blieb, in den »Notizen« geschildert (in: Zeugnis, a.a.O., S. 70); aus Wehners weiterer Schilderung (ebenda, S. 203) geht nicht mit letzter Klarheit hervor, ob Birkenhauer Wehner beschuldigte, er habe ihn (Birkenhauer) oder Thälmann der Polizei in die Hände zu spielen versucht.

23 Vgl. das Protokoll der »Sitzung deutscher Genossen«, 25. August 1937 (IfGA I/2/3/20).

24 Die Verhaftung Birkenhauers hat im November 1937 stattgefunden. Ende September 1937 waren unter anderen Wehner, Birkenhauer und Flieg damit beauftragt worden, Dokumente zum 20. Jahrestag der KPD zusammenzustellen (vgl. das Protokoll der »Sitzung deutscher Genossen«, 27. September 1937, ebenda). Wehner stimmte am 9. Dezember 1937 dem Ausschluß von 47 KPD-Mitgliedern, darunter dem von Belfort (d.i. Birkenhauer) zu; es handelte sich um die Liste 10 der Ausschlüsse (IfGA I/2/3/82). Vgl. neuerdings auch: In den Fängen des NKWD, a.a.O., S. 37f; Birkenhauer wurde im Juli 1939 zu zwölf Jahren Arbeitslager, im September 1941 zum Tode verurteilt und 1956 rehabilitiert.

25 Leo Flieg wurde im März 1939 durch das Militärkollegium des Obersten Gerichts der UdSSR (MKOG) zum Tode verurteilt. Im Oktober 1957 wurde er vom gleichen Gremium postum rehabilitiert (ebenda, S. 71f.).

26 H. Wehner, Notizen, in: Zeugnis, a.a.O., S. 203.

27 Vgl. Margarete Buber-Neumann, Kriegsschauplätze der Weltrevolution. Stuttgart 1967, S. 401f. u. 437f.; ihre nach dem Zweiten Weltkrieg geschriebenen Erinnerungen (»Als Gefangene bei Stalin und Hitler«. München 1949) enthalten keine Vorwürfe an Wehners Adresse; zu jener Zeit war Wehner offenbar nicht prominent genug.

28 Vgl. Julius Braunthal, Geschichte der Internationale. 3.Aufl. Berlin/Bonn 1978, Bd. 2, S. 345ff.

29 Vgl. IfGA I/2/3/82; die Akte beginnt mit einem Schreiben von W. Pieck (ZK der SED) an Wieland (Kaderabteilung) vom 11.2.1953 – offenbar sollte das Material zur Vorbereitung eines Schauprozesses gegen den aus der Bundesrepublik entführten KPD-Vorsitzenden Kurt Müller (1903-1990) benutzt werden – »betr. Material über Parteiausschlüsse 1936-1938«; der Brief enthält 10 Namenslisten.

30 Vgl. In den Fängen des NKWD, a.a.O., S. 9ff. Unter den Ausgeschlossenen war Fritz David (d.i. Ilja Krugljanski) ein enger Mitarbeiter W. Piecks. David war zusammen mit zwei anderen aus der Sowjetunion stammenden KPD-Funktionären (Alexander Emel und Hans Stauer) am Tage nach dem Ende des ersten Schauprozesses (25. August 1936) erschossen worden. Pieck machte sich in einem Schreiben an W. Florin vom 23. August 1936 (es wurde nicht abgeschickt) Sorgen darüber, daß ihm mangelnde Wachsamkeit gegenüber David vorgeworfen werden würde. David soll angeblich im Auftrag Trotzkis die Ermordung Stalins auf dem VII. Weltkongreß der Komintern geplant haben (!), vgl. ebenda, S. 277f.

31 Anwesend waren: Pieck, Florin, Ulbricht, Herbert (Wehner), Weber (H. Wiatrek), Claus (H. Nuding), Mertens (?), Müller (Leiter der Kaderabteilung); ausgeschlossen wurden in dieser Politbürositzung am 28. Januar 1937 30 Personen. Vorbereitet war die Aufstellung schon am 1. Dezember 1936, als die Liste verabschiedet wurde, waren möglicherweise einige der dort Genannten schon von den »Organen« ermordet worden (IfGA I/2/3/82).

32 Vgl. das Protokoll der »Sitzung deutscher Genossen«, 20. Mai 1937 (IfGA I/2/3/20).

33 Protokoll der »Sitzung deutscher Genossen«, 22. Juni 1937 (ebenda).

34 Ebenda.

35 Im Protokoll der Sitzung vom 22. Juni 1937 in der Akte IfGA I/2/3/20 steht »auf Vorschlag per Telefon«; das ist angesichts der Tatsache, daß die Sitzung am gleichen Ort abgehalten wurde, offenkundig die richtigere Angabe.

36 Es handelte sich um die »Sitzung deutscher Genossen« am 22. Juni, am 25. August und am 27. September 1937.

37 Es war die oben in Anm.24 erwähnte Liste Nr. 10, auf der auch Birkenhauers Name stand.

37a Vgl. den abgebildeten Auszug aus dieser Liste. In der handschriftlichen (nur in Teilen entzifferbaren) Randbemerkung beantragt Wehner eine weitergehende Prüfung des »Falls« Julmann (d.i. Julius Gebhard). Gebhard war viele Jahre mit dem 1937 verhafteten Hugo Eberlein befreundet, der 1928 maßgeblich an der Aufklärung der Wittorf-Affäre (s.o. S. 210) beteiligt gewesen war. Vielleicht versuchte Wehner auf diese Weise zumindest einen Aufschub des Ausschlusses zu erreichen. In den »Notizen« (in: Zeugnis, a.a.O., S. 199) erinnert sich Wehner an das Vorgehen gegen Gebhard und beschreibt in wenigen Sätzen exemplarisch das Schicksal der aus der KPD Ausgeschlossenen.

38 Zwei dieser Listen sind schon erwähnt in einem Interview (»Deutsche Antifaschisten in Stalins Hand«) der *Beiträge zur Geschichte der Arbeiterbewegung* (32.Jg, H.3, 1990, S. 326ff.) mit Peter Kahle, der gemeinsam mit anderen Historikern die schon mehrfach erwähnte Dokumentation »In den Fängen des NKWD« herausgebracht hat.

39 Münzenberg gab seit März 1938 die Zeitschrift *Die Zukunft* heraus, die zwar

den Volksfrontkurs beibehielt – aber immer mehr in Distanz zur KPD. Die offizielle Distanzierung erfolgte erst ein Jahr später.

40 Neben dem Namen von Frau Buber-Neumann stand der handschriftliche Vermerk »zurück Renegatin«, d.h. sie war aus dem Gulag zurückgekommen (bzw. Hitlers Schergen überstellt worden) und hatte sich seither aus der kommunistischen Glaubensgemeinschaft verabschiedet.

41 Die Liste trug das Datum vom 21. Juni 1938; Wehner hatte also erst zwei Wochen später unterschrieben (IfGA I/2/3/82); F. Schulte ist – nach SED-Angaben – 1943 in der UdSSR aufgrund »falscher Anschuldigungen« umgekommen, vgl. Biographisches Handbuch der deutschsprachigen Emigration nach 1933 (Hg. vom Institut für Zeitgeschichte München und von der Research Foundation for Jewish Immigration, Inc., New York). 3 Bde. München u.a. 1980-1983, Bd. 1, S. 674.

42 Vgl. die Beschlußprotokolle der kleinen Kaderkommission, in: IfGA I/2/3/83; die Protokolle zeigen allerdings in einer Reihe von Fällen, daß die kleine Kaderkommission jedes auch nur denkbare Risiko scheute, mit den sowjetischen »Organen« in Konflikt zu geraten. Dies zeigte sich z.B. beim Fall der Maria Osten (d.i. Maria Greßhöner), geb. 1909, seit 1926 KPD-Mitglied. Sie war Lebensgefährtin des sowjetischen Schriftstellers Michail Kolzow, der wegen seiner Verbindungen in und zu Westeuropa unter Verdacht geraten war. Die Kommission überprüfte die Mitgliedschaft Maria Ostens in zwei Sitzungen. In der ersten Sitzung am 2. Juni 1939, an der nur Ulbricht und Dengel teilnahmen, erging der Beschluß, M. Ostens »Parteivergangenheit in Deutschland« nachzuprüfen. Stellung zu dieser »Angelegenheit« könne erst genommen werden, wenn ihr Verhältnis zu Kolzow und ihre Tätigkeit in Spanien und Paris »von anderen Organen« geprüft worden sei. In der zweiten Sitzung am 3. Juli 1939 – laut Protokoll war diesmal Wehner anwesend – wurde der Beschluß der ersten Sitzung bestätigt. Im übrigen stellte die Kommission nach »eingehender Befragung der Genossin fest, daß sie in der KPD nicht an der Parteiarbeit teilgenommen hat. Sie tat nichts, um sich mit der Politik der Partei und der Theorie des Marxismus-Leninismus vertraut zu machen«. Der Beschluß hatte keine unmittelbaren Folgen, wohl aber mittelbare. Nach der Erschießung Kolzows wurde M. Osten im Juni 1941 ebenfalls verhaftet und am 8. August 1942 wegen »Spionage« erschossen. 1957 wurde sie vom Militärgericht des Moskauer Militärbezirks rehabilitiert. Entsprechende Auszüge aus dem Protokoll der Kommission sind neuerdings veröffentlicht in: In den Fängen des NKWD, a.a.O., S. 344/45.

43 F. Schultes »Fall« wurde in der »Sitzung deutscher Genossen« am 2. August 1937 erörtert; Wehner war nicht anwesend; einer zur Untersuchung der »Angelegenheit Schweitzer« (d.i. Schulte) eingesetzten Kommission gehörten unter Vorsitz von Dengel Pieck, Florin und W. Hähnel an (IfGA I/2/3/82); Schulte wurde als Nr. 152 der Liste vom 21.6.1938 ausgeschlossen, siehe oben Anm.41.

44 Erich Wollenberg war 1933 wegen Kritik am ZK der KPD von der Internationalen Kontrollkommission der Komintern aus der Partei ausgeschlossen worden. Zuvor hatte er sich hauptsächlich journalistisch betätigt. Nachdem er 1924 nach Moskau delegiert wurde, wo er im Range eines Brigadegenerals in die Rote Armee eintrat, leitete er 1927 die Saarbrückener *Arbeiterzeitung*. 1928 absolvierte Wollenberg an der Lenin-Schule in Moskau eine Lehrtätigkeit, kehrte nach Deutschland zurück und arbeitete als Redakteur der *Roten Fahne*. 1934 floh er

nach Prag, vier Jahre später nach Paris und 1940 nach Marokko. Nach dem Krieg wurde Wollenberg von der amerikanischen Militärregierung in Bayern eingesetzt.

45 H. Wehner, Notizen, in: Zeugnis, a.a.O., S. 206.

46 Vom ersten Verhör Wehners in der »Lubjanka« im März 1937 wußten die Vernehmungsbeamten des zweiten Verhörs angeblich nichts mehr; nach einer Überprüfung der Hinweise Wehners (vgl. Notizen, in: Zeugnis, a.a.O., S. 207) mußten sie einräumen, daß die Niederschrift nicht mehr zu finden war und die beiden vernehmenden NKWD-Funktionäre nicht mehr existierten.

47 In den Fängen des NKWD, a.a.O., S. 10.

48 H. Wehner, Notizen, in: Zeugnis, a.a.O., S. 208.

49 Ebenda.

50 K. Donat/B. Wördehoff, Interview, a.a.O., S. 360.

51 Wehner hat anläßlich des Todes des vorsitzenden Richters Wilhelm Bünger (Präsident des VI. Strafsenats des Reichsgerichts, 1924-1927 Justizminister in Sachsen, 1929/30 Ministerpräsident) in der *Rundschau* dessen Porträt verfaßt, das unter anderem genaue Kenntnisse des Prozeßverlaufs voraussetzte. Vgl. K. Funk, Zum Tod des Senatspräsidenten Dr. Wilhelm Brünger, in: *Rundschau*, Nr. 15, April 1937, S. 602f.; vgl. auch das in der vorigen Anmerkung genannte Interview von Donat/Wördehoff mit Wehner von 1976.

52 H. Wehner, Notizen, in: Zeugnis, a.a.O., S. 208f.

53 Ebenda, S. 221.

54 Ebenda, S. 209.

55 Ebenda, S. 217.

56 Ebenda, S. 226.

57 Bei Alexander Solschenizyn (Der Archipel Gulag, 1973, deutsch: Bern 1974) wird geschildert, wie unter Stalin, der schon 1901 von Partei- und Zellengenossen beschuldigt worden war, sich gegen politische Gegner der Hilfe von Kriminellen zu bedienen, und wenig später mit deren Unterstützung auch Banken beraubte, dessen Faible für die Unterwelt schon in den zwanziger Jahren von den Behörden sprachlich umgesetzt wurde: Aus den Kriminellen wurden die »Sozial-Nahestehenden«, während die politischen Häftlinge »Konterrevolutionäre«, »Volksfeinde«, »Sozial-ferne Elemente« (d.h. nicht besserungsfähig) waren (ebenda, S. 477, 511 u.ö.).

58 S.o. Kapitel VI, Anm.41.

59 H. Wehner, Notizen, in: Zeugnis, a.a.O., S. 224.

60 Wehner verlegt die Freilassung irrtümlich in das Jahr 1939; Koenen wurde zunächst am 21. April 1938 freigelassen.

61 H. Wehner, Notizen, in: Zeugnis, a.a.O., S. 213f.

62 Heinz Voßke, Briefe Wilhelm Piecks an Georgi Dimitroff und D.S. Manuilski aus den Jahren 1937 bis 1942, in: *BZG*, 31.Jg., 1989, H.4, S. 489ff.

63 Vgl. H. Weber, »Weiße Flecken« in der Geschichte, a.a.O., S. 167f.

64 H. Voßke, Briefe Piecks an Dimitroff und Manuilski, in: *BZG*, a.a.O., S. 492.

65 Diese Liste konnte bisher in Moskau nicht aufgefunden werden; vgl. ebenda, S. 493 Anm.8.

66 Ebenda, S. 492.

67 H. Wehner, Notizen, in: Zeugnis, a.a.O., S. 214.

68 Ebenda, S. 219.
69 Ebenda, S. 190-193.
70 Ebenda, S. 226f.
71 Ebenda, S. 227.
72 Für die Zeit von Anfang Mai bis September 1937 konnten keine Veröffentlichungen Wehners festgestellt werden.
73 Vgl. K. Funk, Ein 1. Mai der Mobilisierung für den Weltfrieden, gegen die faschistischen Kriegstreiber, in: *Deutsche Rundschau,* Nr. 17, April 1937, S. 661f.; dort ist einmal die Rede von den »verächtlichen, schmutzigen trotzkistischen Agenten des Hitlerfaschismus«, die von den Führern der II. Internationale in Schutz genommen würden.
74 Ders., Nürnberg ist nicht braun, in: *Rundschau*, Nr. 40, September 1937, S. 1429f.
75 Ders., Internationale Literatur – Deutsche Blätter, VII.Jg, H.1-6, in: Ebenda, Nr. 43, Oktober 1937, S. 1534.
76 Ders., »Der Sozialismus macht den Nordpol der Menschheit dienstbar«, in: Ebenda, Nr. 46, November 1937, S. 1660f.
77 Ders., Moskau, die glückliche Stadt, in: Ebenda, Nr. 49, November 1937, S. 1832f.
78 Ders., Ein Jahr Stalinsche Verfassung, in: Ebenda, Nr. 52, Dezember 1937, S. 1969f.
79 Vgl. auch ders., The Reactionary Line of the Central Committee of the Social-Democratic Party of Germany, in: *Communist International*, Bd. 15, Februar 1938, S. 181-184.
80 H. Wehner, Notizen, in: Zeugnis, a.a.O., S. 205.
81 Ebenda, S. 230.
82 Vgl. Ruth Seydewitz, Alle Menschen haben Träume. Berlin/DDR 1976, S. 345; zu jener Zeit waren zwei Söhne von Ruth und Max Seydewitz in Haft (Horst und Fridolin S.); sie wurden erst 1948 entlassen; vgl. H. Voßke, Briefe Piecks an Dimitroff und Manuilski, in: *BZG*, a.a.O., S. 493 Anm.7, sowie Wehner, Notizen, in: Zeugnis, a.a.O., S. 219. Max Seydewitz war von 1910 bis zur Gründung der SAP 1931, deren Vorsitzender er wurde, Mitglied der SPD. 1933 emigrierte er zunächst nach Prag, dann nach Norwegen und schließlich nach Schweden. 1945 wurde er Mitglied der KPD und bekleidete später führende Ämter in der DDR; unter anderem war Seydewitz von 1947 bis 1952 Ministerpräsident des Landes Sachsen, danach Mitglied der dortigen SED-Landesleitung und seit 1955 Generaldirektor der Staatlichen Kunstsammlungen in Dresden.
83 K. Funk, Ein Sozialdemokrat über die Sowjetunion und die internationale Arbeiterbewegung, in: *KI*, 19.Jg., H.8, 16. August 1938, S. 846-849.
84 Vgl. die Forschungen Anna Freuds (Das Ich und die Abwehrmechanismen. München o.J.).
85 K. Funk, Die deutsche Arbeiterklasse und ›Großdeutschland‹, in: *KI*, 19.Jg., H.6, 10. Juni 1938, S. 549-556.
86 H. Wehner, Notizen, in: Zeugnis, a.a.O., S. 230.
87 K. Funk, Die deutsche Arbeiterklasse und ›Großdeutschland‹, in: *KI*, a.a.O., S. 550f.

88 Ders., Das pangermanistische Programm des Nationalsozialismus, in: *KI*, 19.Jg., H.7, 5. Juli 1938, S. 668-670.
89 Vgl. H. Wehner, Notizen, in: Zeugnis, a.a.O., S. 223.
90 K. Funk, »Gibt es fortschrittliche Tendenzen im Faschismus«, in: *KI*, 19.Jg., H.10., 24. Oktober 1938, S. 1026-1034.
91 H. Duhnke (KPD 1933-45, a.a.O., S. 286), der diesen Artikel Wehners zitiert, hat die dort auch gegen Illusionen in den Reihen der KPD gerichteten Tendenzen nicht erkannt.
92 K. Funk, Lehren eines Kämpfers um die demokratische Republik, in: *KI*, 19.Jg., 25. November 1938, S. 1188-1200, das Zitat auf S. 1191 (dieser Beitrag ist wieder abgedruckt worden in: H. Wehner, Wandel und Bewährung, a.a.O., S. 14-22).
93 Ebenda, S. 1195.
94 Ders., Gibt es fortschrittliche Tendenzen im Faschismus, in: *KI*, a.a.O., S. 1032.
95 H. Wehner, Notizen, in: Zeugnis, a.a.O., S. 230.
96 K. Funk, Soll die Arbeiterklasse vor dem Kriege kapitulieren? Paris 1938; nur an einer Stelle (S. 46) wird dort ein Vertreter der SPD kritisiert – W. Sollmann –, der angeblich die Freiwilligen in Spanien beschimpft habe.
97 Ders., Die Politik der II. Internationale gegenüber der Offensive des Faschismus, in: *KI*, 19.Jg., H.12, 20. Dezember 1938, S. 1314.
98 Ders., Die Kolonialforderungen des deutschen Faschismus, in: *KI*, 20.Jg., H.1, 20. Januar 1939, S. 62; ähnlich schon ders., Kann man Hitler durch Zugeständnisse befriedigen? in: *Rundschau*, Nr. 53, Dezember 1938, S. 1797.
99 Ders., Das europäische Kolonialreich des deutschen Faschismus, in: *KI*, 20.Jg., H.4, 25. April 1939, S. 469.
100 Ebenda, S. 472 u.479.
101 Ders., Die Bedeutung der Lehre Lenins und Stalins vom Staat für die internationale Arbeiterklasse, in: *KI*, 20.Jg., H.7, 15. Juli 1939, S. 850.
102 Ebenda, S. 472 und 479.
103 Die Datierung ist ungenau; in einer »Sitzung deutscher Genossen« – undatiert, wahrscheinlich Sommer 1938 – wurde erwähnt, daß Wehner für die deutschsprachigen Sendungen des Moskauer Radiorundfunks arbeiten sollte (vgl. IfGA I/2/3/20, »Übersicht über Einzelfragen«).
104 H. Wehner, Notizen, in: Zeugnis, a.a.O., S. 231. Seiner früheren Frau, Lotte Loebinger, die seit 1937 als Sprecherin der deutschsprachigen Sendungen des Moskauer Rundfunks eine Vertrauensstellung besaß, war es ähnlich ergangen: Als sie in einer »Live«-Übertragung die Übersetzung einer Molotow-Rede vortrug, fehlte eine Seite. Obwohl sie daran schuldlos war, kündigte ihr die deutsche Redaktion. Sie klagte vor Gericht zwecks Wiedereinstellung, gewann den ersten Prozeß, verlor den zweiten und schrieb zuletzt an Molotow, der zurückschrieb, die deutschen Sprecher seien »pfleglich zu behandeln«. Wehner soll zwischendurch gemeint haben, der Prozeß koste sie »den Kopp«; vgl. das Interview der *TAZ* mit Frau Loebinger (19. Mai 1990); dazu auch Wehner, Notizen, in: Zeugnis, a.a.O., S. 222.
105 Ebenda, S. 235f.
106 Zit. nach A. Antonow-Owssejenko, Stalin, a.a.O., S. 324.
107 H. Wehner, Notizen, in: Zeugnis, a.a.O., S. 236.

108 Ebenda, S. 237f.

109 Ebenda, S. 236; in seinen »Erinnerungen und Reflexionen« (Hamburg 1969, S. 406ff.) hat Ernst Fischer deutlich gemacht, daß er damals den Kern der Frage nicht erkannt, gleichwohl um Verständnis – etwa bei W. Pieck, Ph. Dengel und anderen Kommunisten – für Stalins Absicht (hatte er sie?), Zeit zu gewinnen, geworben habe; tatsächlich hatten die riesigen Lieferungen an Rohstoffen, Produkten, Nahrungsmitteln an Hitler-Deutschland sowjetische Verteidigungsvorbereitungen eher geschwächt.

110 Hans von Herwarth, Zwischen Hitler und Stalin. Erlebte Zeitgeschichte von 1931 bis 1945. Frankfurt a.M. u.a. 1982, S. 186.

111 Vgl. den Erlebnisbericht von M. Buber-Neumann, Als Gefangene bei Stalin und Hitler, a.a.O.

112 Vgl. Wolfgang Leonhard, Der Schock des Hitler-Stalin-Paktes. Freiburg 1986, S. 152f.

113 Vgl. Franz Dahlem, Am Vorabend des zweiten Weltkrieges. 1938 bis August 1939. Erinnerungen. 2 Bde. Berlin/DDR 1980, 1977; die Zitate in Bd. 1 auf S. 425ff.

114 Vgl. das Protokoll der »Sitzung deutscher Genossen«, 29. Juli 1939 (IfGA I/2/3/20); anwesend waren: Florin, Wehner, Ulbricht, Dengel, Fürnberg; führende Mitglieder der österreichischen KP wie Fürnberg, Koplenig und andere nahmen seit 1939 an den Leitungssitzungen der KPD teil.

115 Vgl. das Protokoll der »Sitzung deutscher Genossen«, 19. August 1939 (ebenda); anwesend waren die in der vorhergehenden Anmerkung Genannten, ergänzt durch W. Pieck.

116 *Die Welt* war Nachfolgerin der bis September in Basel erschienenen *Rundschau.* Von dort aus konnte die Zeitung direkt »ins Land« geschmuggelt werden. Die Verlagerung von Druck und Redaktion war offenbar eine Folge des deutsch-sowjetischen Einverständnisses.

117 K. Funk, Konstruktive Friedenspolik, in: *Die Welt*, Nr. 10, 8. November, S. 163f.

118 H. Wehner, Notizen, in: Zeugnis, a.a.O., S. 231.

119 K. Funk, Betrachtungen zu einer Nummer »*Neuer Vorwärts*«, in: *KI*, 21.Jg., H.1, Januar 1940, S. 81, 83f.; kritisiert wurde die Nr. 141 des *Neuen Vorwärts* (Dezember 1939).

120 Ders., Konstruktive Friedenspolitik, in: *Die Welt*, Nr. 10, 8. November 1939, S. 163.

121 Vgl. ders., Geheimdokumente über die deutsche Okkupation der Ukraine [die Rezession einer 1938 in Straßburg erschienenen Quellenedition aus sowjetischen Archiven], in: *Rundschau*, Nr. 62, Dezember 1938, S. 2145.

122 H. Wehner, Notizen, in: Zeugnis, a.a.O., S. 235; dabei meinte Fürnberg, man müsse viele Vorurteile (d.h. Kritik an KZs und Antisemitismus) über Bord werfen.

123 »Gegen den imperialistischen Krieg – für den Frieden und die Freiheit der Völker«, in: *KI*, 20.Jg., H.12, Dezember 1939, S. 1285.

124 Ebenda, S. 1290.

125 H. Wehner, Notizen, in: Zeugnis, a.a.O., S. 239.

126 K. Funk, Ein Jahr Nichtangriffspakt zwischen der Sowjetunion und Deutsch-

land, in: *Die Welt*, Nr. 37, 6. September 1940, S. 1069-1071; ähnlich schon ders., Die Delegation der werktätigen Bevölkerung Bessarabiens und der Nordbukowina vor dem Obersten Sowjet, in: *Die Welt*, Nr. 34, 16. August 1940, S. 997f.

127 Walter Ulbricht, Hilferding über den »Sinn des Krieges«, in: *Die Welt*, Nr. 6, 2. Februar 1940, S. 137.

128 K. Funk, Karl Liebknecht und Rosa Luxemburg. Internationalisten der Tat, in: *KI*, 22.Jg., H.2, Februar 1941, S. 124-132; die Zitate auf S. 124 u. 132.

129 H. Wehner, Notizen, in: Zeugnis, a.a.O., S. 240.

130 Dazu sollen laut SED-Geschichtsschreibung vom »Politbüro«, das seit Winter 1937 aufgelöst war, »interne Vereinbarungen der deutschen Genossen über die organisatorischen Aufgaben der Partei« am 11. Dezember 1939 verabschiedet worden sein, die den Aufbau einer zentralen Leitung, die Schaffung von Bezirksleitungen in den wichtigsten Industriegebieten, die Herausgabe der *Roten Fahne* und der *Berliner Volkszeitung* (!) vorsahen; vgl. Gerhard Nitzsche, Zur politisch-organisatorischen Führungs- und Verbindungstätigkeit des ZK der KPD im antifaschistischen Widerstandskampf in der Anfangsperiode des Zweiten Weltkriegs (1939 bis 1941), in: *Wissenschaftliche Zeitschrift der Humboldt-Universität zu Berlin*, Jg. XIX (1970), H.2, S. 160f.

131 H. Wehner, Notizen, in: Zeugnis, a.a.O., S. 241f.

132 Ulbricht hatte sich unter anderem auch wegen des »Abfalls Münzenbergs«, der im März 1939 öffentlich wurde, einer Untersuchung der Kontrollkommission der KI zu unterziehen; im Protokoll der »Sitzung deutscher Genossen« (*Protokoll* im doppelten Sinne des Wortes) vom Juni-August 1939 rangiert Ulbrichts Name hinter dem von Wehner, der – da Pieck sich einige Monate in Westeuropa aufhielt – an zweiter Stelle hinter W. Florin genannt wird; in: IfGA I/2/3/20.

133 Es handelte sich um Anton Switalla, mit dem Wehner im Saarkampf zusammengearbeitet hatte.

134 H. Wehner, Notizen, in: Zeugnis, a.a.O., S. 242.

135 Ebenda, S. 243.

136 Vgl. Beatrix Herlemann, Auf verlorenem Posten. Kommunistischer Widerstand im Zweiten Weltkrieg. Die Knöchel-Organisation. Bonn 1986, S. 22.

137 H. Wehner, Notizen, in: Zeugnis, a.a.O., S. 240.

138 B. Herlemann, Auf verlorenem Posten, a.a.O., S. 321.

139 H. Wehner, Notizen, in: Zeugnis, a.a.O., S. 241.

140 H. Wehner (vgl. ebenda, S. 252) gab eine Episode wieder, die Stahlmann ihm 1941 in Stockholm erzählte. Der »Apparat« (Kippenbergers) habe ihn zur Zeit der Parteiführung Ruth Fischers den Auftrag erteilt, im Grunewald einen mit ihm befreundeten Mann – angeblich ein Spitzel – zu erschießen. Als er schon die Pistole erhoben habe, seien Leute des »Apparats« aus ihrem Versteck aufgesprungen und hätten ihm erklärt, das Ganze sei veranstaltet worden, um einen Beweis für die Ergebenheit und Zuverlässigkeit Stahlmanns zu bekommen. Der Beweis sei nun erbracht.

141 Vgl. P.v. zur Mühlen, Spanien war ihre Hoffnung, a.a.O., S. 269.

142 S.o.Anm.130.

143 H. Wehner, Notizen, in: Zeugnis, a.a.O., S. 244.

IX Schweden als letzte Etappe

1 H. Wehner, Notizen, in: Zeugnis, a.a.O., S. 245.

2 Vgl. K. Arndt (d.i. K. Mewis), Zum Problem: Arbeiterklasse und Nation, in: *Die Welt*, 3.Jg., Nr. 9 und 10, 28. Februar und 3. März 1941.

3 H. Wegner (d.i. Wehner), Es ist Zeit sich auszusprechen, in: Ebenda, Nr. 20, 16. Mai 1941, S. 635-638.

4 K. Friedemann (d.i. Wehner), Ein Flug, ein Absprung mit dem Fallschirm – und ihre tiefere Bedeutung, in: Ebenda, Nr. 22, 30. Mai 1941, S. 673-675.

5 Joh. Karsten (d.i. Wehner), Gedanken über den Weg zum Frieden, in: Ebenda, Nr. 24, 13. Juni 1941, S. 749-751; die Redaktion hatte in einem kurzen Vorspann betont, daß sie sich nicht alle der einzelnen Gedanken zu eigen mache; offenbar ging es dabei um Wehners Thesen vom »kapitalistischen Charakter der herrschenden Ordnung« (in Deutschland) und von den Bemühungen des (kommunistischen) Volkskongresses in London um einen »Volksfrieden«, die von der englischen Regierung unterdrückt wurden.

6 Wehner selbst zitierte aus NS-Zeitungen (unter anderen *Das Reich*, *Deutsche Allgemeine Zeitung*), um die im Sommer 1941 völlig offen propagierte »Philosophie« der Vernichtung zu belegen (K. Friedemann, Arbeiterbewegung und Faschismus, in: *Die Welt*, Nr. 32, 8. August 1941, S. 985).

7 H. Wegner, Ein Wort für die, die mit dem Herzen dabei waren, in: Ebenda, Nr. 26, 27. Juni 1941, S. 808f.

8 K. Friedemann, Wladimir Iljitsch Lenin, in: Ebenda, 4.Jg., Nr. 3, 16. Januar 1942, S. 66.

9 Ders., Nach zwei Kriegsjahren, in: Ebenda, 3.Jg., Nr. 35, 29. August 1941, S. 1082.

10 H. Wegner, Gedanken an der Schwelle des dritten Kriegswinters, in: Ebenda, Nr. 35, S. 1100.

11 K. Friedemann, Nationales Selbstbestimmungsrecht und »Neuordnung«, in: Ebenda, Nr. 41, S. 1273-75.

12 Es ist gut möglich, daß S. Backlund identisch ist mit dem schwedischen Diplomaten gleichen Namens, der 1917 als Sohn eines bekannten Stockholmer Gewerkschaftlers geboren wurde, von 1940-1942 in der Presseabteilung des Außenministeriums gearbeitet hatte, bevor er dort Attaché wurde und 1943 im diplomatischen Dienst in die USA ging. Nach dem Krieg war er zeitweise in London, Oslo, wieder im Außenministerium in Stockholm, in Washington, in Belgrad und Brüssel tätig. 1964 wurde er Generalkonsul in West-Berlin und von 1972-1983 schwedischer Botschafter in Bonn. Er war mit Wehner befreundet und verlieh ihm Mitte der siebziger Jahre einen hohen schwedischen Orden.

13 K. Friedemann, Sünde wider die Natur der Arbeiterbewegung, in: *Die Welt*, Nr. 31, 1. August 1941, S. 953-955.

14 Ders., Arbeiterbewegung und Faschismus, in: Ebenda, Nr. 32, 8. August 1941, S. 986.

15 H. Wegner, Gedanken an der Schwelle des dritten Kriegswinters, in: Ebenda, Nr. 35, 29. August 1941, S. 1110.

16 Ders., Volk ohne Wahrheit, in: Ebenda, Nr. 41, 10. Oktober 1941, S. 1301; schon

früher hatte Wehner einen Zusammenhang hergestellt zwischen der von der nazistischen Propaganda nach außen benutzten Formel der »Rettung Europas vor dem Bolschewismus« und der Absicht, nach innen »auf dem Weg über Judenpogrome das ganze Volk zu versklaven«; vgl. Joh. Karsten, Die vorgetäuschte »Mission«, in: Ebenda, Nr. 32, 8. August 1941, S. 994f.

17 Ders., Seifenreklame und Reklameseife, in: Ebenda, Nr. 42, 17. Oktober 1941, S. 1314.

18 Ebenda.

19 H. Wehner, Notizen, in: Zeugnis, a.a.O., S. 255.

20 Eine Kopie dieser Schrift hat mir dankenswerterweise Prof. Dr. Karlheinz Pech (Berlin) überlassen.

21 Vgl. D. Peukert, Die KPD im Widerstand, a.a.O., S. 344, Anm.10.

22 Vor allem mit der Erkenntnis Georg Christoph Lichtenbergs: »Es kommt nicht darauf an, ob die Sonne in eines Monarchen Staat nicht untergeht, wie sich Spanien ehedem rühmte, sondern was sie während ihres Laufes in diesem Staat zu sehen bekommt«; vgl. H. Wehner, Die Wahrheit dem deutschen Volk!, S. 2.

23 Ebenda, S. 3.

24 Er erwähnte zwar auch die eigenen, sich »maßlos bereichernden« Plutokraten in den Vorständen der deutschen Konzerne (ebenda, S. 6), aber der »Eroberer-Ehrgeiz Hitlers« rückte an die erste Stelle (ebenda, S. 11).

25 Ebenda, S. 5f.

26 Ebenda, S. 9.

27 Ebenda, S. 11f.

28 Ebenda, S. 13f.

29 In einem kurzen Impressum auf der letzten Seite stand »Aufklärungsschriften der KPD« (ebenda, S. 15).

30 B. Herlemann (Emigration, a.a.O., S. 59) erwähnt einen Gestapobericht, in dem von dreißig Exemplaren der Wehner-Broschüre die Rede war. Selbst wenn es sich nur um diese eine Sendung handelte, von der die Gestapo wußte: sehr viele Sendungen hat es offenbar nicht gegeben.

31 Vgl. Alan S. Milward, Der Zweite Weltkrieg. Wirtschaft und Gesellschaft 1939-1945. (Geschichte der Weltwirtschaft im 20.Jh., Bd. 5) München 1977, S. 269ff. u. 274.

32 H. Wegner, Die Arbeiterklasse Deutschlands im Krieg, in: *Die Welt*, Nr. 49, 5. Dezember 1941, S. 1557; die Abhandlung über dieses Thema hatte schon in der vorausgegangenen Nummer begonnen.

33 Ebenda.

34 K. Friedemann, Die Krise eines Volkes, in: Ebenda, 4. Jg., Nr. 5, 30. Januar 1942, S. 133.

35 Vgl. schon Joh. Karsten, Notizen aus Deutschland, in: Ebenda, Nr. 45, 7. November 1941, S. 1414 (»Heute rechnen schon viele mit der Möglichkeit, daß Deutschland den Krieg auch verlieren könnte«); vgl. auch K. Friedemann, Es leuchtet ein Licht durch die Finsternis, in: Ebenda, Nr. 52, 23. Dezember 1941, S. 1610 (»auf jener Seite beginnt die eisig starre Decke zu bersten, die bisher alle persönlichen und menschlichen Regungen im Innern eines zu falschem Heroismus mißgeleiteten Volkes verbarg«).

36 K. Friedemann, Die Krise eines Volkes, (ebenda, 30. Januar 1942, S. 130); dort

auch das Eingeständnis, daß alle Parteien vor 1933 sich mangelhaft auf den Kampf zur Verteidigung der Demokratie vorbereitet hatten (ebenda, S. 132).

37 Joh. Karsten, Mit weniger Arbeitskräften für eine größeres Heer arbeiten, in: Ebenda, Nr. 7, 13. Februar 1942, S. 211.

38 Vgl. das von Wehner zitierte Schreiben deutscher Gewerkschaftsfunktionäre an den Präsidenten der Internationale der Bergarbeiter (K. Friedemann, Für eine freie und einige Arbeiterbewegung, in: Ebenda, Nr. 7, 13. Februar 1942, S. 194).

39 Joh. Karsten, Illustrationen zu Ministerworten, in: Ebenda, Nr. 8, 20. Februar 1942, S. 244.

40 H. Wegner, Die Arbeiterklasse Deutschlands im Krieg, in: Ebenda, Nr. 49, 5. Dezember 1941, S. 1557.

41 H. Wehner, Notizen, in: Zeugnis, a.a.O., S. 247ff.

42 S.o.S. 452.

43 H. Wehner, Notizen, in: Zeugnis, a.a.O., S. 248.

44 Der Bericht hat einen Umfang von sieben Seiten und trägt das Datum vom 26.4.1941; er befindet sich im Bestand I/2/3/294 des IfGA.

45 Charlotte Bischof war seit 1930 Mitarbeiterin im ZK der KPD, zeitweise in der Agitprop-Abteilung, später im Sekretariat der illegalen KPD. Wehner nannte sie eine »treue und ergebene Genossin« (vgl. die Anlage »Personalangaben« zu Wehners Brief vom 26.4.1941, ebenda).

46 Vgl. die in Wehners »Notizen« (in: Zeugnis, a.a.O., S. 247) unter a) und b) genannten Vorgänge.

47 Es handelte sich um Arthur Emmerlich und Rudolf Hallmeyer; beide – Anfang dreißig und Absolventen der Lenin-Schule – stammten aus Sachsen, waren also Wehner wahrscheinlich gut bekannt. Sie gehörten zu einem Stamm von Instrukteuren, die in den dreißiger Jahren von Prag aus regelmäßig »ins Land« gereist waren und sich beim Einmarsch der deutschen Truppen in die Tschechoslowakei zusammen mit Mewis nach Schweden gerettet hatten; vgl. B. Herlemann, Auf verlorenem Posten, a.a.O., S. 29.

48 Aus einer Abrechnung der Auslandsleitung Stockholm vom Dezember 1940 bis April 1941 geht hervor, daß die männlichen Funktionäre (Wehner, Mewis, Stahlmann, F. Stein) 400 Kronen pro Monat erhielten, Lotte Bischof aber wahrscheinlich nur 350 Kronen (bei einem geschätzten Monatsunterhalt von insgesamt 1950 Kronen). »Wegen Teuerung« wurde die Moskauer KPD-Führung um die Erhöhung des Unterhalts gebeten, die »Mittel seien schon bescheiden genug« (IfGA I/2/3/294). Der Durchschnittslohn eines schwedischen Arbeiters in Stockholm betrug zu der Zeit ebenfalls 400 Kronen/Monat, der einer Arbeiterin dagegen nur etwa 220 Kronen. Das Stockholmer Lohnniveau lag ungefähr ein Drittel über dem landesweiten Durchschnitt (vgl. das statistische Jahrbuch: Statistisk Årsbok för Sverige 1943, Stockholm 1943, S. 245).

49 In seinen Erinnerungen versuchte Mewis durch Hervorheben der Abenteuerlichkeit der Reisen der Instrukteure (in diesem Fall G. Henke und Hallmeyer) ins Reich, ihre schlechte Ausstattung mit »Papierchen«, die »zur Not einer flüchtigen Kontrolle« standhielten, die Fehler schon in der Vorbereitung zu beschönigen. Daß sie ihren Auftrag, eine Berliner Inlandsleitung zu organisieren, angeblich erfolgreich durchgeführt hätten, wurde von seinem Eingeständnis, bald darauf seien Verhaftungen aus dem Kreis der neuen Berliner Leitung erfolgt, widerlegt.

Vgl. Karl Mewis, Im Auftrag der Partei. Berlin/DDR, 2.Aufl. 1973, S. 248ff. Tatsächlich war Henkes Reise ein Mißerfolg. Er hatte in seinem Bericht verschwiegen, daß seine Freundin von der Gestapo freigelassen worden war, weil sie versprach, künftig Meldung zu machen; vgl. Wehners Brief vom 26.4.1941 (IfGA I/2/3/294) sowie ders., Notizen, in: Zeugnis, a.a.O., S. 248.

50 Der Brief Hertels (d.i. Wehner), ohne Adressat, trägt wie der Bericht das Datum vom 26.4.1941 (in: IfGA I/2/3/294); möglicherweise hat Wehner den Bericht und Brief Hermann Matern mitgegeben, der, von Norwegen kommend, sich in Stockholm einige Monate aufgehalten hatte und im April 1941 nach Moskau fuhr (vgl. H. Wehner, Notizen, in: Zeugnis, a.a.O., S. 246).

51 Vgl. B. Herlemann, Auf verlorenem Posten, a.a.O., S. 35.

52 Vgl. D. Peukert, KPD im Wiederstand, a.a.O., S. 336, Anm.29.

53 H. Wehner, Notizen, in: Zeugnis, a.a.O., S. 248.

54 Vgl. Wilhelm Piecks Brief an Dimitroff, 31. Mai 1941; dort bat er um dessen Zustimmung für die Einreiseerlaubnis von Louise Dahlem, die mit Mewis zusammenlebe und ein Kind von ihm habe: »Da Arndt [d.i. Mewis] sehr bald auf Grund unserer Vereinbarungen von Stockholm weg soll [...]« (H. Voßke, Briefe Piecks an Dimitroff und Manuilski, in: *BZG*, a.a.O., S. 494); das läßt auch die Interpretation zu, daß noch geplant war, Mewis »ins Land« zu schicken, um ihm die in Wehners Brief vom 26. April 1941 eingeräumte Chance der Bewährung zu geben.

55 S.o.S. 452.

56 Franz Jung (Der Torpedokäfer, a.a.O., S. 186), der Dahlem seit Anfang der zwanziger Jahre kannte, charakterisierte ihn folgendermaßen: »Der Typ des weder dummen noch intelligenten kommunistischen Unteroffiziers: er gehorcht.«

57 F. Dahlem, Am Vorabend des 2. Weltkrieges, a.a.O., Bd. 2, S. 389.

58 Siehe Wehners Bericht und Brief vom 26.4.1941; in der Anlage befanden sich einige Angaben zur Person Wagners. Er stammte aus Hamburg, war im Ersten Weltkrieg Soldat, holte sein Lehrerexamen nach, trat 1928 der KPD bei. Während der illegalen Arbeit kam es zum Streit mit der Hamburger Bezirksleitung (die mit H. Schubert »liiert« war). Seine Vorschläge zielten darauf ab, »aus dem Zirkel des Hochgehens« herauszukommen. Da er deshalb von »verantwortlicher Arbeit« ferngehalten wurde, ging er ins Ausland, wo er sich in der Folgezeit auch meistens aufhielt. 1938 konnte er erfolgreich eine Verbindung zu sozialdemokratischen Bekannten in Hamburg herstellen. An sie sollte er bei seiner Reise 1941 anknüpfen (IfGA I/2/3/294).

59 H. Wehner, Notizen, in: Zeugnis, a.a.O., S. 249f.

60 Die Gestapo verhaftete über 600 Mitglieder der Roten Kapelle; 50 davon wurden zum Tode verurteilt und hingerichtet; vgl. Heinz Höhne, Kennwort Direktor. Die Geschichte der Roten Kapelle. Frankfurt a.M. 1970.

61 Die »Säuberungen« in der Roten Armee hatten auch deren Nachrichtenapparat schwer in Mitleidenschaft gezogen (vgl. B. Herlemann, Auf verlorenem Posten, a.a.O., S. 74).

62 Vgl. Leopold Trepper, Die Wahrheit. München 1975, S. 100ff.

63 Vgl. B. Herlemann, Auf verlorenem Posten, a.a.O., S. 59.

64 H. Wehner, Notizen, in: Zeugnis, a.a.O., S. 258f.

65 Vgl. Kippenbergers Diskussionsbeitrag auf dem KPD-Parteitag 1929, Protokoll, S. 406.

66 K. Friedemann, Einheitsfront der internationalen Arbeiterklasse für Demokratie und nationale Unabhängigkeit, in: *Die Welt*, Nr. 40, 3. Oktober 1941, S. 1242.
67 H. Wehner, Notizen, in: Zeugnis, a.a.O., S. 255.
68 D. Peukert, Die KPD im Widerstand, a.a.O., S. 341. Zur gemeinsamen Einschätzung von Wehner und Knöchel (die seit Frühjahr 1940 miteinander korrespondierten), daß eine Erneuerung der deutschen Arbeiterbewegung und der KPD aus der inneren Widerstandstätigkeit und nicht aus dem schematischen Vollzug der Anweisungen der Exilführung, d.h. der Komintern, sich legitimieren müssen, vgl. ebenda, S. 344.
69 H. Wehner, Notizen, in: Zeugnis, a.a.O., S. 261.
70 Unter dem Namen K. Friedemann erschienen noch im März und April 1942 in *Die Welt* Beiträge, um die Identität dieses Decknamens mit dem H. Wehners zu verbergen; dagegen spricht alles dafür, daß Wehner, der am 18. Februar 1942 verhaftet wurde, den zwei Tage später veröffentlichten Artikel über die Rote Armee noch selbst verfaßt hat.
71 K. Friedemann, Ehrentag einer jungen ruhmreichen Armee, in: *Die Welt*, 4. Jg., Nr. 8, 20. Februar 1941, S. 227.
72 Dies wird neuerdings immer stärker von sowjetischen Historikern anerkannt: Vgl. Wjatscheslaw Daschitschew, Stalin hat den Krieg gewollt, in: *Rheinischer Merkur*, 28. April 1989.
73 Alexander Solschenizyn, Der Archipel Gulag, a.a.O., S. 243.
74 Die Vertreter der Komintern und der KPD-Emigration waren im Oktober 1941 in den Ural, unter anderem nach Ufa ausgewichen. Die ersten kehrten schon im Februar 1942 nach Moskau zurück (vgl. Ruth v. Mayenburg, Hotel Lux. München 1978, S. 294 und 304f.).
75 H. Wehner, Notizen, in: Zeugnis, a.a.O., S. 259f.
76 Vgl. A. Freudenhammer/K. Vater, H. Wehner, a.a.O., S. 107.
77 Ebenda, S. 111.
78 In der Zeitschrift *Christ und Welt* vom 16.7.1959 war der Verdacht ausgesprochen worden, Wehner sei von Mewis »verpfiffen« worden. Obwohl Mewis genug Motive dafür hatte, spricht doch mehr für die Vermutung, daß »die Russen« – und sei es indirekt, da sie, möglicherweise auch ihre Verbindungen zur schwedischen KP, von der Polizei überwacht wurden – zur Entdeckung Wehners beigetragen hatten. Andererseits waren Mewis' Aussagen gegenüber der Polizei nach seiner Verhaftung im August 1942 dafür mitverantwortlich, daß Wehners Strafe im zweiten Verfahren verschärft wurde.
79 Herbert Wehner in seiner Antwort auf die schriftliche Frage Helmut Müsseners, »Warum hat Herbert Wehner Frieda Wagner überhaupt aufgesucht, obwohl er hätte wissen müssen, daß ihre Wohnung von der schwedischen Polizei überwacht wurde?« (Ders., Exil in Schweden – Politische und kulturelle Emigration nach 1933. München 1974, S. 439. Vgl. auch A. Freudenhammer/K. Vater, H. Wehner, a.a.O., S. 107f.).
80 Vgl. Anklage und Urteil des Volksgerichtshofes 9 J 51/44g gegen Wilhelm Knöchel, S. 7 und 13. Zu den Einzelheiten dieser falschen Fährte, die Wehner erfolgreich legte, vgl. den Rapport der Stockholmer Polizei vom 4.4.1942, abgedruckt in: A. Freudenhammer / K. Vater, H. Wehner, a.a.O., S. 288ff.

81 Vgl. ebenda, S. 274ff., den Dokumentenanhang aus den Beständen des Stockholmer Reichsarchivs.

82 Abgesehen von den mehrfach sich wiederholenden Kampagnen der fünfziger, sechziger und siebziger Jahre gibt es als jüngstes Beispiel die durch nichts bewiesene Aussage des ehemaligen Auslandsnachrichtenchefs der DDR, Markus Wolf, Wehner habe »Leute verraten« (im Interview mit Ben Witter, in: *Die Zeit*, Nr. 29, 13. Juli 1990).

83 Vgl. H. Müssener, Exil in Schweden, a.a.O., S. 57f.

84 Vgl. Alexander Fischer, Sowjetische Deutschlandpolitik im Zweiten Weltkrieg 1941-1945. Stuttgart 1975, S. 42ff.

85 H. Wehner, Notizen, in: Zeugnis, a.a.O., S. 262f.

86 Ebenda, S. 264.

87 Vgl. K. Mewis, Im Auftrag der Partei, a.a.O., S. 282.

88 Das ist deshalb erstaunlich, weil G. Branting Mitglied des internationalen Ausschusses zur Untersuchung des NS-Terrors im Saargebiet (1934) war und in Paris im Palais des schwedischen Bankiers und Förderers der Weltfriedensbewegung, Aschberg, zahlreiche Mitglieder des Volksfrontausschusses kennengelernt hatte. Aber vielleicht ergibt sich aus Folgendem eine Erklärung für die anfängliche Einschätzung der Persönlichkeit Wehners durch Branting: Die Frau Brantings zählte zum Kreis intellektueller Sympathisanten um Willi Münzenberg. Dessen Auseinandersetzungen mit Wehner in den dreißiger Jahren in Paris haben möglicherweise nachgewirkt. Vgl. B. Gross, Willi Münzenberg, a.a.O., S. 262 und 293. Branting gehörte auch zu den Teilnehmern des von Münzenberg organisierten Gegenprozesses zum Leipziger Reichstagsbrandprozeß.

89 Vgl. Wehners zu Protokoll gegebene Erklärung zu den von Staatsanwalt Ryhninger am 8.4.1942 vorgetragenen Anklagepunkten; abgedruckt bei A. Freudenhammer/K. Vater, H. Wehner, a.a.O., S. 340f.

90 Ebenda, S. 341f., 345, 347, 353.

91 Ebenda, S. 345f.

92 Die von Mewis Ende Februar 1942 nach Ufa (wo sich Teile der KPD-Führung zeitweise aufhielten) übermittelte These vom »Verrat« Wehners, die zu dessen Ausschluß geführt haben soll – wobei in den Veröffentlichungen der SED-Geschichtsschreibung unterschiedliche Daten (April bzw. Juni 1942) genannt werden -, ist in der KPD-Führung offenbar auf Skepsis gestoßen, sonst wäre deren Anweisung, Wehner einen guten Anwalt zu besorgen, wohl kaum erfolgt (vgl. K. Mewis, Im Auftrag der Partei, a.a.O., S. 281).

93 Vgl. A. Freudenhammer/K. Vater, H. Wehner, a.a.O., S. 356.

94 Zu G. Henke (d.i. Sven) s.o.Anm.49.

95 Vgl. das Protokoll der Vernehmung von Mewis, in: A. Freudenhammer/K. Vater, H. Wehner, a.a.O., S. 364-394; zu Mewis' Beziehungen zu Wehner insbesondere S. 391ff.

96 H. Wehner, Notizen, in: Zeugnis,a.a.O., S. 253.

97 Ebenda, S. 255.

98 Vgl. Anklage und Urteil des Volksgerichtshofs (9 J 51/44g) gegen Wilhelm Knöchel, S. 14; Friedel Stein wurde schon in einem Brief der Moskauer Parteiführung an die Leitungen und Funktionäre im Lande vom 21.10.1939 als Sekretär für einen neu zu bildenden kommunistischen Jugendverband genannt

(in: Geschichte der deutschen Arbeiterbewegung, a.a.O., Bd. 5, S. 530f.), tatsächlich hatte erst Wehner 1941 den in Göteborg sitzenden Funktionär aktiviert.

99 Vgl. das Protokoll der Vernehmung von Mewis, in: A. Freudenhammer/K. Vater, H. Wehner, a.a.O., S. 393.

100 Ebenda, S. 127.

101 Wehners Verteidigungsrede vor Gericht trägt das Datum vom 21. September 1942, ist also in der Endfassung drei Tage vor Beginn der Verhandlung am 24. September 1942 abgeschlossen worden. Sie hat einen Umfang von siebzehn handgeschriebenen Seiten und ist abgedruckt in: H. Wehner, Notizen, in: Zeugnis, a.a.O., S. 264-72, und in: A. Freudenhammer/K. Vater, H. Wehner, a.a.O., S. 356-363.

102 A. Freudenhammer/K. Vater, H. Wehner, a.a.O., S. 125.

103 Ebenda, S. 127.

X Rosen und Disteln

1 Sebastian Brant, Das Narrenschiff. Basel 1494, Kap. 57, v. 63-64

1a Herbert Wehner, Rosen und Disteln. Hamburg 1948.

2 Georg Weerth, Proklamation an die Frauen, in: *Neue Rheinische Zeitung*, 19. Mai 1848; abgedruckt ebenda, S. 395-397.

3 Peter Weiss, Notizbücher I (1971-1980). Frankfurt a.M. 1981, S. 171; nachdem die Mewis-Erinnerungen veröffentlicht worden waren und Weiss im Stockholmer Reichsarchiv die Protokolle der Verhöre von Wehner und Mewis vergleichen konnte, wurde ihm klar, daß Wehner wochenlang *nichts* sagte, um Illegale zu schützen, während Mewis bereitwillig Aussagen machte, die unter anderem vielleicht zur Verhaftung J. Welters beigetragen hatten; vgl. Peter Weiss, Notizbücher II, Frankfurt a.M. 1982, S. 873f.

4 Rosen tauchen in der Bibel nicht auf; vgl. Praktisches Bibelhandbuch, Wortkonkordanz. 10.Aufl. Stuttgart 1970.

5 Die katholische Kirche, die die sinnlich-ästhetischen Bedürfnisse ihrer Gläubigen meist für ihre Zwecke einzusetzen verstand oder – im Zweifelsfall – zu reglementieren wußte, hatte seit dem Mittelalter den antiken Rosenmythos im Rosenkranz und in der Verehrung Mariens als *rosa mystica* aufgenommen.

6 Protokoll des SPD-Parteitages in Düsseldorf (1948), S. 74f.

7 Vgl. A. Freudenhammer/K. Vater, H. Wehner, a.a.O., S. 128.

8 A. Behrisch stammte auch aus Dresden, war Mitglied der SAP und wegen eines Versuchs, Eisenerztransporte für die deutsche Rüstungsindustrie in Schweden in die Luft zu sprengen, zu dreieinhalb Jahren Zuchthaus verurteilt worden; von 1949 bis 1961 war Behrisch SPD-Bundestagsabgeordneter, danach Mitbegründer der Deutschen Friedensunion (DFU).

9 Vgl. A. Freudenhammer/K. Vater, H. Wehner, a.a.O., S. 130.

10 Ebenda, S. 140.

11 Der Befund Siegmund Freuds, »die biographische Wahrheit ist nicht zu haben«, ist dann richtig, wenn er auf den Anspruch zielt, Struktur und Verhalten von Persönlichkeiten mit letzter Perfektion erklären zu wollen; obwohl Freud selbst »biographische« Methoden bei der Behandlung seiner Patienten benutzte, hat

er sich gegen die Rekonstruktion seiner eigenen Biographie vehement gewehrt; deshalb die Vernichtung von Teilen seiner Korrespondenz und seiner Manuskripte, deshalb auch die oben zitierte Absage an Arnold Zweig, der eine Biographie Freuds schreiben wollte. Zu dieser Problematik vgl. H. Soell, Fritz Erler, a.a.O., Bd. 2, S. 1005f.

12 Er stellte ihm noch zwei Jahrzehnte später das »beste Zeugnis« aus, wie es in einem Schreiben hieß, mit dem Mineur im Mai 1964 die Übersendung der Wehner-Briefe an einen »Genossen in der SED« begleitete. Die Briefe Wehners an Knut und Elsbeth Mineur (in schwedischer Sprache) aus den Jahren 1943-1945 befinden sich unter der Signatur I/2/3/80 im Ost-Berliner IfGA; sie sind dem Verfasser nur als Kopien zugänglich gewesen, deshalb nur in Teilen entzifferbar; darunter litt auch die Übersetzung ins Deutsche.

13 H. Wehner an Knut und Elsbeth Mineur, 20. Dezember 1944 (ebenda).

14 Vgl. H. Wehner, Notizen, in: Zeugnis, a.a.O., S. 263.

15 Vieweg kehrte Anfang November 1957 in die DDR zurück, wurde vom Staatssicherheitsdienst wegen »Republikflucht« verhaftet (*Rheinischer Merkur*, 15. November 1957) und 1958 zu 12 Jahren Zuchthaus verurteilt. Mitte der sechziger Jahre wurde er vorzeitig aus der Haft entlassen und danach publizistisch tätig.

16 dpa-spezial, 13. September 1957 (»Ehemalige Sowjetzonen- und KPD-Funktionäre über Wehner«).

17 H. Wehner, Notizen, in: Zeugnis, a.a.O., S. 272f.

18 Vgl. A. Freudenhammer/K. Vater, H. Wehner, a.a.O., S. 144.

19 Ebenda, S. 132.

20 Ebenda, S. 142f.

21 F. Mehring, Die Neukantianer (erschienen in der *Neuen Zeit*, 18.Jg., 1899/1900, 2.Bd., S. 33), in: ders., Aufsätze zur Geschichte der Philosophie. Hg. von Dieter Bergner. Frankfurt a.M. 1975, S. 280.

22 Willy Strzelewicz, Der Kampf um die Menschenrechte (1947). 3.Aufl. Frankfurt a.M. 1968; die Vor- bzw. Nachworte H. Wehners zu den Hamburger Ausgaben von 1947 bzw. 1948 sind dort abgedruckt auf S. 290-292 u. S. 293f.

23 Vgl. Norbert Hinske, Kant als Herausforderung an die Gegenwart. Freiburg 1980, S. 119.

24 H. Wehner, Notizen, in: Zeugnis, a.a.O., S. 273.

25 Joachim Besser, Sozialist und Christ dazu. Herbert Wehner – ein unbequemer Mann, in: *Die Welt*, 9. August 1958.

26 Arthur Schopenhauer, Die Welt als Wille und Vorstellung. 2 Bde. Zürich 1977, Bd.I, 1. Teilband, S. 21 und Bd.II, 2. Teilband, S. 520ff. u.ö.

27 Ders., Aphorismen zur Lebensweisheit (die »Aphorismen« sind ein Teilstück seines letzten Werkes »Parerga und Paralipomena«, das 1851 – mehr als dreißig Jahre nach seinem Hauptwerk »Die Welt als Wille und Vorstellung« – erschienen ist). Zürich 1977, Bd.I, 2. Teilband, S. 533.

Verzeichnis der Schriften und der schriftlich dokumentierten Reden Herbert Wehners (1925-1944)

Von Herbert Wehner benutzte Kürzel, Pseudonyme und Decknamen (u.a. Kurt Funk 1935-1940, K. Friedemann, Joh. Karsten, H. Wegner 1941/42).

1925

Herbert Wehner: Der große Sumpf, in: *Junge Anarchisten* (Organ der syndikalistisch-anarchistischen Jugend Deutschlands), 2.Jg., Nr. 8.

Herbert Wehner: Zum 9. November, in: *Der Freie Arbeiter* (Publikationsorgan der Föderation kommunistischer Anarchisten Deutschlands, Berlin), 18.Jg., Nr. 46.

Herbert Wehner: Protokoll des 5. SAJD-Kongresses, in: *Junge Anarchisten*, 2.Jg., Nr. 12, S. 7-8.

1926

Herbert Wehner: Hic Rhodus, hic salta! Einige Worte zum Streit in der S.A.J.D., in: *Der Freie Arbeiter*, 19.Jg., Nr. 6.

Herbert Wehner: Die Revolution soll leben! in: *Der Freie Arbeiter*, 19.Jg., Nr. 13, S. 1-2.

Herbert Wehner: O edle Demokratie, in: *Der Freie Arbeiter*, 19.Jg., Nr. 14, S. 1-2.

Herbert Wehner: Die Konterrevolution marschiert, in: *Der Freie Arbeiter*, Jg.19, Nr. 17, S. 1.

Herbert Wehner: Der 1. Mai. Ein Kampf- oder Feiertag? in: *Der Freie Arbeiter*, 19.Jg., Nr. 18 (1. Mai), S. 1.

Herbert Wehner: Was ist zu tun? in: *Revolutionäre Tat* (Dresden), Nr. 1 (Mai), S. 1-2.

Herbert Wehner: Justizreform? in: *Der Freie Arbeiter*, 19.Jg., Nr. 20 (15. Mai), S. 1.

Herbert Wehner: Volksentscheid und Flaggenstreit sind Ablenkungsversuche, in: *Der Freie Arbeiter*, 19.Jg., Nr. 21 (22. Mai), S. 3-4.

Herbert Wehner: Die Nationalisten rüsten, und wir...? in: *Der Freie Arbeiter*, 19.Jg., Nr. 22 (29. Mai), S. 1.

H.W.: Einheitsfront aller Arbeiter und Polizisten, in: *Der Freie Arbeiter*, 19.Jg., Nr. 22 (29. Mai), S. 3.

H.W.: Die Kommunisten und die Polizei, in: *Der Freie Arbeiter*, 19.Jg., Nr. 22 (29. Mai), S. 3.

Herbert Wehner: Heraus mit Hoelz! in : *Der Freie Arbeiter*, 19.Jg., Nr. 23 (5. Juni), S. 3.

Herbert Wehner: Demokratie oder Revolution? in: *Der Freie Arbeiter*, 19.Jg., Nr. 24 (12. Juni), S. 1.

Herbert Wehner: Neue Antisemiten, in: *Der Freie Arbeiter*, 19.Jg., Nr. 25 (19. Juni), S. 1-2.

Herbert Wehner: Bakunin uns voran! in: *Der Freie Arbeiter*, 19.Jg., Nr. 27 (3. Juli), S. 2-3.

Herbert Wehner: Bakunin führt zum Sieg! in *Revolutionäre Tat*, Nr. 2 (Juli), S. 1-2.
Herbert Wehner: Vorbereitung der sozialen Revolution, in: *Revolutionäre Tat*, Nr. 2 (Juli), S. 3-4.
Herb.: Ein Vorstoß gegen die Jugend, in: *Revolutionäre Tat*, Nr. 2 (Juli), S. 4.
Herb.: Die Gefangenen leiden für uns! in: *Revolutionäre Tat*, Nr. 3, S. 1-2.
Herbert Wehner: Der Zusammenbruch des Kapitalismus, in: *Revolutionäre Tat*, Nr. 3, S. 2.
Herbert Wehner: Erklärung! in: *Revolutionäre Tat*, Nr. 3, S. 4.

1927

H.W. Klar: Erwiderung auf die »Kritik« des Herrn Mühsam, in: *Der Freie Arbeiter*, 20.Jg., Nr. 15 (9. April), S. 3 und Nr. 16 (16. April), S. 2-3.
Autorenschaft wahrscheinlich:
Arbeiterkorrespondenz: Die Angestellten gehören in die proletarische Klassenfront, in: *Arbeiterstimme* (Dresden), 4. Oktober, S. 4.
Arbeiterkorrespondenz: Zeiss-Ikon-Arbeiter für zwischentarifliche Lohnregelung, in: *Arbeiterstimme*, 7. Oktober, S. 7.

1928

Bericht über Beiträge Herbert Wehners auf der 3. Bezirkskonferenz der Roten Hilfe Ostsachsens, in: *Arbeiterstimme*, 1. März, S. 3 und *Der Rote Helfer*, April, S. 13.
Bericht über eine Rede von Herbert Wehner auf der Maifeier in Leppersdorf, in: *Arbeiterstimme*, 4. Mai, S. 6.
H.Wr.: Der Räterepublikaner Lindner in Dresden, in: *Arbeiterstimme*, 5. Juli, S. 4.
H.Wr.: Die Dresdener Volkszeitung lügt bewußt, in: *Arbeiterstimme*, 4. August, S. 13.
Herbert Wehner: Tilgung der Strafvermerke, in: *Arbeiterstimme*, 13. August, S. 4.
Bericht über die Rede Herbert Wehners auf der Dresdener Kundgebung für Sacco und Vanzetti, in: *Arbeiterstimme*, 27. August, S. 4.
Herbert Wehner (Mitunterz.): Aufruf zur Gründung der ARSO (Arbeitsgemeinschaft sozialpolitischer Organisationen), in: *Arbeiterstimme*, 16. Oktober, S. 3.
H.Wr.: Ein unerhörtes Terrorurteil in Dresden, in: *Arbeiterstimme*, 1. Dezember, S. 2.
H.Wr.: Fürsorge an Gefangenen, in: *Arbeiterstimme*, 3. Dezember, S. 6.

1929

Herbert Wehner: Rede über Gewerkschaftsarbeit auf dem 18. Bezirksparteitag der KPD Ostsachsen, in: *Arbeiterstimme*, 8. April, S. 3.
Herbert Wehner: Aufruf des antifaschistischen Komitees, in: *Arbeiterstimme*, 19. Juli, S. 3.
Herbert Wehner: Rede auf einer antifaschistischen Kundgebung, in: *Arbeiterstimme*, 22. Juli, S. 2.
Herbert Wehner: Schlußwort auf der ostsächsischen Antifaschistenkonferenz (Auszüge), in: *Arbeiterstimme*, 29. Juli, S. 1.

Herbert Wehner: Rede auf der ostsächsischen Erwerbslosenkonferenz, in: *Arbeiterstimme*, 21. August, S. 3.

Bericht über die Rede Herbert Wehners bei einer Erwerbslosendemonstration in Dresden, in: *Arbeiterstimme*, 6. September, S. 1.

Herbert Wehner: Vertritt die SPD die Interessen der Gewerkschaftsmitglieder? in: *Arbeiterstimme*, 14. November, S. 6.

Herbert Wehner: Schmiedet das Eisen, in: *Arbeiterstimme*, 5. Dezember, S. 3.

Herbert Wehner: Wo stehen die Arbeiter? in: *Arbeiterstimme*, 10. Dezember, S. 6.

Herbert Wehner: Ohne Pause vorwärts! in: *Betrieb und Gewerkschaft* (Organ für marxistische Strategie und Taktik, Berlin), 1.Jg., 15. Dezember, S. 671-672.

Bericht über die Rede Herbert Wehners auf einer Kundgebung mit Ernst Thälmann in Dresden, in: *Arbeiterstimme*, 23. Dezember, S. 2.

Herbert Wehner: In ein neues Kampfjahr, in: *Arbeiterstimme*, 31. Dezember, S. 17.

Autorenschaft fraglich:

H.W.: Kommunisten, die für Erhöhung von Krankenkassenbeiträgen und Herabsetzung der Leistungen eintreten, in: *Der Parteiarbeiter* (Berlin), 7.Jg., H.5, S. 155-156.

W.: Zur Frage der individuellen Aktionen. »Nur, wenn damit Massenaktionen ausgelöst werden«, in: *Der Parteiarbeiter*, 7.Jg., H.9, S. 288.

1930

Herbert Wehner: Angriff! in: *Arbeiterstimme*, 11. Januar, S. 5.

Herbert Wehner: Rede auf dem sächsischen Landeskongreß der RGO, in: *Arbeiterstimme*, 27. Januar, S. 5 und 28. Januar, S. 4.

Herbert Wehner: Arbeit in den Gewerkschaften, in: *Arbeiterstimme*, 30. Januar, S. 5.

Herbert Wehner: Hammer oder Amboß? in: *Arbeiterstimme*, 4. Februar, S. 5.

Herbert Wehner: Warum schweigt die Textilarbeiterverbandsbürokratie? in: *Arbeiterstimme*, 22. März, S. 5.

Herbert Wehner: Die Betriebsrätewahlen in Sachsen. Ergebnisse und Lehren, in: *Arbeiterstimme*, 11. April, S. 1-2.

Herbert Wehner: Gewerkschaftsbürokratie gegen Frauenarbeit. DMV-Kummer korrigiert Bebel, in: *Arbeiterstimme*, 26. April, S. 7.

Wehner: Brief [abgedruckt unter dem Titel: Aus der Bewegung. Beispiel für gute Arbeit], in: *Betrieb und Gewerkschaft*, 2.Jg., Nr. 4 (April), S. 125.

Herbert Wehner: Rede auf der Dresdener Maikundgebung der KPD, in: *Arbeiterstimme*, 2. Mai, S. 2.

Herbert Wehner: Rede auf dem 1. Bezirksparteitag der KPD, Bezirk Sachsen, in: *Arbeiterstimme*, 6. Mai, S. 7.

Herbert Wehner: Wahlkampf im Zeichen der Massenarbeit, in: *Arbeiterstimme*, 5. Juni, S. 5.

Herbert Wehner: Landtagsrede vom 15. Juli, in: Verhandlungen des Sächsischen Landtags - 5. Wahlperiode - S. 29-35; in: Herbert Wehner: Frühe Reden. Eine Dokumentation seines Wirkens im Sächsischen Landtag. Hg. von Ralf Floehr, Krefeld 1983; Auszüge in: *Arbeiterstimme*, 16. Juli, S. 7.

Herbert Wehner: Landtagsrede vom 22. Juli, in: Verhandlungen des Sächsischen Landtags - 5. Wahlperiode - S. 104-109; in: Herbert Wehner: Frühe Reden... Hg. von Ralf Floehr (1983); in: *Arbeiterstimme*, 4. August, S. 7-8.

Herbert Wehner: Landtagsrede vom 23. Juli, in: Verhandlungen des Sächsischen Landtags - 5. Wahlperiode - S. 140-144; in: Herbert Wehner: Frühe Reden... Hg. von Ralf Floehr (1983).

Bericht über die Rede Herbert Wehners auf einer KPD-Kundgebung zum Antikriegstag, in: *Arbeiterstimme*, 2. August, S. 2.

Herbert Wehner: Erwerbslosenproblem und Wirtschaftskämpfe (Rede auf dem Kampfkongreß revolutionärer Gemeindevertreter Sachsens), in: *Arbeiterstimme*, 29. September, S. 7.

Herbert Wehner: Landtagsrede vom 30. September, in: Verhandlungen des Sächsischen Landtags - 5. Wahlperiode - S. 154-156; in: Herbert Wehner: Frühe Reden... Hg. von Ralf Floehr (1983); Auszüge in: *Arbeiterstimme*, 1. Oktober, S. 7.

Herbert Wehner: Schlußwort in der Landtagsdebatte vom 30. September, in: Verhandlungen des Sächsischen Landtags - 5. Wahlperiode - S. 173-175; in: Herbert Wehner: Frühe Reden... Hg. von Ralf Floehr (1983).

Herbert Wehner: Landtagsrede vom 7. Oktober, in: Verhandlungen des Sächsischen Landtags - 5. Wahlperiode - S. 204-210; in: Herbert Wehner: Frühe Reden... Hg. von Ralf Floehr (1983).

Herbert Wehner: Schlußwort in der Landtagsdebatte vom 7. Oktober, in: Verhandlungen des Sächsischen Landtags - 5. Wahlperiode - S. 218-220; in: Herbert Wehner: Frühe Reden... Hg. von Ralf Floehr (1983).

Herbert Wehner: Landtagsrede vom 25. November, in: Verhandlungen des Sächsischen Landtags - 5. Wahlperiode - S. 490-493; in: Herbert Wehner: Frühe Reden... Hg. von Ralf Floehr (1983).

Herbert Wehner: Zur Geschäftsordnung (in der Landtagsdebatte vom 11. Dezember), in: Verhandlungen des Sächsischen Landtags - 5. Wahlperiode - S. 634; in: Herbert Wehner: Frühe Reden... Hg. von Ralf Floehr (1983).

Herbert Wehner: Landtagsrede vom 16. Dezember, in: Verhandlungen des Sächsischen Landtags - 5. Wahlperiode - S. 712-716; in: Herbert Wehner: Frühe Reden... Hg. von Ralf Floehr (1983).

Herbert W.,Dresden: So wird kein ernsthafter Kampf vorbereitet. Die Lehren der Metallarbeiterbewegung in Limbach, in: *Der Parteiarbeiter*, 8.Jg., H.12, S. 364-365.

H.Wr.: Zum Steuerstreik in Dresden, in: *Der Parteiarbeiter*, 8.Jg., H.12, S. 376-377.

Autorenschaft fraglich:

Anonym: Volkssturm gegen Faschismus. Revolutionärer Gruß den Delegierten des Kampfkongresses, in: *Arbeiterstimme*, 24. Januar, S. 1-2.

1931

W., Dresden: Loslösung kleinbürgerlicher Schichten von der Führung des Faschismus, in: *Der Parteiarbeiter*, 9.Jg., H.1, S. 19-20.

Herbert Wehner: Zur Geschäftsordnung (in der Landtagsdebatte vom 13. Januar), in: Verhandlungen des Sächsischen Landtags - 5. Wahlperiode - S. 846; in: Herbert Wehner: Frühe Reden... Hg. von Ralf Floehr (1983).

Herbert Wehner: Zur Geschäftsordnung (in der Landtagsdebatte vom 15. Januar), in: Verhandlungen des Sächsischen Landtags - 5. Wahlperiode - S. 850-851; in: Herbert Wehner: Frühe Reden... Hg. von Ralf Floehr (1983).

Herbert Wehner: Landtagsrede vom 27. Januar, in: Verhandlungen des Sächsischen Landtags - 5. Wahlperiode - S. 970-971; in: Herbert Wehner: Frühe Reden... Hg. von Ralf Floehr (1983).

Herbert Wehner: Brief zur Mandatsniederlegung am 9. Juli, in: Verhandlungen des Sächsischen Landtags - 5. Wahlperiode - S. 1610.

Autorenschaft fraglich:

H.W.: Zum Bündnis zwischen Proletariat und Bauerntum, in: *Der Parteiarbeiter*, 9.Jg., H.1, S. 17-19.

1932

H.Wr.: Organisationsstrategie in unserer Werbearbeit, in: *Der Parteiarbeiter*, 10.Jg., H.1, S. 7-12.

H.Wr.: Das ist der richtige Kurs in unserer Werbearbeit! in: *Der Parteiarbeiter*, 10.Jg., H.2, S. 54-56.

H.Wr.: Zum 61. Jahrestag der Pariser Kommune, in: *Der Parteiarbeiter*, 10.Jg., H.3, S. 72-74.

H.Wr.: Die Beschlüsse des Reichskomitees der RGO und die Aufgabe der Kommunisten, in: *Der Parteiarbeiter*, 10.Jg., H.4, S. 101-105.

H.Wr.: Gegen den Schematismus in der Werbearbeit, in: *Der Parteiarbeiter*, 10.Jg., H.5, S. 135-139.

H.Wr.: Die Bedeutung einer richtigen Statistik der Parteimitglieder zur Unterstützung der Werbung und Regelung des Parteiwachstums, in: *Der Parteiarbeiter*, 10.Jg., H.6, S. 166-168.

H.Wr.: Zum Aufbau der Fraktionen in den Gewerkschaften, in: *Der Parteiarbeiter*, 10.Jg., H.7, S. 200-202.

H.Wr.: Unsere Werbestrategie in der Antifaschistischen Aktion, in: *Der Parteiarbeiter*, 10.Jg., H.7, S. 216-218.

Autorenschaft fraglich:

K.F.: Worauf es ankommt, in: *Arbeiterstimme Dresden*, 19. Januar, S. 9.

1933

Autorenschaft fraglich:

K.F.: Ernste bolschewistische Überprüfung des Standes unserer Organisation und unserer Massenarbeit, in: *Arbeiterstimme*, 3. Februar, S. 8.

1934

Helden der Arbeiterklasse. Dem Gedächtnis der von Nazi-Banditen ermordeten teuren Genossen John Schehr, Eugen Schönhaas, Erich Steinfurt und Rudolf Schwarz, in: *Arbeiterzeitung* (Saarbrücken), 15. Februar, S. 7.

1935

Herbert Wegner: Gruß an den Sowjetfilm, in: *Neue Deutsche Blätter* (Monatsschrift für Literatur und Kritik), 2.Jg., Nr. 4 (Februar), S. 246-247.

H.W.: Arbeitersportler im illegalen Kampf, in: *Deutsche Zentral-Zeitung* (Moskau), 29. Juni.

Funk: Rede vor dem Komintern-Kongreß, in: *Rundschau über Politik, Wirtschaft und Arbeiterbewegung* (Basel), Nr. 54, S. 2266-2267; in: Protokoll des VII. Weltkongresses der Kommunistischen Internationale. 2Bde. Reprint Erlangen 1974, Bd.I, S. 309-312.

1936

Funk: Zwei Taktiken im Kampf gegen Hitler. Für die Einheitsfront bei den Vertrauensrätewahlen, in: *Rundschau über Politik, Wirtschaft und Arbeiterbewegung*, 5.Jg., Nr. 10, S. 376 und 393.

Kurt Funk (Mithg.): *Information von Emigranten - für Emigranten* (Paris): 1. Ausg. (Juli), Spaniensondernummer (September ?), 2. Ausg. (September ?), 3. Ausg. (4. Dezember), 4. Ausg. (Nr. 1/1937, Januar ?).

Kurt Funk: Der Zusammenschluß der deutschen Emigration, in: *Deutsche Volkszeitung* (Paris), X Jg., Nr. 20 (2. August).

Kurt Funk: Gemeinsam geht es besser! in: *Information von Emigranten - für Emigranten*, 2. Ausg. (September ?).

a) Die 33 gröbsten Lügen des Dr. Goebbels; b) Gibt es überhaupt noch Menschen in der Sowjetunion; c) Eine Enquête im illegalen Deutschland. Wie steht die deutsche Arbeiterschaft zur Sowjetunion, alles in: Antwort auf Nürnberg. Sondernummer der *Deutschen Informationen* (Paris), 17. September.

Kurt Funk: Freundeskreise der »Information«, in: *Information von Emigranten - für Emigranten*, 3. Ausg. (4. Dezember).

Autorenschaft fraglich:

-t -r.: Görings Romreise, in: *Deutsche Zentral-Zeitung*, 16. Januar.

Archivius: Krieg gegen das eigene Volk!! in: *Information von Emigranten - für Emigranten*, 1. Ausg. (Juli).

1937

Kurt Funk (Mitunterz.): Deutsche Volksfront für Frieden, Freiheit und Brot, in: *Rundschau über Politik, Wirtschaft und Arbeiterbewegung*, 6.Jg., Nr. 2 (14. Januar); in: *Ursachen und Folgen*, Bd.XI, S. 337-338.

Kurt Funk: Die Vertretung der deutschen Emigration ist einheitlich, in: *Information von Emigranten - für Emigranten*, Nr. 1 (Januar ?).

Kurt Funk (Mitunterz.): Neuer Spanien-Aufruf der deutschen Opposition, durch den Sender Barcelona verbreitet, in: *Pariser Tageszeitung*, Nr. 225, 22. Januar.

Kurt Funk: Internationale Bataillone für das demokratische Spanien, in: *Die Internationale* (Zeitschrift für Praxis und Theorie des Marxismus. Hg. vom Zentralkomitee der KPD, Prag), H.1/2, S. 11-15; dieses Heft wurde unter dem Titel: »Otto Cato, Vorteile beim Schnellrechnen. Brüche, Neunerprobe, Zerfällungsmethode, Kettensatz« als Tarnschrift in Deutschland verbreitet (Wiener Library, London; IML, Berlin).

Kurt Funk: Erzählungen aus dem Dritten Reich. A. Gabors Buch »Die Rechnung«, in: *Deutsche Zentral-Zeitung*, 22. März.

Kurt Funk: Ein Buch über Ernst Thälmann, in: *Deutsche Zentral-Zeitung*, 3. April.

Kurt Funk: Ein Tribun des antifaschistischen Deutschlands, in: *Deutsche Zentral-Zeitung*, 6. April.

Kurt Funk: Zum 1. Mai 1937 in Deutschland, in: *Deutsche Zentral-Zeitung*, 1. Mai.

Kurt Funk: Zum Tode des Senatspräsidenten Dr. Wilhelm Bünger, des Vorsitzenden im Reichstagsbrandprozeß, in: *Rundschau über Politik, Wirtschaft und Arbeiterbewegung*, 6.Jg., Nr. 15, S. 602-603.

Kurt Funk: Ein 1. Mai der Mobilisierung für den Weltfrieden, gegen die faschistischen Kriegstreiber, in: *Rundschau über Politik, Wirtschaft und Arbeiterbewegung*, 6.Jg., Nr. 17, S. 661-662.

Kurt Funk: Nürnberg ist nicht braun, in: *Rundschau über Politik, Wirtschaft und Arbeiterbewegung*, 6.Jg., Nr. 40, S. 1429-1430.

Kurt Funk: »Internationale Literatur - Deutsche Blätter«, VII. Jahrgang, Heft 1-6, in: *Rundschau über Politik, Wirtschaft und Arbeiterbewegung*, 6.Jg., Nr. 43, S. 1564.

Kurt Funk: Der Sozialismus macht den Nordpol der Menschheit dienstbar, in: *Rundschau über Politik, Wirtschaft und Arbeiterbewegung*, 6.Jg., Nr. 46, S. 1660-1661.

Kurt Funk: Moskau, die glückliche Stadt, in: *Rundschau über Politik, Wirtschaft und Arbeiterbewegung*, 6.Jg., Nr. 49, S. 1832-1833.

Kurt Funk: Ein feierndes Volk, in: *Deutsche Volkszeitung*, XI.Jg., Nr. 47 (14. 11.).

Kurt Funk: Ein Jahr Stalinsche Verfassung, in: *Rundschau über Politik, Wirtschaft und Arbeiterbewegung*, 6.Jg., Nr. 52, S. 1969-1970.

Kurt Funk: Die Bestie zähmen! Aktive Solidarität mit China! in: *Rundschau über Politik, Wirtschaft und Arbeiterbewegung*, 6.Jg., Nr. 54 (China-Sondernummer), S. 2071-2072.

Kurt Funk: Dimitroff, Schmied der antifaschistischen Einheit. Zum 4. Jahrestag seiner Schlußrede im Leipziger Prozeß, in: *Rundschau über Politik, Wirtschaft und Arbeiterbewegung*, 6.Jg., Nr. 55, S. 2107-2018.

E. Funk: The Gestapo against German People, in: *Communist International* (New York), vol.15, Dezember, S. 1093-1095; deutsch: K. Funk: Die Gestapo gegen das deutsche Volk, in: *Kommunistische Internationale* (Zeitschrift des Exekutivkomitees der Kommunistischen Internationale, Strasbourg), H.11/12; dieses Heft wurde unter dem Titel: »Winterferienland Schwarzwald« als Tarnschrift in Deutschland verbreitet (Wiener Library, London; IML, Berlin).

1938

Kurt Funk: The Reactionary Line of the Central Committee of the Social Democratic Party of Germany, in: *Communist International*, vol.16, Februar, S. 181-184.

Funk: Die Drohung mit Stahl und Eisen, in: *Deutsche Zentral-Zeitung*, 28. Februar.

Kurt Funk: The Berlin Metal Worker's Strike in 1918, in: *Communist International*, vol.16, März, S. 273-276.

Kurt Funk: »Dein unbekannter Bruder« (Zu dem Roman Willi Bredels), in: *Deutsche Zentral-Zeitung*, 23. April.

Kurt Funk: Brunnenvergifter. Einige Beispiele verleumderischer Hetze gegen die Sowjetunion, in: *Rundschau über Politik, Wirtschaft und Arbeiterbewegung*, 7.Jg., Nr. 16, S. 499-500.

Kurt Funk: Die deutsche Arbeiterklasse und »Großdeutschland«, in: *Kommunistische Internationale*, H.6, S. 549-556 (auch in den anderssprachigen Ausgaben); dieses Heft wurde unter dem Titel: »Hans Blücher, Praktische Rezepte für Küche und Haus« als Tarnschrift in Deutschland verbreitet (IML, Berlin).

K. Funk: Der Bergmann hat es schwer, aber der Bankdirektor...? in: *Rundschau über Politik, Wirtschaft und Arbeiterbewegung*, 7.Jg., Nr. 34, S. 1147-1148.

Kurt Funk: Das pangermanistische Programm des Nationalsozialismus, in: *Kommunistische Internationale*, H.7, S. 664-671 (auch in den anderssprachigen Ausgaben); dieses Heft wurde unter dem Titel: »Das Schafkopfbüchlein. Ausführliche Anleitung...« als Tarnschrift in Deutschland verbreitet (Wiener Library, London; IML, Berlin).

Kurt Funk: Ein Blick hinter die »Volksgemeinschafts«-Kulisse, in: *Rundschau über Politik, Wirtschaft und Arbeiterbewegung*, 7.Jg., Nr. 35, S. 1179-1180.

K. Funk: Frankfurt, Essen, Düsseldorf - Wahrzeichen nationalsozialistischer Kommunalpolitik, in: *Rundschau über Politik, Wirtschaft und Arbeiterbewegung*, 7.Jg., Nr. 38, S. 1286-1288.

Kurt Funk: Verfall Deutschlands unter dem Faschismus, in: *KI H.8, S. 773-781; dieses Heft wurde unter dem Titel: »Wolf Döring, 150 Fotofehler und wie man sie aus der Welt schafft« als Tarnschrift in Deutschland verbreitet (IML, Berlin).*

Kurt Funk: Ein Sozialdemokrat über die Sowjetunion und die internationale Arbeiterbewegung, in: *Kommunistische Internationale*, H.8, S. 846-849.

Kurt Funk: Drei Jahre nach dem VII. Weltkongreß der Kommunistischen Internationale, in: *Rundschau über Politik, Wirtschaft und Arbeiterbewegung*, 7.Jg., Nr. 43 (25. August), S. 1425-1427.

Kurt Funk: Gibt es fortschrittliche Tendenzen im Faschismus? in: *Kommunistische Internationale*, H.10, S. 1026-1034 (auch in den anderssprachigen Ausgaben); dieses Heft wurde unter dem Titel: »Landschaft und Seele. Ein Bildkalender« als Tarnschrift in Deutschland verbreitet (IML, Berlin).

Kurt Funk: Kann man Hitler durch Zugeständnisse befriedigen? in: *Rundschau über Politik, Wirtschaft und Arbeiterbewegung*, 7.Jg., Nr. 53, S. 1797-1798.

Kurt Funk: Der Versuch der »Gleichschaltung« Europas, in: *Rundschau über Politik, Wirtschaft und Arbeiterbewegung*, 7.Jg., Nr. 61, S. 2090-2091.

Kurt Funk: Buchbesprechung. Geheimdokumente über die deutsche Okkupation der Ukraine, in: *Rundschau über Politik, Wirtschaft und Arbeiterbewegung*, 7.Jg., Nr. 62, S. 2145.

Kurt Funk: Lehren eines Kampfes um die demokratische Republik. Rückblick auf den 9. November 1918, in: *Kommunistische Internationale*, H.12, S. 1188-1200; dieses Heft wurde unter dem Titel: »Gerhard Schumann, Schau und Tat« als Tarnschrift in Deutschland verbreitet (IML, Berlin); wiederabgedruckt in: Herbert Wehner: Wandel und Bewährung. Frankfurt a.M. 1968, S. 14-21.

Kurt Funk: Die Politik der II. Internationale gegenüber der Offensive des Faschismus, in: *Kommunistische Internationale*, H.12, S. 1312-1323 (auch in den anderssprachigen Ausgaben); dieses Heft wurde unter dem Titel: »Konrad Tegtmeier, Die deutschen Segelschiffe« als Tarnschrift in Deutschland verbreitet (IML, Berlin).

1939

Kurt Funk: Die Kolonialforderungen des deutschen Faschismus, in: *Kommunistische Internationale*, H.1, S. 59-68 (auch in den anderssprachigen Ausgaben); dieses Heft wurde unter dem Titel: »Praktischer Leitfaden des Schachspiels« als Tarnschrift in Deutschland verbreitet (Wiener Library, London; SPD-PV, Bonn; IML, Berlin).

Kurt Funk: »Trotz alledem!« in: *Deutsche Zentral-Zeitung*, 15. Januar.

Kurt Funk: Franz Mehring. Zur zwanzigsten Wiederkehr seines Todestages, in: *Deutsche Zentral-Zeitung*, 28. Januar; in: *Rundschau über Politik, Wirtschaft und Arbeiterbewegung*, 8.Jg., Nr. 5, S. 155.

Kurt Funk: Die grosse Initiative zur Vereinigung der Arbeiterklasse und der Völker gegen den Faschismus, in: *Deutsche Zentral-Zeitung*, 2. März.

Kurt Funk: Der fünfte Jahrestag von Dimitroffs Befreiung mahnt zur Einheit. 27. Februar 1934 - 27. Februar 1939, in: *Rundschau über Politik, Wirtschaft und Arbeiterbewegung*, 8.Jg., Nr. 10, S. 290-291.

Kurt Funk: Das europäische Kolonialreich des deutschen Faschismus, in: *Kommunistische Internationale*, H.4, S. 469-479 (auch in den anderssprachigen Ausgaben); dieses Heft wurde unter dem Titel: »Heilquellen - Quellen der Gesundheit« als Tarnschrift in Deutschland verbreitet (IML, Berlin).

Kurt Funk: Ernst Thälmann, das gefesselte Gewissen des deutschen Volkes, in: *Deutsche Zentral-Zeitung*, 20. April.

Kurt Funk: Der imperialistische Krieg und die Arbeiterklasse, in: *Kommunistische Internationale*, H.5, S. 617-629 (auch in den anderssprachigen Ausgaben); dieses Heft wurde unter dem Titel: »Bad Neuenahr, Rheinland« als Tarnschrift in Deutschland verbreitet (Wiener Library, London; IML, Berlin).

K. Funk: Verheissungsvolle Anzeichen, in: *Deutsche Zentral-Zeitung*, 11. Mai.

Kurt Funk: Die Bedeutung der Lehre Lenins und Stalins vom Staat für die internationale Arbeiterbewegung, in: *KI*, H.7, S. 849-863 (auch in den anderssprachigen Ausgaben); dieses Heft wurde unter dem Titel: »Kornfranck, Naturhaft. Ein Kaffeegetränk für Geschmak und Gesundheit« als Tarnschrift in Deutschland verbreitet (IML und Museum für deutsche Geschichte, Berlin).

Kurt Funk: Die Expansionspläne des deutschen Faschismus und ihre Grenzen, in: *Rundschau über Politik, Wirtschaft und Arbeiterbewegung*, 8.Jg., Nr. 28, S. 760-762.

Kurt Funk: Die Wahrheit über die Landwirtschaft unter dem Faschismus, in: *Rundschau über Politik, Wirtschaft und Arbeiterbewegung*, 8.Jg., Nr. 30, S. 817.

Kurt Funk: Germany and Europe, in: *Communist International*, vol.16, September, S. 1021-1025.

Kurt Funk: Berlin - Tokio, in: *Rundschau über Politik, Wirtschaft und Arbeiterbewegung*, 8.Jg., Nr. 35, S. 986-987.

Kurt Funk: Internationale Solidarität der Arbeiterklasse - Unterpfand des Sieges über die faschistischen Aggressoren. Zum vierten Jahrestag der Eröffnung des VII. Kongresses der Kommunistischen Internationale, in: *Rundschau über Politik, Wirtschaft und Arbeiterbewegung*, 8.Jg., Nr. 40, S. 1135-1137.

Kurt Funk: Lehren vom Hasangsee. Zum Jahrestag des Sieges am Hasangsee, in: *Rundschau über Politik, Wirtschaft und Arbeiterbewegung*, 8.Jg., Nr. 41, S. 1167-1168.

Kurt Funk: Soll die Arbeiterklasse vor dem Krieg kapitulieren? Eine Auseinandersetzung mit der Politik der II. Internationale. Paris o.J.; unter dem Titel: »Kleiner Wegweiser durch die neue Geschichte« als Tarnschrift in Deutschland verbreitet (IML, Berlin).

Kurt Funk: Konstruktive Friedenspolitik, in: *Die Welt* (Zeitschrift für Politik, Wirtschaft und Arbeiterbewegung, Stockholm), I.Jg., Nr. 10, S. 163-164.

Kurt Funk: Die Verwirklichung des Selbstbestimmungsrechts des Volkes der Westukraine, in: *Die Welt*, I.Jg., Nr. 11, S. 188-189.

Herbert Wehner (Red.): Gegen den imperialistischen Krieg - für den Frieden und die Freiheit der Völker. Erklärung der kommunistischen Parteien Deutschlands, Österreichs und der Tschechoslowakei, in: *KI* H.12, S. 1284-1292.

Autorenschaft fraglich:

Anonym: The Record of German Decline, in: *Communist International*, vol.16, S. 443-448.

1940

K. Funk: Betrachtungen zu einer Nummer »Neuer Vorwärts«, in: *Kommunistische Internationale*, H.1, S. 80-84.

Kurt Funk: Moskau feiert den 1. Mai, in: *Die Welt*, II.Jg., Nr. 19, S. 523-524.

Kurt Funk: Eröffnung der landwirtschaftlichen Unionsausstellung, in: *Die Welt*, II.Jg., Nr. 22, S. 615.

Kurt Funk: Eindrücke von der Sportparade in Moskau, in: *Die Welt*, II.Jg., Nr. 32, S. 933-934.

Kurt Funk: Die Delegation der werktätigen Bevölkerung Bessarabiens und der Nordbukowina vor dem Obersten Sowjet, in: *Die Welt*, II.Jg., Nr. 34, S. 997-998.

Kurt Funk: Ein Jahr Nichtangriffsvertrag zwischen der Sowjetunion und Deutschland, in: *Die Welt*, II.Jg., Nr. 37, S. 1069-1071.

Kurt Funk: Der Kampf gegen Versailles, in: *Die Welt*, II.Jg., Nr. 42, S. 1252-1254.

Kurt Funk: Sozialistische Planwirtschaft, in: *Die Welt*, II.Jg., Nr. 48, S. 1424-1427.

1941

K. Funk: Karl Liebknecht und Rosa Luxemburg. Internationalisten der Tat, in: *Kommunistische Internationale*, H.2, S. 124-132.

H. Wegner: Es ist Zeit, sich auszusprechen, in: *Die Welt*, III.Jg., Nr. 20 (16. Mai), S. 635-638.

K. Friedemann: Ein Flug, ein Absprung mit dem Fallschirm - und ihre tiefere Bedeutung, in: *Die Welt*, III.Jg., Nr. 22 (30. Mai), S. 673-675.

H. Wegner: Wer am Krieg verdient, muß fallen! in: *Die Welt*, III.Jg., Nr. 23 (6. Juni), S. 705-707.

Joh. Karsten: Gedanken über den Weg zum Frieden, in: *Die Welt*, III.Jg., Nr. 24 (13. Juni), S. 749-751.

Joh. Karsten: Zeitgemäße Erinnerungen an Wilhelm II., in: *Die Welt*, III.Jg., Nr. 25 (20. Juni), S. 781-782.

H. Wegner: Ein Wort für alle, die mit dem Herzen dabei waren, in: *Die Welt*, III.Jg., Nr. 26 (27. Juni), S. 808-809.

K. Friedemann: Die Arbeiterklasse im Kampf um das Schicksal der Völker, in: *Die Welt*, III.Jg., Nr. 27 (4. Juli), S. 833-834.
K. Friedemann: Die »Beweisführung« der Reichstagsbrandstifter, in: *Die Welt*, III.Jg., Nr. 28 (11. Juli), S. 860-862.
Joh. Karsten: Krieg und Unterdrückung sind das Wesen des Faschismus, in: *Die Welt*, III.Jg., Nr. 29 (18. Juli), S. 897-898.
K. Friedemann: Der uferlose Krieg des Faschismus, in: *Die Welt*, III.Jg., Nr. 30 (25. Juli), S. 921-923.
Joh. Karsten: Schlaglichter auf Deutschland, in: *Die Welt*, III.Jg., Nr. 30, S. 932.
K. Friedemann: Sünde wider die Natur der Arbeiterbewegung, in: *Die Welt*, III.Jg., Nr. 31 (1. August), S. 953-955.
Joh. Karsten: Schlaglichter auf Deutschland, in: *Die Welt*, III.Jg., Nr. 31 (1. August), S. 970-971.
K. Friedemann: Arbeiterbewegung und Faschismus, in: *Die Welt*, III.Jg., Nr. 32 (8. August), S. 985-987.
Joh. Karsten: Die vorgetäuschte »Mission«, in: *Die Welt*, III.Jg., Nr. 32 (8. August), S. 994-995.
K. Friedemann: Einmal werden selbst die Steine sprechen, in: *Die Welt*, III.Jg., Nr. 33 (15. August), S. 1019-1020.
K. Friedemann: Die Arbeiterbewegung heute und morgen, in: *Die Welt*, III.Jg., Nr. 34 (22. August), S. 1049-1051.
Joh. Karsten: Widersprüche, Irrtümer und Grenzen der Propaganda, in: *Die Welt*, III.Jg., Nr. 34 (22. August), S. 1056-1057.
K. Friedemann: Nach zwei Kriegsjahren, in: *Die Welt*, III.Jg., Nr. 35 (29. August), S. 1081-1083.
H. Wegner: Gedanken an der Schwelle des dritten Kriegswinters, in: *Die Welt*, III.Jg., Nr. 35 (29. August), S. 1109-1110.
K. Friedemann: Ein Friedensziel der Arbeiterbewegung, in: *Die Welt*, III.Jg., Nr. 36 (5. September), S. 1113-1115.
H. Wegner: »Ein Volk, das andere Völker unterdrückt...«, in: *Die Welt*, III.Jg., Nr. 36 (5. September), S. 1139-1141.
K. Friedemann: Die ewig Unbelehrbaren, in: *Die Welt*, III.Jg., Nr. 37 (12. September), S. 1145-1147.
K. Friedemann: Einheitsfront der demokratischen Völker, in: *Die Welt*, III.Jg., Nr. 38 (19. September), S. 1177-1178.
Joh. Karsten: »Das Werden Europas«, in: *Die Welt*, III.Jg., Nr. 38 (19. September), S. 1184-1185.
K. Friedemann: Drei Monate Krieg im Osten, in: *Die Welt*, III.Jg., Nr. 39 (26. September), S. 1209-1212.
Die Wahrheit dem deutschen Volk! Aufklärungsschriften der KPD (IML, Berlin).
K. Friedemann: Einheitsfront der internationalen Arbeiterklasse für Demokratie und nationale Unabhängigkeit, in: *Die Welt*, III.Jg., Nr. 40 (3. Oktober), S. 1241-1243.
K. Friedemann: Nationales Selbstbestimmungsrecht und »Neuordnung«, in: *Die Welt*, III.Jg., Nr. 41 (10. Oktober), S. 1273-1275.
H. Wegner: Volk ohne Wahrheit, in: *Die Welt*, III.Jg., Nr. 41, S. 1300-1301.
K. Friedemann: Zweierlei Kriegsbündnisse, in: *Die Welt*, III.Jg., Nr. 42 (17. Oktober), S. 1306-1308.

Joh. Karsten: Seifenreklame und Reklameseife, in: *Die Welt*, III.Jg., Nr. 42 (17. Oktober), S. 1313-1314.
K. Friedemann: Die Gefahr ins Auge fassen, in: *Die Welt*, III.Jg., Nr. 43 (24. Oktober), S. 1337-1339.
Joh. Karsten: Brüchige Stellen im »Großraum«, in: *Die Welt*, III.Jg., Nr. 43 (24. Oktober), S. 1344-1345.
K. Friedemann: Zum vierundzwanzigsten Jahrestag der Oktoberrevolution in Rußland, in: *Die Welt*, III.Jg., Nr. 44 (31. Oktober), S. 1370-1372.
Joh. Karsten: Notizen aus Deutschland, in: *Die Welt*, III.Jg., Nr. 45 (7. November), S. 1418-1420, und Nr. 47 (21. November), S. 1482-1483.
H. Wegner: Zeitweilige Erfolge und entscheidende Siege, in: *Die Welt*, III.Jg., Nr. 46 (14. November), S. 1439-1441.
K. Friedemann: Der Kampf um die dritte Front, in: *Die Welt*, III.Jg., Nr. 47 (21. November), S. 1465-1467.
K. Friedemann: Kampfziele der Arbeiterklasse, in: *Die Welt*, III.Jg., Nr. 48 (28. November), S. 1497-1499.
H. Wegner: Die Arbeiterklasse Deutschlands im Kriege, in: *Die Welt*, III.Jg., Nr. 48 (28. November), S. 1521-1524, und Nr. 49 (5. Dezember), S. 1556-1558.
K. Friedemann: Auswechselbare Worte, gleichbleibende Taten, in: *Die Welt*, III.Jg., Nr. 49 (5. Dezember), S. 1529-1531.
K. Friedemann: Das Verhältnis von Arbeiterbewegung und Demokratie zum »Antikommunismus«, in: *Die Welt*, III.Jg., Nr. 50, S. 1562-1564.
K. Friedemann: Die bergeversetzende Kraft der Solidarität, in: *Die Welt*, III.Jg., Nr. 51 (16. Dezember), S. 1593-1594.
K. Friedemann: Es leuchtet ein Licht durch die Finsternis, in: *Die Welt*, III.Jg., Nr. 52 (30. Dezember), S. 1610-1611.

1942

K. Friedemann: An der Schwelle des Jahres 1942, in: *Die Welt*, IV.Jg., Nr. 1 (2. Januar), S. 1-2.
Joh. Karsten: Presse in der »Neuordnung», in: *Die Welt*, IV.Jg., Nr. 1 (2. Januar), S. 13-14.
K. Friedemann: Zur Weihnachtsbotschaft des Papstes, in: *Die Welt*, IV.Jg., Nr. 2 (9. Januar), S. 34-36.
Joh. Karsten: Deutsche Notizen, in: *Die Welt*, IV.Jg., Nr. 2 (9. Januar), S. 55-56, und Nr. 5 (30. Januar), S. 146-147.
K. Friedemann: Wladimir Iljitsch Lenin, Erwecker und Befreier des russischen Volkes, in: *Die Welt*, IV.Jg., Nr. 3 (16. Januar), S. 65-67; wiederabgedruckt in: Herbert Wehner: Wandel und Bewährung. Frankfurt a.M. 1968, S. 29-34.
Joh. Karsten: Aus dem deutschen Alltag, in: *Die Welt*, IV.Jg., Nr. 3 (16. Januar), S. 84-85.
H. Wegner: Gedanken zum Todestag Karl Liebknechts und Rosa Luxemburgs, in: *Die Welt*, IV.Jg., Nr. 3 (16. Januar), S. 90-91.
K. Friedemann: Auswirkungen des Vernichtungskrieges, in: *Die Welt*, IV.Jg., Nr. 4 (23. Januar), S. 97-99.

Joh. Karsten: Mutproben und andere Erziehungsmethoden, in: *Die Welt*, IV.Jg., Nr. 4 (23. Januar), S. 118-119.

K. Friedemann: Die Krise eines Volkes, in: *Die Welt*, IV.Jg., Nr. 5 (30. Januar), S. 129-133.

K. Friedemann: Etwas über die Wirkung von Siegen und Niederlagen auf die Entwicklung von Völkern, in: *Die Welt*, IV.Jg., Nr. 6 (6. Februar), S. 162-164.

Joh. Karsten: »Ich bringe Euch nichts, ich verlange und fordere...«, in: *Die Welt*, IV.Jg., Nr. 6 (6. Februar), S. 177-178.

K. Friedemann: Für eine freie und einige Arbeiterbewegung, in: *Die Welt*, IV.Jg., Nr. 7 (13. Februar), S. 193-194.

Joh. Karsten: Mit weniger Arbeitskräften für ein größeres Heer arbeiten, in: *Die Welt*, IV.Jg., Nr. 7 (13. Februar), S. 210-212.

K. Friedemann: Zum Ehrentag einer jungen ruhmreichen Armee, in: *Die Welt*, IV.Jg., Nr. 8 (20. Februar), S. 225-227.

Joh. Karsten: Illustrationen zu Ministerworten, in: *Die Welt*, IV.Jg., Nr. 8 (20. Februar), S. 244-245.

Autorenschaft fraglich:

K. Friedemann: Vom kleinen zum großen Brand, in: *Die Welt*, IV.Jg., Nr. 9 (27. Februar), S. 267-268.

K. Friedemann: Eine Botschaft der Zuversicht und der Siegesgewißheit, in: *Die Welt*, IV.Jg., Nr. 10 (6. März), S. 289-291.

Joh. Karsten: Die neue Rationalisierungswelle, in: *Die Welt*, IV.Jg., Nr. 10 (6. März), S. 307-309.

K. Friedemann: Schlangestehen und Straßenbahnfahren, in: *Die Welt*, IV.Jg., Nr. 13 (27. März), S. 404-405.

Joh. Karsten: Eine kleine Liste waschechter Antiplutokraten, in: *Die Welt*, IV.Jg., Nr. 14 (3. April), S. 422-424.

K. Friedemann: Vom Alltag in einem kriegführenden Land, in: *Die Welt*, IV.Jg., Nr. 14 (3. April), S. 430-431.

1944-1946

Notizen (in Teilen 1944-46 entworfen, Endfassung Mai-Juli 1946), in: Herbert Wehner: Zeugnis. Hg. von Gerhard Jahn. Köln 1982, S. 27-273.

Unveröffentlichte Quellen

Archiv der sozialen Demokratie, Bonn:
Nachlaß Carlo Schmid, SPD-PV und Präsidium, Mappe 12.
Institut für die Geschichte der Arbeiterbewegung (bis 4. Januar 1990 Archiv des Instituts für Marxismus-Leninismus beim ZK der SED), Bestand KPD:
Parteikonferenzen:

I/1/1/34-41	Brüsseler Konferenz.

Zentrale Parteiorgane, Politbüro:

I/2/3/13-15	Politbüro - Beschlußprotokolle, 1933 - Oktober 1934;
I/2/3/17-19	Politbüro November 1934 - Oktober 1936;
I/2/3/20	Sitzungsprotokolle 1937-1941;
I/2/3/78-79	Kaderfragen;
I/2/3/80	Wehner 1933-1945;
I/2/3/82-84	Kaderkommission des Politbüros, die Ausschlüsse tätigt;
I/2/3/250	Wehner 1939;
I/2/3/251	Wehner zu Saarfragen 1934/35;
I/2/3/260-261	Gewerkschaftsfragen, RGO-Politik, 1933/34;
I/2/3/294	Wehner in Stockholm und Korrespondenz mit dem Politbüro in Moskau, Januar bis Mai 1941.
I/2/3/419	Volksfrontverhandlungen Paris 1935/36.

Spiegel-Archiv:
Oberreichsanwalt beim Volksgerichtshof:
Akte Nr. J 51/44g Prozeßakten Wilhelm Knöchel
(Das Original befindet sich im Berliner Document Center)

Literatur und veröffentlichte Quellen

Adler, Alfred: Der nervöse Charakter. (1.Aufl. 1912) Frankfurt a.M. 1972.
Adler, Alfred: Der Sinn des Lebens. (1.Aufl. 1933) Frankfurt a.M. 1973.
Adler, Viktor: Briefwechsel mit August Bebel und Karl Kautsky. Wien 1954.
Adreßbuch der Stadt Dresden (1906, 1907, 1910, 1915, 1917, 1920, 1930-1932).
Akten der Reichskanzlei. Die Kabinette Stresemann I und II. Hg. und bearbeitet von Karl Dietrich Erdmann und Martin Vogt. Boppard 1978.
Altrichter, Helmut und Hammann, H.: Die Sowjetunion (1917-1953). München 1987.
Antonow-Owssejenko, Anton: Stalin. Porträt einer Tyrannei. (New York 1980) Frankfurt a.M. 1986.
Appel, Reinhard: Gefragt: Herbert Wehner. Bonn 1969.
Arlt, Willy: Wehner der Große, in: *Der Syndikalist* (Berlin), 13.Jg., Nr. 34, 22. August 1931 (Beilage).
Arndt, K. (Karl Mewis): Zum Problem: Arbeiterklasse und Nation, in: *Die Welt*, 3.Jg., Nr. 9 und 10, 28. Februar und 3. März 1941.
Aufhäuser, Siegfried: »Dennoch Aktionseinheit«, in: *Die Neue Weltbühne*, Nr. 44, 1934.

Bakounine, Michail. Confessions. Annotations de Max Nettlau. Paris 1932.
Bakunin, Michail: Beichte aus der Peter-Pauls-Festung an Zar Nikolaus I. Hg. von Kurt Kersten (russ. Originalausgabe hg. von W. Polonski). Berlin 1926.
Baschanow, Boris: Ich war Stalins Sekretär. Frankfurt a.M. 1977.
Bebel, August: Aus meinem Leben. 3 Teile. Stuttgart 1911.
Bebel, August: Die Frau und der Sozialismus (1879). Reprint der 50. Auflage von 1909: Frankfurt a.M. 1976.
Becher, Johannes R.: Abschied. Einer deutschen Tragödie erster Teil 1900-1919. Berlin 1945.
Becher, Johannes R.: »Beengung« aus »Verfall und Triumph« (1911-13), in: Bibliothek des Expressionismus, Bd. 2, Berlin 1914. Reprint: Nendeln (Liechtenstein) 1973.
Belyi, Andrej: Im Reich der Schatten. Berlin 1921-23, deutsch: (mit einem Essay von Karl Schlögel) Frankfurt a.M. 1987.
Berghahn, Volker: Der Tirpitzplan. Düsseldorf 1971.
Bericht über die Verhandlungen des XI. Parteitages der KPD (Essen 2.-7. März 1927). Hg. vom ZK der KPD. Berlin 1927.
Bernstein, Eduard: Der Kampf in Belgien und der politische Massenstreik, in: *Sozialistische Monatshefte*, Juni 1902.
Bernstein, Eduard: Die preußischen Landtagswahlen und Sozialdemokratie, in: *Die Neue Zeit* XI (September 1893), S. 772-778.
Bernstein, Eduard: Die Sozialdemokratie und das neue Landtagswahlsystem in Sachsen, in: *Die Neue Zeit* XIV (April 1896).
Besser, Joachim: Sozialist und Christ dazu. Herbert Wehner – ein unbequemer Mann, in: Die Welt, 9. August 1958.
Blank, R.: Die soziale Zusammensetzung der sozialdemokratischen Wählerschaft Deutschlands, in: *Archiv für Sozialwissenschaft und Sozialpolitik* XX (1905), S. 507-550.
Bock, Hans Manfred: Syndikalismus und Linkskommunismus von 1918-23. Meisenheim 1969.
Boesner, Knut und Vatkova, Renatá (Hg.): Erwin Piscator. Eine Arbeitsbiographie in 2 Bänden. Berlin 1986.
Bohrer, Karl Heinz: Identität als Selbstverlust. Zum romantischen Subjektbegriff, in: *Merkur* 426 (13.Jg., H.4, Juni 1984), S. 367-379.
Boll, Friedhelm: Massenbewegungen in Niedersachsen 1906-20 (in: Veröffentlichungen des Instituts für Sozialgeschichte Braunschweig, Bonn). Bonn 1981.
Bosl, Karl (Hg.): Bayern im Umbruch. München 1969.
Brandt, Willy: Bemerkungen zum Einheitsproblem, in: *Marxistische Tribüne* (hg. von der SAP), 1.Jg., Nr. 5, Oktober 1936.
Brant, Sebastian: Das Narrenschiff. Basel 1494.
Braunthal, Julius: Geschichte der Internationale. 2 Bde., Berlin/Bonn 1978.
Brecht, Arnold: Aus nächster Nähe. Lebenserinnerungen 1884-1927. Stuttgart 1966.
Brecht, Berthold: Gesammelte Werke. Frankfurt a.M. 1967.
Brome, Vincent: The International Brigades. Spain 1936-1939. London 1965.
Broué, Pierre und Témime, Emile: Revolution und Krieg in Spanien. Geschichte des spanischen Bürgerkriegs. 2 Bde., Frankfurt a.M. 1968.
Buber-Neumann, Margarete: Als Gefangene bei Stalin und Hitler. München 1949.

Buber-Neumann, Margarete: Von Potsdam nach Moskau. Stuttgart 1957.
Buber-Neumann, Margarete: Kriegsschauplätze der Weltrevolution. Stuttgart 1967.
Bukharin, Nicolaj: Imperialism und Communism, in: *Foreign Affairs,* Vol. 14, Nr. 4, Juli 1936, S. 563-577.
Burckhardt, Jakob: Weltgeschichtliche Betrachtungen. (1.Aufl. 1864) 3.Aufl., Stuttgart 1918.
Carmichael, Joel: Säuberung. Die Konsolidierung des Sowjetregimes unter Stalin 1934-1938. Berlin u.a. 1972.
Conquest, Robert: Am Anfang starb Genosse Kirow. Säuberungen unter Stalin. Düsseldorf 1970.
Dahlem, Franz: Am Vorabend des Zweiten Weltkriegs. 1938 bis August 1939. Erinnerungen. 2 Bde., Berlin/DDR 1978, 1980.
Daniel, Ute: Arbeiterfrauen in der Kriegsgesellschaft. Göttingen 1990.
Daschitschew, Wjatschoslaw: Stalin hat den Krieg gewollt, in: *Rheinischer Merkur*, 28. April 1989.
Der Kampf um die Zukunft des Saargebiets 1934/35. Das Einheitsfrontabkommen der KPD und SPD im Saargebiet vom 2. Juli 1934 zum gemeinsamen Kampf gegen den Hitlerfaschismus. Kolloquium der Sektion Geschichte der Humboldt-Universität zu Berlin. Berlin/DDR 1984.
Deutsche Antifaschisten in Stalins Hand. Interview mit Peter Kahle, in: *BZG*, 32.Jg. (1990), H.3, S. 326-328.
Diehls, Rudolf: Lucifer ante Portas. Zürich 1949.
Diettrich, Fritz: Kindheit in Dresden, in: *Merian* »Dresden«. Hamburg 1949, S. 6-17.
Dittmann, Wilhelm: Die Wahrheit über Sachsen, in: *Dresdener Volkszeitung*, 3.11.1923.
Dittmar, Peter: »Der zwölfjährige Christus im Tempel« von Adolph Menzel. Ein Beispiel für den Antijudaismus im 19. Jahrhundert, in: *Idea*. Jahrbuch der Hamburger Kunsthalle, Bd. 6. (1987), S. 81-96.
Dörrer, Horst: Die Dresdener Arbeiterbewegung während des Weltkrieges und der Novemberrevolution 1918. (Phil.Diss.) Leipzig 1960.
dpa-spezial, 13. September 1957: »Ehemalige Sowjetzonen- und KPD-Funktionäre über Wehner«.
Dubief, Henri: Le Déclin de la IIIe République 1929-1938 (Nouvelle histoire de la France contemporaine, 13). Paris 1976.
Duhnke, Horst: Die KPD von 1933-1945. Köln 1972.
Ebert, Friedrich: Schriften, Aufzeichnungen, Reden. 2 Bde., Dresden 1926.
Eliade, Mircea: Mythos und Wirklichkeit. Frankfurt a.M. 1988.
Erikson, Erik H.: Identität und Lebenszyklus. Drei Aufsätze. Frankfurt a.M. 1966.
Fabian, Walter: Klassenkampf um Sachsen 1918-1930. Dresden 1930.
»Familienbande«, in: *Stern*, 14.5.1987.
Fehl, Werner: Illegale Betriebsopposition im Dritten Reich. Vertrauensratswahlen und Arbeitskonflikte 1933-1939. (Unveröffentlichte Staatsexamensarbeit) Heidelberg 1979.
Feuchtwanger, Lion: Erster Eindruck dieses Prozesses, in: *Deutsche Zentral-Zeitung*, 30. Januar 1937.
Feuchtwanger, Lion und Zweig, Arnold: Briefwechsel. Berlin/DDR 1984.
Feuchtwanger, Marta: Nur eine Frau. Jahre – Tage – Stunden. München/Wien 1983.

Fischer, Alexander: Sowjetische Deutschlandpolitik im Zweiten Weltkrieg 1941-1945. Stuttgart 1975.
Fischer, Edmund: Der Widerstand des deutschen Volkes gegen Wahlentrechtungen, in: *Sozialistische Monatshefte* VIII, Oktober 1904.
Fischer, Ernst: Erinnerungen und Reflexionen. Hamburg 1969.
Fischer, Ruth: Stalin und der deutsche Kommunismus. Der Übergang zur Konterrevolution. Frankfurt a.M. o.J. (1949).
Flechtheim, Ossip K.: Die KPD in der Weimarer Republik. Frankfurt a.M. 1969.
Förster, Rudolf u.a. (Hg.): Dresden. Geschichte der Stadt in Wort und Bild. Berlin/DDR 1985.
Francke, Wolfgang (Hg.): China-Handbuch. Düsseldorf 1974.
Frank, Pierre: Die Geschichte der Kommunistischen Internationale (1919-43). 2 Bde., Frankfurt a.M. 1981.
Frederik, Hans: Herbert Wehner – gezeichnet vom Zwielicht seiner Zeit. München 1972.
Frese, Matthias: Nationalsozialistische Betriebspolitik 1933-1939. Untersuchungen zum Verhältnis von Deutscher Arbeitsfront, Industrie und Staatsbürokratie. Phil.Diss. Heidelberg 1988 (MS).
Freud, Anna: Das Ich und die Abwehrmechanismen. München o.J. (1975).
Freudenhammer, Alfred und Vater, Karlheinz: Herbert Wehner. Ein Leben mit der deutschen Frage. Gütersloh 1978.
Gall, Lothar: Bismarck. Der weiße Revolutionär. Frankfurt a.M. u.a. 1980.
Gall, Lothar (Hg.): Das Bismarck-Problem in der Geschichtsschreibung nach 1945. Köln, Berlin 1975.
Gast, Helmut: Die proletarischen Hundertschaften als Organe der Einheitsfront im Jahre 1923, in: *Zeitschrift für Geschichtswissenschaft*, Jg. IV (1956), H .3, S. 439-465.
Geschichte der deutschen Arbeiterbewegung in 8 Bänden. Hg. vom IML beim ZK der SED. Berlin/DDR 1966.
Getty, J. Arch: Origins of the great Purges. Cambridge 1985.
Giovannini, Norbert: Politik und politische Sozialisation Heidelberger Studenten. (Phil.Diss.) Heidelberg 1986.
Glaser, Georg K.: Geheimnis und Gewalt. Hamburg/Düsseldorf 1969.
Gnedin, Jewgenij: Das Labyrinth. Erinnerungen eines führenden Sowjetdiplomaten. Mit einem Vorwort von A. Sacharow (1978). Freiburg 1987.
Gradnauer, Georg: Zu den Fragen der Taktik, in: *Vorwärts*, Nr. 243, 16.10.1898.
Graml, Hermann: Europa zwischen den Kriegen. München 1969.
Gregor-Dellin, Martin: Richard Wagner. Sein Leben. Sein Werk. Sein Jahrhundert. München/Zürich 1980.
Grobe, Karl: Wann war im revolutionären Rußland eigentlich Thermidor?, in: *FAZ*, 31. März 1990.
Groh, Dieter: Negative Integration und revolutionärer Attentismus. Frankfurt a.M. 1973.
Gross, Babette: Willi Münzenberg. Eine politische Biographie. Stuttgart 1967.
Gumbel, Emil J.: Verschwörer. Wien 1924. Reprint: Heidelberg 1979.
Haas, Leonhard (Hg.): Lenin. Unbekannte Briefe 1912-1914. Einsiedeln u.a. 1967.
Härtling, Peter: Wütende Wahrhaftigkeit, in: *FAZ*, 9.8.1985.

Hay, Julius: Geboren 1900. Aufzeichnungen eines Revolutionärs. München u.a. 1977.

Heer, Hannes: Ernst Thälmann in Selbstzeugnissen und Bilddokumenten. Hamburg 1975.

Heilfron, Eduard (Hg.): Die deutsche Nationalversammlung im Jahre 1919. 8 Bde., Berlin o.J. (1920).

Herlemann, Beatrix: Auf verlorenem Posten. Kommunistischer Widerstand im Zweiten Weltkrieg. Die Knöchel-Organisation. Bonn 1986.

Herlemann, Beatrix: Die Emigration als Kampfposten, Die Anleitung des kommunistischen Widerstandes in Deutschland aus Frankreich, Belgien und den Niederlanden. Königstein im Taunus 1982.

Herwarth, Hans von: Zwischen Hitler und Stalin. Erlebte Zeitgeschichte von 1931 bis 1945. Frankfurt a.M. u.a. 1982.

Hinske, Norbert: Kant als Herausforderung an die Gegenwart. Freiburg 1980.

Hirte, Chris: Erich Mühsam. Berlin/DDR 1983.

Hoffmann, Ludwig und Hoffmann-Ostwald, Daniel: Deutsches Arbeitertheater 1918-33. 2 Bde., 2.Aufl., Berlin 1972.

Hoffmann, Ludwig und Pfützner, Karl: Theater der Kollektive. 2 Bde., Berlin/DDR 1980.

Hohmann, Werner: Heinrich Vogeler in der Sowjetunion (1931-1942). Fischerhude 1987.

Höhne, Heinz: Kennwort Direktor. Die Geschichte der Roten Kapelle. Frankfurt a.M. 1970.

Honecker, Erich: Aus meinem Leben. Berlin/DDR u.a. 1980.

Hortzschansky, Günter: Max Hoelz, in: *BZG*, 31.Jg. (1989), H.6, S. 775-790.

Hug, Heinz: Erich Mühsam. Untersuchungen zu Leben und Werk. Glashütten 1974.

Illustrierte Geschichte der Deutschen Revolution. Hg. vom Internationalen Arbeiterverlag. Berlin o.J. (1929).

In den Fängen des NKWD. Deutsche Opfer des stalinistischen Terrors in der UdSSR. Hg. vom Institut für die Geschichte der Arbeiterbewegung. Berlin 1991.

Istrati, Panait: Auf falscher Bahn/So geht es nicht/Rußland nackt. München 1930.

Jacoby, Henry (Hg.): Otto Rühle, Baupläne für eine Gesellschaft. Reinbek bei Hamburg 1971.

Jahn, Gerhard u.a. (Hg.): Herbert Wehner. Beiträge zu einer Biografie. Köln 1976.

Jansen, Reinhard: Georg von Vollmar. Düsseldorf 1958.

Jung, Franz: Der Torpedokäfer. Darmstadt 1972.

Jünger, Ernst: Das abenteuerliche Herz. 2. Fassung, 7.Aufl., Frankfurt a.M. 1950.

Jünger, Ernst: Interview mit dem *Spiegel* 33 (1982).

Kantorowicz, Alfred: Deutsches Tagebuch. Bd. I, München 1959.

Kautsky, Karl: Erinnerungen und Erörterungen. Amsterdam 1960.

Kindt, Werner (Hg.): Grundschriften der deutschen Jugendbewegung. Düsseldorf/Köln 1963.

Kluge, Ulrich: Die deutsche Revolution 1918/19. Staat, Politik und Gesellschaft zwischen Weltkrieg und Kapp-Putsch. Frankfurt a.M. 1985.

Kohl, Oskar: Erich Mühsam als »Antimilitarist«, in: *Der Freie Arbeiter* 18, Nr. 37, 1925.

Kornbichler, Thomas: Tiefenpsychologische Biographik. Berlin 1987.

Kötzschke, Rudolf und Kretzschmar, Hellmut: Sächsische Geschichte. 2 Bde., Dresden 1935.

Kreckel, Manfred: Richard Wagner und die französischen Frühsozialisten. (Phil.Diss. Mainz 1985) Frankfurt a.M. u.a. 1986.

Kriegenherdt, Fritz: Der Kampf der KPD in Dresden um die Aktionseinheit der Arbeiterklasse gegen die drohende Gefahr des Faschismus und des Krieges (September 1930 – Januar 1933). (Hist.Diss.) Potsdam 1962 (MS).

Kubizek, August: Adolf Hitler. Mein Jugendfreund. Graz, Göttingen 1953.

Kuczynski, Jürgen: Memoiren. (1973) 4.Aufl., Berlin/Weimar 1983.

Kuenzli, Arnold: Karl Marx. Eine Psychographie. Wien u.a. 1966.

Kühn, Heinz: Widerstand und Emigration. Die Jahre 1928-1945. Hamburg 1980.

Kummer, Fritz: Die Fabrikarbeit verheirateter Frauen, in: *Metallarbeiterzeitung*, 19. April 1930.

Kurz, Thomas: »Blutmai«. Sozialdemokraten und Kommunisten im Brennpunkt der Berliner Ereignisse von 1929. Berlin/Bonn 1988.

Kux, Ernst: Karl Marx – die revolutionäre Konfession. Erlenbach u.a. 1967.

Landmann, Robert: Monte Verità. Die Geschichte eines Berges. Berlin 1930 (2.Aufl.: Ascona, Monte Verità: auf der Suche nach dem Paradies. Frankfurt a.M. 1979).

Langewiesche, Dieter: Politik – Gesellschaft – Kultur, in: *AfS* XXII (1982), S. 359-402.

Langkau-Alex, Ursula: Volksfront für Deutschland? Bd. 1: Vorgeschichte und Gründung des »Ausschusses zur Vorbereitung einer deutschen Volksfront«, 1933-1936. Frankfurt a.M. 1977.

Laubscher, Gerhard: Die Opposition im ADGB 1918-1925. (Phil.Diss. Heidelberg 1978) Frankfurt a.M. 1979.

Lauckner, Martin: Hundert Jahre Erlöserkirche Dresden-Striesen, in: *Sächsische Heimat*, Zeitschrift der Landsmannschaft, 26.Jg., Hamburg 1980.

Lederer, Emil: Die Gesellschaft der Unselbständigen, in: *Archiv für Sozialwissenschaft und Sozialpolitik*, Bd. 46 (1918/19), S. 114-139.

Lempert, Peter: Das Saarland den Saarländern. Die französischen Bestrebungen im Saargebiet (1918-1935). (Phil.Diss.) Köln 1985.

Leonhard, Wolfgang: Der Schock des Hitler-Stalin-Paktes. Freiburg 1986.

Leonhard, Wolfgang: Völker, hört die Signale. Die Anfänge des Weltkommunismus. München 1981.

Lessing, Theodor: Ich warf eine Flaschenpost ins Eismeer der Geschichte. Essays und Feuilletons (1923-1933). Hg. von Rainer Marwedel. Darmstadt u.a. 1986.

Leßmann, Peter: Die preußische Schutzpolizei in der Weimarer Republik. Düsseldorf 1989.

Lexikon zur Parteiengeschichte. 4 Bde., Leipzig/Köln 1983-1986.

Linse, Ulrich: Barfüßige Propheten. Erlöser der zwanziger Jahre. Berlin 1983.

Linse, Ulrich: Die anarchistische und anarchosyndikalistische Jugendbewegung 1919-33. Frankfurt a.M. 1976.

Linse, Ulrich: Die Transformation der Gesellschaft durch die anarchistische Weltanschauung, in: *AfS* XI (1971), S. 289-372.

Linse, Ulrich: Organisierter Anarchismus im dt. Kaiserreich von 1871. Berlin 1969.

Lüdtke, Alf: Hunger in der großen Depression. Hungererfahrung und Hungerpolitik am Ende der Weimarer Republik, in: AfS XXVII (1987), S. 145-176.

Luxemburg, Rosa: Die Akkumulation des Kapitals. (1921) Frankfurt a.M. 1969.
Luxemburg, Rosa: Gesammelte Werke. 5 Bde., Berlin/DDR 1970-1975.
Luxemburg, Rosa: Politische Schriften III. Hg. von Ossip K. Flechtheim. Frankfurt a.M. 1968.
Mallmann, Klaus-Michael und Paul, Gerhard: Das zersplitterte Nein. Saarländer gegen Hitler (Widerstand und Verweigerung im Saarland 1935-45. Hg. von Hans-Walter Herrmann, Bd. 1). Bonn 1989.
Mallmann, Klaus-Michael und Steffens, Horst: Lohn der Mühen. Geschichte der Bergarbeiter an der Saar. München 1989.
Mammach, Klaus: Die deutsche antifaschistische Widerstandsbewegung 1933-1939. Berlin/DDR 1974.
Mammach, Klaus (Hg.): Die Brüsseler Konferenz. Berlin/DDR 1975.
Maschke, W.: Die Not der Lehrlinge, in: *Arbeiterjugend*, Januar 1922.
Maslowski, Peter: Thälmann. Leipzig 1932.
Matthias, Erich und Morsey, Rudolf (Hg.): Das Ende der Parteien 1933. Düsseldorf 1979.
Mayenburg, Ruth von: Hotel Lux. München 1978.
MEGA III/2. Berlin 1979.
Mehring, Franz: Aufsätze zur Geschichte der Philosophie. Hg. von Dieter Bergner. Frankfurt a.M. 1975.
Metzger, Heinz-Klaus und Riehn, Rainer (Hg.): Richard Wagner. Wie antisemitisch darf ein Künstler sein? In: Musik Konzepte. Die Reihe über Komponisten, H.5. München 1978.
MEW, Bde.: 19,22,23,33,35,38.
Mewis, Karl: Im Auftrag der Partei. 2.Aufl., Berlin/DDR 1973.
Meyer-Leviné, Rosa: Im inneren Kreis. Erinnerungen einer Kommunistin in Deutschland 1920-1933. Hg. und eingel. von Hermann Weber. Köln 1979.
Mihaly, Jo: ...da gibts ein Wiedersehn! Kriegstagebuch eines Mädchens 1914-1918. Freiburg/Heidelberg 1982.
Miles (W. Löwenheim): Neu Beginnen! Karlsbad 1933.
Milward, Alan S.: Der Zweite Weltkrieg. Wirtschaft und Gesellschaft 1939-1945. (Geschichte der Weltwirtschaft im 20. Jh., Bd. 5) München 1977.
Mühsam, Erich: Antwort an O.K., in: *Der Freie Arbeiter*, 18. Jg., Nr. 37, Berlin 1925.
Mühsam, Erich: Ascona. Eine Broschüre. Locarno 1905.
Mühsam, Erich: Die Entstehung der bayerischen Räterepublik. Berlin 1919.
Mühsam, Erich: »Die proletarische Linke«, in: *Fanal*, Nr. 3, Dezember 1926.
Mühsam, Erich: Die Rote Hilfe, in: *Fanal*, Nr. 6, März 1927.
Mühsam, Erich: Gesamtausgabe. Hg. von G. Emig. 4 Bde., Berlin 1977-1983.
Mühsam, Erich: Persönlichkeit-Autorität-Führung, in: *Fanal*, Nr. 12, September 1929.
Mühsam, Erich: Revolutionäre Moral, in: *Fanal*, Nr. 9, Juni 1928.
Mühsam, Erich: Von Eisner bis Leviné. Berlin 1929.
Müller, Georg H.: Chronik der Stadt Dresden. Dresden 1926.
Müller, Werner: Lohnkampf, Massenstreik, Sowjetmacht. Ziele und Grenzen der revolutionären Gewerkschafts-Opposition (RGO) in Deutschland 1928 bis 1933. Köln 1988.

Müssener, Helmut: Exil in Schweden – Politische und kulturelle Emigration nach 1933. München 1974.
Neithardt, Hans Joachim: Dresden, wie es Maler sahen. Leipzig 1983.
Nettl, Peter: Rosa Luxemburg. 2 Bde., London u.a. 1966.
Nettlau, Max: Geschichte der Anarchie. 5 Bde., Berlin 1927. Reprint: Vaduz 1984.
Neubauer, Helmut: München und Moskau 1918/19. München 1958 (*Jahrbücher für die Geschichte Osteuropas*, Beiheft 4).
Neuberg, A.: Hans Kippenberger, M.N. Tuchatschewski, Ho Chi Minh. Der bewaffnete Aufstand. Versuch einer theoretischen Darstellung. Eingeleitet von Erich Wollenberger. (Zürich 1928) Frankfurt a.M. 1971.
Nitzsche, Gerhard: Die Saefkow-Jacob-Bästlein-Gruppe. Dokumente und Materialien des illegalen antifaschistischen Kampfes (1942-1945). Berlin/DDR 1957.
Nitzsche, Gerhard: Zur politisch-organisatorischen Führungs- und Verbindungstätigkeit des Zentralkomitees der KPD im antifaschistischen Widerstandskampf in der Anfangsperiode des zweiten Weltkriegs (1939 bis 1941), in: *Wissenschaftliche Zeitschrift der Humboldt-Universität zu Berlin* (Gesellschafts- und sprachwissenschaftliche Reihe), Jg. XIX (1970), H.2, S. 159-168.
Orwell, George: Nineteen Eighty-Four. London 1949.
Osterroth, Franz und Schuster, Dieter: Chronik der deutschen Sozialdemokratie. 3 Bde., Bonn 1975/1978.
Osterroth, Franz: Biographisches Lexikon des Sozialismus. Hannover 1960.
Ott, Rolf: Ernst Thälmann in Dresden. Auf den Spuren des revolutionären Arbeiterführers in unserer Stadt, in: *Jahrbuch zur Geschichte Dresdens* 1986.
Paul, Gerhard: Die NSDAP des Saargebiets (1920-1935). Der verspätete Aufstieg der NSDAP in der katholisch-proletarischen Provinz. Saarbrücken 1987.
Paul, Gerhard: Max Braun. Eine politische Biographie. St. Ingbert 1987.
Peters, Uwe H.: Anna Freud. Ein Leben für das Kind. München 1979.
Peukert, Detlef: Die KPD im Widerstand. Verfolgung und Untergrundarbeit an Rhein und Ruhr 1933-1945. Wuppertal 1980.
Peukert, Detlef: Die Weimarer Republik. Frankfurt a.M. 1987.
Peukert, Detlef: Jugend zwischen Krieg und Krise. Lebenswelten von Arbeiterjungen in der Weimarer Republik. Köln 1987.
»Pfeffer und Salz«. Lotte Loebinger, Schauspielerin und seit 65 Jahren Kommunistin, in: *TAZ*, 19.5.1990.
Pfitzner, Klaus: Ensembles und Aufführungen des sozialistischen Berufstheaters in Berlin 1929-33. Berlin/DDR 1966.
Pfordt, Fritz: »Werktätige Jugend, um dich wird gekämpft«, in: *Arbeiterzeitung*, Nr. 193, 26. August 1934.
Pike, David: Deutsche Schriftsteller im sowjetischen Exil 1933-45. Frankfurt a.M. 1981
Pinthus, Kurt: Menschheitsdämmerung. Ein Dokument des Expressionismus. 4.Aufl., Reinbek bei Hamburg, 1961.
Piscator, Erwin: Theater der Auseinandersetzung. Frankfurt a.M. 1977.
Plievier, Theodor: Der Kaiser ging, die Generale blieben. Prag 1932.
Plievier, Theodor: Des Kaisers Kulis. Berlin 1929.
Plievier, Theodor: Stalingrad. Berlin 1945 (Mexico 1946).
Pöppel, Walter: Es war einmal. Eine Jugend in Deutschland. 2 Bde., Stockholm 1984.

Praktisches Bibelhandbuch, Wortkonkordanz. 10.Aufl., Stuttgart 1970.
Preuss, Alfred: Eine deutsch-französische Biographie, in: Deutschlandfunk, 1. August 1989.
Programmatische Dokumente der deutschen Sozialdemokratie. Hg. und eingeleitet von Dieter Dowe und Kurt Klotzbach. Berlin/Bonn 1973.
Protokoll der Verhandlungen des 12. Parteitages der KPD, Berlin-Wedding, 9.-16. Juni 1929. Berlin o.J. (1929).
Protokoll der Verhandlungen des Parteitages der SPD vom 11. bis 14. September 1948 in Düsseldorf. Hamburg o.J. (1949).
Protokoll des Heidelberger Parteitages der SPD 1925 (vom 13. bis 18. September). Berlin 1925.
Protokoll des Magdeburger Parteitages der SPD, 1929 (vom 26. bis 31. Mai). Berlin 1929.
Protokoll über die Verhandlungen des Parteitages der Sozialdemokratischen Partei Deutschlands. Abgehalten zu Dresden vom 13. bis 20. September 1903. Berlin 1903.
Protokoll vom 2. Bezirksparteitag der KPD – Bezirk Sachsen vom 25.-27. März 1932 (als Manuskript gedruckt), o.O. o.J.
Protokoll des III. Weltkongresses der Kommunistischen Internationalen. 2 Bde, Hamburg 1921.
Protokoll des sechsten Weltkongresses der Kommunistischen Internationalen. 4 Bde., Hamburg 1928.
Protokoll des VII. Weltkongresses der Kommunistischen Internationale (25. Juli – 20. August 1935). 2 Bde. Reprint: Erlangen 1974.
Rabenau, Friedrich von: Hans von Seeckt. Aus seinem Leben, 1918-1936. Leipzig 1941.
Radbruch, Gustav: Der innere Weg. Aufriß meines Lebens. Stuttgart 1951.
Regler, Gustav: Das Ohr des Malchus. Köln 1958.
Regler, Gustav: Im Kreuzfeuer. Ein Saarroman. Paris 1934.
Renner, Rudolf: Das Ergebnis der Landtagswahlen in Sachsen, in: *Die Internationale*, 1929, S. 344-350.
Renner, Rudolf: Die Sachsenwahlen und ihre Lehren, in: *Die Internationale*, August 1930, S. 404-408.
Renner, Rudolf: Die Wahlen in Sachsen, in: *Die Internationale*, Juni 1930, S. 321-324.
Richter, Horst Eberhard: Eltern, Kind, Neurose. Hamburg 1978.
Richter, Horst Eberhard: Patient Familie. Hamburg 1972.
Rischbieter, Henning (Hg): Theaterlexikon. Zürich 1983.
Ritter, Gerhard A.: Wahlgeschichtliches Arbeitsbuch. Materialien zur Geschichte des Kaiserreichs (1871-1918). München 1980.
Rittersporn, Gabor T.: Simplifications staliniennes et complications Soviétiques: Tensions sociales et conflits politiques en URSS: 1933-53. Paris 1988.
Rocker, Rudolf: Der Bankerott des russischen Staatskommunismus. Berlin 1921.
Rocker, Rudolf (Hg.): Emma Goldmann, Bolschewismus. Verstaatlichung der Revolution. Berlin 1922.
Röllig, Gerhard: Wirtschaftsgeographie Sachsens. Leipzig 1928.
Rose, Ewald: Interview mit Herbert Wehner, in: *Das Parlament*, 1.3.1980.

Rosenhaft, Eve: Beating the Faschists? Communists and Political Violence 1929-33. Cambridge (Mass.) 1983.
Roussel, Stephane: Die Hügel von Berlin. Erinnerungen an Deutschland. Hamburg 1986.
Ruck, Michael: Bollwerk gegen Hitler? Arbeiterschaft, Arbeiterbewegung und die Anfänge des Nationalsozialismus. Köln 1988.
Rühle, Jürgen: Literatur und Revolution. Die Schriftsteller und der Kommunismus in der Epoche Lenins und Stalins. (1.Aufl., Köln/Berlin 1960) Frankfurt a.M. 1987.
Rühle, Otto: Das proletarische Kind. München 1911.
Rühle, Otto: Die Seele des proletarischen Kindes. Dresden 1925.
Rühle, Otto: Karl Marx. Hellerau bei Dresden 1928.
Rühle, Otto: Schriften. Perspektiven einer Revolution in hochindustrialisierten Ländern. Hg. von Gottfried Merger. Reinbek bei Hamburg 1971.
Rühle, Otto: Von der bürgerlichen zur proletarischen Revolution. Hg. vom Institut für Praxis und Theorie des Rätekommunismus. Berlin 1921.
Saarwirtschaftsstatistik, H.9, 1934. Saarbrücken 1935.
Schaedler, Hildegard: Moskau – das Dritte Rom. Hamburg 1929.
Schaller, Karlheinz: Die Grundorganisationen der KPD in Sachsen Anfang der dreißiger Jahre, in: *BZG*, 27.Jg. (1985), H.4, S. 532-542.
Scharlau, Winfried B. und Zeman, Zbyněk A.: Freibeuter der Revolution. Parvus-Helphand. Eine politische Biographie. Köln 1964.
Scheffer, Paul: Augenzeuge im Staate Lenins. Ein Korrespondent berichtet aus Moskau 1921-1930. München 1972.
Scheibert, Peter: Lenin an der Macht. Das russische Volk in der Revolution 1918-1922. Weinheim 1984.
Scholz, Günther: Herbert Wehner. Düsseldorf/Wien 1985.
Schopenhauer, Arthur: Aphorismen zur Lebensweisheit, in: Ders., Parerga und Paralipomena. 2 Bde., Zürich 1977, Bd. I, 2. Teilband.
Schopenhauer, Arthur: Die Welt als Wille und Vorstellung. 2 Bde., Zürich 1977.
Schöpke, Karl: Deutsches Arbeitsdienstjahr statt Arbeitslosenwirrwarr. München 1930.
Schröder, Hans-Christoph: George Orwell. Eine intellektuelle Biogr. München 1988.
Schulthess' Europäischer Geschichtskalender, 1923 und 1927.
Schulze, Arthur: Die Bankkatastrophen in Sachsen im Jahre 1901, in: *Zeitschrift für die gesamte Staatswissenschaft*. Ergänzungsheft IX. Tübingen 1903.
Schwarz, Georg: Kohlenpott 1931. Ruhrland Dokumente Bd. 1 (Schriftenreihe des Ruhrlandmuseums Essen, hg. von Heinz Reif und Erhard Schütz). Fulda 1986.
Schwarz, Max: MdR. Biographisches Handbuch der Reichstage. Hannover 1965.
Schwarzbach, Helmut: Die ostsächsische Bezirksparteiorganisation, in: *Sächsische Heimatblätter*, 18.Jg. (1972), S. 237-243.
Schwarzbach, Helmut: Über den Kampf der KPD gegen die Gefahr des Faschismus und für die Verteidigung der Lebensrechte des deutschen Volkes in Ostsachsen 1929-33. (Phil.Diss.) Berlin 1969 (MS).
Schwerd, Almut: Zwischen Sozialdemokratie und Kommunismus. Zur Geschichte der Volksbühne 1918-1933. Wiesbaden 1975.
Seebacher-Brandt, Brigitte: August Bebel. Künder und Kärrner im Kaiserreich. Berlin/Bonn 1988.

Serge, Victor: Beruf: Revolutionär. Erinnnerungen 1901-1941. Frankfurt a.M. 1967.
Seydewitz, Ruth: Alle Menschen haben Träume. Berlin/DDR 1976.
Silone, Ignazio: An die Redaktion der Zeitschrift *Das Wort*, in: *Arbeiterzeitung* (Basel), 24.9. 1936, neu abgedruckt in: europäische ideen. Berlin 1977, S. 237-239.
Skierka, Volker: Lion Feuchtwanger. Eine Biographie. Hg. von Stephan Jaeger. Berlin 1984.
Soell, Hartmut: Fritz Erler. Eine politische Biographie. 2 Bde., Berlin/Bonn 1976.
Soell, Hartmut: Weltmarkt – Revolution – Staatenwelt. Zum Problem einer Theorie internationaler Beziehungen bei Marx und Engels, in: *AfS* XII (1972), S. 109-184.
Solschenizyn, Alexander: Der Archipel Gulag. Bern 1974.
Souchy, August: Erich Mühsam. Sein Leben, sein Werk, sein Martyrium. (Barcelona 1934) Reutlingen 1984.
Sperber, Manès: Alfred Adler und das Elend der Psychologie. Frankfurt a.M. 1973.
Sperber, Manès: Wie eine Träne im Ozean. Romantriologie. Stuttgart u.a. 1976.
Stadelmaier, Martin: Zwischen Langemarck und Liebknecht. Arbeiterjugend und Politik im 1. Weltkrieg. Bonn 1986.
Stadler, Karl R. (Hg.): Sozialistenprozesse. Wien 1986.
Stampfer, Friedrich: Die Vierzehn Jahre der ersten deutschen Republik. 3.Aufl., Hamburg 1953.
Stampfer, Friedrich: Wieder Bülowplatz! In: *Vorwärts*, Nr. 43, 26. Januar 1933.
Stather, Martin: Die Kunstpolitik Wilhelms II. (Phil.Diss.) Heidelberg 1988.
Statistik Årsbok för Sverige, 1943. Stockholm 1943.
Statistisches Jahrbuch für das Königreich Sachsen, 1906 (1907). Dresden 1907 (1908).
Statistisches Jahrbuch Sachsen, 1914/15. Dresden 1916.
Statistisches Jahrbuch für den Freistaat Sachsen, 1930. Dresden 1931.
Statistisches Jahrbuch für die Stadt Dresden, 1907 (1908). Dresden 1908 (1909).
Steinberg, Hans-Josef: Sozialismus und deutsche Sozialdemokratie. 3.Aufl., Bonn 1972.
Stenographische Berichte des Reichstags, 12/1882.
Stephan, Alexander (Hg.): Die Ästhetik des Widerstands. Frankfurt a.M. 1983.
Stern, Carola: Ulbricht. Eine politische Biographie. Köln 1963.
Stern, Leo (Hg.): Archivalische Forschungen zur Geschichte der deutschen Arbeiterbewegung. Bd. II.2, Berlin 1956.
Stierlin, Helm: Adolf Hitler. Familienperspektiven. Frankfurt a.M. 1975.
Stresemann, Gustav: Die Entwicklung des Berliner Flaschenbiergeschäftes. (Phil. Diss. Leipzig) Berlin 1900.
Stresemann, Gustav: Wirtschaftspolitische Zeitfragen. Dresden 1911.
Ströbinger, Rudolf: Stalin enthauptet die Rote Armee. Der Fall Tuchatschewski. Stuttgart 1990.
Strzelewicz, Willy: Der Kampf um die Menschenrechte. Hg. von Herbert Wehner (1947) 3.Aufl., Frankfurt a.M. 1968.
Terjung, Knut: Der Onkel. Hamburg 1986.
Thälmann, Ernst: Ausgewählte Reden und Schriften. 2 Bde., Frankfurt a.M. 1976/77.
Thälmann, Ernst: Bilder, Dokumente, Texte. Hg. von Günter Hortzschansky. Frankfurt a.M. 1986.

Ernst Thälmann. Eine Biographie. Autorenkollektiv: Günter Hortzschansky u.a. Hg. vom IML. Berlin/DDR 1979.
Thälmann, Ernst: Einige Fehler in unserer theoretischen u. praktischen Arbeit u. der Weg zu ihrer Überwindung, in: *Die Internationale*, Nov./Dez. 1931, S. 481-509.
Thälmann, Ernst: Reden und Aufsätze 1930 -1933. Bd. 1, Köln 1975.
Thälmann, Ernst: Reden und Aufsätze zur Geschichte der deutschen Arbeiterbewegung. 2 Bde., Berlin/DDR 1955/56.
Tjaden, Karl Hermann: Struktur und Funktion der »KPD-Opposition« (KPO). Meisenheim 1964.
Tramer, Erwin: Der Republikanische Schutzbund. Seine Bedeutung in der politischen Entwicklung der ersten österreichischen Republik. (Phil.Diss.) Erlangen/Nürnberg 1969.
Trepper, Leopold: Die Wahrheit. Autobiographie. München 1975.
Trotzki, Leo: Schriften zur revolutionären Organisation. Hg. von Hartmut Mehringer. Reinbek bei Hamburg 1970.
Ulbricht, Walter: Für die Aktionseinheit, in: *Die Neue Weltbühne*, Nr. 43, 1934.
Ulbricht, Walter: Für die Aussöhnung des deutschen Volkes gegen die dreitausend Millionäre, gegen die Kriegstreiber, in: *Rundschau*, Nr. 46, 1936.
Ulbricht, Walter: Hilferding über den »Sinn des Krieges«, in: *Die Welt*, Nr. 6, 2. Februar 1940.
Ulbricht, Walter: Neue Aufgaben der KPD, in: KI, H.5, 1937, S. 409-425.
Ullrich, Volker: Die Hamburger Arbeiterbewegung am Vorabend des 1. Weltkrieges bis zur Revolution 1918/19. 2 Bde., Hamburg 1976.
Unterhaltungen mit Bakunin. Gesammelt von Arthur Lehning. Nördlingen 1987.
Ursachen und Folgen. Vom deutschen Zusammenbruch 1918 und 1945 bis zur staatlichen Neuordnung Deutschlands in der Gegenwart. Eine Urkunden- und Dokumentensammlung zur Zeitgeschichte. Hg. und bearb. von Herbert Michaelis, Ernst Schräpler unter Mitw. von Günter Scheel. 26 Bde. Berlin 1958-1979.
Verhandlungen des Sächsischen Landtages, 5. Wahlperiode, 1930/31.
Vietzke, Siegfried: Die KPD auf dem Weg zur Brüsseler Konferenz. Berlin/DDR 1966.
Voßke, Heinz: Briefe Wilhelm Piecks an Georgi Dimitroff und D.S. Manuilski aus den Jahren 1937 bis 1942, in: *BZG*, 31.Jg. (1989), H.4, S. 488-499.
Wachter, Johann: Zwischen Revolutionserwartung und Untergang. Die Vorbereitung der KPD auf die Illegalität (1929-33). Frankfurt a.M. 1983.
Wagner, Raimund: Zur Frage der Massenkämpfe in Sachsen 1923, in: *Zeitschrift für Geschichtswissenschaft*, Jg. IV (1956), H.2, S. 246-264.
Wagner, Richard: Mein Denken. Hg. von Martin Gregor-Dellin. München 1982.
Wagner, Richard: Mein Leben. München 1963.
Walter, Franz: Nationale Romantik und revolutionärer Mythos. Politik und Lebensweisen im frühen Weimarer Jungsozialismus. Berlin 1986.
Warren, Donald jr.: The Red Kingdom of Saxony. Lobbying Grounds for Gustav Stresemann 1901-1909. The Hague 1964.
Weber, Hermann (Hg): Der Gründungsparteitag der KPD, Protokoll und Materialien. Frankfurt a.M. 1969.
Weber, Hermann: Die Generallinie der KPD 1929-33. Düsseldorf 1981.
Weber, Hermann: Die Wandlung des deutschen Kommunismus. Die Stalinisierung der KPD in der Weimarer Republik. 2 Bde., Frankfurt a.M. 1969.

Weber, Hermann: Lenin in Selbstzeugnissen und Bilddokumenten. Reinbek bei Hamburg 1970.
Weber, Hermann: »Weiße Flecken« in der Geschichte. 2.Aufl., Frankfurt a.M. 1990.
Weber, Hermann: Zwischen kritischem und bürokratischem Kommunismus. Unbekannte Briefe von Clara Zetkin, in: *AfS* XI (1971), S. 417-448.
Wehner, Herbert: Christentum und Sozialismus. Hg. v. R. Reiz. Freiburg 1985.
Wehner, Herbert: Frühe Reden. Eine Dokumentation seines Wirkens im sächsischen Landtag. Hg. von Ralf Floehr. Krefeld 1983.
Wehner, Herbert: Interview im *Spiegel*, 20.11.1967.
Wehner, Herbert: Interview in den *Aachener Nachrichten*, 20.7.1980.
Wehner, Herbert: Nachdenkliches Gedenken an W. I. Lenin, in: *Osteuropa*, 20.Jg., April 1970, S. 217-224.
Wehner, Herbert: Rosen und Disteln. Zeugnisse vom Ringen um Hamburgs Verfassung und Deutschlands Erneuerung im Jahr 1848/49. Hamburg 1948.
Wehner, Herbert: Wandel und Bewährung. Ausgewählte Reden und Schriften 1930-1980. Hg. von Gerhard Jahn. 5.Aufl., Frankfurt a.M./Berlin 1983.
Wehner, Herbert: Zeugnis. Hg. von Gerhard Jahn. Köln 1982.
Weiler, Heinrich: Die Reichsexekution gegen den Freistaat Sachsen unter Reichskanzler Dr. Stresemann im Oktober 1923. Frankfurt a.M. 1987.
Weingärtner, Th: Die Kommunistische Internationale als Vermittlungsebene sowjetischer Innen- und Außenpolitik, in:Festschr.f.R. Löwenthal. Berlin/New York 1978.
Weiss, Peter: Die Ästhetik des Widerstands. 3 Bde., Frankfurt a.M. 1980.
Weiss, Peter: Notizbücher I (1971-1980). Frankfurt a.M. 1981.
Weiss, Peter: Notizbücher II (1960-1971). Frankfurt a.M. 1982.
Werner, A.: Proletarischer Kampf in Striesen, in: *Dresdener Vorschau* 1957.
Westphal, Max: Bundesgenossen, in: *Arbeiterjugend*, 15.Jg., November 1923.
Wette, Wolfram: Noske. Eine politische Biographie. Düsseldorf 1987.
Whitman, Walt: Gesang der offenen Landstraße. Lauenburg 1921.
Whitman, Walt: Ich singe das Leben. Leipzig 1919.
Wickert, Christel: Unsere Erwählten. Sozialdemokratische Frauen im Deutschen Reichstag. Göttingen 1986.
Wilhelm II.: Ereignisse und Gestalten aus den Jahren 1878-1918. Leipzig/Berlin 1922.
Winkler, Heinrich A.: Der Schein der Normalität. Arbeiter und Arbeiterbewegung in der Weimarer Republik 1924 bis 1930. Berlin/Bonn 1985.
Winkler, Heinrich A.: Der Weg in die Katastrophe. Arbeiter und Arbeiterbewegung in der Weimarer Republik 1930 bis 1933. Berlin/Bonn 1987.
Winkler, Heinrich A.: Von der Revolution zur Stabilisierung. Arbeiter und Arbeiterbewegung in der Weimarer Republik 1918 bis 1924. Berlin/Bonn 1984.
Winner, Ruth und Walter: Kampf dem Faschismus! Thälmann 1929-1933. Frankfurt a.M. 1986.
Wolf, Markus: Interview mit Ben Witter, in: *Die Zeit*, Nr. 29, 13. Juli 1990.
Zemmrich, Johannes: Landeskunde des Königreichs Sachsen. Leipzig 1905.
Zenner, Maria: Parteien und Politik im Saargebiet (1920-1935). Saarbrücken 1966.
Zur Mühlen, Patrik von: Schlagt Hitler an der Saar. Bonn 1979.
Zur Mühlen, Patrik von: Spanien war ihre Hoffnung. Die deutsche Linke im Spanischen Bürgerkrieg 1936 bis 1939. Bonn/Berlin 1985.

Abkürzungen

AAUD	Allgemeine Arbeiterunion Deutschlands
AAUE	Allgemeine Arbeiterunion-Einheitsorganisation
ADAV	Allgemeiner Deutscher Arbeiterverein
ADG	Arbeitsausschuß Deutscher Gewerkschaftler
ADGB	Allgemeiner Deutscher Gewerkschaftsbund
AdsD	Archiv der Sozialen Demokratie
AfS	*Archiv für Sozialgeschichte*
ASPS	Alte Sozialdemokratische Partei Sachsens
BVG	Berliner Verkehrsgesellschaft
BZG	*Beiträge zur Geschichte der Arbeiterbewegung*
CGT	Confédération Générale du Travail
DAF	Deutsche Arbeitsfront
DDP	Deutsche Demokratische Partei
DFU	Deutsche Friedensunion
DMV	Deutscher Metallarbeiterverband
DNVP	Deutschnationale Volkspartei
DVP	Deutsche Volkspartei
DVZ	*Deutsche Volkszeitung*
DZZ	*Deutsche Zentral-Zeitung*
EKKI	Exekutivkomitee der Kommunistischen Internationale
FAUD	Freie Arbeiter Union Deutschlands
FAUD(S)	Freie Arbeiter Union Deutschlands (Syndikalisten)
FAZ	*Frankfurter Allgemeine Zeitung*
FKAD	Föderation Kommunistischer Anarchisten Deutschlands
GCB	Gewerkschaft Christlicher Bergarbeiter
Gestapo	Geheime Staatspolizei
GPU	Gosudarstwennoje Politiceskoje Uprawlenije (Staatliche Politische Verwaltung, sowjetischer Geheimdienst 1922-1934; siehe NKWD)
HJ	Hitlerjugend
IAH	Internationale Arbeiterhilfe
IfGA	Institut für die Geschichte der Arbeiterbewegung
IG	Industriegewerkschaft
IKK	Internationale Kontrollkommission
IML	Institut für Marxismus-Leninismus
ISK	Internationaler Sozialistischer Kampfbund
KAPD	Kommunistische Arbeiterpartei Deutschlands
KI	*Kommunistische Internationale*
KJ	Kommunistische Jugend
KJVD	Kommunistischer Jugendverband Deutschlands
Komintern	Kommunistische Internationale
Komsomol	Kommunistitscheski Sojus Molodjoshi (Kommunistischer Jugendverband der Sowjetunion)
KP	Kommunistische Partei
KPD	Kommunistische Partei Deutschlands

KPdSU	Kommunistische Partei der Sowjetunion
KPO	Kommunistische Partei Deutschlands - Opposition
KZ	Konzentrationslager
MASCH	Marxistische Arbeiterschule
MdL	Mitglied des Landtags
MdR	Mitglied des Reichstags
MEGA	Marx/Engels Gesamtausgabe
MEW	Marx/Engels Werke
MKOG	Militärkollegium des Obersten Gerichts der UdSSR
MS	Maschinenschrift
MSP	Mehrheits-SPD
NKWD	Narodnij Kommissariat Wuytrennich Del (Volkskommissariat für innere Angelegenheiten, sowjetischer Geheimdienst ab 1934)
NS	Nationalsozialismus/nationalsozialistisch(e)
NSDAP	Nationalsozialistische Deutsche Arbeiterpartei
NSV	Nationalsozialistische Volkswohlfahrt
Ovra	Organisazzione de Vigilancia e Repressione Antifascista (italienische Geheimpolizei)
PB	Politbüro
POUM	Partido Obrero de Unificación Marxista
PV	Parteivorstand
RFB	Roter Frontkämpferbund
RGI	Rote Gewerkschafts-Internationale
RGO	Revolutionäre Gewerkschafts-Opposition
RH	Rote Hilfe
RHD	Rote Hilfe Deutschland
RJ	Roter Jungsturm
RM	Reichsmark
SA	Sturmabteilung
SAJ	Sozialistische Arbeiterjugend (der SPD)
SAJD	Syndikalistisch-anarchistische Jugend Deutschlands
SAP	Sozialistische Arbeiterpartei
SDAP	Sozialdemokratische Deutsche Arbeiterpartei
SDJ	Sozialistische Deutsche Jugend
SED	Sozialistische Einheitspartei Deutschlands
Sipo	Sicherheitspolizei
SJ	Societatis Jesu (Jesuit)
Sopade	Sozialdemokratische Partei Deutschlands (im Exil)
SPD	Sozialdemokratische Partei Deutschlands
SS	Schutzstaffel
SSR	Sozialistische Sowjetrepublik
SU	Sowjetunion
TAZ	*Die Tageszeitung*
USPD	Unabhängige Sozialdemokratische Partei Deutschlands
VDAV	Verband Deutscher Arbeitervereine
VSPD	Vereinigte SPD
ZdA	Zentralverband der Angestellten
ZK	Zentralkomitee

Namenregister

Die kursiv gesetzten Namen kommen nur in den Anmerkungen vor.

Bildnachweis

Archiv der sozialen Demokratie, Friedrich-Ebert-Stiftung S. 2, 507
Freudenhammer, A. und Vater, K., Herbert Wehner. Ein Leben mit der deutschen Frage. Gütersloh 1978 S. 491, 500
Institut für die Geschichte der Arbeiterbewegung S. 470
Institut für die Geschichte der Arbeiterbewegung (Hg.), In den Fängen des NKWD, Berlin 1991 S. 419, 421
Keystone Pressedienst GmbH S. 306, 357
Presse- und Informationsamt der Bundesregierung S. 92, 95, 504
Privatarchiv Gerd W. Jungblut, Schlitz S. 147
VG Bild-Kunst, Bonn, 1991 S. 196
Archiv des Autors S. 95, 163, 363